企业所得税纳税申报必备案头工具书

CORPORATE
INCOME
TAX

企业所得税
汇算清缴与税会差异纳税调整

吴健　赵朝敏◎编著

中国财经出版传媒集团
中国财政经济出版社

图书在版编目（CIP）数据

企业所得税汇算清缴与税会差异纳税调整／吴健，赵朝敏编著. -- 北京：中国财政经济出版社，2020. 3
ISBN 978 - 7 - 5095 - 9690 - 6

Ⅰ. ①企…　Ⅱ. ①吴…　②赵…　Ⅲ. ①企业所得税－税收管理－中国　Ⅳ. ①F812. 424

中国版本图书馆 CIP 数据核字（2020）第 036432 号

责任编辑：尉　敏　　　　责任印制：史大鹏
封面设计：MXK DESIGN STUDIO

中国财政经济出版社 出版
URL：http：//www. cfeph. cn
E - mail：cfeph @ cfemg. cn

社址：北京市海淀区阜成路甲 28 号　邮政编码：100142
营销中心电话：010 - 88191537
北京时捷印刷有限公司印刷　各地新华书店经销
787 × 1092 毫米　16 开　33. 25 印张　691 000 字
2020 年 3 月第 1 版　2020 年 3 月北京第 1 次印刷
定价：98. 00 元
ISBN 978 - 7 - 5095 - 9690 - 6
（图书出现印装问题，本社负责调换）
本社质量投诉电话：010 - 88190744
打击盗版举报热线：010 - 88191661　QQ：2242791300

序

XU

在我国现行税种中，从收入规模上看，企业所得税是仅次于增值税的第二大税种。企业所得税税制复杂、规定多，算得上是税中之王。企业所得税汇算清缴尤其是税会差异的纳税调整，由于事项多、要求高、把握难、风险大，一直让广大纳税人和基层税务干部感到头大。

有鉴于此，有着多年税收征管、税务稽查、税政管理、财税培训以及涉税咨询等丰富实战经验的吴健、赵朝敏合作，编著了《企业所得税汇算清缴与税会差异纳税调整》一书，为广大纳税人以及税务工作者学习、理解企业所得税汇算清缴与纳税调整提供操作性强的指导书，以有效化解税收风险。该书力图做到：

一是紧跟财税变化。2019 年 12 月 19 日，国家税务总局发布了《关于修订企业所得税年度纳税申报表有关问题的公告》（国家税务总局公告 2019 年第 41 号），对《企业所得税年度纳税申报基础信息表》（A000000）、《中华人民共和国企业所得税年度纳税申报表（A 类）》（A100000）、《纳税调整项目明细表》（A105000）、《广告费和业务宣传费跨年度纳税调整明细表》（A105060）、《捐赠支出及纳税调整明细表》（A105070）、《资产折旧、摊销及纳税调整明细表》（A105080）等 12 张表单样式及（或）填报说明进行修订。本书在对每一纳税调整事项详细比较研究会计处理与税收规定以及税会差异纳税调整方法的基础上，突出资产折旧与摊销、捐赠支出、职工薪酬支出、佣金和手续费纳税调整等新修订内容，以案例形式详细讲解了纳税调整的纳税申报方法。

由于自 2020 年 1 月 1 日起所有上市公司都已执行修订后的《企业会计准则第 14 号——收入》（财会〔2017〕22 号，以下简称收入准则），修订后的《企业会计准则第 21 号——租赁》（财会〔2018〕35 号，以下简称租赁准则）也自 2019 年 1 月 1 日起在境内外同时上市的企业以及在境外上市并采用国际财务报告准则或企业会计准则编制财务报表的企业施行。为使广大读者朋友清楚收入准则与租赁准则的税会差异、掌握纳税调整方法与技巧，本书以两章内容分别进行了阐述。

二是突出纳税调整。该书紧紧围绕企业所得税汇算清缴纳税调整事项展开，具体包括：纳税调整概述、视同销售的纳税调整、房地产开发企业特定业务的纳税调整、未按权责发生制确认收入纳税调整、投资收益的纳税调整、政府补助与不征税收入纳税调整、职工薪酬支出的纳税调整、广告和业务宣传费税前扣除的纳税调整、捐赠支出的纳税调整、资产折旧（摊销）的纳税调整、资产损失税前扣除的纳税调整、政策性搬迁纳税调整、特殊行业准备金纳税调整、收入准则下税会差异与纳税调整、租赁准则下税会差异与纳税调整以及税前扣除凭证管理，共计十六章。

三是突出典型案例。本书突出纳税调整的实操指导，以法人合伙人分得的应纳税所得额、广告费和业务宣传费、政府补助、职工薪酬等大量典型的纳税调整案例启发运用。

本书的顺利出版，得到了各方面的支持和帮助。中国财政经济出版社商业出版中心尉敏主任为该书的出版付出了辛勤劳动。国家税务总局税务干部学院赵朝敏教授在百忙之中亲自编写第15、16章。在此表示衷心感谢！

虽然我们已经尽已所能，力求做到书中内容完整准确，方便读者阅读和理解，但由于企业所得税纳税调整事项多、内容复杂，加之时间、精力和水平所限，书中难免有疏漏和不足之处，敬请读者批评指正，与我们共同探讨、改进。广大读者可通过邮箱：896659584@qq.com与吴健老师联系。

此外，我们会根据企业所得税的政策变化，适时通过“财税健谈”公众号更新相关内容，读者可以关注阅读或下载。

吴健　于国家税务总局税务干部学院

2020年3月20日

目录

MULU

第一章　汇算清缴与纳税调整概述

第一节　税会差异的纳税调整

一、税会差异与纳税调整

《企业会计准则》将财务报告的目标确定为，向财务报告使用者提供与企业财务状况、经营成果和现金流量等有关的会计信息，反映企业管理层受托责任履行情况，有助于财务报告的使用者做出经济决策。税收是国家为了实现其职能，凭借政治权力，按照法律规定标准，对一部分社会产品进行无偿分配，以取得财政收入的一种形式。会计与税收的目标不同，形成了对相同经济业务的不同处理，从而产生税会差异。

税会差异可以分为永久性差异与暂时性差异。永久性差异，是会计和税法之间由于计算口径不同而产生的差异，这种差异在当期产生，不能在以后各期转回。通常是费用类、损失类项目，会计核算时进行了扣除，但税法不允许全部或部分在税前扣除，需要进行纳税调增处理，如业务招待费、税收滞纳金、赞助支出、与收入无关的其他支出等。暂时性差异，是会计和税法之间计算口径一致但确认时间不同而产生的差异，这种差异产生后，按税法规定需在当期调整，但可以在以后一期或若干期内转回，整个纳税期间税前会计利润和应纳税所得额一致。常见于收入类、资产类事项。

《中华人民共和国企业所得税法》（以下简称《企业所得税法》）第二十一条规定，在计算应纳税所得额时，企业财务、会计处理办法与税收法律、行政法规的规定不一致的，应当依照税收法律、行政法规的规定计算。纳税人在计算企业所得税应纳税所得额及应纳税额时，会计处理与税收规定不一致的，应当按照税收规定计算。税收规定不明确的，在没有明确规定之前，暂按国家统一会计制度计算。

在“企业所得税年度纳税申报表”（A类，2017年版）中，与纳税调整相关的表单主要有：“企业所得税年度纳税申报基础信息表”（A000000），“中华人民共和国企业所得税年度纳税申报表（A类）”（A100000）第15行“纳税调整增加额”和第16行“纳税调整减少额”，“纳税调整项目明细表”（A105000）及其附表。企业涉税事项的会计处理与税务处理差异的纳税调整，集中通过“纳税调整项目明细表”（A105000）进行填报。除调整固定资产加速折旧（无形资产加速摊销）以及固定资产一次性扣除优惠外，其他税收优惠项目都不通过纳税调整表填报。

二、纳税调整项目明细表及其修订

（一）纳税调整项目明细表

“纳税调整项目明细表”（A105000）由纳税人根据税法、相关税收规定以及国家统一会计制度的规定，填报企业所得税涉税事项的会计处理、税务处理以及纳税调整情况，如表1－1所示。该表是企业所得税汇算清缴申报的重点和难点，涉及调整项目内容较多，每一项内容和项目基本都涉及一项或多项税收政策规定。因此，要求纳税人与基层税务干部必须熟悉税收政策规定。

表1－1　A105000　　纳税调整项目明细表

行次	项　　目	账载金额	税收金额	调增金额	调减金额
		1	2	3	4
1	一、收入类调整项目（2＋3＋…8＋10＋11）	*	*		
2	（一）视同销售收入（填写A105010）	*			*
3	（二）未按权责发生制原则确认的收入（填写A105020）				
4	（三）投资收益（填写A105030）				
5	（四）按权益法核算长期股权投资对初始投资成本调整确认收益	*	*	*	
6	（五）交易性金融资产初始投资调整	*	*		*
7	（六）公允价值变动净损益		*		
8	（七）不征税收入	*	*		
9	其中：专项用途财政性资金（填写A105040）	*	*		
10	（八）销售折扣、折让和退回				
11	（九）其他				
12	二、扣除类调整项目（13＋14＋…24＋26＋27＋28＋29＋30）	*	*		
13	（一）视同销售成本（填写A105010）	*		*	
14	（二）职工薪酬（填写A105050）				
15	（三）业务招待费支出				*
16	（四）广告费和业务宣传费支出（填写A105060）	*	*		
17	（五）捐赠支出（填写A105070）				
18	（六）利息支出				
19	（七）罚金、罚款和被没收财物的损失		*		*
20	（八）税收滞纳金、加收利息		*		*
21	（九）赞助支出		*		*
22	（十）与未实现融资收益相关在当期确认的财务费用				
23	（十一）佣金和手续费支出（保险企业填写A105060）				

续表

行次	项目	账载金额	税收金额	调增金额	调减金额
		1	2	3	4
24	（十二）不征税收入用于支出所形成的费用	*	*		*
25	其中：专项用途财政性资金用于支出所形成的费用（填写 A105040）	*	*		*
26	（十三）跨期扣除项目				
27	（十四）与取得收入无关的支出		*		*
28	（十五）境外所得分摊的共同支出	*	*		*
29	（十六）党组织工作经费				
30	（十七）其他				
31	三、资产类调整项目（32＋33＋34＋35）	*	*		
32	（一）资产折旧、摊销（填写 A105080）				
33	（二）资产减值准备金		*		
34	（三）资产损失（填写 A105090）				
35	（四）其他				
36	四、特殊事项调整项目（37＋38＋…＋43）	*	*		
37	（一）企业重组及递延纳税事项（填写 A105100）				
38	（二）政策性搬迁（填写 A105110）	*	*		
39	（三）特殊行业准备金（填写 A105120）				
40	（四）房地产开发企业特定业务计算的纳税调整额（填写 A105010）	*			
41	（五）合伙企业法人合伙人应分得的应纳税所得额				
42	（六）发行永续债利息支出				
43	（七）其他	*	*		
44	五、特别纳税调整应税所得	*	*		
45	六、其他	*	*		
46	合计（1＋12＋31＋36＋44＋45）	*	*		

纳税调整项目按照“收入类调整项目”“扣除类调整项目”“资产类调整项目”“特殊事项调整项目”“特别纳税调整应税所得”“其他”六类分项填报汇总，并计算出纳税“调增金额”和“调减金额”的合计金额。

数据栏分别设置“账载金额”“税收金额”“调增金额”“调减金额”四个栏次。“账载金额”是指纳税人按照国家统一会计制度规定核算的项目金额。“税收金额”是指纳税人按照税法规定计算的项目金额。

对需填报下级明细表的纳税调整项目，其“账载金额”“税收金额”“调增金额”“调减金额”根据相应附表进行填报。

（二）申报表的修订情况

2019 年 12 月 9 日，国家税务总局发布《国家税务总局关于修订企业所得税年度纳税申报表有关问题的公告》（国家税务总局公告 2019 年第 41 号），对“中华人民共和国企业所得税年度纳税申报表（A 类，2017 年版）”部分表单和填报说明进行修订，主要修订内容有：

（1）对“企业所得税年度纳税申报表填报表单”、“企业所得税年度纳税申报基础信息表”（A000000）、“纳税调整项目明细表”（A105000）、“广告费和业务宣传费跨年度纳税调整明细表”（A105060）、“捐赠支出及纳税调整明细表”（A105070）、“免税、减计收入及加计扣除优惠明细表”（A107010）、“符合条件的居民企业之间的股息、红利等权益性投资收益优惠明细表”（A107011）、“减免所得税优惠明细表”（A107040）的表单样式及填报说明进行修订。其中，在“纳税调整项目明细表”（A105000）中新增一行“（六）发行永续债利息支出”作为第 42 行，用于填报企业发行永续债采取的税收处理办法与会计核算方式不一致时的纳税调整情况。

（2）对“中华人民共和国企业所得税年度纳税申报表（A 类）”（A100000）、“资产折旧、摊销及纳税调整明细表”（A105080）、“企业所得税弥补亏损明细表”（A106000）、“所得减免优惠明细表”（A107020）、“境外所得纳税调整后所得明细表”（A108010）的填报说明进行修订。

该公告还规定，企业申报享受研发费用加计扣除政策时，按照《国家税务总局关于发布修订后的〈企业所得税优惠政策事项办理办法〉的公告》（国家税务总局公告 2018 年第 23 号）的规定执行，不再填报“研发项目可加计扣除研究开发费用情况归集表”和报送“‘研发支出’辅助账汇总表”。“‘研发支出’辅助账汇总表”由企业留存备查。

第二节 年度纳税申报基础信息表

一、年度纳税申报基础信息表及其修订

根据国家税务总局公告 2019 年第 41 号的规定，纳税人在企业所得税年度纳税申报时应当向税务机关申报或者报告与确定应纳税额相关的信息。“企业所得税年度纳税申报基础信息表”（A000000）包括基本经营情况、有关涉税事项情况、主要股东及分红情况三部分内容，如表 1－2 所示。

二、基本经营情况

表 A000000 的基本经营情况部分所列项目为纳税人必填（必选）内容。

表 1－2 A000000 企业所得税年度纳税申报基础信息表

基本经营情况（必填项目）			
101 纳税申报企业类型（填写代码）		102 分支机构就地纳税比例（%）	
103 资产总额（填写平均值，单位：万元）		104 从业人数（填写平均值，单位：人）	
105 所属国民经济行业（填写代码）		106 从事国家限制或禁止行业	□是□否
107 适用会计准则或会计制度（填写代码）		108 采用一般企业财务报表格式（2019 年版）	□是□否
109 小型微利企业	□是□否	110 上市公司	是（□境内□境外）□否
有关涉税事项情况（存在或者发生下列事项时必填）			
201 从事股权投资业务	□是	202 存在境外关联交易	□是
203 选择采用的境外所得抵免方式	□分国（地区）不分项 □不分国（地区）不分项		
204 有限合伙制创业投资企业的法人合伙人	□是	205 创业投资企业	□是
206 技术先进型服务企业类型（填写代码）		207 非营利组织	□是
208 软件、集成电路企业类型（填写代码）		209 集成电路生产项目类型	□130 纳米 □65 纳米
210 科技型中小企业：210－1 ______年（申报所属期年度）入库编号 1		210－2 入库时间 1	
210 科技型中小企业：210－3 ______年（所属期下一年度）入库编号 2		210－4 入库时间 2	
211 高新技术企业申报所属期年度有效的高新技术企业证书：211－1 证书编号 1		211－2 发证时间 1	
211 高新技术企业申报所属期年度有效的高新技术企业证书：211－3 证书编号 2		211－4 发证时间 2	
212 重组事项税务处理方式	□一般性□特殊性	213 重组交易类型（填写代码）	
214 重组当事方类型（填写代码）		215 政策性搬迁开始时间	__年__月
216 发生政策性搬迁且停止生产经营无所得年度	□是	217 政策性搬迁损失分期扣除年度	□是
218 发生非货币性资产对外投资递延纳税事项	□是	219 非货币性资产对外投资转让所得递延纳税年度	□是
220 发生技术成果投资入股递延纳税事项	□是	221 技术成果投资入股递延纳税年度	□是
222 发生资产（股权）划转特殊性税务处理事项	□是	223 债务重组所得递延纳税年度	□是

主要股东及分红情况（必填项目）

股东名称	证件种类	证件号码	投资比例（%）	当年（决议日）分配的股息、红利等权益性投资收益金额	国籍（注册地址）

续表

主要股东及分红情况（必填项目）					
股东名称	证件种类	证件号码	投资比例（%）	当年（决议日）分配的股息、红利等权益性投资收益金额	国籍（注册地址）
其余股东合计	—	—			—

（一）企业类型与就地纳税比例

1. 纳税申报企业类型

“101 纳税申报企业类型”：纳税人根据申报所属期年度的企业经营方式情况，从“跨地区经营企业类型代码表”（见表 1－3）中选择相应的代码填入本项。

表 1－3　　跨地区经营企业类型代码表

代码	类型		
	大类	中类	小类
100	非跨地区经营企业		
210	跨地区经营企业总机构	总机构（跨省）——适用《跨地区经营汇总纳税企业所得税征收管理办法》	
220		总机构（跨省）——不适用《跨地区经营汇总纳税企业所得税征收管理办法》	
230		总机构（省内）	
311	跨地区经营企业分支机构	需进行完整年度纳税申报	分支机构（须进行完整年度申报并按比例纳税）
312			分支机构（须进行完整年度申报但不就地缴纳）

代码说明：

“非跨地区经营企业”：纳税人未跨地区设立不具有法人资格分支机构的，为非跨地区经营企业。

“总机构（跨省）——适用《跨地区经营汇总纳税企业所得税征收管理办法》”：纳税人为《国家税务总局关于印发〈跨地区经营汇总纳税企业所得税征收管理办法〉的公告》（国家税务总局公告 2012 年第 57 号发布、国家税务总局公告 2018 年第 31 号修改）规定的跨省、自治区、直辖市和计划单列市设立不具有法人资格分支机构的跨地区经营汇总纳税企业的总机构。

“总机构（跨省）——不适用《跨地区经营汇总纳税企业所得税征收管理办法》”：

纳税人为《跨地区经营汇总纳税企业所得税征收管理办法》第二条规定的不适用该办法的跨地区经营汇总纳税企业的总机构。根据该办法第二条的规定，居民企业在中国境内跨地区（指跨省、自治区、直辖市和计划单列市，下同）设立不具有法人资格分支机构的，该居民企业为跨地区经营汇总纳税企业（以下简称汇总纳税企业），除另有规定外，其企业所得税征收管理适用该办法。国有邮政企业（包括中国邮政集团公司及其控股公司和直属单位）、中国工商银行股份有限公司、中国农业银行股份有限公司、中国银行股份有限公司、国家开发银行股份有限公司、中国农业发展银行、中国进出口银行、中国投资有限责任公司、中国建设银行股份有限公司、中国建银投资有限责任公司、中国信达资产管理股份有限公司、中国石油天然气股份有限公司、中国石油化工股份有限公司、海洋石油天然气企业（包括中国海洋石油总公司、中海石油（中国）有限公司、中海油田服务股份有限公司、海洋石油工程股份有限公司）、中国长江电力股份有限公司等企业缴纳的企业所得税（包括滞纳金、罚款）为中央收入，全额上缴中央国库，其企业所得税征收管理不适用该办法。铁路运输企业所得税征收管理不适用该办法。

“总机构（省内）”：纳税人为仅在同一省、自治区、直辖市和计划单列市内设立不具有法人资格分支机构的跨地区经营汇总纳税企业的总机构。

“分支机构（须进行完整年度申报并按比例纳税）”：纳税人为根据相关政策规定须进行完整年度申报并按比例就地缴纳企业所得税的跨地区经营企业的分支机构。

根据《国家税务总局关于中国石油天然气股份有限公司中国石油化工股份有限公司企业所得税征管问题的通知》（国税函〔2010〕623 号）的规定，中国石油天然气股份有限公司（以下简称“中石油”）、中国石油化工股份有限公司（以下简称“中石化”）下属具有独立法人资格的子公司应按照《企业所得税法》的有关规定，向所在地主管税务机关申报并计算缴纳企业所得税；上述子公司下设的不具有法人资格的分支机构，由该子公司汇总申报并计算缴纳企业所得税，不就地预缴。中石油、中石化下属不具有法人资格的二级分支机构企业所得税的申报方式及就地预缴比例，按照《国家税务总局关于中国石油天然气股份有限公司　中国石油化工股份有限公司缴纳企业所得税问题的通知》（国税函〔2009〕573 号）第一条的规定执行（即中石油、中石化所属分支机构就地预缴企业所得税的比例，暂维持不变）。三级以下分支机构不就地申报、预缴企业所得税。中石油、中石化实行就地预缴的二级分支机构购置用于环境保护、节能节水、安全生产等专用设备的投资额，符合《企业所得税法》规定的抵免企业所得税条件的，应先用该分支机构就地预缴的税款进行抵免，不足部分在总部抵免。

“分支机构（须进行完整年度申报但不就地缴纳）”：纳税人为根据相关政策规定须进行完整年度申报但不就地缴纳所得税的跨地区经营企业的分支机构。

2. 分支机构就地纳税比例

“102 分支机构就地纳税比例”：“101 纳税申报企业类型”为“分支机构（须进行完整年度申报并按比例纳税）”需要同时填报本项。分支机构填报年度纳税申报时应当就地缴纳企业所得税的比例。

（二）小型微利企业信息

1. 资产总额

“103 资产总额”：纳税人填报资产总额的全年季度平均值，单位为万元，保留小数点后 2 位。具体计算公式如下：

季度平均值 =（季初值 + 季末值）÷2

全年季度平均值 = 全年各季度平均值之和 ÷4

年度中间开业或者终止经营活动的，以其实际经营期作为一个纳税年度确定上述相关指标。

2. 从业人数

“104 从业人数”：纳税人填报从业人数的全年季度平均值，单位为人。从业人数是指与企业建立劳动关系的职工人数和企业接受的劳务派遣用工人数之和，依据和计算方法同“103 资产总额”。

小型微利企业条件中“从业人数”的统计方法与高新技术企业认定中的“职工人数”以及软件与集成电路企业优惠条件中“职工总数”的统计方法不同，前者按照全年的季度平均值确定，后者按照月平均职工总数确定。

3. 所属国民经济行业

“105 所属国民经济行业”：按照《国民经济行业分类》标准，纳税人填报所属的国民经济行业明细代码。

4. 从事国家限制或禁止行业

“106 从事国家限制或禁止行业”：纳税人从事行业为国家限制和禁止行业的，选择“是”；其他选择“否”。

按照现行税法规定，从事国家限制和禁止行业的企业，不得享受小型微利企业优惠，也不能享受资源综合利用减计收入、民族自治地方的企业地方分享企业所得税等优惠。

5. 小型微利企业

“109 小型微利企业”：自 2019 年度起，根据《国家税务总局关于修订〈中华人民共和国企业所得税月（季）度预缴纳税申报表（A 类 2018 年版）〉等部分表单样式及填报说明的公告》（国家税务总局公告 2019 年第 3 号）和《国家税务总局关于修订企业所得税年度纳税申报表有关问题的公告》（国家税务总局公告 2019 年第 41 号）的规定，表 A000000“109 小型微利企业”的填报方法为：纳税人符合小型微利企业普惠性所得税减免政策的，选择‘是’，其他选择‘否’。

根据《财政部　税务总局关于实施小微企业普惠性税收减免政策的通知》（财税〔2019〕13 号）第二条的规定，对小型微利企业年应纳税所得额不超过 100 万元的部分，减按 25% 计入应纳税所得额，按 20% 的税率缴纳企业所得税；对年应纳税所得额超过100万元但不超过300万元的部分，减按50%计入应纳税所得额，按20%的税率缴纳企业所得税。

上述小型微利企业是指从事国家非限制和禁止行业，且同时符合年度应纳税所得额不超过300万元、从业人数不超过300人、资产总额不超过5 000万元等三个条件的企业。

从业人数，包括与企业建立劳动关系的职工人数和企业接受的劳务派遣用工人数。所称从业人数和资产总额指标，应按企业全年的季度平均值确定。具体计算公式如下：

季度平均值 =（季初值 + 季末值）÷2

全年季度平均值 = 全年各季度平均值之和 ÷4

年度中间开业或者终止经营活动的，以其实际经营期作为一个纳税年度确定上述相关指标。

在2018年度，根据《国家税务总局关于修订〈中华人民共和国企业所得税年度纳税申报表（A类，2017年版）〉部分表单样式及填报说明的公告》（国家税务总局公告2018年第57号）的规定，纳税人符合《企业所得税法》及其实施条例、《财政部税务总局关于进一步扩大小型微利企业所得税优惠政策范围的通知》（财税〔2018〕77号）等文件规定的小型微利企业条件的，选择“是”，其他选择“否”。

（三）适用的会计制度与财务报表格式

1. 适用会计准则或会计制度

现行的企业会计规范体系主要包括：《中华人民共和国会计法》《企业财务会计报告条例》《企业会计准则》（基本准则、具体准则、应用指南）（含企业会计准则和小企业会计准则）以及财政部规定的一些具体会计事项的处理规定。实务中的会计核算，一般由具体的会计准则或会计制度来规范。

“107 适用会计准则或会计制度”：纳税人根据会计核算采用的会计准则或会计制度从“会计准则或会计制度类型代码表”（见表1－4）中选择相应的代码填入本项。

表1－4　　会计准则或会计制度类型代码表

代码	类型	
	大类	小类
110	企业会计准则	一般企业
120		银行
130		证券
140		保险
150		担保
200	小企业会计准则	
300	企业会计制度	

续表

代码	类型	
	大类	小类
410	事业单位会计准则	事业单位会计制度
420		科学事业单位会计制度
430		医院会计制度
440		高等学校会计制度
450		中小学校会计制度
460		彩票机构会计制度
500	民间非营利组织会计制度	
600	村集体经济组织会计制度	
700	农民专业合作社财务会计制度（试行）	
999	其他	

2. 采用一般企业财务报表格式（2019 年版）

“108 采用一般企业财务报表格式（2019 年版）”：纳税人根据《财政部关于修订印发 2019 年度一般企业财务报表格式的通知》（财会〔2019〕6 号）和《财政部关于修订印发 2018 年度金融企业财务报表格式的通知》（财会〔2018〕36 号）规定的格式编制财务报表的，选择“是”，其他选择“否”。

对采用一般企业财务报表格式（2019 年版）的企业，不执行“表 A100000 第 10 行 = 第 1 - 2 - 3 - 4 - 5 - 6 - 7 + 8 + 9 行”规则。

（四）上市情况信息

“110 上市公司”：纳税人在中国境内上市的选择“境内”；在中国境外上市的选择“境外”；在境内外同时上市的可同时选择；其他选择“否”。纳税人在中国香港上市的，参照境外上市相关规定选择。

三、有关涉税事项情况

表 A000000“有关涉税事项情况”部分所列项目为条件必填（必选）内容，当纳税人存在或发生所列事项时，必须填报。纳税人未填报的，视同不存在或未发生相关事项。

（一）从事股权投资业务

“201 从事股权投资业务”：纳税人从事股权投资业务的（包括集团公司总部、创业投资企业等），选择“是”。

填报此项目信息会涉及“投资收益纳税调整明细表”（A105030）与业务招待费的

填报与调整。根据《国家税务总局关于贯彻落实企业所得税法若干税收问题的通知》（国税函〔2010〕79 号）第八条的规定，对从事股权投资业务的企业（包括集团公司总部、创业投资企业等），其从被投资企业所分配的股息、红利以及股权转让收入，可以按规定的比例计算业务招待费扣除限额。

（二）存在境外关联交易

“202 存在境外关联交易”：纳税人存在境外关联交易的，选择“是”。

（三）选择采用的境外所得抵免方式

根据《财政部　税务总局关于完善企业境外所得税收抵免政策问题的通知》（财税〔2017〕84 号）的规定，企业可以选择按国（地区）别分别计算（即“分国（地区）不分项”），或者不按国（地区）别汇总计算（即“不分国（地区）不分项”）其来源于境外的应纳税所得额，并按照财税〔2009〕125 号文件第八条规定的税率，分别计算其可抵免境外所得税税额和抵免限额。

“203 选择采用的境外所得抵免方式”：纳税人适用境外所得税收抵免政策，且根据《财政部　税务总局关于完善企业境外所得税收抵免政策问题的通知》（财税〔2017〕84 号）文件规定选择按国（地区）别分别计算其来源于境外的应纳税所得额，即“分国（地区）不分项”的，选择“分国（地区）不分项”；纳税人适用境外所得税收抵免政策，且根据财税〔2017〕84 号文件规定选择不按国（地区）别汇总计算其来源于境外的应纳税所得额，即“不分国（地区）不分项”的，选择“不分国（地区）不分项”。境外所得抵免方式一经选择，5 年内不得变更。

此项信息会涉及境外所得抵免等相关信息表单的填报。选择后，监控 A108000“境外所得税收抵免明细表”是否勾选。

（四）创业投资企业与其法人合伙人

1. 有限合伙制创业投资企业的法人合伙人

“204 有限合伙制创业投资企业的法人合伙人”：纳税人投资于有限合伙制创业投资企业且为其法人合伙人的，选择“是”。本项目中的有限合伙制创业投资企业的法人合伙人是指符合《中华人民共和国合伙企业法》《创业投资企业管理暂行办法》（国家发展和改革委员会令第 39 号）、《外商投资创业投资企业管理规定》（外经贸部、科技部、工商总局、税务总局、外汇管理局令 2003 年第 2 号发布，商务部令 2015 年第 2 号修改）、《私募投资基金监督管理暂行办法》（证监会令第 105 号）关于创业投资基金的特别规定等规定的创业投资企业法人合伙人。有限合伙制创业投资企业的法人合伙人无论是否享受企业所得税优惠政策，均应填报本项。

此项信息会涉及“纳税调整项目明细表”（A105000）第 41 行“（五）合伙企业法人合伙人分得的应纳税所得额”的填报与调整。本项选择“是”的，自动选择“抵扣应纳税所得额明细表”（A107030）。

2. 创业投资企业

“205 创业投资企业”：纳税人为创业投资企业的，选择“是”。本项目中的创业投资企业是指依照《创业投资企业管理暂行办法》和《外商投资创业投资企业管理规定》《私募投资基金监督管理暂行办法》关于创业投资基金的特别规定等规定，在中华人民共和国境内设立的专门从事创业投资活动的企业或其他经济组织。创业投资企业无论是否享受企业所得税优惠政策，均应填报本项。

此项信息与创业投资企业投资抵扣应纳税所得额优惠相关。本项选择“是”的，自动选择“抵扣应纳税所得额明细表”（A107030）。

（五）享受优惠的企业类型

1. 技术先进型服务企业类型

“206 技术先进型服务企业类型”：纳税人为经认定的技术先进型服务企业的，从“技术先进型服务企业类型代码表”（见表 1 -5）中选择相应的代码填报本项。本项目中的经认定的技术先进型服务企业是指符合《财政部　税务总局　商务部　科技部　国家发展改革委关于将技术先进型服务企业所得税政策推广至全国实施的通知》（财税〔2017〕79 号）、《财政部　税务总局　商务部　科技部　国家发展改革委关于将服务贸易创新发展试点地区技术先进型服务企业所得税政策推广至全国实施的通知》（财税〔2018〕44 号）等文件规定的企业。经认定的技术先进型服务企业无论是否享受企业所得税优惠政策，均应填报本项。

表 1 -5　　技术先进型服务企业类型代码表

代码	类型	
	大类	小类
110	服务外包类	信息技术外包服务（ITO）
120		技术性业务流程外包服务（BPO）
130		技术性知识流程外包服务（KPO）
210	服务贸易类	计算机和信息服务
220		研究开发和技术服务
230		文化技术服务
240		中医药医疗服务

填报该项则放开表 A107040 第 19 行“十九、技术先进型服务企业（服务外包类）减按 15% 的税率征收企业所得税”和第 20 行“二十、技术先进型服务企业（服务贸易类）减按 15% 的税率征收企业所得税”允许填报。

2. 非营利组织

“207 非营利组织”：纳税人为非营利组织的，选择“是”。此项与符合条件的非营利组织的收入免征所得税优惠相关。

需要说明的是，这是大口径的非营利组织概念。填报该行则放开“免税、减计收入及加计扣除优惠明细表”（A107010）第9行“（三）符合条件的非营利组织的收入免征企业所得税”允许填报。

3. 软件与集成电路企业类型

“208 软件、集成电路企业类型”：纳税人按照企业类型从“软件、集成电路企业类型代码表”（见表1－6）中选择相应的代码填入本项。软件、集成电路企业若符合相关企业所得税优惠政策条件的，无论是否享受企业所得税优惠，均应填报本项。

表1－6　　软件、集成电路企业类型代码表

代码	类型		
	大类	中类	小类
110	集成电路生产企业	线宽小于0.8微米（含）的企业	
120		线宽小于0.25微米的企业	
130		投资额超过80亿元的企业	
140		线宽小于130纳米的企业	
150		线宽小于65纳米或投资额超过150亿元的企业	
210	集成电路设计企业	新办符合条件企业	
220		符合规模条件的重点集成电路设计企业	
230		符合领域的重点集成电路设计企业	
311	软件企业	一般软件企业	新办符合条件企业
312			符合规模条件的重点软件企业
313			符合领域条件的重点软件企业
314			符合出口条件的重点软件企业
321		嵌入式或信息系统集成软件	新办符合条件企业
322			符合规模条件的重点软件企业
323			符合领域条件的重点软件企业
324			符合出口条件的重点软件企业
400	集成电路封装测试企业		
500	集成电路关键专用材料生产企业		
600	集成电路专用设备生产企业		

代码说明：

（1）集成电路生产企业。

“集成电路生产企业”：符合《财政部　税务总局　发展改革委　工业和信息化部关于软件和集成电路产业企业所得税优惠政策有关问题的通知》（财税〔2016〕49号）、《财政部　税务总局　国家发展改革委　工业和信息化部关于集成电路生产企业有关企业所得税政策问题的通知》（财税〔2018〕27号）等文件规定的集成电路生产企业。具体说明如下：

①“线宽小于0.8微米（含）的企业”是指可以享受第一年至第二年免征企业所得税，第三年至第五年按照25%的法定税率减半征收企业所得税优惠政策的集成电路线宽小于0.8微米（含）的集成电路生产企业。

②“线宽小于0.25微米的企业”是指可以享受减按15%的税率征收企业所得税优惠政策，或者第一年至第五年免征企业所得税，第六年至第十年按照25%的法定税率减半征收企业所得税优惠政策的集成电路线宽小于0.25微米的集成电路生产企业。

③“投资额超过80亿元的企业”是指可以享受减按15%的税率征收企业所得税优惠政策，或者第一年至第五年免征企业所得税，第六年至第十年按照25%的法定税率减半征收企业所得税优惠政策的投资额超过80亿元的集成电路生产企业。

④“线宽小于130纳米的企业”是指可以享受第一年至第二年免征企业所得税，第三年至第五年按照25%的法定税率减半征收企业所得税优惠政策的集成电路线宽小于130纳米的集成电路生产企业。

⑤“线宽小于65纳米或投资额超过150亿元的企业”是指可以享受第一年至第五年免征企业所得税，第六年至第十年按照25%的法定税率减半征收企业所得税优惠政策的集成电路线宽小于65纳米或投资额超过150亿元的集成电路生产企业。

（2）集成电路设计企业。

“集成电路设计企业”：符合财税〔2016〕49号、《财政部税务总局关于集成电路设计和软件产业企业所得税政策的公告》（财政部税务总局公告2019年第68号）等文件规定的集成电路设计企业、国家规划布局内的重点集成电路设计企业。具体说明如下：

①“新办符合条件企业”是指可以享受第一年至第二年免征企业所得税，第三年至第五年按照25%的法定税率减半征收企业所得税优惠政策的集成电路设计企业。

②“符合规模条件的重点集成电路设计企业”是指可以享受减按10%的税率征收企业所得税优惠政策的国家规划布局内的重点集成电路设计企业，且其符合财税〔2016〕49号文件第五条第（一）项“汇算清缴年度集成电路设计销售（营业）收入不低于2亿元，年应纳税所得额不低于1000万元，研究开发人员占月平均职工总数的比例不低于25%”的规定。

③“符合领域的重点集成电路设计企业”是指可以享受减按10%的税率征收企业所得税优惠政策的国家规划布局内的重点集成电路设计企业，且其符合财税〔2016〕49号文件第五条第（二）项“在国家规定的重点集成电路设计领域内，汇算清缴年度集成电路设计销售（营业）收入不低于2 000万元，应纳税所得额不低于250万元，研究开发人员占月平均职工总数的比例不低于35%，企业在中国境内发生的研究开发费用金额占研究开发费用总额的比例不低于70%”的规定。

（3）软件企业。

“软件企业”：符合财税〔2016〕49号、财政部 税务总局公告2019年第68号等文件规定的软件企业、国家规划布局内的重点软件企业。具体说明如下：

①“一般软件企业——新办符合条件企业”是指可以享受第一年至第二年免征企

业所得税，第三年至第五年按照 25% 的法定税率减半征收企业所得税优惠政策的符合条件的软件企业，且其符合财税〔2016〕49 号文件第四条第（四）项“汇算清缴年度软件产品开发销售（营业）收入占企业收入总额的比例不低于 50%，其中：软件产品自主开发销售（营业）收入占企业收入总额的比例不低于 40%”的规定。

②“一般软件企业——符合规模条件的重点软件企业”是指可以享受减按 10% 的税率征收企业所得税优惠政策的国家规划布局内的重点软件企业，且其符合财税〔2016〕49 号文件第四条第（四）项“汇算清缴年度软件产品开发销售（营业）收入占企业收入总额的比例不低于 50%，其中：软件产品自主开发销售（营业）收入占企业收入总额的比例不低于 40%”和第六条第（一）项“汇算清缴年度软件产品开发销售（营业）收入不低于 2 亿元，应纳税所得额不低于 1 000 万元，研究开发人员占企业月平均职工总数的比例不低于 25%”的规定。

③“一般软件企业——符合领域条件的重点软件企业”是指可以享受减按 10% 的税率征收企业所得税优惠政策的国家规划布局内的重点软件企业，且其符合财税〔2016〕49 号文件第四条第（四）项“汇算清缴年度软件产品开发销售（营业）收入占企业收入总额的比例不低于 50%，其中：软件产品自主开发销售（营业）收入占企业收入总额的比例不低于 40%”和第六条第（二）项“在国家规定的重点软件领域内，汇算清缴年度软件产品开发销售（营业）收入不低于 5 000 万元，应纳税所得额不低于 250 万元，研究开发人员占企业月平均职工总数的比例不低于 25%，企业在中国境内发生的研究开发费用金额占研究开发费用总额的比例不低于 70%”的规定。

④“一般软件企业——符合出口条件的重点软件企业”是指可以享受减按 10% 的税率征收企业所得税优惠政策的国家规划布局内的重点软件企业，且其符合财税〔2016〕49 号文件第四条第（四）项“汇算清缴年度软件产品开发销售（营业）收入占企业收入总额的比例不低于 50%，其中：软件产品自主开发销售（营业）收入占企业收入总额的比例不低于 40%”和第六条第（三）项“汇算清缴年度软件出口收入总额不低于 800 万美元，软件出口收入总额占本企业年度收入总额比例不低于 50%，研究开发人员占企业月平均职工总数的比例不低于 25%”的规定。

⑤“嵌入式或信息系统集成软件——新办符合条件企业”是指可以享受第一年至第二年免征企业所得税，第三年至第五年按照 25% 的法定税率减半征收企业所得税优惠政策的符合条件的软件企业，且其符合财税〔2016〕49 号文件第四条第（四）项“汇算清缴年度嵌入式软件产品和信息系统集成产品开发销售（营业）收入占企业收入总额的比例不低于 40%，其中：嵌入式软件产品和信息系统集成产品自主开发销售（营业）收入占企业收入总额的比例不低于 30%”的规定。

⑥“嵌入式或信息系统集成软件——符合规模条件的重点软件企业”是指可以享受减按 10% 的税率征收企业所得税优惠政策的国家规划布局内的重点软件企业，且其符合财税〔2016〕49 号文件第四条第（四）项“汇算清缴年度嵌入式软件产品和信息系统集成产品开发销售（营业）收入占企业收入总额的比例不低于 40%，其中：嵌入

式软件产品和信息系统集成产品自主开发销售（营业）收入占企业收入总额的比例不低于30%”和第六条第（一）项“汇算清缴年度软件产品开发销售（营业）收入不低于2亿元，应纳税所得额不低于1 000万元，研究开发人员占企业月平均职工总数的比例不低于25%”的规定。

⑦“嵌入式或信息系统集成软件——符合领域条件的重点软件企业”是指可以享受减按10%的税率征收企业所得税优惠政策的国家规划布局内的重点软件企业，且其符合财税〔2016〕49号文件第四条第（四）项“汇算清缴年度嵌入式软件产品和信息系统集成产品开发销售（营业）收入占企业收入总额的比例不低于40%，其中：嵌入式软件产品和信息系统集成产品自主开发销售（营业）收入占企业收入总额的比例不低于30%”和第六条第（二）项“在国家规定的重点软件领域内，汇算清缴年度软件产品开发销售（营业）收入不低于5 000万元，应纳税所得额不低于250万元，研究开发人员占企业月平均职工总数的比例不低于25%，企业在中国境内发生的研究开发费用金额占研究开发费用总额的比例不低于70%”的规定。

⑧“嵌入式或信息系统集成软件——符合出口条件的重点软件企业”是指可以享受减按10%的税率征收企业所得税优惠政策的国家规划布局内的重点软件企业，且其符合财税〔2016〕49号文件第四条第（四）项“汇算清缴年度嵌入式软件产品和信息系统集成产品开发销售（营业）收入占企业收入总额的比例不低于40%，其中：嵌入式软件产品和信息系统集成产品自主开发销售（营业）收入占企业收入总额的比例不低于30%”和第六条第（三）项“汇算清缴年度软件出口收入总额不低于800万美元，软件出口收入总额占本企业年度收入总额比例不低于50%，研究开发人员占企业月平均职工总数的比例不低于25%”的规定。

4. 集成电路封装测试企业

“集成电路封装测试企业”：符合《财政部　税务总局　发展改革委　工业和信息化部关于进一步鼓励集成电路产业发展企业所得税政策的通知》（财税〔2015〕6号）文件规定可以享受企业所得税优惠政策的集成电路封装、测试企业。

5. 集成电路关键专用材料生产企业

“集成电路关键专用材料生产企业”：符合财税〔2015〕6号文件规定可以享受企业所得税优惠政策的集成电路关键专用材料生产企业。

6. 集成电路专用设备生产企业

“集成电路专用设备生产企业”：符合财税〔2015〕6号文件规定可以享受企业所得税优惠政策的集成电路专用设备生产企业。

7. 集成电路生产项目类型

表A000000“209集成电路生产项目类型”：纳税人投资集成电路线宽小于130纳米或集成电路线宽小于65纳米或投资额超过150亿元的集成电路生产项目，项目符合《财政部　税务总局　国家发展改革委　工业和信息化部关于集成电路生产企业有关企业所得税政策问题的通知》（财税〔2018〕27号）等文件规定的税收优惠政策条件，且按照项目享受企业所得税优惠政策的，应填报本项。纳税人投资线宽小于130纳米的集成电路生产项目的，选择“130纳米”，投资线宽小于65纳米或投资额超过150亿元的集成电路生产项目的，选择“65纳米”；同时投资上述两类项目的，可同时选择“130纳米”和“65纳米”。

纳税人既符合“208软件、集成电路企业类型”项目又符合“209集成电路生产项目类型”项目填报条件的，应当同时填报。

8. 科技型中小企业

“210科技型中小企业”：纳税人根据申报所属期年度和申报所属期下一年度取得的科技型中小企业入库登记编号情况，填报本项目下的“210－1”“210－2”“210－3”“210－4”。如，纳税人在进行2019年度企业所得税汇算清缴纳税申报时，“210－1 ____（申报所属期年度）入库编号”首先应当填列“2019（申报所属期年度）入库编号”，“210－3 ____（所属期下一年度）入库编号”首先应当填列“2020（所属期下一年度）入库编号”。若纳税人在2019年1月1日至2019年12月31日之间取得科技型中小企业入库登记编号的，将相应的“编号”及“入库时间”分别填入“210－1”和“210－2”项目中；若纳税人在2020年1月1日至2019年度汇算清缴纳税申报日之间取得科技型中小企业入库登记编号的，将相应的“编号”及“入库时间”分别填入“210－3”和“210－4”项目中。纳税人符合上述填报要求的，无论是否享受企业所得税优惠政策，均应填报本项。

9. 申报所属期年度有效的高新技术企业证书

“211高新技术企业申报所属期年度有效的高新技术企业证书”：纳税人根据申报所属期年度拥有的有效期内的高新技术企业证书情况，填报本项目下的“211－1”“211－2”“211－3”“211－4”。在申报所属期年度，如企业同时拥有两个高新技术企业证书，则两个证书情况均应填报。如：纳税人2016年10月取得高新技术企业证书，有效期3年，2019年再次参加认定并于2019年11月取得新高新技术企业证书，纳税人在进行2019年度企业所得税汇算清缴纳税申报时，应将两个证书的“编号”及“发证时间”分别填入“211－1”“211－2”“211－3”“211－4”项目中。纳税人符合上述填报要求的，无论是否享受企业所得税优惠政策，均应填报本项。

（六）企业重组信息

1. 重组事项税务处理方式

“212重组事项税务处理方式”：纳税人在申报所属期年度发生重组事项的，应填报本项。纳税人重组事项按一般性税务处理的，选择“一般性”；重组事项按特殊性税务处理的，选择“特殊性”。

2. 重组交易与当事方类型

“213重组交易类型”和“214重组当事方类型”：填报“212重组事项税务处理方式”的纳税人，应当同时填报“213重组交易类型”和“214重组当事方类型”。纳税人根据重组情况从"重组交易类型和当事方类型代码表"（见表1－7）中选择相应代码分别填入对应项目中。重组交易类型和当事方类型根据《财政部　国家税务总局关于企业重组业务企业所得税处理若干问题的通知》（财税〔2009〕59号）、《财政部　税务总局关于促进企业重组有关企业所得税处理问题的通知》（财税〔2014〕109号）、《国家税务总局关于企业重组业务企业所得税征收管理若干问题的公告》（国家税务总局公告2015年第48号发布、国家税务总局公告2018年第31号修改）等文件规定判断。

表1－7　　重组交易类型和当事方类型代码表

重组交易		重组当事方	
代码	类型	代码	类型
100	法律形式改变	—	—
200	债务重组	210	债务人
		220	债权人
300	股权收购	310	收购方
		320	转让方
		330	被收购企业
400	资产收购	410	收购方
		420	转让方
500	合并	510	合并企业
		520	被合并企业
		530	被合并企业股东
600	分立	610	分立企业
		620	被分立企业
		630	被分立企业股东

3. 债务重组所得递延纳税年度

"223债务重组所得递延纳税年度"：纳税人债务重组确认的应纳税所得额按照《财政部　国家税务总局关于企业重组业务企业所得税处理若干问题的通知》（财税〔2009〕59号）等文件规定，在5个纳税年度的期间内，均匀计入各年度的应纳税所得额的，且申报所属期年度处在递延纳税期间的，选择"是"。

（七）发生资产（股权）划转特殊性税务处理事项

"222发生资产（股权）划转特殊性税务处理事项"：纳税人在申报所属期年度发生《财政部　税务总局关于促进企业重组有关企业所得税处理问题的通知》（财税〔2014〕109号）、《国家税务总局关于资产（股权）划转企业所得税征管问题的公告》（国家税务总局公告2015年第40号）等文件规定的资产（股权）划转特殊性税务处理事项的，选择"是"。

（八）非货币性资产与技术成果投资入股情况

1. 发生非货币性资产对外投资递延纳税事项

“218 发生非货币性资产对外投资递延纳税事项”：纳税人在申报所属期年度发生非货币性资产对外投资递延纳税事项的，选择“是”。

2. 非货币性资产对外投资转让所得递延纳税年度

“219 非货币性资产对外投资转让所得递延纳税年度”：纳税人以非货币性资产对外投资确认的非货币性资产转让所得，按照《财政部　税务总局关于非货币性资产投资企业所得税政策问题的通知》（财税〔2014〕116 号）、《国家税务总局关于非货币性资产投资企业所得税有关征管问题的公告》（国家税务总局公告 2015 年第 33 号）等文件规定，在不超过 5 年期限内分期均匀计入相应年度的应纳税所得额的，且申报所属期年度处在递延纳税期间的，选择“是”。

3. 发生技术成果投资入股递延纳税事项

“220 发生技术成果投资入股递延纳税事项”：纳税人在申报所属期年度发生技术入股递延纳税事项的，选择“是”。

4. 技术成果投资入股递延纳税年度

“221 技术成果投资入股递延纳税年度”：纳税人发生技术入股事项，按照《财政部　税务总局关于完善股权激励和技术入股有关所得税政策的通知》（财税〔2016〕101 号）、《国家税务总局关于股权激励和技术入股所得税征管问题的公告》（国家税务总局公告 2016 年第 62 号）等文件规定选择适用递延纳税政策，即在投资入股当期暂不纳税，递延至转让股权时按股权转让收入减去技术成果原值和合理税费后的差额计算缴纳所得税的，且申报所属期年度为转让股权年度的，选择“是”。

（九）政策性搬迁情况

1. 政策性搬迁开始时间

“215 政策性搬迁开始时间”：纳税人发生政策性搬迁事项且申报所属期年度处在搬迁期内的，填报政策性搬迁开始的时间。

2. 发生政策性搬迁且停止生产经营无所得年度

“216 发生政策性搬迁且停止生产经营无所得年度”：纳税人的申报所属期年度处于政策性搬迁期内，且停止生产经营无所得的，选择“是”。

3. 政策性搬迁损失分期扣除年度

“217 政策性搬迁损失分期扣除年度”：纳税人发生政策性搬迁事项出现搬迁损失，按照《企业政策性搬迁所得税管理办法》（国家税务总局公告 2012 年第 40 号发布）等有关规定选择自搬迁完成年度起分 3 个年度均匀在税前扣除的，且申报所属期年度处在分期扣除期间的，选择“是”。

四、主要股东及分红情况

表A000000“主要股东及分红情况”部分，纳税人填报本企业投资比例位列前10位的股东情况。包括股东名称，证件种类（营业执照、税务登记证、组织机构代码证、身份证、护照等），证件号码（统一社会信用代码、纳税人识别号、组织机构代码号、身份证号、护照号等），投资比例，当年（决议日）分配的股息、红利等权益性投资收益金额，国籍（注册地址）。纳税人股东数量超过10位的，应将其余股东有关数据合计后填入“其余股东合计”行次。

纳税人股东为非居民企业的，证件种类和证件号码可不填报。

第三节　年度纳税申报表主表

一、年度纳税申报表主表及其适用

（一）主表的适用范围

“中华人民共和国企业所得税年度纳税申报表（A类）”（A100000，见表1－8）为企业所得税年度纳税申报表的主表，纳税人应当根据《企业所得税法》及其实施条例、相关税收政策，以及国家统一会计制度（企业会计准则、小企业会计准则、企业会计制度、事业单位会计准则和民间非营利组织会计制度等）的规定，计算填报利润总额、应纳税所得额和应纳税额等有关项目。

表1－8　A100000　中华人民共和国企业所得税年度纳税申报表（A类）

行次	类别	项　目	金额
1	利润总额计算	一、营业收入（填写A101010\101020\103000）	
2		减：营业成本（填写A102010\102020\103000）	
3		减：税金及附加	
4		减：销售费用（填写A104000）	
5		减：管理费用（填写A104000）	
6		减：财务费用（填写A104000）	
7		减：资产减值损失	
8		加：公允价值变动收益	
9		加：投资收益	
10		二、营业利润（1－2－3－4－5－6－7＋8＋9）	
11		加：营业外收入（填写A101010\101020\103000）	
12		减：营业外支出（填写A102010\102020\103000）	
13		三、利润总额（10＋11－12）	

续表

行次	类别	项目	金额
14	应纳税所得额计算	减：境外所得（填写 A108010）	
15		加：纳税调整增加额（填写 A105000）	
16		减：纳税调整减少额（填写 A105000）	
17		减：免税、减计收入及加计扣除（填写 A107010）	
18		加：境外应税所得抵减境内亏损（填写 A108000）	
19		四、纳税调整后所得（13－14＋15－16－17＋18）	
20		减：所得减免（填写 A107020）	
21		减：弥补以前年度亏损（填写 A106000）	
22		减：抵扣应纳税所得额（填写 A107030）	
23		五、应纳税所得额（19－20－21－22）	
24	应纳税额计算	税率（25%）	
25		六、应纳所得税额（23×24）	
26		减：减免所得税额（填写 A107040）	
27		减：抵免所得税额（填写 A107050）	
28		七、应纳税额（25－26－27）	
29		加：境外所得应纳所得税额（填写 A108000）	
30		减：境外所得抵免所得税额（填写 A108000）	
31		八、实际应纳所得税额（28＋29－30）	
32		减：本年累计实际已缴纳的所得税额	
33		九、本年应补（退）所得税额（31－32）	
34		其中：总机构分摊本年应补（退）所得税额（填写 A109000）	
35		财政集中分配本年应补（退）所得税额（填写 A109000）	
36		总机构主体生产经营部门分摊本年应补（退）所得税额（填写 A109000）	

表 A100000 是在纳税人会计利润总额的基础上，加减纳税调整等金额后计算出“纳税调整后所得”。会计与税法的差异（包括收入类、扣除类、资产类等差异）通过“纳税调整项目明细表”（A105000）集中填报。

纳税人在计算企业所得税应纳税所得额及应纳税额时，会计处理与税收规定不一致的，应当按照税收规定计算。税收规定不明确的，在没有明确规定之前，暂按国家统一会计制度计算。

该表包括利润总额计算、应纳税所得额计算、应纳税额计算三个部分。

（二）主表的修订情况

1. 明确填报规则

为与《财政部关于修订印发 2018 年度一般企业财务报表格式的通知》（财会〔2018〕15 号）规定衔接，修订“利润总额计算”部分的填报说明，明确采用一般企业财务报表格式（2019 年版）的纳税人相关项目的填报规则；规范分支机构（须进行完整年度纳税申报且按比例纳税）第 31 行“实际应纳所得税额”的填报规则；根据附表的调整情况，对表间关系进行了相应调整。

2. 调整行次顺序

为使纳税人可最大限度享受所得税税前弥补亏损政策（有限定期限）和抵扣应纳税所得额优惠政策（无限定期限），按照有利于纳税人原则，2017 年版“中华人民共和国企业所得税年度纳税申报表”（A100000）将原 2014 年版 A100000 第 21 行“抵扣应纳税所得额”与第 22 行“弥补以前年度亏损”的行次顺序进行对调。调整后，纳税人先用纳税调整后所得弥补以前年度亏损，再用弥补以前年度亏损后的余额抵扣可抵扣的应纳税所得额。

在 2014 年版主表 A100000 中，第 21 行为“减：抵扣应纳税所得额”，第 22 行为“减：弥补以前年度亏损”，这在一定程度上引起了是先弥补亏损后享受抵扣应纳税所得额，还是先享受抵扣应纳税所得额优惠后弥补以前年度亏损的争议。

为提高政策的确定性，2017 年版表 A100000 调整了上述行次的顺序，即将“减：弥补以前年度亏损”调到“减：抵扣应纳税所得额”之前。这就进一步明确了纳税人可以先弥补以前年度亏损，再用余下的所得享受抵扣应纳税所得额优惠。

（三）企业所得税的计算步骤

2017 年版的企业所得税年度纳税申报表采用间接法计算应纳税所得额，再计算应纳税额，境外所得抵免所得税额，最后计算出实际应纳税额。具体步骤如下：

第一步，计算利润总额。

2017 年版企业所得税年度纳税申报表第一部分“利润总额的计算”按照企业会计准则原利润表的格式设计、计算确定会计利润总额。

第二步，计算境内所得应纳税所得额。

在企业会计利润总额的基础上，减去“境外所得”，加减纳税调整额，再减去“免税、减计收入及加计扣除”优惠，加“境外应税所得抵减境内亏损”后计算出“纳税调整后所得”。会计与税法的差异（包括收入类、扣除类、资产类等永久性和暂时性差异）通过“纳税调整项目明细表”集中体现。

在此基础上，享受所得减免优惠、弥补以前年度亏损、抵扣应纳税所得额优惠后，计算出境内所得应纳税所得额。

第三步，计算境内所得应纳税额。

应纳税所得额乘以法定税率 25% 得到应纳所得税额，在应纳所得税额的基础上，减去“减免所得税额”和“抵免所得税额”计算出境内所得的应纳税额。

第四步，计算境外所得应补税额。

从境内外所得的利润总额中扣除的境外所得，首先用于弥补境内当年亏损（表 A100000 第 18 行“加：境外应税所得抵减境内亏损”）和境内以前年度亏损后的余额，按规定计算境外所得应纳所得税额，减去境外所得抵免所得税额，计算出境外所得应补税额。

第五步，计算境内实际应纳所得税额和应补（退）所得税额。

境内所得应纳税额（表 A100000 第 28 行“应纳税额”）加上境外所得应补的所得税额，计算出境内外所得实际应纳所得税额。再扣除累计实际已预缴的所得税额后，计算出“本年应补（退）所得税额”（即境外所得应补所得税额与境内所得应补（退）税额之和）。

二、利润总额计算

“利润总额计算”中的项目，按照国家统一会计制度规定计算填报。执行企业会计准则、小企业会计准则、企业会计制度与分行业会计制度的纳税人，其数据直接取自“利润表”（另有说明的除外）；执行事业单位会计准则的纳税人，其数据取自“收入支出表”；执行民间非营利组织会计制度的纳税人，其数据取自“业务活动表”；执行其他国家统一会计制度的纳税人，根据该表项目进行分析填报。

表 A100000 第 1 ~ 13 行参照国家统一会计制度规定填写。本部分未设“研发费用”“其他收益”“资产处置收益”等项目，对于已执行《财政部关于修订印发 2018 年度一般企业财务报表格式的通知》（财会〔2018〕15 号）、《财政部关于修订印发 2019 年度一般企业财务报表格式的通知》（财会〔2019〕6 号）的纳税人，在“利润表”中归集的“研发费用”通过“期间费用明细表”（A104000）第 19 行“十九、研究费用”的管理费用相应列次填报；在“利润表”中归集的“其他收益”“资产处置收益”“信用减值损失”“净敞口套期收益”项目则无需填报，同时第 10 行“二、营业利润”不执行“第 10 行 = 第 1 - 2 - 3 - 4 - 5 - 6 - 7 + 8 + 9 行”的表内关系，按照“利润表”“营业利润”项目直接填报。

根据财会〔2019〕6 号印发的一般企业财务报表格式，利润总额的计算公式如下：

净利润（净亏损） = 利润总额 - 所得税费用

利润总额 = 营业利润 + 营业外收入 - 营业外支出

营业利润 = 营业收入 - 营业成本 - 税金及附加 - 期间费用 - 研发费用 - 资产减值损失 + 公允价值变动收益（减损失） + 其他收益 + 投资收益 + 资产处置收益（减损失）

不过，2017 年版年度纳税申报表“利润总额计算”部分仍按原企业会计准则利润表格式设置。2017 年版年度纳税申报表中利润总额计算公式如下：

利润总额 = 营业利润 + 营业外收入 - 营业外支出

营业利润 = 营业收入 - 营业成本 - 税金及附加 - 期间费用 - 资产减值损失 + 公允价值变动收益（减损失） + 投资收益

利润表中新增“资产处置收益”行项目，反映企业出售划分为持有待售的非流动资产（金融工具、长期股权投资和投资性房地产除外）或处置组时确认的处置利得或损失，以及处置未划分为持有待售的固定资产、在建工程、生产性生物资产及无形资产而产生的处置利得或损失。债务重组中因处置非流动资产产生的利得或损失和非货币性资产交换产生的利得或损失也包括在该项目内。该项目应根据在损益类科目新设置的“资产处置损益”科目的发生额分析填列；如为处置损失，以“-”号填列。

利润表中新增“其他收益”行项目，反映计入其他收益的政府补助等。该项目应根据在损益类科目新设置的“其他收益”科目的发生额分析填列。

（一）营业收入

表A100000第1行“营业收入”：填报纳税人主要经营业务和其他经营业务取得的收入总额。该行根据“主营业务收入”和“其他业务收入”的数额填报。一般企业纳税人根据“一般企业收入明细表”（A101010）填报；金融企业纳税人根据“金融企业收入明细表”（A101020）填报；事业单位、社会团体、民办非企业单位、非营利组织等纳税人根据“事业单位、民间非营利组织收入、支出明细表”（A103000）填报。

第1行=表A101010第1行或表A101020第1行或表A103000第2+3+4+5+6行或表A103000第11+12+13+14+15行。

本行是会计口径。营业收入包括主营业务收入和其他业务收入。

“其他业务收入”：执行《企业会计准则》的企业，其他业务收入是指销售材料收入、出租固定资产收入、出租无形资产收入、出租包装物和商品收入。执行《小企业会计准则》的企业，其他业务收入是指出租固定资产、出租无形资产、销售材料等实现的收入，出租包装物和商品收入计入营业外收入。

其他业务收入是计算广告费、业务招待费扣除限额的基数之一；而营业外收入不是。计算广告费、业务招待费的扣除限额的基数是主营业务收入（会计口径）+其他业务收入（会计口径）+视同销售收入+房地产企业当年净增加的预收账款。

房地产企业当年净增加的预收账款=预收账款期末数-预收账款期初数=当年新发生的预收账款-当年预收账款转为主营业务收入部分

如果是从事股权投资业务的企业，计算业务招待费扣除限额的基数时，还包括其从被投资企业所分配的股息、红利以及股权转让收入。

（二）营业成本

第2行“营业成本”项目：填报纳税人主要经营业务和其他经营业务发生的成本总额。该行根据“主营业务成本”和“其他业务成本”的数额填报。一般企业纳税人根据“一般企业成本支出明细表”（A102010）填报；金融企业纳税人根据“金融企业支出明细表”（A102020）填报；事业单位、社会团体、民办非企业单位、非营利组织等纳税人，根据“事业单位、民间非营利组织收入、支出明细表”（A103000）填报。

表A100000第2行=表A102010第1行或表A102020第1行或表A103000第19+20+21+22行或表A103000第25+26+27行。

（三）税金及附加

第 3 行“税金及附加”：填报纳税人经营活动发生的消费税、城市维护建设税、资源税、土地增值税和教育费附加等相关税费。该行根据纳税人相关会计科目填报。纳税人在其他会计科目核算的税金不得重复填报。

《小企业会计准则》中的税金及附加除了核算消费税、城市维护建设税、资源税、土地增值税和教育费附加等，还包括城镇土地使用税、房产税、车船税、印花税、矿产资源补偿费和排污费。

根据《财政部关于印发〈增值税会计处理规定〉的通知》（财会〔2016〕22 号）的规定，全面试行营业税改征增值税后，“营业税金及附加”科目名称调整为“税金及附加”科目，该科目核算企业经营活动发生的消费税、城市维护建设税、资源税、教育费附加及房产税、城镇土地使用税、车船税、印花税等相关税费；利润表中的“营业税金及附加”项目调整为“税金及附加”项目。

根据会计将“营业税金及附加”名称调整为“税金及附加”的规定，将原 2014 年版表 A100000 第 3 行“营业税金及附加”项目名称调整为“税金及附加”，以与企业会计处理与利润表项目相适应。

（四）期间费用

第 4 行“销售费用”：填报纳税人在销售商品和材料、提供劳务的过程中发生的各种费用。该行根据“期间费用明细表”（A104000）中对应的“销售费用”填报。即，表 A100000 第 4 行 = 表 A104000 第 26 行第 1 列。

第 5 行“管理费用”：填报纳税人为组织和管理企业生产经营发生的管理费用。该行根据“期间费用明细表”（A104000）中对应的“管理费用”填报。即，表 A100000 第 5 行 = 表 A104000 第 26 行第 3 列。

第 6 行“财务费用”：填报纳税人为筹集生产经营所需资金等发生的筹资费用。该行根据“期间费用明细表”（A104000）中对应的“财务费用”填报。即，表 A100000 第 6 行 = 表 A104000 第 26 行第 5 列。

（五）资产减值损失

第 7 行“资产减值损失”：填报纳税人计提各项资产准备发生的减值损失。该行根据企业“资产减值损失”科目的数额填报。执行其他会计制度的比照填报。

由于《小企业会计准则》不提取资产减值准备，只有执行《企业会计准则》的纳税人才有可能填报此行。

根据《企业会计制度》的规定，固定资产、在建工程、无形资产减值计入“营业外支出”；根据《企业会计准则》的规定，则计入“资产减值损失”。对存货如发生减值，《企业会计制度》和《小企业会计制度》都计入“管理费用”；根据《企业会计准则》的规定，则计入“资产减值损失”。对长期股权投资发生减值，《企业会计制度》规定计入“投资收益”；《企业会计准则》规定计入“资产减值损失”。发生的坏账准备，《小企业会计制度》和《企业会计制度》计入“管理费用”；《企业会计准则》计入“资产减值损失”。

（六）公允价值变动收益

第 8 行“公允价值变动收益”：填报纳税人在初始确认时划分为以公允价值计量且其变动计入当期损益的金融资产或金融负债（包括交易性金融资产或负债，直接指定为以公允价值计量且其变动计入当期损益的金融资产或金融负债），以及采用公允价值模式计量的投资性房地产、衍生工具和套期业务中公允价值变动形成的应计入当期损益的利得或损失。该行根据企业“公允价值变动损益”科目的数额填报，损失以“ - ”号填列。

执行《企业会计准则》的企业填报此行。执行《企业会计制度》和《小企业会计准则》的企业则不填报。根据《企业会计准则》的规定，资产负债表日，交易性金融资产的公允价值高于其账面余额的差额，借记“交易性金融资产——公允价值变动”科目，贷记“公允价值变动损益”；公允价值低于其账面余额的，做相反分录。资产负债表日，交易性金融负债的公允价值高于其账面余额的差额，借记“公允价值变动损益”科目，贷记“交易性金融负债——公允价值变动”，公允价值低于其账面余额的，做相反分录。

资产负债表日，采用公允价值模式计量的投资性房地产的公允价值高于账面价值的，借记“投资性房地产——公允价值变动”科目，贷记“公允价值变动损益”，公允价值低于其账面余额的，做相反分录。

（七）投资收益

第 9 行“投资收益”：填报纳税人以各种方式对外投资所取得的收益或发生的损失。根据企业“投资收益”科目的数额计算填报，执行事业单位会计准则的纳税人根据“其他收入”科目中的投资收益金额分析填报，损失以“ - ”号填列。执行其他会计制度的纳税人比照填报。即，表 A100000 第 9 行 = 表 A103000 第 8 行或者第 16 行（仅限于填报表 A103000 的纳税人，其他纳税人根据财务核算情况自行填写）。

（八）营业利润

第 10 行“营业利润”：填报纳税人当期的营业利润。根据上述项目计算填报。已执行《财政部关于修订印发 2019 年度一般企业财务报表格式的通知》（财会〔2019〕6 号）的纳税人，根据“利润表”对应项目填列。

（九）营业外收入与营业外支出

第 11 行“营业外收入”：填报纳税人取得的与其经营活动无直接关系的各项收入的

金额。一般企业纳税人根据“一般企业收入明细表”（A101010）填报；金融企业纳税人根据“金融企业收入明细表”（A101020）填报；执行事业单位会计准则或民间非营利组织会计制度的纳税人根据“事业单位、民间非营利组织收入、支出明细表”（A103000）填报。即，表 A100000 第 11 行 = 表 A101010 第 16 行或表 A101020 第 35 行或表 A103000 第 9 行或第 17 行。

第 12 行“营业外支出”：填报纳税人发生的与其经营活动无直接关系的各项支出的金额。一般企业纳税人根据“一般企业成本支出明细表”（A102010）填报；金融企业纳税人根据“金融企业支出明细表”（A102020）填报；执行事业单位会计准则或民间非营利组织会计制度的纳税人根据“事业单位、民间非营利组织收入、支出明细表”（A103000）填报。即，表 A100000 第 12 行 = 表 A102010 第 16 行或表 A102020 第 33 行或表 A103000 第 23 行或第 28 行。

（十）利润总额

第 13 行“利润总额”：填报纳税人当期的利润总额。根据上述项目计算填报。

本行是计算公益性捐赠税前扣除限额的基数。作为计算公益性捐赠扣除限额的计算基数，必须是符合国家统一会计制度规定的正确的会计利润。如果会计处理不规范，导致会计上利润总额不正确的，要进行调整。这与纳税调整是不同的。

这里的“利润总额”取自符合国家统一会计制度口径计算的正确的“利润表”，如果“利润表”错了，要修正“利润表”，不能通过纳税调整项目进行调整。这里强调的是正确的“利润表”，而没有强调是正确的会计分录和会计账簿。有时，“利润表”与会计分录或会计账簿是不一致的，如资产负债表日后调整事项，如涉及损益的，在资产负债表日与财务报表批准报出日之间发生的调整事项，会计分录和会计账簿是计入“以前年度损益调整”，然后转入“未分配利润”，但反映在报告年度的利润表上。“以前年度损益调整”贷方发生额还原为收入，“以前年度损益调整”借方发生额还原为费用。如果是会计差错，其与资产负债表日后事项的处理不一样，这两个准则在财务调整的方法和科目的运用上都是相同的，所不同的是在报表的调整上。按照规定，会计差错更正处理不调整报告期会计报表，而是在账务调整当月月底编制会计报表时，调整资产负债表相关项目的年初数和利润及利润分配表相关项目的上年实际数。当然会计舞弊作为资产负债表日后事项时要调整报告年度利润表上的相关项目数字（如收入或成本费用等）。

【例 1－1】 2019 年 11 月，甲公司销售给乙公司产品一批，销售价格 100 000 元（不含税，增值税税率适用 13%），销售成本 80 000 元。货款于 12 月对账日尚未收到。2020 年 2 月，因产品质量问题，经协商乙公司将该批产品全部退回。此时，甲公司的财务报告尚未经批准报出。甲公司对该销售退回作为应调整的日后事项进行会计处理（属于资产负债表日后调整事项）。

要求：进行相关的财税处理。

解析：会计上调整2019年度销售收入。

借：以前年度损益调整　　100 000

　应交税费——应交增值税（销项税额）　　13 000

　贷：应收账款　　113 000

会计上调整2019年度销售成本。

借：库存商品　　80 000

　贷：以前年度损益调整　　80 000

调整所得税：(100 000 - 80 000) × 25% = 5 000（元）

借：应交税费——应交所得税　　5 000

　贷：以前年度损益调整　　5 000

将“以前年度损益调整”科目余额转入利润分配

借：利润分配——未分配利润　　15 000

　贷：以前年度损益调整　　15 000

调整利润分配：

借：盈余公积　　2 250

　贷：利润分配——未分配利润　　2 250

调整2019年度会计报表：

调整2019年资产负债表相关项目：应收账款减少113 000元，库存商品增加80 000元，应交税金减少18 000元，未分配利润减少12 750元，盈余公积减少2 250元。调整2019年利润表相关项目：主营业务收入减少100 000元，主营业务成本减少80 000元，所得税费用减少5 000元，净利润减少15 000元。

【例1-2】2019年12月，甲月饼生产企业（会计核算适用《企业会计准则》）用自产月饼作为福利发给职工，成本60万，同期市场价为100万元（适用的增值税税率为13%），企业会计做如下分录：

借：应付职工薪酬——应付福利费　　730 000

　贷：库存商品　　600 000

　　应交税费——应交增值税（销项税额）　　130 000

在此基础上，当年会计核算的利润总额是400万元。2019年账已全部结转完毕。在2020年2月份发现上述错误。

请问：应如何填报企业所得税申报表？

解析：这属一笔会计差错。

2019年12月这笔业务发生时的正确处理是：

借：应付职工薪酬——应付福利费　　1 130 000

　贷：主营业务收入　　1 000 000

　　应交税费——应交增值税（销项税额）　　130 000

借：主营业务成本　　600 000

　　贷：库存商品　　　　　　　　　　　　　　　　　　　　600 000

到 2020 年 2 月发现时，由于 2019 年账已结，应根据会计准则规定做如下调整分录：

借：应付职工薪酬——应付福利费　　　　　　　　　　　400 000

　　贷：以前年度损益调整　　　　　　　　　　　　　　400 000

不考虑其他因素的话：

借：以前年度损益调整　　　　　　　　　　　　　　　400 000

　　贷：利润分配——未分配利润　　　　　　　　　　　400 000

此种情况下，会计上不需要对企业 2019 年的利润表进行调整，而是在 2020 年度编制会计报表时，调整资产负债表相关项目的年初数和利润分配表相关项目的上年实际数。

在本例中填报主表 A100000 的第 1 至 13 行时，仍按企业的 2019 年 12 月 31 日的利润表进行填报，主表第 13 行的利润总额仍填企业 2019 年利润表上的数字。注意在计算 2019 年应纳税所得时要通过纳税调整表 A105000 和表 105010 来进行调整（视同销售收入 100 万元，视同销售成本 60 万元）。

三、应纳税所得额

（一）应纳税所得额的计算

企业所得税应纳所得税额的计算依据是应纳税所得额。根据《企业所得税法》第五条规定，企业每一纳税年度的收入总额，减除不征税收入、免税收入、各项扣除以及允许弥补的以前年度亏损后的余额，为应纳税所得额。用公式表示为：

应纳税所得额 = 收入总额 － 不征税收入 － 免税收入 － 各项扣除 － 允许弥补的以前年度亏损

上述公式表明，企业的不征税收入、免税收入不再应用于弥补以前年度亏损，企业因此实实在在得到了“优惠”；同时也表明，企业的收入总额包含不征税收入和免税收入。

（二）确定应纳税所得额的一般原则

1. 权责发生制

（1）权责发生制是企业会计基础。

《企业会计准则——基本准则》（2006 年 2 月 15 日财政部令第 33 号公布，自 2007 年 1 月 1 日起施行；2014 年 7 月 23 日根据《财政部关于修改〈企业会计准则——基本准则〉的决定》修改；以下简称“基本准则”）第九条规定，企业应当以权责发生制为基础进行会计确认、计量和报告。权责发生制基础要求，凡当期已经实现的收入和已经发生或应当负担的费用，无论款项是否收付，都应当作为当期的收入和费用，计入利润表；凡是不属于当期的收入和费用，即使款项已在当期收付，也不应当作为当期的收入和费用。

收付实现制是与权责发生制相对应的一种会计基础，它是以收到或支付的现金作为确认收入和费用的依据。

《行政单位会计制度》（财库〔2013〕218号）第九条规定，行政单位会计核算一般采用收付实现制，特殊经济业务和事项应当按照本制度的规定采用权责发生制核算。

《事业单位会计准则》（财政部令第72号）第九条规定，事业单位会计核算一般采用收付实现制；部分经济业务或者事项采用权责发生制核算的，由财政部在会计制度中具体规定。

由此可见，行政事业单位的会计核算采用权责发生制的，由财政部在相关会计制度中规定。而企业会计则采用权责发生制。

（2）权责发生制是计算应纳税所得额的基本原则。

《企业所得税法实施条例》第九条规定，企业应纳税所得额的计算，以权责发生制为原则，属于当期的收入和费用，不论款项是否收付，均作为当期的收入和费用；不属于当期的收入和费用，即使款项已经在当期收付，均不作为当期的收入和费用。该条例和国务院财政、税务主管部门另有规定的除外。

可见，权责发生制是企业计算应纳税所得额的基本原则，但不是唯一的原则。《企业所得税法实施条例》和国务院财政、税务主管部门另有规定的可以例外。例如，房地产开发企业预收售房款需要根据预计计税毛利率计算毛利额，计入当期应纳税所得额计算缴纳企业所得税等。

（3）权责发生制原则与税前扣除的真实性原则并不矛盾。

真实性是企业所得税税前扣除的基本前提，除税法规定的研究开发费用和安置残疾人员及国家鼓励安置的其他就业人员所支付的工资等，可以实行加计扣除外，一项费用只有确属已经实际发生，才可以在税前扣除。

但是，这里的实际发生，并非指“实际支付”，某些尚未支付但确属企业当期应该负担的费用，只要企业能够提供适当的凭据，就可以认定其已经真实发生，当期可以税前扣除。相反，即使是当期实际支付的费用，如果不属于当期应该承担的费用，也不是企业当期已发生的费用，当期税前不得扣除。

由此可见，税前扣除的真实性原则与权责发生制原则是一致的。

2. 税法优先原则

（1）会计与税法的适度分离。

制定税法的主要目的是保证国家财政收入，对经济和社会发展进行调控，公平税负、公平竞争，保证纳税人权益。其中最重要的一点就是财政原则，保证税收任务完成。通过公平税负为企业创造平等竞争的外部环境，并运用税收这一经济杠杆调节经济活动的运行。

然而，财务会计报告的目标是向财务会计报告使用者提供与企业财务状况、经营成果和现金流量等有关的会计信息，反映企业管理层受托责任的履行情况，有助于财务会计报告使用者作出经济决策。

可见，会计的目标主要是为了真实、完整地反映企业的财务状况、经营成果和现金流量，财政部制定企业会计准则的根本点在于让企业的投资者、债权人及社会公众等了解企业资产的真实性与盈利的可能性。会计准则（制度）与税法的制定主体不同，目标不同，内容就不可能完全相同。

（2）会计与税法差异的协调。

会计与税法具有不同的体系、制定两套体系的主体不同、目标之间存在本质差异。这使得会计准则（制度）就收入、费用和损失的确认、计量标准与企业所得税法的规定之间，产生并长期存在着一系列的差异，这是必须认真对待的会计与税务问题。

但是，我们不能因此割裂会计与税法之间的内在联系：会计核算是税收征纳的必要基础和条件，查账征收仍是主要的税收征收方式。

企业在会计核算时，应当按照国家统一会计制度的规定，对各项会计要素进行确认、计量、记录和报告。按照会计准则（制度）规定的标准进行会计处理，与税法规定的税务处理不一致的，不得调整会计账簿记录和会计报表相关项目的金额。企业在计算当期应交所得税时，应在按照会计准则（制度）计算的利润总额的基础上，按企业所得税法的相关规定调整为应纳税所得额，并据以计算当期应交所得税。

（3）税法优先原则。

根据《企业所得税法》第二十一条的规定，在计算应纳税所得额时，企业财务、会计处理办法与税收法律、行政法规的规定不一致的，应当依照税收法律、行政法规的规定计算。

根据国家税务总局公告2019年第41号的规定，企业在计算应纳税所得额及应纳所得税时，企业财务、会计处理办法与税法规定不一致的，应当按照税法规定计算。税法规定不明确的，在没有明确规定之前，暂按企业财务、会计规定计算。

在处理税法与会计关系上，我国采取的是“纳税调整体系”，即在计算应纳税所得额时，企业所得税法有明确规定的，按税法规定执行；税法没有明确规定的，一般可按国家统一的财务会计制度规定执行；税法与财务会计制度规定不一致的，按会计制度（准则）规定进行会计处理，纳税时按税法规定进行纳税调整。

有关税前扣除规定与企业实际会计处理之间的协调问题，《国家税务总局关于企业所得税应纳税所得额若干税务处理问题的公告》（国家税务总局公告2012年第15号）进一步明确，根据《企业所得税法》第二十一条的规定，对企业依据财务会计制度规定，并实际在财务会计处理上已确认的支出，凡没有超过企业所得税法和有关税收法规规定的税前扣除范围和标准（如折旧年限的选择等）的，可按企业实际会计处理确认的支出，在企业所得税前扣除，计算其应纳税所得额。这主要是为了减少会计与税法差异的调整，便于税收征管。

（三）直接法与间接法

应纳税所得额的计算方法有两种：一种是直接根据《企业所得税法》第五条有关

应纳税所得额的规定计算；另一种是在企业会计核算的利润总额的基础上，调整税法与会计的差异，扣减税基优惠和弥补以前年度亏损等后，计算出境内所得的应纳税所得额，进而计算应纳税额。前者通常称为直接法，后者通常称为间接法。

1. 直接法

在应纳税所得额计算的直接法下，企业直接根据企业所得税法律、法规的规定确定收入总额，并从收入总额中扣除依据税法规定确定的不征税收入、免税收入、各项扣除以及允许弥补的以前年度亏损，以其余额为应纳税所得额。

在直接法下，企业应纳税所得额的计算与企业的会计核算相分离，需要企业在现行会计核算体系之外，另建一套所得税会计，来核算应纳税所得额。企业一方面需要依照财务会计制度计算利润总额，另一方面还要依据税法规定核算应纳税所得额，工作量自然会增大。现实工作中很少有企业这样做。

2. 间接法

在应纳税所得额计算的间接法下，企业依据财务会计制度的规定核算利润总额，然后对同一业务或事项在财务会计处理规定与税法规定之间的差异进行纳税调整，再减除允许弥补的以前年度的亏损等后，以其余额确定应纳税所得额。其计算公式如下：

应纳税所得额 = 纳税调整后所得 – 所得减免 – 弥补以前年度亏损 – 抵扣应纳税所得额

纳税调整后所得 = 利润总额 – 境外所得 + 纳税调整增加额 – 纳税调整减少额 – 免税、减计收入及加计扣除 + 境外应税所得抵减境内亏损

在间接法下，企业应纳税所得额的确定以企业财务会计核算的利润总额为基础，在此基础上，企业依照企业所得税法律、法规的规定对利润总额进行纳税调整，间接计算应纳税所得额。与直接法相比，工作量相对较小。

为便于企业所得税征管，减轻企业所得税纳税人申报的工作量，2017 年版与 2014 年版企业所得税年度纳税申报表（A 类），就采用间接法确定应纳税所得额的设计思路，因此，这种方法又称为报表法。

2017 年版“企业所得税年度纳税申报表（A 类）”第二部分应纳税所得额的计算，是在企业根据国家统一会计制度核算的利润总额的基础上，扣除境外所得，加（减）纳税调整增加（减少）额，减除免税、减计收入及加计扣除，再加上境外应税所得抵减境内亏损后计算出纳税调整后所得。再扣减所得减免和抵扣应纳税所得额后，弥补以前年度亏损得出应纳税所得额。会计与税法的差异通过纳税调整明细表集中体现。

（四）应纳税所得额的填报

“应纳税所得额计算”和“应纳税额计算”中的项目，除根据主表逻辑关系计算以外，通过附表相应栏次填报。

1. 境外所得

表 A100000 第 14 行“境外所得”：填报已计入利润总额以及按照税法相关规定已在“纳税调整项目明细表”（A105000）进行纳税调整的境外所得金额。该行根据“境

外所得纳税调整后所得明细表”（A108010）填报。即：表 A100000 第 14 行 = 表 A108010 第 14 列合计 - 第 11 列合计。

这里的境外所得，既不是境外的税前所得也不是境外的税后所得，而是境外税前所得减去间接负担的所得税，或等于境外的税后所得加上直接缴纳的所得税（含直接缴纳的所得税和预提税，不含间接负担的所得税）。

根据主表 A100000 第 14 行的填报说明，“表 A108010 第 14 列 - 第 11 列 = 主表 A100000 第 14 行”。表 A108010 第 14 列包含表 A108010 第 3 列，而表 A108010 第 3 列又含受控外国企业视同分配的利润，既然是视同分配，实际上并未分配，企业不可能计入利润总额里。而主表 A100000 第 14 行是将境外所得减掉的，造成并未计入利润总额却又通过本行将其减掉的不妥。将受控外国企业视同分配的利润同时填报至“纳税调整项目明细表”（A105000）第 44 行第 3 列“特别纳税调整应税所得”调增金额。因为该数字并没有体现在企业的利润总额里，所以应通过填报表 A105000 的第 44 行第 3 列“特别纳税调整应税所得”调增金额，把这一项加入应纳税所得额中，这样先减后加，从申报表的逻辑上就讲得通了。而受控外国企业视同分配的利润应交的所得税通过表 A108000 然后进入主表第 29 行。

如果将来企业实际取得该分配的利润时，作纳税调减即可。因为实际取得时是不纳税的。

2. 纳税调整额

表 A100000 第 15 行“纳税调整增加额”：填报纳税人会计处理与税收规定不一致，进行纳税调整增加的金额。该行根据“纳税调整项目明细表”（A105000）“调增金额”列填报。即：表 A100000 第 15 行 = 表 A105000 第 46 行第 3 列。

表 A100000 第 16 行“纳税调整减少额”：填报纳税人会计处理与税收规定不一致，进行纳税调整减少的金额。该行根据“纳税调整项目明细表”（A105000）“调减金额”列填报。即：表 A100000 第 16 行 = 表 A105000 第 46 行第 4 列。

3. 免税、减计收入及加计扣除

表 A100000 第 17 行“免税、减计收入及加计扣除”：填报属于税收规定免税收入、减计收入、加计扣除金额。该行根据“免税、减计收入及加计扣除优惠明细表”（A107010）填报。即：表 A100000 第 17 行 = 表 A107010 第 31 行。

免税、减计收入及加计扣除优惠，不考虑当年是否亏损，实实在在地享受了优惠。

4. 境外应税所得抵减境内亏损

表 A100000 第 18 行“境外应税所得抵减境内亏损”：当纳税人选择不用境外所得抵减境内亏损时，填报 0；当纳税人选择用境外所得抵减境内亏损时，填报境外所得抵减当年度境内亏损的金额。用境外所得弥补以前年度境内亏损的，还需填报“企业所得税弥补亏损明细表”（A106000）和“境外所得税收抵免明细表”（A108000）。

（1）当境内当年纳税调整后有所得时（当 A100000 第 13 - 14 + 15 - 16 - 17 行 ≥ 0），不需用境外所得抵减境内亏损，表 A100000 第 18 行填 0。

（2）当境内当年纳税调整后为亏损（当 A100000 第 13－14＋15－16－17＜0）且境外有所得（且表 A108000 第 5 列合计行≥0），选择用境外所得抵减境内亏损时（表 A108000 第 6 列合计行＞0 时），表 A100000 第 18 行填“境外应纳税所得”合计与境内当年亏损额的孰小值（第 18 行＝表 A108000 第 5 列合计行与表 A100000 第 13－14＋15－16－17 行绝对值的孰小值）。

（3）当境内当年亏损（当 A100000 第 13－14＋15－16－17＜0）且境外应纳税所得额合计大于零（表 A108000 第 5 列合计行≥0），但不选择用境外所得抵减境内亏损时（表 A108000 第 6 列合计行＝0）时，表 A100000 第 18 行填 0。

不过，根据《企业所得税法》第十七条的规定，企业在汇总计算缴纳企业所得税时，其境外营业机构的亏损不得抵减境内营业机构的盈利。

5. 纳税调整后所得

表 A100000 第 19 行“纳税调整后所得”：填报纳税人经过纳税调整、税收优惠、境外所得计算后的所得额。

纳税调整后所得＝利润总额－境外所得＋纳税调整增加额－纳税调整减少额－免税、减计收入及加计扣除＋境外应税所得抵减境内亏损

结合表 A106000 及表 A107020 的填报说明，本行“纳税调整后所得”为负数的金额，即为可以向以后年度结转的可弥补的亏损数。本行为正数，且本行减第 20 行（该行永远大于等于 0）后可用于弥补以前年度亏损。

从纳税调整后所得的计算过程看，一是“纳税调整后所得”是境内纳税调整后所得加上境外应税所得弥补境内当年亏损后的金额；二是不征税收入和免税收入全额享受优惠，不考虑当年是否有足够的利润，且不征税收入和免税收入不得弥补当年及以前年度亏损，在计算亏损时将其剔除；三是加计扣除允许全额享受优惠，既使企业亏损也可以享受加计扣除优惠；四是在当年企业亏损时，减计收入仍可以享受减计优惠。五是境外应税所得可以弥补境内当年亏损和以前年度亏损，不过这是纳税人的选择权，纳税人既可以用境外应税所得弥补境内亏损，也可以放弃弥补。

6. 所得减免

表 A100000 第 20 行“所得减免”：填报属于税收规定的所得减免金额。该行根据“所得减免优惠明细表”（A107020）填报。

当本年境内亏损时（第 19 行≤0 时），不享受所得减免优惠（第 20 行填报 0），不论当年所得减免项目是亏损还是盈利。

当本年境内有所得时（当第 19 行＞0 时），第 20 行“所得减免”填“所得减免优惠明细表”中“减免所得额”合计与“纳税调整后所得”的孰小值。即应在“纳税调整后所得”金额范围内享受“所得减免”优惠。

根据表 A107020 的填报说明可知，本行不可能为负数。本行填报的是项目优惠，某一个项目的收入减去相应的成本费用等扣除后的所得，主要指《企业所得税法》第二十七条（企业的下列所得，可以免征、减征企业所得税：从事农、林、牧、渔业项目的

所得；从事国家重点扶持的公共基础设施项目投资经营的所得；从事符合条件的环境保护、节能节水项目的所得；符合条件的技术转让所得）以及一些专项优惠如实施清洁发展机制项目；符合条件的节能服务公司实施合同能源管理项目等。

表 A100000 第 20 行“所得减免”与第 26 行“减免所得税额”的区别在于前者填的是项目所得减免，第 26 行填的是企业的全部应纳税所得额因税率优惠等原因减免的所得税额。表 A100000 第 20 行与第 17 行的“免税收入”区别在于第 17 行是指毛收入（而不是所得）不计入应纳税所得额。

另外，根据表 A107020 的填报说明及表间关系可知表 A100000 第 19 行 – 第 20 行的结果不可能为负数，至多减至 0 为限。

7. 弥补以前年度亏损

表 A100000 第 21 行“弥补以前年度亏损”：填报纳税人按照税收规定可在税前弥补的以前年度亏损数额。该行根据“企业所得税弥补亏损明细表”（A106000）填报。即：

表 A100000 第 21 行 = 表 A106000 第 11 行第 9 列。

8. 抵扣应纳税所得额

表 A100000 第 22 行“抵扣应纳税所得额”：填报根据税收规定应抵扣的应纳税所得额。本行根据“抵扣应纳税所得额明细表”（A107030）填报。即：表 A100000 第 22 行 = 表 A107030 第 15 行第 1 列。

从主表 A100000 第 20 行、21 行、22 行的行次顺序看，纳税调整后所得先减去“所得减免”优惠，再弥补以前年度亏损之后，才享受“抵扣应纳税所得额”优惠。

9. 应纳税所得额

表 A100000 第 23 行“应纳税所得额”：填报第 19 – 20 – 21 – 22 行金额。按照上述行次顺序计算结果为负数的，本行按 0 填报。

应纳税所得额 = 纳税调整后所得 – 所得减免 – 弥补以前年度亏损 – 抵扣应纳税所得额

四、应纳税额计算

（一）应纳税额计算公式

应纳所得税额 = 应纳税所得额 × 法定税率（25%）

应纳税额 = 应纳所得税额 – 减免所得税额 – 抵免所得税额

实际应纳所得税额 = 应纳税额 + 境外所得应纳所得税额 – 境外所得抵免所得税额

本年应补（退）的所得税额 = 实际应纳所得税额 – 本年累计实际已预缴所得税额

（二）应纳税额的填报

1. 税率

表 A100000 第 24 行“税率”：填报税法规定的税率 25%。

对于高新技术企业享受15%低税率优惠，符合条件的小型微利企业享受普惠性优惠，符合条件的技术先进型服务企业享受15%低税率优惠等企业，本行仍填25%法定税率。该类低税率优惠转化为税额优惠填入第26行“减免所得税额”中。

2. 应纳所得税额

表A100000第25行“应纳所得税额”：填报第23×24行金额。即：

应纳所得税额=应纳税所得额×税率

3. 减免所得税额

表A100000第26行“减免所得税额”：填报纳税人按税收规定实际减免的企业所得税额。该行根据“减免所得税优惠明细表”（A107040）填报。即：表A100000第26行=表A107040第33行。

减免所得税额是指企业的全部应纳税所得额（不分项目）享受的税收优惠。如小型微利企业和高新技术企业等优惠和其他专项规定的税率式优惠等。

4. 抵免所得税额

表A100000第27行“抵免所得税额”：填报企业当年的应纳所得税额中抵免的金额。该行根据“税额抵免优惠明细表”（A107050）填报。即：表A100000第27行=表A107050第7行第11列。且表A107050第7行第11列≤表A100000第25－26行。

由此可见，当企业有减免所得税额优惠，也有抵免所得税额优惠时，先享受减免后享受抵免优惠。

根据填报说明，主表A100000第29行扣除第30行后的境外应补所得税，不用于境内专用设备投资抵免。

5. 应纳税额

表A100000第28行“应纳税额”：填报第25－26－27行金额。即：应纳税额=应纳所得税额－减免所得税额－抵免所得税额

6. 境外所得应纳所得税额

表A100000第29行“境外所得应纳所得税额”：填报纳税人来源于中国境外的所得，按照我国税收规定计算的应纳所得税额。该行根据“境外所得税收抵免明细表”（A108000）填报。即：表A100000第29行=表A108000合计行第9列。

表A100000第30行“境外所得抵免所得税额”：填报纳税人来源于中国境外所得依照中国境外税收法律以及相关规定应缴纳并实际缴纳（包括视同已实际缴纳）的企业所得税性质的税款（准予抵免税款）。该行根据“境外所得税收抵免明细表”（A108000）填报。即：表A100000第30行=表A108000合计行第19列。

（1）境外所得限额抵免的计算思路是：

第一，分境内、境外所得分别计算纳税。

在主表A100000第13行“利润总额”中包含境内外利润总额（境外所得体现在投资收益中或境外收入、成本费用体现在账中）的基础上，通过主表第14行“减：境外所得”（先填附表A108010，再进入主表第14行，即附表A108010第14列－附

表 A108010 第 11 列 = 主表第 14 行），将已计入利润总额的境外所得减掉后计算境内所得应纳税额。

再通过主表第 15 行“纳税调整增加额（先填附表 A105000 的第 28 行“境外所得分摊的共同支出”），将应由境外所得负担而已在本年损益中列支的共同支出部分进行调增，进而将境内、境外所得分开计算应纳（补）税额。

第三，选择用境外所得弥补境内亏损。

主表 A100000 第 18 行“加：境外应税所得抵减境内亏损”（先填写 A108000 第 6 列合计，然后将弥补境内当年亏损的部分填入主表第 18 行），用一部分境外所得弥补境内当年亏损。再用一部分境外所得弥补境内以前年度亏损，填入主表 A100000 第 21 行“减：弥补以前年度亏损”。

第三，单独计算境内外所得和应纳税额。

主表 A100000 第 28 行之前，计算的是境内所得的应纳税额。

在此基础上，通过主表第 29 行“加：境外所得应纳所得税额”（A108000 第 9 列合计 = 主表 A100000 第 29 行），计算境外所得应纳税额。通过主表第 30 行“减：境外所得抵免所得税额”（A108000 第 19 列合计 = 主表第 30 行），减去境外所得抵免金额，从而计算出境外所得在当年实际应补税款。

（2）境外所得应纳所得税额的计算过程如下：

第一，计算境外税前所得。

境外税前所得 = 境外税后所得 + 直接缴纳的所得税额 + 间接负担的所得税额 + 享受税收饶让抵免税额

第二，计算境外所得纳税调整后所得。

境外所得纳税调整后所得 = 境外税前所得 + 境外分支机构收入与支出纳税调整额 − 境外分支机构调整分摊扣除的有关成本费用（或境外所得对应调整的相关成本费用支出）

第三，计算境外应纳税所得额。

境外应纳税所得额 = 境外所得纳税调整后所得 − 弥补境外以前年度亏损（有实际亏损额和非实际亏损额之分）

第四，计算抵减境内亏损后的境外应纳税所得额。

抵减境内亏损后的境外应纳税所得额 = 境外应纳税所得额 − 抵减境内亏损

最后，计算境外所得应纳所得税额。

境外所得应纳所得税额 = 抵减境内亏损后的境外应纳税所得额 × 税率。

7. 实际应纳所得税额

表 A100000 第 31 行“实际应纳所得税额”：填报第 28 + 29 − 30 行金额。其中，跨地区经营企业类型为“分支机构（须进行完整年度申报并按比例纳税）”的纳税人，填报（第 28 + 29 − 30 行）×“分支机构就地纳税比例”金额。即：表 A100000 第 31 行 = 第 28 + 29 − 30 行。其中，跨地区经营企业类型为“分支机构（须进行完整年度申报并按比例纳税）”的纳税人，第 31 行 =（第 28 + 29 − 30 行）× 表 A000000“102 分支机构就地纳税比例”。

此处与中石油、中石化分支机构无关，仅指部分省份存在的参照中石油、中石化申报模式管理的汇总纳税企业。中石油、中石化须进行完整年度申报并按比例纳税的分支机构的主表计算顺序维持不变：第 28 行“应纳所得税额” = 应纳税所得额 × 税率 × 分支机构就地纳税比例 - 减免所得税额（即 A107040 减免所得税额 × 分支机构就地纳税比例） - 抵免所得税额

8. 本年累计实际已缴纳的所得税额

表 A100000 第 32 行“本年累计实际已缴纳的所得税额”：填报纳税人按照税收规定本纳税年度已在月（季）度累计预缴的所得税额，包括按照税收规定的特定业务已预缴（征）的所得税额，建筑企业总机构直接管理的跨地区设立的项目部按规定向项目所在地主管税务机关预缴的所得税额。

本年累计实际已缴纳的所得税额，是指截止填报申报表时止，已预缴的税款所属期为汇缴年度的企业所得税之和。

根据《国家税务总局关于跨地区经营建筑企业所得税征收管理问题的通知》（国税函〔2010〕156 号）的规定，建筑企业总机构直接管理的跨地区设立的项目部，应按项目实际经营收入的 0.2% 按月或按季由总机构向项目所在地预分企业所得税，并由项目部向所在地主管税务机关预缴。

【例 1　3】某建筑企业 A 公司在 2019 ~ 2020 年度预缴（补缴）的企业所得税额情况如下：

（1）2019 年 1 月 12 日，预缴 2018 年度第四季度企业所得税额 20 万元；

（2）2019 年 4 月 10 日，预缴 2019 年度第一季度企业所得税额 22 万元；

（3）2019 年 4 月 18 日，补缴 2018 年度汇算清缴企业所得税额 6 万元；

（4）2019 年 6 月 20 日，补充申报主管税务机关评估发现 2017 年度申报有误的企业所得税额 16 万元；

（5）2019 年 7 月 13 日，预缴 2019 年度第二季度企业所得税额 24 万元；

（6）2019 年 10 月 11 日，预缴 2019 年度第三季度企业所得税额 26 万元；

（7）2020 年 1 月 9 日，预缴 2019 年度第四季度企业所得税额 23 万元；

（8）由总机构直接管理的跨省设立的项目部按规定向项目所在地主管税务机关预缴 2019 年度的所得税额为 20 万元；

（9）其设立的分支机构 2019 年度预缴的所得税额 40 万元。

要求：计算本年累计实际已预缴的所得税额。

解析：2019 年度表 A100000 第 32 行“本年累计实际已预缴的所得税额”填报数额为：22 + 24 + 26 + 23 + 20 + 40 = 155（万元）。

9. 本年应补（退）的所得税额

表 A100000 第 33 行“本年应补（退）的所得税额”：填报第 31 - 32 行金额。即：表 A100000 第 33 行 = 第 31 - 32 行。

10. 总机构分摊本年应补（退）所得税额

表 A100000 第 34 行“总机构分摊本年应补（退）所得税额”：填报汇总纳税的总机构按照税收规定在总机构所在地分摊本年应补（退）所得税额。该行根据“跨地区经营汇总纳税企业年度分摊企业所得税明细表”（A109000）填报。即：表 A100000 第 34 行 = 表 A109000 第 12 + 16 行。即为：总机构分摊本年应补（退）的所得税额 + 境外所得抵免后的应纳所得税额 =（表 A100000 第 31 行“实际应纳所得税额” - 第 29 行“境外所得应纳所得税额” + 第 30 行“境外所得抵免所得税额” - 本年累计已预分、已分摊所得税）×25% + 第 29 行“境外所得应纳所得税” - 本表第 30 行“境外所得抵免所得税额”。

这就是说，境外所得应补税额不用于境内分支机构的分配，在总机构所在地入库。因此，表 A100000 第 34 行除了填按规定应参加分配的总额的 25% 外，还要加上境外所得在境内补缴的所得税。

11. 财政集中分配本年应补（退）所得税额

表 A100000 第 35 行“财政集中分配本年应补（退）所得税额”：填报汇总纳税的总机构按照税收规定财政集中分配本年应补（退）所得税款。该行根据“跨地区经营汇总纳税企业年度分摊企业所得税明细表”（A109000）填报。即：表 A100000 第 35 行 = 表 A109000 第 13 行 [表 A100000 第 31 行“实际应纳所得税额” - 第 29 行“境外所得应纳所得税额” + 第 30 行“境外所得抵免所得税额” - 本年累计已预分、已分摊所得税）×25%]。

12. 总机构主体生产经营部门分摊本年应补（退）所得税额

表 A100000 第 36 行“总机构主体生产经营部门分摊本年应补（退）所得税额”：填报汇总纳税的总机构所属的具有主体生产经营职能的部门按照税收规定应分摊的本年应补（退）所得税额。该行根据“跨地区经营汇总纳税企业年度分摊企业所得税明细表”（A109000）填报。即：表 A100000 第 36 行 = 表 A109000 第 15 行 [表 A100000 第 31 行“实际应纳所得税 - 第 29 行“境外所得应纳所得税额” + 第 30 行“境外所得抵免所得税额” - 本年累计已预分、已分摊所得税）×50% ×总机构主体生产经营部门分摊比例]。

第四节　收入的纳税调整

企业所得税的收入类调整项目主要包括：视同销售收入，未按权责发生制原则确认的收入，投资收益，按权益法核算长期股权投资对初始投资成本调整确认收益，交易性金融资产初始投资调整，公允价值变动净损益，不征税收入，销售折扣、折让和退回以及其他九类。由于对有附表的纳税调整项目本书有单独章节阐述，本节只涉及没有附表的收入类纳税调整项目。

一、按权益法核算长期股权投资对初始投资成本调整确认收益

（一）财税处理

1. 会计处理

在权益法下，长期股权投资的初始投资成本大于投资时应享有被投资单位可辨认净资产公允价值份额的，不调整已确认的初始投资成本；长期股权投资的初始投资成本小于投资时应享有被投资单位可辨认净资产公允价值份额的，其差额应当计入当期损益，同时调整长期股权投资的成本。

借：长期股权投资（投资成本）

　　贷：营业外收入

取得投资时所支付价款中包含的已宣告未发放的现金股利或债券利息，应作为应收款项。即：入账成本为买价减去已经宣告但未发放的现金股利（或已到付息期但未收到的利息）后的余额。

2. 税务处理

根据《企业所得税法实施条例》第五十六条的规定，企业的各项资产，包括固定资产、生物资产、无形资产、长期待摊费用、投资资产、存货等，以历史成本为计税基础。历史成本，是指企业取得该项资产时实际发生的支出。

因而，长期股权投资的初始投资成本无论大于还是小于投资时应享有被投资单位可辨认净资产公允价值份额的，都不调整长期股权投资的计税基础。在权益法下，长期股权投资的初始投资成本小于投资时应享有被投资单位可辨认净资产公允价值份额的，其差额计入当期损益（营业外收入），同时调整长期股权投资的成本。这里的“营业外收入”以及调整的“长期股权投资——投资成本”，《企业所得税法》上不予认可。

根据《小企业会计准则》的规定，长期股权投资采用成本法核算。因而，不会出现《企业会计准则》中规定的这种情况，不需要填报此行。

（二）填报方法

表 A105000 第 5 行“（四）按权益法核算长期股权投资对初始投资成本调整确认收益”：第 4 列“调减金额”填报纳税人长期股权投资采取权益法核算，初始投资成本小于取得投资时应享有被投资单位可辨认净资产公允价值份额的差额计入取得投资当期的营业外收入的金额。

（三）案例解析

【例 1-4】 2019 年 2 月，甲公司（境内居民企业）以 1 500 万元的银行存款投资取得乙居民企业 25% 的股权，取得股权时被投资单位可辨认净资产账面价值为 8 000 万

元。假定甲公司和乙企业会计政策、会计期间一致。同时，被投资单位各项可辨认资产、负债的公允价值与其账面价值相同。

因能够对 A 企业实施重大影响，甲公司对该长期股权投资采用权益法核算。

要求：分析说明按权益法核算长期股权投资对初始投资成本调整确认收益的纳税调整并填报相关年度纳税调整表。

解析：（1）会计处理。

甲公司应享有被投资单位可辨认净资产公允价值份额为 2 000 万元（8 000 万元 × 25%），实际出资 1 500 万元，因此需要确认营业外收入 500 万元。则会计分录为：

借：长期股权投资——乙公司　　20 000 000

　　贷：银行存款　　15 000 000

　　　　营业外收入　　5 000 000

（2）税务处理。

甲公司应按照实际出资额 1 500 万元确认该项长期股权投资的计税基础，不确认营业外收入 500 万元。

该收入确认差异 500 万元，通过表 A105000 第 5 行"（四）按权益法核算长期股权投资对初始投资成本调整确认收益"第 4 列调减应纳税所得额，如表 1－9 所示。

表 1－9　A105000　　纳税调整项目明细表（部分）　　单位：元

行次	项　目	账载金额	税收金额	调增金额	调减金额
		1	2	3	4
1	一、收入类调整项目	*	*		5 000 000
5	（四）按权益法核算长期股权投资对初始投资成本调整确认收益	*	*	*	5 000 000
46	合计	*	*		5 000 000

二、交易性金融资产初始投资调整

（一）财税处理

1. 会计处理

交易性金融资产，是指企业为了近期内出售而持有的债券投资、股票投资和基金投资等。如以赚取差价为目的从二级市场购买的股票、债券、基金等。

根据《企业会计准则》的相关规定，企业初始确认金融资产或金融负债，应当按照公允价值计量。对于以公允价值计量且其变动计入当期损益的金融资产或金融负债，相关交易费用应当直接计入当期损益；对于其他类别的金融资产或金融负债，相关交易费用应当计入初始确认金额。

借：交易性金融资产——成本（公允价值）

投资收益（发生的交易费用）（差异，需调整）

应收股利或利息

贷：银行存款等

根据《企业会计准则第 22 号——金融工具确认和计量》（财会〔2017〕7 号）的规定，自 2018 年 1 月 1 日起，金融资产分为：以摊余成本计量的金融资产；以公允价值计量且其变动计入其他综合收益的金融资产；以公允价值计量且其变动计入当期损益的金融资产。也就是说，自 2018 年 1 月 1 日起，“交易性金融资产”属于“以公允价值计量且其变动计入当期损益的金融资产”。

根据《小企业会计准则》的规定，短期投资应当按照以下规定进行会计处理：以支付现金取得的短期投资，应当按照购买价款和相关税费作为成本进行计量。长期债券投资应当按照购买价款和相关税费作为成本进行计量。长期股权投资应当按照成本进行计量，以支付现金取得的长期股权投资，应当按照购买价款和相关税费作为成本进行计量。这一规定与企业所得税相关规定一致。

2. 税务处理

交易性金融资产初始投资成本的税会差异，主要体现在对交易费用的处理上，会计上取得交易性金融资产发生的交易费用计入当期损益，而企业所得税处理时计入资产计税基础。

根据《企业所得税法实施条例》第五十六条的规定，企业的各项资产，包括固定资产、生物资产、无形资产、长期待摊费用、投资资产、存货等，以历史成本为计税基础。历史成本，是指企业取得该项资产时实际发生的支出。

根据《企业所得税法实施条例》第七十一条的规定，投资资产按照以下方法确定成本：

（1）通过支付现金方式取得的投资资产，以购买价款为成本；

（2）通过支付现金以外的方式取得的投资资产，以该资产的公允价值和支付的相关税费为成本。

可见《企业所得税法》与《小企业会计准则》对购买交易性金融资产时发生的相关税费处理是一致的，均计入投资成本，而《企业会计准则》对购买投资时发生的相关税费要求计入当期损益。

（二）填报方法

表 A105000 第 6 行“（五）交易性金融资产初始投资调整”：第 3 列“调增金额”填报纳税人根据税收规定确认交易性金融资产初始投资金额与会计核算的交易性金融资产初始投资账面价值的差额。

本行只有执行《企业会计准则》的纳税人填报。交易性金融资产在初始取得时的相关交易费用在会计上计入当期损益，而企业所得税上是计入交易性金融资产成本，因此在购入环节存在税会差异。本行反映的是税法上在交易性金融资产初始取得的当年要对这一税会差异进行纳税调增。当然在以后处置环节要进行相反的纳税调减。

（三）案例解析

【例 1－5】 2019 年 10 月 20 日，甲公司以每股 10 元的价格，从证券市场购入乙公司股票 10 万股，支付银行存款 100 万元，另支付相关交易费用 3 万元。甲公司将购入的乙公司股票作为以公允价值计量且其变动计入当期损益的交易性金融资产核算。

要求：分析说明该金融资产初始投资纳税调整并填报相关年度纳税申报表。

解析：（1）会计处理。

甲公司应确认该项金融资产成本 100 万元，同时将交易费用 3 万元计入投资收益借方。会计分录为：

借：交易性金融资产——成本 1 000 000

　　投资收益 30 000

　　贷：银行存款 1 030 000

（2）税务处理。

甲公司应按照实际支出 103 万元确认该项金融资产计税基础。

该收入差异 3 万元，通过表 A105000 第 6 行“（五）交易性金融资产初始投资调整”第 3 列调增应纳税所得额，如表 1－10 所示。

表 1－10 A105000 纳税调整项目明细表（部分） 单位：元

行次	项　目	账载金额	税收金额	调增金额	调减金额
		1	2	3	4
1	一、收入类调整项目	*	*	30 000	
6	（五）交易性金融资产初始投资调整	*	*	30 000	*
46	合计	*	*	30 000	

三、公允价值变动净损益

（一）财税处理

1. 会计处理

《企业会计准则》的一个重要变化就是某些资产如交易性金融资产，当公允价值发生变动时，《企业会计准则》要求确认损益，但税法不承认公允价值变动损益，所以要作相应的调整处理。执行《小企业会计准则》和《企业会计制度》的企业不涉及此项调整。

公允价值变动损益，是指一项资产在取得之后持有期间的计量，即后续采用公允价值模式计量时，期末资产账面价值与其公允价值之间的差额。该项目反映了资产在持有期间因公允价值变动而产生的损益。主要涉及以公允价值计量且其变动计入当期损益的交易性金融资产和投资性房地产等。

根据《企业会计准则》（财会〔2006〕3号）的相关规定，企业应当按照公允价值对金融资产进行后续计量。资产负债表日，以公允价值计量且其变动计入当期损益的金融资产的公允价值与其账面余额的差额，应计入“公允价值变动损益”科目。

公允价值升高时：

借：交易性金融资产——公允价值

　　贷：公允价值变动损益（差异，调整减少应纳税所得额）

公允价值降低时：

借：公允价值变动损益（差异，调整增加应纳税所得额）

　　贷：交易性金融资产——公允价值

而《小企业会计准则》一般不采用公允价值模式计量。

2. 税务处理

根据《企业所得税法实施条例》第五十六条的规定，企业的各项资产，包括固定资产、生物资产、无形资产、长期待摊费用、投资资产、存货等，以历史成本为计税基础。历史成本，是指企业取得该项资产时实际发生的支出。

企业持有各项资产期间资产增值或者减值，除国务院财政、税务主管部门规定可以确认损益外，不得调整该资产的计税基础。

（二）填报方法

表A105000第7行“（六）公允价值变动净损益”：第1列“账载金额”填报纳税人会计核算的以公允价值计量的金融资产、金融负债以及投资性房地产类项目，计入当期损益的公允价值变动金额。若第1列≤0，第3列“调增金额”填报第1列金额的绝对值。若第1列>0，第4列“调减金额”填报第1列金额。

本行只有执行《企业会计准则》的纳税人填报。

（三）案例解析

【例1-6】2019年1月20日，甲公司以每股10元的价格，从证券市场购入乙公司股票10万股，支付银行存款100万元，另支付相关交易费用3万元。甲公司将购入的乙公司股票作为以公允价值计量且其变动计入当期损益的金融资产核算。

2019年12月31日，上述股票收盘价为每股8元。

要求：分析说明该金融资产公允价值变动净损益纳税调整并填报相关年度纳税申报表。

解析：交易性金融资产初始投资纳税调整事项，例1-5已解析，此处不再赘述。

2019 年 12 月 31 日，甲公司财务处理应确认公允价值变动损益借方发生额 20 万元，其会计处理为：

借：公允价值变动收益　　200 000

　贷：交易性金融资产——公允价值变动　　200 000

税务不确认该金额。该收入确认差异 20 万元，通过表 A105000 第 7 行“（六）公允价值变动净损益”第 3 列调增应纳税所得额，如表 1－11 所示。

表 1－11　A105000　　纳税调整项目明细表（部分）　　单位：元

行次	项　目	账载金额	税收金额	调增金额	调减金额
		1	2	3	4
1	一、收入类调整项目	*	*	200 000	
7	（六）公允价值变动净损益	－200 000	*	200 000	*
46	合计	*	*	200 000	

四、销售折扣、折让和退回

（一）销售折扣

1. 增值税处理

根据《国家税务总局关于印发〈增值税若干具体问题的规定〉的通知》（国税发〔1993〕154 号印发）第二条第（二）项的规定，纳税人采取折扣方式销售货物，如果销售额和折扣额在同一张发票上分别注明的，可按折扣后的销售额征收增值税；如果将折扣额另开发票，不论其在财务上如何处理，均不得从销售额中减除折扣额。

根据《国家税务总局关于折扣额抵减增值税应税销售额问题通知》（国税函〔2010〕56 号）的规定，纳税人采取折扣方式销售货物，销售额和折扣额在同一张发票上分别注明是指销售额和折扣额在同一张发票上的“金额”栏分别注明的，可按折扣后的销售额征收增值税。未在同一张发票“金额”栏注明折扣额，而仅在发票的“备注”栏注明折扣额的，折扣额不得从销售额中减除。

根据《国家税务总局关于纳税人折扣折让行为开具红字增值税专用发票问题的通知》（国税函〔2006〕1279 号）的规定，纳税人销售货物并向购买方开具增值税专用发票后，由于购货方在一定时期内累计购买货物达到一定数量，或者由于市场价格下降等原因，销货方给予购货方相应的价格优惠或补偿等折扣、折让行为，销货方可按现行《增值税专用发票使用规定》的有关规定开具红字增值税专用发票。这一规定主要针对销售后发生的由于购货方在一定时期内累计购买货物达到一定数量，或者由于市场价格下降等原因，销货方给予购货方相应的价格优惠或补偿等折扣、折让行为。

根据增值税相关规定，企业为促进商品销售而在商品价格上给予的价格扣除属于商业折扣，商品销售涉及商业折扣的，应当按照扣除商业折扣后的金额确定销售商品收入金额。实务中，商业折扣有两种做法，一是折扣销售，即按照折扣后的金额开具发票，确认收入，计算销项税额；二是销售折扣，即将未折扣前的销售额与折扣额开在同一份发票上。这两种做法均符合现行流转税、所得税处理及会计处理的规定。

2. 税务处理

《国家税务总局关于确认企业所得税收入若干问题的通知》（国税函〔2008〕875号）规定，企业为促进商品销售而在商品价格上给予的价格扣除属于商业折扣，商品销售涉及商业折扣的，应当按照扣除商业折扣后的金额确定销售商品收入金额。债权人为鼓励债务人在规定的期限内付款而向债务人提供的债务扣除属于现金折扣，销售商品涉及现金折扣的，应当按扣除现金折扣前的金额确定销售商品收入金额，现金折扣在实际发生时作为财务费用扣除。企业因售出商品的质量不合格等原因而在售价上给予的减让属于销售折让；企业因售出商品质量、品种不符合要求等原因而发生的退货属于销售退回。企业已经确认销售收入的售出商品发生销售折让或销售退回，应当在发生当期冲减当期销售商品收入。

（二）销售折让

1. 增值税处理

根据国税函〔2006〕1279号文件的规定，纳税人销售货物并向购买方开具增值税专用发票后，由于购货方在一定时期内累计购买货物达到一定数量，或者由于市场价格下降等原因，销货方给予购货方相应的价格优惠或补偿等折扣、折让行为，销货方可按现行《增值税专用发票使用规定》的有关规定开具红字增值税专用发票。

因此，销售折让是指企业销售商品后，由于商品的品种、质量与合同不符或其他原因，而给予购货方价格上的减让，销售方应按规定开具红字发票后冲减当期销售收入。

2. 税务处理

根据国税函〔2008〕875号文件的规定，企业因售出商品的质量不合格等原因而在售价上给予的减让属于销售折让，企业已经确认销售收入的售出商品发生销售折让和销售退回，应当在发生当期冲减当期销售商品收入。

从国税函〔2008〕875号的规定可知，已确认收入的售出商品发生的折让和退回，税收上不再考虑其发生在汇算清缴前后，更不考虑报告期和发生期，在哪年发生，就冲减哪年的收入。这也是表A105000第10行第1列填报说明中所说的“销货退回的追溯处理的净调整额”和第2列填报说明中的“销货退回业务影响当期损益的金额”的原因。

根据企业所得税年度纳税申报表将“不符合税收规定的销售折扣和折让”作为纳税调增处理，可知主表中的营业收入是净额。

（三）销售退回

根据《企业会计准则》的规定，属于资产负债表日后事项涉及的销售退回，作为资产负债表日后调整事项，调整报告年度相关的收入、成本等。也就是说，报告年度的利润表上的收入和成本是冲减了销售退回后的金额（但会计分录是通过“以前年度损益调整”科目反映）。而表 A100000 上的 1 至 13 行是按其会计报表上的数字填报的。

按照国税函〔2008〕875 号文件的规定，企业发生的销售退回，只要购货方提供退货的适当证明，应冲减退货当期的销售收入及相应的成本。也就是说，不论是否属于资产负债表日后事项，发生销售退回，税法上均作为退回年度的收入、成本的减项。

除属于资产负债表日后事项的销售退回，产生会计与税法对销售退回相关的收入、成本等确认时间不同以外，对于其他的销售退回，会计准则的规定与税法规定是一致的。

资产负债表日后事项是指自年度资产负债表日至财务会计报告批准报告日之间发生的需要调整或说明的事项。资产负债表日后事项所涵盖的期间，是指报告年度次年的 1 月 1 日至董事会、经理（厂长）会议或类似机构对财务报告的批准报出日之间的期间。

例如，某企业 2019 年度财务报告于 2020 年 3 月 29 日经董事会、经理（厂长）会议或类似机构批准报出。这里的“报告年度”是指 2019 年，“当年度”是指 2020 年。假如该企业于 2020 年 2 月 21 日发生退货，该货物的销售发生在 2019 年 11 月，属于资产负债表日后事项。这时候该退回业务产生的对损益影响的金额，会计上作为 2019 年度（已反映在 2019 年的利润表上），而企业所得税上是作为 2020 年度的。这就是对销售退回进行纳税调整的原因。

如果企业有不符合税收规定的折扣、折让和退回，将其填入“纳税调整项目明细表”（A105000）该行，进行相应的纳税调增处理。

需要说明的是，这里不含现金折扣，现金折扣的会计与企业所得税法规定基本一致。

根据《企业会计准则》的规定，销售商品涉及商业折扣的，应当按照扣除商业折扣后的金额确定商品销售收入。发生销售折让时，应在确认收入时直接扣除销售折让后的金额确认；企业已确认销售商品收入的售出商品发生销售折让的，且不属于资产负债表日后事项的，应当在实际发生时冲减当期销售商品收入，但销售折让属于资产负债表日后事项的，适用《企业会计准则第 29 号——资产负债表日后事项》。销售退回应当在实际发生时直接冲减退回当期的销售收入和销售成本等。属于资产负债表日后事项涉及的销售退回，作为资产负债表日后调整事项调整报告年度相关的收入、成本等。

因而，对于销售退回及销售折让会计与税法的差异在涉及资产负债表日后事项时，对资产负债表日后事项，会计上调整报告年度，企业所得税直接冲减发生年度。

《小企业会计准则》对销售折扣、折让、退回的处理与企业所得税基本一致，也不考虑报告年度、发生年度之分，直接冲减发生年度的收入。

【例 1－7】A 公司销售生产的 B 商品，销售价格为每件 1 万元，每件成本 0.8 万元。2019 年 10 月，销售给甲公司 100 件、乙公司 50 件。当月收到货款并开具增值税专用发票（增值税税率 13%，不考虑其他税费）。A 公司为一般纳税人、执行企业计准则。

2019 年 12 月，收到甲公司退回的商品。经核查，该批商品的性能不稳定，A 公司同意了甲公司的退货要求。当月甲公司办妥了退货手续，并退回货款。

2020 年 2 月，乙公司也要求退货，A 公司予以办理退货手续，并于当月进行了退款。乙公司 2019 年度财务报告批准报出日是 2020 年 4 月 20 日。

要求：进行相关的财税处理。

解析：2019 年 12 月甲公司退回商品：

借：主营业务收入	1 000 000	
应交税费——应交增值税（销项税额）	130 000	
贷：银行存款		1 130 000
借：库存商品	800 000	
贷：主营业务成本		800 000

在销货退回当期冲减收入，并调整成本，与税收规定一致，无差异。

2020 年 2 月乙公司退回商品：

借：以前年度损益调整——营业收入	500 000	
应交税费——应交增值税（销项税额）	65 000	
贷：银行存款		565 000
借：库存商品	400 000	
贷：以前年度损益调整——营业收入		400 000

追溯至 2019 年度进行会计处理，税收规定应在 2020 年发生退货时冲减收入，存在差异（50－40＝10）。填报 2019 年度企业所得税申报表时应调增 10 万元，填列在表 A105000 第 10 行第 3 列，填报 2020 年度纳税调整项目明细表时应调减应纳税所得额，填列在表 A105000 第 10 行第 4 列。

（四）填报方法

表 A105000 第 10 行“（八）销售折扣、折让和退回”：填报不符合税收规定的销售折扣、折让应进行纳税调整的金额和发生的销售退回因会计处理与税收规定有差异需纳税调整的金额。第 1 列“账载金额”填报纳税人会计核算的销售折扣、折让金额和销货退回的追溯处理的净调整额。第 2 列“税收金额”填报根据税收规定可以税前扣除的折扣、折让的金额和销货退回业务影响当期损益的金额。若第 1 列≥第 2 列，第 3 列“调增金额”填报第 1－2 列金额。若第 1 列＜第 2 列，第 4 列“调减金额”填报第 1－2 列金额的绝对值，第 4 列仅为销货退回影响损益的跨期时间性差异。

（五）案例解析

【例 1－8】 甲公司 2019 年 1 月到 12 月实现销售收入 10 000 万元，成本为 6 000 万元。2020 年 2 月 1 日，2019 年 10 月销售给乙公司的销售收入 1 000 万元的某批产品因质量原因退回，对应的成本为 600 万元。甲公司 2019 年度的财务会计报告经董事会批准报出日为 2020 年 3 月 20 日。

要求：分析说明与销售退回相关的纳税调整并填报相关年度纳税申报表。

解析：（1）会计处理。

根据《企业会计准则第 29 号——资产负债日后事项》的规定，如果销售退回是在资产负债表日至财务报告批准报出日之间发生的，则应将此退货业务作为资产负债表日后事项处理，即通过“以前年度损益调整”账户进行调整，并直接反映在报告年度利润表中。

甲公司 2019 年度的财务会计报告批准报出日为 2020 年 3 月 20 日，销售退回日为 2020 年 2 月 1 日。会计处理时销售退回应冲减 2019 年度的销售收入与销售成本。即 2019 年度会计确认的销售收入为 9 000 万元，销售成本为 5 400 万元。

借：银行存款　　－11 300 000

　　贷：以前年度损益调整　　－10 000 000

　　　　应交税费——应交增值税（销项税额）　　－1 300 000

借：以前年度损益调整　　－6 000 000

　　贷：库存商品　　－6 000 000

借：以前年度损益调整　　－4 000 000

　　贷：利润分配——未分配利润　　－4 000 000

（2）税务处理。

根据《国家税务总局关于确认企业所得税收入若干问题的通知》（国税函〔2008〕875 号）的规定，企业因售出商品质量、品种不符合要求等原因而发生的退货，属于销售退回。企业已确认销售收入的售出商品发生退回，应当在发生当期冲减当期销售商品收入。

因而，企业所得税上应冲减 2020 年度的收入，2019 年企业所得税收入为 10 000 万元，销售成本为 6 000 万元。税法对甲公司 2019 年企业利润报表上冲减的收入、成本不认可，调增应纳税所得额 400 万元，在对 2019 年度企业所得税进行年度申报时，表 A105000 第 10 行第 1 列填报 400 万元，本行第 2 列填报 0，本行第 3 列填报 400 万元。

笔者认为作为计算 2019 年业务招待费、广告费和业务宣传费税前扣除的基数应是不扣除退回销售收入 1 000 万元之前的销售额，因为税法不认可在 2019 年退回。但也有不同观点。

销货退回的净调整额税会差异400万元，通过表A105000第10行“（八）销售折扣、折让和退回”第3列调增应纳税所得额，如表1-12所示。

表1-12 A105000 纳税调整项目明细表 单位：元

行次	项目	账载金额	税收金额	调增金额	调减金额
		1	2	3	4
1	一、收入类调整项目	*	*	4 000 000	
10	（八）销售折扣、折让和退回	4 000 000	0	4 000 000	
11	（九）其他				
12	二、扣除类调整项目	*	*		
46	合计	*	*	4 000 000	

五、其他收入类调整项目

（一）接受捐赠收入

企业接受捐赠收入，根据《企业会计准则》规定，接受捐赠的货币性及非货币性收入通过“营业外收入”账户核算，与税法规定一致，无需调整。只有执行《企业会计制度》的企业，将接受捐赠收入纳入“资本公积”账户核算，且转入资本公积的是捐赠收入与相关费用的差额，与税法存在差异，需通过表A105000第11行“（九）其他”作调增处理。

（二）存货和固定资产盘盈

1. 会计处理

根据《企业会计准则第28号——会计政策、会计估计变更和差错更正》的规定，前期差错，是指由于没有运用或错误运用下列两种信息，而对前期财务报表造成省略或错报。编报前期财务报表时预期能够取得并加以考虑的可靠信息。前期财务报告批准报出时能够取得的可靠信息。前期差错通常包括计算错误、应用会计政策错误、疏忽或曲解事实以及舞弊产生的影响以及存货、固定资产盘盈等。企业应当采用追溯重述法更正重要的前期差错，但确定前期差错累积影响数不切实可行的除外。追溯重述法，是指在发现前期差错时，视同该项前期差错从未发生过，从而对财务报表相关项目进行更正的方法。

在实务中，存货的盘盈一般通过“待处理财产损溢——待处理流动资产损溢”科目核算，最终冲减管理费用；固定资产的盘盈一般通过“以前年度损益调整”科目，最终结转至“利润分配”。

2. 税务处理

企业取得的除《企业所得税法》第六条第（一）项至第（八）项规定的收入外的

其他收入，包括企业资产溢余收入，应计入收入总额。因此，无论存货盘盈，还是固定资产盘盈，均应计入企业收入总额。

（三）填报方法

表 A105000 第 11 行“（九）其他”：填报其他因会计处理与税收规定有差异需纳税调整的收入类项目金额。若第 2 列≥第 1 列，第 3 列“调增金额”填报第 2－1 列金额。若第 2 列＜第 1 列，第 4 列“调减金额”填报第 2－1 列金额的绝对值。

由于存货的盘盈虽然税会处理不同，但不直接影响最终的应纳税所得额，因此，笔者认为可以不做调整。而固定资产的盘盈需要通过表 A105000 第 11 行“（九）其他”栏目进行纳税调增。此外，企业发生存货和固定资产盘盈时，需要特别注意西部大开发企业所得税优惠、研究开发费用加计扣除优惠等政策中的收入总额应包含上述金额。

第五节 扣除的纳税调整

企业所得税扣除类纳税调整项目主要包括：视同销售成本，职工薪酬，业务招待费支出，广告费和业务宣传费支出，捐赠支出，利息支出，罚金、罚款和被没收财物的损失，税收滞纳金、加收利息，赞助支出，与未实现融资收益相关在当期确认的财务费用，佣金和手续费支出，不征税收入用于支出所形成的费用，跨期扣除项目，与取得收入无关的支出，境外所得分摊的共同支出，党组织工作经费以及其他十七类。由于对有附表的项目有单独章节阐述，本节只涉及没有附表的扣除类纳税调整项目。

一、业务招待费支出

《企业所得税法实施条例》第四十三条规定，企业发生的与生产经营活动有关的业务招待费，按照发生额的 60% 扣除，但最高不得超过当年销售（营业）收入的 5‰。

（一）业务招待费扣除限额的计算依据

1. 销售（营业）收入与视同销售收入

《国家税务总局关于企业所得税执行中若干税务处理问题的通知》（国税函〔2009〕202 号）第一条“关于销售（营业）收入基数的确定问题”规定，企业在计算业务招待费、广告费和业务宣传费等费用扣除限额时，其销售（营业）收入额应包括《企业所得税法实施条例》第二十五条规定的视同销售（营业）收入额。即作为计算业务招待费、广告费和业务宣传费税前扣除限额依据的销售（营业）收入，包括企业的主营业务收入、其他业务收入和视同销售收入，但不包括营业外收入、投资收益等。对于投资性公司，投资收益应作为主营业务收入处理。销售退回、销售折扣与折让，应从销售（营业）收入扣减。

因转让不动产、机器设备等财产收入不作为计算业务招待费、广告费和业务宣传费等费用扣除限额的基数，“视同转让”上述不动产、机器设备等财产也不能作为计算业务招待费、广告费和业务宣传费等费用扣除限额的基数。

2. 股息、红利与股权转让收入

根据《国家税务总局关于贯彻落实企业所得税法若干税收问题的通知》（国税函〔2010〕79号）规定，对从事股权投资业务的企业（包括集团公司总部、创业投资企业等），其从被投资企业所分配的股息、红利以及股权转让收入，可以按规定的比例计算业务招待费扣除限额。

3. 销售未完工开发产品取得的收入

房地产开发企业销售未完工开发产品取得的收入，可以作为计算业务招待费、广告费和业务宣传费的基数，但开发产品完工会计核算转销售收入时，已作为计算基数的未完工开发产品的销售收入不得重复计算业务招待费、广告费和业务宣传费。

企业所得税年度纳税申报时，计算业务招待费扣除限额的基数“当年销售（营业）收入”，需要根据企业所从事的经营行业不同分别确定：

（1）对于一般行业企业而言，是指企业根据国家统一会计制度确认的当年主营业务收入、其他业务收入以及根据税收规定确认的视同销售收入；

（2）对于房地产开发企业，计算扣除限额的基数为：当年主营业务收入＋其他业务收入＋视同销售收入＋销售未完工开发产品取得的收入－未完工产品转完工产品收入；

（3）对从事股权投资业务的企业（包括集团公司总部、创业投资企业等），计算扣除限额的基数为：当年主营业务收入＋其他业务收入＋视同销售收入＋从被投资企业所分配的股息、红利以及股权转让收入。

（二）餐费与业务招待费

业务招待费是企事业单位为生产经营业务活动的需要而合理开支的招待费用。企业投资者或雇员的个人娱乐支出和业余爱好支出不得作为业务招待费申报扣除。也不是一切餐费都是业务招待费，不能将餐费与业务招待费划上等号。这是因为餐费的用途有很多，不一定都是用于业务招待。如年底全体员工聚餐，是一种福利活动，发生的餐费应当列入福利费；员工因公到外地出差，途中发生的餐费，应列入差旅费；企业如到某个安静的山庄召开会议，中午安排工作餐，这属于会议费的一部分；企业召开董事会，安排董事们就餐，餐费应属于董事会费的一部分；企业请装修工装潢办公室，中午为其提供合饭，这时的餐费应列为装潢成本等。

在业务招待费的范围上，不论是财务会计制度还是税法都未给予规范的界定。在税收实践中，招待费具体范围可按以下把握：

（1）因企业生产经营需要而宴请或工作餐的开支；

（2）因企业生产经营需要赠送纪念品的开支；

（3）因企业生产经营需要而发生的旅游景点参观费和交通费及其他费用的开支；

（4）因企业生产经营需要而发生的业务关系人员的差旅费开支。

企业应将业务招待费与会议费严格区分，不得将业务招待费挤入会议费。纳税人发生的与其经营活动有关的差旅费、会议费、董事费，主管税务机关如要求其提供证明资料的，应能够提供证明其真实性的合法凭证。

一般来讲，外购礼品用于赠送的，应作为业务招待费，但如果礼品是纳税人自行生产或经过委托加工，对企业的形象、产品有标记及宣传作用的，也可作为业务宣传费。业务招待费仅限于与企业生产经营活动有关的招待支出，与企业生产经营活动无关的支出不得列入招待费。

（三）筹办期业务招待费的税前扣除

根据《国家税务总局关于企业所得税应纳税所得额若干税务处理问题的公告》（国家税务总局公告2012年第15号）第五条的规定，企业在筹建期间，发生的与筹办活动有关的业务招待费支出，可按实际发生额的60%计入企业筹办费，并按有关规定在税前扣除；发生的广告费和业务宣传费，可按实际发生额计入企业筹办费，并按有关规定在税前扣除。

这里税前扣除的有关规定，是指筹办费税前扣除的相关规定。根据国税函〔2009〕98号文件的规定，开（筹）办费未明确列作长期待摊费用，企业可以在开始经营之日的当年一次性扣除，也可以按照《企业所得税法》有关长期待摊费用的处理规定处理，但一经选定，不得改变。

根据《企业会计准则》的规定，企业发生的业务招待费，不论是哪个部门发生的，统一在“管理费用”科目核算。部分企业出于会计核算可理解性原则的要求，将专设的销售机构发生的业务招待费放在“销售费用”科目核算，将其余的业务招待费放在“管理费用”科目核算，对企业会计损益没有影响。

（四）业务招待费支出的填报

表A105000第15行“（三）业务招待费支出”：第1列“账载金额”填报纳税人会计核算计入当期损益的业务招待费金额。第2列“税收金额”填报按照税收规定允许税前扣除的业务招待费支出的金额。第3列“调增金额”为第1－2列金额。

（五）业务招待费纳税调整案例解析

【例1－9】某工业企业2020年主营业务收入为4 000万元，其他业务收入800万元，视同销售收入200万元，股权投资收入为300万元。

（1）实际支出的业务招待费为60万元，在企业所得税年度纳税申报时业务招待费应如何纳税调整?

(2) 假设实际支出的业务招待费为40万元，在企业所得税年度纳税申报时业务招待费应如何纳税调整?

解析:

计算业务招待费税前扣除限额的基数为: 4 000 + 800 + 200 = 5 000 (万元)。

(1) 实际支出的业务招待费为60万元，在企业所得税年度纳税申报时:

业务招待费最高扣除额 = (4 000 + 800 + 200) × 5‰ = 25 (万元)

实际发生额的60%: 60 × 60% = 36 (万元) > 25万元

因而，2020年准予在税前扣除的业务招待费为25万元。应调增应纳税所得额35万元 (60 - 25)。在填报企业所得税年度纳税申报表时，直接在"纳税调整项目明细表"第15行"(三) 业务招待费支出"第1列"账载金额"填入60万元，第2列"税收金额"填入25万元，第3列"调增金额"填入35万元，如表1-13所示。

表1-13 A105000 纳税调整项目明细表 单位: 元

行次	项目	账载金额	税收金额	调增金额	调减金额
		1	2	3	4
1	一、收入类调整项目	*	*		
12	二、扣除类调整项目	*	*	350 000	
15	(三) 业务招待费支出	600 000	250 000	350 000	*
46	合计	*	*		

(2) 假设实际支出的业务招待费为40万元，在企业所得税年度纳税申报时:

业务招待费最高扣除额为: (4 000 + 800 + 200) × 5‰ = 25 (万元)

实际发生额的60%为: 40 × 60% = 24 (万元) < 25万元

因而，2020年准予在税前扣除的业务招待费为24万元。应调增应纳税所得额16万元 (40 - 24)。在填报企业所得税年度纳税申报表时，直接在"纳税调整项目明细表"第15行"(三) 业务招待费支出"第1列"账载金额"中填入40万元，第2列"税收金额"列填入24万元，第3列"调增金额"列填入16万元，如表1-14所示。

表1-14 A105000 纳税调整项目明细表 单位: 元

行次	项目	账载金额	税收金额	调增金额	调减金额
		1	2	3	4
1	一、收入类调整项目	*	*		
12	二、扣除类调整项目	*	*	160 000	
15	(三) 业务招待费支出	400 000	240 000	160 000	*
46	合计	*	*		

（六）业务招待费纳税调整模型与应对（见表 1－15）

表 1－15

<table>
<tr><td>对应风险特征编号、名称</td><td colspan="2">业务招待费表间关系数据分析</td><td>指标类型</td><td colspan="2">[ ] 涉嫌偷逃骗税类 [√] 一般税收流失类 [ ] 税收行为管理类</td></tr>
<tr><td>适用范围</td><td colspan="2">企业所得税查账征收企业</td><td>主题事项（指标分类）</td><td colspan="2">企业所得税汇缴申报表表间逻辑分析</td></tr>
<tr><td>适用税种、税目</td><td colspan="2">企业所得税</td><td>涉及会计科目</td><td colspan="2">业务招待费、管理费用、销售费用</td></tr>
<tr><td>税收政策依据及内容摘要</td><td colspan="5">《企业所得税法》及其实施条例</td></tr>
<tr><td>相关法律（含行业管理规定）及内容摘要</td><td colspan="5"></td></tr>
<tr><td>数据来源（可多选）</td><td colspan="5">[ ] 税务登记 [√] 认定信息 [ ] 财务报表 [ ] 代开发票信息 [√] 申报表 [ ] 入库税款 [ ] 国际税收情报交换数据 [ ] 第三方数据（××局、互联网采集数据）[ ] 其他数据</td></tr>
<tr><td>数据内容</td><td colspan="5">认定信息—企业所得税查账征收；申报表—企业所得税年度纳税申报表（A 表）表 A104000 第 4 行第 1 列、第 3 列，A105000 第 15 行</td></tr>
<tr><td rowspan="2">指标属性</td><td>积分度量类别</td><td>指标层级</td><td>指标性质</td><td>是否需要反馈</td><td>是否适用纳税提醒</td></tr>
<tr><td>[ ] 计税依据 [ ] 税款 [ ] 比例 [√] 其他</td><td>[√] 一级指标 [ ] 二级指标</td><td>[ ] 主要 [√] 辅助</td><td>[ ] 是 [√] 否</td><td>[ ] 是 [√] 否</td></tr>
<tr><td>指标描述</td><td colspan="5">企业销售环节发生的业务招待费可能通过销售费用、管理费用及成本科目核算；如果调整表中业务招待费支出账载金额小于期间费用表中实际发生额，可能少调增业务招待费。</td></tr>
<tr><td>指标公式</td><td colspan="5">【业务招待费销售费用】A104000 第 4 行第 1 列
【业务招待费管理费用】A104000 第 4 行第 3 列
【调整表中业务招待费支出账载金额】A105000 第 15 行第 1 列；
【计入期间费用的业务招待费】＝NVL（【业务招待费销售费用】，0）＋NVL（【业务招待费管理费用】，0）</td></tr>
<tr><td>风险识别条件</td><td colspan="5">【纳税调整表中业务招待费支出账载金额】－【计入期间费用的业务招待费】<【预警值】</td></tr>
<tr><td>预警参考值</td><td colspan="5">0</td></tr>
<tr><td>加工周期</td><td colspan="5">（与数据所属期不同）[ ] 月　[ ] 季　[ ] 半年　[√] 年 [ ] 一次性</td></tr>
<tr><td>警参考值维护级别</td><td colspan="5">[√] 省　[ ] 市　[ ] 县（市、区）</td></tr>
<tr><td>税务机关提示信息</td><td colspan="5">【纳税人名称】（【纳税人识别号】）：该单位在【年度】年企业所得税年度纳税申报表《纳税调整项目明细表》（A105000）业务招待费支出账载金额为【调整表中业务招待费支出账载金额】元，A104000《期间费用明细表》中计入期间费用的业务招待费为【计入期间费用的业务招待费】元，调整表中业务招待费支出账载金额小于期间费用表中实际发生额，可能存在超额税前扣除，请核查。</td></tr>
</table>

续表

纳税人提示信息	【纳税人名称】(【纳税人识别号】):您单位【年度】年纳税调整表中业务招待费支出账载金额与期间费用表中实际发生额不一致,是否存在相关税务风险,请核查。
应对策略	一、风险数据的系统校验(案头审核) 1. 通过查询统计(核心征管)—申报—《中华人民共和国企业所得税年度纳税申报表》查询(通用查询岗)—A104000《期间费用明细表》—第4行第1列、第3列(计入期间费用的业务招待费) 2. 通过查询统计(核心征管)—申报—中华人民共和国企业所得税年度纳税申报表查询(通用查询岗)—A105000《纳税调整项目明细表》—第15行第1列(调整表中业务招待费支出账载金额) 二、询问约谈资料要求(报送资料) 业务招待费明细清单 三、核查内容 1. 核查企业基础登记信息和认定信息的准确性。 2. 检查纳税人实际发生的业务招待费,并核查是否按税法规定在税前扣除。 3. 存在少缴纳税款情形的,通知纳税人补缴并按规定加滞纳金。
备注	

二、利息支出

(一)借款费用税前扣除的一般原则

根据《企业所得税法实施条例》第三十七条的规定,企业在生产经营活动中发生的合理的不需要资本化的借款费用,准予扣除。企业为购置、建造固定资产、无形资产和经过12个月以上的建造才能达到预定可销售状态的存货发生借款的,在有关资产购置、建造期间发生的合理的借款费用,应当作为资本性支出计入有关资产的成本,并按照《企业所得税法实施条例》的有关规定扣除。

根据《企业所得税法实施条例》第四十九条的规定,非银行企业内营业机构之间支付的利息,不得扣除。

根据国家税务总局公告2010年第13号的规定,融资性售后回租业务中,承租人出售资产的行为,不确认为销售收入,对融资性租赁的资产,仍按承租人出售前原账面价值作为计税基础计提折旧。租赁期间,承租人支付的属于融资利息的部分,作为企业财务费用在税前扣除。

根据国税发〔2009〕31号文件的规定,企业为建造开发产品借入资金而发生的符合税收规定的借款费用,可按《企业会计准则》的规定进行归集和分配,其中,属于财务费用性质的借款费用,可直接在税前扣除。企业集团或其成员企业统一向金融机构借款分摊集团内部其他成员企业使用的,借入方凡能出具从金融机构取得借款的证明文件,可以在使用借款的企业间合理地分摊利息费用,使用借款的企业分摊的合理利息准予在税前扣除。

根据国税函〔2008〕875号文件的规定，采用售后回购方式销售商品的，销售的商品按售价确认收入，回购的商品作为购进商品处理。有证据表明不符合销售收入确认条件的，如以销售商品方式进行融资，收到的款项应确认为负债，回购价格大于原售价的，差额应在回购期间确认为利息费用。

（二）利息支出的扣除与同期同类贷款利率的确定

根据《企业所得税法实施条例》第三十八条的规定，企业在生产经营活动中发生的下列利息支出，准予扣除：

（1）非金融企业向金融企业借款的利息支出、金融企业的各项存款利息支出和同业拆借利息支出、企业经批准发行债券的利息支出；

（2）非金融企业向非金融企业借款的利息支出，不超过按照金融企业同期同类贷款利率计算的数额的部分。

根据《国家税务总局关于企业所得税若干问题的公告》（国家税务总局公告2011年第34号）的规定，非金融企业向非金融企业借款的利息支出，不超过按照金融企业同期同类贷款利率计算的数额的部分，准予税前扣除。鉴于目前我国对金融企业利率要求的具体情况，企业在按照合同要求首次支付利息并进行税前扣除时，应提供"金融企业的同期同类贷款利率情况说明"，以证明其利息支出的合理性。

"金融企业的同期同类贷款利率情况说明"中，应包括在签订该借款合同当时，本省任何一家金融企业提供同期同类贷款利率情况。该金融企业应为经政府有关部门批准成立的可以从事贷款业务的企业，包括银行、财务公司、信托公司等金融机构。"同期同类贷款利率"是指在贷款期限、贷款金额、贷款担保以及企业信誉等条件基本相同下，金融企业提供贷款的利率。既可以是金融企业公布的同期同类平均利率，也可以是金融企业对某些企业提供的实际贷款利率。

（三）企业融资费用的税前扣除

根据《企业会计准则第17号——借款费用》规定的原则以及《企业所得税法实施条例》第三十七条的相关规定，《国家税务总局关于企业所得税应纳税所得额若干税务处理问题的公告》（国家税务总局公告2012年第15号）规定，企业通过发行债券、取得贷款、吸收保户储金等方式融资而发生的合理的费用支出，符合资本化条件的，应计入相关资产成本；不符合资本化条件的，应作为财务费用（包括手续费及佣金支出），准予在企业所得税前据实扣除。

（四）企业向个人借款利息的税前扣除

根据《国家税务总局关于企业向自然人借款的利息支出企业所得税税前扣除问题的

通知》（国税函〔2009〕777号）的规定，企业向股东或其他与企业有关联关系的自然人借款的利息支出，应根据《企业所得税法》第四十六条及财税〔2008〕121号文件规定的条件，计算企业所得税扣除额。企业向除此以外的内部职工或其他人员借款的利息支出，其借款情况同时符合以下条件的，其利息支出在不超过按照金融企业同期同类贷款利率计算的数额的部分，根据《企业所得税法》第八条和《企业所得税法实施条例》第二十七条规定，准予扣除。

（1）企业与个人之间的借贷是真实、合法、有效的，并且不具有非法集资目的或其他违反法律、法规的行为；

（2）企业与个人之间签订了借款合同。

根据《最高人民法院关于审理民间借贷案件适用法律若干问题的规定》（法释〔2015〕18号）第二十六条的规定，借贷双方约定的利率未超过年利率24%，出借人请求借款人按照约定的利率支付利息的，人民法院应予支持。借贷双方约定的利率超过年利率36%，超过部分的利息约定无效。借款人请求出借人返还已支付的超过年利率36%部分的利息的，人民法院应予支持。

此外，根据《个人所得税法》的相关规定，个人取得的利息收入应按“利息、股息、红利所得项目”适用20%的税率计算缴纳个人所得税，税款由企业在支付个人利息时代扣代缴。根据增值税的相关规定，个人取得的借款利息收入，还应按贷款服务缴纳增值税。

（五）投资未到位而发生的利息支出不得扣除

根据《国家税务总局关于企业投资者投资未到位而发生的利息支出企业所得税前扣除问题的批复》（国税函〔2009〕312号）的规定，凡企业投资者在规定期限内未缴足其应缴资本额的，该企业对外借款所发生的利息，相当于投资者实缴资本额与在规定期限内应缴资本额的差额应计付的利息，其不属于企业合理的支出，应由企业投资者负担，不得在计算企业应纳税所得额时扣除。

具体计算不得扣除的利息，应以企业一个年度内每一账面实收资本与借款余额保持不变的期间作为一个计算期，每一计算期内不得扣除的借款利息按该期间借款利息发生额乘以该期间企业未缴足的注册资本占借款总额的比例计算，公式为：

企业每一计算期不得扣除的借款利息＝该期间借款利息额×该期间未缴足注册资本额÷该期间借款额

企业一个年度内不得扣除的借款利息总额为该年度内每一计算期不得扣除的借款利息额之和。

利息支出税前扣除的具体规定，可参见表1－16。

表 1－16　　　　利息支出税前扣除

<table>
<tr><th>项目</th><th colspan="3">税务处理</th></tr>
<tr><td>非金融企业向金融企业借款</td><td colspan="3">非金融企业向金融企业借款的利息支出可据实扣除</td></tr>
<tr><td rowspan="3">非金融企业向非金融企业借款</td><td>无关联关系</td><td colspan="2">不超过按照金融企业同期同类贷款利率计算的数额的部分可据实扣除，超过部分不允许扣除（利率制约）①</td></tr>
<tr><td rowspan="2">有关联关系</td><td>利率制约</td><td>处理原则同①</td></tr>
<tr><td>本金制约</td><td>接受关联方债权性投资与其权益性投资比例为：金融企业，5∶1；其他企业为2∶1②
特例：能够证明相关交易活动符合独立交易原则的；或该企业的实际税负不高于境内关联方的，其实际支付给境内关联方的利息支出，在计算应纳税所得额时准许扣除</td></tr>
<tr><td rowspan="2">向自然人借款</td><td>股东或关联自然人借款</td><td colspan="2">处理原则同①②</td></tr>
<tr><td>内部职工或其他人员借款</td><td colspan="2">受利率制约同时还要具备：借贷是真实、合法、有效的，并且不具有非法集资目的或其他违反法律、法规的行为；签订借款合同</td></tr>
<tr><td>投资者投资未到位发生的利息支出</td><td colspan="3">凡企业投资者在规定期限内未缴足其应缴资本额的，该企业对外借款所发生的利息，相当于投资者实缴资本额与在规定期限内应缴资本额的差额应计付的利息，不得在计算企业应纳税所得额时扣除。</td></tr>
</table>

【例 1－10】（单选）2020 年 1 月 1 日，某有限公司按银行同期同类贷款年利率 7%向甲工业企业借款 2 800 万元，期限为 1 年；同时，公司接受张某投资，约定张某于 2020 年 4 月 1 日和 7 月 1 日各投入 400 万元；张某仅于 2020 年 10 月 1 日投入 600 万元。该公司 2020 年企业所得税前可以扣除的利息费用为（　　）万元。

A. 171.5 万元　　B. 178.5 万元　　C. 175 万元　　D. 196 万元

解析：2020 年税前利息支出金额：2 800 ×7% =196（万元）；

2020 年税前可以扣除的利息为：2 800 ×7% －（2 800 ×7% ×3/12 ×400/2 800 +2 800 ×7% ×3/12 ×800/2 800 +2 800 ×7% ×3/12 ×200/2 800）=171.5（万元）；

纳税调整金额为：196 －171.5 =24.5（万元）。

“纳税调整项目明细表”填写如表 1－17 所示。

表 1－17　A105000　　纳税调整项目明细表　　单位：元

行次	项　目	账载金额	税收金额	调增金额	调减金额
		1	2	3	4
1	一、收入类调整项目	*	*		
12	二、扣除类调整项目	*	*	245 000	
18	（六）利息支出	1 960 000	1 715 000	245 000	
46	合计	*	*	245 000	

（六）利息支出的财务处理

根据《企业会计准则——借款费用》的规定，企业发生的借款费用，可直接归属于符合资本化条件的资产的购建或者生产的，应当予以资本化，计入相关资产成本；其他借款费用，应当在发生时根据其发生额确认为费用，计入当期损益。符合资本化条件的资产，是指需要经过相当长时间的购建或者生产活动才能达到预定可使用或者可销售状态的固定资产、投资性房地产和存货等资产。自行开发的无形资产的成本，由符合资本化条件后至达到预定用途前发生的支出（含相关的借款费用）构成。

借款费用同时满足下列条件的，才能开始资本化：

（1）资产支出已经发生，资产支出包括为购建或者生产符合资本化条件的资产而以支付现金、转移非现金资产或者承担带息债务形式发生的支出；

（2）借款费用已经发生；

（3）为使资产达到预定可使用或者可销售状态所必要的购建或者生产活动已经开始。

根据《小企业会计准则》第二十八条的规定，自行建造固定资产的成本，由建造该项资产在竣工决算前发生的支出（含相关的借款费用）构成。经过1年期以上的制造才能达到预定可销售状态的存货发生的借款费用，也计入存货的成本。借款费用，是指小企业因借款而发生的利息及其他相关成本。包括：借款利息、辅助费用以及因外币借款而发生的汇兑差额等。

根据《小企业会计准则——会计科目、主要账务处理和财务报表》的规定，在建工程在竣工决算前发生的借款利息，在应付利息日应当根据借款合同利率计算确定的利息费用，借记“在建工程”科目，贷记“应付利息”科目。办理竣工决算后发生的利息费用，在应付利息日，借记“财务费用”科目，贷记“应付利息”等科目。

《小企业会计准则》与《企业会计准则》的规定不同。《小企业会计准则》强调在竣工决算前在应付利息日，根据利率计算的应付利息作为资本化金额；而《企业会计准则》强调要通过较为复杂的计算得出。

（七）利息支出的填报

“纳税调整项目明细表”（A105000）第18行“（六）利息支出”：第1列“账载金额”填报纳税人向非金融企业借款，会计核算计入当期损益的利息支出的金额。发行永续债的利息支出不在本行填报。第2列“税收金额”填报按照税收规定允许税前扣除的利息支出的金额。若第1列≥第2列，第3列“调增金额”填报第1－2列金额；若第1列＜第2列，第4列“调减金额”填报第1－2列金额的绝对值。

此行填报企业向非金融企业借款计入财务费用的利息支出需作纳税调整的部分。企业在所得税年度纳税申报时：首先，应核实本年度“财务费用”中记载的向非金融企业借款的利息支出；其次，核实从非金融企业借款是否超过税法规定的扣除标准；最后，计算会计核算的金额和税法规定允许扣除的金额的差额，按差额通过“纳税调整项目明细表”第 18 行调增应纳税所得额。

本行只调整非资本化的利息支出，资本化的利息支出在税收与会计上的差异通过附表 A105080 调整。此外，当会计上做资本化处理而税收上作为当期损益处理时，需调减应纳税所得额。

（八）资本化利息支出纳税调整模型及应对（见表 1－18）

表 1－18

<table>
<tr><td>对应风险特征编号、名称</td><td colspan="2">应资本化利息费用化分析</td><td colspan="2">指标类型</td><td>[ ] 涉嫌偷逃骗税类 [√] 一般税收流失类 [ ] 税收行为管理类</td></tr>
<tr><td>适用范围</td><td colspan="2">企业所得税查账征收企业</td><td colspan="2">主题事项（指标分类）</td><td>企业所得税汇缴申报表与财务报表分析</td></tr>
<tr><td>适用税种、税目</td><td colspan="2">企业所得税</td><td colspan="2">涉及会计科目</td><td>在建工程</td></tr>
<tr><td>税收政策依据及内容摘要</td><td colspan="5">《中华人民共和国企业所得税法实施条例》
第三十七条　企业在生产经营活动中发生的合理的不需要资本化的借款费用，准予扣除。
企业为购置、建造固定资产、无形资产和经过 12 个月以上的建造才能达到预定可销售状态的存货发生借款的，在有关资产购置、建造期间发生的合理的借款费用，应当作为资本性支出计入有关资产的成本，并依照本条例的规定扣除。</td></tr>
<tr><td>相关法律（含行业管理规定）及内容摘要</td><td colspan="5"></td></tr>
<tr><td>数据来源（可多选）</td><td colspan="5">[ ] 税务登记 [√] 认定信息 [√] 财务报表 [ ] 代开发票信息 [√] 申报表 [ ] 入库税款 [ ] 国际税收情报交换数据 [ ] 第三方数据（××局、互联网采集数据）[ ] 其他数据</td></tr>
<tr><td>数据内容</td><td colspan="5">认定信息—企业所得税查账征收；财务报表—资产负债表—在建工程；申报表—企业所得税年度纳税申报（A 类）A104000 第 21 行第 5 列</td></tr>
<tr><td rowspan="2">指标属性</td><td>积分度量类别</td><td>指标层级</td><td>指标性质</td><td>是否需要反馈</td><td>是否适用纳税提醒</td></tr>
<tr><td>[ ] 计税依据 [ ] 税款 [ ] 比例 [√] 其他</td><td>[√] 一级指标 [ ] 二级指标</td><td>[ ] 主要 [√] 辅助</td><td>[√] 是 [ ] 否</td><td>[ ] 是 [√] 否</td></tr>
<tr><td>指标描述</td><td colspan="5">资产负债表中有在建工程且＞＝2 000 万元，A104000 期间费用明细表中，第 21 行第 5 列【利息收支中财务费用】＞＝20 万元，利息支出是否应资本化而未资本化，全部计入财务费用</td></tr>
<tr><td>指标公式</td><td colspan="5">【在建工程】资产负债表中在建工程期末数
【利息收支中财务费用】A104000《期间费用明细表》第 21 行第 5 列</td></tr>
<tr><td>风险识别条件</td><td colspan="5">【在建工程】＞＝【预警值 1】and【利息收支中财务费用】＞＝【预警值 2】</td></tr>
<tr><td>预警参考值</td><td colspan="5">【预警值 1】＝20 000 000，【预警值 2】＝200 000</td></tr>
<tr><td>加工周期</td><td colspan="5">（与数据所属期不同）[ ] 月 [ ] 季 [ ] 半年 [√] 年 [ ] 一次性</td></tr>
<tr><td>警参考值维护级别</td><td colspan="5">[√] 省 [ ] 市 [ ] 县（市、区）</td></tr>
</table>

续表

税务机关提示信息	【纳税人名称】(【纳税人识别号】):该单位在【年度】年度企业所得税申报表《期间费用明细表》(A104000)第21行第5列利息收支【利息收支中财务费用】元>20万元,资产负债表中在建工程【在建工程】元>2 000万元,应资本化利息费用化是否正确,请核查。
纳税人提示信息	【纳税人名称】(【纳税人识别号】):您单位【年度】年度企业所得税申报表《期间费用明细表》第21行第5列利息收支中财务费用为【利息收支中财务费用】元,资产负债表中在建工程为【在建工程】元,应资本化利息费用化是否正确,请核实。
应对策略	风险数据的系统校验(案头审核) 1. 通过查询金三系统—查询统计(核心征管)—申报—企业所得税申报信息清册(通用查询岗)—企业所得税年度纳税申报表(A表)核实"利息收支中财务费用"; 2. 通过查询金三系统—查询统计(核心征管)—财务报表查询(通用查询岗)—资产负债表核实"在建工程"。 二、询问约谈资料要求(报送资料) 1. 企业股东大会、董事会和管理当局有关在建工程等会议记录等; 2. 企业借款合同、利息费用的账务处理。 三、核查内容 1. 核查企业基础登记信息和认定信息的准确性。 2. 核查是否存在关联方借款、借款费用是否合理、是否存在投资者投资未到位而发生的利息支出等; 3. 核查应资本化利息是否进行资本化,资本化金额的计算是否正确; 4. 存在少缴纳税款情形的,通知纳税人补缴并按规定加滞纳金。
备注	

三、罚金、罚款和被没收财物的损失

(一)财税处理

罚金是指人民法院判处犯罪分子强制向国家缴纳一定数额金钱的刑罚方法;罚款,是行政处罚的一种,是指行为人的行为没有违反《刑法》的规定,而是违反了治安管理、工商、税务等行政法的规定,行政执法部门依据行政法规的规定和程序决定对行为人采取的一种行政处罚;没收财物,是指将违法人的财物、现金、债权等财产收归国家所有,以弥补因其违法造成的损失。按照《企业会计准则》,上述支出均在"营业外支出"核算,期末冲减当期利润总额。

根据《企业所得税法》第十条的规定,罚金、罚款和被没收财物的损失不允许税前扣除,如果企业有上述支出则通过"纳税调整项目明细表"(A105000)第19行做纳税调增处理。但是合同违约的补偿金、罚款、逾期偿还银行贷款加处的罚息以及诉讼费可以在税前扣除的,无须进行纳税调整。

(二)填报方法

表A105000第19行"(七)罚金、罚款和被没收财物的损失":第1列"账载金额”填报纳税人会计核算计入当期损益的罚金、罚款和被没收财物的损失，不包括纳税人按照经济合同规定支付的违约金（包括银行罚息）、罚款和诉讼费。第 3 列“调增金额”填报第 1 列金额。

四、税收滞纳金、加收利息

（一）税收滞纳金、加收利息不得税前扣除

根据《企业所得税法》第十条的规定，在计算应纳税所得额时，下列支出不得扣除：

（1）向投资者支付的利息、红利等权益性投资收益款项；

（2）企业所得税税款；

（3）税收滞纳金；

（4）罚金、罚款和被没收财物的损失；

（5）《企业所得税法》第九条规定以外的捐赠支出；

（6）赞助支出；

（7）未经核定的准备金支出；

（8）与取得收入无关的其他支出。

这里讲的是税收滞纳金，不包括社会保险费、工会经费、基金等的滞纳金。

根据《企业所得税法》第四十八条的规定，税务机关依照规定作出纳税调整，需要补征税款的，应当补征税款，并按照国务院规定加收利息。根据《企业所得税法实施条例》第一百二十一条的规定，税务机关根据税收法律、行政法规的规定，对企业作出特别纳税调整的，应当对补征的税款，自税款所属纳税年度的次年 6 月 1 日起至补缴税款之日止的期间，按日加收利息。按上述规定加收的利息，不得在计算应纳税所得额时扣除。

根据国家税务总局公告 2017 年第 6 号的规定，税务机关对企业实施特别纳税调整的，应当根据《企业所得税法》及其实施条例的有关规定，对 2008 年 1 月 1 日以后发生交易补征的企业所得税按日加收利息。特别纳税调查调整补缴的税款，应当按照应补缴税款所属年度的先后顺序确定补缴税款的所属年度，以入库日为截止日，分别计算应加收的利息额。利息率按照税款所属纳税年度 12 月 31 日公布的与补税期间同期的中国人民银行人民币贷款基准利率（以下简称“基准利率”）加 5 个百分点计算，并按照一年 365 天折算日利息率；企业按照有关规定提供同期资料及有关资料的，或者按照有关规定不需要准备同期资料但根据税务机关要求提供其他相关资料的，可以只按照基准利率加收利息。

如果企业有税收滞纳金、加收的利息支出则通过“纳税调整项目明细表”（A105000）第 20 行进行纳税调增处理。

（二）填报方法

表 A105000 第 20 行“（八）税收滞纳金、加收利息”：第 1 列“账载金额”填报纳

税人会计核算计入当期损益的税收滞纳金、加收利息；第3列“调增金额”填报第1列金额。

五、赞助支出

（一）财税处理

根据《企业所得税法》第十条的规定，在计算应纳税所得额时，赞助支出不得扣除。这里所称赞助支出，是指企业发生的与生产经营活动无关的各种非广告性质支出。根据该规定，认定赞助支出，主要是要区分其与公益性捐赠和广告性赞助支出的区别。非广告性赞助支出所捐助范围一般也不具有公益性质。广告性赞助支出与企业的生产经营活动密切相关，而非广告性赞助支出与企业生产经营活动无关。

广告性赞助支出是指赞助单位为达到广告宣传的目的而自愿为组织和制作广播、电视等节目提供各种形式的资助。广告性赞助支出属于广告费支出范畴，可以按规定在税前扣除，非广告性赞助支出则不能在税前扣除。广告性质的赞助是为赞助企业的产（商）品经营活动进行宣传广告，收取赞助费单位开具广告业专用发票。而非广告性赞助则不具备这两个基本条件。广告性的赞助支出按广告费和业务宣传费的规定处理，在表A105000第16行“广告费与业务宣传费支出”填报。

捐赠在税法上分为公益性和非公益性两种，公益性捐赠可按比例扣除或全额扣除，而赞助支出一般不得在税前扣除的，具有广告性质的赞助支出比照广告费扣除。非公益性捐赠支出在表A105070填报，只填报非广告性的赞助支出的纳税调整情况。广告性赞助支出在表A105060填报。

（二）填报方法

表A105000第21行“（九）赞助支出”：第1列“账载金额”填报纳税人会计核算计入当期损益的不符合税收规定的公益性捐赠的赞助支出的金额，包括直接向受赠人的捐赠、赞助支出等［不含广告性的赞助支出，广告性的赞助支出在“广告费和业务宣传费跨年度纳税调整明细表”（A105060）和表A105000第16行进行调整］。第3列“调增金额”填报第1列金额。

六、与未实现融资收益相关在当期确认的财务费用

（一）财税处理

1. 会计处理

根据《企业会计准则》的规定，采用分期付款方式购买资产，且在合同中规定的付款期限比较长，超过了正常信用条件（通常在3年以上）。在这种情况下，该项购货

合同实质上具有融资性质，购入固定资产的成本不能以各期付款额之和确定，而应以各期付款额之和的现值确定。各期实际支付的价款之和与其现值之间的差额符合《企业会计准则第17号——借款费用》中规定的资本化条件的，应当计入固定资产成本，其余部分应当在信用期间内确认为财务费用，计入当期损益。其会计处理为：购入固定资产时，按购买价款的现值，借记“固定资产”或“在建工程”科目，按应支付的金额，贷记“长期应付款”科目，按其差额，借记“未确认融资费用”科目。以后年度如果不符合资本化条件的：

借：财务费用

　　贷：未确认融资费用

如果符合资本化条件的：

借：固定资产或在建工程

　　贷：未确认融资费用

而企业所得税是按付款总额及相关税费之和确认固定资产原值。

根据《企业会计准则》的规定，对于采用递延方式分期收款（3年以上）、具有融资性质的销售商品，企业应按合同或协议价款，借记：“长期应收款”科目，按应收合同或协议价款的公允价（折现值），贷记“主营业务收入”科目，按其差额，贷记“未实现融资收益”科目。以后分期收回货款时，借记“银行存款”科目，贷记“长期应收款”，同时，根据实际利率法对“未实现融资收益”进行摊销：借记“未实现融资收益”，贷记“财务费用”。

企业所得税处理时应按合同规定的收款日期确认收入，对这一类的“财务费用”不予认可。相应的资产的计税基础与会计成本，以及税收上的收入与会计上的收入也不同。

而《小企业会计准则》对分期收款或分期付款的规定与企业所得税完全一致。如《小企业会计准则》第五十九条规定，销售商品采用分期收款方式的，在合同约定的收款日期确认收入。

2. 税务处理

根据《企业所得税法实施条例》第二十三条的规定，以分期收款方式销售货物的，按照合同约定的收款日期确认收入的实现。

根据《企业所得税法实施条例》第五十八条的规定，固定资产按照以下方法确定计税基础：外购的固定资产，以购买价款和支付的相关税费以及直接归属于使该资产达到预定用途发生的其他支出为计税基础；自行建造的固定资产，以竣工结算前发生的支出为计税基础。

纳税人采取分期收款方式销售商品的，企业所得税上应根据合同约定的金额按照合同约定的收款日期确定收入的实现。因此，在企业所得税中不认可上述财务费用，需要纳税调整。

（二）填报方法

表 A105000 第 22 行“（十）与未实现融资收益相关在当期确认的财务费用”：第 1 列“账载金额”填报纳税人会计核算的与未实现融资收益相关并在当期确认的财务费用的金额。第 2 列“税收金额”填报按照税法规定允许税前扣除的金额。若第 1 列≥第 2 列，将第 1－2 列余额填入第 3 列“调增金额”；若第 1 列＜第 2 列，将第 1－2 列余额的绝对值填入第 4 列“调减金额”。

当会计上做借记“财务费用”、贷记“未确认融资费用”时进行纳税调增；当会计上做借记“未实现融资收益”，贷记“财务费用”时进行纳税调减。这是因为企业所得税上不认可上述所谓的财务费用。

（三）案例解析

【例 1－11】某公司于 2019 年 1 月 1 日采用分期收款方式销售大型设备，合同价格为 1 000 万元，分 5 年于每年年末收取，设备成本为 600 万元。假定该大型设备不采用分期收款方式时的销售价格为 800 万元，不考虑增值税。该应收款项的收取时间较长，相当于对客户提供信贷，具有融资性质，应按 800 万元确认会计收入，合同价格 1 000 万元与 800 万元的差额应当作为未实现融资收益，在 5 年内采用实际利率法进行摊销，冲减财务费用。根据 1 元年金现值系数表，计算得出年金 200 万元、期数 5 年、现值 800 万元的折现率为 7.93%，即为该笔应收款项的实际利率。该笔应收款项账面余额，减去未实现融资收益账面余额后的差额，即为应收款项的摊余成本；摊余成本和实际利率 7.93% 的乘积即为当期应冲减的财务费用（不考虑企业所得税外的其他税费）。

要求：进行相关的财务与税务处理。

解析：

（1）销售成立时的会计处理：

借：长期应收款　　10 000 000

　　贷：主营业务收入　　8 000 000

　　　　未实现融资收益　　2 000 000

同时，结转成本：

借：主营业务成本　　6 000 000

　　贷：库存商品　　6 000 000

各年末应收账款摊余成本和财务费用如表 1－19 所示。

（2）2019 年年末收款时的会计处理：

借：银行存款　　2 000 000

　　贷：长期应收款　　2 000 000

借：未实现融资收益　　634 400

　　贷：财务费用　　634 400

表 1－19　　　　单位：万元

项目	①未收本金（＝上期①－本期④）	②财务费用（＝上期①×7.93%）	③收现总额	④已收本金（＝本期③－本期②）
2019.1.1	800			
2019.12.31	663.44	63.44	200	136.56
2020.12.31	516.05	52.61	200	147.39
2021.12.31	356.97	40.92	200	159.08
2022.12.31	185.28	28.31	200	171.69
2023.12.31	0	14.72	200	185.28
总额		200	1 000	800

税务处理：当年企业所得税年度纳税申报时需调减收入：800－200＝600（万元）。同时调减成本：600－120＝480（万元），对冲减的财务费用63.44万元通过“纳税调整项目明细表”第22行“（十）与未实现融资收益相关在当期确认的财务费用”进行调整：第1列“账载金额”填报纳税人按照会计规定实际发生的，与未实现融资收益相关并在当期确认的财务费用－634 400元；第2列“税收金额”填报0；将第1列减第2列余额的绝对值填入第4列，进行纳税调减处理，如表1－20所示。

表 1－20　A105000　　纳税调整项目明细表　　　　单位：元

行次	项　目	账载金额	税收金额	调增金额	调减金额
		1	2	3	4
1	一、收入类调整项目（2＋3＋4＋5＋6＋7＋8＋10＋11）	*	*		6 000 000
2	（一）视同销售收入（填写A105010）	*			*
3	（二）未按权责发生制原则确认的收入（填写A105020）	8 000 000	2 000 000		6 000 000
12	二、扣除类调整项目	*	*	4 800 000	634 400
22	（十）与未实现融资收益相关在当期确认的财务费用	－634 400	0		634 400
30	（十六）其他	6 000 000	1 200 000	4 800 000	
46	合计	*	*	4 800 000	5 365 600

（3）2020年年末收款时的会计处理：

借：银行存款　　　　2 000 000

　　贷：长期应收款　　　　2 000 000

借：未实现融资收益　　　　526 100

　　贷：财务费用　　　　526 100

税务处理：2020 年企业所得税年度纳税申报时需要调增收入 200 万元（填入附表 A105000 第 2 行）；同时调增成本 120 万元（填入附表 A105000 第 30 行“其他”）。对未实现融资收益相关冲减的财务费用 52.61 万元通过“纳税调整项目明细表”第 22 行“（十）与未实现融资收益相关在当期确认的财务费用”进行纳税调减处理。

（4）2021 年年末收款时的会计处理：

借：银行存款　　2 000 000

　　贷：长期应收款　　2 000 000

借：未实现融资收益　　409 200

　　贷：财务费用　　409 200

税务处理：2021 年企业所得税年度纳税申报时需要调增收入 200 万元（填入附表 A105000 第 2 行）；同时，纳税调增销售成本 120 万元（填入附表 A105000 第 30 行“其他”）。对与未实现融资收益相关冲减的财务费用 40.92 万元通过“纳税调整项目明细表”第 22 行“（十）与未实现融资收益相关在当期确认的财务费用”进行纳税调减处理。

（5）2022 年年末收款时的会计处理：

借：银行存款　　2 000 000

　　贷：长期应收款　　2 000 000

借：未实现融资收益　　283 100

　　贷：财务费用　　283 100

税务处理：2022 年企业所得税年度纳税申报时需调增收入 200 万元（填入附表 A105000 第 2 行）；同时，纳税调增销售成本 120 万元（填入附表 A105000 第 30 行“其他”）。对与未实现融资收益相关冲减的财务费用 28.31 万元通过“纳税调整项目明细表”第 22 行“（十）与未实现融资收益相关在当期确认的财务费用”进行纳税调减处理。

（6）2023 年年末会计处理为：

借：银行存款　　2 000 000

　　贷：长期应收款　　2 000 000

借：未实现融资收益　　147 200

　　贷：财务费用　　147 200

税务处理：2023 年企业所得税年度纳税申报时需调增收入 200 万元（填入附表 A105000 第 2 行）；同时调增成本 120 万元（填入附表 A105000 第 30 行“其他”）。对与未实现融资收益相关冲减的财务费用 14.72 万元通过“纳税调整项目明细表”第 22 行“（十）与未实现融资收益相关在当期确认的财务费用”进行纳税调减处理，如表 1－21 所示。

表 1-21　A105000　　　　纳税调整项目明细表　　　　单位：元

行次	项　目	账载金额	税收金额	调增金额	调减金额
		1	2	3	4
1	一、收入类调整项目（2+3+4+5+6+7+8+10+11）	*	*	2 000 000	
2	（一）视同销售收入（填写 A105010）	*			*
3	（二）未按权责发生制原则确认的收入（填写 A105020）	0	2 000 000	2 000 000	
12	二、扣除类调整项目	*	*		1 347 200
22	（十）与未实现融资收益相关在当期确认的财务费用	-147 200	0		147 200
30	（十六）其他	0	1 200 000		1 200 000
46	合计	*	*	2 000 000	1 347 200

七、跨期扣除项目

（一）维简费和安全生产费的财税处理

1. 会计处理

根据《企业会计准则解释第 3 号》的规定，高危行业企业按照国家规定提取的安全生产费，应当计入相关产品的成本或当期损益，同时记入“4301 专项储备”科目。

企业使用提取的安全生产费时，属于费用性支出的，直接冲减专项储备。企业使用提取的安全生产费形成固定资产的，应当通过“在建工程”科目归集所发生的支出，待安全项目完工达到预定可使用状态时确认为固定资产；同时，按照形成固定资产的成本冲减专项储备，并确认相同金额的累计折旧。该固定资产在以后期间不再计提折旧。

“专项储备”科目期末余额在资产负债表所有者权益项下“减：库存股”和“盈余公积”之间增设“专项储备”项目反映。

企业提取的维简费（“维持简单再生产资金”的简称）和其他具有类似性质的费用，比照上述规定处理。

2. 税务处理

跨期扣除项目，是指会计上计入损益的时点与企业所得税允许税前扣除的时点不在同一年度的情形，如维简费、安全生产费用、预提费用、预计负债等。

（1）煤矿企业维简费和高危行业安全生产费的扣除。

《国家税务总局关于煤矿企业维简费和高危行业企业安全生产费用企业所得税税前扣除问题的公告》（国家税务总局公告 2011 年第 26 号）就煤矿企业维简费和高危行业企业安全生产费用支出，企业所得税税前扣除问题作出如下规定。

自 2011 年 5 月 1 日起，煤矿企业实际发生的维简费支出和高危行业企业实际发生的安全生产费用支出，属于收益性支出的，可直接作为当期费用在税前扣除；属于资本性支出的，应计入有关资产成本，并按《企业所得税法》相关规定计提折旧或摊销费用在税前扣除。企业按照有关规定预提的维简费和安全生产费用，不得在税前扣除。

2011 年 5 月 1 日以前，企业按照有关规定提取的且在税前扣除的煤矿企业维简费和高危行业企业安全生产费用，相关税务问题按以下规定处理：①国家税务总局公告 2011 年第 26 号实施前提取尚未使用的维简费和高危行业企业安全生产费用，应用于抵扣该公告实施后的当年度实际发生的维简费和安全生产费用，仍有余额的，继续用于抵扣以后年度发生的实际费用，至余额为零时，企业方可按上述规定执行。②已用于资产投资、并计入相关资产成本的，该资产提取的折旧或费用摊销额，不得重复在税前扣除。已重复在税前扣除的，应调整作为 2011 年度应纳税所得额。③已用于资产投资、并形成相关资产部分成本的，该资产成本扣除上述部分成本后的余额，作为该资产的计税基础，按照企业所得税法规定的资产折旧或摊销年限，从该公告实施之日的次月（即 2011 年 6 月 1 日）开始，就该资产剩余折旧年限计算折旧或摊销费用，并在税前扣除。

（2）其他企业维简费的扣除。

自 2013 年 1 月 1 日起，除煤矿企业以外的其他企业的维简费支出，按《国家税务总局关于企业维简费支出企业所得税税前扣除问题的公告》（国家税务总局公告 2013 年第 67 号）的如下规定执行：

①企业实际发生的维简费支出，属于收益性支出的，可作为当期费用税前扣除；属于资本性支出的，应计入有关资产成本，并按《企业所得税法》规定计提折旧或摊销费用在税前扣除。

企业按照有关规定预提的维简费，不得在当期税前扣除。

②2013 年 1 月 1 日《国家税务总局公告 2013 年第 67 号》实施前，企业按照有关规定提取且已在当期税前扣除的维简费，按以下规定处理：

尚未使用的维简费，并未作纳税调整的，可不作纳税调整，应首先抵减 2013 年实际发生的维简费，仍有余额的，继续抵减以后年度实际发生的维简费，至余额为零时，企业方可按照《国家税务总局公告 2013 年第 67 公告》第一条的上述①规定执行；已作纳税调整的，不再调回，直接按照上述①执行。

已用于资产投资并形成相关资产全部成本的，该资产提取的折旧或费用摊销额，不得税前扣除；已用于资产投资并形成相关资产部分成本的，该资产提取的折旧或费用摊销额中与该部分成本对应的部分，不得税前扣除；已税前扣除的，应调整作为 2013 年度应纳税所得额。

（二）预提费用的财税处理

1. 会计处理

采用《企业会计制度》进行会计核算的单位，应设置“预提费用”科目，核算企业按照规定从成本费用中预先提取但尚未支付的费用，如预提的租金、保险费、借款利息、固定资产修理费用等。

按规定预提计入本期成本费用的各项支出，借记“制造费用”“营业费用”“管理费用”“财务费用”等科目，贷记“预提费用”科目；实际支出时，借记“预提费用”科目，贷记“银行存款”等科目。实际发生的支出大于已经预提的数额，应当视同待摊费用，分期摊入成本。

本科目期末贷方余额，反映企业已预提但尚未支付的各项费用；期末如为借方余额，反映企业实际支出的费用大于预提数的差额，即尚未摊销的费用。

2. 税务处理

根据《企业所得税法》第八条的规定，企业实际发生的与取得收入有关的、合理的支出，包括成本、费用、税金、损失和其他支出，准予在计算应纳税所得额时扣除。根据这一规定，预提费用、预计负债等并没有实际发生，因此其不能在税前扣除。

根据《企业所得税法》及其实施条例规定，除税法另有规定外（如房地产企业三项特定预提），企业根据《企业会计制度》规定核算的在成本费用中预提的费用，不得在税前扣除。

3. 房地产企业特定预提费用

根据《房地产开发经营业务企业所得税处理办法》（国税发〔2009〕31 号）第三十二条的规定，除以下几项预提（应付）费用外，计税成本均应为实际发生的成本。

①出包工程未最终办理结算而未取得全额发票的，在证明资料充分的前提下，其发票不足金额可以预提，但最高不得超过合同总金额的 10%；

②公共配套设施尚未建造或尚未完工的，可按预算造价合理预提建造费用。此类公共配套设施必须符合已在售房合同、协议或广告、模型中明确承诺建造且不可撤销，或按照法律法规规定必须配套建造的条件；

③应向政府上交但尚未上交的报批报建费用、物业完善费用可以按规定预提。物业完善费用是指按规定应由企业承担的物业管理基金、公建维修基金或其他专项基金。

（三）预计负债的财税处理

1. 会计处理

《企业会计准则》取消了预提费用，但有预计负债。执行《企业会计准则》的单位应设置“预计负债”科目，核算企业确认的对外提供担保、未决诉讼、产品质量保证、重组义务、亏损性合同等预计负债。该科目可按形成预计负债的交易或事项进行明细核算。

企业由对外提供担保、未决诉讼、重组义务产生的预计负债，应按确定的金额，借记“营业外支出”等科目，贷记“预计负债”科目。由产品质量保证产生的预计负债，应按确定的金额，借记“销售费用”科目，贷记“预计负债”科目。由资产弃置义务产生的预计负债，应按确定的金额，借记“固定资产”或“油气资产”科目，贷记“预计负债”科目。在固定资产或油气资产的使用寿命内，按计算确定各期应负担的利息费用，借记“财务费用”科目，贷记“预计负债”科目。

实际清偿或冲减的预计负债，借记“预计负债”科目，贷记“银行存款”等科目。

根据确凿证据需要对已确认的预计负债进行调整的，调整增加的预计负债，借记有关科目，贷记“预计负债”科目；调整减少的预计负债做相反的会计分录。

该科目期末贷方余额，反映企业已确认尚未支付的预计负债。

2. 税务处理

弃置费用是指根据国家法律和行政法规、国际公约等规定，企业承担的环境保护和生态恢复等义务所确定的支出。

《企业所得税法实施条例》第四十五条规定，企业依照法律、行政法规有关规定提取的用于环境保护、生态恢复等方面的专项资金，准予扣除。上述专项资金提取后改变用途的，不得扣除。

（四）填报方法

表 A105000 第 26 行“（十三）跨期扣除项目”：填报维简费、安全生产费用、预提费用、预计负债等跨期扣除项目调整情况。第 1 列“账载金额”填报纳税人会计核算计入当期损益的跨期扣除项目金额。第 2 列“税收金额”填报按照税收规定允许税前扣除的金额。若第 1 列≥第 2 列，第 3 列“调增金额”填报第 1 －2 列金额；若第 1 列＜第 2 列，第 4 列“调减金额”填报第 1 －2 列金额的绝对值。

当某一年度提取时调增应纳税所得额，而在次年及以后年度实际发生时，会计上并未在发生年度损益中列支，而税法上允许扣除，因而应调减应纳税所得额。

（五）案例解析

【例 1 －12】 A 上市公司 2019 年年初“专项储备”科目核算已在税前扣除的维简费期初余额为 100 万元。2019 年度企业维简费的提取与使用情况如下：

（1）3 月份，A 公司使用提取的维简费资金支付当期维简费支出 60 万元。

（2）6 月份，按国家相关规定提取维简费 200 万元，其中 160 万元应计入当期损益、40 万元应计入制造费用（当期已全部结转到当期损益）。

（3）5 至 11 月，“在建工程”科目归集了使用提取的维简费资金 120 万元购建固定资支出。

（4）12 月 5 日，使用维简费资金购建的固定资产达到预定可使用状态，转入固定资产。

要求：进行相关的会计处理与纳税调整，并填报纳税调整相关表单。

解析：

（1）会计处理如下：

①3 月份，A 公司使用提取的维简费资金支付当期维简费支出 60 万元：

借：专项储备　　　　600 000

　　贷：银行存款　　　　600 000

②6 月份，按国家相关规定预提维简费 200 万元，其中 160 万元应计入当期损益、40 万元应计入制造费用（当期已全部结转到当期损益）。

借：管理费用　　1 600 000

　　制造费用　　400 000

　　贷：专项储备　　2 000 000

③5 至 11 月，在建工程科目归集了使用提取的维简费资金 120 万元购建固定资支出。

借：在建工程　　1 200 000

　　贷：银行存款　　1 200 000

④12 月 5 日，使用维简费资金购建的固定资产达到预定可使用状态，确认为固定资产。

借：固定资产　　1 200 000

　　贷：在建工程　　1 200 000

同时，按形成固定资产成本冲减专项储备，并确认相同的累计折旧：

借：专项储备　　1 200 000

　　贷：累计折旧　　1 200 000

（2）税务处理如下：

案例中，A 公司当期实际发生维简费支出 180 万元，其中 60 万元属于收益性支出；120 万元购建固定资产，属于资本性支出。专项储备账户核算的维简费本期余额为 120 万元（100 - 60 + 200 - 120）。

由于 2019 年年初企业预提的已在税前扣除的维简费余额为 100 万元，应首先抵减 2019 年实际发生的维简费（其中 60 万元收益化处理，40 万元资本化处理），本年支出余额 80 万元（180 - 100）资本化支出，应计入固定资产计税基础，并按税法规定计提折旧扣除。

本期会计上预提进入成本费用的 200 万元维简费不得在税前扣除，应填报附表 A105000 纳税调整项目明细表第 26 行“跨期扣除项目”第 1 列“账载金额。

因而，本期允许税前扣除的维简费金额为 0（180 万元支出中 100 万元使用期初余额，80 万元属于资本性支出），需填入“纳税调整项目明细表”第 26 行“跨期扣除项目”第 2 列“税收金额“。本期纳税调整增加额为 200 万元（第 1 列 - 第 2 列），填报附表“纳税调整项目明细表”第 26 行“跨期扣除项目”第 3 列，如表 1 - 22 所示。

表 1 - 22　A105000　　纳税调整项目明细表　　单位：万元

行次	项　目	账载金额	税收金额	调增金额	调减金额
		1	2	3	4
1	一、收入类调整项目	*	*		
12	二、扣除类调整项目	*	*	200	
26	（十三）跨期扣除项目	200	0	200	
46	合计（1 + 12 + 30 + 35 + 41 + 42）	*	*	200	

【例 1－13】接例 1－12，2020 年 A 公司维简费预提及相关支出情况如下：

（1）3 月份，A 公司使用提取的维简费资金支付当期维简费支出 60 万元：

（2）6 月份，按国家相关规定提取维简费 200 万元，其中 160 万元应计入当期损益、40 万元应计入制造费用（当期已全部结转到当期损益）。

（3）5 至 11 月，在建工程科目归集了使用预提的维简费资金 120 万元购建固定资产支出。

（4）12 月 5 日，使用维简费资金购建的固定资产达到预定可使用状态，转入固定资产核算。同时，按形成固定资产成本冲减专项储备，并确认相同的累计折旧。

解析：案例中，2020 年度 A 公司当期实际发生维简费支出 180 万元，其中 60 万元属于收益性支出，可作为当期费用税前扣除；120 万元购建固定资产，属于资本性支出，应计入有关资产成本，按税法规定计提折旧在税前扣除。专项储备账户核算的维简费本期余额为 140 万元（120－60＋200－120）。

由于 2019 年初企业预提的已在税前扣除的维简费余额为 100 万元，已全部抵减 2019 年实际发生的维简费（其中 60 万元收益化处理，40 万元资本化处理），本年支出额 180 万元中的费用化支出 60 万元可在当期扣除，资本化支出 120 万元应计入固定资产计税基础，并按税法规定计提折旧扣除。

本期会计上预提进入成本费用的 200 万元维简费不得在税前扣除。

因而，本期允许税前扣除的维简费金额 60 万元应填入 A105000 第 26 行，本期纳税调整增加额为 140 万元（第 1 列－第 2 列），如表 1－23 所示。

表 1－23　A105000　　纳税调整项目明细表　　单位：万元

行次	项　目	账载金额	税收金额	调增金额	调减金额
		1	2	3	4
1	一、收入类调整项目	*	*		
12	二、扣除类调整项目	*	*		
26	（十三）跨期扣除项目	2 000 000	600 000	1 400 000	
46	合计	*	*		

上期使用维简费资金购置的固定资产，由于会计账面原价与计税基础不同形成的应纳税暂时性差异，通过附表 A105080“资产折旧、摊销情况及纳税调整明细表”相关项目填报。

八、与取得收入无关的支出

（一）财税处理

根据《企业所得税法》第十条的规定，在计算应纳税所得额时，与取得收入无关的其他支出不得在税前扣除。根据《企业所得税法实施条例》第二十七条的规定，与取得收入有关的支出，是指与取得收入直接相关的支出。

企业为第三方担保发生的担保损失通常与本企业生产经营无关，不得税前扣除，企业所得税年度纳税申报时应通过“纳税调整项目明细表”（A105000）行做调增处理。

但是，《国家税务总局关于企业之间相互提供贷款担保发生担保损失税前扣除问题的批复》（国税函〔2007〕1272 号）文件明确：企业之间签订贷款互保合同，相互提供的贷款担保，与企业的融资活动密切相关，因此，签订贷款互保合同的一方（担保企业）为另一方（被担保企业）提供的贷款担保，在被担保企业为担保企业所提供的贷款担保总额之内（含）的部分，应认为与其本身应纳税收入有关，可按照相关规定进行税前扣除。

根据《国家税务总局关于发布〈企业资产损失所得税税前扣除管理办法〉的公告》（国家税务总局公告 2011 年第 25 号）第四十五条的规定，企业按独立交易原则向关联企业转让资产而发生的损失，或向关联企业提供借款、担保而形成的债权损失，准予扣除，但企业应作专项说明，同时出具中介机构出具的专项报告及其相关的证明材料。

根据《国家税务总局关于印发〈房地产开发经营业务企业所得税处理办法〉的通知》（国税发〔2009〕31 号印发）第十九条的规定，企业采取银行按揭方式销售开发产品的，凡约定企业为购买方的按揭贷款提供担保的，其销售开发产品时向银行提供的保证金（担保金）不得从销售收入中减除，也不得作为费用在当期税前扣除，但实际发生损失时可据实扣除。

（二）填报方法

表 A105000 第 27 行“（十四）与取得收入无关的支出”：第 1 列“账载金额”填报纳税人会计核算计入当期损益的与取得收入无关的支出的金额。第 3 列“调增金额”填报第 1 列金额。

九、境外所得分摊的共同支出

（一）财税处理

根据《财政部　国家税务总局关于企业境外所得税收抵免有关问题的通知》（财税〔2009〕125 号）的规定，在计算境外应纳税所得额时，企业为取得境内、境外所得而在境内、境外发生的共同支出，与取得境外应税所得有关的、合理的部分，应在境内、境外［分国（地区）别，下同］应税所得之间，按照合理比例进行分摊后扣除。

《企业境外所得税收抵免操作指南》进一步明确，在计算境外应纳税所得额时，企业为取得境内、境外所得而在境内、境外发生的共同支出，与取得境外应税所得有关的、合理的部分，应在境内、境外［分国（地区）别，下同］应税所得之间，按照合理比例进行分摊后扣除。这里所称共同支出，是指与取得境外所得有关但未直接计入境外所得应纳税所得额的成本费用支出，通常包括未直接计入境外所得的营业费用、管理费用和财务费用等支出。企业应对在计算总所得额时已统一归集并扣除的共同费用，按境外每一国（地区）别数额占企业全部数额的资产比例、收入比例、员工工资支出比例或其他合理比例中的一种比例或几种比例的综合比例，在每一国别的境外所得中对应调整扣除，计算来自每一国别的应纳税所得额。上述分摊比例确定后应报送主管税务机关备案；无合理原因不得改变。

（二）填报方法

表 A105000 第 28 行“（十五）境外所得分摊的共同支出”：根据“境外所得纳税调整后所得明细表”（A108010）填报。第 3 列“调增金额”填报表 A108010 合计行第 16 + 17 列金额。

该行调增的金额，在计算境外所得纳税调整后所得时可以扣除。

境外所得分摊的共同支出，是指境外分支机构调整分摊扣除的有关成本费用和境外所得对应调整的相关成本费用支出。因为境内外应纳税所得要分开计算。而境外所得分摊的共同支出已在境内的利润中反映了，所以要通过该行调增境内应纳税所得额。主表 A100000 第 14 行“减：境外所得”是指已计入本年利润的能够独立辨认的境外收入减除境外支出后的净所得，而通过表 A105000 第 28 行要调增的是应由境外所得承担但由于是境内外的共同支出而核算时已进入境内账上的部分。主表第 14 行 = 表 A108010 第 14 行 - 第 11 行，而表 A105000 的第 28 行第 3 列 = 表 A108010 第 16 列合计 + 第 17 列合计。

十、党组织工作经费

（一）财税处理

根据《中共中央组织部　财政部　国家税务总局关于非公有制企业党组织工作经费问题的通知》（组通字〔2014〕42 号）的规定，非公有制企业党组织工作经费主要通过纳入管理费用、党费拨返、财政支持等渠道予以解决。同时，鼓励采取企业赞助、党员自愿捐助等方式，拓宽经费来源。

非公有制企业党组织工作经费纳入企业管理费列支，不超过职工年度工资薪金总额 1% 的部分，可以据实在企业所得税前扣除。

非公有制企业党组织工作经费仍然不足的，上级党组织要从留存的党费中适当拨补。党员交纳的党费，可根据企业规模、党员数量等具体情况，全额或大部分返拨给企业党组织，用于开展党的活动。

党组织工作经费必须用于党的活动，使用范围包括：召开党内会议，开展党内宣传教育活动和组织活动；组织党员和入党积极分子教育培训；表彰先进基层党组织、优秀共产党员和优秀党务工作者；走访、慰问和补助生活困难党员；订阅或购买用于开展党员教育的报刊、资料和设备；维护党组织活动场所及设施等。

根据《中共中央组织部 财政部 国务院国资委党委 国家税务总局关于国有企业党组织工作经费问题的通知》（组通字〔2017〕38 号）的规定，国有企业（包括国有独资、全资和国有资本绝对控股、相对控股企业）党组织工作经费主要通过纳入管理费用、党费留存等渠道予以解决。纳入管理费用的部分，一般按照企业上年度职工工资总额 1% 的比例安排，每年年初由企业党组织本着节约的原则编制经费使用计划，由企业纳入年度预算。纳入管理费用的党组织工作经费，实际支出不超过职工年度工资薪金总额 1% 的部分，可以据实在企业所得税前扣除。年末如有结余，结转下一年度使用。累计结转超过上一年度职工工资总额 2% 的，当年不再从管理费用中安排。

（二）填报方法

表 A105000 第 29 行“（十六）党组织工作经费”：填报纳税人根据有关文件规定，为创新基层党建工作、建立稳定的经费保障制度发生的党组织工作经费及纳税调整情况。

（三）案例解析

【例 1－14】甲私营有限公司 2019 年度发生党组织工作经费支出 20 万元，都通过“管理费用”科目核算。当年发生的合理的工资薪金总额 1 500 万元。

要求：就党组织工作经费支出进行纳税调整，并填报纳税申报表。

解析：党组织工作经费支出税前扣除限额：

1 500 × 1% = 15（万元），当年实际发生额 20 万元，

超标：20 － 15 = 5（万元），需调增应纳税所得额，如表 1－24 所示。

表 1－24 A105000 纳税调整项目明细表

单位：元

行次	项目	账载金额	税收金额	调增金额	调减金额
		1	2	3	4
12	二、扣除类调整项目（13 + 14 + …… + 29）	*	*		
28	（十五）境外所得分摊的共同支出	*	*		*
29	（十六）党组织工作经费	200 000	150 000	50 000	
30	（十七）其他				
46	合计（1 + 12 + 30 + 35 + 41 + 42）	*	*		

十一、纳税调减风险模型与应对（见表 1－25）

表 1－25

<table>
<tr><td>对应风险特征编号、名称</td><td colspan="2">纳税调减核对－扣除类调整项目风险指标</td><td>指标类型</td><td colspan="2">[ ] 涉嫌偷逃骗税类 [√] 一般税收流失类 [ ] 税收行为管理类</td></tr>
<tr><td>适用范围</td><td colspan="2">企业所得税查账征收企业</td><td>主题事项（指标分类）</td><td colspan="2">企业所得税汇缴申报表表间逻辑分析</td></tr>
<tr><td>适用税种、税目</td><td colspan="2">企业所得税</td><td>涉及会计科目</td><td colspan="2">销售费用、管理费用、财务费用、应付职工薪酬</td></tr>
<tr><td>税收政策依据及内容摘要</td><td colspan="5">企业所得税法实施条例第四十四条
企业发生的符合条件的广告费和业务宣传费支出，除国务院财政、税务主管部门另有规定外，不超过当年销售（营业）收入15%的部分，准予扣除；超过部分、准予在以后纳税年度结转扣除。</td></tr>
<tr><td>相关法律（含行业管理规定）及内容摘要</td><td colspan="5"></td></tr>
<tr><td>数据来源（可多选）</td><td colspan="5">[ ] 税务登记 [√] 认定信息 [ ] 财务报表 [ ] 代开发票信息 [√] 申报表 [ ] 入库税款 [ ] 国际税收情报交换数据 [ ] 第三方数据（××局、互联网采集数据）[ ] 其他数据</td></tr>
<tr><td>数据内容</td><td colspan="5">认定信息—企业所得税查账征收；申报表—企业所得税年度纳税中报表（A类）A100000 第23行，A105000 第12行第4列</td></tr>
<tr><td rowspan="2">指标属性</td><td>积分度量类别</td><td>指标层级</td><td>指标性质</td><td>是否需要反馈</td><td>是否适用纳税提醒</td></tr>
<tr><td>[ ] 计税依据 [ ] 税款 [ ] 比例 [√] 其他</td><td>[√] 一级指标 [ ] 二级指标</td><td>[ ] 主要 [√] 辅助</td><td>[√] 是 [ ] 否</td><td>[ ] 是 [√] 否</td></tr>
<tr><td>指标描述</td><td colspan="5">本指标识别纳税人申报纳税调减核对－扣除类调整项目金额过大，存在相关申报资料完整性或业务事项的真实性风险。</td></tr>
<tr><td>指标公式</td><td colspan="5">【应纳税所得额】企业所得税年度纳税申报表（A类）A100000 第23行
【扣除类调整项目调减金额】企业所得税年度纳税申报表（A类）A105000 第12行第4列
nvl（【扣除类调整项目调减金额】，0），
【扣除占比】＝nvl（【扣除类调整项目调减金额】，0）/nvl（【应纳税所得额】，0.1）</td></tr>
<tr><td>风险识别条件</td><td colspan="5">【扣除类调整项目调减金额】＞【预警值1】and【扣除占比】＞【预警值2】</td></tr>
<tr><td>预警参考值</td><td colspan="5">【预警值1】＝1 000 000，【预警值2】＝20%（根据实际执行结果调整）</td></tr>
<tr><td>加工周期</td><td colspan="5">（与数据所属期不同）[ ] 月 [ ] 季 [ ] 半年 [√] 年 [ ] 一次性</td></tr>
<tr><td>警参考值维护级别</td><td colspan="5">[√] 省 [ ] 市 [ ] 县（市、区）</td></tr>
<tr><td>税务机关提示信息</td><td colspan="5">【纳税人名称】（【纳税人识别号】）：该单位在【年度】年度纳税调整项目明细表 A105000 中存在扣除类调整项目调减金额为【扣除类调整项目中调减金额】元，申报表主表 A100000 应纳税所得额为【应纳税所得额】元，扣除类调整项目中调减金额是否符合相关规定，请核查。</td></tr>
</table>

续表

纳税人提示信息	【纳税人名称】（【纳税人识别号】）：您单位在【年度】年度纳税调整项目明细表中存在扣除类调整项目调减金额为【扣除类调整项目中调减金额】元，扣除类调整项目中调减金额是否符合相关规定，请核查。
应对策略	一、风险数据的系统校验（案头审核）： 通过“查询统计（核心征管）”—“申报”—“企业所得税年度纳税申报信息清册［通用查询岗］”—企业所得税年度纳税申报表（A类）应纳税所得额、纳税调整项目明细表扣除类调整项目。 二、询问约谈资料要求（报送资料） 记账凭证及其他附件资料及证明材料。 三、核查内容 1. 核查企业基础登记信息和认定信息的准确性。 2. 核查企业扣除类调减项目的记账凭证及相关附件资料，是否符合相关扣除规定。如纳税年度内实际发放职工薪酬大于计提金额，调减应纳税所得额，是否进行账务处理、账务处理是否正确、金额是否准确。广告费和业务宣传费支出调减，审核广告费和业务宣传费年度纳税调整明细表及以前年度的调整明细表，是否准确填报。利息支出、与未实现融资收益相关在当期确认的财务费用、跨期扣除项目调减金额等税会差异项目、特别是其他调减金额项目，通过审核记账凭证及其附件资料，确认相关业务内容的真实性、财务核算的正确性、报表填报的准确性，是否符合相关规定。 3. 存在少缴纳税款情形的，通知纳税人补缴并按规定加收滞纳金。
备注	

第六节　其他项目的纳税调整

一、资产减值准备金

（一）财税处理

《企业所得税法》第十条规定，在计算应纳税所得额时，未经核定的准备金支出不得扣除。根据《企业所得税法实施条例》第五十五条的规定，未经核定的准备金支出，是指不符合国务院财政、税务主管部门规定的各项资产减值准备、风险准备等准备金支出。

（二）填报方法

表 A105000 第 33 行“（二）资产减值准备金”：填报坏账准备、存货跌价准备、理赔费用准备金等不允许税前扣除的各类资产减值准备金纳税调整情况。第 1 列“账载金额”填报纳税人会计核算计入当期损益的资产减值准备金金额（因价值恢复等原因转回的资产减值准备金应予以冲回）。若第 1 列 ≥0，第 3 列“调增金额”填报第 1 列金额；若第 1 列 <0，第 4 列“调减金额”填报第 1 列金额的绝对值。

该行反映的是不允许税前扣除的准备金的税会差异，而允许税前扣除的准备金如金融保险类、中小企业信用担保机构、证券业等的准备金在表A105120中填报。而且，该行仅调整持有期间（提取、价值转回等）的资产减值准备金情况，涉及资产处置发生损失的，填报“资产损失税前扣除及纳税调整明细表”（A105090）进行调整。通常准备金提取时调增、转回时调减应纳税所得额。由于会计上冲回准备金时，会导致利润增加，而税法上是不认可的，故应调减应纳税所得额。

（三）案例分析

【例1-15】 甲企业采用备抵法核算坏账，2020年初“坏账准备”贷方余额为0元（假设会计与税法无差异），本年收回往年已经批准核销的坏账200万元，本年发生坏账50万元，本年在当期损益中计提坏账准备500万元，

要求：进行相关的财税处理，并填报纳税申报表。

解析：

（1）会计处理：

①收回坏账200万元：

借：应收账款　　2 000 000

　　贷：坏账准备　　2 000 000

借：银行存款　　2 000 000

　　贷：应收账款　　2 000 000

②发生坏账50万元：

借：坏账准备　　500 000

　　贷：应收账款　　500 000

③本期计提坏账准备金500万元：

借：管理费用（或资产减值损失）　　5 000 000

　　贷：坏账准备　　5 000 000

（2）税务处理：在本例中，首先，收回的坏账要缴纳企业所得税，而会计处理时并未计入当期损益，因此应调增应纳税所得额200万元；其次，发生的坏账50万元，会计处理也未计入当期损益，因此，应调减50元。再次，本期计提的坏账准备500万元计入了当期损益，但根据《企业所得税法》第十条和《企业所得税法实施条例》第十一条的规定，未经核定的准备金支出不得在税前扣除，因此应调增应纳税所得额500万元。共计应调增应纳税所得额：200+500-50=650（万元），如表1-26所示。

二、合伙企业法人合伙人应分得的应纳税所得额

（一）财税处理

常见的法人合伙人一般为有限合伙人，但是《合伙企业法》第三条规定，“国有独资

表 1－26 A105000 纳税调整项目明细表 单位：元

行次	项 目	账载金额	税收金额	调增金额	调减金额
		1	2	3	4
31	三、资产类调整项目（32＋33＋34＋35）	*	*		
32	（一）资产折旧、摊销（填写 A105080）				
33	（二）资产减值准备金	7 000 000	*	7 000 000	500 000
34	（三）资产损失（填写 A105090）				
35	（四）其他				
44	五、特别纳税调整应税所得	*	*		
45	六、其他	*	*		
46	合计（1＋12＋31＋36＋43＋44）	*	*		

公司、国有企业、上市公司以及公益性的事业单位、社会团体不得成为普通合伙人”，除上述禁止性规定外，一般的法人合伙人可以成为普通合伙人。因此，法人合伙人若作为普通合伙人，达到对合伙企业控制、共同控制或重大影响时，可将该投资作为“长期股权投资”核算，否则可作为“可供出售金融资产”核算。

根据《财政部 国家税务总局关于合伙企业合伙人所得税问题的通知》（财税〔2008〕159 号）的规定，合伙企业以每一个合伙人为纳税义务人。合伙企业合伙人是自然人的，缴纳个人所得税；合伙人是法人和其他组织的，缴纳企业所得税。合伙企业生产经营所得和其他所得采取“先分后税”的原则。生产经营所得和其他所得，包括合伙企业分配给所有合伙人的所得和企业当年留存的所得（利润）。合伙企业的合伙人按照下列原则确定应纳税所得额：①合伙企业的合伙人以合伙企业的生产经营所得和其他所得，按照合伙协议约定的分配比例确定应纳税所得额；②合伙协议未约定或者约定不明确的，以全部生产经营所得和其他所得，按照合伙人协商决定的分配比例确定应纳税所得额；③协商不成的，以全部生产经营所得和其他所得，按照合伙人实缴出资比例确定应纳税所得额；④无法确定出资比例的，以全部生产经营所得和其他所得，按照合伙人数量平均计算每个合伙人的应纳税所得额。合伙协议不得约定将全部利润分配给部分合伙人。合伙企业的合伙人是法人和其他组织的，合伙人在计算其缴纳企业所得税时，不得用合伙企业的亏损抵减其盈利。

根据上述规定，作为合伙企业的合伙人，不论合伙企业是否做出利润分配决定，只要合伙企业有利润（含已分配和留存的），对其按税法规定进行调整后的所得就应按规定的分配比例计算纳税，合伙企业合伙人是自然人的，缴纳个人所得税，合伙人是法人和其他组织的计入法人企业当年的应纳税所得额计算缴纳企业所得税。

由于对有限合伙企业的生产经营所得，合伙人已按规定缴纳个人所得税或者企业所得税，该合伙企业合伙人实际取得分配的税后利润则无需再缴纳个人所得税或者企业所得税。

另外，从将法人合伙人在合伙企业计算应分得的所得计入主表 A100000 第 15 行或第16行可以看出，法人合伙人投资合伙企业取得所得应在法人合伙人所在地缴纳企业所得税。同时，法人合伙人计算分回的所得可以弥补法人合伙人本身的亏损。

根据《财政部 税务总局关于创业投资企业和天使投资个人有关税收政策的通知》（财税〔2018〕55号）的规定，有限合伙制创业投资企业采取股权投资方式直接投资于初创科技型企业满2年的，其法人合伙人可以按照对初创科技型企业投资额的70%抵扣法人合伙人从合伙创投企业分得的所得；当年不足抵扣的，可以在以后纳税年度结转抵扣。

（二）填报方法

表A105000第41行“（五）合伙企业法人合伙人应分得的应纳税所得额”：第1列“账载金额”填报合伙企业法人合伙人本年会计核算上确认的对合伙企业的投资所得。第2列“税收金额”填报纳税人按照“先分后税”原则和《财政部国家税务总局关于合伙企业合伙人所得税问题的通知》（财税〔2008〕159号）文件第四条规定计算的从合伙企业分得的法人合伙人应纳税所得额。若第1列≤第2列，第3列“调增金额”填报第2－1列金额；若第1列>第2列，第4列“调减金额”填报第2－1列金额的绝对值。

（三）案例解析

【例1－16】2018年12月1日，A创业投资有限责任公司与王某等自然人成立甲有限合伙制创业投资企业，合伙人合计认缴出资2亿元，A创业投资有限责任公司出资占比为75%，合伙协议约定A有限公司按60%分享利润（承担亏损）。

2018年12月10日，A创投公司向甲合伙企业实缴出资15 000万元，其他合伙人实缴出资5 000万元。

甲合伙创投企业与法人合伙人A公司2019年、2020年和2021年三年经营所得与分配利润情况如表1－27所示（假设A公司经营所得与利润总额相同，不考虑本身的纳税调整和税收优惠）。

表1－27　　应纳税所得额与利润分配表　　单位：万元

年份	甲合伙企业应纳税所得	实际分配利润	A公司本身经营所得
2019	－100	0	300
2020	10 100	0	3 000
2021	10 000	5 000	4 000

假设A公司向甲合伙企业投资作为可供出售金融资产核算或作为长期股权投资按成本法核算。

要求：分析说明A公司与向合伙企业投资相关收益的纳税调整情况。

解析：

（1）2019 年度。

2019 年，甲合伙企业亏损 100 万元，由合伙企业用以后 5 年的所得弥补，不得抵减合伙人的盈利。因而，当年从合伙企业应分得的所得为 0。“纳税调整项目明细表”（A105000）的填报如表 1－28 所示。

表 1－28　A105000　　纳税调整项目明细表（2019 年）　　单位：元

行次	项　目	账载金额	税收金额	调增金额	调减金额
		1	2	3	4
1	一、收入类调整项目	*	*		
12	二、扣除类调整项目（13＋14＋……＋30）	*	*		
31	三、资产类调整项目（32＋33＋34＋35）	*	*		
36	四、特殊事项调整项目（37＋38＋…＋43）	*	*		
41	（五）合伙企业法人合伙人应分得的应纳税所得额	*	0	0	*
44	五、特别纳税调整应税所得	*	*		
45	六、其他	*	*		
46	合计（1＋12＋31＋36＋44＋45）	*	*		

A 公司本身的经营所得为 300 万元，“中华人民共和国企业所得税年度纳税申报表”（A100000）的填报如表 1－29 所示。

表 1－29　A100000　　中华人民共和国企业所得税年度纳税申报表（A 类）（2019 年）　　单位：元

行次	类别	项　目	金额
13		三、利润总额（10＋11－12）	3 000 000
14	应纳税所得额计算	减：境外所得（填写 A108010）	
15		加：纳税调整增加额（填写 A105000）	0
16		减：纳税调整减少额（填写 A105000）	0
17		减：免税、减计收入及加计扣除（填写 A107010）	
18		加：境外应税所得抵减境内亏损（填写 A108000）	
19		四、纳税调整后所得（13－14＋15－16－17＋18）	3 000 000
20		减：所得减免（填写 A107020）	
21		减：弥补以前年度亏损（填写 A106000）	
22		减：抵扣应纳税所得额（填写 A107030）	
23		五、应纳税所得额（19－20－21－22）	3 000 000

（2）2020 年。

2020 年，合伙企业实现所得 10 100 万元，首先用 100 万元弥补上年亏损。弥补以前年度亏损后的所得 10 000 万元。由于长期股权投资采用成本法核算，会计上没有确认投资收益。按照合伙协议约定 A 有限公司按 60% 分享利润，根据税法规定应确认

6 000 万元的所得。因而，应通过“纳税调整项目明细表”（A105000）第 41 行调增应纳税所得额，如表 1-30 所示。

表 1-30 A105000 纳税调整项目明细表（2020 年）

单位：元

行次	项目	账载金额	税收金额	调增金额	调减金额
		1	2	3	4
1	一、收入类调整项目	*	*		
12	二、扣除类调整项目（13+14+……+30）	*	*		
31	三、资产类调整项目（32+33+34+35）	*	*		
36	四、特殊事项调整项目（37+38+…+43）	*	*	60 000 000	
41	（五）合伙企业法人合伙人应分得的应纳税所得额	*	60 000 000	60 000 000	*
44	五、特别纳税调整应税所得	*	*		
45	六、其他	*	*		
46	合计（1+12+31+36+44+45）	*	*	60 000 000	

再根据“纳税调整项目明细表”（A105000）填报“中华人民共和国企业所得税年度纳税申报表”（A100000），如表 1-31 所示。

表 1-31 A100000 中华人民共和国企业所得税年度纳税申报表（A 类）（2020 年）

单位：元

行次	类别	项目	金额
13		三、利润总额（10+11-12）	30 000 000
14	应纳税所得额计算	减：境外所得（填写 A108010）	
15		加：纳税调整增加额（填写 A105000）	60 000 000
16		减：纳税调整减少额（填写 A105000）	0
17		减：免税、减计收入及加计扣除（填写 A107010）	
18		加：境外应税所得抵减境内亏损（填写 A108000）	
19		四、纳税调整后所得（13-14+15-16-17+18）	90 000 000
20		减：所得减免（填写 A107020）	
21		减：弥补以前年度亏损（填写 A106000）	
22		减：抵扣应纳税所得额（填写 A107030）	
23		五、应纳税所得额（19-20-21-22）	90 000 000

（3）2021 年。

2021 年，合伙企业实现所得 10 000 万元，由于长期股权投资采用成本法核算，法人合伙人会计上没有确认投资收益。根据合伙协议，法人合伙人应分回 6 000 万元。因而，当年所得应调整应纳税所得额 6 000 万元。

合伙企业当年宣告分配以前年度所得 5 000 万元，法人合伙人分回 3 000 万元，会计核算时计入了当年的投资收益，由于该所得在 2020 年度已缴过所得税，因而应调减应纳税所得额。“纳税调整项目明细表”（A105000）的填报如表1－32所得。

表1－32　A105000　　纳税调整项目明细表（2021年）

行次	项　　目	账载金额	税收金额	调增金额	调减金额
		1	2	3	4
1	一、收入类调整项目（2＋3＋4＋5＋6＋7＋8＋10＋11）	*	*		
12	二、扣除类调整项目（13＋14＋……＋30）	*	*		
31	三、资产类调整项目（32＋33＋34＋35）	*	*		
35	（四）其他				
36	四、特殊事项调整项目（37＋38＋…＋43）	*	*	30 000 000	
41	（五）合伙企业法人合伙人应分得的应纳税所得额	30 000 000	60 000 000	30 000 000	
44	五、特别纳税调整应税所得	*	*		
45	六、其他	*	*		
46	合计（1＋12＋31＋36＋44＋45）	*	*	30 000 000	

再根据“纳税调整项目明细表”（A105000）填报“中华人民共和国企业所得税年度纳税申报表”（A100000）如表1－33所示。

表1－33　A100000　　中华人民共和国企业所得税年度纳税申报表

（A类）（2021年）

行次	类别	项　　目	金额
13		三、利润总额（10＋11－12）	40 000 000
14	应纳税所得额计算	减：境外所得（填写A108010）	
15		加：纳税调整增加额（填写A105000）	30 000 000
16		减：纳税调整减少额（填写A105000）	
17		减：免税、减计收入及加计扣除（填写A107010）	
18		加：境外应税所得抵减境内亏损（填写A108000）	
19		四、纳税调整后所得（13－14＋15－16－17＋18）	70 000 000
20		减：所得减免（填写A107020）	
21		减：弥补以前年度亏损（填写A106000）	
22		减：抵扣应纳税所得额（填写A107030）	
23		五、应纳税所得额（19－20－21－22）	70 000 000

三、发行永续债利息支出

（一）财税处理

永续债是指经国家发展改革委员会、中国人民银行、中国银行保险监督管理委员会、中国证券监督管理委员会核准，或经中国银行间市场交易商协会注册、中国证券监督管理委员会授权的证券自律组织备案，依照法定程序发行、附赎回（续期）选择权或无明确到期日的债券，包括可续期企业债、可续期公司债、永续债务融资工具（含永续票据）、无固定期限资本债券等。

根据《财政部　税务总局关于永续债企业所得税政策问题的公告》（财政部　税务总局公告 2019 年第 64 号）的规定，企业发行的永续债，可以适用股息、红利企业所得税政策，即：投资方取得的永续债利息收入属于股息、红利性质，按照现行企业所得税政策相关规定进行处理，其中，发行方和投资方均为居民企业的，永续债利息收入可以适用《企业所得税法》规定的居民企业之间的股息、红利等权益性投资收益免征企业所得税规定；同时发行方支付的永续债利息支出不得在企业所得税税前扣除。

企业发行符合规定条件的永续债，也可以按照债券利息适用企业所得税政策，即：发行方支付的永续债利息支出准予在其企业所得税税前扣除；投资方取得的永续债利息收入应当依法纳税。符合规定条件的永续债，是指符合下列条件中 5 条（含）以上的永续债：

（1）被投资企业对该项投资具有还本义务；

（2）有明确约定的利率和付息频率；

（3）有一定的投资期限；

（4）投资方对被投资企业净资产不拥有所有权；

（5）投资方不参与被投资企业日常生产经营活动；

（6）被投资企业可以赎回，或满足特定条件后可以赎回；

（7）被投资企业将该项投资计入负债；

（8）该项投资不承担被投资企业股东同等的经营风险；

（9）该项投资的清偿顺序位于被投资企业股东持有的股份之前。

企业发行永续债，应当将其适用的税收处理方法在证券交易所、银行间债券市场等发行市场的发行文件中向投资方予以披露。

发行永续债的企业对每一永续债产品的税收处理方法一经确定，不得变更。企业对永续债采取的税收处理办法与会计核算方式不一致的，发行方、投资方在进行税收处理时须作出相应纳税调整。

（二）填报方法

表 A105000 第 42 行“（六）发行永续债利息支出”：本行填报企业发行永续债采取的税收处理办法与会计核算方式不一致时的纳税调整情况。当永续债发行方会计上按照债务核算，税收上适用股息、红利企业所得税政策时，第 1 列“账载金额”填报支付的永续债利息支出计入当期损益的金额；第 2 列“税收金额”填报 0。永续债发行方会计上按照权益核算，税收上按照债券利息适用企业所得税政策时，第 1 列“账载金额”填报 0；第 2 列“税收金额”填报永续债发行方支付的永续债利息支出准予在企业所得税税前扣除的金额。若第 2 列≤第 1 列，第 3 列“调增金额”填报第 1 – 2 列金额。若第 2 列 > 第 1 列，第 4 列“调减金额”填报第 1 – 2 列金额的绝对值。

四、特别纳税调整应税所得

（一）财税处理

企业与其关联方之间的业务往来，不符合独立交易原则而减少企业或者其关联方应纳税收入或者所得额的，税务机关有权按照合理方法调整。由居民企业，或者由居民企业和中国居民控制的设立在实际税负明显低于《企业所得税法》第四条第一款规定税率（25%）水平的国家（地区）的企业，并非由于合理的经营需要而对利润不作分配或者减少分配的，上述利润中应归属于该居民企业的部分，应当计入该居民企业的当期收入。企业与其关联方共同开发、受让无形资产，或者共同提供、接受劳务发生的成本，在计算应纳税所得额时应当按照独立交易原则进行分摊。企业从其关联方接受的债权性投资与权益性投资的比例超过规定标准而发生的利息支出，不得在计算应纳税所得额时扣除。企业实施其他不具有合理商业目的的安排而减少其应纳税收入或者所得额的，税务机关有权按照合理方法调整。

（二）填报方法

表 A105000 第 44 行“五、特别纳税调整应税所得”：第 3 列“调增金额”填报纳税人按特别纳税调整规定自行调增的当年应税所得。第 4 列“调减金额”填报纳税人依据双边预约定价安排或者转让定价相应调整磋商结果的通知，需要调减的当年应税所得。

（三）防止资本弱化

资本弱化，是指企业通过加大借贷（债权性投资）而减少股份资本（权益性投资）比例的方式增加税前扣除，以降低企业税负的一种行为。

企业投资方式有权益投资和债权投资。由于以下两方面原因，企业往往愿意采用债权投资，相应减少权益投资。首先，由于债务人支付给债权人的利息可以在税前扣除，而支付给股东股息却不能在税前扣除，选择借债的融资方式比权益的融资方式，从税收的角度来说更具有优势；其次，许多国家对非居民纳税人获得的利息征收的预提所得税税率，通常比对股息征收的企业所得税税率低，采用债权投资比采用股权投资的税收负担低。对于债务人和债权人同属于一个利益集团的跨国公司来说，就有动机通过操纵融资方式，降低集团整体的税收负担。纳税人在为投资经营而筹措资金时，常常刻意设计资金来源结构，加大借入资金比例，扩大债务与权益的比率，人为形成“资本弱化”。因此，许多国家在税法上对关联方之间的债权性投资与权益性投资比例做出限制，防范企业通过操纵各种债务形式的支付手段，增加税前扣除、降低税收负担。

1. 不得扣除的利息

（1）不得扣除利息的计算。

《企业所得税法》第四十六条规定，企业从其关联方接受的债权性投资与权益性投资的比例超过规定标准而发生的利息支出，不得在计算应纳税所得额时扣除。这里所说的利息支出包括直接或间接关联债权投资实际支付的利息、担保费、抵押费和其他具有利息性质的费用。

《财政部　国家税务总局关于企业关联方利息支出税前扣除标准有关税收政策问题的通知》（财税〔2008〕121号）规定，在计算应纳税所得额时，企业实际支付给关联方的利息支出，不超过以下规定比例和《企业所得税法》及其实施条例有关规定计算的部分，准予扣除，超过的部分不得在发生当期和以后年度扣除。

企业实际支付给关联方的利息支出，除另有规定外，其接受关联方债权性投资与其权益性投资比例为：

①金融企业，为5:1；

②其他企业，为2:1。

企业同时从事金融业务和非金融业务，其实际支付给关联方的利息支出，应按照合理方法分开计算；没有按照合理方法分开计算的，一律按有关其他企业的比例计算准予税前扣除的利息支出。

不得在计算应纳税所得额时扣除的利息支出按以下公式计算：

不得扣除利息支出 = 年度实际支付的全部关联方利息 ×（1 - 标准比例/关联债资比例）

实际支付利息是指企业按照权责发生制原则计入相关成本、费用的利息。企业自关联方取得的不符合规定的利息收入应按照有关规定缴纳企业所得税。

（2）关联债资比例的计算。

关联债资比例，是指根据税法规定，企业从其全部关联方接受的债权性投资（以下简称“关联债权投资”）占企业接受的权益性投资（以下简称“权益投资”）的比例，关联债权投资包括关联方以各种形式提供担保的债权性投资。

关联债资比例的具体计算方法如下：

关联债资比例 = 年度平均关联债权投资金额/年度平均权益投资金额

权益投资为企业资产负债表所列示的所有者权益金额。如果所有者权益小于实收资本（股本）与资本公积之和，则权益投资为实收资本（股本）与资本公积之和；如果实收资本（股本）与资本公积之和小于实收资本（股本）金额，则权益投资为实收资本（股本）金额。

（3）不得扣除利息的分配。

不得在计算应纳税所得额时扣除的利息支出，不得结转到以后纳税年度；应按照实际支付给各关联方利息占关联方利息总额的比例，在各关联方之间进行分配，其中：分配给实际税负高于企业的境内关联方的利息准予扣除；直接或间接实际支付给境外关联方的利息应视同分配的股息，按照股息和利息分别适用的所得税税率差补征企业所得税，如已扣缴的所得税税款多于按股息计算应征所得税税款，多出的部分不予退税。

2. 超标利息税前扣除的条件

企业如果能够按照《企业所得税法》及其实施条例的有关规定提供相关资料，并证明相关交易活动符合独立交易原则的；或者该企业的实际税负不高于境内关联方的，其实际支付给境内关联方的利息支出，在计算应纳税所得额时准予扣除。

实际税负 = 实际缴纳所得税性质的税种的税款金额（扣除各种税收返还）÷所得税性质的税种的应纳税所得额 ×100%。

所得税性质的税种的应纳税所得额小于零的，按零填报。

企业关联债资比例超过标准比例的利息支出，如要在计算应纳税所得额时扣除，应准备、保存、并按税务机关要求提供相关同期资料，证明关联债权投资金额、利率、期限、融资条件以及债资比例等均符合独立交易原则。根据《国家税务总局关于完善关联申报和同期资料管理有关事项的公告》（国家税务总局公告 2016 年第 42 号）第十七条的规定，资本弱化特殊事项文档包括以下内容：

（1）企业偿债能力和举债能力分析。

（2）企业集团举债能力及融资结构情况分析。

（3）企业注册资本等权益投资的变动情况说明。

（4）关联债权投资的性质、目的及取得时的市场状况。

（5）关联债权投资的货币种类、金额、利率、期限及融资条件。

（6）非关联方是否能够并且愿意接受上述融资条件、融资金额及利率。

（7）企业为取得债权性投资而提供的抵押品情况及条件。

（8）担保人状况及担保条件。

（9）同类同期贷款的利率情况及融资条件。

（10）可转换公司债券的转换条件。

（11）其他能够证明符合独立交易原则的资料。

企业未按规定准备、保存和提供同期资料证明关联债权投资金额、利率、期限、融资条件以及债资比例等符合独立交易原则的，其超过标准比例的关联方利息支出，不得在计算应纳税所得额时扣除。

3. 关联方统借统贷不受资本弱化制约

“统借统贷”是指“集团公司统一贷款，所属企业申请使用”的资金管理模式。即集团公司统一向金融机构借款，所属企业按一定的程序申请使用，并按规定将贷款利息支付给集团公司，由集团公司统一与金融机构结算的资金管理模式。

集团公司统一向金融机构借款，所属企业申请使用，只是资金管理方式的变化，不影响所属企业使用银行信贷资金的性质，不属于关联企业之间的借款。凡集团公司能够出具从金融机构取得贷款的证明文件，其所属企业使用集团公司转贷的金融机构借款支付的利息，不高于金融机构同类同期贷款利率的部分，允许在税前全额扣除。

根据《房地产开发经营业务企业所得税处理办法》（国税发〔2009〕31号印发）第二十一条的规定，企业集团或其成员企业统一向金融机构借款分摊集团内部其他成员企业使用的，借入方凡能出具从金融机构取得借款的证明文件，可以在使用借款的企业间合理地分摊利息费用，使用借款的企业分摊的合理利息准予在税前扣除。这就是说，国税发〔2009〕31号文件又进一步明确了在《企业所得税法》实施后，统借统还仍不受防止资本弱化的制约，只要利息合理并符合税法其他相关规定，就可以全额税前扣除。

（四）案例解析

【例1-17】A公司是一家大型工业制造企业，股票在上海证交所上市。为扩大经营规模，2019年初，向甲、乙、丙、丁4个非金融企业关联方借款11 000万元扩建厂房。借款情况为：向甲公司借款1 000万元，利率为6%，付利息60万元；向乙公司借款2 000万元，利率为7%，付利息140万元；向丙公司借款3 000万元，利率为5%，付利息150万元；向丁借款5 000万元，利率为8%，付利息400万元；同期银行贷款利率为6%。2019年各月平均所有者权益金额为2 000万元。

2019年，该企业支付给4家关联方借款利息，根据《企业会计准则》规定，300万元计入财务费用，450万元计入在建工程。

该企业向4家关联方借款交易中，只有向丁企业借款符合独立交易原则，其他3家不能提供资料证明符合独立交易原则。该企业和甲、乙、丙、丁4家企业的适用税率分别是25%、25%、10%、15%和15%。

要求：分析说明A公司支付的关联方利息应如何进行纳税调整。

解析：

（1）计算暂时不能扣除的关联方利息支出。

不得扣除利息支出 = 年度实际支付的全部关联方利息 ×（1 - 标准比例/关联债资比例）

= 750 ×〔1 - 2 ÷［（11 000 × 12）÷（2 000 × 12）］〕= 477.27（万元）

（2）将暂时不能扣除的借款利息按实际支付给各关联方利息占关联方利息总额的比例在各关联方之间分配。

甲企业应分配的金额为：477.27 ×（60 ÷ 750）= 38.18（万元）

乙企业应分配的金额为：477.27 ×（140 ÷ 750）= 89.09（万元）

丙企业应分配的金额为：477.27 ×（150 ÷ 750）= 95.45（万元）

丁企业应分配的金额为：477.27 ×（400 ÷ 750）= 254.55（万元）

（3）因符合独立交易原则和实际税负高于企业的境内关联方的利息准予扣除。对上述关联各方利息支出是否可以税前扣除进行判定。

甲企业税负率和该企业的税负率相同，不存在因超比例发生的永久性不可扣除的关联方借款利息。

乙企业税负率低于该企业税负率，且该借款不能提供资料证明符合独立交易原则，乙公司分配的关联方利息支出 89.09 万元，就是不可扣除的利息支出。

与乙企业类似，丙公司应分配的暂时不可扣除关联方利息支出 95.45 万元，也是不可扣除的利息支出。

丁企业税负率低于该企业税负率，但符合独立交易原则，不存在因超比例发生的不可扣除的关联方借款利息，即符合规定的关联方利息支出可以在税前扣除。

由此可知：不可扣除的关联方借款利息为：89.09 + 95.45 = 184.54（万元）。

（4）计算上述可扣除的关联方利息，因利率高于银行贷款利率而需要进行调整的金额。

向甲企业借款产生的关联方利息，因借款利率等于银行贷款利率，全部可以扣除。

向乙企业借款产生的关联方借款利息 140 万元，剔除因债资比例超标而分摊的 89.09 万元不可扣除的利息支出后，剩余 50.91 万元（140 − 89.09），因贷款利率 7% 超过银行利率 6%，须调增金额为 7.27 万元〔50.91 ÷ 7% ×（7% − 6%）〕。

向丙企业借款产生的关联方借款利息 150 万元，剔除因债资比例超标而分摊的 95.45 万元不可扣除的利息支出后，剩余部分 54.55 万元（150 − 95.45），因贷款利率 5% 低于银行利率 6%，无须调增。

向丁企业借款产生的关联方借款利息，因符合独立交易原则，无需对债资比例超标而分摊的利息支出进行调整。但借款利率 8% 超过银行贷款利率 6%，因利率超过标准需对关联方借款利息进行纳税调增 100 万元〔400 ÷ 8% ×（8% − 6%）〕。

因利率超过同期银行贷款利率而需调整的应纳税所得额为：7.27 + 100 = 107.27（万元）。

综上所述，该企业共产生永久不可扣除的关联方借款利息 291.81 万元（184.54 + 107.27）。

（5）将不可扣除关联方借款利息进行费用化与资本化分摊。

费用化不可扣除的金额为：291.81 × 300 ÷ 750 = 116.72（万元）。

通过企业所得税年度"纳税调整项目明细表"第 44 行"五、特别纳税调整应税所得"第 3 列"调增金额"进行调整应纳税所得额 116.72 万元，如表 1 − 34 所示。

表 1 − 34　A105000　　纳税调整项目明细表　　单位：元

行次	项　目	账载金额	税收金额	调增金额	调减金额
		1	2	3	4
1	一、收入类调整项目	*	*		
44	五、特别纳税调整应税所得	*	*	1 167 200	
45	六、其他	*	*		
46	合计	*	*	1 167 200	

资本化不可扣除的金额为：291.83 - 116.72 = 175.11（万元），在备查簿中登记此金额，在建工程的计税基础（利息支出）金额为：450 - 175.11 = 274.89（万元），将来在建工程转为固定资产后，企业须对该固定资产的账面价值与计税基础不同产生的永久性差异进行纳税调整。

五、“其他”调整项目

表A105000第45行“六、其他”：填报其他会计处理与税收规定存在差异需纳税调整的项目金额，包括企业执行《企业会计准则第14号——收入》（财会〔2017〕22号发布）产生的税会差异纳税调整金额。

第二章　视同销售的纳税调整

视同销售，是指会计上不作为销售核算，而在税收上作为销售、确认收入计缴税金的非货币性资产交换以及销售货物、转让财产或者提供劳务的行为，它是税法上的一个重要概念。在流转税与所得税中，视同销售的税务处理不同；同是流转税的增值税与消费税，视同销售行为的税务处理也相差悬殊，因而，不同税种之间不可相互适用。流转税与企业所得税的视同销售，应分别适用增值税等流转税的暂行条例和企业所得税法，分开进行税务处理。

第一节　企业所得税视同销售

一、视同销售范围

（一）企业所得税视同销售范围

根据《企业所得税法实施条例》第二十五条的规定，企业发生非货币性资产交换，以及将货物、财产、劳务用于捐赠、偿债、赞助、集资、广告、样品、职工福利和利润分配等用途的，应当视同销售货物、转让财产和提供劳务，但国务院财政、税务主管部门另有规定的除外。这是视同销售企业所得税处理的依据，该条规定终结了将货物、财产、劳务用于在建工程、管理部门、非生产部门的企业所得税视同销售。按照该规定，应当视同销售货物、转让财产和提供劳务的特别情形主要包括以下两个方面。

第一，非货币性资产交换。根据《企业会计准则》，非货币性资产交换是指交易双方主要以存货、固定资产、无形资产和长期股权投资等非货币性资产进行的交换。该交换不涉及或只涉及少量的货币性资产（即补价）。非货币性资产交换必须同时满足两个条件才能确认收入：一是该项交换具有商业实质；二是换入资产或者换出资产的公允价值能够可靠地计量。此种情况下，《企业会计准则》要求采用公允价值模式计量；此时，资产转让的计税收入和换入资产计税基础的确定，税法与会计处理是一致的。除此以外的非货币性资产交换，企业会计准则采用成本模式计量，税法与会计存在差异。

第二，将货物、财产、劳务用于捐赠、偿债、赞助、集资、广告、样品、职工福利和利润分配等用途。在这些用途中，有些情况下可能是出于生产经营的需要，但是有些情况是企业意图规避税法，逃避纳税义务。为了保证国家的税收收入，税法规定上述行为均视同销售货物、转让财产和提供劳务。在这些行为过程中对货物、财产和劳务没有以货币进行计价，除另有规定外，应当按照公允价值确定其收入，计算应纳所得税额。

（二）内部处置资产不视同销售

根据《国家税务总局关于企业处置资产所得税处理问题的通知》（国税函〔2008〕828号）的规定，企业发生下列情形的处置资产，除将资产转移至境外以外，由于资产所有权属在形式和实质上均不发生改变，可作为内部处置资产，不视同销售确认收入，相关资产的计税基础延续计算。

（1）将资产用于生产、制造、加工另一产品；

（2）改变资产形状、结构或性能；

（3）改变资产用途（如：自建商品房转为自用或经营）；

（4）将资产在总机构及其分支机构之间转移；

（5）上述两种或两种以上情形的混合；

（6）其他不改变资产所有权属的用途。

（三）资产移送他人视同销售

企业所得税将资产处置行为分为内部处置和外部处置两类，对于内部处置，通常不视同销售确认所得，相关资产的计税基础持续计算；对于外部处置，应按《企业所得税法》规定视同销售，确认所得纳税。

根据《国家税务总局关于确认企业所得税收入若干问题的通知》（国税函〔2008〕875号）的规定，企业以买一赠一等方式组合销售本企业商品的，不属于捐赠，应将总的销售收入金额按各项商品的公允价值的比例来分摊确认各项的销售收入。

根据国税函〔2008〕828号文件第二条的规定，企业将资产移送他人的下列情形，因资产所有权属已发生改变而不属于内部处置资产，应按规定视同销售确认收入。这种情形主要包括：

（1）用于市场推广或销售；

（2）用于交际应酬；

（3）用于职工奖励或福利；

（4）用于股息分配；

（5）用于对外捐赠；

（6）其他改变资产所有权属的用途。

（四）房地产企业的视同销售

企业将开发产品用于捐赠、赞助、职工福利、奖励、对外投资、分配给股东或投资人、抵偿债务、换取其他企事业单位和个人的非货币性资产等行为，应视同销售，于开发产品所有权或使用权转移，或于实际取得利益权利时确认收入（或利润）的实现。确认收入（或利润）的方法和顺序为：

（1）按本企业近期或本年度最近月份同类开发产品市场销售价格确定；

（2）由主管税务机关参照当地同类开发产品市场公允价值确定；

（3）按开发产品的成本利润率确定。开发产品的成本利润率不得低于15%，具体比例由主管税务机关确定。

二、视同销售金额的确定

（一）按公允价值确定视同销售收入金额

自2016年度起，根据《国家税务总局关于企业所得税有关问题的公告》（国家税务总局公告2016年第80号）第二条“企业移送资产所得税处理问题”的规定，企业发生国税函〔2008〕828号第二条规定情形的，除另有规定外，应按照被移送资产的公允价值确定销售收入。

（二）公益股权捐赠按历史成本视同销售

根据《财政部　国家税务总局关于公益股权捐赠企业所得税政策问题的通知》（财税〔2016〕45号，自2016年1月1日起执行，该通知发布前企业尚未进行税收处理的股权捐赠行为，符合通知规定条件的可比照该通知执行，已经进行相关税收处理的不再进行税收调整）第一条的规定，企业向公益性社会团体实施的股权捐赠，应按规定视同转让股权，股权转让收入额以企业所捐赠股权取得时的历史成本确定。

前款所称的股权，是指企业持有的其他企业的股权、上市公司股票等。

根据财税〔2016〕45号文件第二条的规定，企业实施股权捐赠后，以其股权历史成本为依据确定捐赠额，并依此按照《企业所得税法》有关规定在所得税前予以扣除。公益性社会团体接受股权捐赠后，应按照捐赠企业提供的股权历史成本开具捐赠票据。

公益性社会团体，是指注册在中国境内，以发展公益事业为宗旨、且不以营利为目的，并经确定为具有接受捐赠税前扣除资格的基金会、慈善组织等公益性社会团体。

股权捐赠行为，是指企业向中国境内公益性社会团体实施的股权捐赠行为。企业向中国境外的社会组织或团体实施的股权捐赠行为不适用该通知规定。

（三）公益捐赠股权案例分析

【例2-1】2019年10月18日，南京的乙公司将其取得成本为1 000万元的某上市公司股票，向具有接受捐赠税前扣除资格的A慈善组织进行公益性捐赠，当日该股票收盘价为5 000万元，当年公司会计利润为20 000万元。

请回答如下问题：

（1）乙公司所捐赠股票的视同销售收入额是多少？

（2）该笔公益股权捐赠可以税前扣除的捐赠额是多少？

（3）如何填报企业所得税年度纳税申报表？

解析：根据财税〔2016〕45号文件的规定，企业向公益性社会团体实施的股权捐赠，应按规定视同转让股权，股权转让收入额以企业所捐赠股权取得时的历史成本确定。企业实施股权捐赠后，以其股权历史成本为依据确定捐赠额，并依此按照《企业所得税法》有关规定在所得税前扣除。

因而，乙公司所捐赠股票的视同销售收入额是1 000万元，该公益股权捐赠可以税前扣除的捐赠额为1 000万元。

纳税调整表如表2－1所示：

表2－1　A105010　视同销售和房地产开发企业特定业务纳税调整明细表　单位：万元

行次	项　　目	税收金额	纳税调整金额
		1	2
1	一、视同销售（营业）收入（2＋3＋4＋5＋6＋7＋8＋9＋10）	1 000	1 000
7	（六）用于对外捐赠视同销售收入	1 000	1 000
11	二、视同销售（营业）成本（12＋13＋14＋15＋16＋17＋18＋19＋20）	1 000	－1 000
17	（六）用于对外捐赠视同销售成本	1 000	－1 000

据此填报“纳税调整项目明细表”如表2－2所示：

表2－2　A105000　纳税调整项目明细表　单位：万元

行次	项　　目	账载金额	税收金额	调增金额	调减金额
		1	2	3	4
1	一、收入类调整项目（2＋3＋…＋8＋10＋11）	*	*	1 000	
2	（一）视同销售收入（填写A105010）	*	1 000	1 000	*
12	二、扣除类调整项目（13＋14＋…＋30）	*	*		1 000
13	（一）视同销售成本（填写A105010）	*	1 000	*	1 000
17	（五）捐赠支出（填写A105070）	1 000	1 000	0	
46	合计（1＋12＋31＋36＋44＋45）	*	*	1 000	1 000

（四）个人公益捐赠金额的确定

根据《财政部　税务总局关于公益慈善事业捐赠个人所得税政策的公告》（财政部　税务总局公告2019年第99号）第二条的规定，个人发生的公益捐赠支出金额，按照以下规定确定：

（1）捐赠货币性资产的，按照实际捐赠金额确定；

（2）捐赠股权、房产的，按照个人持有股权、房产的财产原值确定；

（3）捐赠除股权、房产以外的其他非货币性资产的，按照非货币性资产的市场价格确定。

三、视同销售的会计处理

企业将非现金资产（外购、委托加工或自产）用于对外投资、抵偿债务、换取其他资产、分配给股东、奖励给职工、作为样品送给他人等方面，由于非现金资产的所有权发生了转移，《企业会计准则》要求视同按公允价值销售（或处置）处理，应当确认损益（货物）或利得（非流动资产）。对于将自产产品用于管理部门、在建工程、固定资产、对外出租、同一法人实体内部各营业机构之间的转移等行为，因其所有权没有发生转移，不确认损益。这与《企业所得税法》关于视同销售的规定是一致的。但应注意下列问题：

第一，如果非货币性资产交换不具有商业实质，或者虽具有商业实质，但换入或换出资产的公允价值均不能可靠计量的，会计上应采用成本模式核算，即换入资产的成本按换出资产的账面价值加上应支付的相关税费确定，不确认损益。此时，会计与税法存在两点差异：一是会计上换出资产按账面价值结转，不确认损益，而根据《企业所得税法实施条例》的规定，除国务院财政、税务主管部门另有规定外，企业以非货币性资产与其他企业的资产相互交换，应当视同销售货物、转让财产，按公允价值确定资产转让所得。二是换入资产的会计成本以换出资产的账面价值为基础确定。而《企业所得税法》规定，以非货币性资产交换方式取得的非现金资产的计税基础，按照该项资产的公允价值和应支付的相关税费确定。

第二，执行《企业会计制度》的企业，企业所得税视同销售业务仍然存在差异，需要按照税法规定计算纳税。

第三，所得税视同销售的规定与流转税不同。房地产企业将开发产品用于对外投资，在“营改增”前不征营业税，2016 年 5 月 1 日“营改增”以后需按销售缴纳增值税，也需要视同销售缴纳企业所得税，同时还需要视同销售缴纳土地增值税。

第四，根据《小企业会计准则》规定，下列情形由于具有销售性质，会计上已确认销售收入，增值税与企业所得税处理时也视同销售，税会处理相同没有差异：①小企业以自产产品用于利润分配；②以自产产品发放给职工；③通过非货币性资产交换取得长期股权投资。这种实质上具有销售性质的视同销售行为，会计上应确认销售收入、结转成本，按一般销售行为确认销售货物所得，计算缴纳增值税和企业所得税。由于按《小企业会计准则》规定，上述行为已确认销售收入，税法虽然规定为视同销售行为，因已按正常一般销售行为进行会计处理、计算申报纳税，所以不能再按视同销售计算申报缴纳增值税和所得税，否则会出现重复计税。

第五，执行《企业会计准则》的企业：资产（不论是购买还是自产的）用于捐赠、赞助、市场推广、样品、用于业务交际应酬、集体福利，非货币性资产交换中不符合《企业会计准则——非货币性资产交换》规定条件（具有商业实质、公允价能取得）

的，同一控制下的企业合并中以资产换取股权投资等，会计上是不作收入处理的。而上述业务企业所得税一般是作为收入处理的（同一控制下的企业合并中以资产换取股权投资等业务符合特殊性税务处理规定，选择适用特殊性税务处理的除外）。

资产（不论是购买还是自产的）用于偿债、职工个人福利、利润分配，非货币性交换中符合《企业会计准则——非货币性交换》规定（具有商业实质且公允价能取得）条件的，非同一控制下的企业合并中以存货换取股权投资等，《企业会计准则》直接作为销售处理或按换出资产的公允价值与其账面价值的差额计入利润。企业所得税处理时也作收入处理（非同一控制下的企业合并中，以存货换取股权投资符合特殊性税务处理条件，且选择适用特殊性税务处理的除外）。因此，在这种情况下，不存在视同销售问题。

现行《企业所得税法》与会计对资产视同销售的不同处理，详见表2－3。

表2－3　　企业所得税法与会计对视同销售处理的异同比较

情形	企业所得税	企业会计准则	小企业会计准则	企业会计制度	行业会计制度
非货币性资产交换	视同销售	公允价值模式，确认损益	公允价值模式确认损益	不确认损益，补价确认收益	不确认损益
		账面价值模式，不确认损益	成本模式不确认损益		
偿债	视同销售	确认销售与偿债两项收益	确认收益	不确认收益	不确认收益
捐赠	视同销售	不确认收益	不确认收益	不确认收益	不确认收益
集资	视同销售	取得权利，视同对外投资；没有权利，视同捐赠	不确认收益	不确认收益	不确认收益
广告样品	视同销售，开发产品除外	不确认收益	不确认收益	不确认收益	不确认收益
职工福利	视同销售	确认收益	确认收益	不确认收益	不确认收益
利润分配	视同销售	确认收益	确认收益	确认收益	确认收益
交际应酬	视同销售	不确认收益	不确认收益	不确认收益	不确认收益
职工奖励	视同销售	不确认收益	不确认收益	不确认收益	不确认收益
对外投资	视同销售	确认收益	确认收益	不确认收益	不确认收益
赞助	视同销售	不确认收益	不确认收益	不确认收益	不确认收益

第二节　视同销售的纳税调整

一、视同销售纳税调整表单及其适用

（一）视同销售纳税调整需填报的表单

1. 纳税调整项目明细表

企业所得税上的视同销售行为，需填报“纳税调整项目明细表”（A105000）第2

行“视同销售收入”和第13行“视同销售成本”。

表A105000第2行“（一）视同销售收入”：根据“视同销售和房地产开发企业特定业务纳税调整明细表”（A105010）填报。第2列“税收金额”填报表A105010第1行第1列金额。第3列“调增金额”填报表A105010第1行第2列金额。

表A105000第13行“（一）视同销售成本”：根据“视同销售和房地产开发企业特定业务纳税调整明细表”（A105010）填报。第2列“税收金额”填报表A105010第11行第1列金额。第4列“调减金额”填报表A105010第11行第2列金额的绝对值。

2. 视同销售和房地产开发企业特定业务纳税调整明细表

视同销售纳税调整需填报“视同销售和房地产开发企业特定业务纳税调整明细表”（A105010，见表2-4）第一部分“一、视同销售（营业）收入”和第二部分“二、视同销售（营业）成本”相关行次。表A105010适用于发生视同销售、房地产企业特定业务纳税调整项目的纳税人填报。纳税人根据《企业所得税法》及其实施条例、《国家税务总局关于企业处置资产所得税处理问题的通知》（国税函〔2008〕828号）、《国家税务总局关于印发〈房地产开发经营业务企业所得税处理办法〉的通知》（国税发〔2009〕31号）、《国家税务总局关于企业所得税有关问题的公告》（国家税务总局公告2016年第80号）等相关规定，以及国家统一企业会计制度，填报视同销售行为、房地产企业销售未完工产品、未完工产品转完工产品特定业务的税收规定及纳税调整情况。

表2-4　A105010　视同销售和房地产开发企业特定业务纳税调整明细表

行次	项　　目	税收金额	纳税调整金额
		1	2
1	一、视同销售（营业）收入（2+3+4+5+6+7+8+9+10）		
2	（一）非货币性资产交换视同销售收入		
3	（二）用于市场推广或销售视同销售收入		
4	（三）用于交际应酬视同销售收入		
5	（四）用于职工奖励或福利视同销售收入		
6	（五）用于股息分配视同销售收入		
7	（六）用于对外捐赠视同销售收入		
8	（七）用于对外投资项目视同销售收入		
9	（八）提供劳务视同销售收入		
10	（九）其他		
11	二、视同销售（营业）成本（12+13+14+15+16+17+18+19+20）		
12	（一）非货币性资产交换视同销售成本		
13	（二）用于市场推广或销售视同销售成本		
14	（三）用于交际应酬视同销售成本		
15	（四）用于职工奖励或福利视同销售成本		
16	（五）用于股息分配视同销售成本		

续表

行次	项　目	税收金额	纳税调整金额
		1	2
17	（六）用于对外捐赠视同销售成本		
18	（七）用于对外投资项目视同销售成本		
19	（八）提供劳务视同销售成本		
20	（九）其他		

该表分视同销售（营业）收入、视同销售（营业）成本和房地产开发企业特定业务计算的纳税调整额三大项分别填报。

视同销售实质上是税法优先原则的体现。由于现行会计规范体系比较复杂，企业既有适用《企业会计准则》《小企业会计准则》的，又有适用《企业会计制度》的，对企业所得税上的视同销售行为的会计处理，有的已作为收入核算，有的没有作为收入核算。如果企业在会计处理时，对有关事项已经依照国家统一会计制度作收入核算，且收入金额符合税法规定的，由于该项业务的营业收入与营业成本都已计入当期损益（利润总额），这已符合企业所得税法视同销售要求，不需要在企业所得税纳税申报时再填到附表 A105010 中做视同销售申报了。

表 A105010 系二级附表，是一级附表 A105000 的附表，通过表 A105000 才能进入主表 A100000 第 15 行或第 16 行。表 A105010 之所以设计有税收金额与纳税调整金额，主要原因是视同销售成本与视同销售收入在进行纳税调整时，前者是调减，后者是调增，为了反映这一区别，有必要设置两栏，税收金额与纳税调整金额栏。视同销售收入以正数形式填在税收金额栏与相应的纳税调整栏中，视同销售成本以正数形式填在税收金额栏中、以负数形式填在纳税调整栏中，同时对视同销售成本以负数形式进入表 A105000 的第 13 行第 2 列，然后以绝对值形式进入表 A105000 的第 13 行第 4 列。

3. 主要修订情况

与 2014 年版“企业所得税年度纳税申报表”相比，2017 年版“视同销售和房地产开发企业特定业务纳税调整明细表”（A105010）修订主要有：

（1）“（四）用于职工奖励或福利视同销售收入”填报说明修订为：填报发生将货物、财产用于职工奖励或福利，会计处理不确认销售收入，而税法规定确认为应税收入的金额。企业外购资产或服务不以销售为目的，用于替代职工福利费用支出，且购置后在一个纳税年度内处置的，以公允价值确定视同销售收入。

而 2014 年版的填报说明为“企业外购资产或服务不以销售为目的，用于替代职工福利费用支出，且购置后在一个纳税年度内处置的，可以按照购入价格确认视同销售收入”。

这就是说，对于“企业外购资产或服务不以销售为目的，用于替代职工福利费用支出，且购置后在一个纳税年度内处置的”自 2017 年度起，与一般视同销售金额确定的原则一样，以公允价值确定视同销售收入。

（2）根据《财政部关于印发〈增值税会计处理规定〉的通知》（财会〔2016〕22号）将“营业税金及附加”会计科目名称调整为“税金及附加”的规定，将原第25行“3. 实际发生的营业税金及附加、土地增值税”项目名称调整为“3. 实际发生的税金及附加、土地增值税”，将原第29行“3. 转回实际发生的营业税金及附加、土地增值税”项目名称调整为“3. 转回实际发生的税金及附加、土地增值税”。

（二）视同销售（营业）收入的填报

A105010第1行“一、视同销售收入”：填报会计处理不确认销售收入，而税收规定确认为应税收入的金额，本行为第2行至10行小计数。第1列“税收金额”填报税收确认的应税收入金额；第2列“纳税调整金额”等于第1列“税收金额”。即：第1行=第2+3+…+10行。

并且，将第1行第1列填入表A105000第2行第2列。将第1行第2列填入表A105000第2行第3列。

1. 非货币性资产交换视同销售收入

表A105010第2行“（一）非货币性资产交换视同销售收入”：填报发生非货币性资产交换业务，会计处理不确认销售收入，而税收规定确认为应税收入的金额。第1列“税收金额”填报税收确认的应税收入金额；第2列“纳税调整金额”等于第1列“税收金额”。

2. 用于市场推广或销售视同销售收入

表A105010第3行“（二）用于市场推广或销售视同销售收入”：填报发生将货物、财产用于市场推广、广告、样品、集资、销售等，会计处理不确认销售收入，而税收规定确认为应税收入的金额。填列方法同第2行。

3. 用于交际应酬视同销售收入

表A105010第4行“（三）用于交际应酬视同销售收入”：填报发生将货物、财产用于交际应酬，会计处理不确认销售收入，而税收规定确认为应税收入的金额。填列方法同第2行。

4. 用于职工奖励或福利视同销售收入

表A105010第5行“（四）用于职工奖励或福利视同销售收入”：填报发生将货物、财产用于职工奖励或福利，会计处理不确认销售收入，而税收规定确认为应税收入的金额。企业外购资产或服务不以销售为目的，用于替代职工福利费用支出，且购置后在一个纳税年度内处置的，以公允价值确定视同销售收入。填列方法同第2行。

而在2014年版企业所得税年度纳税申报表填报说明中，企业外购资产或服务不以销售为目的，用于替代职工福利费用支出，且购置后在一个纳税年度内处置的，可以按照购入价格确认视同销售收入。

5. 用于股息分配视同销售收入

表A105010第6行“（五）用于股息分配视同销售收入”：填报发生将货物、财产用于股息分配，会计处理不确认销售收入，而税收规定确认为应税收入的金额。填列方法同第2行。

6. 用于对外捐赠视同销售收入

表A105010第7行“（六）用于对外捐赠视同销售收入”：填报发生将货物、财产用于对外捐赠或赞助，会计处理不确认销售收入，而税收规定确认为应税收入的金额。填列方法同第2行。

7. 用于对外投资项目视同销售收入

表A105010第8行“（七）用于对外投资项目视同销售收入”：填报发生将货物、财产用于对外投资，会计处理不确认销售收入，而税收规定确认为应税收入的金额。填列方法同第2行。

8. 提供劳务视同销售收入

表A105010第9行“（八）提供劳务视同销售收入”：填报发生对外提供劳务，会计处理不确认销售收入，而税收规定确认为应税收入的金额。填列方法同第2行。

9. 其他

表A105010第10行“（九）其他”：填报发生除上述列举情形外，会计处理不作为销售收入核算，而税收规定确认为应税收入的金额。填列方法同第2行。

（三）视同销售（营业）成本的填报

表A105010第11行“一、视同销售成本”：填报会计处理不确认销售收入，税法规定确认为应税收入对应的视同销售成本金额。本行为第12行至20行小计数。第1列“税收金额”填报予以税前扣除的视同销售成本金额；将第1列税收金额以负数形式填报第2列“纳税调整金额”。即：第11行=第12+13+…+20行。

并且将第11行第1列填入表A105000第13行第2列。第11行第2列的绝对值填入表A105000第13行第4列。

1. 非货性资产交换视同销售成本

表A105010第12行“（一）非货性资产交换视同销售成本”：填报发生非货币性资产交换业务，会计处理不确认销售收入，税收规定确认为应税收入所对应的予以税前扣除视同销售成本金额。第1列“税收金额”填报予以扣除的视同销售成本金额；将第1列税收金额以负数形式填报第2列“纳税调整金额”。

2. 用于市场推广或销售视同销售成本

表A105010第13行“（二）用于市场推广或销售视同销售成本”：填报发生将货物、财产用于市场推广、广告、样品、集资、销售等，会计处理不确认销售收入，税收规定确认为应税收入时，其对应的予以税前扣除视同销售成本金额。填列方法同第12行。

3. 用于交际应酬视同销售成本

表A105010第14行“（三）用于交际应酬视同销售成本”：填报发生将货物、财产用于交际应酬，会计处理不确认销售收入，税收法规确认为应税收入时，其对应的予以税前扣除视同销售成本金额。填列方法同第 12 行。

4. 用于职工奖励或福利视同销售成本

表 A105010 第 15 行“（四）用于职工奖励或福利视同销售成本”：填报发生将货物、财产用于职工奖励或福利，会计处理不确认销售收入，税收规定确认为应税收入时，其对应的予以税前扣除视同销售成本金额。填列方法同第 12 行。

5. 用于股息分配视同销售成本

表 A105010 第 16 行“（五）用于股息分配视同销售成本”：填报发生将货物、财产用于股息分配，会计处理不确认销售收入，税收规定确认为应税收入时，其对应的予以税前扣除视同销售成本金额。填列方法同第 12 行。

6. 用于对外捐赠视同销售成本

表 A105010 第 17 行“（六）用于对外捐赠视同销售成本”：填报发生将货物、财产用于对外捐赠或赞助，会计处理不确认销售收入，税收规定确认为应税收入时，其对应的予以税前扣除视同销售成本金额。填列方法同第 12 行。

7. 用于对外投资项目视同销售成本

表 A105010 第 18 行“（七）用于对外投资项目视同销售成本”：填报会计处理发生将货物、财产用于对外投资，会计处理不确认销售收入，税收规定确认为应税收入时，其对应的予以税前扣除视同销售成本金额。填列方法同第 12 行。

8. 提供劳务视同销售成本

表 A105010 第 19 行“（八）提供劳务视同销售成本”：填报会计处理发生对外提供劳务，会计处理不确认销售收入，税收规定确认为应税收入时，其对应的予以税前扣除视同销售成本金额。填列方法同第 12 行。

9. 其他

表 A105010 第 20 行“（九）其他”：填报发生除上述列举情形外，会计处理不确认销售收入，税收规定确认为应税收入的同时，予以税前扣除视同销售成本金额。填列方法同第 12 行。

二、非货币性资产交换视同销售

企业发生非货币性资产交换，且非货币性资产交换不具有商业实质，或者虽具有商业实质，但换入或换出资产的公允价值均不能可靠计量的，会计上应采用成本模式核算，即换入资产的成本按换出资产的账面价值加上应支付的相关税费确定，不确认损益。此时，会计上换出资产按账面价值结转，不确认损益，而根据《企业所得税法实施条例》的规定，除国务院财政、税务主管部门另有规定外，企业以非货币性资产与其他企业的资产相互交换，应当视同销售货物、转让财产，按公允价值确定资产转让所得；另外，换入资产的会计成本以换出资产的账面价值为基础确定。而根据《企业所得税法》相关规定，以非货币性资产交换方式取得的非现金资产的计税基础，按照该项资产的公允价值和应支付的相关税费确定。

需要说明的是，当标的物为固定资产、无形资产的非货币性资产交换，其公允价值与账面价值的差额，计入“营业外收入”或“营业外支出”或“资产处置收益”；标的物为长期股权投资的，其公允价值和账面价值的差额，计入“投资收益”。

（一）执行《企业会计准则》的处理

根据《企业会计准则》规定，在非货币性资产交换具有商业实质，并且换出资产或换入资产的公允价值能够可靠计量的情况下，会计上采用公允价值模式计量，此时，企业会计上已将该笔业务收入计入营业收入或营业外收入或资产处置收益，并入本年利润总额，会计与税务处理无差异不需纳税调整，不用填报附表 A105010。此时，换出资产公允价值与其账面价值的差额，应当分别不同情况处理：换出资产为存货的，应当作为销售处理，按照《企业会计准则第 14 号——收入》以其公允价值确认收入，同时结转相应的成本。换出资产为固定资产、无形资产的，换出资产公允价值与其账面价值的差额，计入营业外收入或营业外支出。换出资产为长期股权投资的，换出资产公允价值与其账面价值的差额，计入投资损益。

在非货币性资产交换不具有商业实质，或者虽具有商业实质但换出资产和换入资产的公允价值均不能可靠计量的情况下，《企业会计准则》要求采用成本模式计量，会计上不确认收入，但按照《企业所得税法实施条例》规定应视同销售、确认所得纳税。

因此，执行《企业会计准则》的企业，需将不具有商业实质或虽具有商业实质但交换涉及资产的公允价值均不能可靠计量的非货币性资产交换，按照税法规定确认的视同销售收入、视同销售成本通过附表 A105010 进行纳税调整。即：将视同销售收入金额填入附表 A105010 第 2 行、视同销售成本填入附表 A105010 第 12 行，再填入“纳税调整项目明细表”相关行次。

未同时满足《企业会计准则第 7 号——非货币性资产交换》规定条件的非货币性资产交换，应当以换出资产的账面价值和应支付的相关税费作为换入资产的成本，不确认损益。根据该准则的规定，非货币性资产交换同时满足下列条件的，应当以公允价值和应支付的相关税费作为换入资产的成本，公允价值与换出资产账面价值的差额计入当期损益：

（1）该项交换具有商业实质；

（2）换入资产或换出资产的公允价值能够可靠地计量。

根据《企业会计准则——非货币性交易》应用指南的规定，企业在生产经营过程中所进行的各类交易，按照交易对象的属性，可分为非货币性交易和货币性交易。非货币性交易，是指交易双方以非货币性资产进行的交换，这种交换不涉及或只涉及少量的货币性资产。如果支付的货币性资产占换入资产公允价值的比例（或：占换出资产公允价值与支付的货币性资产之和的比例）小于 25%，则视为非货币性交易；如果这一比例高于或等于25%，则视为货币性交易。

货币性资产，是指持有的现金及将以固定或可确定金额的货币收取的资产，包括现金、应收账款和应收票据以及准备持有至到期的债券投资等。这里的现金包括库存现金、银行存款和其他货币资金。非货币性资产，是指货币性资产以外的资产，包括存货、固定资产、无形资产、股权投资以及不准备持有至到期的债券投资等。

非货币性资产交换不具有商业实质且公允价值不能够可靠计量，或虽具有商业实质但公允介值不能可靠计量，或虽公允价值能够可靠计量但不具有商业实质的会计处理为：以换出资产的账面价值和应支付的相关税费作为换入资产的成本，不确认损益。如果考虑增值税的话，应加上换出资产对应的增值税销项税额减换入资产对应的增值税进项税额。

（二）执行《企业会计制度》的处理

执行《企业会计制度》的企业，发生非货币性资产交换，按照税法规定应确认视同销售收入。此种情况下需填报附表A105010进行纳税调整。其中视同销售收入金额填入表A105010第2行，视同销售成本填入表A105010第12行。

（三）案例解析

【例2－2】2020年11月，甲企业以产品A换取乙企业机器设备B，A产品成本为30万元，公允价值为45.2万元（含增值税价），交易双方无补价，双方适用增值税税率都为13%。该交易具有商业实质。

要求：甲企业相关会计与税务处理。

解析：

（1）按照《企业会计准则》进行会计处理：

借：固定资产　　400 000

　　应交税费——应交增值税（进项税额）　　52 000

　　贷：主营业务收入　　400 000

　　　　应交税费——应交增值税（销项税额）　　52 000

《企业会计准则》下，税法与会计无差异不需调整。不用填报附表A105010，也不用填入“纳税调整项目明细表”。

（2）执行《企业会计制度》的会计处理：

借：固定资产　　300 000

　　应交税费——应交增值税（进项税额）　　52 000

　　贷：产成品　　300 000

　　　　应交税费——应交增值税（销项税额）　　52 000

年度所得税纳税申报时，将400 000元视同销售收入填入附表A105010第2行“非货币性资产交换视同销售收入”第1列“税收金额”，并将该金额填入第2列“纳税调整金额”中；视同销售成本 300 000 元填入本表第 12 行“非货币性资产交换视同销售成本”第 1 列“税收金额”，并以负数填入第 2 列“纳税调整金额”，如表 2－5 所示。

表 2－5 A105010 视同销售和房地产开发企业特定业务纳税调整明细表　单位：元

行次	项　目	税收金额	纳税调整金额
		1	2
1	一、视同销售（营业）收入（2+3+4+5+6+7+8+9+10）	400 000	400 000
2	（一）非货币性资产交换视同销售收入	400 000	400 000
10	（九）其他		
11	二、视同销售（营业）成本（12+13+14+15+16+17+18+19+20）	300 000	－300 000
12	（一）非货币性资产交换视同销售成本	300 000	－300 000
13	（二）用于市场推广或销售视同销售成本		

然后，根据表 A105010 的第 1 行填报 A105000 表第 2 行，根据表 A105010 第 11 行填报 A105000 表第 13 行，如表 2－6 所示。

表 2－6 A105000 纳税调整项目明细表　单位：元

行次	项　目	账载金额	税收金额	调增金额	调减金额
		1	2	3	4
1	一、收入类调整项目（2+3+…+11）	*	*	400 000	
2	（一）视同销售收入（填写 A105010）	*	400 000	400 000	*
12	二、扣除类调整项目（13+14+…+30）	*	*		300 000
13	（一）视同销售成本（填写 A105010）	*	－300 000	*	300 000
46	合计（1+12+31+36+43+44）	*	*	400 000	300 000

需要注意的是，换入的 B 固定资产账载金额 30 万元，但计税基础应为 40 万元，在计提折旧时可以调减应纳税所得额，在资产转让时允许扣除的固定资产净值计算时以 40 万元为基数确定。

【例 2－3】 2020 年 9 月，甲公司以自产产品（市价 100 万元，成本 50 万元）换取乙公司的无形资产（为专利技术，市价 90 万元，账面价值 70 万元），乙公司向甲公司支付 10 万元。假设此交易不具有商业实质，甲公司增值税税率为 13%。甲公司换回专利权后仍作为无形资产管理使用，乙公司换回产品后作为原材料使用。甲、乙公司均执行《企业会计准则》。专利技术转让免征增值税。

要求：进行相关的财税处理。

解析：

（1）甲公司账务处理如下：

无形资产的入账价值：50＋100×13%－10＝53（万元）

借：无形资产　　530 000

银行存款 100 000

贷：库存商品 500 000

应交税费——应交增值税（销项税额） 130 000

所得税处理：此时甲公司要视同销售，视同销售收入为100万元，视同销售成本为50万元。

（2）乙公司的账务处理：

乙公司取得产品的入账价值为：70+10-13=67（万元）；

借：原材料 670 000

应交税费——应交增值税（进项税额） 130 000

贷：无形资产 700 000

银行存款 100 000

税务处理：乙公司要做视同销售处理，视同转让财产收入为90万元，视同转让财产的成本为70万元。

三、货物、财产、劳务视同销售

（一）财税处理

根据《企业所得税法实施条例》第二十五条的规定，企业将货物、财产、劳务用于捐赠、偿债、赞助、集资、广告、样品、职工福利和利润分配等用途的，应当视同销售货物、转让财产和提供劳务，但国务院财政、税务主管部门另有规定的除外。

“样品”是指发生所有权转移的样品，如果是放在自己的展柜中或自设的商店中，所有权并未转移，则不能视同销售。

企业发生上述业务，其会计处理时上述业务收入凡已体现在主营业务收入、其他业务收入、营业外收入或资产处置收益中的，由于上述业务所得已计入会计利润总额，企业所得税上就不用再作视同销售收入处理。填表时直接填入对应的主营业务收入（主营业务成本）、其他业务收入（其他业务支出）或营业外收入（营业外支出）等栏次。无需进行纳税调整，不用填报附表A105010。凡会计上未作收入（利得）处理、未纳入当期会计利润总额的，根据《企业所得税法实施条例》规定应进行视同销售处理，并通过附表A105010进行相应的纳税调整。

发生将货物、财产用于市场推广、广告、样品、集资，会计处理时（无论是《企业会计准则》还是《小企业会计准则》），根据其账面价值直接转为费用，即：

借：销售费用

贷：库存商品

应交税费——应交增值税（销项税额）

企业所得税处理时，除了要有视同销售收入外，仍要有视同销售成本来扣除，不要理解成重复扣除。

企业将货物、财产用于交际应酬，会计上是直接将其账面价值转入损益，因此，存在视同销售。

企业将货物、财产用于职工奖励或职工个人福利，根据《企业会计准则》的规定，会计上已做收入处理，就不存在视同销售。用于集体福利时，会计上不确认收入，企业所得税应做视同销售处理。

（二）案例解析

【例 2-4】2020 年 11 月，某毛巾厂（增值税一般纳税人）将本企业自制的一批毛巾作为福利发给职工（生产人员 35 人，管理人员 15 人），该批毛巾不含增值税金额为 60 000 元，成本 50 000 元，增值税税率为 13%。

要求：进行相关的会计与所得税处理。

解析：

（1）执行《企业会计准则》的处理：

借：生产成本	47 460	
管理费用	20 340	
贷：应付职工薪酬		67 800
借：应付职工薪酬	67 800	
贷：主营业务收入		60 000
应交税费——应交增值税（销项税额）		7 800
借：主营业务成本	50 000	
贷：库存商品		50 000

执行《企业会计准则》的企业，此项业务税法与会计无差异。此种情况下，企业所得税年度纳税申报时主营业务收入、主营业务成本已反映该项业务，无需通过表 A105010 进行纳税调整。但应付职工薪酬中的福利费支出则要按税法规定在不超过合理工资薪金总额的 14% 范围内列支，否则要进行纳税调整。

（2）执行《企业会计制度》的处理：

借：生产成本	40 460	
管理费用——福利费	17 340	
贷：库存商品		50 000
应交税金——应交增值税（销项税额）		7 800

此时，根据《企业所得税法实施条例》相关规定，需要做视同销售处理，通过附表 A105010 相应行次进行纳税调整。即：将视同销售收入 60 000 元填入第 5 行“（四）用于职工奖励或福利视同销售收入”；将视同销售成本 50 000 元填入第 15 行“（四）用于职工奖励或福利视同销售成本”，如表 2-7 所示。同时，还要关注福利费是否超过合理工资薪金总额的 14%。

表 2－7 A105010 视同销售和房地产开发企业特定业务纳税调整明细表

单位：元

行次	项目	税收金额	纳税调整金额
		1	2
1	一、视同销售（营业）收入（2＋3＋4＋5＋6＋7＋8＋9＋10）	60 000	60 000
2	（一）非货币性资产交换视同销售收入		
3	（二）用于市场推广或销售视同销售收入		
4	（三）用于交际应酬视同销售收入		
5	（四）用于职工奖励或福利视同销售收入	60 000	60 000
11	二、视同销售（营业）成本（12＋13＋14＋15＋16＋17＋18＋19＋20）	50 000	－50 000
12	（一）非货币性资产交换视同销售成本		
13	（二）用于市场推广或销售视同销售成本		
14	（三）用于交际应酬视同销售成本		
15	（四）用于职工奖励或福利视同销售成本	50 000	－50 000

并据以填报表 A105000 相关行次，如表 2－8 所示。

表 2－8 A105000 纳税调整项目明细表

单位：元

行次	项目	账载金额	税收金额	调增金额	调减金额
		1	2	3	4
1	一、收入类调整项目（2＋3＋…＋11）	*	*	60 000	
2	（一）视同销售收入（填写 A105010）	*	60 000	60 000	*
12	二、扣除类调整项目（13＋14＋…＋30）	*	*		50 000
13	（一）视同销售成本（填写 A105010）	*	50 000	*	50 000
46	合计（1＋12＋31＋36＋44＋45）	*	*	60 000	50 000

四、用于捐赠、广告对应支出的纳税调整

根据《国家税务总局关于修订企业所得税年度纳税申报表有关问题的公告》（国家税务总局公告 2019 年第 41 号）所附“中华人民共和国企业所得税年度纳税申报表（A 类，2017 年版）”部分表单及填报说明（2019 年修订）的规定，企业将货物、资产、劳务用于捐赠、广告等用途时，进行视同销售纳税调整后，对应支出的会计处理与税收规定有差异需纳税调整的金额填报在“纳税调整项目明细表”（表 A105000）第 30 行“（十七）其他”。

【例 2－5】 2020 年 5 月，甲企业将自产 A 产品用于市场推广，产品成本为 100 000 元，不含税零售价为 150 000 元，当年会计利润为 8 000 000 元。不考虑企业所得税以外的其他税费。

要求：进行相关财税处理与纳税调整。

解析：

会计处理为：

借：销售费用　　100 000

　　贷：库存商品　　100 000

根据《企业所得税法实施条例》的规定，企业应当视同销售处理，即确认“视同销售收入”150 000 元和“视同销售成本”100 000 元，最终调增应纳税所得额 50 000 元。

根据 2019 年新修订的企业所得税年度纳税申报表“纳税调整项目明细表”的填报说明，企业可以将因视同销售而调增应纳税所得额的 50 000 元计入“纳税调整项目明细表”（A105000）第 30 行“二、扣除类调整项目—（十七）其他”。如表 2－9、表 2－10 所示：

表 2－9　A105010　视同销售和房地产开发企业特定业务纳税调整明细表　　单位：元

行次	项　目	税收金额	纳税调整金额
		1	2
1	一、视同销售（营业）收入（2＋3＋4＋5＋6＋7＋8＋9＋10）	150 000	150 000
2	（一）非货币性资产交换视同销售收入		
3	（二）用于市场推广或销售视同销售收入	150 000	150 000
11	二、视同销售（营业）成本（12＋13＋14＋15＋16＋17＋18＋19＋20）	100 000	－100 000
12	（一）非货币性资产交换视同销售成本		
13	（二）用于市场推广或销售视同销售成本	100 000	－100 000

表 2－10　A105000　纳税调整项目明细表　　单位：元

行次	项　目	账载金额	税收金额	调增金额	调减金额
		1	2	3	4
1	一、收入类调整项目（2＋3＋…＋11）	*	*		
2	（一）视同销售收入（填写 A105010）	*	150 000	150 000	*
12	二、扣除类调整项目（13＋14＋…＋30）	*	*		
13	（一）视同销售成本（填写 A105010）	*	－100 000	*	100 000
30	（十七）其他				50 000
46	合计（1＋12＋31＋36＋43＋44）	*	*	150 000	150 000

五、视同销售成本及其填报

视同销售成本是指纳税人会计上不作为销售核算、但按照税收规定视同销售确认的应税成本。企业按税法规定确认视同销售收入的同时，均应确认与之相配比的视同销售成本。

由于“视同销售成本”未参与企业利润总额的计算，所以企业所得税年度纳税申报时通过“纳税调整项目明细表”对视同销售收入调增应纳税所得额的同时，对视同销售成本要做调减应纳税所得额处理。但需要强调的是，采用《企业会计准则》的企业，有些情况下已与税收处理一致，直接记入主营业务收入、主营业务成本，不需要再进行纳税调整。

第三节　增值税与土地增值税视同销售

一、增值税的视同销售

（一）增值税视同销售范围

1. 货物的视同销售

根据《中华人民共和国增值税暂行条例实施细则》（财政部　国家税务总局第50号令）第四条规定，单位或个体经营者的下列行为，视同销售货物：①将货物交付他人代销；②销售代销货物；③设有两个以上机构并实行统一核算的纳税人，将其货物从一个机构移送其他机构用于销售，但相关机构设在同一县（市）的除外；④将自产或委托加工的货物用于非应税项目；⑤将自产、委托加工或购买的货物作为投资，提供给其他单位或个体经营者；⑥将自产、委托加工或购买的货物分配给股东或投资者；⑦将自产、委托加工的货物用于集体福利或个人消费；⑧将自产、委托加工或购买的货物无偿赠送他人。

2. 服务、无形资产或不动产的视同销售

根据《营业税改征增值税试点实施办法》（财税〔2016〕36号）第十四条的规定，下列情形视同销售服务、无形资产或者不动产：单位或者个体工商户向其他单位或者个人无偿提供服务，但用于公益事业或者以社会公众为对象的除外；单位或者个人向其他单位或者个人无偿转让无形资产或者不动产，但用于公益事业或者以社会公众为对象的除外；财政部和国家税务总局规定的其他情形。

（二）增值税视同销售的会计处理

增值税视同销售的情形中，对于设有两个以上机构并实行统一核算的纳税人，将货物从一个机构移送其他机构用于销售，但相关机构设在同一县（市）的除外；将自产或者委托加工的货物用于非增值税应税项目（全面营改增以后，一般企业几乎不会遇到）；将自产、委托加工或者购进的货物无偿赠送其他单位或者个人；单位或者个体工商户向其他单位或者个人无偿提供服务，但用于公益事业或者以社会公众为对象的除外；单位或者个人向其他单位或者个人无偿转让无形资产或者不动产，但用于公益事业或者以社会公众为对象的除外等五种情况，在会计处理中不确认收入，其他情况都应确认收入。

（1）将自产、委托加工的物资用于集体福利或个人消费。

借：应付职工薪酬

　　贷：主营业务收入/其他业务收入

　　　　应交税费——应交增值税（销项税额）

同时结转成本：

借：主营业务成本/其他业务成本

　　存货跌价准备

　　贷：库存商品/原材料

借：税金及附加

　　贷：应交税费——应交消费税［如果涉及消费税］

（2）将自产、委托加工的物资和购买的物资用于对外投资。

借：长期股权投资

　　贷：主营业务收入/其他业务收入

　　　　应交税费——应交增值税（销项税额）

同时结转成本：

借：主营业务成本/其他业务成本

　　存货跌价准备

　　贷：库存商品/原材料

借：税金及附加

　　贷：应交税费——应交消费税［如果涉及消费税］

（3）将自产、委托加工的物资和购买的物资用于分红。

借：应付股利

　　贷：主营业务收入/其他业务收入

　　　　应交税费——应交增值税（销项税额）

同时结转成本：

借：主营业务成本/其他业务成本

　　存货跌价准备

　　贷：库存商品/原材料

借：税金及附加

　　贷：应交税费——应交消费税［如果涉及消费税］

（4）将自产、委托加工的物资和购买的物资用于捐赠。

借：营业外支出

　　存货跌价准备

贷：库存商品［账面余额］

应交税费——应交增值税（销项税额）

——应交消费税［按计税价计算的消费税额］

（三）不属于视同销售的特殊情形

将以公益事业为目的或者以社会公众为对象的无偿提供服务、无偿转让无形资产或者不动产，排除在增值税视同销售范围之外，主要是为了促进社会公益事业的发展。根据国家指令无偿提供的航空运输服务、铁路运输服务，属于以公益活动为目的的服务，不征收增值税。

药品生产企业销售自产创新药的销售额，为向购买方收取的全部价款和价外费用，其提供给患者后续免费使用的相同创新药，不属于增值税视同销售范围。

纳税人出租不动产，租赁合同中约定免租期的，不属于《营业税改征增值税试点实施办法》（财税〔2016〕36号文件印发）第十四条规定的视同销售服务。

以支付价款为前提的“买一送一”“捆绑销售”等促销活动，不属于视同销售。

此外，根据《财政部 税务总局关于明确养老机构免征增值税等政策的通知》（财税〔2019〕20号）第三条的规定，自2019年2月1日至2020年12月31日，对企业集团内单位（含企业集团）之间的资金无偿借贷行为，免征增值税。

二、土地增值税的视同销售

纳税人将开发产品用于职工福利、奖励、对外投资、分配给股东或投资人、抵偿债务、换取其他单位和个人的非货币性资产等，发生所有权转移时应视同销售房地产。房地产企业用建造的本项目房地产安置回迁户的，安置用房视同销售处理。

视同销售的会计处理、企业所得税及增值税等税务处理，可列表说明如下（见表2－11）。

表2－11　　会计、所得税、增值税确认收入表

项　目	会计	增值税	所得税	消费税
将货物交付他人代销	确认收入	视同销售，销项税	确认销售，征税	销售，征税
销售代销货物	确认收入	视同销售，销项税	销售，征税	不征税
设有两个以上机构并实行统一核算的纳税人，将货物从一个机构移送其他机构用于销售，相关机构设在同一个县市的除外	不确认收入	视同销售，销项税	不视同销售，不征	不征税
将自产或者委托加工的货物用于非应税项目（指内部）	不确认收入	视同销售，销项税	不视同销售，不征	销售，征税

续表

项　　目	会计	增值税	所得税	消费税
将购买的货物作为投资提供给其他单位或者个体经营者	确认收入（具有商业实质且能取得公允价时确认，否则不确认）	视同销售，销项税	视同销售，征税	销售，不征税
将购买的货物分配给股东或者投资者	确认收入	视同销售，销项税	视同销售，征税	不征税
将购买的货物无偿赠送他人	不确认收入	视同销售，销项税	视同销售，征税	不征税
将自产、委托加工的货物作为投资，提供给其他单位或者个体经营者	确认收入（具有商业实质且能取得公允价时确认，否则不确认）	视同销售，销项税	视同销售，征税	销售，征税
将自产、委托加工的货物分配给投资者或者股东	确认收入	视同销售，销项税	视同销售，征税	销售，征税
将外购的货物做为非应税项目	不确认收入	不视同销售，但进项税转出	视同销售（如所有权转移，否则不视同销售），征税	不征税
将外购的货物作为集体福利或者个人消费	不确认收入	不视同销售，但进项税转出	视同销售，征税	不征税（除金银首饰，钻石饰品）
将自产、委托加工的货物用于集体福利	不确认收入	视同销售，销项税	视同销售，征税	销售，征税
将自产、委托加工的货物无偿赠送他人	不确认收入	视同销售，销项税	视同销售，征税	销售，征税
将本企业生产的产品用于市场推广，交际应酬	不确认收入	视同销售，销项税	视同销售，征税	销售，征税
将自产、委托加工的货物用于职工个人福利	确认收入	视同销售，销项税	视同销售，征税	销售，征税
将购买的货物用于职工个人福利	不确认收入	不视同销售，但进项税转出	视同销售，征税	不征税（除金银首饰，钻石饰品）

第三章　房地产开发企业特定业务的纳税调整

“房地产开发企业特定业务”是从企业所得税处理而言的，即收到销售未完工产品的预收款在企业所得税上如何处理，预收款转为销售房地产收入时又如何处理的问题。预收款在房地产行业是一种普遍现象，就是在取得预售许可证之后至开发产品完工交付业主之前，发生大量的预售款以及开发产品完工交付后，预售款转为销售收入的这样一种业务。按《房地产开发经营业务企业所得税处理办法》（国税发〔2009〕31号）的相关规定，对预收款，在收取当期要按规定的预计毛利率计算毛利额计入当期应纳税所得额，同时，要减去预收款发生的税金及附加。在开发产品完工交付使用后，预收款转为销售收入，同时结转销售成本，真实的毛利计算出来后计入完工年度的应纳税所得额。为避免重复计税，还要将以前已经计入应纳税所得额的对应的预计毛利额减去，在减去对应的预计毛利额时，还要关注其相应的税金及附加，不得重复扣除。

第一节　房地产开发企业所得税处理

一、开发产品已完工的界定

除土地开发之外，其他开发产品符合下列条件之一的，应视为已经完工：

（1）开发产品竣工证明材料已报房地产管理部门备案；

（2）开发产品已开始投入使用；

（3）开发产品已取得了初始产权证明。

开发产品开始投入使用是指房地产开发企业开始办理开发产品交付手续（包括入住手续）或已开始实际投入使用。

《国家税务总局关于房地产企业开发产品完工标准税务确认条件的批复》（国税函〔2009〕342号）明确，房地产开发企业建造、开发的开发产品无论工程质量是否通过验收合格，或是否办理完工（竣工）备案手续以及会计决算手续，当其开发产品开始投入使用时均应视为已经完工。房地产开发企业应按规定及时结算开发产品计税成本并计算此前以预售方式销售开发产品所取得收入的实际毛利额，同时将开发产品实际毛利额与其对应的预计毛利额之间的差额，计入当年（完工年度）应纳税所得额。

二、销售未完工开发产品按预计毛利额计算纳税

根据《房地产开发经营业务企业所得税处理办法》第九条的规定，企业销售未完工开发产品取得的收入，应先按预计计税毛利率分季（或月）计算出预计毛利额，计入当期应纳税所得额。开发产品完工后，企业应及时结算其计税成本并计算此前销售收入的实际毛利额，同时将其实际毛利额与其对应的预计毛利额之间的差额，计入当年度企业本项目与其他项目合并计算的应纳税所得额。

在年度纳税申报时，企业须出具对该项开发产品实际毛利额与预计毛利额之间差异调整情况的报告以及税务机关需要的其他相关资料。

房地产开发企业对已达到完工条件的开发产品未按成本对象结算计税成本的，主管税务机关有权确定成本对象并核定其计税成本，企业据此进行纳税调整。

三、计税毛利率的确定

（一）计税毛利率的确定原则

根据《房地产开发经营业务企业所得税处理办法》第八条规定，企业销售未完工开发产品的计税毛利率由各省、自治区、直辖市税务局按下列规定进行确定：

（1）开发项目位于省、自治区、直辖市和计划单列市人民政府所在地城市城区和郊区的，不得低于15%。

（2）开发项目位于地及地级市城区及郊区的，不得低于10%。

（3）开发项目位于其他地区的，不得低于5%。

（4）属于经济适用房、限价房和危改房的，不得低于3%。

（二）计税毛利率的具体规定

1. 江苏的计税毛利率

根据《国家税务总局江苏省税务局关于房地产开发经营业务企业所得税计税毛利率有关问题的公告》（国家税务总局江苏省税务局公告2018年第13号）第一条的规定，房地产开发经营业务企业销售未完工开发产品的计税毛利率按下列规定进行确定：

（1）开发项目位于南京市城区和郊区的，计税毛利率为15%。

（2）开发项目位于除南京以外的其他地区的，计税毛利率为10%。

（3）属于经济适用房、限价房和危改房的，计税毛利率为3%。

这里的经济适用房必须符合《江苏省地方税务局关于贯彻苏政发〔2008〕44号文件精神的通知》（苏地税函〔2008〕380号）规定的四个条件：

（1）纳入全省经济适用住房建设投资计划；

（2）土地采取划拨的方式供应；

（3）销售价格经价格主管部门按相关规定确定；

（4）向符合市、县人民政府认定标准的城市低收入住房困难家庭供应。

同时要提供以下资料：

（1）立项批准机关对经济适用房立项的批准文件；

（2）土地管理部门划拨土地的批准文件；

（3）物价部门核定的有关经济适用房销售价格的批件；

（4）住房保障主管部门为低收入住房困难家庭出具的购房资格证明；

（5）列明该项目的政府经济适用房建设投资计划；

（6）经济适用房销售清册（包括购房人姓名和身份证号码、准购面积、合同号、订立合同日期、楼栋号、实际购买面积、单价、销售金额）。

限价房和危改房需提供：

（1）《国有建设用地使用权出让合同》和政府主管部门出具的其他能证明限价房和危改房的证明文件；

（2）限价房和危改房销售清册（包括购房人姓名和身份证号码、准购面积、合同号、订立合同日期、楼栋号、实际购买面积、单价、销售金额）。

2. 广东的计税毛利率

自 2019 年 1 月 1 日起，根据《国家税务总局广东省税务局关于明确广东省房地产开发企业销售未完工开发产品计税毛利率的公告》（国家税务总局广东省税务局公告 2018 年第 30 号）第一条的规定，广东省（不含深圳市）从事房地产开发经营业务企业销售未完工开发产品的计税毛利率按下列规定进行确定：

（1）开发项目位于广州市城区和郊区的，计税毛利率为 15%。

（2）开发项目位于除广州市以外的其他地级市城区和郊区的，计税毛利率为 10%。

（3）开发项目位于其他地区的，计税毛利率为 5%。

（4）属于经济适用房、限价房和危改房的，计税毛利率为 3%。

3. 天津市的计税毛利率

根据《天津市国家税务局 天津市地方税务局关于我市房地产开发企业计税毛利率有关问题的公告》（天津市国家税务局公告 2017 年第 1 号，天津市税务局公告 2018 年 24 号修改）的规定，天津市房地产开发企业销售未完工开发产品的计税毛利率暂按下列规定进行确定：

（1）除另有规定外，开发房地产项目的计税毛利率暂按 20% 确定。

（2）符合经济适用房、限价房和危改房条件的，暂按 3% 确定。

四、预计毛利额可扣除税金及附加

根据《企业所得税法实施条例》的规定，允许计算应纳税所得额时扣除的税金，是指企业发生的除企业所得税和允许抵扣的增值税以外的各项税金及其附加。《房地产开发经营业务企业所得税处理办法》也规定，企业发生的期间费用、已销开发产品计税成本、税金及附加、土地增值税准予当期按规定扣除。这里准予税前扣除的税金及附加应包含按预售收入计缴的地方税金及附加。

五、预售收入可作为计算招待费与广告宣传费基数

房地产开发企业销售未完工开发产品取得的收入，可以作为计算业务招待费、广告费和业务宣传费的基数，但开发产品完工会计核算转销售收入时，已作为计算基数的未完工开发产品的销售收入不得重复计算业务招待费、广告费和业务宣传费。

六、建筑面积、可售面积和不可售面积

要想准确计算已销售房地产的成本，必须了解总建筑面积、总可售面积和不可售面积。

房地产开发企业的开发产品面积是税收检查、会计核算的一个基本指标，它可以用于确定开发成本总额、单位成本、应结转的销售成本等，进而影响最终的包括企业所得税和土地增值税等计算。

（一）建筑面积

建筑面积＝套内建筑面积＋分摊的公用部位面积

套内建筑面积＝套内使用面积＋阳台面积＋墙体面积

套内使用面积是各房间使用面积的总和。

（二）可售面积与不可售面积

总建筑面积，是指在建设用地范围内单栋或多栋建筑物地面以上及地面以下各层建筑面积之和，具体分为可售面积和不可售面积两部分。

1. 可售面积与不可售面积的划分

可售面积，是指取得了《商品房预售许可证》、可以进行预售和销售的商品房面积。反之则是不可售面积。

从形式上看，可售面积应包括商品房的套内面积和分摊面积，不可售面积一般包括人防面积、非营利性的社会公共事业设施（包括物业办公场所、变电站、热力站、水厂、居委会、派出所、托儿所、幼儿园、学校、医院、邮电通信、自行车棚、公共厕所等），以及其他不得在业主购买面积范围内分摊的设施面积等。

从实质上看，可售面积与不可售面积的划分标准是其产权的归属。将来产权归业主

所有的面积一般就作为可售面积。如商品房的套内面积、分摊面积以及产权归业主所有的停车位等；产权归开发商所有的面积也应作为可售面积，如开发商转为自用的开发产品即属于可售面积中的未售面积；将来需要向其他方面无偿移交产权的设施面积一般作为不可售面积，如配套设施中的学校需要向教育部门移交产权，医院需要向卫生部门移交产权，人防设施需向人防管理部门移交产权，物业用房需要向业主所选择的物业公司移交等。

2. 各种面积的确定方法

总建筑面积可以通过查阅项目的立项批文和建筑规划许可证获得。由于批文和许可证均是在工程建设前取得的，与实际的建筑面积会有一定的误差，需要与最终的实测报告相核对，以最终的房屋测绘技术报告书为准。

可售面积和不可售面积应通过建筑规划许可证和房屋土地测绘技术报告书获得。一般情况下，建筑规划许可证标有地上面积、地下面积、人防面积等具体数字，配套设施则一般标有“学校”“医院”等字样，我们可以通过这些内容进行分析以对可售面积和不可售面积进行划分；房屋土地测绘技术报告书则更加精确，它一般列有房屋建筑面积总表、房屋建筑面积分层汇总表、共有共用建筑面积分层汇总表、房屋分户建筑面积分摊计算明细表及房屋分层平面示意图等具体内容，其中的内容和数字十分详尽准确。

已售面积和未售面积主要应通过销售部门的销售明细表获得。开发商提供的销售明细表应包括所有开发产品在内，已售部分填有客户名称、购买房屋的栋号与房号、合同号、签约日期、签约面积、合同单价、合同金额、实测面积等内容，未售部分以空白形式列入表内。需要注意的是，凡开发企业用于捐赠、赞助、职工福利、奖励、对外投资、分配给股东或投资人、抵偿债务、换取其他企事业单位和个人的非货币性资产的开发产品，均应作为已售面积并按照同类开发产品的平均销售价格确定收入并计入主营业务收入总额中。在实际工作中已售面积一般以开发商开具最终的销售不动产发票上注明的面积进行统计为准。

第二节　房地产开发企业特定业务计算的纳税调整额

一、房地产开发企业特定业务计算的纳税调整额的填报

企业所得税年度纳税申报时，企业需将销售未完工开发产品纳税调整情况，通过“视同销售和房地产开发企业特定业务纳税调整明细表”（A105010）第三部分（见表3－1），分析填入“纳税调整项目明细表”第40行“房地产开发企业特定业务计算的纳税调整额”第3列“纳税调增”、第4列“纳税调减”栏次。

表 3-1　A105010　视同销售和房地产开发企业特定业务纳税调整明细表（部分）

行次	项　目	税收金额	纳税调整金额
		1	2
21	三、房地产开发企业特定业务计算的纳税调整额（22-26）		
22	（一）房地产企业销售未完工开发产品特定业务计算的纳税调整额（24-25）		
23	1. 销售未完工产品的收入		*
24	2. 销售未完工产品预计毛利额		
25	3. 实际发生的税金及附加、土地增值税		
26	（二）房地产企业销售的未完工产品转完工产品特定业务计算的纳税调整额（28-29）		
27	1. 销售未完工产品转完工产品确认的销售收入		*
28	2. 转回的销售未完工产品预计毛利额		
29	3. 转回实际发生的税金及附加、土地增值税		

（一）房地产开发企业特定业务计算的纳税调整额

表 A105010 第 21 行“三、房地产开发企业特定业务计算的纳税调整额”：填报房地产企业发生销售未完工产品、未完工产品结转完工产品业务，按照税收规定计算的特定业务的纳税调整额。第 1 列“税收金额”填报第 22 行“房地产企业销售未完工开发产品特定业务计算的纳税调整额”第 1 列减去第 26 行“房地产企业销售的未完工产品转完工产品特定业务计算的纳税调整额”第 1 列的余额；第 2 列“纳税调整金额”等于第 1 列“税收金额”。

表 A105010 第 21 行“房地产开发企业特定业务计算的纳税调整额”第 1 列“税收金额”填入表 A105000 第 40 行第 2 列“税收金额”。

若表 A105100 第 21 行第 2 列“纳税调整金额”≥0，将第 21 行第 2 列填入表 A105000 第 40 行第 3 列“调增金额”；若第 21 行第 2 列<0，第 21 行第 2 列的绝对值填入表 A105000 第 40 行第 4 列“调减金额”。

（二）销售未完工开发产品特定业务计算的纳税调整额

表 A105010 第 22 行“（一）房地产企业销售未完工开发产品特定业务计算的纳税调整额”：填报房地产企业销售未完工开发产品取得销售收入，按税收规定计算的纳税调整额。第 1 列“税收金额”填报第 24 行第 1 列减去第 25 行第 1 列的余额；第 2 列“纳税调整金额”等于第 1 列“税收金额”。

在 2016 年 5 月 1 日全面营改增之前，执行《企业会计准则》或分行业会计制度的企业，本行计算公式：预收款×预计毛利率－预收款对应缴纳的营业税、城市维护建设税、教育费附加、地方教育附加、预征的土地增值税。

执行《小企业会计准则》的，本行计算公式 = 预收款 × 预计毛利率。

根据《企业会计准则》的规定，会计上在预收房款时，不计提税金及附加，在预收款转为收入时，根据配比原则计提税金及附加。主表 A100000 第 3 行的“税金及附加”是按会计口径填报的，企业所得税处理时允许预收款对应的税金及附加在其纳税义务发生时扣除。所以，执行《企业会计准则》的房地产企业在计算销售未完工开发产品特定业务计算的纳税调整额时要减去预收款对应的营业税、城市维护建设税、教育费附加、地方教育附加、预征的土地增值税。

执行《小企业会计准则》的小企业，允许税金及附加在其纳税义务发生时计入当期损益，此时主表 A100000 第 3 行的“税金及附加”已包括了预收款对应的税金及附加。

2016 年 5 月 1 日，全面营改增之后，房地产企业销售开发产品增值税分两个阶段申报，在预收款环节在项目所在地预缴申报，到增值税纳税义务发生时在机构所在地纳税申报，同时扣减已预缴的增值税，这导致城市维护建设税也分开缴纳，在预缴地按预缴增值税和预缴地的城市维护建设税适用税率申报，在申报地按申报地补缴的增值税和申报地的城市维护建设税适用税率申报。

如果企业采用的国家统一会计制规定，城市维护建设税在缴纳时计入“税金及附加”科目即计入当期损益，由于企业所得税允许在缴纳当期扣除，就不存在税会差异，不需要填报附表 A105010 第 25 行和第 29 行。因为企业已将其计入“税金及附加”科目，从而直接计入主表 A100000 第 3 行和第 13 行（利润总额）。

如果企业采用《企业会计准则》或原来的分行业会计制度的，则要根据配比原则，将城市维护建设税计入预收款转为收入年度的损益，如果预收款和结转收入的年度不同，会造成税金及附加计入损益年度与税前扣除年度不同，从而在预收款年度预收款对应的城市维护建设税及附加要填入附表 A105010 第 25 行进行纳税调减应纳税所得额，在预收款转入收入的年度要通过附表 A105010 第 29 行进行调增。

表 A105010 第 23 行“1. 销售未完工产品的收入”：第 1 列“税收金额”填报房地产企业销售未完工开发产品，会计核算未进行收入确认的销售收入金额。

表 A105010 第 24 行“2. 销售未完工产品预计毛利额”：第 1 列“税收金额”填报房地产企业销售未完工产品取得的销售收入按税收规定预计计税毛利率计算的金额；第 2 列“纳税调整金额”等于第 1 列“税收金额”。

表 A105010 第 25 行“3. 实际发生的税金及附加、土地增值税”：第 1 列“税收金额”填报房地产企业销售未完工产品实际发生的税金及附加、土地增值税，且在会计核算中未计入当期损益的金额；第 2 列“纳税调整金额”等于第 1 列“税收金额”。

销售未完工开发产品预收款缴纳的税金及附加，在会计核算中未计入当期损益的金额，才填报表 A105010 第 25 行。由于会计核算时当年预售收入不符合收入确认条件，按照预售收入缴纳的增值税计算的税金及附加，按预收款计算预缴的土地增值税，根据

《企业会计准则》的规定，不计入当年的“税金及附加”科目，而是暂时保留在“应交税费”科目。若会计核算时已计入了当期损益，则该行不需要填报，否则会造成税金的重复扣除。

（三）未完工产品转完工产品特定业务计算的纳税调整额

表 A105010 第 26 行“（二）房地产企业销售的未完工产品转完工产品特定业务计算的纳税调整额”：填报房地产企业销售的未完工产品转完工产品，按税收规定计算的纳税调整额。第 1 列“税收金额”填报第 28 行第 1 列减去第 29 行第 1 列的余额；第 2 列“纳税调整金额”等于第 1 列“税收金额”。

由于在销售未完工产品取得预收款时，已将其预计毛利额计入当时的应纳税所得额缴纳了所得税。因此，在正式转收入、结转成本时，要将前期已计入应纳税所得的部分调减，否则就会重复缴税。

表 A105010 第 27 行“1. 销售未完工产品转完工产品确认的销售收入”：第 1 列“税收金额”填报房地产企业销售的未完工产品，此前年度已按预计毛利额征收所得税，本年度结转为完工产品，会计上符合收入确认条件，当年会计核算确认的销售收入金额。

根据收入确认原则，房地产企业从谨慎性原则出发，确认收入一般应满足以下几个条件：

（1）房屋竣工并验收合格，说明商品是合格的；

（2）完成竣工结算，说明成本能够可靠地计量；

（3）签订售房合同及收取房款说明房款收入已能可靠计量且已经或能够流入企业；

（4）房屋办理了移交手续交付业主使用，说明与房屋所有权相关的风险和报酬及房屋的管理权和控制权均全部转移。

通常竣工结算时间和合同签订时间会早于交房时间，所以房地产开发企业商品房销售收入的确认时间应为办理房屋交接手续之日，该日之前收取的款项在会计核算上视为预收房款，待交房日确认销售收入实现后再结转计入“主营业务收入”。也就是说，在房地产销售中，房地产的法定所有权转移给买方，通常企业应确认销售收入。但以下属于风险和报酬尚未转移的情况：

（1）卖方根据合同规定，仍有责任实施重大行动，例如工程尚未完工。在这种情况下，企业应在所实施的重大行动完成时确认收入。

（2）房地产销售后，卖方仍有某种程度的继续涉入，如销售回购协议、卖方保证买方在特定时期内获得报酬的协议等。卖方在继续涉入的期间内一般不确认收入。

表 A105010 第 28 行“2. 转回的销售未完工产品预计毛利额”：第 1 列“税收金额”填报房地产企业销售的未完工产品，此前年度已按预计毛利额征收所得税，本年结转完工产品，会计核算确认为销售收入，转回原按税收规定预计计税毛利率计算的金额；第 2 列“纳税调整金额”等于第 1 列“税收金额”。

表 A105010 第 29 行“3. 转回实际发生的税金及附加、土地增值税”：填报房地产企业销售的未完工产品结转完工产品后，会计核算确认为销售收入，同时将对应实际发生的税金及附加、土地增值税转入当期损益的金额；第 2 列“纳税调整金额”等于第 1 列“税收金额”。

二、案例解析

【例 3－1】某市区甲房地产开发企业为增值税一般纳税人，2019 年 4 月份在县城新开发的项目飞腾小区（采用一般计税方法）取得预售许可证，网签预售合同 1 套，合同总价 327 000 元，预付 100%，并于 4 月份收到。房子在 2020 年 10 月完工交付。假定当月只有此笔业务，预计毛利率为 15%。

要求：进行相关的财税处理。

解析：

1. 预缴增值税

一般纳税人采取预收款方式销售自行开发的房地产项目，应在收到预收款时按照 3% 的预征率预缴增值税。房地产开发企业在收到预收款只需要预缴增值税款，纳税义务没有发生。这与营改增之前房地产开发企业预收款营业税纳税义务规定不同。

应预缴增值税按照以下公式计算：

应预缴税款＝预收款÷(1＋适用税率或征收率)×3%

自 2019 年 4 月 1 日起，适用一般计税方法计税的，按照 9% 的适用税率计算；适用简易计税方法计税的，按照 5% 的征收率计算。

本例中预缴税款＝327 000/(1＋9%)×3%＝9 000（元）。

一般纳税人应在取得预收款的次月纳税申报期向主管税务机关预缴税款。即在 5 月的纳税申报期填写增值税预缴申报表，向主管税务机关预缴增值税。

2. 财务处理

房地产企业收到预收款的会计处理：

（1）2019 年 4 月，收到预售款时：

借：银行存款　　327 000

　　贷：预收账款　　327 000

（2）2019 年 5 月，预交增值税：

借：应交税费——预交增值税　　9 000

　　贷：银行存款　　9 000

同时，根据预缴地城市维护建设税适用税率（假设为 5%）。

借：应交税费——应交城市维护建设税　　450

　　贷：银行存款　　450

待房地产企业增值税纳税义务发生时，将预缴增值税转入未交增值税。目前大部分地方都是以实际交房时间和预售合同约定的交房时间孰早来确认增值税纳税义务发生时间；若企业提前开具增值税发票（非预收款不征税发票），在开具发票时产生纳税义务。如果2020年10月房子完工交付给业主并同时开具不动产销售发票，增值税纳税义务实现。该开发产品成本200 000元。

2020年10月：

借：预收账款　　327 000

　　贷：主营业务收入　　300 000

　　　　应交税费——应交增值税（销项税额）　　27 000

同时：

借：主营业务成本　　200 000

　　贷：开发产品　　200 000

假设该月无其他进项税额，也无期初留抵税额。当月销售不动产应纳增值税27 000元。

月底：

借：应交税费——应交增值税（转出未交增值税）　　27 000

　　贷：应交税费——未交增值税　　27 000

同时，将在项目所在地已预缴的增值税冲减未交增值税：

借：应交税费——未交增值税　　9 000

　　贷：应交税费——预交增值税　　9 000

扣除在项目所在地预缴的9 000元后，在机构所在地只需要缴纳增值税18 000元。

根据权责发生制和配比原则（《小企业会计准则》除外，《小企业会计准则》规定城市维护建设税在实际缴纳年度计入损益，这与国税发〔2009〕31号文件的规定是一致的，而房地产开发企业一般不属于小企业，不执行《小企业会计准则》），这套商品房在2020年10月实现收入300 000元，其对应的城市维护建设税应全部计入2020年10月的损益。

根据《财政部　国家税务总局关于纳税人异地预缴增值税有关城市维护建设税和教育费附加政策问题的通知》（财税〔2016〕74号）的规定，纳税人跨地区提供建筑服务、销售和出租不动产的，应在建筑服务发生地、不动产所在地预缴增值税时，以预缴增值税税额为计税依据，并按预缴增值税所在地的城市维护建设税适用税率和教育费附加征收率就地计算缴纳城市维护建设税和教育费附加。预缴增值税的纳税人在其机构所在地申报缴纳增值税时，以其实际缴纳的增值税税额为计税依据，并按机构所在地的城市维护建设税适用税率和教育费附加征收率就地计算缴纳城市维护建设税和教育费附加。300 000元收入实现的增值税应附征的全部城市维护建设税为：$9\ 000\times5\%+24\ 000\times7\%=2\ 130$（元）。

在2020年10月应提取城市维护建设税：

借：税金及附加　　2 130

　　贷：应交税费——应交城市维护建设税　　2 130

2020 年 11 月，申报缴纳增值税时：

借：应交税费——未交增值税　　24 000

　　贷：银行存款　　24 000

2020 年 11 月，应申报城市维护建设税：24 000 × 7% = 1 680（元）。

借：应交税费——应交城市维护建设税　　1 680

　　贷：银行存款　　1 680

综上所述，2019 年城市维护建设税 450 元未在损益中列支，2019 年度企业所得税年度纳税申报时，应将 450 元填入附表 A105010 第 25 行。由于 2020 年会计上将城市维护建设税 450 元计入当年损益中，因此在填报 2020 年企业所得税年度申报表时，应将 450 元填入附表 A105010 第 29 行，以达到调增应纳税所得额目的。如果不这样填报，就导致 450 元城市维护建设税在 2020 年又扣除了一次。

2019 年度纳税申报时，纳税调整明细表填报如表 3－2、表 3－3 所示：

表 3－2　A105010　视同销售和房地产开发企业特定业务纳税调整明细表　　单位：元

行次	项　　目	税收金额	纳税调整金额
		1	2
21	三、房地产开发企业特定业务计算的纳税调整额（22－26）	44 550	44 550
22	（一）房地产企业销售未完工开发产品特定业务计算的纳税调整额（24－25）	44 550	44 550
23	1. 销售未完工产品的收入	300 000	*
24	2. 销售未完工产品预计毛利额	45 000	45 000
25	3. 实际发生的税金及附加、土地增值税	450	450
26	（二）房地产企业销售的未完工产品转完工产品特定业务计算的纳税调整额（28－29）		
27	1. 销售未完工产品转完工产品确认的销售收入		*
28	2. 转回的销售未完工产品预计毛利额		
29	3. 转回实际发生的税金及附加、土地增值税		

表 3－3　A105000　纳税调整项目明细表　　单位：元

行次	项　　目	账载金额	税收金额	调增金额	调减金额
		1	2	3	4
1	一、收入类调整项目（2＋3＋4＋5＋6＋7＋8＋10＋11）	*	*		
12	二、扣除类调整项目（13＋14＋…＋24＋26＋…＋30）	*	*		
31	三、资产类调整项目（32＋33＋34＋35）	*	*		
36	四、特殊事项调整项目（37＋38＋…＋43）	*	*	44 550	
37	（一）企业重组及递延纳税事项（填写 A105100）				
38	（二）政策性搬迁（填写 A105110）	*	*		

续表

行次	项　　目	账载金额	税收金额	调增金额	调减金额
		1	2	3	4
39	（三）特殊行业准备金（填写 A105120）				
40	（四）房地产开发企业特定业务计算的纳税调整额（填写 A105010）	*	44 550	44 550	
41	（五）合伙企业法人合伙人应分得的应纳税所得额				
43	（七）其他	*	*		
44	五、特别纳税调整应税所得	*	*		
45	六、其他	*	*		
46	合计（1 +12 +31 +36 +44 +45）	*	*	44 550	

2020 年度纳税申报时，纳税调整明细表填报如表 3 –4、表 3 –5 所示：

表 3 –4　A105010　视同销售和房地产开发企业特定业务纳税调整明细表　　单位：元

行次	项　　目	税收金额	纳税调整金额
		1	2
21	三、房地产开发企业特定业务计算的纳税调整额（22 –26）	–44 550	–44 550
22	（一）房地产企业销售未完工开发产品特定业务计算的纳税调整额（24 –25）		
23	1. 销售未完工产品的收入		*
24	2. 销售未完工产品预计毛利额		
25	3. 实际发生的税金及附加、土地增值税		
26	（二）房地产企业销售的未完工产品转完工产品特定业务计算的纳税调整额（28 –29）	44 550	44 550
27	1. 销售未完工产品转完工产品确认的销售收入	300 000	*
28	2. 转回的销售未完工产品预计毛利额	45 000	45 000
29	3. 转回实际发生的税金及附加、土地增值税	450	450

表 3 –5　A105000　纳税调整项目明细表　　单位：元

行次	项　　目	账载金额	税收金额	调增金额	调减金额
		1	2	3	4
1	一、收入类调整项目（2 +3 +4 +5 +6 +7 +8 +10 +11）	*	*		
12	二、扣除类调整项目（13 +14 +… +24 +26 +… +30）	*	*		
31	三、资产类调整项目（32 +33 +34 +35）	*	*		
36	四、特殊事项调整项目（37 +38 +… +43）	*	*		44 550
37	（一）企业重组及递延纳税事项（填写 A105100）				
38	（二）政策性搬迁（填写 A105110）	*	*		

续表

行次	项　　目	账载金额	税收金额	调增金额	调减金额
		1	2	3	4
39	（三）特殊行业准备金（填写 A105120）				
40	（四）房地产开发企业特定业务计算的纳税调整额（填写 A105010）	*	-44 550		44 550
41	（五）合伙企业法人合伙人应分得的应纳税所得额				
42	（七）其他	*	*		
43	五、特别纳税调整应税所得	*	*		
44	六、其他	*	*		
45	合计（1+12+31+36+44+45）	*	*		44 550

【例 3-2】江苏省某市甲房地产开发公司，增值税一般纳税人，查账征收企业所得税。2016 年 2 月开工的 A 住宅小区项目，2019 年 10 月开始预售，当年第四季度收到的预售购房款 10 500 万元，公司选择简易计税方法缴纳增值税。2020 年 10 月，该项目办理完工备案手续，当年会计将上年收取的预售房款 10 500 万元全部结转为销售开发产品收入。已知当地税务机关规定的土地增值税预征率为 2%，销售未完工产品预计毛利率为 15%。

要求：进行相关的财税处理，并填报企业所得税年度纳税申报表。

解析：

2019 年收到预售购房款时：

借：银行存款　　105 000 000

　　贷：预收账款　　105 000 000

确认应预缴的增值税：

10 500÷(1+5%)×3%=300（万元）

借：应交税费——预交增值税　　3 000 000

　　贷：银行存款　　3 000 000

根据《国家税务总局关于营改增后土地增值税若干征管规定的公告》（国家税务总局公告 2016 年第 70 号）第一条的规定，营改增后，纳税人转让房地产的土地增值税应税收入不含增值税。适用增值税一般计税方法的纳税人，其转让房地产的土地增值税应税收入不含增值税销项税额；适用简易计税方法的纳税人，其转让房地产的土地增值税应税收入不含增值税应纳税额。为方便纳税人，简化土地增值税预征税款计算，房地产开发企业采取预收款方式销售自行开发的房地产项目的，可按照以下方法计算土地增值税预征计征依据：

土地增值税预征的计征依据=预收款-应预缴增值税税款

因而，应预缴土地增值税：(10 500-300)×2%=204（万元）；

应缴城市维护建设税：300×7%=21（万元）；

应缴教育费附加：300×3% =9（万元）；

应缴地方教育附加：300×2% =6（万元）；

借：应缴税费——城市维护建设税　　21 0000

——教育费附加　　90 000

——地方教育费附加　　60 000

——土地增值税　　2 040 000

贷：银行存款　　2 400 000

2019 年度纳税申报时，纳税调整明细表填报如表 3-6、表 3-7 所示。

表 3-6　A105010　视同销售和房地产开发企业特定业务纳税调整明细表　　单位：元

行次	项　目	税收金额	纳税调整金额
		1	2
21	三、房地产开发企业特定业务计算的纳税调整额（22-26）	12 600 000	12 600 000
22	（一）房地产企业销售未完工开发产品特定业务计算的纳税调整额（24-25）	12 600 000	12 600 000
23	1. 销售未完工产品的收入	100 000 000	*
24	2. 销售未完工产品预计毛利额	15 000 000	15 000 000
25	3. 实际发生的税金及附加、土地增值税	2 400 000	2 400 000
26	（二）房地产企业销售的未完工产品转完工产品特定业务计算的纳税调整额（28-29）		
27	1. 销售未完工产品转完工产品确认的销售收入		*
28	2. 转回的销售未完工产品预计毛利额		
29	3. 转回实际发生的税金及附加、土地增值税		

表 3-7　A105000　纳税调整项目明细表　　单位：元

行次	项　目	账载金额	税收金额	调增金额	调减金额
		1	2	3	4
1	一、收入类调整项目（2+3+4+5+6+7+8+10+11）	*	*		
12	二、扣除类调整项目（13+14+…+24+26+…+30）	*	*		
31	三、资产类调整项目（32+33+34+35）	*	*		
36	四、特殊事项调整项目（37+38+…+43）	*	*	12 600 000	
37	（一）企业重组及递延纳税事项（填写 A105100）				
38	（二）政策性搬迁（填写 A105110）	*	*		
39	（三）特殊行业准备金（填写 A105120）				
40	（四）房地产开发企业特定业务计算的纳税调整额（填写 A105010）	*	12 600 000	12 600 000	
41	（五）合伙企业法人合伙人应分得的应纳税所得额				

续表

行次	项　　目	账载金额	税收金额	调增金额	调减金额
		1	2	3	4
43	（七）其他	*	*		
44	五、特别纳税调整应税所得	*	*		
45	六、其他	*	*		
46	合计（1+12+31+36+44+45）	*	*	12 600 000	

2020 年预收购房款结转收入时：

借：预收账款　　105 000 000

　贷：主营业务收入　　100 000 000

　　应交税费——简易计税　　5 000 000

借：税金及附加　　600 000

　贷：应交税费——城市维护建设税　　350 000

　　——教育费附加　　150 000

　　——地方教育附加　　100 000

缴纳相关税费用时：

借：应交税费——简易计税　　2 000 000

　——城市维护建设税　　140 000

　——教育费附加　　60 000

　——地方教育附加　　40 000

　贷：银行存款　　2 240 000

2020 年度纳税申报时，填报相关纳税调整表如表 3－8、表 3－9 所示：

表 3－8　A105010　视同销售和房地产开发企业特定业务纳税调整明细表　　单位：元

行次	项　　目	税收金额	纳税调整金额
		1	2
21	三、房地产开发企业特定业务计算的纳税调整额（22－26）	－12 600 000	－12 600 000
22	（一）房地产企业销售未完工开发产品特定业务计算的纳税调整额（24－25）	0	0
23	1. 销售未完工产品的收入		*
24	2. 销售未完工产品预计毛利额		
25	3. 实际发生的税金及附加、土地增值税		
26	（二）房地产企业销售的未完工产品转完工产品特定业务计算的纳税调整额（28－29）	12 600 000	12 600 000
27	1. 销售未完工产品转完工产品确认的销售收入	100 000 000	*
28	2. 转回的销售未完工产品预计毛利额	15 000 000	15 000 000
29	3. 转回实际发生的税金及附加、土地增值税	2 400 000	2 400 000

表 3-9 A105000 纳税调整项目明细表

行次	项目	账载金额	税收金额	调增金额	调减金额
		1	2	3	4
1	一、收入类调整项目（2+3+4+5+6+7+8+10+11）	*	*		
12	二、扣除类调整项目（13+14+…+24+26+…+30）	*	*		
31	三、资产类调整项目（32+33+34+35）	*	*		
36	四、特殊事项调整项目（37+38+…+43）	*	*		12 600 000
37	（一）企业重组及递延纳税事项（填写 A105100）				
38	（二）政策性搬迁（填写 A105110）	*	*		
39	（三）特殊行业准备金（填写 A105120）				
40	（四）房地产开发企业特定业务计算的纳税调整额（填写 A105010）	*	-12 600 000		12 600 000
44	五、特别纳税调整应税所得	*	*		
45	六、其他	*	*		
46	合计（1+12+31+36+44+45）	*	*		12 600 000

第四章　未按权责发生制确认收入的纳税调整

会计处理按权责发生制确认收入、税收规定未按权责发生制确认收入的纳税调整涉及“纳税调整项目明细表”（A105000）第3行“（二）未按权责发生制原则确认的收入”和“未按权责发生制确认收入纳税调整明细表”（A105020）。未按权责发生制原则确认的收入分为：跨期收取的租金、利息、特许权使用费收入，分期确认收入，政府补助递延收入和其他未按权责发生制确认收入。

第一节　跨期收取的租金、利息和特许权使用费

一、未按权责发生制确认收入纳税调整明细表

“未按权责发生制确认收入纳税调整明细表”（A105020，见表4－1）适用于会计处理按权责发生制确认收入、税收规定未按权责发生制确认收入需纳税调整的纳税人填报。纳税人根据《企业所得税法》及其实施条例、《国家税务总局关于贯彻落实企业所得税法若干税收问题的通知》（国税函〔2010〕79号）、《国家税务总局关于确认企业所得税收入若干问题的通知》（国税函〔2008〕875号）等相关规定，以及国家统一企业会计制度，填报会计处理按照权责发生制确认收入、税收规定未按权责发生制确认收入的会计处理、税收规定，以及纳税调整情况。符合税收规定不征税收入条件的政府补助收入，该表不作调整，在“专项用途财政性资金纳税调整明细表”（A105040）中纳税调整。

表A105020是二级附表，系“纳税调整项目明细表”（A105000）的附表，与表A105000的第3行对应。

表4－1　A105020　　未按权责发生制确认收入纳税调整明细表

行次	项　　目	合同金额（交易金额）	账载金额		税收金额		纳税调整金额
			本年	累计	本年	累计	
		1	2	3	4	5	6（4－2）
1	一、跨期收取的租金、利息、特许权使用费收入（2＋3＋4）						

续表

行次	项　目	合同金额（交易金额）	账载金额		税收金额		纳税调整金额
			本年	累计	本年	累计	
		1	2	3	4	5	6（4－2）
2	（一）租金						
3	（二）利息						
4	（三）特许权使用费						
5	二、分期确认收入（6＋7＋8）						
6	（一）分期收款方式销售货物收入						
7	（二）持续时间超过12个月的建造合同收入						
8	（三）其他分期确认收入						
9	三、政府补助递延收入（10＋11＋12）						
10	（一）与收益相关的政府补助						
11	（二）与资产相关的政府补助						
12	（三）其他						
13	四、其他未按权责发生制确认收入						
14	合计（1＋5＋9＋13）						

1. 合同金额或交易金额的填报

表A105020第1列“合同金额或交易金额”：填报会计处理按照权责发生制确认收入、税收规定未按权责发生制确认收入的项目的合同总额或交易总额。

2. 账载金额的填报

表A105020第2列“账载金额—本年”：填报纳税人会计处理按权责发生制在本期确认金额。

并将表A105020第14行第2列（本年账载金额合计）填入表A105000第3行（未按权责发生制原则确认的收入）第1列（账载金额）中。

表A105020第3列“账载金额—累计”：填报纳税人会计处理按权责发生制累计确认金额（含本年）。

3. 税收金额的填报

表A105020第4列“税收金额—本年”：填报纳税人按税收规定未按权责发生制在本期确认金额。并将表A105020第14行第4列（本年税收金额合计）填入表A105000第3行（未按权责发生制原则确认的收入）第2列（税收金额）中。

表A105020第5列“税收金额—累计”：填报纳税人按税收规定未按权责发生制累计确认金额（含本年）。

4. 纳税调整金额的填报

表 A105020 第 6 列“纳税调整金额”：填报纳税人会计处理按权责发生制确认收入、税收规定未按权责发生制确认收入的差异需纳税调整金额，为第 4 列（税收金额 - 本年） -2 列（账载金额 - 本年）的余额。即：表 A105020 第 6 列 = 第 4 - 2 列。

若第 14 行第 6 列≥0，第 14 行第 6 列 = 表 A105000 第 3 行第 3 列；若第 14 行第 6 列 <0，第 14 行第 6 列绝对值 = 表 A105000 第 3 行第 4 列。

二、跨期收取的租金收入

（一）租金收入的处理

租金收入，是指企业提供固定资产、包装物或者其他有形资产的使用权取得的收入。租金收入是转让有形资产的使用权收入，不含转让无形资产的使用权，转让无形资产使用权称为特许权使用费收入。

2008 年 1 月 1 日《企业所得税法》实施以前，根据《国家税务总局关于企业所得税若干业务问题的通知》（国税发〔1997〕191 号）的规定，对纳税人超过 1 年以上租赁期，一次收取的租赁费，出租方应按合同约定的租赁期分期计算收入，承租方应相应分期摊销租赁费。此种处理，税务与会计一致，但《企业所得税法》及其实施条例施行后，关于一次性收取或支付租赁费的处理，应适用新规定。

根据《企业所得税法实施条例》的规定，租金收入按照合同约定的承租人应付租金的日期确认收入的实现。对承租方而言，《企业所得税法实施条例》第四十七条规定，企业根据生产经营活动的需要，以经营租赁方式租入固定资产发生的租赁费支出，按照租赁期限均匀扣除。这时，出租方与承租方对租赁费的处理就不对称了。

根据《企业所得税法实施条例》第十九条的规定，《国家税务总局关于贯彻落实企业所得税法若干税收问题的通知》（国税函〔2010〕79 号）进一步明确，企业提供固定资产、包装物或者其他有形资产的使用权取得的租金收入，应按交易合同或协议规定的承租人应付租金的日期确认收入的实现。其中，如果交易合同或协议中规定租赁期限跨年度，且租金提前一次性支付的，根据《企业所得税法实施条例》第九条规定的收入与费用配比原则，出租人可对上述已确认的收入，在租赁期内，分期均匀计入相关年度收入。出租方如为在我国境内设有机构场所、且采取据实申报缴纳企业所得税的非居民企业，也按该条规定执行。

（二）租金收入纳税调整案例解析

【例 4 -1】位于甲市市区的 A 公司，为增值税一般纳税人，2019 年初将位于市区的一栋房产出租给 B 公司。合同约定自 2019 年 1 月 1 日起租赁期 5 年，每月租金 10 万元，约定2019年1月1日一次性向租赁方收取50万元房屋租金，一次性开具发票，适用简易计税方法缴纳增值税。

问题：

（1）上述出租房产业务第1年的增值税和企业所得税应如何处理？

（2）就第1年收取租金、计提税金及附加、结转收入和税费的业务进行账务处理。

（3）分析说明房产税的税务处理（该省规定房产原值扣除比例为30%）。

解析：

（1）根据《营业税改征增值税试点实施办法》（财税〔2016〕36号印发）第四十五条的规定，增值税纳税义务发生时间为，纳税人发生应税行为并收讫销售款项或者取得索取销售款项凭据的当天；先开具发票的，为开具发票的当天。收讫销售款项，是指纳税人销售服务、无形资产、不动产过程中或者完成后收到款项。取得索取销售款项凭据的当天，是指书面合同确定的付款日期；未签订书面合同或者书面合同未确定付款日期的，为服务、无形资产转让完成的当天或者不动产权属变更的当天。

纳税人提供租赁服务采取预收款方式的，其纳税义务发生时间为收到预收款的当天。

因此，本例中，A公司出租房产业务，第1年应纳增值税为：

$10\times12\times5\times5\%=30$（万元）。

根据《国家税务总局关于小规模纳税人免征增值税政策有关征管问题的公告》（国家税务总局公告2019年第4号）第四条的规定，其他个人，采取一次性收取租金形式出租不动产取得的租金收入，可在对应的租赁期内平均分摊，分摊后的月租金收入未超过10万元的，免征增值税。

根据《企业所得税法实施条例》第十九条第二款的规定，租金收入按照合同约定的承租人应付租金的日期确认收入的实现。这一规定是一种“例外性规定”，即在计算企业所得税时，对于合同约定的租金收入的确认，已经不完全属于权责发生制，而更接近于收付实现制。因为在一项租赁合同中，租金的支付时间是租赁合同的重要条款，承租人应当按照租赁合同约定的租金支付时间履行支付义务，因此，自合同约定支付租金之日起，不论出租人是否收到租金，该笔租金在法律上已经属于出租人所有，就相应会发生财产转移的法律效力，出租人即应相应确认收入的实现。《企业所得税法》对预收租金收入的规定不完全按照权责发生制原则确认，而是更多地遵循收付实现制，在这种情况下，税收与会计产生暂时性差异，企业预收的租金收入在当年应作纳税调增处理，计入预收当年的应纳税所得额，计征所得税；反之，如果合同规定租赁期满一次性支付几年的租金，那么应在支付当年确认收入计征所得税。

为了协调预收租金收入确认产生的税会差异，《国家税务总局关于贯彻落实企业所得税法若干税收问题的通知》（国税函〔2010〕79号）规定，企业提供固定资产、包装物或者其他有形资产的使用权取得的租金收入，应按交易合同或协议规定的承租人应付租金的日期确认收入的实现。其中，如果交易合同或协议中规定租赁期限跨年度，且租金提前一次性支付的，根据《企业所得税法实施条例》第九条规定的收入与费用配比原则，出租人可对上述已确认的收入，在租赁期内，分期均匀计入相关年度收入。这里出租人可以选择分期均匀确认收入的租金必须同时具备两个条件：一是合同或协议规定租赁期限为跨年度；二是租金为提前一次性支付。可见国税函〔2010〕79号文件的出台对租赁期限跨年度且提前一次性支付的租金收入允许在租赁期内分期均匀计入相关年度收入。在这种情况下，租金收入的确认则体现了权责发生制和配比原则，税法与会计准则的规定趋于一致，不会产生暂时性差异。另外，该条规定仅是明确出租人“可以”选择分期确认收入，这就给企业提供了一定的选择空间，企业可以根据自己的实际情况选择是否分期确认收入。

因此，本例中该公司既可以在2019年将600万元的租赁收入全部确认为应税所得计算缴纳企业所得税；也可以选择将600万元租赁收入在租赁期5年内分期均匀计入相关年度，此时计算第1年的企业所得税时，应将120万元计入应纳税所得额中。

（2）根据2006年版《企业会计准则第21号——租赁》的规定，经营租赁的租金应当在租赁期内的各个期间按直线法确认为收入；如果其他方法更合理，也可以采用其他方法。

收取租金时：

借：银行存款　　6 000 000

　　贷：预收账款　　6 000 000

计提税金及附加：

借：长期待摊费用　　330 000

　　贷：应交税费——简易计税　　300 000

　　　　　　　　——应交城市维护建设税　　21 000

　　　　　　　　——应交教育附加费　　9 000

结转收入和税费时：

借：预收账款　　1 200 000

　　贷：其他业务收入　　1 200 000

借：税金及附加　　65 400

　　贷：长期待摊费用　　65 400

（3）房产税的税务处理。

根据《国家税务总局关于房产税、城镇土地使用税有关政策规定的通知》（国税发〔2003〕89号）的规定，纳税人出租、出借房产，自交付出租、出借房产之次月起计征房产税和城镇土地使用税。

根据《江苏省地方税务局关于明确部分税种纳税期限有关事项的公告》（苏地税规〔2013〕6号）第一条的规定，按房产原值计征房产税的，企业按季、个人按半年分期缴纳，纳税人应于期满之日起15日内申报纳税；按租金收入计征房产税的，纳税人应于实际收取租金收入的次月15日内申报纳税。

因而，2019年初收到5年的租金600万元时，应全额缴纳房产税：

600×12% =72（万元）。

（三）免租期的财税处理

1. 会计处理

根据《企业会计准则解释第1号》（财会〔2007〕14号）第三条的规定，出租人提供免租期的，承租人应将租金总额在不扣除免租期的整个租赁期内，按直线法或其他合理的方法进行分摊，免租期内应当确认租金费用；出租人应将租金总额在不扣除免租期的整个租赁期内，按直线法或其他合理的方法进行分配，免租期内出租人应当确认租金收入。

出租人承担了承租人某些费用的，出租人应将该费用自租金收入总额中扣除，按扣除后的租金收入余额在租赁期内进行分配；承租人应将该费用从租金费用总额中扣除，按扣除后的租金费用余额在租赁期内进行分摊。

2. 增值税处理

根据《国家税务总局关于土地价款扣除时间等增值税征管问题的公告》（国家税务总局公告2016年第86号）第七条的规定，纳税人出租不动产，租赁合同中约定免租期的，不属于视同销售服务。

3. 房产税处理

根据《财政部　国家税务总局关于安置残疾人就业单位城镇土地使用税等政策的通知》（财税〔2010〕121号）第二条的规定，对出租房产，租赁双方签订的租赁合同约定有免收租金期限的，免收租金期间由产权所有人按照房产原值缴纳房产税。

4. 企业所得税处理

根据《企业所得税法实施条例》第四十七条的规定，企业根据生产经营活动的需要，以经营租赁方式租入固定资产发生的租赁费支出，按照租赁期限均匀扣除。根据《企业所得税法实施条例》第十九条的规定，租金收入按照合同约定的承租人应付租金的日期确认收入的实现。

根据《国家税务总局关于贯彻落实企业所得税法若干税收问题的通知》（国税函〔2010〕79号）的规定，企业提供固定资产、包装物或者其他有形资产的使用权取得的租金收入，应按交易合同或协议规定的承租人应付租金的日期确认收入的实现。其中，如果交易合同或协议中规定租赁期限跨年度，且租金提前一次性支付的，根据《企业所得税法实施条例》第九条规定的收入与费用配比原则，出租人可对上述已确认的收入，在租赁期内，分期均匀计入相关年度收入。出租方如为在我国境内设有机构场所、且采取据实申报缴纳企业所得税的非居民企业，也按该条规定执行。

（四）免租期案例解析

【例4-2】 A公司有2015年建成的闲置厂房一栋，原值1 000万元。2020年1月1

日将其出租给B公司用于生产经营，合同约定租期27个月（自2020年1月1日至2022年3月31日），其中前三个月为免租期免收租金。

月租金10.5万元，2020年1月1日合同签订之日一次性收取二年租金252万元。该厂房每月应计提折旧4万元。公司选择简易计税方法计算缴纳增值税。计征房产税时扣除比例为30%。

要求：

（1）分析说明如何进行财税处理与纳税申报。

（2）分析说明如何缴纳增值税、房产税和企业所得税。

解析：

1. 2020年的处理：

（1）2020年初，收到租金时：

借：银行存款　　2 520 000

　　贷：预收账款——B公司　　2 400 000

　　　　应缴税费——简易计税　　120 000

（2）缴纳增值税：

借：应缴税费——简易计税　　120 000

　　贷：银行存款　　120 000

（3）当年会计确认收入：

$240 \div 27 \times 12 = 106.67$（万元）

借：预收账款——B公司　　1 066 700

　　贷：其他业务收入　　1 066 700

（4）计提折旧：

借：其他业务成本　　480 000

　　贷：累计折旧　　480 000

（5）租金收入缴纳房产税：

$240 \times 12\% = 28.8$（万元）

借：应缴税费——房产税　　288 000

　　贷：银行存款　　288 000

（6）本年应结转税金及附加：$28.8 \times 9 \div 24 = 10.8$（万元）；

借：税金及附加　　108 000

　　贷：应缴税费——房产税　　108 000

（7）一季度从价计征房产税：

$1\ 000 \times (1-30\%) \times 1.2\% \div 4 = 2.1$（万元）；

借：税金及附加　　21 000

　　贷：银行存款　　21 000

（8）假设企业所得税选择一次确认收入。

税会差异需通过“未按权责发生制确认收入纳税调整明细表”（A105020）进行纳税调整，如表4－2所示。

表4－2 A105020 未按权责发生制确认收入纳税调整明细表（2020年） 单位：元

行次	项目	合同金额（交易金额）	账载金额		税收金额		纳税调整金额
			本年	累计	本年	累计	
		1	2	3	4	5	6（4－2）
1	一、跨期收取的租金、利息、特许权使用费收入（2＋3＋4）	2 400 000	1 066 700	1 066 700	2 400 000	2 400 000	1 333 300
2	（一）租金	2 400 000	1 066 700	1 066 700	2 400 000	2 400 000	1 333 300
3	（二）利息						
4	（三）特许权使用费						
5	二、分期确认收入（6＋7＋8）						
6	（一）分期收款方式销售货物收入						
7	（二）持续时间超过12个月的建造合同收入						
8	（三）其他分期确认收入						
9	三、政府补助递延收入（10＋11＋12）						
10	（一）与收益相关的政府补助						
11	（二）与资产相关的政府补助						
12	（三）其他						
13	四、其他未按权责发生制确认收入						
14	合计（1＋5＋9＋13）	2 400 000	1 066 700	1 066 700	2 400 000	2 400 000	1 333 300

同时，表A105020合计行填入上一级表“纳税调整项目明细表”（A105000）第3行“（二）未按权责发生制原则确认的收入（填写A105020）”中，如表4－3所示。

表 4-3 A105000 纳税调整项目明细表 单位：元

行次	项 目	账载金额	税收金额	调增金额	调减金额
		1	2	3	4
1	一、收入类调整项目（2+3+4+5+6+7+8+10+11）	*	*	1 333 300	
2	（一）视同销售收入（填写 A105010）	*			*
3	（二）未按权责发生制原则确认的收入（填写 A105020）	1 066 700	2 400 000	1 333 300	
4	（三）投资收益（填写 A105030）				
5	（四）按权益法核算长期股权投资对初始投资成本调整确认收益	*	*	*	

2. 2021 年的处理：

（1）按月确认收入（240÷27=8.89）：

借：预收账款 88 900

　　贷：其他业务收入 88 900

（2）计提折旧时：

借：其他业务成本 40 000

　　贷：累计折旧 40 000

当年共计确认收入 106 670 元，计提折旧 480 000 元。

税会差异需通过“未按权责发生制确认收入纳税调整明细表”（A105020）进行纳税调整，如表 4-4 所示。

表 4-4 A105020 未按权责发生制确认收入纳税调整明细表（2021 年） 单位：元

行次	项 目	合同金额（交易金额）	账载金额		税收金额		纳税调整金额累计
			本年	累计	本年	累计	
		1	2	3	4	5	6（4-2）
1	一、跨期收取的租金、利息、特许权使用费收入（2+3+4）	2 400 000	1 066 700	2 133 400	0	2 400 000	-1 066 700
2	（一）租金	2 400 000	1 066 700	2 133 400	0	2 400 000	-1 066 700
3	（二）利息						
4	（三）特许权使用费						
5	二、分期确认收入（6+7+8）						
6	（一）分期收款方式销售货物收入						
7	（二）持续时间超过 12 个月的建造合同收入						
8	（三）其他分期确认收入						

续表

行次	项目	合同金额（交易金额）	账载金额		税收金额		纳税调整金额累计
			本年	累计	本年	累计	
		1	2	3	4	5	6（4－2）
9	三、政府补助递延收入（10＋11＋12）						
10	（一）与收益相关的政府补助						
11	（二）与资产相关的政府补助						
12	（三）其他						
13	四、其他未按权责发生制确认收入						
14	合计（1＋5＋9＋13）	2 400 000	1 066 700	2 133 400	0	2 400 000	－1 066 700

同时，表 A105020 合计行填入上一级表“纳税调整项目明细表”（A105000）第 3 行“（二）未按权责发生制原则确认的收入（填写 A105020）”中，如表 4－5 所示。

表 4－5　A105000　纳税调整项目明细表　单位：元

行次	项目	账载金额	税收金额	调增金额	调减金额
		1	2	3	4
1	一、收入类调整项目（2＋3＋4＋5＋6＋7＋8＋10＋11）	*	*		1 066 700
2	（一）视同销售收入（填写 A105010）	*			*
3	（二）未按权责发生制原则确认的收入（填写 A105020）	1 066 700	0		1 066 700
4	（三）投资收益（填写 A105030）				
5	（四）按权益法核算长期股权投资对初始投资成本调整确认收益	*	*	*	

3. 2022 年的处理：

（1）按月确认收入：

借：预收账款　　88 900

　　贷：其他业务收入　　88 900

（2）计提折旧时：

借：其他业务成本　　40 000

　　贷：累计折旧　　40 000

2022 年全年共计确认租金收入 26.66 万元，计提租赁资产折旧 12 万元。

税会差异需通过“未按权责发生制确认、收入纳税调整明细表”（A105020）进行纳税调整，如表 4－6 所示。

表 4－6　A105020　未按权责发生制确认收入纳税调整明细表（2022 年）　　单位：元

行次	项　目	合同金额（交易金额）	账载金额		税收金额		纳税调整金额
			本年	累计	本年	累计	
		1	2	3	4	5	6（4－2）
1	一、跨期收取的租金、利息、特许权使用费收入（2＋3＋4）	2 400 000	266 600	2 400 000	0	2 400 000	－266 600
2	（一）租金	2 400 000	266 600	2 400 000	0	2 400 000	－266 600
3	（二）利息						
4	（三）特许权使用费						
5	二、分期确认收入（6＋7＋8）						
6	（一）分期收款方式销售货物收入						
7	（二）持续时间超过 12 个月的建造合同收入						
8	（三）其他分期确认收入						
9	三、政府补助递延收入（10＋11＋12）						
10	（一）与收益相关的政府补助						
11	（二）与资产相关的政府补助						
12	（三）其他						
13	四、其他未按权责发生制确认收入						
14	合计（1＋5＋9＋13）	2 400 000	266 600	2 400 000	0	2 400 000	－266 600

同时，表 A105020 合计行填入上一级表“纳税调整项目明细表”（A105000）第 3 行“（二）未按权责发生制确认的收入（填写 A105020）”中，如表 4－7 所示。

表 4－7　A105000　纳税调整项目明细表　　单位：元

行次	项　目	账载金额	税收金额	调增金额	调减金额
		1	2	3	4
1	一、收入类调整项目（2＋3＋4＋5＋6＋7＋8＋10＋11）	*	*		266 600
2	（一）视同销售收入（填写 A105010）	*			*
3	（二）未按权责发生制原则确认的收入（填写 A105020）	266 600	0		266 600
4	（三）投资收益（填写 A105030）				
5	（四）按权益法核算长期股权投资对初始投资成本调整确认收益	*	*	*	

三、跨期收取的利息收入

利息收入，是指企业将资金提供他人使用但不构成权益性投资，或者因他人占用本企业资金取得的收入，包括存款利息、贷款利息、债券利息、欠款利息等收入。

（一）财务处理

根据《财政部关于印发修订〈企业会计准则第22号——金融工具确认和计量〉的通知》（财会〔2017〕7号）和《财政部关于修订印发〈企业会计准则第14号——收入〉的通知》（财会〔2017〕22号）规定，利息收入的核算自2018年起发生较大变化，由《企业会计准则第22号——金融工具确认和计量》规范的金融工具及其他合同权利和义务，适用《企业会计准则第22号——金融工具确认和计量》，不再适用《企业会计准则第14号——收入》。

本金是指金融资产在初始确认时的公允价值，本金金额可能因提前还款等原因在金融资产的存续期内发生变动；利息包括对货币时间价值、与特定时期未偿付本金金额相关的信用风险以及其他基本借贷风险、成本和利润的对价。其中，货币时间价值是利息要素中仅因为时间流逝而提供对价的部分，不包括为所持有金融资产的其他风险或成本提供的对价，但货币时间价值要素有时可能存在修正。在货币时间价值要素存在修正的情况下，企业应当对相关修正进行评估，以确定其是否满足合同现金流量特征的要求。

企业应当按照实际利率法确认利息收入。利息收入应当根据金融资产账面余额乘以实际利率计算确定，但下列情况除外：（1）对于购入或源生的已发生信用减值的金融资产，企业应当自初始确认起，按照该金融资产的摊余成本和经信用调整的实际利率计算确定其利息收入。（2）对于购入或源生的未发生信用减值、但在后续期间成为已发生信用减值的金融资产，企业应当在后续期间，按照该金融资产的摊余成本和实际利率计算确定其利息收入。企业按照上述规定对金融资产的摊余成本运用实际利率法计算利息收入的，若该金融工具在后续期间因其信用风险有所改善而不再存在信用减值，并且这一改善在客观上可与应用上述规定之后发生的某一事件相联系（如债务人的信用评级被上调），企业应当转按实际利率乘以该金融资产账面余额来计算确定利息收入。

金融资产或金融负债的摊余成本，应当以该金融资产或金融负债的初始确认金额经下列调整后的结果确定：扣除已偿还的本金；加上或减去采用实际利率法将该初始确认金额与到期日金额之间的差额进行摊销形成的累计摊销额；扣除累计计提的损失准备（仅适用于金融资产）。实际利率法，是指计算金融资产或金融负债的摊余成本以及将利息收入或利息费用分摊计入各会计期间的方法。实际利率，是指将金融资产或金融负债在预计存续期的估计未来现金流量，折现为该金融资产账面余额或该金融负债摊余成本所使用的利率。在确定实际利率时，应当在考虑金融资产或金融负债所有合同条款（如提前还款、展期、看涨期权或其他类似期权等）的基础上估计预期现金流量，但不应当考虑预期信用损失。经信用调整的实际利率，是指将购入或源生的已发生信用减值的金融资产在预计存续期的估计未来现金流量，折现为该金融资产摊余成本的利率。在确定经信用调整的实际利率时，应当在考虑金融资产的所有合同条款（例如提前还款、展期、看涨期权或其他类似期权等）以及初始预期信用损失的基础上估计预期现金流量。

（二）税务处理

根据《企业所得税法实施条例》规定，利息收入，按照合同约定的债务人应付利息的日期确认收入的实现。

从税法规定可以看出税收上不考虑款项能否收回。即在合同约定的收款日期，不论款项是否收到，都要确认为当期收入计算纳税。而《企业会计准则》按照权责发生制分期确认收入。

根据《国家税务总局关于企业混合性投资业务企业所得税处理问题的公告》（国家税务总局公告 2013 年第 41 号）的规定，对于被投资企业支付的利息，投资企业应于被投资企业应付利息的日期，确认收入的实现并计入当期应纳税所得额，被投资企业应于应付利息的日期，确认利息支出，并按税法和《国家税务总局关于企业所得税若干问题的公告》（2011 年第 34 号）第一条的规定，进行税前扣除。

《国家税务总局关于金融企业贷款利息收入确认问题的公告》（国家税务总局公告 2010 年第 23 号）对金融企业贷款利息收入所得税处理问题作出如下规定（自 2010 年 12 月 5 日起施行），（1）金融企业按规定发放的贷款，属于未逾期贷款（含展期，下同），应根据先收利息后收本金的原则，按贷款合同确定的利率和结算利息的期限计算利息，并于债务人应付利息的日期确认收入的实现；属于逾期贷款，其逾期后发生的应收利息，应于实际收到的日期，或者虽未实际收到，但会计上确认为利息收入的日期，确认收入的实现。

（2）金融企业已确认为利息收入的应收利息，逾期 90 天仍未收回，且会计上已冲减了当期利息收入的，准予抵扣当期应纳税所得额。

（3）金融企业已冲减了利息收入的应收未收利息，以后年度收回时，应计入当期应纳税所得额计算纳税。

而根据会计规定，利息收入金额，按照他人使用本企业货币资金的时间和实际利率计算确定。

四、跨期收取的特许权使用费收入

（一）财务处理

根据《企业会计准则》的规定，使用费收入金额，按照有关合同或协议约定的收费时间和方法计算确定。

不同的使用费收入，收费时间和收费方法不同，有一次性收回一笔固定金额的情况，如一次收取若干年的场地使用费；有在协议规定的有效期内分期等额收取的，如合同规定在使用期内每期收取一笔固定的金额；还有分期不等额收取的，如合同规定按资产使用每期销售额的百分比收取使用费等。

如果合同、协议规定使用费一次支付，且不提供后续服务的，应视同该项资产的销售一次性完成，一次性确认收入；如果提供后续服务的，应在合同、协议规定的有效期内分期确认收入。如果合同规定分期支付使用费的，应按照合同规定的收款时间和金额或合同规定的收费方法计算的金额分期确认收入。

（二）税务处理

特许权使用费收入，是指企业提供专利权、非专利技术、商标权、著作权以及其他特许权的使用权取得的收入。特许权使用费收入是转让无形资产的使用权收入，而不是转让所有权收入，转让无形资产的所有权称为财产转让收入。

特许权使用费收入，按照合同约定的特许权使用人应付特许权使用费的日期确认收入的实现。由此可见，特许权使用费收入的确认时间与利息收入的确认原则是一致的。

根据《国家税务总局关于确认企业所得税收入若干问题的通知》（国税函〔2008〕875号）的规定，属于提供设备和其他有形资产的特许权费，在交付资产或转移资产所有权时确认收入；属于提供初始及后续服务的特许权费，在提供服务时确认收入。如果纳税人会计上确认的特许权费收入与此不一致，填报表A105020进行纳税调整。

《企业所得税法》实施前已按其他方式计入当期收入的利息收入、租金收入、特许权使用费收入，在新税法实施后，根据《国家税务总局关于企业所得税若干税务事项衔接问题的通知》（国税函〔2009〕98号）规定，凡与按合同约定支付时间确认的收入额发生变化的，应将该收入额减去以前年度已按照其他方式确认的收入额后的差额，确认为当期收入。

第二节　分期确认收入

一、分期收款方式销售货物收入

分期收款销售，是指商品已经交付，但货款分期收回的一种销售方式。

（一）财务处理

根据《企业会计准则第14号——收入》（2006年版）第五条的规定，企业销售商品满足收入确认条件时，应当按照已收或应收合同或协议价款的公允价值确定销售商品收入金额。

企业应当按照从购货方已收或应收的合同或协议价款确定销售商品收入金额，但已收或应收的合同或协议价款不公允的除外。对企业采用递延方式分期收款，实质上具有融资性质的销售商品或提供劳务，应收的合同或协议价款与其公允价值相差较大的，应按照应收的合同或协议价款的公允价值确定销售商品收入金额，应收的合同或协议价款与其公允价值之间的差额，应当在合同或协议期间内采用实际利率法进行摊销，计入当期损益。

《企业会计准则第 14 号——收入》应用指南明确：从购货方已收或应收的合同或协议价款，通常为公允价值。但在某些情况下，合同或协议明确规定，销售商品需要延期收取价款（通常为 3 年以上），如分期收款销售商品，实质上具有融资性质的，应当按照应收的合同或协议价款的公允价值确定收入金额。应收的合同或协议价款的公允价值，通常应当按照其未来现金流量现值或商品现销价格确定。应收的合同或协议价款与其公允价值之间的差额，应当在合同或协议期间内，按照应收款项的摊余成本和实际利率计算确定的金额进行摊销，冲减财务费用。应收的合同或协议价款与其公允价值之间的差额，按照实际利率法摊销与直线法摊销结果相差不大的，也可以采用直线法进行摊销。

对具有融资性质的分期收款销售商品满足收入确认条件的，企业按应收合同或协议价款，借记“长期应收款”科目，按应收合同或协议价款的公允价值（折现值），贷记“主营业务收入”科目，按其差额，贷记“未实现融资收益”科目。

（二）税务处理

根据《企业所得税法》的相关规定，企业应当按照从购货方已收或应收的合同或协议价款确定销售货物收入金额。以分期收款方式销售货物的，按照合同约定的收款日期确认收入的实现。

根据《小企业会计准则》第五十九条的规定，销售商品采用分期收款方式的，在合同约定的收款日期确认收入。与《企业所得税法》的规定一致。

分期收款方式销售货物，执行《企业会计准则》（2006 年版）的企业，会计上按权责发生制确认收入时，如果该业务具有实质性融资性质，在销售成立时以公允价值（分期收款总额的现值或商品采用一次性付款时的售价）一次性确认销售收入，同时要核算未实现融资收益，而《企业所得税法实施条例》第二十三条要求按照合同约定的收款日期确认收入的实现，不考虑未实现融资收益，存在税会差异，需要填报表 A105020 进行纳税调整。

（三）案例解析

【例 4－3】 2018 年 1 月 1 日，甲公司采用分期收款方式向乙公司销售一套大型设备，合同约定的销售价格为 2 000 万元，分 5 次于每年 12 月 31 日等额收取。该大型设备成本为 1 560 万元。在现销方式下，该设备销售价格为 1 600 万元。不考虑增值税等税费，本年中甲公司应当确认的销售商品收入为 1 600 万元。计算得到现值 1 600、年金 400、5 年期的折现率为 7.93%。

每期计入财务费用的金额如表 4－8 所示。

表 4－8　　财务费用和已收本金计算表　　单位：万元

项　　目	未收本金	财务费用	收现总额	已收本金
	①＝上期①－上期④	②＝①×7.93%	③	④＝③－②
2018 年 1 月 1 日	1 600			
2018 年 12 月 31 日	1 600	126.88	400	273.12
2019 年 12 月 31 日	1 326.88	105.22	400	294.78
2020 年 12 月 31 日	1 032.1	81.85	400	318.15
2021 年 12 月 31 日	713.95	56.62	400	343.38
2022 年 12 月 31 日	370.56	29.43	400	370.57
总额		400	2 000	1 600

要求：进行相关的财务处理与纳税调整。

解析：

根据表 4－8 计算结果，甲公司各年的财务处理及纳税调整如下：

（1）2018 年 1 月 1 日，销售实现时的财务处理为：

借：长期应收款　　20 000 000

　　贷：主营业务收入　　16 000 000

　　　　未实现融资收益　　4 000 000

借：主营业务成本　　15 600 000

　　贷：库存商品　　15 600 000

（2）2018 年 12 月 31 日，收取货款时：

借：银行存款　　4 000 000

　　贷：长期应收款　　4 000 000

借：未实现融资收益　　1 268 800

　　贷：财务费用　　1 268 800

税务处理：以分期收款方式销售货物，根据《企业所得税法》相关规定，应按照合同约定的收款日期确认收入的实现。本年度企业所得税只能确认收入 400 万元，调减应纳税所得额 1 326.88 万元（1 600＋126.88－400）。“未按权责发生制确认收入纳税调整明细表”（A105020）第 6 行相关数据列填报如下：第 1 列“合同金额（交易金额）”填 2 000 万元，第 2 列第 3 列“账载金额”本期及累计都填 1 600 万元，第 4 列、第 5 列“税收金额”本期及累计都填 400 万元，第 6 列“纳税调整金额”填－1 200 万元（纳税调减）。同时，“未实现融资收益”本期摊销抵减财务费用 126.88 万元，应调减应纳税所得额：填入“纳税调整项目明细表”第 22 行，第 1 列填－128.88 万元，第 2 列填 0，第 4 列填 128.88 万元。

税会差异需通过“未按权责发生制确认收入纳税调整明细表”（A105020）进行纳税调整，如表 4－9 所示。

表 4－9　A105020　未按权责发生制确认收入纳税调整明细表（2018 年）　单位：元

行次	项　目	合同金额（交易金额）	账载金额		税收金额		纳税调整金额
			本年	累计	本年	累计	
		1	2	3	4	5	6（4－2）
1	一、跨期收取的租金、利息、特许权使用费收入（2＋3＋4）						
2	（一）租金						
3	（二）利息						
4	（三）特许权使用费						
5	二、分期确认收入（6＋7＋8）	20 000 000	16 000 000	16 000 000	4 000 000	4 000 000	－12 000 000
6	（一）分期收款方式销售货物收入	20 000 000	16 000 000	16 000 000	4 000 000	4 000 000	－12 000 000
7	（二）持续时间超过 12 个月的建造合同收入						
8	（三）其他分期确认收入						
9	三、政府补助递延收入（10＋11＋12）						
10	（一）与收益相关的政府补助						
11	（二）与资产相关的政府补助						
12	（三）其他						
13	四、其他未按权责发生制确认收入						
14	合计（1＋5＋9＋13）	20 000 000	16 000 000	16 000 000	4 000 000	4 000 000	－12 000 000

同时，将表 A105020 合计行填入上一级表“纳税调整项目明细表”（A105000）第 3 行“（二）未按权责发生制原则确认的收入（填写 A105020）”中，如表 4－10 所示。

表 4－10　A105000　纳税调整项目明细表　单位：元

行次	项　目	账载金额	税收金额	调增金额	调减金额
		1	2	3	4
1	一、收入类调整项目（2＋3＋…8＋10＋11）	*	*		12 000 000
2	（一）视同销售收入（填写 A105010）	*			*
3	（二）未按权责发生制原则确认的收入（填写 A105020）	16 000 000	4 000 000		12 000 000
4	（三）投资收益（填写 A105030）				
11	（九）其他				
12	二、扣除类调整项目（13＋14＋…24＋26＋27＋28＋29＋30）	*	*		1 268 800
13	（一）视同销售成本（填写 A105010）	*		*	

续表

行次	项　目	账载金额	税收金额	调增金额	调减金额
		1	2	3	4
14	（二）职工薪酬（填写 A105050）				
15	（三）业务招待费支出				*
16	（四）广告费和业务宣传费支出（填写 A105060）	*	*		
17	（五）捐赠支出（填写 A105070）				
18	（六）利息支出				
19	（七）罚金、罚款和被没收财物的损失		*		*
20	（八）税收滞纳金、加收利息		*		*
21	（九）赞助支出		*		*
22	（十）与未实现融资收益相关在当期确认的财务费用	-1 268 800	0		1 268 800
23	（十一）佣金和手续费支出				*
46	合计（1+12+31+36+44+45）	*	*		13 268 800

（3）2019 年 12 月 31 日，收到货款时财务处理为：

借：银行存款　　4 000 000

　　贷：长期应收款　　4 000 000

借：未实现融资收益　　1 052 200

　　贷：财务费用　　1 052 200

税务处理：以分期收款方式销售货物，根据《企业所得税法》相关规定，应按照合同约定的收款日期确认收入的实现。本年度只能确认收入 400 万元，同时未实现融资收益摊销应调减应纳税所得额 105.22 万元。“未按权责发生制确认收入纳税调整明细表”（A105020）第 6 行相关数据列填报如下：第 1 列“合同金额（交易金额）”填 2 000 万元；第 2 列“账载金额——本期”填 0，第 3 列“账载金额——累计”填 1 600 万元；第 4 列“税收金额——本期”填 400 万元，第 5 列“税收金额——累计”填 800 万元，第 6 列“纳税调整金额”填 400 万元（调增）。同时，“未实现融资收益”本期摊销抵减财务费用 105.22 万元，应调减应纳税所得额，填入附表 A105000 第 22 行。

税会差异需通过“未按权责发生制确认收入纳税调整明细表”（A105020）进行纳税调整，如表 4-11 所示。

同时，将表 A105020 合计行填入上一级表“纳税调整项目明细表”（A105000）第 3 行“（二）未按权责发生制原则确认的收入（填写 A105020）”中，如表 4-12 所示。

表 4-11　A105020 未按权责发生制确认收入纳税调整明细表（2019 年）　　单位：元

行次	项　目	合同金额（交易金额）	账载金额		税收金额		纳税调整金额
			本年	累计	本年	累计	
		1	2	3	4	5	6（4-2）
1	一、跨期收取的租金、利息、特许权使用费收入（2+3+4）						
2	（一）租金						
3	（二）利息						
4	（三）特许权使用费						
5	二、分期确认收入（6+7+8）	20 000 000	0	16 000 000	4 000 000	8 000 000	4 000 000
6	（一）分期收款方式销售货物收入	20 000 000	0	16 000 000	4 000 000	8 000 000	4 000 000
7	（二）持续时间超过 12 个月的建造合同收入						
8	（三）其他分期确认收入						
9	三、政府补助递延收入（10+11+12）						
10	（一）与收益相关的政府补助						
11	（二）与资产相关的政府补助						
12	（三）其他						
13	四、其他未按权责发生制确认收入						
14	合计（1+5+9+13）	20 000 000	0	16 000 000	4 000 000	4 000 000	4 000 000

表 4-12　A105000　　纳税调整项目明细表　　单位：元

行次	项　目	账载金额	税收金额	调增金额	调减金额
		1	2	3	4
1	一、收入类调整项目（2+3+…8+10+11）	*	*	4 000 000	
2	（一）视同销售收入（填写 A105010）	*			*
3	（二）未按权责发生制原则确认的收入（填写 A105020）	0	4 000 000	4 000 000	
4	（三）投资收益（填写 A105030）				
11	（九）其他				
12	二、扣除类调整项目（13+14+…24+26+27+28+29+30）	*	*		1 052 200
13	（一）视同销售成本（填写 A105010）	*		*	
14	（二）职工薪酬（填写 A105050）				
15	（三）业务招待费支出				*
16	（四）广告费和业务宣传费支出（填写 A105060）	*	*		

续表

行次	项　　目	账载金额	税收金额	调增金额	调减金额
		1	2	3	4
17	（五）捐赠支出（填写 A105070）				
18	（六）利息支出				
19	（七）罚金、罚款和被没收财物的损失		*		*
20	（八）税收滞纳金、加收利息		*		*
21	（九）赞助支出		*		*
22	（十）与未实现融资收益相关在当期确认的财务费用	-1 052 200	0		1 052 200
23	（十一）佣金和手续费支出				*
46	合计（1+12+31+36+44+45）	*	*	4 000 000	1 052 200

（4）2020 年 12 月 31 日，收到货款时的财务处理为：

借：银行存款　　4 000 000

　　贷：长期应收款　　4 000 000

借：未实现融资收益　　818 500

　　贷：财务费用　　818 500

税务处理：本年度只能确认收入 400 万元，同时调减应纳税所得额 81.85 万元。“未按权责发生制确认收入纳税调整明细表”第 6 行相关数据列填报如下：第 1 列“合同金额（交易金额）”填 2 000 万元；第 2 列“账载金额——本期”填 0，第 3 列“账载金额——累计”填 1 600 万元；第 4 列“税收金额——本期”填 400 万元，第 5 列“税收金额——累计”填 1 200 万元，第 6 列“纳税调整金额”填 400 万元（调增）。同时，“未实现融资收益”本期摊销抵减财务费用 81.85 万元，调减应纳税所得额，填入 A105000 第 22 行，如表 4-13 所示。

表 4-13　A105020 未按权责发生制确认收入纳税调整明细表（2020 年）　　单位：元

行次	项　　目	合同金额（交易金额）	账载金额		税收金额		纳税调整金额
			本年	累计	本年	累计	
		1	2	3	4	5	6（4-2）
1	一、跨期收取的租金、利息、特许权使用费收入（2+3+4）						
2	（一）租金						
3	（二）利息						
4	（三）特许权使用费						
5	二、分期确认收入（6+7+8）	20 000 000	0	16 000 000	4 000 000	12 000 000	4 000 000
6	（一）分期收款方式销售货物收入	20 000 000	0	16 000 000	4 000 000	12 000 000	4 000 000

续表

行次	项　　目	合同金额（交易金额）	账载金额		税收金额		纳税调整金额
			本年	累计	本年	累计	
		1	2	3	4	5	6（4－2）
7	（二）持续时间超过12个月的建造合同收入						
8	（三）其他分期确认收入						
9	三、政府补助递延收入（10＋11＋12）						
10	（一）与收益相关的政府补助						
11	（二）与资产相关的政府补助						
12	（三）其他						
13	四、其他未按权责发生制确认收入						
14	合计（1＋5＋9＋13）	20 000 000	0	16 000 000	4 000 000	12 000 000	4 000 000

同时，将表A105020合计行填入上一级表“纳税调整项目明细表”（A105000）第3行“（二）未按权责发生制原则确认的收入（填写A105020）”中，如表4－14所示。

表4－14　A105000　　纳税调整项目明细表　　单位：元

行次	项　　目	账载金额	税收金额	调增金额	调减金额
		1	2	3	4
1	一、收入类调整项目（2＋3＋…8＋10＋11）	*	*	4 000 000	
2	（一）视同销售收入（填写A105010）	*			*
3	（二）未按权责发生制原则确认的收入（填写A105020）	0	4 000 000	4 000 000	
4	（三）投资收益（填写A105030）				
11	（九）其他				
12	二、扣除类调整项目（13＋14＋…24＋26＋27＋28＋29＋30）	*	*		818 500
13	（一）视同销售成本（填写A105010）	*		*	
14	（二）职工薪酬（填写A105050）				
15	（三）业务招待费支出				*
16	（四）广告费和业务宣传费支出（填写A105060）	*	*		
17	（五）捐赠支出（填写A105070）				
18	（六）利息支出				
19	（七）罚金、罚款和被没收财物的损失		*		*
20	（八）税收滞纳金、加收利息		*		*

续表

行次	项　　目	账载金额	税收金额	调增金额	调减金额
		1	2	3	4
21	（九）赞助支出		*		*
22	（十）与未实现融资收益相关在当期确认的财务费用	-818 500	0		818 500
23	（十一）佣金和手续费支出				*
46	合计（1+12+31+36+44+45）	*	*	4 000 000	818 500

（5）2021 年 12 月 31 日收到货款时：

借：银行存款　　4 000 000

　　贷：长期应收款　　4 000 000

借：未实现融资收益　　566 200

　　贷：财务费用　　566 200

税务处理：根据《企业所得税法》相关规定，本年度只能确认收入 400 万元，同时调减应纳税所得额 56.62 万元。“未按权责发生制确认收入纳税调整明细表”第 6 行相关数据列填报如下：第 1 列“合同金额（交易金额）”填 2 000 万元；第 2 列“账载金额——本期”填 0，第 3 列“账载金额——累计”填 1 600 万元；第 4 列“税收金额——本期”填 400 万元，第 5 列“税收金额——累计”填 1 600 万元，第 6 列“纳税调整金额”填 400 万元（调增）。同时，“未实现融资收益”本期摊销抵减财务费用 56.62 万元，调减应纳税所得额，填入 A105000 第 22 行，如表 4-15 所示。

表 4-15　A105020 未按权责发生制确认收入纳税调整明细表（2021 年）　　单位：元

行次	项　　目	合同金额（交易金额）	账载金额		税收金额		纳税调整金额
			本年	累计	本年	累计	
		1	2	3	4	5	6（4-2）
1	一、跨期收取的租金、利息、特许权使用费收入（2+3+4）						
2	（一）租金						
3	（二）利息						
4	（三）特许权使用费						
5	二、分期确认收入（6+7+8）	20 000 000	0	16 000 000	4 000 000	16 000 000	4 000 000
6	（一）分期收款方式销售货物收入	20 000 000	0	16 000 000	4 000 000	16 000 000	4 000 000
7	（二）持续时间超过 12 个月的建造合同收入						
8	（三）其他分期确认收入						
9	三、政府补助递延收入（10+11+12）						

续表

行次	项　　目	合同金额（交易金额）	账载金额		税收金额		纳税调整金额
			本年	累计	本年	累计	
		1	2	3	4	5	6（4－2）
10	（一）与收益相关的政府补助						
11	（二）与资产相关的政府补助						
12	（三）其他						
13	四、其他未按权责发生制确认收入						
14	合计（1＋5＋9＋13）	20 000 000	0	16 000 000	4 000 000	16 000 000	4 000 000

同时，将表A105020合计行填入上一级表“纳税调整项目明细表”（A105000）第3行“（二）未按权责发生制原则确认的收入（填写A105020）”中，如表4－16所示。

表4－16　A105000　　纳税调整项目明细表　　单位：元

行次	项　　目	账载金额	税收金额	调增金额	调减金额
		1	2	3	4
1	一、收入类调整项目（2＋3＋…8＋10＋11）	*	*	4 000 000	
2	（一）视同销售收入（填写A105010）	*			*
3	（二）未按权责发生制原则确认的收入（填写A105020）	0	4 000 000	4 000 000	
4	（三）投资收益（填写A105030）				
11	（九）其他				
12	二、扣除类调整项目（13＋14＋…24＋26＋27＋28＋29＋30）	*	*		566 200
13	（一）视同销售成本（填写A105010）	*		*	
14	（二）职工薪酬（填写A105050）				
15	（三）业务招待费支出				*
16	（四）广告费和业务宣传费支出（填写A105060）	*	*		
17	（五）捐赠支出（填写A105070）				
18	（六）利息支出				
19	（七）罚金、罚款和被没收财物的损失		*		*
20	（八）税收滞纳金、加收利息		*		*
21	（九）赞助支出		*		*
22	（十）与未实现融资收益相关在当期确认的财务费用	－566 200	0		566 200
23	（十一）佣金和手续费支出				*
46	合计（1＋12＋31＋36＋44＋45）	*	*	4 000 000	566 200

（6）2022 年 12 月 31 日，收到货款时的财务处理为：

借：银行存款　　4 000 000

　　贷：长期应收款　　4 000 000

借：未实现融资收益　　294 300

　　贷：财务费用　　294 300

税务处理：根据《企业所得税法》相关规定，本年度只能确认收入 400 万元，同时调减应纳税所得额 29.43 万元。“未按权责发生制确认收入纳税调整明细表”第 6 行相关数据列填报如下：第 1 列“合同金额（交易金额）”填 2 000 万元；第 2 列“账载金额——本期”填 0，第 3 列“账载金额——累计”填 1 600 万元；第 4 列“税收金额——本期”填 400 万元，第 5 列“税收金额——累计”填 2 000 万元，第 6 列“纳税调整金额”填 400 万元（调增）。同时，“未实现融资收益”本期摊销抵减财务费用 29.43 万元，调减应纳税所得额，填入 A105000 第 22 行，如表 4－17 所示。

表 4－17　A105020 未按权责发生制确认收入纳税调整明细表（2022 年）　　单位：元

行次	项目	合同金额（交易金额）	账载金额		税收金额		纳税调整金额
			本年	累计	本年	累计	
		1	2	3	4	5	6（4－2）
1	一、跨期收取的租金、利息、特许权使用费收入（2＋3＋4）						
2	（一）租金						
3	（二）利息						
4	（三）特许权使用费						
5	二、分期确认收入（6＋7＋8）	20 000 000	0	16 000 000	4 000 000	20 000 000	4 000 000
6	（一）分期收款方式销售货物收入	20 000 000	0	16 000 000	4 000 000	20 000 000	4 000 000
7	（二）持续时间超过 12 个月的建造合同收入						
8	（三）其他分期确认收入						
9	三、政府补助递延收入（10＋11＋12）						
10	（一）与收益相关的政府补助						
11	（二）与资产相关的政府补助						
12	（三）其他						
13	四、其他未按权责发生制确认收入						
14	合计（1＋5＋9＋13）	20 000 000	0	16 000 000	4 000 000	20 000 000	4 000 000

同时，将表 A105020 合计行填入上一级表“纳税调整项目明细表”（A105000）第 3 行“（二）未按权责发生制原则确认的收入（填写 A105020）”中，如表 4－18 所示。

表 4－18　A105000　　　　纳税调整项目明细表　　　　单位：元

行次	项　目	账载金额	税收金额	调增金额	调减金额
		1	2	3	4
1	一、收入类调整项目（2＋3＋…8＋10＋11）	*	*	4 000 000	
2	（一）视同销售收入（填写 A105010）	*			*
3	（二）未按权责发生制原则确认的收入（填写 A105020）	0	4 000 000	4 000 000	
4	（三）投资收益（填写 A105030）				
11	（九）其他				
12	二、扣除类调整项目（13＋14＋…24＋26＋27＋28＋29＋30）	*	*		294 300
13	（一）视同销售成本（填写 A105010）	*		*	
14	（二）职工薪酬（填写 A105050）				
15	（三）业务招待费支出				*
16	（四）广告费和业务宣传费支出（填写 A105060）	*	*		
17	（五）捐赠支出（填写 A105070）				
18	（六）利息支出				
19	（七）罚金、罚款和被没收财物的损失		*		*
20	（八）税收滞纳金、加收利息		*		*
21	（九）赞助支出		*		*
22	（十）与未实现融资收益相关在当期确认的财务费用	－294 300	0		294 300
23	（十一）佣金和手续费支出				*
46	合计（1＋12＋31＋36＋44＋45）	*	*	4 000 000	294 300

二、持续时间超过 12 个月的建造合同收入

（一）财务处理

根据《小企业会计准则》第六十三条的规定，劳务的开始和完成分属不同会计年度的，应当按照完工进度确认提供劳务收入。年度资产负债表日，按照提供劳务收入总额乘以完工进度扣除以前会计年度累计已确认提供劳务收入后的金额，确认本年度的提供劳务收入；同时，按照估计的提供劳务成本总额乘以完工进度扣除以前会计年度累计已确认营业成本后的金额，结转本年度营业成本。

根据《企业会计准则第 15 号——建造合同》（财会〔2006〕3 号，财会〔2017〕22 号文件将其并入修改后的收入准则）第十八条的规定，在资产负债表日，建造合同

的结果能够可靠估计的，应当根据完工百分比法确认合同收入和合同费用。完工百分比法，是指根据合同完工进度确认收入与费用的方法。

根据《企业会计准则第15号——建造合同》的规定，固定造价合同的结果能够可靠估计，是指同时满足下列条件：

（1）合同总收入能够可靠地计量；

（2）与合同相关的经济利益很可能流入企业；

（3）实际发生的合同成本能够清楚地区分和可靠地计量；

（4）合同完工进度和为完成合同尚需发生的成本能够可靠地确定。

成本加成合同的结果能够可靠估计，是指同时满足下列条件：

（1）与合同相关的经济利益很可能流入企业；

（2）实际发生的合同成本能够清楚地区分和可靠地计量。

企业确定合同完工进度可以选用下列方法：

（1）累计实际发生的合同成本占合同预计总成本的比例。

（2）已经完成的合同工作量占合同预计总工作量的比例。

（3）实际测定的完工进度。

在资产负债表日，应当按照合同总收入乘以完工进度扣除以前会计期间累计已确认收入后的金额，确认为当期合同收入；同时，按照合同预计总成本乘以完工进度扣除以前会计期间累计已确认费用后的金额，确认为当期合同费用。

建造合同的结果不能可靠估计的，应当分别下列情况处理：

（1）合同成本能够收回的，合同收入根据能够收回的实际合同成本予以确认，合同成本在其发生的当期确认为合同费用。

（2）合同成本不可能收回的，在发生时立即确认为合同费用，不确认合同收入。

（二）税务处理

根据《企业所得税法实施条例》第二十三条的规定，企业受托加工制造大型机械设备、船舶、飞机等，以及从事建筑、安装、装配工程业务或者提供劳务等，持续时间超过12个月的，按照纳税年度内完工进度或者完成的工作量确认收入的实现。

根据国税函〔2008〕875号文件的规定，企业在各个纳税期末，提供劳务交易结果能够可靠估计的，应采用完工进度（完工百分比）法确认提供劳务收入。对于跨年度工程，如果持续时间不超过12个月，可按照规定按完工百分比法进行预缴，待工程全部完成后结清税款。

提供劳务交易的结果能够可靠估计，是指同时满足下列条件：

（1）收入的金额能够可靠地计量；

（2）交易的完工进度能够可靠地确定；

（3）交易中已发生和将发生的成本能够可靠地核算。

企业提供劳务完工进度的确定，可选用下列方法：

（1）已完工作的测量；

（2）已提供劳务占劳务总量的比例；

（3）发生成本占总成本的比例。

资产负债表日，建造合同的结果能够可靠估计的情况下税收与会计的规定基本一致，企业所得税一般也按完工百分比（完工进度）确认收入的，实际上就是权责发生制。如有税会差异，应是建造合同的结果不能可靠估计的情况。

第五章　投资收益的纳税调整

第一节　投资收益纳税调整概述

一、投资资产

投资是指企业为了获得收益或实现资本增值向被投资单位投放资金的经济行为。企业对外进行的投资，可以有不同的分类。根据性质的不同可以分为债权性投资与权益性投资等。

根据《企业所得税法实施条例》第七十一条的规定，投资资产，是指企业对外进行权益性投资和债权性投资形成的资产。企业在转让或者处置投资资产时，投资资产的成本，准予扣除。

根据《企业会计准则》的相关规定，投资资产可以分为如下几类：

1. 长期股权投资

长期股权投资包括对子公司、合营企业和联营企业的股权性投资。

不能对被投资单位实施控制、共同控制或重大影响的股权性投资，属于金融资产，应按金融工具确认和计量准则进行会计处理。

2. 以摊余成本计量的金融资产

即持有至到期投资。

3. 以公允价值计量且其变动计入其他综合收益的金融资产

可供出售金融资产。

4. 以公允价值计量且其变动计入当期损益的金融资产

交易性金融资产。

二、投资收益的范围

根据《企业所得税法》第六条的规定，企业以货币形式和非货币形式从各种来源取得的收入，为收入总额。包括：（1）销售货物收入；（2）提供劳务收入；（3）转让财产收入；（4）股息、红利等权益性投资收益；（5）利息收入；（6）租金收入；（7）特许权使用费收入；（8）接受捐赠收入；（9）其他收入。

与投资资产相关的收入主要包括：利息收入，股息、红利等权益性投资收益和转让财产收入。

（一）利息收入

根据《企业所得税法》第十八条的规定，利息收入，是指企业将资金提供他人使用但不构成权益性投资，或者因他人占用本企业资金取得的收入，包括存款利息、贷款利息、债券利息、欠款利息等收入。

利息收入，按照合同约定的债务人应付利息的日期确认收入的实现。

（二）股息、红利等权益性投资收益

根据《企业所得税法》第十七条的规定，股息、红利等权益性投资收益，是指企业因权益性投资从被投资方取得的收入。

股息、红利等权益性投资收益，除国务院财政、税务主管部门另有规定外，按照被投资方作出利润分配或转股决定的日期确认收入的实现。

（三）转让财产收入

根据《企业所得税法》第十六条的规定，转让财产收入，是指企业转让固定资产、生物资产、无形资产、股权、债权等财产取得的收入。

因而，转让权益性资产和债权性资产等投资资产取得的收入，属于转让财产收入。

三、投资收益的核算

（一）《小企业会计准则》投资收益科目的核算

适用《小企业会计准则》的小企业，应设置“投资收益”科目核算小企业确认的投资收益或投资损失。该科目应按照投资项目进行明细核算。投资收益的主要账务处理如下：

（1）对于短期股票投资、短期基金投资和长期股权投资，小企业应当按照被投资单位宣告分派的现金股利或利润中属于本企业的部分，借记“应收股利”科目，贷记“投资收益”科目。

（2）在长期债券投资或短期债券投资持有期间，在债务人应付利息日，按照分期付息、一次还本的长期债券投资或短期债券投资的票面利率计算的利息收入，借记“应收利息”科目，贷记“投资收益”科目；按照一次还本付息的长期债券投资票面利率计算的利息收入，借记“长期债券投资——应计利息”科目，贷记“投资收益”科目。

在债务人应付利息日，按照应分摊的债券溢折价金额，借记或贷记“投资收益”科目，贷记或借记“长期债券投资——溢折价”科目。

（3）出售短期投资、处置长期股权投资和长期债券投资，应当按照实际收到的价款或收回的金额，借记“银行存款”或“库存现金”科目，按照其账面余额，贷记

"短期投资""长期股权投资""长期债券投资"科目，按照尚未领取的现金股利或利润、债券利息收入，贷记"应收股利""应收利息"科目，按照其差额，贷记或借记"投资收益"科目。

月末，可将"投资收益"科目余额转入"本年利润"科目，结转后应无余额。

（二）《企业会计准则》投资收益科目的核算

企业应设置"投资收益"科目，核算企业根据《企业会计准则第 2 号——长期股权投资》（以下简称"长期股权投资准则"）确认的投资收益或投资损失。企业处置交易性金融资产、交易性金融负债、可供出售金融资产实现的损益，企业的持有至到期投资和买入返售金融资产在持有期间取得的投资收益和处置损益，证券公司自营证券所取得的买卖价差收入，也在该科目核算。其主要账务处理如下：

（1）长期股权投资采用成本法核算的，企业应按被投资单位宣告发放的现金股利或利润中属于本企业的部分，借记"应收股利"科目，贷记"投资收益"科目；2014 年 7 月 1 日之前，属于被投资单位在取得投资前实现净利润的分配额，应作为投资成本的收回，贷记"长期股权投资"科目。2014 年 7 月 1 日以后，新的长期股权投资准则规定：被投资单位宣告分派的现金股利或利润，应当确认为当期投资收益。

（2）长期股权投资采用权益法核算的，资产负债表日，应按根据被投资单位实现的净利润或经调整的净利润计算应享有的份额，借记"长期股权投资——损益调整"科目，贷记"投资收益"科目。

被投资单位发生亏损、分担亏损份额超过长期股权投资而冲减长期权益账面价值的，借记"投资收益"科目，贷记"长期股权投资"（损益调整）科目。发生亏损的被投资单位以后实现净利润的，企业计算的应享有的份额，如有未确认投资损失的，应先弥补未确认的投资损失，弥补损失后仍有余额的，借记"长期股权投资——损益调整"科目，贷记"投资收益"科目。

（3）出售长期股权投资时，应按实际收到的金额，借记"银行存款"等科目，原已计提减值准备的，借记"长期股权投资减值准备"科目，按其账面余额，贷记"长期股权投资"科目，按尚未领取的现金股利或利润，贷记"应收股利"科目，按其差额，贷记或借记"投资收益"科目。

出售采用权益法核算的长期股权投资时，还应按处置长期股权投资的投资成本比例结转原记入"资本公积——其他资本公积"科目的金额，借记或贷记"资本公积——其他资本公积"科目，贷记或借记"投资收益"科目。

期末，应将该科目余额转入"本年利润"科目，"投资收益"科目结转后应无余额。

四、涉及的申报表单

1. 企业所得税年度纳税申报基础信息表

企业对外进行的权益性投资业务，需要填报"企业所得税年度纳税申报基础信息表”（A000000）中的“201 从事股权投资业务”，纳税人从事股权投资业务的（包括集团公司总部、创业投资企业等），选择“是”。

2. 企业所得税年度纳税申报表

企业取得与对外投资相关的收益，可能会涉及到“中华人民共和国企业所得税年度纳税申报表（A类）”（A100000）第7行“资产减值损失”、第8行“加：公允价值变动收益”、第9行“投资收益”、第15行“加：纳税调整增加额”、第16行“减：纳税调整减少额”、第17行“免税、减计收入及加计扣除”和第22行“减：抵扣应纳税所得额”等。

3. 纳税调整项目明细表

企业取得与投资资产相关的收益，可能会涉及到“纳税调整项目明细表”（A105000）收入类调整项目中的“（二）未按权责发生制原则确认的收入”“（三）投资收益”“（四）按权益法核算长期股权投资对初始投资成本调整确认收益”“（五）交易性金融资产初始投资调整”“（六）公允价值变动净损益”和资产类调整项目中的“（二）资产减值准备金”“（三）资产损失”等相关行次，如表5-1所示。

表5-1　A105000　　纳税调整项目明细表

行次	项　　目	账载金额	税收金额	调增金额	调减金额
		1	2	3	4
1	一、收入类调整项目（2+3+…8+10+11）	*	*		
3	（二）未按权责发生制原则确认的收入（填写A105020）				
4	（三）投资收益（填写A105030）				
5	（四）按权益法核算长期股权投资对初始投资成本调整确认收益	*	*	*	
6	（五）交易性金融资产初始投资调整	*	*		*
7	（六）公允价值变动净损益		*		
12	二、扣除类调整项目（13+14+…24+26+27+28+29+30）	*	*		
31	三、资产类调整项目（32+33+34+35）	*	*		
33	（二）资产减值准备金		*		
34	（三）资产损失（填写A105090）				
35	（四）其他				
36	四、特殊事项调整项目（37+38+…+43）	*	*		
41	（五）合伙企业法人合伙人分得的应纳税所得额				
46	合计（1+12+31+36+44+45）	*	*		

还可能涉及“未按权责发生制确认收入纳税调整明细表”（A105020）、“投资收益纳税调整明细表”（A105030）、“资产损失税前扣除及纳税调整明细表”（A105090）等明细表。

4. 税收优惠表

与投资收益相关的税收优惠类申报表单主要有：“免税、减计收入及加计扣除优惠明细表”（A107010）、“符合条件的居民企业之间的股息、红利等权益性投资收益优惠明细表”（A107011）和“抵扣应纳税所得额明细表”（A107030）等。

五、投资收益纳税调整明细表及其填报

（一）投资收益纳税调整明细表及其适用

“投资收益纳税调整明细表”（A105030，见表5－2）适用于发生投资收益纳税调整项目的纳税人及从事股权投资业务的纳税人填报。纳税人根据《企业所得税法》《国家税务总局关于贯彻落实企业所得税法若干税收问题的通知》（国税函〔2010〕79号）等相关规定，以及国家统一会计制度，填报投资收益的会计处理、税收规定，以及纳税调整情况。发生持有期间投资收益，并按税收规定为减免税收入的（如国债利息收入等），该表不作调整。处置投资项目按税收规定确认为损失的，该表不作调整，在“资产损失税前扣除及纳税调整明细表”（A105090）进行纳税调整。处置投资项目符合企业重组且适用特殊性税务处理规定的，该表不作调整，在“企业重组及递延纳税事项纳税调整明细表”（A105100）进行纳税调整。

该表为“纳税调整项目明细表”（A105000）的附表，反映持有投资收益、处置投资收益税会差异的纳税调整情况。在行次设置上：通过正列举方式，分“交易性金融资产”“可供出售金融资产”“持有至到期投资”“衍生工具”“交易性金融负债”“长期股权投资”“短期投资”“长期债券投资”8个投资项目，其他需纳税调整的投资收益项目填报第9行“其他”。数据栏设置“持有收益”“处置收益”“纳税调整金额”三大栏次。对于初始投资，考虑到就现有政策，仅涉及交易性金融资产初始投资调整，在该表不作列示调整。

部分投资收益可能涉及税收优惠、资产处置损失交叉处理，为更清晰地反映调整过程，理顺表间关系，在调整范围上明确为，对持有期间投资收益，按税收规定为免税收入的，如国债利息收入、符合条件的居民企业之间股息红利等权益性投资收益等，该表不作调整，在“符合条件的居民企业之间的股息红利等权益性投资收益情况明细表”（A107011）进行纳税调整。处置投资项目并按税收规定计算为损失的，对该投资项目处置收益，该表不作调整，而在“资产损失税前扣除及纳税调整明细表”（A105090）进行纳税调整，避免重复填报。

表 5－2　A105030　　　　　投资收益纳税调整明细表

行次	项　目	持有收益			处置收益							纳税调整金额
		账载金额	税收金额	纳税调整金额	会计确认的处置收入	税收计算的处置收入	处置投资的账面价值	处置投资的计税基础	会计确认的处置所得或损失	税收计算的处置所得	纳税调整金额	
		1	2	3(2－1)	4	5	6	7	8(4－6)	9(5－7)	10(9－8)	11(3＋10)
1	一、交易性金融资产											
2	二、可供出售金融资产											
3	三、持有至到期投资											
4	四、衍生工具											
5	五、交易性金融负债											
6	六、长期股权投资											
7	七、短期投资											
8	八、长期债券投资											
9	九、其他											
10	合计（1＋2＋3＋4＋5＋6＋7＋8＋9）											

（二）持有收益的填报

表 A105030 第 1 列“账载金额”：填报纳税人持有投资项目，会计核算确认的投资收益。

表 A105030 第 2 列“税收金额”：填报纳税人持有投资项目，按照税收规定确认的投资收益。

表 A105030 第 3 列“纳税调整金额”：填报纳税人持有投资项目，会计核算确认投资收益与税收规定投资收益的差异需纳税调整金额，为第 2－1 列的金额。即：持有收益的纳税调整金额＝税收金额－账载金额。

（三）处置收益的填报

表 A105030 第 4 列“会计确认的处置收入”：填报纳税人收回、转让或清算处置投资项目，会计核算确认的扣除相关税费后的处置收入金额。

表 A105030 第 5 列“税收计算的处置收入”：填报纳税人收回、转让或清算处置投资项目，按照税收规定计算的扣除相关税费后的处置收入金额。

表 A105030 第 6 列“处置投资的账面价值”：填报纳税人收回、转让或清算处置的投资项目，会计核算的处置投资的账面价值。

表 A105030 第 7 列“处置投资的计税基础”：填报纳税人收回、转让或清算处置的投资项目，按税收规定计算的处置投资的计税金额。

表 A105030 第 8 列“会计确认的处置所得或损失”：填报纳税人收回、转让或清算处置投资项目，会计核算确认的处置所得或损失，为第 4 -6 列的余额，损失以“ -”号填列。即：会计确认的处置所得或损失 = 会计确认的处置收入 - 处置投资的账面价值。

表 A105030 第 9 列“税收计算的处置所得”：填报纳税人收回、转让或清算处置投资项目，按照税收规定计算的处置所得，为第 5 -7 列的余额。即：税收计算的处置所得 = 税收计算的处置收入 - 处置投资的计税基础。

表 A105030 第 10 列“纳税调整金额”：填报纳税人收回、转让或清算处置投资项目，会计处理与税收规定不一致需纳税调整金额，为第 9 -8 列的余额。即：处置收益的纳税调整金额 = 税收计算的处置所得 - 会计确认的处置所得或损失。

（四）纳税调整金额的填报

表 A105030 第 11 列“纳税调整金额”：填报第 3 +10 列金额。即：投资收益纳税调整金额 = 持有收益的纳税调整金额 + 处置收益的纳税调整金额。

同时，将表 A105030 第 10 行 1 +8 列填入表 A105000 第 4 行第 1 列；将表 A105030 第 10 行 2 +9 列填入表 A105000 第 4 行第 2 列。

若第 10 行第 11 列≥0，第 10 行第 11 列填入表 A105000 第 4 行第 3 列；若第 10 行第 11 列 <0，第 10 行第 11 列绝对值填入表 A105000 第 4 行第 4 列。

（五）“其他”行次的填报

根据《国家税务总局关于修订《中华人民共和国企业所得税年度纳税申报表（A 类，2017 年版）》部分表单样式及填报说明的公告》（国家税务总局公告 2018 年第 57 号）的规定，已执行《企业会计准则第 22 号——金融工具确认和计量》（财会〔2017〕7 号发布）、《企业会计准则第 23 号——金融资产转移》（财会〔2017〕8 号发布）、《企业会计准则第 24 号——套期会计》（财会〔2017〕9 号发布）、《企业会计准则第 37 号——金融工具列报》（财会〔2017〕14 号发布）（以上四项简称“新金融准则”）的纳税人，若投资收益的项目类别不为该表第 1 行至第 8 行的，则在第 9 行“九、其他”中填报相关会计处理、税收规定，以及纳税调整情况。

第二节　债权性投资收益纳税调整

一、利息收入的税务处理

（一）利息收入的企业所得税处理

1. 利息收入的企业所得税处理

根据《企业所得税法》第十八条的规定，利息收入，是指企业将资金提供他人使用但不构成权益性投资，或者因他人占用本企业资金取得的收入，包括存款利息、贷款利息、债券利息、欠款利息等收入。

利息收入，按照合同约定的债务人应付利息的日期确认收入的实现。

2. 国债利息收入为免税收入

根据《企业所得税法》第二十六条的规定，企业的下列收入为免税收入：

（1）国债利息收入；

（2）符合条件的居民企业之间的股息、红利等权益性投资收益；

（3）在中国境内设立机构、场所的非居民企业从居民企业取得与该机构、场所有实际联系的股息、红利等权益性投资收益；

（4）符合条件的非营利组织的收入。

根据《企业所得税法实施条例》第八十二条的规定，属于免税收入的国债利息收入，是指企业持有国务院财政部门发行的国债取得的利息收入。对于投资于外国政府国债的利息不免税。

（二）地方政府债券利息免征所得税

根据《财政部　国家税务总局关于地方政府债券利息免征所得税问题的通知》（财税〔2013〕5号）的规定，对企业和个人取得的2012年及以后年度发行的地方政府债券利息收入，免征企业所得税和个人所得税。地方政府债券是指经国务院批准同意，以省、自治区、直辖市和计划单列市政府为发行和偿还主体的债券。

在此之前，根据《财政部　国家税务总局关于地方政府债券利息所得免征所得税问题的通知》（财税〔2011〕76号）的规定，对企业和个人取得的2009年、2010年和2011年发行的地方政府债券利息所得，免征企业所得税和个人所得税。

（三）铁路债券利息收入减半征收优惠

根据《财政部　税务总局关于铁路债券利息收入所得税政策的公告》（财政部　税务总局公告2019年第57号）的规定，对企业投资者持有2019～2023年发行的铁路债券取得的利息收入，减半征收企业所得税。对个人投资者持有2019～2023年发行的铁路债券取得的利息收入，减按50%计入应纳税所得额计算征收个人所得税。税款由兑付机构在向个人投资者兑付利息时代扣代缴。

铁路债券是指以中国铁路总公司为发行和偿还主体的债券，包括中国铁路建设债券、中期票据、短期融资券等债务融资工具。

根据《财政部　国家税务总局关于铁路债券利息收入所得税政策问题的通知》（财税〔2016〕30号）、《财政部　国家税务总局关于2014、2015年铁路建设债券利息收入企业所得税政策的通知》（财税〔2014〕2号）和《财政部　国家税务总局关于铁路建设债券利息收入企业所得税政策的通知》（财税〔2011〕99号）的规定，对企业投资者持有2011～2018年发行的铁路债券取得的利息收入，减半征收企业所得税。对个人投资者持有2011～2018年发行的铁路债券取得的利息收入，减按50%计入应纳税所得额计算征收个人所得税。

（四）利息的增值税处理

1. 利息收入按贷款服务缴纳增值税

金融服务，是指经营金融保险的业务活动。包括贷款服务、直接收费金融服务、保险服务和金融商品转让。

贷款，是指将资金贷与他人使用而取得利息收入的业务活动。各种占用、拆借资金取得的收入，包括金融商品持有期间（含到期）利息（保本收益、报酬、资金占用费、补偿金等）收入、信用卡透支利息收入、买入返售金融商品利息收入、融资融券收取的利息收入，以及融资性售后回租、押汇、罚息、票据贴现、转贷等业务取得的利息及利息性质的收入，按照贷款服务缴纳增值税。

以货币资金投资收取的固定利润或者保底利润，按照贷款服务缴纳增值税。

根据上述规定，企业债权性投资取得的利息性质的收入，应按贷款服务缴纳增值税。

2. 存款利息不征增值税

根据《营业税改征增值税试点有关事项的规定》第一条第（二）项的规定，存款利息收入不征收增值税。

3. 国债利息免征增值税

根据《营业税改征增值税试点过渡政策的规定》第一条第（十九）项的规定，以下利息收入免征增值税：

（1）国家助学贷款；

（2）国债、地方政府债；

（3）人民银行对金融机构的贷款；

（4）住房公积金管理中心用住房公积金在指定的委托银行发放的个人住房贷款；

（5）外汇管理部门在从事国家外汇储备经营过程中，委托金融机构发放的外汇贷款；

（6）统借统还业务中按规定取得的利息收入。

统借统还业务中，企业集团或企业集团中的核心企业以及集团所属财务公司按不高于支付给金融机构的借款利率水平或者支付的债券票面利率水平，向企业集团或者集团内下属单位收取的利息。

统借方向资金使用单位收取的利息，高于支付给金融机构借款利率水平或者支付的债券票面利率水平的，应全额缴纳增值税。

统借统还业务，是指：

（1）企业集团或者企业集团中的核心企业向金融机构借款或对外发行债券取得资

金后，将所借资金分拨给下属单位（包括独立核算单位和非独立核算单位，下同），并向下属单位收取用于归还金融机构或债券购买方本息的业务。

（2）企业集团向金融机构借款或对外发行债券取得资金后，由集团所属财务公司与企业集团或者集团内下属单位签订统借统还贷款合同并分拨资金，并向企业集团或者集团内下属单位收取本息，再转付企业集团，由企业集团统一归还金融机构或债券购买方的业务。

4. 企业集团内单位之间的资金无偿借贷免征增值税

根据《财政部　税务总局关于明确养老机构免征增值税等政策的通知》（财税〔2019〕20号）第三条的规定，自2019年2月1日至2020年12月31日，对企业集团内单位（含企业集团）之间的资金无偿借贷行为，免征增值税。

二、划分为交易性金融资产的处理

（一）金融资产的分类

根据《企业会计准则第22号——金融工具确认和计量》（财会〔2017〕7号）第十六条的规定，企业应当根据其管理金融资产的业务模式和金融资产的合同现金流量特征，将金融资产划分为以下三类：

（1）以摊余成本计量的金融资产；

（2）以公允价值计量且其变动计入其他综合收益的金融资产；

（3）以公允价值计量且其变动计入当期损益的金融资产。

（二）初始计量与计税基础

企业取得交易性金融资产的目的，主要是为了近期内出售。例如，企业以赚取差价为目的从二级市场购入的股票、债券和基金等准备近期内出售。

1. 金融资产的初始计量

根据原《企业会计准则第22号——金融工具确认和计量》（财会〔2006〕3号）第三十条的规定，企业初始确认金融资产或金融负债，应当按照公允价值计量。对于以公允价值计量且其变动计入当期损益的金融资产或金融负债，相关交易费用应当直接计入当期损益；对于其他类别的金融资产或金融负债，相关交易费用应当计入初始确认金额。

交易费用，是指可直接归属于购买、发行或处置金融工具新增的外部费用。新增的外部费用，是指企业不购买、发行或处置金融工具就不会发生的费用。交易费用包括支付给代理机构、咨询公司、券商等的手续费和佣金及其他必要支出，不包括债券溢价、折价、融资费用、内部管理成本及其他与交易不直接相关的费用。

划分为交易性金融资产的债权类投资，应当按照公允价值进行初始计量。相关交易费用应当直接计入当期损益（投资收益）；支付的价款中包含的已到付息期但尚未领取的债券利息，应当单独确认为应收项目进行处理。

企业取得划分为交易性金融资产的债券投资时，其会计处理为：

借：交易性金融资产——成本［公允价值］

投资收益［交易费用］

应收利息［已到付息期但尚未领取的利息］

贷：银行存款［实际支付的金额］

2. 计税基础

根据《企业所得税法实施条例》第七十一条的规定，投资资产按照以下方法确定成本（计税基础）：

（1）通过支付现金方式取得的投资资产，以购买价款为成本；

（2）通过支付现金以外的方式取得的投资资产，以该资产的公允价值和支付的相关税费为成本。

取得作为交易性金融资产核算的债券等投资，交易费用应计入计税基础，而不计入会计成本，造成会计与税法存在差异。年终企业所得税汇算清缴时，需要进行纳税调整应纳税所得额。

（三）后续计量与纳税调整

1. 后续计量

企业应当按照公允价值对划分为交易性金融资产的债权类投资进行后续计量，且其变动计入当期损益（公允价值变动损益）。

2. 税务处理

根据《企业所得税法实施条例》第五十六条的规定，企业的各项资产，包括固定资产、生物资产、无形资产、长期待摊费用、投资资产、存货等，以历史成本为计税基础。历史成本，是指企业取得该项资产时实际发生的支出。

企业持有各项资产期间资产增值或者减值，除国务院财政、税务主管部门规定可以确认损益外，不得调整该资产的计税基础。

会计按公允价值变动计入当期损益的金额，不用在当期缴纳企业所得税（损失也不允许在当期税前扣除）。

3. 会计核算与纳税调整

（1）持有期间计息的会计处理。

分期付息、一次还本的债券，资产负债表日计算利息：

借：应收利息［面值×票面利率］

贷：投资收益

税务处理：企业所得税处理时，应在应付利息日确认利息收入，缴纳企业所得税。

（2）资产负债表日的处理。

①资产负债表日，交易性金融资产的公允价值高于其账面余额的差额：

借：交易性金融资产——公允价值变动

　　贷：公允价值变动损益

税务处理：交易性金融资产的公允价值高于其账面余额的差额，不用在当期缴纳企业所得税，需要调减应纳税所得额。

②资产负债表日，交易性金融资产的公允价值低于其账面余额的差额：

借：公允价值变动损益

　　贷：交易性金融资产——公允价值变动

税务处理：交易性金融资产的公允价值低于其账面余额的差额，不得在当期税前扣除，需要调增应纳税所得额。

（四）出售金融资产的处理

1. 出售交易性金融资产的会计处理

出售交易性金融资产的会计处理为：

借：银行存款［应按实际收到的金额］

　　公允价值变动损益（或在贷方）

　　贷：交易性金融资产——成本

　　　　　　　　　　——公允价值变动（或在借方）

　　　　投资收益

　　　　公允价值变动损益（或在借方）

税务处理：出售收入扣除计税基础计算出的所得，在当期缴纳企业所得税。与会计处理存在的差异，需调整应纳税所得额。

2. 转让金融资产的增值税处理

（1）应按金融服务缴纳增值税。

金融商品转让属于增值税金融服务的征税范围，应按规定征收增值税。

金融商品转让，是指转让外汇、有价证券、非货物期货和其他金融商品所有权的业务活动。其他金融商品转让包括基金、信托、理财产品等各类资产管理产品和各种金融衍生品的转让。

（2）销售额的确定。

金融商品转让，按照卖出价扣除买入价后的余额为销售额。

转让金融商品出现的正负差，按盈亏相抵后的余额为销售额。若相抵后出现负差，可结转下一纳税期与下期转让金融商品销售额相抵，但年末时仍出现负差的，不得转入下一个会计年度。

金融商品的买入价，可以选择按照加权平均法或者移动加权平均法进行核算，选择后36个月内不得变更。

金融商品转让，不得开具增值税专用发票。

（3）免征增值税的金融商品转让。

根据《营业税改征增值税试点过渡政策的规定》第一条第（二十二）项的规定，下列金融商品转让收入，免征增值税。

（1）合格境外投资者（QFII）委托境内公司在我国从事证券买卖业务；

（2）香港市场投资者（包括单位和个人）通过沪港通买卖上海证券交易所上市A股；

（3）对香港市场投资者（包括单位和个人）通过基金互认买卖内地基金份额；

（4）证券投资基金（封闭式证券投资基金，开放式证券投资基金）管理人运用基金买卖股票、债券；

（5）个人从事金融商品转让业务。

3. 转让金融商品的会计处理

（1）科目设置。

小规模纳税人需在“应交税费”科目下设置“应交增值税”“转让金融商品应交增值税”“代扣代交增值税”明细科目核算相关增值税业务。

增值税一般纳税人应当在“应交税费”科目下设置“转让金融商品应交增值税”明细科目，核算增值税纳税人转让金融商品发生的增值税额。

（2）账务处理。

金融商品转让按规定以盈亏相抵后的余额作为销售额的账务处理为：

金融商品实际转让月末，如产生转让收益，则按应纳税额借记“投资收益”等科目，贷记“应交税费——转让金融商品应交增值税”科目；如产生转让损失，则按可结转下月抵扣税额，借记“应交税费——转让金融商品应交增值税”科目，贷记“投资收益”等科目。

交纳增值税时，应借记“应交税费——转让金融商品应交增值税”科目，贷记“银行存款”科目。

年末，该科目如有借方余额，则借记“投资收益”等科目，贷记“应交税费——转让金融商品应交增值税”科目。

（五）案例解析

【例5－1】根据甲公司下列与债券投资相关的业务，进行相关会计处理与纳税调整：

1. 2×19年4月1日，甲公司从二级市场购入丙公司发行的永续债，该永续债为2×18年1月1日发行，次年1月5日付息，票面年利率为4%。甲公司支付价款合计205万元，其中包括2×19年一季度的债券利息2万元，另付交易费用1万元，该债券面值总额为200万元，甲公司取得后准备近期出售。

解析：

（1）会计处理。

该作为交易性金融资产核算的债券投资，其取得成本为是：205 - 2 = 203（万元），交易费用1万元计入投资收益。

借：交易性金融资产——成本　　2 030 000

　　应收利息　　20 000

　　投资收益　　10 000

　　贷：银行存款　　2 060 000

（2）税务处理。

根据《企业所得税法实施条例》第七十一条的规定，通过支付现金方式取得的债权投资，以购买价款为计税基础。交易费用1万元应计入该债券投资的计税基础，即计税基础：205 - 2 + 1 = 204（万元）。会计处理时计入投资收益的交易费用不得在税前扣除，应通过"纳税调整项目明细表"（A105000）第6行"（五）交易性金融资产初始投资调整"调增应纳税所得额1万元，如表5 - 3所示。

表5 - 3　A105000　　纳税调整项目明细表　　单位：元

行次	项目	账载金额	税收金额	调增金额	调减金额
		1	2	3	4
1	一、收入类调整项目	*	*	10 000	
2	（一）视同销售收入（填写A105010）	*			*
3	（二）未按权责发生制原则确认的收入（填写A105020）				
4	（三）投资收益（填写A105030）				
5	（四）按权益法核算长期股权投资对初始投资成本调整确认收益	*	*	*	
6	（五）交易性金融资产初始投资调整	*	*	10 000	*
7	（六）公允价值变动净损益		*		
46	合计（1 + 12 + 31 + 36 + 44 + 45）	*	*	10 000	

2. 2×19年12月31日，该债券的公允价值为210万元。

解析：

（1）会计处理。

公允价值变动：210 - 203 = 7（万元）。

借：交易性金融资产——公允价值变动　　70 000

　　贷：公允价值变动损益　　70 000

确认债券投资利息收入：200 × 4% × 9/12 = 6（万元）。

借：应收利息　　60 000

贷：投资收益 60 000

（2）税务处理。

根据《企业所得税法实施条例》第五十六条的规定，企业的债权类资产，以历史成本为计税基础。企业持有各项资产期间资产增值或者减值，除国务院财政、税务主管部门规定可以确认损益外，不得调整该资产的计税基础。

因而，2×19年年末该债券投资的计税基础仍为204万元，公允价值变动7万元不用缴纳企业所得税，计入“公允价值变动损益”的7万元，需通过“纳税调整项目明细表”（A105000）第7行“（六）公允价值变动净损益”调减应纳税所得额。

根据《企业所得税法》第十八条的规定，利息收入，按照合同约定的债务人应付利息的日期确认收入的实现。本例中应在“次年1月5日付息”日确认企业所得税收入。2×19年底会计上计入“投资收益”科目核算的利息收入6万元，应计入2×20年度的应纳税所得额，需要通过“投资收益纳税调整明细表”（A105030）第1行“一、交易性金融资产”和“纳税调整项目明细表”（A105000）第4行“（三）投资收益”纳税调减2×19年度的应纳税所得额［也可通过“未按权责发生制确认收入纳税调整明细表”（A105020）第3行“（二）利息”和“纳税调整项目明细表”（A105000）第3行“（二）未按权责发生制原则确认的收入”纳税调减2×19年度的应纳税所得额］，如表5-4、表5-5所示。

表5-4　A105030　投资收益纳税调整明细表 单位：元

行次	项目	持有收益			处置收益							纳税调整金额
		账载金额	税收金额	纳税调整金额	会计确认的处置收入	税收计算的处置收入	处置投资的账面价值	处置投资的计税基础	会计确认的处置所得或损失	税收计算的处置所得	纳税调整金额	
		1	2	3(2－1)	4	5	6	7	8(4－6)	9(5－7)	10(9－8)	11(3＋10)
1	一、交易性金融资产	60 000	0	－60 000								－60 000
2	二、可供出售金融资产											
3	三、持有至到期投资											
4	四、衍生工具											
5	五、交易性金融负债											
6	六、长期股权投资											
7	七、短期投资											
8	八、长期债券投资											
9	九、其他											
10	合计	60 000	0	－600 000								－60 000

表 5－5　A105000　　　纳税调整项目明细表　　　单位：元

行次	项　　目	账载金额	税收金额	调增金额	调减金额
		1	2	3	4
1	一、收入类调整项目	*	*		130 000
2	（一）视同销售收入（填写 A105010）	*			*
3	（二）未按权责发生制原则确认的收入（填写 A105020）				
4	（三）投资收益（填写 A105030）	60 000	0		60 000
5	（四）按权益法核算长期股权投资对初始投资成本调整确认收益	*	*	*	
6	（五）交易性金融资产初始投资调整	*	*		*
7	（六）公允价值变动净损益	70 000	*		70 000
46	合计（1＋12＋31＋36＋44＋45）	*	*		130 000

或者填报“未按权责发生制确认收入纳税调整明细表”如表 5－6、表 5－7 所示。

表 5－6　A105020　　　未按权责发生制确认收入纳税调整明细表　　　单位：元

行次	项　　目	合同金额（交易金额）	账载金额		税收金额		纳税调整金额
			本年	累计	本年	累计	
		1	2	3	4	5	6（4－2）
1	一、跨期收取的租金、利息、特许权使用费收入		60 000	60 000	0	0	－60 000
2	（一）租金						
3	（二）利息		60 000	60 000	0	0	－60 000
4	（三）特许权使用费						
14	合计（1＋5＋9＋13）		60 000	60 000	0	0	－60 000

表 5－7　A105000　　　纳税调整项目明细表　　　单位：元

行次	项　　目	账载金额	税收金额	调增金额	调减金额
		1	2	3	4
1	一、收入类调整项目	*	*		130 000
2	（一）视同销售收入（填写 A105010）	*			*
3	（二）未按权责发生制原则确认的收入（填写 A105020）	60 000	0		60 000
4	（三）投资收益（填写 A105030）				
5	（四）按权益法核算长期股权投资对初始投资成本调整确认收益	*	*	*	
6	（五）交易性金融资产初始投资调整	*	*		*
7	（六）公允价值变动净损益	70 000	*		70 000
46	合计（1＋12＋31＋36＋44＋45）	*	*		130 000

3. 2×20 年 1 月 5 日，收到债券 2×19 年的利息。

（1）会计处理。

2×20 年 1 月 5 日，收到债券利息：

借：银行存款　　80 000

　　贷：应收利息　　80 000

4. 2×20 年 12 月 31 日，丙公司债券的公允价值为 208 万元。

（1）会计处理。

2×20 年底计算债券的公允价值变动损益：208 - 210 = -2（万元）；

借：公允价值变动损益　　20 000

　　贷：交易性金融资产——公允价值变动　　20 000

计提债券投资的利息收入为：200×4% =8（万元）。

借：应收利息　　80 000

　　贷：投资收益　　80 000

（2）税务处理。

根据《企业所得税法》第十八条的规定，利息收入，按照合同约定的债务人应付利息的日期确认收入的实现。因而，2×20 年应确认企业所得税收入 8 万元，会计核算计入投资收益的当年计提债券利息收入 8 万元。

根据《企业所得税法实施条例》第五十六条的规定，企业持有债券等各项资产期间资产增值或者减值，除国务院财政、税务主管部门规定可以确认损益外，不得调整该资产的计税基础。因而，2×20 年末该债券投资的计税基础仍为 204 万元，公允价值变动 -2 万元不允许在企业所得税前扣除，计入"公允价值变动损益"借方的 2 万元，需通过"纳税调整项目明细表"（A105000）第 7 行"（六）公允价值变动净损益"调增应纳税所得额，如表 5-8 所示。

表 5-8　A105000　　纳税调整项目明细表　　单位：元

行次	项　目	账载金额	税收金额	调增金额	调减金额
		1	2	3	4
1	一、收入类调整项目	*	*	20 000	
2	（一）视同销售收入（填写 A105010）	*			*
3	（二）未按权责发生制原则确认的收入（填写 A105020）				
4	（三）投资收益（填写 A105030）				
5	（四）按权益法核算长期股权投资对初始投资成本调整确认收益	*	*	*	
6	（五）交易性金融资产初始投资调整	*	*		*
7	（六）公允价值变动净损益		*	20 000	
46	合计	*	*	20 000	

5. 2×21 年 1 月 5 日，收到 2×20 年的债券利息 8 万元。

（1）会计处理。

2020 年 1 月 5 日，收到债券利息：

借：银行存款　　80 000

　　贷：应收利息　　80 000

（2）税务处理。

企业所得税应在应付利息日确认利息收入 8 万元。

6. 2×21 年 2 月 10 日，以 209 万元卖出该债券。

借：银行存款　　2 090 000

　　贷：交易性金融资产——成本　　2 030 000

　　　　　　　　　　——公允价值变动　　50 000

　　　　投资收益　　10 000

借：公允价值变动损益　　50 000

　　贷：投资收益　　50 000

（2）税务处理。

根据《企业所得税法》第十八条的规定，利息收入，按照合同约定的债务人应付利息的日期确认收入的实现。因而，2×21 年企业所得税应确认债券利息收入 8 万元，会计核算的利息收入为 0，需要通过“投资收益纳税调整明细表”（A105030）第 1 行“一、交易性金融资产”和“纳税调整项目明细表”（A105000）第 4 行“（三）投资收益”纳税调增 2×21 年度的应纳税所得额）［或通过“未按权责发生制确认收入纳税调整明细表”（A105020）第 3 行“（二）利息”和“纳税调整项目明细表”（A105000）第 3 行“（二）未按权责发生制原则确认的收入”纳税调增应纳税所得额］，如表 5－9、表 5－10 所示。

或者填报“未按权责发生制确认收入纳税调整明细表”，如表 5－11 所示。

税收计算的处置债券所得为：209－204＝5（万元），会计核算的处置收益为：209－208＝1（万元），需调增应纳税所得额 4 万元。公允价值变动损益转入投资收益的 5 万元，不用缴纳企业所得税，需要调减应纳税所得额，如表 5－12 所示。

会计上公允价值变动损益借方发生额 5 万元，不得税前扣除，需要调增应纳税所得额，如表 5－13 所示。

（六）减免增值税的会计处理

1. 销售时的处理

企业销售货物、加工修理修配劳务、服务、无形资产或不动产，应当按应收或已收的金额，借记“应收账款”“应收票据”“银行存款”等科目，按取得的收入金额，贷记“主营业务收入”“其他业务收入”“固定资产清理”“工程结算”等科目，按现行增值税制度规定计算的销项税额（或采用简易计税方法计算的应纳增值税额），贷记“应

表 5－9　A105030　　投资收益纳税调整明细表

单位：元

行次	项　目	持有收益			处置收益							纳税调整金额
		账载金额	税收金额	纳税调整金额	会计确认的处置收入	税收计算的处置收入	处置投资的账面价值	处置投资的计税基础	会计确认的处置所得或损失	税收计算的处置所得	纳税调整金额	
		1	2	3（2－1）	4	5	6	7	8（4－6）	9（5－7）	10（9－8）	11(3＋10)
1	一、交易性金融资产	50 000	80 000	30 000	2 090 000	2 090 000	2 080 000	2 040 000	10 000	50 000	40 000	70 000
2	二、可供出售金融资产											
3	三、持有至到期投资											
4	四、衍生工具											
5	五、交易性金融负债											
6	六、长期股权投资											
7	七、短期投资											
8	八、长期债券投资											
9	九、其他											
10	合计	50 000	80 000	30 000	2 090 000	2 090 000	2 080 000	2 040 000	10 000	50 000	40 000	70 000

表 5－10　A105000　纳税调整项目明细表　　单位：元

行次	项　目	账载金额	税收金额	调增金额	调减金额
		1	2	3	4
1	一、收入类调整项目	*	*	50 000	70 000
2	（一）视同销售收入（填写 A105010）	*			*
3	（二）未按权责发生制原则确认的收入（填写 A105020）				
4	（三）投资收益（填写 A105030）	60 000	130 000		70 000
5	（四）按权益法核算长期股权投资对初始投资成本调整确认收益	*	*	*	
6	（五）交易性金融资产初始投资调整	*	*		*
7	（六）公允价值变动净损益	－50 000	*	50 000	
46	合计（1＋12＋31＋36＋44＋45）	*	*	50 000	70 000

表 5－11　A105020　未按权责发生制确认收入纳税调整明细表　　单位：元

行次	项　目	合同金额（交易金额）	账载金额		税收金额		纳税调整金额
			本年	累计	本年	累计	
		1	2	3	4	5	6（4－2）
1	一、跨期收取的租金、利息、特许权使用费收入		0	0	80 000	80 000	80 000
2	（一）租金						
3	（二）利息		0	0	80 000	80 000	80 000
4	（三）特许权使用费						
14	合计（1＋5＋9＋13）		0	0	80 000	80 000	80 000

交税费——应交增值税（销项税额）”或“应交税费——简易计税”科目（小规模纳税人应贷记“应交税费——应交增值税”科目）。发生销售退回的，应根据按规定开具的红字增值税专用发票做相反的会计分录。

按照国家统一会计制度确认收入或利得的时点早于按照增值税制度确认增值税纳税义务发生时点的，应将相关销项税额计入“应交税费——待转销项税额”科目，待实际发生纳税义务时再转入“应交税费——应交增值税（销项税额）”或“应交税费——简易计税”科目。

按照增值税制度确认增值税纳税义务发生时点早于按照国家统一会计制度确认收入或利得的时点的，应将应纳增值税额，借记“应收账款”科目，贷记“应交税费——应交增值税（销项税额）”或“应交税费——简易计税”科目，按照国家统一会计制度确认收入或利得时，应按扣除增值税销项税额后的金额确认收入。

2. 减免增值税的处理。

对于当期直接减免的增值税，借记“应交税金——应交增值税（减免税款）”科目，

表 5－12　A105030

投资收益纳税调整明细表

单位：元

行次	项　　目	持有收益			处置收益							纳税调整金额
		账载金额	税收金额	纳税调整金额	会计确认的处置收入	税收计算的处置收入	处置投资的账面价值	处置投资的计税基础	会计确认的处置所得或损失	税收计算的处置所得	纳税调整金额	
		1	2	3（2－1）	4	5	6	7	8（4－6）	9（5－7）	10（9－8）	11（3＋10）
1	一、交易性金融资产	50 000	0	－50 000	2 090 000	2 090 000	2 080 000	2 040 000	10 000	50 000	40 000	－10 000
2	二、可供出售金融资产											
3	三、持有至到期投资											
4	四、衍生工具											
5	五、交易性金融负债											
6	六、长期股权投资											
7	七、短期投资											
8	八、长期债券投资											
9	九、其他											
10	合计	50 000	0	－50 000	2 090 000	2 090 000	2 080 000	2 040 000	10 000	50 000	40 000	－10 000

表 5－13　A105000　　　　纳税调整项目明细表

行次	项　　目	账载金额	税收金额	调增金额	调减金额
		1	2	3	4
1	一、收入类调整项目	*	*		
2	（一）视同销售收入（填写 A105010）	*			*
3	（二）未按权责发生制原则确认的收入（填写 A105020）	0	80 000	80 000	
4	（三）投资收益（填写 A105030）	60 000	50 000		10 000
5	（四）按权益法核算长期股权投资对初始投资成本调整确认收益	*	*	*	
6	（五）交易性金融资产初始投资调整	*	*		*
7	（六）公允价值变动净损益	5	*	50 000	
46	合计（1＋12＋31＋36＋44＋45）	*	*	130 000	10 000

贷记损益类相关科目。

【例 5－2】 甲公司是增值税一般纳税人，2×19 年投资某国债，持有至到期，2×20 年 10 月 18 日收到国债到期兑付的利息 106 万元。

要求：给出减免增值税的会计处理。

解析：

借：银行存款　　1 060 000

　　贷：投资收益　　1 000 000

　　　　应交税费——应交增值税　　60 000

借：应交税费——应交增值税（减免税款）　　60 000

　　贷：营业外收入　　60 000

三、划分为持有至到期投资的处理

（一）初始计量与计税基础

划分为持有至到期投资的债权性投资初始计量时，应当按照公允价值和相关交易费用之和作为初始确认金额。这与企业所得税计税基础的规定一致。

企业取得金融资产所支付的价款中包含的已到付息期但尚未领取的债券利息，应当单独确认为应收项目进行处理。

企业取得的持有至到期投资时的会计处理为：

借：持有至到期投资——成本［面值］

　　应收利息［支付的价款中包含的已到付息期但尚未领取的利息］

持有至到期投资——利息调整［按其差额］

贷：银行存款［按实际支付的金额］

持有至到期投资——利息调整［按其差额］

（二）后续计量与纳税调整

1. 后续计量

持有至到期投资应按摊余成本进行后续计量。

企业在初始确认以摊余成本计量的金融资产时，就应当计算确定实际利率，并在相关金融资产预期存续期间或适用的更短期间内保持不变。

金融资产或金融负债的摊余成本，是指该金融资产或金融负债的初始确认金额经下列调整后的结果：

（1）扣除已偿还的本金；

（2）加上或减去采用实际利率法将该初始确认金额与到期日金额之间的差额进行摊销形成的累计摊销额（加折价摊销额，减溢价摊销额）；

（3）扣除已发生的减值损失（仅适用于金融资产）。

2. 纳税调整

根据《企业所得税法》第十八条的规定，利息收入，按照合同约定的债务人应付利息的日期确认收入的实现。

税法上按债券面值与票面利率计算的利息收入金额，与会计上按摊余成本和实际利率计算的金额之间的差额，应在年终汇算清缴时进行纳税调整。

3. 持有期间的处理

持有至到期投资在持有期间应当按照摊余成本和实际利率计算确认利息收入，计入投资收益。公式如下：

实际利息收入＝期初债券摊余成本×实际利率［贷：投资收益］

应收利息＝债券面值×票面利率［借：应收利息］

利息调整的摊销＝实际利息收入－应收利息

（1）分期付息到期还本债券。

如果持有至到期投资为分期付息到期一次还本债券，会计上按期确认利息收入时的会计处理为：

借：应收利息［债券面值×票面利率］

持有至到期投资——利息调整［差额］

贷：投资收益［期初债券摊余成本×实际利率］

持有至到期投资——利息调整［差额］

根据《企业所得税法》的相关规定，利息收入按照合同约定的债务人应付利息的日期确认收入的实现（时间差异）。税收上应按债券面值和票面利率计算的应收利息金额确认所得税收入，与会计上按期初债券摊余成本和实际利率计算的投资收益之间的差额（口径差异），应在年终汇算清缴时进行纳税调整。

（2）到期一次还本付息债券。

如果持有至到期投资为到期一次还本付息债券，会计上按期计提利息时的会计处理为：

借：持有至到期投资——应计利息［债券面值×票面利率］
　　持有至到期投资——利息调整［差额］
　　贷：投资收益［期初债券摊余成本×实际利率］
　　　　持有至到期投资——利息调整［差额］

根据《企业所得税法》的相关规定，利息收入按照合同约定的债务人应付利息的日期确认收入的实现。即对到期一次还本付息债券，税收上应于到期时一次性确认企业所得税收入。对于会计上按权责发生制根据期初债券摊余成本和实际利率计算的投资收益，应在年终汇算清缴时进行纳税调整。

（三）出售持有至到期投资的处理

1. 会计处理

企业出售持有至到期投资的会计处理为：

借：银行存款［按实际收到的金额］
　　投资收益［差额］
　　贷：持有至到期投资——成本、利息调整、应计利息［按其账面余额］
　　　　投资收益［差额］

如果已计提减值准备的，还应同时结转减值准备。

2. 税务处理

企业出售划分为持有至到期投资核算的债券投资，出售价款扣除计税基础后的差额，应确认为转让债券所得（或损失），并入当期应纳税所得额缴纳企业所得税。所得税上计算的处置所得或损失金额与会计上确认的处置损益之间的差额，应在年终汇算清缴时进行纳税调整。

（四）一次还本分期付息债券投资案例分析

【例5-3】甲公司为增值税一般纳税人，每年年末计提债券利息。甲公司发生的有关持有至到期投资业务如下，要求进行相关财务处理与纳税调整，不考虑所得税以外的其他税收。

2×17年12月31日，以21 909.19万元（包括交易费用9.19万元）的价格购入乙公司于2×17年1月1日发行的5年期一次还本、分期付息债券，债券面值总额为20 000万元，付息日为每年1月5日，票面年利率为6%。2×22年1月5日收到本金和最后一期利息。甲公司将该债券划分为持有至到期投资。已知实际利率为5%。

解析：

1. 2×17 年 12 月 31 日，购入债券。

（1）会计处理：

借：持有至到期投资——成本　200 000 000
　　应收利息　12 000 000
　　持有至到期投资——利息调整　7 091 900
　　贷：银行存款　219 091 900

2×17 年 12 月 31 日，摊余成本为：20 000 + 709.19 = 20 709.19（万元）。

（2）税务处理：

债券的计税基础为：20 709.19 万元；

各年摊余成本、实际利息收入和应收利息计算如表 5 – 14 所示。

表 5 – 14　　各年摊余成本、实际利息收入和应收利息计算表　　单位：万元

年份	期初摊余成本（a）	实际利息（b）（按 5% 算）	收到现金（c）	期末摊余成本（d = a + b – c）
2×18	20 709.19	1 035.46	1 200	20 544.65
2×19	20 544.65	1 027.23	1 200	20 371.88
2×20	20 371.88	1 018.59	1 200	20 190.47
2×21	20 190.47	1 009.53	21 200	0

2. 2×18 年 1 月 5 日，收到乙公司支付的债券利息，存入银行。

借：银行存款　12 000 000
　　贷：应收利息　12 000 000

3. 2×18 年 12 月 31 日，确认利息收入。

（1）会计处理：

应收利息 = 20 000 × 6% = 1 200（万元）

实际利息收入 = 20 709.19 × 5% = 1 035.46（万元）

利息调整 = 1 200 – 1 035.46 = 164.54（万元）

2×18 年 12 月 31 日摊余成本为：20 709.19 – 164.54 = 20 544.65（万元）

借：应收利息　12 000 000
　　贷：持有至到期投资——利息调整　1 645 400
　　　　投资收益　10 354 600

（2）税务处理：

根据《企业所得税法》的相关规定，利息收入应在应付利息日确认收入的实现，会计上根据权责发生制确认的收入，应在年终汇算清缴时调减应纳税所得额，如表 5 – 15、表 5 – 16 所示。

表 5－15　A105030　投资收益纳税调整明细表

单位：元

行次	项　目	持有收益			处置收益							纳税调整金额
		账载金额	税收金额	纳税调整金额	会计确认的处置收入	税收计算的处置收入	处置投资的账面价值	处置投资的计税基础	会计确认的处置所得或损失	税收计算的处置所得	纳税调整金额	
		1	2	3（2－1）	4	5	6	7	8（4－6）	9（5－7）	10（9－8）	11（3＋10）
1	一、交易性金融资产											
2	二、可供出售金融资产											
3	三、持有至到期投资	10 354 600	0	－10 354 600								－10 354 600
4	四、衍生工具											
5	五、交易性金融负债											
6	六、长期股权投资											
7	七、短期投资											
8	八、长期债券投资											
9	九、其他											
10	合计	10 354 600	0	－10 354 600								－10 354 600

表 5-16 A105000 纳税调整项目明细表 单位：元

行次	项目	账载金额	税收金额	调增金额	调减金额
		1	2	3	4
1	一、收入类调整项目	*	*		10 354 600
2	（一）视同销售收入（填写 A105010）	*			*
3	（二）未按权责发生制原则确认的收入（填写 A105020）				
4	（三）投资收益（填写 A105030）	10 354 600	0		10 354 600
5	（四）按权益法核算长期股权投资对初始投资成本调整确认收益	*	*	*	
6	（五）交易性金融资产初始投资调整	*	*		*
7	（六）公允价值变动净损益		*		
46	合计（1+12+31+36+44+45）	*	*		10 354 600

4. 2×19 年 1 月 5 日，收到利息。

（1）会计处理：

借：银行存款 12 000 000

　　贷：应收利息 12 000 000

（2）税务处理：

在应付利息日（2×19 年 1 月 5 日）确认企业所得税收入 1 200 万元。税会差异需在年终汇算清缴时，调增应纳税所得额。

5. 2×19 年 12 月 31 日，确认实际利息收入。

（1）会计处理：

应收利息 =20 000×6% =1 200（万元）

实际利息收入 =20 544.65×5% =1 027.23（万元）

利息调整 =1 200 -1 027.23 =172.77（万元）

2×19 年 12 月 31 日，摊余成本为：20 544.65 -172.77 =20 371.88（万元）

借：应收利息 12 000 000

　　贷：持有至到期投资——利息调整 1 727 700

　　　　投资收益 10 272 300

（2）纳税调整与申报：

根据《企业所得税法》的规定，利息收入应在应付利息日确认收入的实现，因而，2×19 年企业所得税处理时应确认收入 1 200 万元；会计上根据权责发生制确认的计入投资收益科目的金额为 1 027.23 万元，差额 172.77 万元应在年终汇算清缴时，调增应纳税所得额，如表 5-17、表 5-18 所示。

表 5-17　A105030　投资收益纳税调整明细表

单位：元

行次	项目	持有收益			处置收益							纳税调整金额
		账载金额	税收金额	纳税调整金额	会计确认的处置收入	税收计算的处置收入	处置投资的账面价值	处置投资的计税基础	会计确认的处置所得或损失	税收计算的处置所得	纳税调整金额	
		1	2	3（2-1）	4	5	6	7	8（4-6）	9（5-7）	10（9-8）	11(3+10)
1	一、交易性金融资产											
2	二、可供出售金融资产											
3	三、持有至到期投资	10 272 300	12 000 000	1 727 700								1 727 700
4	四、衍生工具											
5	五、交易性金融负债											
6	六、长期股权投资											
7	七、短期投资											
8	八、长期债券投资											
9	九、其他											
10	合计	10 272 300	12 000 000	1 727 700								1 727 700

表5-18　A105000　　　　纳税调整项目明细表　　　　单位：元

行次	项　　目	账载金额	税收金额	调增金额	调减金额
		1	2	3	4
1	一、收入类调整项目	*	*	1 727 700	
2	（一）视同销售收入（填写A105010）	*			*
3	（二）未按权责发生制原则确认的收入（填写A105020）				
4	（三）投资收益（填写A105030）	10 272 300	12 000 000	1 727 700	
5	（四）按权益法核算长期股权投资对初始投资成本调整确认收益	*	*	*	
6	（五）交易性金融资产初始投资调整	*	*		*
7	（六）公允价值变动净损益		*		
46	合计（1+12+31+36+44+45）	*	*	1 727 700	

6. 2×20年1月5日，收到利息。

（1）会计处理：

借：银行存款　　　　12 000 000

　　贷：应收利息　　　　12 000 000

（2）税务处理：

在应付利息日（2×20年1月5日）确认企业所得税收入1200万元。税会差异需要在年终汇算清缴时调增应纳税所得额。

7. 2×20年12月31日，确认利息收入：

（1）会计处理：

应收利息＝20 000×6%＝1 200（万元）

实际利息收入＝20 371.88×5%＝1 018.59（万元）

利息调整＝1 200－1 018.59＝181.41（万元）

借：应收利息　　　　12 000 000

　　贷：持有至到期投资——利息调整　　　　1 814 100

　　　　投资收益　　　　10 185 900

（2）税务处理：

根据《企业所得税法》的相关规定，利息收入应在应付利息日确认收入的实现，因而，2×20年企业所得税处理时应确认收入1 200万元；会计上根据权责发生制确认的计入投资收益科目的金额为1 018.59万元，差额181.41万元应在年终汇算清缴时调增应纳税所得额，如表5-19、表5-20所示。

表 5-19 A105030 **投资收益纳税调整明细表**

单位：元

行次	项目	持有收益			处置收益							纳税调整金额
		账载金额	税收金额	纳税调整金额	会计确认的处置收入	税收计算的处置收入	处置投资的账面价值	处置投资的计税基础	会计确认的处置所得或损失	税收计算的处置所得	纳税调整金额	
		1	2	3（2-1）	4	5	6	7	8（4-6）	9（5-7）	10（9-8）	11(3+10)
1	一、交易性金融资产											
2	二、可供出售金融资产											
3	三、持有至到期投资	10 185 900	12 000 000	1 814 100								1 814 100
4	四、衍生工具											
5	五、交易性金融负债											
6	六、长期股权投资											
7	七、短期投资											
8	八、长期债券投资											
9	九、其他											
10	合计	10 185 900	12 000 000	1 814 100								1 814 100

表 5－20　A105000　　　　纳税调整项目明细表　　　　单位：元

行次	项　目	账载金额	税收金额	调增金额	调减金额
		1	2	3	4
1	一、收入类调整项目	*	*	1 814 100	
2	（一）视同销售收入（填写 A105010）	*			*
3	（二）未按权责发生制原则确认的收入（填写 A105020）				
4	（三）投资收益（填写 A105030）	10 185 900	12 000 000	1 814 100	
5	（四）按权益法核算长期股权投资对初始投资成本调整确认收益	*	*	*	
6	（五）交易性金融资产初始投资调整	*	*		*
7	（六）公允价值变动净损益		*		
46	合计（1＋12＋31＋36＋44＋45）	*	*	1 814 100	

8. 2×21 年 1 月 5 日，收到利息。

（1）会计处理：

借：银行存款　　　　12 000 000

　　贷：应收利息　　　　12 000 000

（2）税务处理：

应在应付利息日确认企业所得税收入 1 200 万元。税会差异需要在年终汇算清缴时调增应纳税所得额。

9. 2×21 年 12 月 31 日，确认利息收入。

（1）会计处理：

应收利息＝20 000×6%＝1 200（元）

利息调整＝709.19－164.54－172.77－181.41＝190.47（元）

实际利息收入＝1 200－190.47＝1 009.53（元）

借：应收利息　　　　12 000 000

　　贷：持有至到期投资——利息调整　　　　1 904 700

　　　　投资收益　　　　10 095 300

（2）税务处理：

根据《企业所得税法》的相关规定，利息收入应在应付利息日确认收入的实现，因而，2021 年企业所得税处理时应确认收入 1 200 万元；会计上根据权责发生制确认的计入投资收益科目的金额为 1 009.53 万元，差额 190.47 万元应在年终汇算清缴时调增应纳税所得额。

10. 2×22 年 1 月 5 日，收到利息和本金。

（1）会计处理：

借：银行存款　　　　212 000 000

贷：应收利息　　12 000 000

　　持有至到期投资——成本　　200 000 000

（2）税务处理：

企业所得税处理时，在应付利息日（2×22 年 1 月 5 日）确认利息收入 1 200 万元，在年终汇算清缴时调整应纳税所得额。

（五）到期一次还本付息债券投资案例分析

【例 5-4】乙公司为增值税一般纳税人，发生的有关持有至到期投资业务如下，要求进行相关财务处理与纳税调整，不考虑所得税以外的其他税收。

2×17 年 12 月 31 日，以 21 909.19 万元（包括交易费用 9.19 万元）的价格购入乙公司于 2×17 年 1 月 1 日发行的 4 年期，到期一次还本付息债券，债券面值总额为 20 000 万元，付息日为每年 1 月 5 日，票面年利率为 6%。2×22 年 1 月 5 日收到本金和最后一期利息。甲公司将该债券划分为持有至到期投资，且利息不是以复利计算。实际利率为 4.38%。

要求：进行相关的财务与税务处理。

解析：

1. 2×17 年 12 月 31 日，购入债券。

（1）会计处理：

借：持有至到期投资——成本　　200 000 000

　　　　　　　　　——应计利息　　12 000 000

　　　　　　　　　——利息调整　　7 091 900

　贷：银行存款　　219 091 900

（2）税务处理：

该划分为持有至到期投资的债券投资的计税基础为 21 909.19 万元：

各年摊余成本、实际利息收入和应收利息计算如表 5-21 所示。

表 5-21　　各年摊余成本、实际利息收入和应计利息计算表　　单位：万元

年份	期初摊余成本（a）	实际利息（b）（按 4.38% 算）	现金流量（c）	期末摊余成本（d=a+b-c）
2×18	21 909.19	959.62	0	22 868.81
2×19	22 868.81	1 001.65	0	23 870.46
2×20	23 870.46	1 045.53	0	24 915.99
2×21	24 915.99	1 084.01	26 000	0

2. 2×18 年 12 月 31 日，确认利息收入。

（1）会计处理：

应计利息 = 20 000 × 6% = 1 200（万元）

实际利息收入 = 21 909.19 × 4.38% = 959.62（万元）

利息调整 = 1 200 - 959.62 = 240.38（万元）

2 × 18 年 12 月 31 日，摊余成本为：21 909.19 + 1 200 - 240.38 = 22 868.81（万元）

借：持有至到期投资——应计利息　　12 000 000

　　贷：持有至到期投资——利息调整　　2 403 800

　　　　投资收益　　9 596 200

（2）税务处理：

根据《企业所得税法》相关规定，利息收入应在应付利息日确认收入的实现。因而，对于到期还本付息债券，企业所得税应在到期日确认利息收入；会计上根据权责发生制按年确认的计入投资收益科目的金额，应在年终汇算清缴时，通过“投资收益纳税调整明细表”（A105030）第 3 行“三、持有至到期投资”和“纳税调整项目明细表”（A105000）第 4 行“（三）投资收益”调减应纳税所得额，见表 5 - 22、表 5 - 23。

3. 2 × 19 年 12 月 31 日，确认实际利息收入。

（1）会计处理：

应计利息 = 20 000 × 6% = 1 200（万元）

实际利息收入 = 22 868.81 × 4.38% = 1 001.65（万元）

利息调整 = 1 200 - 1 001.65 = 198.35（万元）

2 × 19 年 12 月 31 日，摊余成本为：22 868.81 + 1 200 - 198.35 = 23 870.46（万元）

借：持有至到期投资——应计利息　　120 000

　　贷：持有至到期投资——利息调整　　1 983 500

　　　　投资收益　　10 016 500

（2）税务处理：

根据《企业所得税法》的相关规定，利息收入应在应付利息日确认收入的实现，因而，对于到期还本付息债券，企业所得税应在到期日确认利息收入；会计上根据权责发生制按年确认的计入投资收益科目的金额，应在年终汇算清缴时，通过“投资收益纳税调整明细表”（A105030）第 3 行“三、持有至到期投资”和“纳税调整项目明细表”（A105000）第 4 行“（三）投资收益”调减应纳税所得额 1 001.65 万元。

4. 2 × 20 年 12 月 31 日，确认利息收入。

（1）会计处理：

应计利息 = 20 000 × 6% = 1 200（万元）

实际利息收入 = 23 870.46 × 4.38% = 1 045.53（万元）

利息调整 = 1 200 - 1 045.53 = 154.47（万元）

2 × 20 年 12 月 31 日，摊余成本为：23 870.46 + 1 200 - 154.47 = 24 915.99（万元）

借：持有至到期投资——应计利息　　12 000 000

　　贷：持有至到期投资——利息调整　　1 544 700

　　　　投资收益　　10 455 300

表 5－22　A105030　　投资收益纳税调整明细表　　单位：元

行次	项　目	持有收益			处置收益							纳税调整金额
		账载金额	税收金额	纳税调整金额	会计确认的处置收入	税收计算的处置收入	处置投资的账面价值	处置投资的计税基础	会计确认的处置所得或损失	税收计算的处置所得	纳税调整金额	
		1	2	3（2－1）	4	5	6	7	8（4－6）	9（5－7）	10（9－8）	11（3＋10）
1	一、交易性金融资产											
2	二、可供出售金融资产											
3	三、持有至到期投资	9 596 200	0	－9 596 200								－9 596 200
4	四、衍生工具											
5	五、交易性金融负债											
6	六、长期股权投资											
7	七、短期投资											
8	八、长期债券投资											
9	九、其他											
10	合计	9 596 200	0	－9 596 200								－9 596 200

表 5-23 A105000 纳税调整项目明细表 单位：元

行次	项 目	账载金额	税收金额	调增金额	调减金额
		1	2	3	4
1	一、收入类调整项目	*	*		9 596 200
2	（一）视同销售收入（填写 A105010）	*			*
3	（二）未按权责发生制原则确认的收入（填写 A105020）				
4	（三）投资收益（填写 A105030）	9 596 200	0		9 596 200
5	（四）按权益法核算长期股权投资对初始投资成本调整确认收益	*	*	*	
6	（五）交易性金融资产初始投资调整	*	*		*
7	（六）公允价值变动净损益		*		
46	合计（1+12+31+36+44+45）	*	*		9 596 200

（2）税务处理：

根据《企业所得税法》相关规定，利息收入应在应付利息日确认收入的实现，因而，对于到期还本付息债券，企业所得税应在到期日确认利息收入；会计上根据权责发生制按年确认的计入投资收益科目的金额，应在年终汇算清缴时，通过“投资收益纳税调整明细表”（A105030）第3行“三、持有至到期投资”和“纳税调整项目明细表”（A105000）第4行“（三）投资收益”调减应纳税所得额1 045.53万元。

5. 2×21年12月31日，确认利息收入。

（1）会计处理：

应计利息 = 20 000 × 6% = 1 200（万元）

利息调整 = 709.19 - 240.38 - 198.35 - 154.47 = 115.99（万元）

实际利息收入 = 1 200 - 115.99 = 1 084.01（万元）

借：持有至到期投资——应计利息 12 000 000

　　贷：持有至到期投资——利息调整 1 159 900

　　　　投资收益 10 840 100

（2）税务处理：

根据《企业所得税法》相关规定，利息收入应在应付利息日确认收入的实现，因而，对于到期还本付息债券，企业所得税应在到期日确认利息收入；会计上根据权责发生制按年确认的计入投资收益科目的金额，应在年终汇算清缴时，通过“投资收益纳税调整明细表”（A105030）第3行“三、持有至到期投资”和“纳税调整项目明细表”（A105000）第4行“（三）投资收益”调减应纳税所得额1 084.01万元。

6. 2×22年1月5日，收到利息和本金。

（1）会计处理：

借：银行存款 260 000 000

　　贷：持有至到期投资——成本 200 000 000

——应计利息　　　　60 000 000

（2）税务处理：

根据《企业所得税法》的相关规定，利息收入应在应付利息日确认收入的实现，因而，对于到期还本付息债券，企业所得税应在到期日一次确认全部利息收入，通过“投资收益纳税调整明细表”（A105030）第3行“三、持有至到期投资”和“纳税调整项目明细表”（A105000）第4行“（三）投资收益”调增应纳税所得额，如表5-24、表5-25所示。

（六）小企业会计准则长期债券投资的处理

根据《小企业会计准则》的规定，长期债券投资应当按照购买价款和相关税费作为成本进行计量。实际支付价款中包含的已到付息期但尚未领取的债券利息，应当单独确认为应收利息，不计入长期债券投资的成本。长期债券投资在持有期间发生的应收利息应当确认为投资收益。

1. 分期付息、一次还本的长期债券投资

分期付息、一次还本的长期债券投资，在债务人应付利息日按照票面利率计算的应收未收利息收入应当确认为应收利息，不增加长期债券投资的账面余额。

这种情况下，税会处理一致。

2. 一次还本付息的长期债券投资

一次还本付息的长期债券投资，在债务人应付利息日按照票面利率计算的应收未收利息收入应当增加长期债券投资的账面余额。

税务处理时应在当期确认利息收入，税会差异需在年终汇算清缴时调整应纳税所得额。

3. 折价或者溢价的摊销

债券的折价或者溢价在债券存续期间内于确认相关债券利息收入时采用直线法进行摊销。

长期债券投资到期，小企业收回长期债券投资，应当冲减其账面余额。处置长期债券投资，处置价款扣除其账面余额、相关税费后的净额，应当计入投资收益。小企业长期债券投资符合规定条件的，减除可收回的金额后确认的无法收回的长期债券投资，作为长期债券投资损失。长期债券投资损失应当于实际发生时计入营业外支出，同时冲减长期债券投资账面余额。

四、划为可供出售金融资产的处理

（一）初始计量与计税基础

划为可供出售金融资产的债权投资，应当按公允价值和交易费用计量。

表 5－24 A105030 **投资收益纳税调整明细表** 单位：元

行次	项 目	持有收益			处置收益							纳税调整金额
		账载金额	税收金额	纳税调整金额	会计确认的处置收入	税收计算的处置收入	处置投资的账面价值	处置投资的计税基础	会计确认的处置所得或损失	税收计算的处置所得	纳税调整金额	
		1	2	3（2－1）	4	5	6	7	8（4－6）	9（5－7）	10（9－8）	11（3＋10）
1	一、交易性金融资产											
2	二、可供出售金融资产											
3	三、持有至到期投资	0	60 000 000	60 000 000								60 000 000
4	四、衍生工具											
5	五、交易性金融负债											
6	六、长期股权投资											
7	七、短期投资											
8	八、长期债券投资											
9	九、其他											
10	合计	0	60 000 000	60 000 000								60 000 000

表 5－25　A105000　　　　　纳税调整项目明细表　　　　　单位：元

行次	项　目	账载金额	税收金额	调增金额	调减金额
		1	2	3	4
1	一、收入类调整项目	*	*	60 000 000	
2	（一）视同销售收入（填写 A105010）	*			*
3	（二）未按权责发生制原则确认的收入（填写 A105020）				
4	（三）投资收益（填写 A105030）	0	60 000 000	60 000 000	
5	（四）按权益法核算长期股权投资对初始投资成本调整确认收益	*	*	*	
6	（五）交易性金融资产初始投资调整	*	*		*
7	（六）公允价值变动净损益		*		
46	合计（1＋12＋31＋36＋44＋45）	*	*	60 000 000	

相关交易费用应当计入初始确认金额。企业取得金融资产所支付的价款中包含的已到付息期但尚未领取的债券利息，应当单独确认为应收项目进行处理。

这与企业所得税有关计税基础的规定一致。

企业取得作为可供出售金融资产的债券投资，会计处理为：

借：可供出售金融资产——成本［债券面值］

　　应收利息［包含的已到付息期但尚未领取的利息］

　　可供出售金融资产——利息调整［按差额］

　　贷：银行存款［按实际支付的金额］

　　　　可供出售金融资产——利息调整［按差额］

（二）后续计量与会计核算

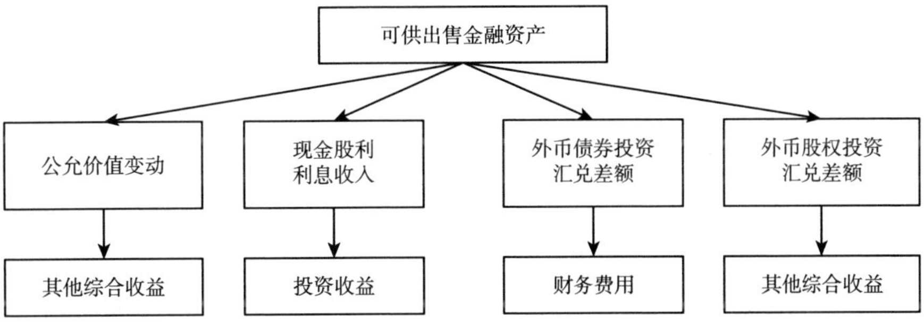

图 5－1　可供出售金融资产后续计量示意图

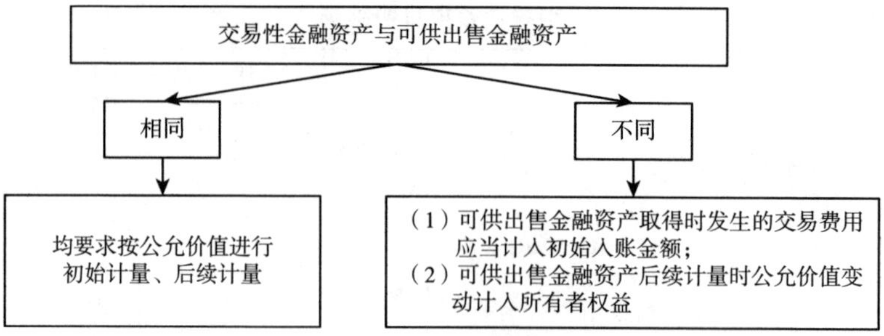

图 5－2　交易性金融资产与可供出售金融资产的会计计量比较

1. 资产负债表日，可供出售金融资产为债券的应确认利息收入

（1）可供出售金融资产为分期付息、一次还本债券。

借：应收利息［面值×票面利率］

　　可供出售金融资产——利息调整［按其差额］

　　贷：投资收益［期初摊余成本×实际利率］

　　　　可供出售金融资产——利息调整［按其差额］

（2）可供出售金融资产为一次还本付息债券。

借：可供出售金融资产——应计利息［面值×票面利率］

　　可供出售金融资产——利息调整［按其差额］

　　贷：投资收益［期初摊余成本×实际利率］

　　　　可供出售金融资产——利息调整［按其差额］

2. 资产负债表日确认公允价值变动

（1）可供出售金融资产的公允价值高于其账面余额的差额。

借：可供出售金融资产——公允价值变动

　　贷：其他综合收益

（2）公允价值低于其账面余额的差额，做相反的会计分录。

借：其他综合收益

　　贷：可供出售金融资产——公允价值变动

3. 可供出售金融资产的处置

借：银行存款［应按实际收到的金额］

　　其他综合收益［转出的公允价值累计变动额］

　　贷：可供出售金融资产——成本、公允价值变动、利息调整等

　　　　投资收益

　　　　其他综合收益［转出的公允价值累计变动额］

（三）案例解析

【例 5－5】甲公司为增值税一般纳税人，债券投资于每年年末计提债券利息，甲公

司发生的有关划为可供出售金融资产的债券投资业务如下，要求进行相关的会计处理与纳税调整，不考虑所得税以外的其他税费。

2×17 年 12 月 31 日，以 21 909.19 万元（包括交易费用 9.19 万元）的价格购入乙公司于 2×17 年 1 月 1 日发行的 5 年期到期还本、分期付息债券，债券面值总额为 20 000 万元，付息日为每年 1 月 5 日，票面年利率为 6%。甲公司将该债券划分为可供出售金融资产。实际利率为 5%。

解析：

1. 2×17 年 12 月 31 日购入债券。

（1）会计处理：

借：可供出售金融资产——成本　　200 000 000
　　应收利息　　12 000 000
　　可供出售金融资产——利息调整　　7 091 900
　　贷：银行存款　　219 091 900

（2）税务处理：

划分为可供出售金融资产的债券投资的计税基础为 20 709.19 万元。

2. 2×18 年 1 月 5 日，收到乙公司支付的债券利息，存入银行。

借：银行存款　　12 000 000
　　贷：应收利息　　12 000 000

3. 2×18 年 12 月 31 日，确认利息收入。

（1）会计处理：

应收利息 =20 000×6% =1 200（万元）

实际利息收入 =20 709.19×5% =1 035.46（万元）

利息调整 =1 200 -1 035.46 =164.54（万元）

借：应收利息　　12 000 000
　　贷：可供出售金融资产——利息调整　　1 645 400
　　　　投资收益　　10 354 600

（2）税务处理：

企业所得税处理时，应在应付利息日确认利息收入，即应在分期应付利息时确认分期付息到期还本债券的利息收入。会计上按实际利率法计算确认的利息收入应在年终汇算清缴时调减应纳税所得额。

4. 2×18 年年末该债券的公允价值为 21 000 万元。

（1）会计处理：

2×18 年年末可供出售金融资产摊余成本为：20 709.19 -164.54 =20 544.65（万元）；2×18 年年末可供出售金融资产的账面价值为 21 000（万元）。

公允价值变动 =21 000 -（20 709.19 -164.54）=455.35（万元）

借：可供出售金融资产——公允价值变动　　4 553 500

贷：其他综合收益　　4 553 500

（2）税务处理：

计税基础仍为 20 709.19 万元。

根据《企业所得税法》相关规定，利息收入应在应付利息日确认收入的实现，因而，2×18 年底会计上按实际利率计提的利息收入 1 035.46 万元，应在应付利息日 2×19 年 1 月 5 日确认企业所得税收入，税会差异应通过“投资收益纳税调整明细表”（A105030）第 2 行“二、可供出售金融资产”和“纳税调整项目明细表”（A105000）第 4 行“（三）投资收益”调增应纳税所得额，如表 5－26、表 5－27 所示。

需要说明的是，2×18 年 1 月 5 日收到乙公司支付的债券利息，对甲公司而言是投资成本的收回，不属于利息收入。

5. 2×19 年 1 月 5 日，收到利息。

（1）会计处理：

借：银行存款　　12 000 000

　　贷：应收利息　　12 000 000

（2）税务处理：

企业所得税应在应付利息日即 2×19 年 1 月 5 日确认利息收入 1 200 万元，会计上冲减应收利息，税会差异应在年终汇算清缴时调整应纳税所得额。

6. 2×19 年 12 月 31 日，确认利息收入。

（1）会计处理：

应收利息＝20 000×6%＝1 200（万元）

实际利息收入＝20 544.65×5%＝1 027.23（万元）

利息调整＝1 200－1 027.23＝172.77（万元）

借：应收利息　　12 000 000

　　贷：可供出售金融资产——利息调整　　1 727 700

　　　　投资收益　　10 272 300

（2）税务处理：

企业所得税应在应付利息日确认利息收入，对会计上计提的投资收益金额，应在年终汇算清缴时，调减应纳税所得额 1 027.23 万元。

7. 2×19 年 12 月 31 日，公允价值为 20 700 万元。为暂时性下跌。

（1）会计处理：

公允价值变动＝20 700－（21 000－172.77）＝－127.23（万元）

借：其他综合收益　　1 272 300

　　贷：可供出售金融资产——公允价值变动　　1 272 300

2×19 年年末可供出售金融资产的摊余成本：

20 544.65－172.77＝20 371.88（万元）

2×18 年年末可供出售金融资产的账面价值＝20 700（万元）；

表 5－26　A105030

投资收益纳税调整明细表

单位：元

行次	项　　目	持有收益			处置收益							纳税调整金额
		账载金额	税收金额	纳税调整金额	会计确认的处置收入	税收计算的处置收入	处置投资的账面价值	处置投资的计税基础	会计确认的处置所得或损失	税收计算的处置所得	纳税调整金额	
		1	2	3（2－1）	4	5	6	7	8（4－6）	9（5－7）	10（9－8）	11（3＋10）
1	一、交易性金融资产											
2	二、可供出售金融资产	10 354 600	0	－10 354 600								－10 354 600
3	三、持有至到期投资											
4	四、衍生工具											
5	五、交易性金融负债											
6	六、长期股权投资											
7	七、短期投资											
8	八、长期债券投资											
9	九、其他											
10	合计	10 354 500	0	－10 354 600								－10 354 600

表 5-27　A105000　　　　纳税调整项目明细表

行次	项　目	账载金额	税收金额	调增金额	调减金额
		1	2	3	4
1	一、收入类调整项目	*	*		10 354 600
2	（一）视同销售收入（填写 A105010）	*			*
3	（二）未按权责发生制原则确认的收入（填写 A105020）				
4	（三）投资收益（填写 A105030）	10 354 600			10 354 600
5	（四）按权益法核算长期股权投资对初始投资成本调整确认收益	*	*	*	
6	（五）交易性金融资产初始投资调整	*	*		*
7	（六）公允价值变动净损益		*		
46	合计（1+12+31+36+44+45）	*	*		10 354 600

计税基础为 20 709.19 万元。

（2）税务处理：

根据《企业所得税法》相关规定，利息收入应在应付利息日确认收入的实现，即 2×19 年应确认利息收入 1 200 万元；2×19 年年底会计上按实际利率计提的利息收入 1 027.23 万元，税会差异应在汇算清缴时通过“投资收益纳税调整明细表”（A105030）第 2 行“二、可供出售金融资产”和“纳税调整项目明细表”（A105000）第 4 行“（三）投资收益”调增应纳税所得额，如表 5-28、表 5-29 所示。

8. 2×20 年 1 月 5 日，收到利息：

借：银行存款　　12 000 000

　　贷：应收利息　　12 000 000

9. 2×20 年 1 月 6 日，甲公司出售全部债券，取得价款 20 800 万元。

（1）会计处理：

“可供出售金融资产”科目各明细科目余额为：

“成本” =20 000（万元）

“利息调整” =（1）709.19 -（3）164.54 -（5）172.77 =371.88（万元）

“公允价值变动” =（3）455.35 -（5）127.23 =328.12（万元）

借：银行存款　　208 000 000

　　贷：可供出售金融资产——成本　　200 000 000

　　　　　　　　　　　——利息调整　　3 718 800

　　　　　　　　　　　——公允价值变动　　3 281 200

　　　　投资收益　　1 000 000

借：其他综合收益　　3 281 200

　　贷：投资收益　　3 281 200

表 5－28　A105030

投资收益纳税调整明细表

单位：元

行次	项目	持有收益			处置收益							纳税调整金额
		账载金额	税收金额	纳税调整金额	会计确认的处置收入	税收计算的处置收入	处置投资的账面价值	处置投资的计税基础	会计确认的处置所得或损失	税收计算的处置所得	纳税调整金额	
		1	2	3（2－1）	4	5	6	7	8（4－6）	9（5－7）	10（9－8）	11（3＋10）
1	一、交易性金融资产											
2	二、可供出售金融资产	10 272 3C0	12 000 000	1 727 700								1 727 700
3	三、持有至到期投资											
4	四、衍生工具											
5	五、交易性金融负债											
6	六、长期股权投资											
7	七、短期投资											
8	八、长期债券投资											
9	九、其他											
10	合计	10 272 300	12 000 000	1 727 700								1 727 700

表 5-29　A105000　　纳税调整项目明细表　　单位：元

行次	项目	账载金额	税收金额	调增金额	调减金额
		1	2	3	4
1	一、收入类调整项目	*	*	1 727 700	
2	（一）视同销售收入（填写 A105010）	*			*
3	（二）未按权责发生制原则确认的收入（填写 A105020）				
4	（三）投资收益（填写 A105030）	10 272 300	12 000 000	1 727 700	
5	（四）按权益法核算长期股权投资对初始投资成本调整确认收益	*	*	*	
6	（五）交易性金融资产初始投资调整	*	*		*
7	（六）公允价值变动净损益		*		
46	合计（1+12+31+36+44+45）	*	*	1 727 700	

（2）税务处理：

根据《企业所得税法》相关规定，利息收入应在应付利息日确认收入的实现，即 2×20 年应确认利息收入 1 200 万元；会计上“其他综合收益”转入“投资收益”328.12 万元，不用在当期缴纳企业所得税。

处置债券投资的税收处置所得为：20 800－20 709.19＝90.81（万元），会计上处置所得为 100 万元，税会差异应在汇算清缴时通过“投资收益纳税调整明细表”（A105030）第 2 行“二、可供出售金融资产”和“纳税调整项目明细表”（A105000）第 4 行“（三）投资收益”调增应纳税所得额，如表 5-30、表 5-31 所示。

9. 转让国债减免增值税的会计处理

金融商品实际转让月末，如产生转让收益，则按应纳税额借记“投资收益”等科目，贷记“应交税费——转让金融商品应交增值税”科目；如产生转让损失，则按可结转下月抵扣税额，借记“应交税费——转让金融商品应交增值税”科目，贷记“投资收益”等科目。

【例 5-6】 A 公司为增值税一般纳税人，将其取得成本为 3 300 万元的国债，在二级市场以 4 000 万元转让出去，转让金融商品应交增值税：（4 000－3 300）×6%＝42（万元）。

要求：进行相关的财税处理。

解析：

借：投资收益　　420 000

　　贷：应交税费——转让金融商品应交增值税　　420 000

根据规定，减免转让国债应纳增值税：

借：应交税金——应交增值税（减免税款）　　420 000

　　贷：营业外收入　　420 000

表 5－30 A105030

投资收益纳税调整明细表

单位：元

行次	项目	持有收益			处置收益							纳税调整金额
		账载金额	税收金额	纳税调整金额	会计确认的处置收入	税收计算的处置收入	处置投资的账面价值	处置投资的计税基础	会计确认的处置所得或损失	税收计算的处置所得	纳税调整金额	
		1	2	3（2－1）	4	5	6	7	8（4－6）	9（5－7）	10（9－8）	11（3＋10）
1	一、交易性金融资产											
2	二、可供出售金融资产	3 281 200	12 000 000	8 718 800	208 000 000	208 000 000	207 000 000	207 091 900	1 000 000	908 100	－91 900	8 626 900
3	三、持有至到期投资											
4	四、衍生工具											
5	五、交易性金融负债											
6	六、长期股权投资											
7	七、短期投资											
8	八、长期债券投资											
9	九、其他											
10	合计	3 281 200	12 000 000	8 718 800	208 000 000	208 000 000	207 000 000	207 091 900	1 000 000	908 100	－91 900	8 626 900

表 5－31　A105000　　　　纳税调整项目明细表　　　　单位：元

行次	项　目	账载金额	税收金额	调增金额	调减金额
		1	2	3	4
1	一、收入类调整项目	*	*		8 626 900
2	（一）视同销售收入（填写 A105010）	*			*
3	（二）未按权责发生制原则确认的收入（填写 A105020）				
4	（三）投资收益（填写 A105030）	4 281 200	12 908 100		8 626 900
5	（四）按权益法核算长期股权投资对初始投资成本调整确认收益	*	*	*	
6	（五）交易性金融资产初始投资调整	*	*		*
7	（六）公允价值变动净损益		*		
46	合计（1＋12＋31＋36＋44＋45）	*	*		8 626 900

第三节　权益性投资收益纳税调整

权益性投资按对被投资单位的影响程度，可以分为对子公司投资、对合营企业投资和对联营企业投资等，如表 5－32 所示。《企业会计准则第 2 号——长期股权投资》规范了符合条件的权益性投资的确认和计量。其他投资适用《企业会计准则第 22 号——金融工具确认和计量》。

表 5－32　　　　权益性投资的分类

	按对被投资单位的影响程度	适用的会计准则	会计科目
权益性投资	对子公司投资	会计准则第 2 号——长期股权投资	长期股权投资
	对合营企业投资		
	对联营企业投资		
	公允价值计量且其变动计入当期损益的金融资产	会计准则第 22 号——金融工具确认与计量	交易性金融资产
	公允价值计量且其变动计入其他综合收益的金融资产		可供出售金额资产

一、权益性投资收益的税务处理

（一）股息、红利等权益性投资收益

1. 权益性投资收益的界定

根据《企业所得税法》第十七条的规定，股息、红利等权益性投资收益，是指企

业因权益性投资从被投资方取得的收入。

企业所得税处理时计入收入总额的股息、红利等权益性投资收益，包括现金股利、股票股利、盈余公积转增股本以及除股权（票）溢价所形成的资本公积以外其他资本公积转增股本收入等，如表5-33所示。

表5-33　　股息、红利等权益性投资收益

<table>
<tr><th>界定</th><th>内容</th><th colspan="2">股息、红利等权益性投资收益收入确认</th></tr>
<tr><td rowspan="4">股息、红利等权益性投资收益，是指企业因权益性投资从被投资方取得的收入</td><td>现金股利（利润）</td><td rowspan="2">《企业所得税法》第十七条</td><td rowspan="2">除国务院财政、税务主管部门另有规定外，按照被投资方作出利润分配决定的日期确认收入的实现</td></tr>
<tr><td>股票股利</td></tr>
<tr><td>盈余公积转增股本收入</td><td rowspan="2">《国家税务总局关于贯彻落实企业所得税法若干税收问题的通知》（国税函〔2010〕79号）第四条</td><td>应以被投资企业股东会或股东大会作出利润分配或转股决定的日期，确定收入的实现</td></tr>
<tr><td>资本（股本）溢价以外的其他资本公积转增股本收入</td><td>被投资企业将股权（票）溢价所形成的资本公积转为股本的，不作为投资方企业的股息、红利收入，投资方企业也不得增加该项长期投资的计税基础</td></tr>
</table>

2. 权益性投资收益收入的确认

根据《企业所得税法》第十七条的规定，股息、红利等权益性投资收益，除国务院财政、税务主管部门另有规定外，按照被投资方作出利润分配决定的日期确认收入的实现。

根据《国家税务总局关于贯彻落实企业所得税法若干税收问题的通知》（国税函〔2010〕79号）第四条“关于股息、红利等权益性投资收益收入确认问题”的进一步规定，企业权益性投资取得股息、红利等收入，应以被投资企业股东会或股东大会作出利润分配或转股决定的日期，确定收入的实现。

被投资企业将股权（票）溢价所形成的资本公积转为股本的，不作为投资方企业的股息、红利收入，投资方企业也不得增加该项长期投资的计税基础。

（二）符合条件的股息、红利为免税收入

1. 符合条件的股息、红利等权益性投资收益优惠

根据《企业所得税法》第二十六条的规定，符合条件的居民企业之间的股息、红利等权益性投资收益以及在中国境内设立机构、场所的非居民企业从居民企业取得与该机构、场所有实际联系的股息、红利等权益性投资收益为免税收入，如表5-34所示。

根据《企业所得税法实施条例》第八十三条的规定，符合条件的居民企业之间的股息、红利等权益性投资收益，是指居民企业直接投资于其他居民企业取得的投资收益。股息、红利等权益性投资收益，不包括连续持有居民企业公开发行并上市流通的股票不足12个月取得的投资收益。这里的不足12个月，是指从取得股票之日到分配股息、红利决定之日不足12个月。

表 5-34　符合条件的居民企业之间的股息、红利等权益性投资收益为免税收入

《企业所得税法》	免税的股息、红利的界定
第二十六条　企业的下列收入为免税收入： （一）国债利息收入； （二）符合条件的居民企业之间的股息、红利等权益性投资收益； （三）在中国境内设立机构、场所的非居民企业从居民企业取得与该机构、场所有实际联系的股息、红利等权益性投资收益； （四）符合条件的非营利组织的收入。	符合条件的居民企业之间的股息、红利等权益性投资收益，是指居民企业直接投资于其他居民企业取得的投资收益 不包括连续持有居民企业公开发行并上市流通的股票不足 12 个月取得的投资收益

2. 免税收入所对应费用的扣除

《国家税务总局关于贯彻落实企业所得税法若干税收问题的通知》（国税函〔2010〕79 号）第六条“关于免税收入所对应的费用扣除问题”规定，企业取得的各项免税收入所对应的各项成本费用，除另有规定者外，可以在计算企业应纳税所得额时扣除。

3. 从合伙企业分回的投资收益不免征

法人合伙人从合伙企业分回的股息、红利等权益性投资收益，不属于符合条件的居民企业之间的股息、红利，不免征企业所得税。

（三）撤回或减少投资的处理

1. 税务处理

根据《国家税务总局关于企业所得税若干问题的公告》（国家税务总局公告 2011 年第 34 号）第五条的规定，投资企业从被投资企业撤回或减少投资，其取得的资产中，相当于初始出资的部分，应确认为投资收回；相当于被投资企业累计未分配利润和累计盈余公积按减少实收资本比例计算的部分，应确认为股息所得；其余部分确认为投资资产转让所得。被投资企业发生的经营亏损，由被投资企业按规定结转弥补；投资企业不得调整减低其投资成本，也不得将其确认为投资损失。

即先收回投资成本，再确认股息、红利所得，最后确认资产转让所得。

【例 5-7】 2×18 年 1 月，A 公司投资 200 万元于甲企业（持股 40%）。2×20 年 12 月 1 日，A 公司从甲企业取得撤回的全部投资，收到款项 560 万元。此时，甲企业所有者权益为：股本 500 万元，留存收益 100 万。不考虑其他因素的影响。

要求：进行相关财务与税务处理。

解析：

（1）会计处理：

借：银行存款　　5 600 000

　　贷：长期股权投资——投资成本　　2 000 000

　　　　投资收益　　3 600 000

（2）税务处理：

A 公司从甲企业取得撤回投资款 560 万元，其中：相当于初始出资的 200 万元，应确认为投资收回，不缴纳企业所得税；相当于被投资企业累计未分配利润和累计盈余公积按减少实收资本比例计算的40万元（100万×40%），应确认为股息所得，可按居民企业间权益性投资收益作免税处理；其余320万元确认为投资资产转让所得，依法缴纳企业所得税。

（四）分得清算剩余资产的处理

1. 分得清算剩余资产的处理

根据《企业所得税法实施条例》第十一条的规定，投资方企业从被清算企业分得的剩余资产，其中相当于从被清算企业累计未分配利润和累计盈余公积中应当分得的部分，应当确认为股息所得；剩余资产减除上述股息所得后的余额，超过或者低于投资成本的部分，应当确认为投资资产转让所得或者损失。

根据《财政部　国家税务总局关于企业清算业务企业所得税处理若干问题的通知》（财税〔2009〕60号）的规定，被清算企业的股东分得的剩余资产的金额，其中相当于被清算企业累计未分配利润和累计盈余公积中按该股东所占股份比例计算的部分，应确认为股息所得；剩余资产减除股息所得后的余额，超过或低于股东投资成本的部分，应确认为股东的投资转让所得或损失。

可见，分得清算剩余资产应先确认股息、红利所得，再收回投资成本，最后确认财产转让所得或损失。

【例5－8】 2×18年5月8日，A公司向甲公司投资1 000万元，占甲公司30%的股份，2×20年10月甲公司进行清算，清算时甲公司未分配利润和盈余公积余额为3 000万元，A公司分得的清算剩余资产2 500万元。

请问：

1. A公司分回的清算剩余资产应如何进行财税处理？

2. 如果A公司分得的清算剩余资产为800万元，应如何处理？

解析：

1. A公司分回的清算剩余资产的财税处理：

（1）会计处理：

取得清算剩余资产：

借：银行存款	25 000 000	
贷：长期股权投资		10 000 000
投资收益		15 000 000

（2）税务处理：

首先，根据3 000万元累计留存收益按分配比例30%确认股息所得900万元（3 000×30%），此为免税收入；

其次，按照分回剩余资产2 500万元剔除股息900万元后的余额1 600万，与投资成本1 000万元比较，确认投资资产转让所得600万元（1 600－1 000）。

2. 如果A公司分得的清算剩余资产800万元的处理为：

（1）会计处理：

取得清算剩余资产：

借：银行存款　　8 000 000

　　投资收益　　2 000 000

　　贷：长期股权投资　　10 000 000

（2）税务处理：

首先，根据累计留存收益按分配比例30%计算股息所得最高金额900万元（3 000×30%）；

其次，比较计算值900万元与收回的剩余资产金额800万元，按孰小值确定免税收入金额为800万元；

最后，确认投资转让所得为0。

（五）股权转让所得的处理

1. 股权转让所得的确认和计算

根据《国家税务总局关于贯彻落实企业所得税法若干税收问题的通知》（国税函〔2010〕79号）第三条“关于股权转让所得确认和计算问题”的规定，企业转让股权收入，应于转让协议生效、且完成股权变更手续时，确认收入的实现。转让股权收入扣除为取得该股权所发生的成本后，为股权转让所得。企业在计算股权转让所得时，不得扣除被投资企业未分配利润等股东留存收益中按该项股权所可能分配的金额。

《国家税务总局关于企业重组业务企业所得税征收管理若干问题的公告》（国家税务总局公告2015年第48号）第三条规定，股权收购，以转让合同（协议）生效且完成股权变更手续日为重组日。关联企业之间发生股权收购，转让合同（协议）生效后12个月内尚未完成股权变更手续的，应以转让合同（协议）生效日为重组日。

根据《国家税务总局关于企业取得财产转让等所得企业所得税处理问题的公告》（国家税务总局公告2010年第19号）第一条的规定，企业取得财产（包括各类资产、股权、债权等）转让收入、债务重组收入、接受捐赠收入、无法偿付的应付款收入等，不论是以货币形式、还是非货币形式体现，除另有规定外，均应一次性计入确认收入的年度计算缴纳企业所得税。

2. 核定征收

根据《国家税务总局关于企业所得税核定征收有关问题的公告》（国家税务总局公告2012年第27号）的规定，专门从事股权（股票）投资业务的企业，不得核定征收企业所得税。依法按核定应税所得率方式核定征收企业所得税的企业，取得的转让股权（股票）收入等转让财产收入，应全额计入应税收入额，按照主营项目（业务）确定适用的应税所得率计算征税；若主营项目（业务）发生变化，应在当年汇算清缴时，按照变化后的主营项目（业务）重新确定适用的应税所得率计算征税。

（六）股权投资损失的扣除

企业进行股权投资要么产生投资收益，要么导致投资损失，其中股权投资损失包括股权持有损失和股权处置损失。关于股权投资损失税务处理的政策依据，主要有《财政部　国家税务总局关于企业资产损失税前扣除政策的通知》（财税〔2009〕57 号）、《企业资产损失所得税税前扣除管理办法》（国家税务总局公告 2011 年第 25 号）、《关于企业所得税资产损失资料留存备查有关事项的公告》（国家税务总局公告 2018 年第 15 号）等一系列相关文件。

2008 年 1 月 1 日以后，根据《企业所得税法》及其实施条例，企业对外投资期间，对投资资产的成本，在计算应纳税所得额时不得扣除。企业在转让或者处置投资资产时，投资资产的成本，准予扣除。根据财税〔2009〕57 号文件规定，股权投资损失可以作为资产损失处理。对发生在 2008 年及其以后年度的股权投资处置损失可在发生的当年一次性扣除。

根据《国家税务总局关于企业股权投资损失所得税处理问题的公告》（国家税务总局公告 2010 年第 6 号，自 2010 年 1 月 1 日起执行）第一条的规定，企业对外进行权益性（以下简称股权）投资所发生的损失，在经确认的损失发生年度，作为企业损失在计算企业应纳税所得额时一次性扣除。

根据《企业资产损失所得税税前扣除管理办法》的规定，企业实际资产损失，应当在其实际发生且会计上已作损失处理的年度申报扣除；法定资产损失，应当在符合法定资产损失确认条件，且会计上已作损失处理的年度申报扣除。其中，实际资产损失是指企业在实际处置、转让上述资产过程中发生的合理损失；法定资产损失是指企业虽未实际处置、转让资产，但符合财税〔2009〕57 号和《企业资产损失所得税税前扣除管理办法》等规定条件计算确认的损失。

二、长期股权投资的处理

（一）长期股权投资的范围

《企业会计准则第 2 号——长期股权投资》（以下简称“长期股权投资准则”）第二条规定，本准则所称长期股权投资，是指投资方对被投资单位实施控制、重大影响的权益性投资，以及对其合营企业的权益性投资。

1. 对子公司的权益性投资

投资方能够对被投资单位实施控制的权益性投资，即对子公司投资。控制，是指投资方拥有对被投资单位的权利，通过参与被投资单位的相关活动而享有可变回报，并且有能力运用对被投资单位的权利影响其回报金额。

在确定能否对被投资单位实施控制时，投资方应当按照《企业会计准则第 33

号——合并财务报表》的有关规定进行判断。投资方能够对被投资单位实施控制的，被投资单位为其子公司。投资方属于《企业会计准则第 33 号——合并财务报表》规定的投资性主体且子公司不纳入合并财务报表的情况除外。

2. 对合营企业的权益性投资

投资方与其他合营方一同对被投资单位实施共同控制且对被投资单位净资产享有权利的权益性投资，即对合营企业投资。共同控制，是指按照相关约定对某项安排所共有的控制，并且该安排的相关活动必须经过分享控制权的参与方一致同意后才能决策。

在确定被投资单位是否为合营企业时，应当按照《企业会计准则第 40 号——合营安排》的有关规定进行判断。

3. 对联营企业的权益性投资

投资方对被投资单位具有重大影响的权益性投资，即对联营企业投资。重大影响，是指对一个企业的财务和经营政策有参与决策的权力，但并不能够控制或者与其他方一起共同控制这些政策的制定。实务中，较为常见的重大影响体现为在被投资单位的董事会或类似权力机构中派有代表，通过在被投资单位财务和经营决策制定过程中的发言权实施重大影响。

投资方直接或通过子公司间接持有被投资单位 20% 以上但低于 50% 的表决权时，一般认为对被投资单位具有重大影响，除非有明确的证据表明该种情况下不能参与被投资单位的生产经营决策，不形成重大影响。在确定能否对被投资单位施加重大影响时，一方面应考虑投资方直接或间接持有被投资单位的表决权股份，同时要考虑投资方及其他方持有的当期可执行潜在表决权在假定转换为对被投资单位的股权后产生的影响，如被投资单位发行的当期可转换的认股权证、股份期权及可转换公司债券等的影响。

对被投资单位不具有控制、共同控制或重大影响的股权性投资，属于金融资产，应按金融工具确认和计量准则进行会计处理。

表 5－35　　长期股权投资的范围

会计科目	按影响程度	界定	
长期股权投资	对子公司投资（控制）	投资方能够对被投资单位实施控制的权益性投资，被投资单位为其子公司	控制，是指投资方拥有对被投资单位的权利，通过参与被投资单位的相关活动而享有可变回报，并且有能力运用对被投资单位的权利影响其回报金额
	对合营企业投资（共同控制）	投资方与其他合营方一同对被投资单位实施共同控制且对被投资单位净资产享有权利的权益性投资，即对合营企业投资	共同控制，是指按照相关约定对某项安排所共有的控制，并且该安排的相关活动必须经过分享控制权的参与方一致同意后才能决策
	对联营企业投资（重大影响）	投资方对被投资单位具有重大影响的权益性投资，即对联营企业投资	重大影响，是指对一个企业的财务和经营政策有参与决策的权利，但并不能够控制或者与其他方一起共同控制这些政策的制定

（二）企业合并形成的长期股权投资

根据《企业会计准则第20号——企业合并》（以下简称“企业合并准则”）第二条的规定，企业合并，是指将两个或者两个以上单独的企业合并形成一个报告主体的交易或事项。企业合并分为同一控制下的企业合并和非同一控制下的企业合并。

企业合并准则第四条还规定，该准则不涉及下列企业合并：

（1）两方或者两方以上形成合营企业的企业合并；

（2）仅通过合同而不是所有权份额将两个或者两个以上单独的企业合并形成一个报告主体的企业合并。

1. 初始计量与计税基础

（1）初始计量。

根据长期股权投资准则第五条的规定，企业合并形成的长期股权投资，应当按照下列规定确定其初始投资成本：

①同一控制下的企业合并。

同一控制下的企业合并，合并方以支付现金、转让非现金资产或承担债务方式作为合并对价的，应当在合并日按照被合并方所有者权益在最终控制方合并财务报表中的账面价值的份额作为长期股权投资的初始投资成本。长期股权投资初始投资成本与支付的现金、转让的非现金资产以及所承担债务账面价值之间的差额，应当调整资本公积；资本公积不足冲减的，调整留存收益。

合并方以发行权益性证券作为合并对价的，应当在合并日按照被合并方所有者权益在最终控制方合并财务报表中的账面价值的份额作为长期股权投资的初始投资成本。按照发行股份的面值总额作为股本，长期股权投资初始投资成本与所发行股份面值总额之间的差额，应当调整资本公积；资本公积不足冲减的，调整留存收益。

②非同一控制下的企业合并。

非同一控制下的企业合并，购买方在购买日应当按照《企业会计准则第20号——企业合并》的有关规定确定的合并成本作为长期股权投资的初始投资成本。

③中介费用与相关管理费用处理。

合并方或购买方为企业合并发生的审计、法律服务、评估咨询等中介费用以及其他相关管理费用，应当于发生时计入当期损益。

（2）计税基础。

根据《企业所得税法实施条例》第七十一条的规定，长期股权投资的计税基础按照以下方法确定：

通过支付现金方式取得的长期股权投资，以购买价款为计税基础，包括与取得长期股权投资直接相关的费用、税金及其他必要支出；

通过支付现金以外的方式取得的长期股权投资，以该资产的公允价值和支付的相关税费为成本。

2. 后续计量与纳税调整

（1）后续计量。

根据长期股权投资准则第八条的规定，采用成本法核算的长期股权投资应当按照初始投资成本计价。追加或收回投资应当调整长期股权投资的成本。被投资单位宣告分派的现金股利或利润，应当确认为当期投资收益。

收到被投资单位发放的股票股利，不进行账务处理，但应在备查簿中登记。

企业应设置“应收股利”科目，核算企业应收取的现金股利和应收取其他单位分配的利润。该科目应当按照被投资单位进行明细核算。

被投资单位宣告发放现金股利或利润，按应归本企业享有的金额，借记“应收股利”科目，贷记“投资收益”或“长期股权投资——损益调整”科目。

收到现金股利或利润，借记“银行存款”等科目，贷记“应收股利”科目。

该科目期末借方余额，反映企业尚未收回的现金股利或利润。

（2）纳税调整。

《国家税务总局关于贯彻落实企业所得税法若干税收问题的通知》（国税函〔2010〕79 号）第四条“关于股息、红利等权益性投资收益收入确认问题”规定，企业权益性投资取得股息、红利等收入，应以被投资企业股东会或股东大会作出利润分配或转股决定的日期，确定收入的实现。被投资企业将股权（票）溢价所形成的资本公积转为股本的，不作为投资方企业的股息、红利收入，投资方企业也不得增加该项长期投资的计税基础。

对于被投资企业发放的股票股利，投资方企业应在被投资单位宣告分派股票股利时，确认为当期股息、红利收入，税会差异应进行纳税调整。

3. 成本法的适用

（1）对子公司长期股权投资采用成本法核算。

根据长期股权投资准则第七条的规定，投资方能够对被投资单位实施控制的长期股权投资应当采用成本法核算。

（2）小企业会计准则采用成本法。

根据《小企业会计准则》的规定，长期股权投资应当按照成本进行计量。

以支付现金取得的长期股权投资，应当按照购买价款和相关税费作为成本进行计量。实际支付价款中包含的已宣告但尚未发放的现金股利，应当单独确认为应收股利，不计入长期股权投资的成本。

通过非货币性资产交换取得的长期股权投资，应当按照换出非货币性资产的评估价值和相关税费作为成本进行计量。

根据《小企业会计准则》的规定，长期股权投资应当采用成本法进行会计处理。在长期股权投资持有期间，被投资单位宣告分派的现金股利或利润，应当按照应分得的金额确认为投资收益。处置长期股权投资，处置价款扣除其成本、相关税费后的净额，应当计入投资收益。

4. 长期股权投资减值的核算

企业应设置“长期股权投资减值准备”科目，核算企业长期股权投资发生减值时计提的减值准备。该科目应当按照被投资单位进行明细核算。

资产负债表日，企业根据《企业会计准则第8号——资产减值》确定长期股权投资发生减值的，按应减记的金额，借记“资产减值损失”科目，贷记“长期股权投资减值准备”科目。

处置长期股权投资时，应同时结转已计提的长期股权投资减值准备。

该科目期末贷方余额，反映企业已计提但尚未转销的长期股权投资减值准备。

5. 投资收益的核算

企业应设置“投资收益”科目，核算企业根据长期股权投资准则确认的投资收益或投资损失。该科目应当按照投资项目进行明细核算。

（1）分配股利或利润。

长期股权投资采用成本法核算的，企业应按被投资单位宣告发放的现金股利或利润中属于本企业的部分，借记“应收股利”科目，贷记“投资收益”科目。

权益法核算下，取得长期股权投资后，被投资单位宣告发放现金股利或利润时，企业计算应分得的部分，借记“应收股利”科目，贷记“长期股权投资（损益调整）”科目。

借：应收股利

　　贷：长期股权投资——损益调整

（2）处置长期股权投资。

处置长期股权投资时，应按实际收到的金额，借记“银行存款”等科目，原已计提减值准备的，借记“长期股权投资减值准备”科目，按其账面余额，贷记“长期股权投资”科目，按尚未领取的现金股利或利润，贷记“应收股利”科目，按其差额，贷记或借记“投资收益”。

6. 会计处理与纳税调整

企业应设置“长期股权投资”科目，核算企业持有的长期股权投资。该科目应当按照被投资单位进行明细核算。长期股权投资的主要账务处理为：

（1）同一控制下企业合并形成的长期股权投资。

同一控制下企业合并形成的长期股权投资，合并方以支付现金、转让非现金资产或承担债务方式作为合并对价的，应在合并日按取得被合并方所有者权益在最终控制方合并财务报表中的账面价值的份额，借记“长期股权投资（投资成本）”科目，按支付的合并对价的账面价值，贷记或借记有关资产、负债科目，按其差额，贷记“资本公积——资本溢价或股本溢价”科目；如为借方差额，借记“资本公积——资本溢价或股本溢价”科目，资本公积（资本溢价或股本溢价）不足冲减的，应依次借记“盈余公积”“利润分配——未分配利润”科目。

合并方以发行权益性证券作为合并对价的，应当在合并日按照被合并方所有者权益在最终控制方合并财务报表中的账面价值的份额，借记“长期股权投资（投资成本）”，按照发行股份的面值总额，贷记“股本”，按其差额，贷记“资本公积——资本溢价或股本溢价”；如为借方差额，借记“资本公积——资本溢价或股本溢价”科目，资本公积（资本溢价或股本溢价）不足冲减的，应依次借记“盈余公积”“利润分配——未分配利润”科目。

（2）非同一控制下企业合并形成的长期股权投资。

非同一控制下企业合并形成的长期股权投资，购买方以支付现金、转让非现金资产或承担债务方式等作为合并对价的，应在购买日按照《企业会计准则第 20 号——企业合并》确定的合并成本，借记“长期股权投资（投资成本）”科目，按付出的合并对价的账面价值，贷记或借记有关资产、负债科目，按发生的直接相关费用（如资产处置费用），贷记“银行存款”等科目，按其差额，贷记“主营业务收入”“营业外收入”“投资收益”等科目或借记“管理费用”“营业外支出”“主营业务成本”等科目。

购买方以发行权益性证券作为合并对价的，应在购买日按照发行的权益性证券的公允价值，借记“长期股权投资（投资成本）”，按照发行的权益性证券的面值总额，贷记“股本”，按其差额，贷记“资本公积——资本溢价或股本溢价”。

（3）合并费用的处理。

企业为企业合并发生的审计、法律服务、评估咨询等中介费用以及其他相关管理费用，应当于发生时借记“管理费用”科目，贷记“银行存款”等科目。

（4）被投资单位宣告发放股利的处理。

长期股权投资采用成本法核算的，应按被投资单位宣告发放的现金股利或利润中属于本企业的部分，借记“应收股利”科目，贷记“投资收益”科目。

收到被投资单位发放的股票股利，不进行账务处理，但应在备查簿中登记。

（三）其他方式取得的长期股权投资

1. 初始计量与计税基础的确定

（1）初始计量。

根据长期股权投资准则第六条的规定，除企业合并形成的长期股权投资以外，其他方式取得的长期股权投资，应当按照下列规定确定其初始投资成本：

以支付现金取得的长期股权投资，应当按照实际支付的购买价款作为初始投资成本。初始投资成本包括与取得长期股权投资直接相关的费用、税金及其他必要支出。

以发行权益性证券取得的长期股权投资，应当按照发行权益性证券的公允价值作为初始投资成本。与发行权益性证券直接相关的费用，应当按照《企业会计准则第 37 号——金融工具列报》的有关规定确定。

通过非货币性资产交换取得的长期股权投资，其初始投资成本应当按照《企业会计准则第 7 号——非货币性资产交换》的有关规定确定。

通过债务重组取得的长期股权投资，其初始投资成本应当按照《企业会计准则第

12 号——债务重组》的有关规定确定。

以支付现金、非现金资产等其他方式取得的长期股权投资，应按现金、非现金资产的公允价值或按照《企业会计准则第 7 号——非货币性资产交换》《企业会计准则第 12 号——债务重组》的有关规定确定的初始投资成本，借记“长期股权投资”科目，贷记“银行存款”等科目，贷记“营业外收入”或借记“营业外支出”等处置非现金资产相关的科目。

（2）计税基础。

根据《企业所得税法实施条例》第七十一条的规定，通过支付现金方式取得的长期股权投资，以购买价款为计税基础，包括与取得长期股权投资直接相关的费用、税金及其他必要支出；通过支付现金以外的方式取得的长期股权投资，以该资产的公允价值和支付的相关税费为成本。

2. 后续计量与会计核算

（1）对联营和合营企业的长期股权投资采用权益法。

根据长期股权投资准则第九条的规定，投资方对联营企业和合营企业的长期股权投资，应当按照规定，采用权益法核算。

投资方对联营企业的权益性投资，其中一部分通过风险投资机构、共同基金、信托公司或包括投连险基金在内的类似主体间接持有的，无论以上主体是否对这部分投资具有重大影响，投资方都可以按照《企业会计准则第 22 号——金融工具确认和计量》的有关规定，对间接持有的该部分投资选择以公允价值计量且其变动计入损益，并对其余部分采用权益法核算。

（2）初始投资成本的调整与会计处理。

①初始投资成本的调整。

根据长期股权投资准则第十条的规定，长期股权投资的初始投资成本大于投资时应享有被投资单位可辨认净资产公允价值份额的，不调整长期股权投资的初始投资成本；长期股权投资的初始投资成本小于投资时应享有被投资单位可辨认净资产公允价值份额的，其差额应当计入当期损益，同时调整长期股权投资的成本。

被投资单位可辨认净资产的公允价值，应当比照《企业会计准则第 20 号——企业合并》的有关规定确定。

②初始投资成本调整的会计处理。

企业应设置“长期股权投资”科目，核算企业持有的长期股权投资。长期股权投资核算采用权益法的，应当分别“投资成本”“损益调整”“其他综合收益”“其他权益变动”进行明细核算。

长期股权投资的初始投资成本大于投资时应享有被投资单位可辨认净资产公允价值份额的，不调整已确认的初始投资成本；长期股权投资的初始投资成本小于投资时应享有被投资单位可辨认净资产公允价值份额的，应按其差额，借记“长期股权投资”（投资成本）科目，贷记“营业外收入”科目。

借：长期股权投资——投资成本

贷：营业外收入

③初始投资成本调整的纳税调整。

长期股权投资的初始投资成本小于投资时应享有被投资单位可辨认净资产公允价值份额的，会计上应按其差额，贷记"营业外收入"科目的金额，不用缴纳企业所得税，需要进行纳税调减处理。

（3）被投资单位实现净损益的确认与核算。

①被投资单位实现净损益的确认。

根据长期股权投资准则第十一条的规定，投资方取得长期股权投资后，应当按照应享有或应分担的被投资单位实现的净损益和其他综合收益的份额，分别确认投资收益和其他综合收益，同时调整长期股权投资的账面价值；投资方按照被投资单位宣告分派的利润或现金股利计算应享有的部分，相应减少长期股权投资的账面价值；投资方对于被投资单位除净损益、其他综合收益和利润分配以外所有者权益的其他变动，应当调整长期股权投资的账面价值并计入所有者权益。

投资方在确认应享有被投资单位净损益的份额时，应当以取得投资时被投资单位可辨认净资产的公允价值为基础，对被投资单位的净利润进行调整后确认。

被投资单位采用的会计政策及会计期间与投资方不一致的，应当按照投资方的会计政策及会计期间对被投资单位的财务报表进行调整，并据以确认投资收益和其他综合收益等。

②会计核算。

资产负债表日，企业应按被投资单位实现的净利润（以取得投资时被投资单位可辨认净资产的公允价值为基础计算）中企业享有的份额，借记"长期股权投资（损益调整）"，贷记"投资收益"科目。

借：长期股权投资——损益调整

贷：投资收益

收到被投资单位发放的股票股利，不进行账务处理，但应在备查簿中登记。

税务处理：被投资单位宣告发放现金股利和股票股利，投资方应在被投资企业作出利润分配决定的日期按规定确认企业所得税收入，税法与会计之间的差异应在年终汇算清缴时，调整应纳税所得额。

（4）被投资单位净亏损的确认与会计核算。

①被投资单位净亏损的确认。

根据长期股权投资准则第十二条的规定，投资方确认被投资单位发生的净亏损，应当以长期股权投资的账面价值以及其他实质上构成对被投资单位净投资的长期权益减记至零为限，投资方负有承担额外损失义务的除外。

被投资单位以后实现净利润的，投资方在其收益分享额弥补未确认的亏损分担额后，恢复确认收益分享额。

②会计处理。

被投资单位发生净亏损的，投资方按约定比例计算应分担的亏损额，借记“投资收益”，贷记“长期股权投资（损益调整）”科目，但以“长期股权投资”科目的账面价值减记至零为限；还需承担的投资损失，应将其他实质上构成对被投资单位净投资的“长期应收款”等的账面价值减记至零为限；除按照以上步骤已确认的损失外，按照投资合同或协议约定将承担的损失，确认为预计负债。除上述情况仍未确认的应分担被投资单位的损失，应在账外备查登记。

发生亏损的被投资单位以后实现净利润的，应按与上述相反的顺序进行处理。

（5）其他综合收益和所有者权益的其他变动的处理。

被投资单位除净损益、利润分配以外的其他综合收益变动和所有者权益的其他变动，企业按持股比例计算应享有的份额，借记“长期股权投资（其他综合收益和其他权益变动）”，贷记“其他综合收益”和“资本公积——其他资本公积”科目。

3. 处置长期股权投资的处理

根据长期股权投资准则第十七条的规定，处置长期股权投资，其账面价值与实际取得价款之间的差额，应当计入当期损益。采用权益法核算的长期股权投资，在处置该项投资时，采用与被投资单位直接处置相关资产或负债相同的基础，按相应比例对原计入其他综合收益的部分进行会计处理。

处置长期股权投资时，应按实际收到的金额，借记“银行存款”等科目，原已计提减值准备的，借记“长期股权投资减值准备”科目，按其账面余额，贷记“长期股权投资”科目，按尚未领取的现金股利或利润，贷记“应收股利”科目，按其差额，贷记或借记“投资收益”科目。

处置采用权益法核算的长期股权投资时，应当采用与被投资单位直接处置相关资产或负债相同的基础，对相关的其他综合收益进行会计处理。按照规定可以转入当期损益的其他综合收益，应按结转的长期股权投资的投资成本比例结转原记入“其他综合收益”科目的金额，借记或贷记“其他综合收益”科目，贷记或借记“投资收益”科目。

处置采用权益法核算的长期股权投资时，还应按结转的长期股权投资的投资成本比例结转原记入“资本公积——其他资本公积”科目的金额，借记或贷记“资本公积——其他资本公积”科目，贷记或借记“投资收益”科目。

4. 权益法下投资收益的核算

企业应设置“投资收益”科目，核算企业根据长期股权投资准则确认的投资收益或投资损失。

（1）确认被投资单位实现的净利润。

长期股权投资采用权益法核算的，资产负债表日，应按被投资单位实现的净利润（以取得投资时被投资单位可辨认净资产的公允价值为基础计算）中企业享有的份额，借记“长期股权投资——损益调整”科目，贷记“投资收益”科目。

（2）确认被投资单位发生的亏损额。

被投资单位发生亏损、分担亏损份额未超过长期股权投资账面价值或分担亏损份额超过长期股权投资账面价值而冲减实质上构成对被投资单位长期净投资的，借记“投资收益”科目，贷记“长期股权投资——损益调整”“长期应收款”。除按照上述步骤已确认的损失外，按照投资合同或协议约定企业将承担的损失，借记“投资收益”科目，贷记“预计负债”。发生亏损的被投资单位以后实现净利润的，企业计算的应享有的份额，如有未确认投资损失的，应先弥补未确认的投资损失，弥补损失后仍有余额的，借记“预计负债”“长期应收款”“长期股权投资——损益调整”等科目，贷记“投资收益”科目。

（3）处置长期股权投资。

处置长期股权投资时，应按实际收到的金额，借记“银行存款”等科目，原已计提减值准备的，借记“长期股权投资减值准备”科目，按其账面余额，贷记“长期股权投资”科目，按尚未领取的现金股利或利润，贷记“应收股利”科目，按其差额，贷记或借记“投资收益”科目。

处置采用权益法核算的长期股权投资时，应当采用与被投资单位直接处置相关资产或负债相同的基础，对相关的其他综合收益进行会计处理。按照上述原则可以转入当期损益的其他综合收益，应按结转长期股权投资的投资成本比例结转原记入“其他综合收益”科目的金额，借记或贷记“其他综合收益”科目，贷记或借记“投资收益”科目。

处置采用权益法核算的长期股权投资时，还应按结转长期股权投资的投资成本比例结转原记入“资本公积——其他资本公积”科目的金额，借记或贷记“资本公积——其他资本公积”科目，贷记或借记“投资收益”科目。

期末，应将“投资收益”科目余额转入“本年利润”科目，该科目结转后应无余额。

【例5－9】 2×19年7月，甲公司（境内居民企业）以900万元的价款投资取得A居民企业30%的股权，取得股权时被投资单位净资产账面价值为3 600万元 。假定甲公司和A企业会计政策、会计期间一致。同时，被投资单位各项可辩认资产、负债的公允价值与其账面价值相同。因能够对A企业实施重大影响，甲公司对该长期股权投资采用权益法核算。

2×19年度，A企业实现净利润300万元；

2×20年5月经股东会决议分配现金股利200万元；

2×20年度，A企业发生亏损600万元，甲公司对该项股权投资计提了股权投资减值准备100万元。

2×21年2月，甲公司将该股权转让给乙公司，取得股权转让收入800万元。

要求：

1. 进行相关的财务处理并进行纳税调整；

2. 2×21年2月如果甲公司转让股权收入950万元，进行相关财税处理。

解析：

1. 2×19 年 7 月取得投资时：

（1）会计处理：

①投资取得股权时：

借：长期股权投资——投资成本　　9 000 000

　　贷：银行存款　　9 000 000

②初始投资成本的调整：

根据长期股权投资准则第十条的规定，长期股权投资的初始投资成本大于投资时应享有被投资单位可辨认净资产公允价值份额的，不调整长期股权投资的初始投资成本；长期股权投资的初始投资成本小于投资时应享有被投资单位可辨认净资产公允价值份额的，其差额应当计入当期损益，同时调整长期股权投资的成本。

该项对 A 企业的长期股权投资的初始投资成本 900 万元，小于投资时应享有被投资单位可辨认净资产公允价值份额 1 080（3 600×30%）万元，其差额 180 万元应当计入当期损益（营业外收入），同时调整长期股权投资的成本。

借：长期股权投资——投资成本　　1 800 000

　　贷：营业外收入　　1 800 000

（2）税务处理：

长期股权投资权益法核算对初始投资成本的调整产生的利得 180 万元，不属于企业所得税收入总额的范围，不征收企业所得税，在汇算清缴时应通过“纳税调整项目明细表”（A105000）第 5 行“（四）按权益法核算长期股权投资对初始投资成本调整确认收益”进行纳税调减应纳税所得额，如表 5－36 所示。

表 5－36　A105000　　纳税调整项目明细表　　单位：元

行次	项　　目	账载金额	税收金额	调增金额	调减金额
		1	2	3	4
1	一、收入类调整项目（2+3+4+5+6+7+8+10+11）	*	*		1 800 000
3	（二）未按权责发生制原则确认的收入（填写 A105020）				
4	（三）投资收益（填写 A105030）				
5	（四）按权益法核算长期股权投资对初始投资成本调整确认收益	*	*	*	1 800 000
6	（五）交易性金融资产初始投资调整	*	*		*
7	（六）公允价值变动净损益		*		
31	三、资产类调整项目（32+33+34+35）	*	*		
33	（二）资产减值准备金		*		
34	（三）资产损失（填写 A105090）				
46	合计（1+12+31+36+44+45）	*	*		1 800 000

根据《企业所得税法实施条例》第五十六条的规定，企业的各项资产，包括固定资产、生物资产、无形资产、长期待摊费用、投资资产、存货等，以历史成本为计税基础。历史成本，是指企业取得该项资产时实际发生的支出。企业持有各项资产期间资产增值或者减值，除国务院财政、税务主管部门规定可以确认损益外，不得调整该资产的计税基础。

甲公司取得A公司的长期股权投资的计税基础为900万元，而账面价值为1 080万元，账面价值大于计税基础180万元，应确认递延所得税负债：180×25% =45（万元）。

借：所得税费用　　450 000

　　贷：递延所得税负债　　450 000

2. 2×19年度被投资企业盈利的处理。

（1）会计处理：

根据长期股权投资准则第十一条的规定，投资方取得长期股权投资后，应当按照应享有或应分担的被投资单位实现的净损益和其他综合收益的份额，分别确认投资收益和其他综合收益，同时调整长期股权投资的账面价值；投资方按照被投资单位宣告分派的利润或现金股利计算应享有的部分，相应减少长期股权投资的账面价值；投资方对于被投资单位除净损益、其他综合收益和利润分配以外所有者权益的其他变动，应当调整长期股权投资的账面价值并计入所有者权益。

投资方在确认应享有被投资单位净损益的份额时，应当以取得投资时被投资单位可辨认净资产的公允价值为基础，对被投资单位的净利润进行调整后确认。

被投资单位采用的会计政策及会计期间与投资方不一致的，应当按照投资方的会计政策及会计期间对被投资单位的财务报表进行调整，并据以确认投资收益和其他综合收益等。

因而，A企业2×19年实现净利润300万元，资产负债表日甲公司按持股比例计算确认应享有的份额90万元（300×30%），其会计处理为：

借：长期股权投资——损益调整　　900 000

　　贷：投资收益　　900 000

甲公司对A企业的长期股权投资账面价值增加90万元后会计账面价值为：1 080 + 90 =1 170（万元）；计税基础不变仍为900万元，应确认递延所得税负债与所得税费用：90×25% =22.5（万元）。

借：所得税费用　　225 000

　　贷：递延所得税负债　　225 000

（2）税务处理：

会计上按权益法核算确认的投资收益90万元，根据《企业所得税法》的相关规定，不用在当期缴纳企业所得税，应通过“投资收益纳税调整明细表”（A105030）第6行“六、长期股权投资”和“纳税调整项目明细表”（A105000）第4行“（三）投资收益”调减应纳税所得额，如表5－37、表5－38所示。

表 5-37　A105030　投资收益纳税调整明细表

单位：元

行次	项　　目	持有收益			处置收益							纳税调整金额
		账载金额	税收金额	纳税调整金额	会计确认的处置收入	税收计算的处置收入	处置投资的账面价值	处置投资的计税基础	会计确认的处置所得或损失	税收计算的处置所得	纳税调整金额	
		1	2	3（2-1）	4	5	6	7	8（4-6）	9（5-7）	10（9-8）	11（3+10）
1	一、交易性金融资产											
2	二、可供出售金融资产											
3	三、持有至到期投资											
4	四、衍生工具											
5	五、交易性金融负债											
6	六、长期股权投资	900 000	0	-900 000								-900 000
7	七、短期投资											
8	八、长期债券投资											
9	九、其他											
10	合计	900 000	0	-900 000								-900 000

表 5-38 A105000 纳税调整项目明细表 单位：元

行次	项　目	账载金额	税收金额	调增金额	调减金额
		1	2	3	4
1	一、收入类调整项目	*	*		900 000
2	（一）视同销售收入（填写 A105010）	*			*
3	（二）未按权责发生制原则确认的收入（填写 A105020）				
4	（三）投资收益（填写 A105030）	900 000	0		900 000
5	（四）按权益法核算长期股权投资对初始投资成本调整确认收益	*	*	*	
6	（五）交易性金融资产初始投资调整	*	*		*
7	（六）公允价值变动净损益		*		
46	合计（1+12+31+36+44+45）	*	*		900 000

3. 2×20 年分配利润的处理。

（1）会计处理：

根据长期股权投资准则第十一条的规定，投资方按照被投资单位宣告分派的利润或现金股利计算应享有的部分，相应减少长期股权投资的账面价值；投资方对于被投资单位除净损益、其他综合收益和利润分配以外所有者权益的其他变动，应当调整长期股权投资的账面价值并计入所有者权益。

因而，2×20 年 5 月 A 企业分配现金股利 200 万元，甲公司按持股比例 30% 计算应享有：200×30% =60（万元），其会计处理为：

借：应收股利　　600 000

　　贷：长期股权投资——损益调整　　600 000

收到分回的现金股利时：

借：银行存款　　600 000

　　贷：应收股利　　600 000

长期股权投资的账面价值减少 60 万元，余额为：1 080 +90 -60 =1110（万元）；计税基础不变仍为 900 万元，应转销递延所得税负债：60×25% =15（万元），递延所得税负债余额为：22.5 -15 =7.5（万元）。

借：递延所得税负债　　150 000

　　贷：所得税费用　　150 000

（2）税务处理：

根据《国家税务总局关于贯彻落实企业所得税法若干税收问题的通知》（国税函〔2010〕79 号）第四条的规定，企业权益性投资取得股息、红利等收入，应以被投资企业股东会或股东大会作出利润分配或转股决定的日期，确定收入的实现。被投资企业将股权（票）溢价所形成的资本公积转为股本的，不作为投资方企业的股息、红利收入，投资方企业也不得增加该项长期投资的计税基础。

因而，甲公司应于2×20年5月A企业作出利润分配决定日，确认股息、红利等权益性投资收益60万元，而会计上冲减长期股权投资成本，税会差异需在年终汇算清缴时通过填报“投资收益纳税调整明细表”（A105030）第6行“六、长期股权投资”和“纳税调整项目明细表”（A105000）第4行“（三）投资收益”调增应纳税所得额，如表5－39、表5－40所示。

（3）免税收入的申报：

根据《企业所得税法》第二十六条第（二）项的规定，符合条件的居民企业之间的股息、红利等权益性投资收益为免税收入。符合条件的居民企业之间的股息、红利等权益性投资收益，是指居民企业直接投资于其他居民企业取得的投资收益。股息、红利等权益性投资收益，不包括连续持有居民企业公开发行并上市流通的股票不足12个月取得的投资收益。

因而，税收上确认的股息红利收入60万元，可以享受免税收入优惠，并需在年终汇算清缴时填报“符合条件的居民企业之间的股息、红利等权益性投资收益优惠明细表”（A107011）和“免税、减计收入及加计扣除优惠明细表”（A107010）表第3行“（二）符合条件的居民企业之间的股息、红利等权益性投资收益”和主表A100000第17行“减：免税、减计收入及加计扣除”，如表5－41、表5－42所示。

4. 2×20年A企业发生亏损的处理

（1）会计处理：

根据长期股权投资准则第十二条的规定，投资方确认被投资单位发生的净亏损，应当以长期股权投资的账面价值以及其他实质上构成对被投资单位净投资的长期权益减记至零为限，投资方负有承担额外损失义务的除外。

因而，A企业年度亏损600万元，甲公司在资产负债表日按持股比例计算应分担金额为：600×30%＝180（万元）。

借：投资收益　　　　　　　　　　　　　　　　　　1 800 000

　　贷：长期股权投资——损益调整　　　　　　　　　　　1 800 000

会计上账面价值为：1 080＋90－60－180＝930（万元）。

（2）税务处理：

根据《国家税务总局关于企业所得税若干问题的公告》（国家税务总局公告2011年第34号）第五条的规定，被投资企业发生的经营亏损，由被投资企业按规定结转弥补；投资企业不得调整减低其投资成本，也不得将其确认为投资损失。

因而，甲公司对A企业的长期股权投资的计税基础仍为900万元。会计上确认的长期股权投资损失不得在税前扣除，需在年终汇算清缴时通过“投资收益纳税调整明细表”（A105030）第6行“六、长期股权投资”和“纳税调整项目明细表”（A105000）第4行“（三）投资收益”调增应纳税所得额，如表5－43、表5－44所示。

表 5－39　A105030

投资收益纳税调整明细表

单位：元

行次	项　目	持有收益			处置收益							纳税调整金额
		账载金额	税收金额	纳税调整金额	会计确认的处置收入	税收计算的处置收入	处置投资的账面价值	处置投资的计税基础	会计确认的处置所得或损失	税收计算的处置所得	纳税调整金额	
		1	2	3（2－1）	4	5	6	7	8（4－6）	9（5－7）	10（9－8）	11（3＋10）
1	一、交易性金融资产											
2	二、可供出售金融资产											
3	三、持有至到期投资											
4	四、衍生工具											
5	五、交易性金融负债											
6	六、长期股权投资	0	600 000	600 000								600 000
7	七、短期投资											
8	八、长期债券投资											
9	九、其他											
10	合计	0	600 000	600 000								600 000

表 5－40　A105000

纳税调整项目明细表

单位：元

行次	项　目	账载金额	税收金额	调增金额	调减金额
		1	2	3	4
1	一、收入类调整项目	*	*	600 000	
2	（一）视同销售收入（填写 A105010）	*			*
3	（二）未按权责发生制原则确认的收入（填写 A105020）				
4	（三）投资收益（填写 A105030）	0	600 000	600 000	
5	（四）按权益法核算长期股权投资对初始投资成本调整确认收益	*	*	*	
6	（五）交易性金融资产初始投资调整	*	*		*
7	（六）公允价值变动净损益		*		
46	合计（1＋12＋31＋36＋44＋45）	*	*	600 000	

表 5-41　A107011　符合条件的居民企业之间的股息、红利等权益性投资收益优惠明细表

单位：元

行次	被投资企业	被投资企业统一社会信用代码（纳税人识别号）	投资性质	投资成本	投资比例	被投资企业利润分配确认金额		被投资企业清算确认金额			撤回或减少投资确认金额						合计
						被投资企业做出利润分配或转股决定时间	依决定归属于本公司的股息、红利等权益性投资收益金额	分得的被投资企业清算剩余资产	被清算企业累计未分配利润和累计盈余公积应享有部分	应确认的股息所得	从被投资企业撤回或减少投资取得的资产	减少投资比例	收回初始投资成本	取得资产中超过收回初始投资成本部分	撤回或减少投资应享有被投资企业累计未分配利润和累计盈余公积	应确认的股息所得	
	1	2	3	4	5	6	7	8	9	10（8与9孰小）	11	12	13（4×12）	14（11-13）	15	16（14与15孰小）	17（7+10+16）
1	A企业		直接投资	9 000 000	30%	2 020.5	600 000										600 000
2																	
6																	
7																	600 000
8	合计																
9	其中：直接投资或非H股票投资																
10	股票投资—沪港通H股																
11	股票投资—深港通H股																
12	创新企业CDR																
13	永续债																

表 5－42 A107010 免税、减计收入及加计扣除优惠明细表 单位：元

行次	项 目	金额
1	一、免税收入（2＋3＋9＋…＋16）	600 000
2	（一）国债利息收入免征企业所得税	
3	（二）符合条件的居民企业之间的股息、红利等权益性投资收益免征企业所得税（4＋5＋6＋7＋8）	600 000
4	1. 一般股息红利等权益性投资收益免征企业所得税（填写 A107011）	
5	2. 内地居民企业通过沪港通投资且连续持有 H 股满 12 个月取得的股息红利所得免征企业所得税（填写 A107011）	
6	3. 内地居民企业通过深港通投资且连续持有 H 股满 12 个月取得的股息红利所得免征企业所得税（填写 A107011）	
7	4. 居民企业持有创新企业 CDR 取得的股息红利所得免征企业所得税（填写 A107011）	
8	5. 符合条件的永续债利息收入免征企业所得税（填写 A107011）	
17	二、减计收入（18＋19＋23＋24）	
25	三、加计扣除（26＋27＋28＋29＋30）	
31	合计（1＋17＋25）	600 000

5. 2×20 年计提股权投资减值准备

（1）会计处理：

根据《企业会计准则第 8 号——资产减值》第十五条的规定，可收回金额的计量结果表明，资产的可收回金额低于其账面价值的，应当将资产的账面价值减记至可收回金额，减记的金额确认为资产减值损失，计入当期损益，同时计提相应的资产减值准备。

甲公司对该项股权投资计提了股权投资减值准备 100 万元，其会计处理为：

借：资产减值损失 1 000 000

　　贷：长期股权投资减值准备 1 000 000

计提减值准备后，长期股权投资的账面价值为：1 080＋90－60－180－100＝830（万元），计税基础仍为 900 万元，应转回原已确认的递延所得税负债余额 7.5 万元，同时确认递延所得税资产 17.5 万元（70×25%）。

借：递延所得税资产 175 000

　　贷：所得税费用 175 000

（2）税务处理：

根据《企业所得税法》第十条的规定，在计算应纳税所得额时，未经核定的准备金支出不得扣除。

因而，年终汇算清缴时，需填报“纳税调整项目明细表”（A105000）第 33 行“（二）资产减值准备金”调增应纳税所得额，如表 5－45 所示。

表 5-43　A105030　　投资收益纳税调整明细表

单位：元

行次	项　目	持有收益			处置收益							纳税调整金额
		账载金额	税收金额	纳税调整金额	会计确认的处置收入	税收计算的处置收入	处置投资的账面价值	处置投资的计税基础	会计确认的处置所得或损失	税收计算的处置所得	纳税调整金额	
		1	2	3（2-1）	4	5	6	7	8（4-6）	9（5-7）	10（9-8）	11（3+10）
1	一、交易性金融资产											
2	二、可供出售金融资产											
3	三、持有至到期投资											
4	四、衍生工具											
5	五、交易性金融负债											
6	六、长期股权投资	-1 800 000	0	1 800 000								1 800 000
7	七、短期投资											
8	八、长期债券投资											
9	九、其他											
10	合计	-1 800 000	0	1 800 000								1 800 000

表 5-44　A105000　　纳税调整项目明细表　　单位：元

行次	项　目	账载金额	税收金额	调增金额	调减金额
		1	2	3	4
1	一、收入类调整项目	*	*	1 800 000	
2	（一）视同销售收入（填写 A105010）	*			*
3	（二）未按权责发生制原则确认的收入（填写 A105020）				
4	（三）投资收益（填写 A105030）	-1 800 000	0	1 800 000	
5	（四）按权益法核算长期股权投资对初始投资成本调整确认收益	*	*	*	
6	（五）交易性金融资产初始投资调整	*	*		*
7	（六）公允价值变动净损益		*		
46	合计（1+12+31+36+44+45）	*	*	1 800 000	

表 5-45　A105000　　纳税调整项目明细表　　单位：元

行次	项　目	账载金额	税收金额	调增金额	调减金额
		1	2	3	4
1	一、收入类调整项目（2+3+4+5+6+7+8+10+11）	*	*		
3	（二）未按权责发生制原则确认的收入（填写 A105020）				
4	（三）投资收益（填写 A105030）				
5	（四）按权益法核算长期股权投资对初始投资成本调整确认收益	*	*	*	
6	（五）交易性金融资产初始投资调整	*	*		*
7	（六）公允价值变动净损益		*		
31	三、资产类调整项目（32+33+34+35）	*	*		
33	（二）资产减值准备金	1 000 000	*	1 000 000	
34	（三）资产损失（填写 A105090）				
46	合计（1+12+31+36+44+45）	*	*	1 000 000	

6. 2×21 年以 800 万元转让股权

（1）会计处理：

根据长期股权投资准则第十七条的规定，处置长期股权投资，其账面价值与实际取得价款之间的差额，应当计入当期损益。采用权益法核算的长期股权投资，在处置该项投资时，采用与被投资单位直接处置相关资产或负债相同的基础，按相应比例对原计入其他综合收益的部分进行会计处理。因而，2×21 年 2 月，甲公司将该股权转让给乙公司，取得股权转让收入 800 万元。此时，“长期股权投资”科目的余额：830（万元）。

借：银行存款　8 000 000
　　长期股权投资——损益调整　1 500 000
　　长期股权投资减值准备　1 000 000
　　投资收益　300 000
　　贷：长期股权投资——成本　10 800 000

结转递延所得税资产：

借：所得税费用　175 000
　　贷：递延所得税资产　175 000

（2）税务处理：

根据《国家税务总局关于贯彻落实企业所得税法若干税收问题的通知》（国税函〔2010〕79号）第三条的规定，企业转让股权收入，应于转让协议生效且完成股权变更手续时，确认收入的实现。转让股权收入扣除为取得该股权所发生的成本900万元后，为股权转让所得。企业在计算股权转让所得时，不得扣除被投资企业未分配利润等股东留存收益中按该项股权所可能分配的金额。

根据《国家税务总局关于企业取得财产转让等所得企业所得税处理问题的公告》（国家税务总局公告2010年第19号）第一条的规定，企业取得财产（包括各类资产、股权、债权等）转让收入、债务重组收入、接受捐赠收入、无法偿付的应付款收入等，不论是以货币形式还是非货币形式体现，除另有规定外，均应一次性计入确认收入的年度计算缴纳企业所得税。甲公司处置股权取得收入800万元，处置的长期股权投资的账面价值为830万元（900＋180＋90－60－180－100），会计确认的处置损失30万元；处置投资的计税基础为900万元，税收计算的处置损失100万元。

根据《国家税务总局关于企业股权投资损失所得税处理问题的公告》（国家税务总局公告2010年第6号）第一条的规定，企业对外进行权益性投资所发生的损失，在经确认的损失发生年度，作为企业损失在计算企业应纳税所得额时一次性扣除。

甲公司处置股权会计确认的处置损失30万元，税收计算的处置损失100万元，差额70万元，在年终汇算清缴时应通过“资产损失税前扣除及纳税调整明细表”（A105090）第23行“九、股权（权益）性投资损失”和第24行“其中：股权转让损失”以及“纳税调整项目明细表”（A105000）第34行“（三）资产损失”调减应纳税所得额，如表5－46、表5－47所示。

7. 如果转让股权收入为950万元，其财务与税务处理为：

（1）会计处理：

借：银行存款　9 500 000
　　长期股权投资——损益调整　1 500 000
　　长期股权投资减值准备　1 000 000
　　贷：长期股权投资——成本　10 800 000
　　　　投资收益　1 200 000

表 5－46　A105090　　资产损失税前扣除及纳税调整明细表　　单位：元

行次	项目	资产损失的账载金额	资产处置收入	赔偿收入	资产计税基础	资产损失的税收金额	纳税调整金额
		1	2	3	4	5（4－2－3）	6（1－5）
1	一、现金及银行存款损失						
2	二、应收及预付款项坏账损失						
5	三、存货损失						
6	其中：存货盘亏、报废、损毁、变质或被盗损失						
7	四、固定资产损失						
8	其中：固定资产盘亏、丢失、报废、损毁或被盗损失						
9	五、无形资产损失						
12	六、在建工程损失						
13	其中：在建工程停建、报废损失						
14	七、生产性生物资产损失						
15	其中：生产性生物资产盘亏、非正常死亡、被盗、丢失等产生的损失						
16	八、债权性投资损失（17＋22）						
23	九、股权（权益）性投资损失	300 000	8 000 000	0	9 000 000	1 000 000	－700 000
24	其中：股权转让损失	300 000	8 000 000	0	9 000 000	1 000 000	－700 000
25	十、通过各种交易场所、市场买卖债券、股票、期货、基金以及金融衍生产品等发生的损失						
26	十一、打包出售资产损失						
27	十二、其他资产损失						
28	合计（1＋2＋5＋7＋9＋12＋14＋16＋23＋25＋26＋27）	300 000	8 000 000	0	9 000 000	1 000 000	－700 000
29	其中：分支机构留存备查的资产损失						

表 5－47　A105000　　纳税调整项目明细表　　单位：元

行次	项　　目	账载金额	税收金额	调增金额	调减金额
		1	2	3	4
1	一、收入类调整项目（2＋3＋4＋5＋6＋7＋8＋10＋11）	*	*		
3	（二）未按权责发生制原则确认的收入（填写 A105020）				
4	（三）投资收益（填写 A105030）				
5	（四）按权益法核算长期股权投资对初始投资成本调整确认收益	*	*	*	
6	（五）交易性金融资产初始投资调整	*	*		*
7	（六）公允价值变动净损益		*		
31	三、资产类调整项目（31＋32＋33＋34）	*	*		700 000
33	（二）资产减值准备金		*		
34	（三）资产损失（填写 A105090）	300 000	1 000 000		700 000
45	合计（1＋12＋31＋36＋41＋42）	*	*		700 000

（2）税务处理：

甲公司处置股权取得收入 950 万元，处置的长期股权投资的账面价值为 830 万元（900＋180＋90－60－180－100），会计确认的处置所得为 120 万元；处置投资的计税基础为 900 万元，税收计算的处置所得为 50 万元；差额 70 万元，在年终汇算清缴时应通过“投资收益纳税调整明细表”（A105030）第 6 行“六、长期股权投资”和“纳税调整项目明细表”（A105000）第 4 行“（三）投资收益”调减应纳税所得额，如表 5－48、表 5－49 所示。

（四）股权转让风险及其应对

股权转让的主要风险点有：

（1）股权转让后未及时办理税务变更登记、未申报纳税。

（2）计税依据明显偏低（如平价或低价转让等）且无正当理由的情况、计算股权转让所得方法错误或适用税率不正确。

（3）股权转让收入扣减了不应扣减的留存收益。

（4）股权转让其他收入未计入收入总额纳税，如未包括违约金收入、补偿金、赔偿金等。

（5）股权交易相关费用不合理。

（6）分期支付转让价款产生的利息收入未依法申报纳税。

（7）个人转让股权未依法履行代扣代缴个人所得税。

（8）未正确进行所得税汇算清缴申报。

表 5－48 A105030

投资收益纳税调整明细表

单位：元

行次	项目	持有收益			处置收益							纳税调整金额
		账载金额	税收金额	纳税调整金额	会计确认的处置收入	税收计算的处置收入	处置投资的账面价值	处置投资的计税基础	会计确认的处置所得或损失	税收计算的处置所得	纳税调整金额	
		1	2	3（2－1）	4	5	6	7	8（4－6）	9（5－7）	10（9－8）	11（3＋10）
1	一、交易性金融资产											
2	二、可供出售金融资产											
3	三、持有至到期投资											
4	四、衍生工具											
5	五、交易性金融负债											
6	六、长期股权投资				9 500 000	9 500 000	8 300 000	9 000 000	1 200 000	500 000	－700 000	－700 000
7	七、短期投资											
8	八、长期债券投资											
9	九、其他											
10	合计				9 500 000	9 500 000	8 300 000	9 000 000	1 200 000	500 000	－700 000	－700 000

表 5－49　A105000　　纳税调整项目明细表　　单位：元

行次	项　　目	账载金额	税收金额	调增金额	调减金额
		1	2	3	4
1	一、收入类调整项目	*	*		70
2	（一）视同销售收入（填写 A105010）	*			*
3	（二）未按权责发生制原则确认的收入（填写 A105020）				
4	（三）投资收益（填写 A105030）	1 200 000	500 000		700 000
5	（四）按权益法核算长期股权投资对初始投资成本调整确认收益	*	*	*	
6	（五）交易性金融资产初始投资调整	*	*		*
7	（六）公允价值变动净损益		*		
46	合计（1＋12＋31＋36＋44＋45）	*	*		700 000

（9）按核定应税所得率方式核定征收企业所得税的企业，取得的转让股权收入是否全额计入应税收入额，按照主营项目（业务）确定适用的应税所得率计算征税。

三、划分为交易性金融资产的处理

（一）划分为交易性金融资产股权投资的处理

1. 初始计量与计税基础

（1）初始计量。

划分为交易性金融资产的股权类投资，应当按照公允价值进行初始计量。相关交易费用应当直接计入当期损益（投资收益）；支付的价款中包含的已宣告但尚未发放的现金股利，应当单独确认为应收项目进行处理（应收股利）。

企业取得作为交易性金融资产的股票等股权投资时：

借：交易性金融资产——成本［公允价值］

　　应收股利［包含的已宣告但尚未发放的现金股利］

　　投资收益［交易费用］

　　贷：银行存款［按实际支付的金额］

（2）计税基础。

根据《企业所得税法实施条例》第七十一条的规定，通过支付现金方式取得的投资资产，以购买价款为成本（计税基础）；通过支付现金以外的方式取得的投资资产，以该资产的公允价值和支付的相关税费为成本（计税基础）。

划分为交易性金融资产的股权投资，按照取得时支付的对价作为计税基础，包括交易费用，被投资单位已宣告但尚未支付的现金股利计入应收股利。税会差异需要进行纳税调整。

2. 后续计量与纳税调整

（1）后续计量。

企业应当按照公允价值对划分为交易性金融资产的权益类投资进行后续计量，且其变动计入当期损益（公允价值变动损益）。

（2）税务处理。

根据《企业所得税法实施条例》第五十六条的规定，企业的各项资产，包括固定资产、生物资产、无形资产、长期待摊费用、投资资产、存货等，以历史成本为计税基础。历史成本，是指企业取得该项资产时实际发生的支出。

企业持有各项资产期间资产增值或者减值，除国务院财政、税务主管部门规定可以确认损益外，不得调整该资产的计税基础。

会计按公允价值变动计入当期损益的金额，不用在当期缴纳企业所得税（损失也不允许在当期税前扣除）。

（二）案例解析

【例 5－10】 A 公司为非上市公司，按年对外提供财务报告，有关股票投资业务如下，要求进行相关会计处理与纳税调整。

1. 2×19 年 11 月 6 日，A 公司购买 B 公司发行的股票 100 万股，成交价为每股 25.2 元，其中包含已宣告但尚未发放的现金股利每股 0.2 元，另付交易费用 6 万元，占 B 公司有表决权股份的 1%。A 公司准备近期内出售，划分为交易性金融资产核算。

2. 2×19 年 11 月 10 日，收到上述现金股利。

3. 2×19 年 12 月 31 日，该股票每股市价为 28 元。

4. 2019 年 4 月 3 日，B 公司宣告发放现金股利每股 0.3 元。

5. 2×20 年 4 月 30 日，A 公司收到现金股利。

6. 2×20 年 12 月 31 日，该股票每股市价为 26 元。

7. 2×21 年 2 月 6 日，A 公司出售持有的 B 公司全部股票，出售价格为每股 30 元，另支付交易费用 8 万元。

要求：进行相关的财税处理与纳税调整。

解析：

1. 取得投资的处理

初始入账金额为：100×（25.2－0.2）＝2 500（万元）。

借：交易性金融资产——成本	25 000 000
投资收益	60 000
应收股利	200 000

贷：银行存款　　25 260 000

2. 2×19 年 11 月 10 日，收到上述现金股利。

借：银行存款　　200 000

贷：应收股利　　200 000

3. 2×19 年 12 月 31 日，该股票每股市价为 28 元。

（1）会计处理：

公允价值变动 =100×28 -2 500 =300（万元）

借：交易性金融资产——公允价值变动　　3 000 000

贷：公允价值变动损益　　3 000 000

（2）税务处理：

根据《企业所得税法实施条例》第五十六条的规定，企业的各项资产，包括固定资产、生物资产、无形资产、长期待摊费用、投资资产、存货等，以历史成本为计税基础。历史成本，是指企业取得该项资产时实际发生的支出。

企业持有各项资产期间资产增值或者减值，除国务院财政、税务主管部门规定可以确认损益外，不得调整该资产的计税基础。

会计按公允价值变动计入当期损益的金额，不用在当期缴纳企业所得税（损失也不允许在当期税前扣除）。

因而，公允价值变动会计上计入损益的 300 万元，应在汇算清缴时调减应纳税所得额。

4. 2×20 年 4 月 3 日，B 公司宣告发放现金股利每股 0.3 元。

借：应收股利　　（100×0.3）300 000

贷：投资收益　　300 000

5. 2×20 年 4 月 30 日，A 公司收到现金股利。

借：银行存款　　300 000

贷：应收股利　　300 000

6. 2×20 年 12 月 31 日，该股票每股市价为 26 元。

（1）会计处理：

公允价值变动 =100×（26 -28） = -200（万元）

借：公允价值变动损益　　2 000 000

贷：交易性金融资产——公允价值变动　　2 000 000

（2）税务处理：

根据《企业所得税法实施条例》第五十六条的规定，企业的各项资产，以历史成本为计税基础。企业持有各项资产期间资产增值或者减值，除国务院财政、税务主管部门规定可以确认损益外，不得调整该资产的计税基础。

会计按公允价值变动计入当期损益的损失金额，不允许在当期税前扣除。

因而，公允价值变动会计上计入损益借方的 200 万元，应在汇算清缴时调增应纳税所得额。

7. 2×21 年 2 月 6 日，A 公司出售 B 公司全部股票，出售价格为每股 30 元，另支付交易费用 8 万元。

（1）会计处理：

交易性金融资产科目的各明细科目余额为：

成本 =2 500（万元）；

公允价值变动 =300 −200 =100（万元）。

借：银行存款　　　　（100×30−8）29 920 000

　　贷：交易性金融资产——成本　　　　25 000 000

　　　　　　　　　　　——公允价值变动　　　　1 000 000

　　　　投资收益　　　　3 920 000

借：公允价值变动损益　　　　1 000 000

　　贷：投资收益　　　　1 000 000

（2）税务处理：

税收上的处置收益为：100×30 −2 500 −8 =492（万元）。会计确认的处置收益 392 元，持有期间公允价值变动转入处置期间的投资收益 100 万元。

对公允价值变动损益科目的借方金额 100 万元，不得在税前扣除，应调增应纳税所得额。

四、划分为可供出售金融资产的处理

（一）划分为可供出售金融资产股权投资的处理

企业取得作为可供出售金融资产的股票等股权投资的会计处理为：

借：可供出售金融资产——成本［公允价值 + 交易费用］

　　应收股利［包含的已宣告但尚未发放的现金股利］

　　贷：银行存款［按实际支付的金额］

（二）案例解析

【例 5 −10】 A 公司为非上市公司，按年对外提供财务报告，有关股票投资业务如下，企业所得税税率为 25%。

1. 2×19 年 11 月 6 日，A 公司购买 B 公司发行的股票 100 万股，成交价为每股 25.2 元，其中包含已宣告但尚未发放的现金股利每股 0.2 元，另付交易费用 6 万元，占 B 公司有表决权股份的 1%。划为可供出售金融资产核算。

2. 2×19 年 11 月 10 日，收到上述现金股利；

3. 2×19 年 12 月 31 日，该股票每股市价为 28 元；

4. 2×20 年 4 月 3 日，B 公司宣告发放现金股利每股 0.3 元；

5. 2×20 年 4 月 30 日，A 公司收到现金股利；

6. 2×20 年 12 月 31 日，该股票每股市价为 26 元，假定为暂时性下跌。

7. 2×21 年 2 月 6 日，A 公司出售 B 公司全部股票，出售价格为每股 30 元，另支付交易费用 8 万元。

要求：进行相关的财税处理。

解析：

1. 初始投资的处理

（1）会计处理：

初始成本：100×(25.2－0.2)＋6＝2 506（万元）。

借：可供出售金融资产——成本　　25 060 000

　　应收股利　　200 000

　　贷：银行存款　　25 260 000

（2）税务处理：

可供出售金融资产的计税基础为 2 506 万元，与会计成本相同。

2. 2×19 年 11 月 10 日，收到上述现金股利。

借：银行存款　　200 000

　　贷：应收股利　　200 000

3. 2×19 年 12 月 31 日，该股票每股市价为 28 元。

公允价值变动：100×28－2 506＝294（万元）。

借：可供出售金融资产——公允价值变动　　2 940 000

　　贷：其他综合收益　　2 940 000

划分为可供出售金融资产的股权投资，持有期间公允价值变动不需要进行纳税调整。划分为交易性金融资产股权投资，持有期间公允价值变动需要进行纳税调整。

4. 2×20 年 4 月 3 日，B 公司宣告发放现金股利每股 0.3 元。

借：应收股利　　（100×0.3）300 000

　　贷：投资收益　　300 000

5. 2×20 年 4 月 30 日，A 公司收到现金股利

借：银行存款　　300 000

　　贷：应收股利　　300 000

6. 2×20 年 12 月 31 日，该股票每股市价为 26 元，假定为暂时性下跌。

公允价值变动＝100×(26－28)＝－200（万元）

借：其他综合收益　　2 000 000

　　贷：可供出售金融资产——公允价值变动　　2 000 000

7. 2×21 年 2 月 6 日，A 公司出售 B 公司全部股票，出售价格为每股 30 元，另支付交易费用 8 万元。

（1）会计处理：

可供出售金融资产各明细科目余额为：

①成本 =2 506（万元）

②公允价值变动 =294 -200 =94（万元）

借：银行存款　　　　（100×30-8）29 920 000

　　贷：可供出售金融资产——成本　　25 060 000

　　　　　　　　　　　——公允价值变动　　940 000

　　　　投资收益　　3 920 000

借：其他综合收益　　940 000

　　贷：投资收益　　940 000

（2）税务处理：

按《企业所得税法》规定计算的处置收益也为 392 万元，与会计确认的金额相同。对会计上其他综合收益转入投资收益的 94 万元，不用在当期缴纳企业所得税，应在年终汇算清缴时调减应纳税所得额。

第四节　混合性投资纳税调整

一、混合性投资的税务处理

一般而言，企业对外投资的法律形式要件都体现了其实质的投资意图和性质。然而，在当前市场经济条件下，企业投资模式日趋多元化，除传统的纯粹债权或者纯粹权益投资外，不少企业的投资模式同时具备债权性投资和权益性投资的特点，增大了识别和判断的难度。

例如，A 公司于 2×20 年 1 月出资 1.2 亿元对 B 合伙企业进行增资，增资后 A 公司持有 B 合伙企业 30% 的权益，同时约定 B 合伙企业在 2×20 年 12 月 31 日、2×21 年 12 月 31 日两个时点分别以固定价格 6 000 万元和 1.2 亿元向 A 公司赎回 10%、20% 的权益。上述交易从表面形式看为权益性投资，A 公司办理了正常的出资手续，符合法律上出资的形式要件。然而，从投资的性质而言，该投资并不具备权益性投资的普遍特征。上述 A 公司的投资在其出资之日，就约定了在固定的时间以固定的金额退出，退出时间也较短（全部退出日距初始投资日也仅有 2 年）。从风险角度分析，A 公司实际上仅承担了 B 合伙企业的信用风险而不是 B 合伙企业的经营风险，其交易实质更接近于 A 公司接受 B 合伙企业的权益作为质押物，向其提供资金并收取资金占用费，该投资的实质为债权性投资，应按照金融工具确认和计量准则等相关准则进行会计处理。

企业混合性投资业务，是指兼具权益和债权双重特性的投资业务。现行企业所得税制不同类投资业务取得回报的税务处理是不同的。权益性投资取得回报，一般体现为股息收入，符合规定条件可以免征企业所得税；同时，被投资企业支付的股息不能作为费用在税前扣除；债权性投资取得回报为利息收入，按照规定应当缴纳企业所得税；同时，被投资企业支付的利息也准予在税前扣除。

二、混合性投资按债权投资处理应具备的条件

由于混合性投资业务兼具权益性投资和债权性投资双重特征，需要统一此类投资业务政策执行口径。因此，鉴于混合性投资业务的特点，《国家税务总局关于企业混合性投资业务企业所得税处理问题的公告》（国家税务总局公告 2013 年第 41 号）将同时符合下列条件的混合性投资业务，归属于债权投资业务，并要求按照债权投资业务进行企业所得税处理。

（1）被投资企业接受投资后，需要按投资合同或协议约定的利率定期支付利息（或定期支付保底利息、固定利润、固定股息，下同）。也就是说，此类投资回报不与被投资企业的经营业绩挂钩，不是按企业的投资效益进行分配，也不是按投资者的股份份额取得回报。投资者没有或很少承担投资风险的一种投资，实际为企业的一种融资形式。

（2）有明确的投资期限或特定的投资条件，并在投资期满或者满足特定投资条件后，被投资企业需要赎回投资或偿还本金。也就是说，投资期限无论是否届满，只要合同或协议约定的、需要由被投资企业偿还本金或赎回投资的条件已经满足，被投资企业必须偿还本金或赎回投资。被投资企业偿还本金或赎回投资后，作减资处理。

（3）投资企业对被投资企业净资产不拥有所有权。被投资企业如果依法停止生产经营活动需要清算的，投资企业的投资额可以按债权进行优先清偿，但对被投资企业净资产不能按投资份额拥有所有权。

（4）投资企业不具有选举权和被选举权。被投资企业在选举董事会、监事会成员时，投资企业不能按持有股份比例进行表决或被选为成员。

（5）投资企业不参与被投资企业日常生产经营活动。但是，投资资金如果指定了专门用途的，投资方企业可以监督其资金运用情况。

三、混合性投资业务的所得税处理

符合国家税务总局公告 2013 年第 41 号第一条规定的混合性投资业务，按下列规定进行企业所得税处理。

（一）被投资企业支付利息的税务处理

对于被投资企业支付的利息，投资企业应于被投资企业应付利息的日期，确认收入的实现并计入当期应纳税所得额；被投资企业应于应付利息的日期，确认利息支出，并

按《企业所得税法》及其实施条例和《国家税务总局关于企业所得税若干问题的公告》（国家税务总局公告2011年第34号）第一条规定的限定利率，进行税前扣除。

（二）被投资企业赎回投资的税务处理

对于被投资企业赎回的投资，投资双方应于赎回时将赎价与投资成本之间的差额确认为债务重组损益，分别计入当期应纳税所得额。也就是说，投资期满或满足特定条件后，由被投资企业按投资合同或协议约定价格赎回的，应区分下列情况分别进行处理：

（1）当实际赎价高于投资成本时，投资企业应将赎价与投资成本之间的差额，在赎回时确认为债务重组收益，并计入当期应纳税所得额；被投资企业应将赎价与投资成本之间的差额，在赎回当期确认为债务重组损失，并准予在税前扣除。

（2）当实际赎价低于投资成本时，投资企业应将赎价与投资成本之间的差额，在赎回当期按规定确认为债务重组损失，并准予在税前扣除；被投资企业应将赎价与投资成本之间的差额，在赎回当期确认为债务重组收益，并计入当期应纳税所得额。

第六章　政府补助与不征税收入的纳税调整

第一节　财政补助的财税处理

政府补助是一个会计概念，是指企业从政府无偿取得货币性资产或非货币性资产，但不包括政府作为企业所有者投入的资本。《企业会计准则》将政府补助分为与资产相关的政府补助和与收益相关的政府补助。与资产相关的政府补助，是指企业取得的、用于购建或以其他方式形成长期资产的政府补助。与收益相关的政府补助，是指除与资产相关的政府补助之外的政府补助。而《小企业会计准则》将政府补助划分为与资产相关的政府补助和其他政府补助。其他政府补助，是指除与资产相关的政府补助之外的政府补助。

一、政府补助的主要形式

（一）财政拨款

会计上所称的财政拨款是政府无偿拨付给企业的资金，通常在拨款时明确规定资金用途，比如财政部门拨付给企业用于购建固定资产或进行技术改造的专项资金，鼓励企业安置职工就业而给予的奖励款项，拨付企业的粮食定额补贴，拨付企业开展研发活动的研发经费等。

会计上的财政拨款与《企业所得税法》里的财政拨款内涵不同。会计中的财政拨款是对企业的拨款；《企业所得税法》中的财政拨款是对纳入预算管理的事业单位、社会团体等的拨款。

（二）财政贴息

财政贴息，是政府为支持特定领域或区域发展，根据国家宏观经济形势和政策目标，对承贷企业的银行贷款利息给予的补贴。如财政将贴息资金直接拨付给受益企业，或者财政将贴息资金拨付给贷款银行，由贷款银行以政策性优惠利率向企业提供贷款，受益企业按照实际发生的利率计算和确认利息费用。

（三）税收返还

税收返还，是政府按照国家有关规定采取先征后返（退）、即征即退等办法向企业返还的税款，属于以税收优惠形式给予的一种政府补助。除税收返还外，税收优惠还包括直接减征、免征、增加计税抵扣额、抵免部分税额等形式。这类税收优惠并未直接向企业无偿提供资产，不作为会计规范的政府补助。

增值税出口退税不属于政府补助。根据税收相关规定，对出口货物实行增值税零税率，即对出口环节的增值部分免征增值税，同时退还出口货物前道环节所征的进项税额。由于增值税属于价外税，出口货物前道环节所含的进项税额是抵扣项目，体现为企业垫付的资金，增值税出口退税实质上是政府归还企业事先垫付的资金，因而不属于政府补助。

上述会计中的“财政拨款、财政贴息和税收返还”与税法中的财政性资金相对应，企业所得税中“财政性资金”的概念范围基本上相当于会计中的“财政拨款、财政贴息和税收返还”。

（四）无偿划拨非货币性资产

如行政划拨土地使用权、天然起源的天然林等。

二、政府补助的特征与分类

（一）政府补助的特征

政府补助具有下列特征：

1. 来源于政府的经济资源

对于企业收到的来源于其他方的补助，有确凿证据表明政府是补助的实际拨付者，其他方只起到代收代付作用的，该项补助也属于来源于政府的经济资源。

2. 无偿性

即企业取得来源于政府的经济资源，不需要向政府交付商品或服务等对价。

（二）与资产相关和与收益相关的政府补助

政府补助分为与资产相关的政府补助和与收益相关的政府补助。

1. 与资产相关的政府补助

与资产相关的政府补助，是指企业取得的、用于购建或以其他方式形成长期资产的政府补助。

2. 与收益相关的政府补助

与收益相关的政府补助，是指除与资产相关的政府补助之外的政府补助。

（三）与日常活动相关和无关的政府补助

与企业日常活动相关的政府补助，应当按照经济业务实质，计入其他收益或冲减相关成本费用。与企业日常活动无关的政府补助，应当计入营业外收支。

政府补助准则不对“日常活动”进行界定。通常情况下，若政府补助补偿的成本费用是营业利润之中的项目，或该补助与日常销售等经营行为密切相关（如增值税即征即退等），则认为该政府补助与日常活动相关。

（四）总额法与净额法

1. 总额法和净额法

政府补助有两种会计处理方法：总额法和净额法。

总额法是在确认政府补助时，将其全额一次或分次确认为收益，而不是作为相关资产账面价值或者成本费用等的扣减。净额法是将政府补助确认为对相关资产账面价值或者所补偿成本费用等的扣减。

企业应当根据经济业务的实质，判断某一类政府补助业务应当采用总额法还是净额法。通常情况下，对同类或类似政府补助业务只能选用一种方法，同时，企业对该业务应当一贯地运用该方法，不得随意变更。企业对某些补助只能采用一种方法，例如，对一般纳税人增值税即征即退只能采用总额法进行会计处理。

2. “其他收益”科目的核算

企业选择总额法对与日常活动相关的政府补助进行会计处理的，应增设“6117 其他收益”科目进行核算。“其他收益”科目核算总额法下与日常活动相关的政府补助以及其他与日常活动相关且应直接计入该科目的项目。对于总额法下与日常活动相关的政府补助，企业在实际收到或应收时，或者将先确认为“递延收益”的政府补助分摊计入收益时，借记“银行存款”“其他应收款”“递延收益”等科目，贷记“其他收益”科目。期末，应将该科目余额转入“本年利润”科目，该科目结转后应无余额。

三、政府补助的确认和计量

（一）政府补助的确认

政府补助同时满足下列条件的，才能予以确认：

（1）企业能够满足政府补助所附条件；

（2）企业能够收到政府补助。

（二）政府补助的计量

政府补助为货币性资产的，应当按照收到或应收的金额计量。政府补助为非货币性资产的，应当按照公允价值计量；公允价值不能可靠取得的，按照名义金额计量。

1. 与资产相关的政府补助

与资产相关的政府补助，应当冲减相关资产的账面价值或确认为递延收益。与资产相关的政府补助确认为递延收益的，应当在相关资产使用寿命内按照合理、系统的方法分期计入损益。按照名义金额计量的政府补助，直接计入当期损益。相关资产在使用寿命结束前被出售、转让、报废或发生毁损的，应当将尚未分配的相关递延收益余额转入资产处置当期的损益。

如果企业先取得与资产相关的政府补助，再确认所购建的长期资产，总额法下应当在开始对相关资产计提折旧或进行摊销时按照合理、系统的方法将递延收益分期计入当期收益；净额法下应当在相关资产达到预定可使用状态或预定用途时将递延收益冲减资产账面价值。如果相关长期资产投入使用后企业再取得与资产相关的政府补助，总额法下应当在相关资产的剩余使用寿命内按照合理、系统的方法将递延收益分期计入当期收益；净额法下应当在取得补助时冲减相关资产的账面价值，并按照冲减后的账面价值和相关资产的剩余使用寿命计提折旧或进行摊销。

2. 与收益相关的政府补助

与收益相关的政府补助，应当分情况按照以下规定进行会计处理：

（1）用于补偿企业以后期间的相关成本费用或损失的，确认为递延收益，并在确认相关成本费用或损失的期间，计入当期损益或冲减相关成本；

（2）用于补偿企业已发生的相关成本费用或损失的，直接计入当期损益或冲减相关成本。

3. 同时包含与资产相关部分和与收益相关部分的处理

对于同时包含与资产相关部分和与收益相关部分的政府补助，应当区分不同部分分别进行会计处理；难以区分的，应当整体归类为与收益相关的政府补助。

4. 政府补助的会计处理

收到与收益相关政府补助用于补偿企业以后期间的相关费用或损失的，收到时：

借：银行存款（或其他应收款）等

　　贷：递延收益

分摊递延收益，结转营业外收入（或其他收益）：

借：递延收益

　　贷：营业外收入或其他收益（如果是不征税收入，要纳税调减）

发生支出时：

借：管理费用等（如果是不征税收入，要纳税调增）

　　贷：银行存款等

收到与收益相关政府补助用于补偿企业已发生的相关费用或损失的，在收到时：

借：银行存款（或其他应收款）等

　　贷：营业外收入或其他收益（如果是不征税收入，要纳税调减）

收到与资产相关的政府补助时：

借：银行存款

　　贷：递延收益

在相关资产使用寿命内分配计入当期损益：

借：递延收益

贷：营业外收入或其他收益（如果是不征税收入，要纳税调减）

相关资产价值中政府补助被确认为不征税收入部分在计提折旧或摊销时，不得在税前扣除。

（三）政策性优惠贷款贴息的处理

企业取得政策性优惠贷款贴息的，应当区分财政将贴息资金拨付给贷款银行和财政将贴息资金直接拨付给企业两种情况，分别按照下列规定进行会计处理。

1. 财政将贴息资金拨付给贷款银行

财政将贴息资金拨付给贷款银行，由贷款银行以政策性优惠利率向企业提供贷款的，企业可以选择下列方法之一进行会计处理：

（1）以实际收到的借款金额作为借款的入账价值，按照借款本金和该政策性优惠利率计算相关借款费用。

（2）以借款的公允价值作为借款的入账价值并按照实际利率法计算借款费用，实际收到的金额与借款公允价值之间的差额确认为递延收益。递延收益在借款存续期内采用实际利率法摊销，冲减相关借款费用。

企业选择了上述两种方法之一后，应当一致地运用，不得随意变更。

2. 财政将贴息资金直接拨付给企业

财政将贴息资金直接拨付给企业，企业应当将对应的贴息冲减相关借款费用。

（四）政府补助需要退回的处理

已确认的政府补助需要退回的，应当在需要退回的当期分情况按照以下规定进行会计处理：

（1）初始确认时冲减相关资产账面价值的，调整资产账面价值；

（2）存在相关递延收益的，冲减相关递延收益账面余额，超出部分计入当期损益；

（3）属于其他情况的，直接计入当期损益。

四、财政补贴的增值税处理

根据《国家税务总局关于取消增值税扣税凭证认证确认期限等增值税征管问题的公告》（国家税务总局公告2019年第45号）第七条的规定，纳税人取得的财政补贴收入，与其销售货物、劳务、服务、无形资产、不动产的收入或者数量直接挂钩的，应按规定计算缴纳增值税。纳税人取得的其他情形的财政补贴收入，不属于增值税应税收入，不征收增值税。

自2020年3月1日，该公告实施前，纳税人取得的中央财政补贴继续按照《国家税务总局关于中央财政补贴增值税有关问题的公告》（2013 年第 3 号）执行；已经申报缴纳增值税的，可以按现行红字发票管理规定，开具红字增值税发票将取得的中央财政补贴从销售额中扣减。

第二节 作为不征税收入处理的纳税调整

政府补助按照适用的税收待遇不同，可以分为作为不征税收入处理与作为应税收入处理的政府补助。不征税收入是我国 2008 年 1 月 1 日起实施的《企业所得税法》创设的一个新概念，是指从企业所得税原理上讲应永不列入征税范围的收入范畴。规定不征税收入，其主要目的是从收入总额中排除非经营活动或非营利活动带来的经济利益流入。企业所得税中的“不征税收入”与“免税收入”不是同一概念。免税收入是指属于企业所得税征税范围，但可以享受免税优惠的收入。

一、不征税收入

根据《企业所得税法》第七条的规定，收入总额中的下列收入为不征税收入：①财政拨款；②依法收取并纳入财政管理的行政事业性收费、政府性基金；③国务院规定的其他不征税收入。

（一）财政拨款

企业所得税中的财政拨款，是指各级人民政府对纳入预算管理的事业单位、社会团体等组织拨付的财政资金，但国务院和国务院财政、税务主管部门另有规定的除外。

（二）依法收取并纳入财政管理的行政事业性收费、政府性基金

行政事业性收费，是指依照法律法规等有关规定，按照国务院规定程序批准，在实施社会公共管理，以及在向公民、法人或者其他组织提供特定公共服务过程中，向特定对象收取并纳入财政管理的费用。

政府性基金，是指企业根据法律、行政法规等有关规定，代政府收取的具有专项用途的财政资金。

根据《财政部 国家税务总局关于财政性资金、行政事业性收费、政府性基金有关企业所得税政策问题的通知》（财税〔2008〕151 号）的规定，企业按照规定缴纳的、由国务院或财政部批准设立的政府性基金以及由国务院和省、自治区、直辖市人民政府及其财政、价格主管部门批准设立的行政事业性收费，准予在计算应纳税所得额时扣除。企业缴纳的不符合上述审批管理权限设立的基金、收费，不得在计算应纳税所得额时扣除。企业收取的各种基金、收费，应计入企业当年收入总额。对企业依照法律、法

规及国务院有关规定收取并上缴财政的政府性基金和行政事业性收费，准予作为不征税收入，于上缴财政的当年在计算应纳税所得额时从收入总额中减除；未上缴财政的部分，不得从收入总额中减除。

（三）国务院规定的其他不征税收入

国务院规定的其他不征税收入，是指企业取得的，由国务院财政、税务主管部门规定专项用途并经国务院批准的财政性资金。

二、专项用途财政性资金

财政性资金，是指企业取得的来源于政府及其有关部门的财政补助、补贴、贷款贴息以及其他各类财政专项资金，包括直接减免的增值税和即征即退、先征后退、先征后返的各种税收，但不包括企业按规定取得的出口退税款。

（一）企业取得财政性资金的税务处理

企业取得的各类财政性资金，除属于国家投资和资金使用后要求归还本金的以外，均应计入企业当年收入总额。国家投资，是指国家以投资者身份投入企业、并按有关规定相应增加企业实收资本（股本）的直接投资。

对企业取得的由国务院财政、税务主管部门规定专项用途并经国务院批准的财政性资金，准予作为不征税收入，在计算应纳税所得额时从收入总额中减除。

纳入预算管理的事业单位、社会团体等组织按照核定的预算和经费报领关系收到的由财政部门或上级单位拨入的财政补助收入，准予作为不征税收入，在计算应纳税所得额时从收入总额中减除，但国务院和国务院财政、税务主管部门另有规定的除外。

（二）专项用途财政性资金作为不征税收入需符合三个条件

根据《财政部、国家税务总局关于专项用途财政性资金有关企业所得税处理问题的通知》（财税〔2009〕87号）、《财政部　国家税务总局关于专项用途财政性资金企业所得税处理问题的通知》（财税〔2011〕70号）规定，企业从县级以上各级人民政府财政部门及其他部门取得的应计入收入总额的财政性资金，凡同时符合以下条件的，可以作为不征税收入，在计算应纳税所得额时从收入总额中减除：

（1）企业能够提供规定资金专项用途的资金拨付文件；

（2）财政部门或其他拨付资金的政府部门对该资金有专门的资金管理办法或具体管理要求；

（3）企业对该资金以及以该资金发生的支出单独进行核算。

根据《企业所得税法实施条例》第二十八条的规定，企业的不征税收入用于支出所形成的费用或者财产，不得扣除或者计算对应的折旧、摊销扣除。即上述不征税收入用于支出所形成的费用，不得在计算应纳税所得额时扣除；用于支出所形成的资产，其计算的折旧、摊销不得在计算应纳税所得额时扣除。

需要说明的是，企业应将不征税收入与免税收入区别开来。《企业所得税法》首次引入免税收入这一概念，它是指对企业的某些收入免予征税，即允许企业计算应纳税所得额时将这些收入从收入总额中减除。免税收入属于税收优惠，而不征税收入则不属于税收优惠政策。且免税收入所形成的费用或资产，可以扣除或者计算对应的折旧、摊销扣除。

（三）专项用途财政性资金作为不征税收入处理的后续管理

企业将符合规定条件的财政性资金作不征税收入处理后，在5年（60个月）内未发生支出且未缴回财政部门或其他拨付资金的政府部门的部分，应计入取得该资金第六年的应税收入总额；计入应税收入总额的财政性资金发生的支出，允许在计算应纳税所得额时扣除。

《国家税务总局关于企业所得税应纳税所得额若干税务处理问题的公告》（国家税务总局公告2012年第15号）第七条“关于企业不征税收入管理问题”进一步明确：企业取得的不征税收入，应按照财税〔2011〕70号文件的规定进行处理。凡未按照该文件规定进行管理的，应作为企业应税收入计入应纳税所得额，依法缴纳企业所得税。

在管理方式上，专项用途财政性资金延迟计入应纳税所得额通常属于自行申报项目，不需要经税务机关的审批、备案。

（四）可作不征税收入处理的即征即退增值税

符合条件的软件企业按照《财政部　国家税务总局关于软件产品增值税政策的通知》（财税〔2008〕100号）规定取得的即征即退增值税款，由企业专项用于软件产品研发和扩大再生产并单独进行核算，可以作为不征税收入，在计算应纳税所得额时从收入总额中减除。

根据《财政部　国家税务总局关于企业所得税若干优惠政策的通知》（财税〔2008〕1号）的规定，软件生产企业实行增值税即征即退政策所退还的税款，由企业用于研究开发软件产品和扩大再生产，不作为企业所得税应税收入，不予征收企业所得税。

《财政部　国家税务总局关于核电行业税收政策有关问题的通知》（财税〔2008〕38号）规定，核力发电企业取得的增值税退税款，专项用于还本付息，不征收企业所得税。

三、不征税收入用于支出所形成的费用不得扣除

根据《企业所得税法实施条例》第十条的规定，企业在计算应纳税所得额时，要

将不征税收入予以事先减除，如果允许将不征税收入用于支出所形成的费用在税前扣除，这等于不征税收入得到了重复税前扣除，享受了两次税收优待。因此，《企业所得税法实施条例》第二十八条规定，企业的不征税收入用于支出所形成的费用不得扣除。

财税〔2008〕151 号文件规定，企业的不征税收入用于支出所形成的费用，不得在计算应纳税所得额时扣除；企业的不征税收入用于支出所形成的资产，其计算的折旧、摊销不得在计算应纳税所得额时扣除。

四、政府补助收入的会计与税法差异

政府补助收入的会计与税务处理方面的差异主要表现在：

（1）根据税法规定，企业收到政府补助，在收到政府补助的当期计入应纳税所得额，不在以后期间内递延确认收入，因而税法与会计存在暂时性差异。

（2）《企业所得税法》规定，企业以不征税收入购买资产，在计算应纳税所得额时不得扣除相关资产的折旧、摊销费用。这就造成资产会计成本与计税基础之间存在差异。

政府补助税会差异可列表说明如下（见表 6－1）：

五、专项用途财政性资金纳税调整明细表及其填报

“专项用途财政性资金纳税调整明细表”（A105040，见表 6－2）适用于发生符合不征税收入条件的专项用途财政性资金纳税调整项目的纳税人填报。纳税人根据税法、《财政部　国家税务总局关于专项用途财政性资金企业所得税处理问题的通知》（财税〔2011〕70 号）等相关规定，以及国家统一企业会计制度，填报纳税人专项用途财政性资金会计处理、税收规定，以及纳税调整情况。该表对不征税收入用于费用化的支出进行调整，资本化支出通过“资产折旧、摊销及纳税调整明细表”（A105080）进行纳税调整。

有关项目的填报：

1. 取得年度

表 A105040 第 1 列“取得年度”：填报取得专项用途财政性资金的公历年度。第 5 行至第 1 行依次从第 6 行往前倒推，第 6 行为申报年度。

2. 财政性资金

表 A105040 第 2 列“财政性资金”：填报纳税人相应年度实际取得的财政性资金金额。

表 A105040 第 3 列“其中：符合不征税收入条件的财政性资金—金额”：填报纳税人相应年度实际取得的符合不征税收入条件且已作不征税收入处理的财政性资金金额。

表 6-1

<table>
<tr><th colspan="8">政府补助的税会差异</th></tr>
<tr><td rowspan="8">政府补助</td><td colspan="3" rowspan="3">会计处理</td><td colspan="4">企业所得税处理</td></tr>
<tr><td colspan="2">作为不征税收入处理</td><td colspan="2">作为征税收入处理</td></tr>
<tr><td>总额法</td><td>净额法</td><td>总额法</td><td>净额法</td></tr>
<tr><td colspan="2">与资产相关的</td><td rowspan="2">取得当期确认为递延收益，分摊计入收益或冲减资产或费用账面金额</td><td>取得时不计入收入总额，取得补助当期税会无差异</td><td>取得时冲减资产账面余额，不计入收入总额，取得补助当期税会无差异；以后期间会计上按冲减资产账面余额的价值计提折旧，税会无差异</td><td>计入取得当期收入总额，会计计入递延收益金额，需调增应纳税所得额</td><td>税收上计入收入总额，会计冲减资产账面余额，需调增应纳税所得额</td></tr>
<tr><td rowspan="4">与收益相关的</td><td>用于补偿企业以后期间的相关费用或损失的</td><td>以后期间会计分摊计入收益的金额，无需缴纳所得税，需调减应纳税所得额</td><td rowspan="2">以后期间费用支出冲减不得税前扣除，会计上减相关费用，税会无差异</td><td>以后期间会计分期计入收益的金额，无需缴纳所得税，需调减应纳税所得额</td><td>以后期间会计上按冲减资产账面余额的价值计提折旧，税收应按总额提折旧，税会差异需调减处理</td></tr>
<tr><td rowspan="3">用于补偿企业已发生的相关费用或损失的</td><td rowspan="3">取得当期直接计入当期损益</td><td>用于支出形成的费用或资产的折旧、摊销不得税前扣除，需调增应纳税所得额</td><td>用于支出形成的费用或资产的折旧、摊销可以税前扣除</td><td>用于支出形成的费用或资产的折旧、摊销调减应纳税所得额</td></tr>
<tr><td>不计入收入总额，会计计入当期损益的金额需调减应纳税所得额</td><td></td><td rowspan="2">税、会无差异</td><td rowspan="2"></td></tr>
<tr><td>用于支出形成的费用不得税前扣除，需调增应纳税所得额</td><td></td></tr>
</table>

表 6－2　A105040　　专项用途财政性资金纳税调整明细表

行次	项　　目	取得年度	财政性资金	其中：符合不征税收入条件的财政性资金		以前年度支出情况					本年支出情况		本年结余情况		
				金额	其中：计入本年损益的金额	前五年度	前四年度	前三年度	前二年度	前一年度	支出金额	其中：费用化支出金额	结余金额	其中：上缴财政金额	应计入本年应税收入金额
		1	2	3	4	5	6	7	8	9	10	11	12	13	14
1	前五年度														
2	前四年度					*									
3	前三年度					*	*								
4	前二年度					*	*	*							
5	前一年度					*	*	*	*						
6	本　　年					*	*	*	*	*					
7	合计（1+2+…+6）	*				*	*	*	*	*					

表A105040第4列“其中：计入本年损益的金额”：填报第3列“其中：符合不征税收入条件的财政性资金”中，会计处理时计入本年（申报年度）损益的金额。本列第7行金额为“纳税调整项目明细表”（A105000）第9行“其中：专项用途财政性资金”的第4列“调减金额”。

需要说明的是，本行填的是本年度及前五年收到的符合不征税收入条件的财政性资金，其中计入本年度损益的金额。而不是这些财政性资金发生的支出计入本年度损益的部分。从表间关系“本表第7行第4列 = 表A105000第9行第4列”也可得出这一结论。这是因为，会计上在收到政府补助时，如果是与资产相关的，或是与未来发生的支出相关的，总额法下在收到时计入递延收益科目，在未来资产摊销期间或未来费用发生时，才分期从递延收益科目转入营业外收入或其他收益科目。

3. 以前年度支出情况

表A105040第5列至第9列“以前年度支出情况”：填报纳税人作为不征税收入处理的符合条件的财政性资金，在申报年度的以前的5个纳税年度发生的支出金额。前一年度，填报本年的上一纳税年度，以此类推。

4. 本年支出情况

表A105040第10列“支出金额”：填报纳税人历年作为不征税收入处理的符合条件的财政性资金，在本年（申报年度）用于支出的金额。

表A105040第11列“其中：费用化支出金额”：填报纳税人历年作为不征税收入处理的符合条件的财政性资金，在本年（申报年度）用于支出计入本年损益的费用金额，本列第7行金额为“纳税调整项目明细表”（A105000）第25行“其中：专项用途财政性资金用于支出所形成的费用”的第3列“调增金额”。

5. 结余金额

表A105040第12列“结余金额”：填报纳税人历年作为不征税收入处理的符合条件的财政性资金，减除历年累计支出（包括费用化支出和资本化支出）后尚未使用的不征税收入余额。

表A105040第13列“其中：上缴财政金额”：填报第12列“结余金额”中向财政部门或其他拨付资金的政府部门缴回的金额。

表A105040第14列“应计入本年应税收入金额”：填报企业以前年度取得财政性资金且已作为不征税收入处理后，在5年（60个月）内未发生支出且未缴回财政部门或其他拨付资金的政府部门，应计入本年应税收入的金额。本列第7行金额为“纳税调整项目明细表”（A105000）第9行“其中：专项用途财政性资金”的第3列“调增金额”。

同时，将表A105040第7行第4列填入表A105000第9行第4列。将第7行第11列填入表A105000第25行第3列。将第7行第14列填入表A105000第9行第3列。

六、案例解析

【例 6－1】 2019 年 3 月 1 日，A 公司收到政府拨款 1 200 万元，用于购买科研设备；2019 年 6 月 10 日，A 公司以银行存款 1 130 万元购入研发设备，当月底交付研发新产品使用，预计使用寿命为 5 年，预计净残值为 40 万元，采用年数总和法计提折旧。

2021 年 6 月 30 日，A 公司出售了该设备，取得价款 700 万（不考虑处置应纳的增值税）。直到 2024 年，结余的财政拨款未使用也未上缴政府部门。A 公司对该项政府补助采用总额法核算，并采用直线法摊销递延收益。

要求：

1. 进行相关会计处理；

2. 假设符合不征税收入条件下的相关处理与纳税调整。

解析：

1. 会计处理

（1）2019 年 3 月收到财政拨款：

借：银行存款　　12 000 000

　　贷：递延收益　　12 000 000

（2）2019 年 6 月购入设备：

借：固定资产　　10 000 000

　　应交税费——应交增值税（进项税额）　　1 300 000

　　贷：银行存款　　11 300 000

（3）计提 2019 年折旧：

（1 000 － 40）×5/15 ÷2 =160（万元）

借：研发支出——费用化支出　　1 600 000

　　贷：累计折旧　　1 600 000

（4）分配递延收益：

1 000 ÷5 ÷2 =100（万元）

借：递延收益　　1 000 000

　　贷：营业外收入　　1 000 000

（5）2020 年会计处理：

计提折旧：

借：研发支出　　2 880 000（1 600 000 +1 280 000）

　　贷：累计折旧　　2 880 000

分配递延收益：1 000 ÷5 =200（万元）

借：递延收益　　2 000 000

贷：营业外收入　　2 000 000

2. 作为不征税收入处理与纳税调整

假设符合不征税收入的三个条件，A 公司作为不征税收入处理，则不计入 2019 年应纳税所得额缴所得税。

“递延收益”转入“营业外收入”的 100 万元，需要调减应纳税所得额。

用该不征税收入购置的固定资产折旧不得在税前扣除。会计折旧 160 万元需调增应纳税所得额。

（1）作为不征税收入处理的纳税调整。

取得财政补助收入年度（2019 年）的处理与纳税调整如表 6－3、表 6－4 所示。

（2）2020 年度纳税调整如表 6－5、表 6－6、表 6－7 所示。

（3）2021 年度纳税调整如表 6－8、表 6－9 所示。

（4）2024 年纳税调整如表 6－10、表 6－11 所示。

3. 2021 年 6 月处置设备

（1）累计折旧额 =（1 000－40）×5/15+（1 000－40）×4/15=576（万元）

递延收益累计摊销 =1 000÷5×2=400（万元）

（2）出售设备的会计处理：

借：固定资产清理　　4 240 000

　　累计折旧　　5 760 000

　　贷：固定资产　　10 000 000

借：银行存款　　7 000 000

　　贷：固定资产清理　　7 000 000

借：固定资产清理　　2 760 000

　　贷：营业外收入　　2 760 000

借：递延收益　　6 000 000（10 000 000－4 000 000）

　　贷：营业外收入　　6 000 000

（3）税务处理：

处置固定资产应确认的税法利得 276 万元，与会计处置利得 276 万元相同，税会无差异。

但是，“递延收益”转入“营业外收入”的 700 万元（上半年转入 100 万元，处置时转入 600 万元），需要调减应纳税所得额。

【例 6－2】 甲科技创新型公司 2018～2023 年每年均从县科技主管部门取得技术改造专项资金，每年的专项资金支出情况详见表 6－12 所示。假设该专项资金符合不征税收入条件，且该企业已作为不征税收入处理。专项资金结余部分无需上缴相应资金拨付部门，留企业自行支配使用。企业将当年度取得的财政性资金全额计入当期“营业外收入”核算。2018 年取得的专项资金在 60 个月内所发生的最后一笔支出是在 2023 年 1 月发生的费用化支出 45 万元。

表 6－3 A105040 专项用途财政性资金纳税调整明细表 单位：元

行次	项目	取得年度	财政性资金	其中：符合不征税收入条件的财政性资金		以前年度支出情况					本年支出情况		本年结余情况		
				金额	其中：计入本年损益的金额	前五年度	前四年度	前三年度	前二年度	前一年度	支出金额	其中：费用化支出金额	结余金额	其中：上缴财政金额	应计入本年应税收入金额
		1	2	3	4	5	6	7	8	9	10	11	12	13	14
1	前五年度														
2	前四年度					*									
3	前三年度					*	*								
4	前二年度					*	*	*							
5	前一年度					*	*	*	*						
6	本　　年	2019	12 000 000	12 000 000	1 000 000	*	*	*	*	*	10 000 000	0	2 000 000	0	0
7	合计（1＋2＋…＋6）	*	12 000 000	12 000 000	1 000 000	*	*	*	*	*	10 000 000	0	2 000 000	0	0

表 6－4 A105000 纳税调整项目明细表 单位：元

行次	项目	账载金额	税收金额	调增金额	调减金额
		1	2	3	4
1	一、收入类调整项目（2＋3＋4＋5＋6＋7＋8＋10＋11）	*	*		1 000 000
8	（七）不征税收入	*	*		1 000 000
9	其中：专项用途财政性资金（填写 A105040）	*	*		1 000 000
12	二、扣除类调整项目	*	*		
24	（十二）不征税收入用于支出所形成的费用	*	*		*
25	其中：专项用途财政性资金用于支出所形成的费用（填写 A105040）	*	*		*
31	三、资产类调整项目（32＋33＋34＋35）	*	*	1 600 000	
32	（一）资产折旧、摊销（填写 A105080）	1 600 000	0	1 600 000	
46	合计（1＋12＋31＋36＋44＋45）	*	*	1 600 000	1 000 000

表 6－5　A105040　专项用途财政性资金纳税调整明细表

单位：元

行次	项目	取得年度	财政性资金	其中：符合不征税收入条件的财政性资金		以前年度支出情况					本年支出情况		本年结余情况		
				金额	其中：计入本年损益的金额	前五年度	前四年度	前三年度	前二年度	前一年度	支出金额	其中：费用化支出金额	结余金额	其中：上缴财政金额	应计入本年应税收入金额
		1	2	3	4	5	6	7	8	9	10	11	12	13	14
1	前五年度														
2	前四年度					*									
3	前三年度					*	*								
4	前二年度					*	*	*							
5	前一年度	2019	12 000 000	12 000 000	2 000 000	*	*	*	*	10 000 000	0	0	2 000 000	0	0
6	本　　年	2020	0	0		*	*	*	*	*	0	0	2 000 000	0	0
7	合计（1＋2＋…＋6）	*	12 000 000	12 000 000	2 000 000	*	*	*	*	*	0	0	2 000 000	0	0

表 6－6　A105080　　资产折旧、摊销及纳税调整明细表

单位：元

行次	项目		账载金额			税收金额					纳税调整金额
			资产原值	本年折旧、摊销额	累计折旧、摊销额	资产计税基础	税收折旧、摊销额	享受加速折旧政策的资产按税收一般规定计算的折旧、摊销额	加速折旧、摊销统计额	累计折旧、摊销额	
			1	2	3	4	5	6	7＝5－6	8	9（2－5）
1	一、固定资产（2＋3＋4＋5＋6＋7）		10 000 000	2 880 000	4 880 000	0	0	*	*	0	2 880 000
2	所有固定资产	（一）房屋、建筑物						*	*		
3		（二）飞机、火车、轮船、机器、机械和其他生产设备						*	*		
4											
5		（三）与生产经营活动有关的器具、工具、家具等						*	*		
6											
7		（四）飞机、火车、轮船以外的运输工具						*	*		
		（五）电子设备						*	*		
		（六）其他	10 000 000	2 880 000	4 880 000	0	0	*	*	0	2 880 000
36	合计（1＋15＋18＋28＋34＋35）		10 000 000	2 880 000	4 880 000	0	0	0	0	0	2 880 000
附列资料		全民所有制企业公司制改制资产评估增值政策资产						*	*		

表 6-7　A105000　**纳税调整项目明细表**　单位：元

行次	项　　目	账载金额	税收金额	调增金额	调减金额
		1	2	3	4
1	一、收入类调整项目（2+3+4+5+6+7+8+10+11）	*	*		2 000 000
8	（七）不征税收入	*	*		
9	其中：专项用途财政性资金（填写 A105040）	*	*		2 000 000
12	二、扣除类调整项目	*	*		
24	（十二）不征税收入用于支出所形成的费用	*	*		*
25	其中：专项用途财政性资金用于支出所形成的费用（填写 A105040）	*	*		*
31	三、资产类调整项目（32+33+34+35）	*	*	2 880 000	
32	（一）资产折旧、摊销（填写 A105080）	2 880 000	0	2 880 000	
46	合计（1+12+31+36+44+45）	*	*	2 880 000	2 000 000

表 6-8　A105040　**专项用途财政性资金纳税调整明细表**　单位：元

行次	项　　目	取得年度	财政性资金	其中：符合不征税收入条件的财政性资金		以前年度支出情况					本年支出情况		本年结余情况		
				金额	其中：计入本年损益的金额	前五年度	前四年度	前三年度	前二年度	前一年度	支出金额	其中：费用化支出金额	结余金额	其中：上缴财政金额	应计入本年应税收入金额
		1	2	3	4	5	6	7	8	9	10	11	12	13	14
1	前五年度														
2	前四年度					*									
3	前三年度					*	*								
4	前二年度	2019	12 000 000	12 000 000	7 000 000	*	*	*	10 000 000				2 000 000		
5	前一年度	2020	0			*	*	*	*		0	0	0	0	0
6	本　　年	2021	0			*	*	*	*	*	0	0	0	0	0
7	合计（1+2+…+6）	*	12 000 000	12 000 000	7 000 000	*	*	*	*	*	0	0	2 000 000	0	0

表 6－9　A105000　　　　纳税调整项目明细表　　　　单位：元

行次	项　　目	账载金额	税收金额	调增金额	调减金额
		1	2	3	4
1	一、收入类调整项目（2＋3＋4＋5＋6＋7＋8＋10＋11）	*	*		7 000 000
8	（七）不征税收入	*	*		7 000 000
9	其中：专项用途财政性资金（填写 A105040）	*	*		7 000 000
12	二、扣除类调整项目	*	*		
24	（十二）不征税收入用于支出所形成的费用	*	*		*
25	其中：专项用途财政性资金用于支出所形成的费用（填写 A105040）	*	*		*
31	三、资产类调整项目（32＋33＋34＋35）	*	*	1 280 000	
32	（一）资产折旧、摊销（填写 A105080）	1 280 000	0	1 280 000	
46	合计（1＋12＋31＋36＋44＋45）	*	*	1 280 000	7 000 000

表 6－10　A105040　　　　专项用途财政性资金纳税调整明细表　　　　单位：元

行次	项　　目	取得年度	财政性资金	其中：符合不征税收入条件的财政性资金		以前年度支出情况					本年支出情况		本年结余情况		
				金额	其中：计入本年损益的金额	前五年度	前四年度	前三年度	前二年度	前一年度	支出金额	其中：费用化支出金额	结余金额	其中：上缴财政金额	应计入本年应税收入金额
		1	2	3	4	5	6	7	8	9	10	11	12	13	14
1	前五年度	2019	12 000 000	12 000 000	0	10 000 000					0		2 000 000		2 000 000
2	前四年度	2020				*									
3	前三年度	2021				*	*								
4	前二年度	2022				*	*	*							
5	前一年度	2023				*	*	*	*		0	0	0	0	0
6	本　　年	2024				*	*	*	*	*	0	0	0	0	0
7	合计（1＋2＋…＋6）	*	12 000 000	12 000 000	0	*	*	*	*	*	0	0	2 000 000	0	2 000 000

表 6－11　A105000　　纳税调整项目明细表　　单位：元

行次	项　目	账载金额	税收金额	调增金额	调减金额
		1	2	3	4
1	一、收入类调整项目（2+3+4+5+6+7+8+10+11）	*	*	2 000 000	
8	（七）不征税收入	*	*	2 000 000	
9	其中：专项用途财政性资金（填写A105040）	*	*	2 000 000	
12	二、扣除类调整项目	*	*		
24	（十二）不征税收入用于支出所形成的费用	*	*		*
25	其中：专项用途财政性资金用于支出所形成的费用（填写A105040）	*	*		*
30	三、资产类调整项目（32+33+34+35）	*	*		
31	（一）资产折旧、摊销（填写A105080）				
46	合计（1+12+31+36+44+45）	*	*	2 000 000	

表 6－12　　财政性资金收支情况表　　单位：万元

纳税年度		2018	2019	2020	2021	2022	2023
当年取得的财政性资金		350	300	200	240	260	200
取得财政性资金的具体时间		2 月	1 月	6 月	5 月	4 月	9 月
2018 年	费用化支出	15	*	*	*	*	*
	资本化支出	20	*	*	*	*	*
2019 年	费用化支出	20	18	*	*	*	*
	资本化支出	20	15	*	*	*	*
2020 年	费用化支出	18	20	15	*	*	*
	资本化支出	20	30	18	*	*	*
2021 年	费用化支出	30	25	20	25	*	*
	资本化支出	40	20	18	24	*	*
2022 年	费用化支出	60	30	30	40	25	*
	资本化支出	40	40	30	35	45	*
2023 年	费用化支出	45	35	25	28	40	45
	资本化支出	0	45	30	40	36	30

作为不征税收入处理的纳税调整如表 6－13 所示。

同时，表 6－13 第 7 行第 4 列的 200 万元填入表 A105000 中的第 9 行第 4 列进行调减。

第 7 行第 11 列的 218 万元填入表 A105000 中的第 25 行第 3 列进行调增。

第 7 行第 14 列的 22 万元填入表 A105000 中的第 9 行第 3 列进行调增。

表 6-13　A105040　专项用途财政性资金纳税调整明细表

单位：元

行次	项目	取得年度	财政性资金	其中：符合不征税收入条件的财政性资金		以前年度支出情况					本年支出情况		本年结余情况		
				金额	其中：计入本年损益的金额	前五年度	前四年度	前三年度	前二年度	前一年度	支出金额	其中：费用化支出金额	结余金额	其中：上缴财政金额	应计入本年应税收入金额
		1	2	3	4	5	6	7	8	9	10	11	12	13	14
1	前五年度	2018	3 500 000	3 500 000	0	350 000	400 000	380 000	700 000	1 000 000	450 000	450 000	220 000	0	220 000
2	前四年度	2019	3000 000	3 000 000	0	*	330 000	500 000	450 000	700 000	800 000	350 000	220 000	0	
3	前三年度	2020	2 000 000	2 000 000	0	*	*	330 000	380 000	600 000	550 000	250 000	140 000	0	
4	前二年度	2021	2 400 000	2 400 000	0	*	*	*	490 000	750 000	680 000	280 000	480 000	0	
5	前一年度	2022	2 600 000	2 600 000	0	*	*	*	*	700 000	760 000	400 000	1 140 000	0	
6	本年	2023	2 000 000	2 000 000	2 000 000	*	*	*	*	*	750 000	450 000	1 250 000	0	
	合计（1+2+3+4+5+6）	*	15 500 000	15 500 000	2 000 000	*	*	*	*	*	3 990 000	2 180 000	3 450 000		220 000

第三节　作为应税收入处理的纳税调整

一、作为应税收入的处理

政府补助在企业所得税上分为不征税收入和应税收入两类，如作为应税收入，企业所得税上在收到时全额计入收到年度的应纳税所得额中。

企业取得的政府补助如果不符合财税〔2009〕87号和财税〔2011〕70号文件规定的三个条件，应作为应税收入，在取得时一次性计入当期应纳税所得额。会计处理时根据权责发生制原则分期计入损益。

其会计处理为：

收到与收益相关补助时：

借：银行存款（或其他应收款）等

　　贷：递延收益（或营业外收入——政府补助或其他收益）（有差异，需调整）

发生支出时：

借：管理费用等

　　贷：银行存款等

分摊递延收益，结转营业外收入或其他收益时：

借：递延收益

　　贷：营业外收入或其他收益（有差异）

政府补助作为征税收入处理的，涉及的填报表单可以列表说明如表6－14所示。

表6－14　　政府补助与不征税收入

	按适用税收待遇	涉及的填报表单
会计上政府补助收入	应税收入	表A105000第3行“（二）未按权责发生制原则确认的收入（填写A105020）”，第38行“（二）政策性搬迁”
		表A105020“未按权责发生制确认收入纳税调整明细表”
		表A105110“政策性搬迁纳税调整明细表”
	不征税收入	表A105000第8、9行，第24、25行，第32行；表A105040“专项用途财政性资金纳税调整明细表”

二、政府补助递延收入

“未按权责发生制确认收入纳税调整明细表”（A105020）第9行“三、政府补助递延收入”填报企业取得的不符合条件没有作为不征税收入处理的政府补助，由于税务处理与会计核算存在差异而进行纳税调整的金额。

根据《企业所得税法》规定，企业取得的政府补助，不符合不征税收入条件未作为不征税收入处理的，应计入取得当年的收入总额计算缴纳企业所得额。

与资产相关的政府补助，在总额法下，应当确认为递延收益，并在相关资产使用寿命内分配，计入当期损益（营业外收入）。但是，按照名义金额计量的政府补助，直接计入当期损益（营业外收入）。

与收益相关的政府补助（其他政府补助），在总额法下，应当分别下列情况处理：

（1）用于补偿企业以后期间的相关费用或损失的，确认为递延收益，并在确认相关费用的期间，计入当期损益（营业外收入）。

（2）用于补偿企业已发生的相关费用或损失的，直接计入当期损益（营业外收入）。

上述政府补助税会差异，需通过附表 A105020 进行纳税调整。对符合条件作为不征税收入处理的政府补助，通过“专项用途财政性资金纳税调整明细表”（A105040）填报，不在附表 A105020 中填报。

对符合不征税收入条件的政府补助，直接按照不征税收入进行调整，符合专项用途财政性资金的，填报“专项用途财政性资金纳税调整明细表”（A105040），涉及不征税收入用于支出形成的资产，其折旧、摊销额不得税前扣除，填报“资产折旧、摊销情况及纳税调整明细表”（A105080）。

表 A105020 只填报符合应税收入条件的政府补助的税会差异，符合不征税收入条件的政府补助收入，应填报“纳税调整项目明细表”（A105000）第 8 行“不征税收入”，其中，符合不征税收入条件的专项用途财政性资金，还应填报“专项用途财政性资金纳税调整明细表”（A105040）。在符合应税收入条件的前提下，企业取得与收益相关的政府补助，如用于补偿企业已发生的相关费用或损失，会计上直接计入当期损益，与税法无差异，不需调整；如用于补偿企业以后期间发生的相关费用，会计上在收到当期确认为递延收益，在确认相关费用的期间计入损益，则收到当期确认为递延收益的要纳税调增，计入损益期间要纳税调减。企业取得与资产相关的政府补助，会计上在收到当期确认为递延收益，并自购建的长期资产可供使用时起，按照长期资产的预计使用期限，将递延收益平均分摊转入当期损益，同样，收到当期确认为递延收益的要纳税调增，转入损益期间要纳税调减。

三、案例解析

【例 6－3】2019 年 5 月 18 日，A 上市公司从财政取得贷款贴息补助收入 100 万元（不符合不征税收入条件），2019 年 12 月 10 日支付贷款贴息 80 万元，2020 年 2 月支付贷款贴息 20 万元。该公司采用净额法核算该类政府补助收入。

要求：进行相关财税处理，并填报年度纳税申报表。

解析：

1. 2019 年度：

2019 年 5 月 18 日，取得补助收入时：

借：银行存款　　　　1 000 000

　　贷：递延收益　　　　1 000 000

2019 年 12 月 10 日支付贷款贴息时：

借：财务费用　　　　800 000

　　贷：银行存款　　　　800 000

借：递延收益　　　　800 000

　　贷：财务费用　　　　800 000

年度汇缴申报时，先填“未按权责发生制确认收入纳税调整明细表”（A105020），如表 6 – 15 所示；再据以填报“纳税调整项目明细表”（A105000）第 3 行“（二）未按权责发生制原则确认的收入”，如表 6 – 16 所示。

表 6 – 15　A105020　　未按权责发生制确认收入纳税调整明细表　　单位：元

行次	项　目	合同金额（交易金额）	账载金额		税收金额		纳税调整金额
			本年	累计	本年	累计	
		1	2	3	4	5	6（4 – 2）
1	一、跨期收取的租金、利息、特许权使用费收入						
2	（一）租金						
3	（二）利息						
4	（三）特许权使用费						
5	二、分期确认收入（6 +7 +8）						
6	（一）分期收款方式销售货物收入						
7	（二）持续时间超过 12 个月的建造合同收入						
8	（三）其他分期确认收入						
9	三、政府补助递延收入（10 + 11 + 12）	1 000 000	800 000	800 000	1 000 000	1 000 000	200 000
10	（一）与收益相关的政府补助	1 000 000	800 000	800 000	1 000 000	1 000 000	200 000
11	（二）与资产相关的政府补助						
12	（三）其他						
13	四、其他未按权责发生制确认收入						
14	合计（1 +5 +9 +13）	1 000 000	800 000	800 000	1 000 000	1 000 000	200 000

表 6－16　A105000　　纳税调整项目明细表　　单位：元

行次	项　目	账载金额	税收金额	调增金额	调减金额
		1	2	3	4
1	一、收入类调整项目（2＋3＋4＋5＋6＋7＋8＋10＋11）	*	*	200 000	
2	（一）视同销售收入（填写 A105010）	*			*
3	（二）未按权责发生制原则确认的收入（填写 A105020）	800 000	1 000 000	200 000	

2. 2020 年度：

2020 年 2 月支付贷款贴息时：

借：财务费用　　200 000

　　贷：银行存款　　200 000

借：递延收益　　200 000

　　贷：财务费用　　200 000

年度汇缴申报时，先填“未按权责发生制确认收入纳税调整表”（A105020）如表 6－17 所示；再据以填报“纳税调整项目明细表”（A105000）第 3 行“（二）未按权责发生制原则确认的收入”，如表 6－18 所示。

表 6－17　A105020　　未按权责发生制确认收入纳税调整明细表　　单位：元

行次	项　目	合同金额（交易金额）	账载金额		税收金额		纳税调整金额
			本年	累计	本年	累计	
		1	2	3	4	5	6（4－2）
1	一、跨期收取的租金、利息、特许权使用费收入						
5	二、分期确认收入（6＋7＋8）						
6	（一）分期收款方式销售货物收入						
7	（二）持续时间超过 12 个月的建造合同收入						
8	（三）其他分期确认收入						
9	三、政府补助递延收入（10＋11＋12）	1 000 000	200 000	1 000 000	0	1 000 000	－200 000
10	（一）与收益相关的政府补助	1 000 000	200 000	1 000 000	0	1 000 000	－200 000
11	（二）与资产相关的政府补助						
12	（三）其他						
13	四、其他未按权责发生制确认收入						
14	合计（1＋5＋9＋13）	1 000 000	200 000	1 000 000	0	1 000 000	－200 000

表 6-18　　纳税调整项目明细表　　单位：元

行次	项　　目	账载金额	税收金额	调增金额	调减金额
		1	2	3	4
1	一、收入类调整项目（2+3+4+5+6+7+8+10+11）	*	*		200 000
2	（一）视同销售收入（填写 A105010）	*			*
3	（二）未按权责发生制原则确认的收入（填写 A105020）	200 000	0		200 000

【例 6-4】 2019 年 5 月 5 日，某公司取得 450 万元财政拨款（当日到账），要求用于购买大型科研设备 1 台。2019 年 5 月 31 日，该公司购入大型设备（假设不需安装），实际成本为 480 万元（适用增值税税率 13%。），其中，除财政拨款全部用于支付外，其余以自有资金支付，使用寿命 10 年，采用直线法计提折旧（假设无残值）。2020 年 2 月 1 日，该公司出售了这台设备，取得不含税价款 120 万元（增值税税率 13%）。

要求：进行相关的财税处理与纳税调整。

解析：

1. 2019 年 5 月 5 日，实际收到财政拨款，确认政府补助：

借：银行存款　　4 500 000

　　贷：递延收益　　4 500 000

2. 2019 年 5 月 31 日，购入设备：

借：固定资产　　4 800 000

　　应交税费——应交增值税（进项税额）　　624 000

　　贷：银行存款　　5 424 000

3. 自 2019 年 6 月起，每个资产负债表日计提折旧，同时分摊递延收益：

（1）计提折旧：

借：管理费用　　40 000

　　贷：累计折旧　　40 000

（2）分摊递延收益：

借：递延收益　　37 500

　　贷：其他收益　　37 500

4. 2026 年 6 月 1 日，出售设备，同时转销递延收益余额：

（1）出售设备：

借：固定资产清理　　960 000

　　累计折旧　　3 840 000

　　贷：固定资产　　4 800 000

借：银行存款　　1 116 000

　　贷：固定资产清理　　960 000

　　　应交税费——应交增值税（销项税额）　　　　156 000
　　　营业外收入　　　　　　　　　　　　　　　　240 000

（2）转销递延收益余额：

借：递延收益　　　　　　　　　　　　　　900 000
　　贷：其他收益　　　　　　　　　　　　　　900 000

四、纳税调整模型与应对（详见表 6－19）

表 6－19

<table>
<tr><td>对应风险特征编号、名称</td><td colspan="2">财政补贴收入企业所得税识别风险</td><td>指标类型</td><td colspan="2">[ ] 涉嫌偷逃骗税类 [√] 一般税收流失类 [ ] 税收行为管理类</td></tr>
<tr><td>适用范围</td><td colspan="2">所有企业所得税纳税人</td><td>主题事项（指标分类）</td><td colspan="2">企业所得税与其他税种联动分析</td></tr>
<tr><td>适用税种、税目</td><td colspan="2">企业所得税</td><td>涉及会计科目</td><td colspan="2">应交税费、所得税、补贴收入、其他应付款、利润分配</td></tr>
<tr><td>税收政策依据及内容摘要</td><td colspan="5">1.《企业所得税法》及其实施条例
2.《财政部　国家税务总局关于专项用途财政性资金企业所得税处理问题的通知》（财税〔2011〕70 号）</td></tr>
<tr><td>相关法律（含行业管理规定）及内容摘要</td><td colspan="5">《企业会计准则》《小企业会计准则》</td></tr>
<tr><td>数据来源（可多选）</td><td colspan="5">[ ] 税务登记 [√] 认定信息 [ ] 财务报表 [ ] 代开发票信息 [√] 申报表 [ ] 入库税款 [ ] 国际税收情报交换数据 [√] 第三方数据（××局、互联网采集数据）[ ] 其他数据</td></tr>
<tr><td>数据内容</td><td colspan="5">认定信息—企业所得税认定；申报表—企业所得税年度纳税申报表（A 表）表 A101010 第 20 行；第三方数据—财政部门－发放企业财政补贴信息</td></tr>
<tr><td rowspan="2">指标属性</td><td>积分度量类别</td><td>指标层级</td><td>指标性质</td><td>是否需要反馈</td><td>是否适用纳税提醒</td></tr>
<tr><td>[√] 计税依据 [ ] 税款 [ ] 比例 [ ] 其他</td><td>[√] 一级指标 [ ] 二级指标</td><td>[√] 主要 [ ] 辅助</td><td>[√] 是 [ ] 否</td><td>[ ] 是 [√] 否</td></tr>
<tr><td>指标描述</td><td colspan="5">适应于上年度存在财政奖励、土地征收返还款、财政税收返还、再生资源企业增值税退税信息及即征即退的纳税人
比较财政返还收入与汇算清缴政府补助利得的差异值</td></tr>
<tr><td>指标公式</td><td colspan="5">【企业财政补贴收入】取第三方数据—财政部门等发放企业财政补贴收入数据
企业所得税查账征收：
【政府补助利得】企业所得税年度纳税申报表（A 表）表 A101010 第 20 行政府补助利得
企业所得税核率征收：
【政府补助利得】企业所得税年度纳税申报表（B 类）第 2 行不征税收入
【计税依据差额】＝【企业财政补贴收入】－【政府补助利得】</td></tr>
<tr><td>风险识别条件</td><td colspan="5">【计税依据差额】＞【预警值】</td></tr>
</table>

续表

预警参考值	1000
加工周期	（与数据所属期不同）[ ] 月　[ ] 季　[ ] 半年　[√] 年 [ ] 一次性
警参考值维护级别	[√] 省　[ ] 市　[ ] 县（市、区）
税务机关提示信息	如果是查账征收企业： 【纳税人名称】（【纳税人识别号】）：该单位在【年度】年企业所得税征收方式为查账征收，收到企业财政补贴为【企业财政补贴收入】元，企业所得税年度纳税申报表 A101010 中政府补助收入为【政府补助利得】元，差额【计税依据差额】元，可能存在少缴企业所得税的风险，请核查。 如果是核率征收企业： 【纳税人名称】（【纳税人识别号】）：该单位在【年度】年企业所得税征收方式为核率征收，收到企业财政补贴为【企业财政补贴收入】元，企业所得税年度纳税申报表（B 类）中不征税收入为【政府补助利得】元，差额【计税依据差额】元，可能存在少缴企业所得税的风险，请核查。
纳税人提示信息	【纳税人名称】（【纳税人识别号】）：您单位【年度】年度收到企业财政补贴，是否足额缴纳企业所得税，请核实。
应对策略	风险数据的系统校验（案头审核） 1. 通过查询金三系统—查询统计（核心征管）—申报—企业所得税申报信息清册（通用查询岗）—企业所得税年度纳税申报表（A 表）核实“政府补助利得”； 2. 通过第三方数据核实“企业财政补贴收入”。 二、询问约谈资料要求（报送资料） 1. 企业相关账务处理资料、记账凭证以及相关附件； 2. 政府部门拨付资金相关文件。 三、核查内容 1. 核查企业基础登记信息和认定信息的准确性； 2. 核查其款项是由哪一级财政返还，特别注意核对财政返还文件，按照要求核对返还资金的使用情况，对于符合不征税收入规定的奖励资金，尤其应注重核对其账务处理情况； 3. 如账面“补贴收入”无明确记载，注意核对单位“其他应收款”，“其他应付款”科目，以及“利润分配”科目，特别是往来科目的单位明细为政府部门的往来； 4. 核查实际到账金额与提示金额有差额的，应核实差额的去向，发票真实性； 5. 关注不征税收入及其用于支出形成的费用、资产的折旧、摊销额是否已在税前列支； 6. 核查出口退税是否通过“其他应收款”核算，不属于财政税收返还； 7. 存在少缴纳税款情形的，通知纳税人补缴并按规定加滞纳金。
备注	财政部门等发放企业财政补贴收入数据

第七章　职工薪酬支出的纳税调整

第一节　职工薪酬支出及纳税调整表

一、职工薪酬的界定

（一）《小企业会计准则》的界定

根据《小企业会计准则》第四十九条的规定，应付职工薪酬，是指小企业为获得职工提供的服务而应付给职工的各种形式的报酬以及其他相关支出。小企业的职工薪酬包括：

（1）职工工资、奖金、津贴和补贴。

（2）职工福利费。

（3）医疗保险费、养老保险费、失业保险费、工伤保险费和生育保险费等社会保险费。

（4）住房公积金。

（5）工会经费和职工教育经费。

（6）非货币性福利。

（7）因解除与职工的劳动关系给予的补偿。

（8）其他与获得职工提供的服务相关的支出等。

（二）《企业会计准则》的界定

根据《企业会计准则第9号——职工薪酬》（财会〔2014〕8号，以下简称职工薪酬准则）第二条的规定，职工薪酬，是指企业为获得职工提供的服务或解除劳动关系而给予的各种形式的报酬或补偿。职工薪酬包括短期薪酬、离职后福利、辞退福利和其他长期职工福利。企业提供给职工配偶、子女、受赡养人、已故员工遗属及其他受益人等的福利，也属于职工薪酬。

1. 短期薪酬

短期薪酬，是指企业在职工提供相关服务的年度报告期间结束后十二个月内需要全部予以支付的职工薪酬，因解除与职工的劳动关系给予的补偿除外。短期薪酬具体包括：职工工资、奖金、津贴和补贴，职工福利费，医疗保险费、工伤保险费和生育保险费等社会保险费，住房公积金，工会经费和职工教育经费，短期带薪缺勤，短期利润分享计划，非货币性福利以及其他短期薪酬。

带薪缺勤，是指企业支付工资或提供补偿的职工缺勤，包括年休假、病假、短期伤残、婚假、产假、丧假、探亲假等。利润分享计划，是指因职工提供服务而与其达成的基于利润或其他经营成果提供薪酬的协议。

2. 离职后福利

离职后福利，是指企业为获得职工提供的服务而在职工退休或与企业解除劳动关系后，提供的各种形式的报酬和福利，短期薪酬和辞退福利除外。

3. 辞退福利

辞退福利，是指企业在职工劳动合同到期之前解除与职工的劳动关系，或者为鼓励职工自愿接受裁减而给予的补偿。

4. 其他长期职工福利

其他长期职工福利，是指除短期薪酬、离职后福利、辞退福利之外所有的职工薪酬，包括长期带薪缺勤、长期残疾福利、长期利润分享计划等。

二、职工薪酬支出及纳税调整明细表

为解决职工薪酬支出的账载金额与实际发生额有可能存在差异的问题，2017 年版“职工薪酬支出及纳税调整明细表”（A105050）增加第 2 列“实际发生额”填报列次；并调整相关列次的计算规则和逻辑关系。

此外，《国家税务总局关于修订〈中华人民共和国企业所得税年度纳税申报表（A 类，2017 年版）〉部分表单样式及填报说明的公告》（国家税务总局公告 2018 年第 57 号）还修订了“职工薪酬支出及纳税调整明细表”（A105050）第 2 行第 5 列“股权激励 \ 税收金额”的填报规则，规定第 2 行第 5 列按第 2 行第 2 列金额填报；修订第 5 行第 5 列“按税收规定比例扣除的职工教育经费 \ 税收金额”与第 5 行第 7 列“按税收规定比例扣除的职工教育经费 \ 累计结转以后年度扣除额”的表间关系，规定第 5 行第 5 列按该表第 1 行第 5 列 × 税收规定扣除率后的金额与第 5 行第 2 + 4 列金额的孰小值填报，第 5 行第 7 列按第 5 行第 2 + 4 − 5 列金额填报。

“职工薪酬支出及纳税调整明细表”（A105050，见表 7 − 1）纳税人根据税法相关规定，以及国家统一企业会计制度，填报纳税人职工薪酬会计处理、税收规定，以及纳税调整情况。纳税人只要发生相关支出，不论是否纳税调整，均需填报。

表 A105050 第 13 行“合计”：填报第 1 + 3 + 4 + 7 + 8 + 9 + 10 + 11 + 12 行的合计金额。即：第 13 行 = 第 1 + 3 + 4 + 7 + 8 + 9 + 10 + 11 + 12 行。

同时，将第 13 行第 1 列（账载金额合计）填入表 A105000 第 14 行（职工薪酬）第 1 列（账载金额）。第 13 行第 5 列（税收金额合计）填入表 A105000 第 14 行第 2 列（税收金额）。

若第13行第6列（纳税调整金额）≥0，第13行第6列（纳税调整金额）填入表A105000第14行（职工薪酬）第3列；若第13行第6列<0，第13行第6列（纳税调整金额）的绝对值填入表A105000第14行第4列。

表7－1 A105050 职工薪酬支出及纳税调整明细表

行次	项目	账载金额	实际发生额	税收规定扣除率	以前年度累计结转扣除额	税收金额	纳税调整金额	累计结转以后年度扣除额
		1	2	3	4	5	6（1－5）	7（1＋4－5）
1	一、工资薪金支出			*	*			*
2	其中：股权激励			*	*			*
3	二、职工福利费支出				*			*
4	三、职工教育经费支出			*				
5	其中：按税收规定比例扣除的职工教育经费							
6	按税收规定全额扣除的职工培训费用				*			*
7	四、工会经费支出				*			*
8	五、各类基本社会保障性缴款			*	*			*
9	六、住房公积金			*	*			*
10	七、补充养老保险				*			*
11	八、补充医疗保险				*			*
12	九、其他			*	*			*
13	合计（1＋3＋4＋7＋8＋9＋10＋11＋12）			*				

第二节 职工薪酬税前扣除的纳税调整

一、工资薪金支出

（一）财务处理

1.《小企业会计准则》的处理

根据《小企业会计准则》第五十条的规定，小企业应当在职工为其提供服务的会计期间，将应付的职工薪酬确认为负债，并根据职工提供服务的受益对象，分别下列情况进行会计处理：

（1）应由生产产品、提供劳务负担的职工薪酬，计入产品成本或劳务成本。

（2）应由在建工程、无形资产开发项目负担的职工薪酬，计入固定资产成本或无形资产成本。

（3）其他职工薪酬（含因解除与职工的劳动关系给予的补偿），计入当期损益。

小企业应设置“应付职工薪酬”科目，核算小企业根据有关规定应付给职工的各种薪酬。外商投资小企业按照规定从净利润中提取的职工奖励及福利基金，也通过该科目核算。小企业应按照“职工工资”“奖金、津贴和补贴”“职工福利费”“社会保险费”“住房公积金”“工会经费”“职工教育经费”“非货币性福利”“辞退福利”等进行明细核算。

（1）月末，小企业应当将本月发生的职工薪酬区分以下情况进行分配：

①生产部门（提供劳务）人员的职工薪酬，借记“生产成本”“制造费用”等科目，贷记“应付职工薪酬”科目。

②应由在建工程、无形资产开发项目负担的职工薪酬，借记“在建工程”“研发支出”等科目，贷记“应付职工薪酬”科目。

③管理部门人员的职工薪酬和因解除与职工的劳动关系给予的补偿，借记“管理费用”科目，贷记“应付职工薪酬”科目。

④销售人员的职工薪酬，借记“销售费用”科目，贷记“应付职工薪酬”科目。

（2）小企业发放职工薪酬应当区分以下情况进行处理：

向职工支付工资、奖金、津贴、福利费等，从应付职工薪酬中扣还的各种款项（代垫的家属药费、个人所得税等）等，借记“应付职工薪酬”科目，贷记“库存现金”“银行存款”“其他应收款”“应交税费——应交个人所得税”等科目。

支付工会经费和职工教育经费用于工会活动和职工培训，借记“应付职工薪酬”科目，贷记“银行存款”等科目。

按照国家有关规定缴纳的社会保险费和住房公积金，借记“应付职工薪酬”科目，贷记“银行存款”科目。

以其自产产品发放给职工的，按照其销售价格，借记“应付职工薪酬”科目，贷记“主营业务收入”科目；同时，还应结转产成品的成本。涉及增值税销项税额的，还应进行相应的账务处理。

支付的因解除与职工的劳动关系给予职工的补偿，借记“应付职工薪酬”科目，贷记“库存现金”“银行存款”等科目。

2.《企业会计准则》的处理

根据职工薪酬准则第五条的规定，企业应当在职工为其提供服务的会计期间，将实际发生的短期薪酬确认为负债，并计入当期损益，其他会计准则要求或允许计入资产成本的除外。

（二）工资薪金的税前扣除

1. 工薪薪金的税前扣除

工资薪金，是指企业每一纳税年度支付给在本企业任职或者受雇的员工的所有现金或者非现金形式的劳动报酬，包括基本工资、奖金、津贴、补贴、年终加薪、加班工资，以及与员工任职或者受雇有关的其他支出。

根据《企业所得税法实施条例》第三十四条的规定，企业发生的合理的工资薪金，准予扣除。

2. 合理工资薪金的界定

根据《国家税务总局关于企业工资薪金及职工福利费扣除问题的通知》（国税函〔2009〕3号）的规定，合理工资薪金是指企业按照股东大会、董事会、薪酬委员会或相关管理机构制定的工资薪金制度规定实际发放给员工的工资薪金。税务机关对工资、薪金进行合理性确认时，应掌握如下五项原则：

（1）企业制定了较为规范的员工工资薪金制度；

（2）企业所制定的工资薪金制度符合行业及地区水平；

（3）企业在一定时期所发放的工资薪金是相对固定的，工资薪金的调整是有序进行的；

（4）企业对实际发放的工资薪金，已依法履行了代扣代缴个人所得税义务；

（5）有关工资薪金的安排，不以减少或逃避税款为目的。

国税函〔2009〕3号文件对工资薪金的税前扣除强调实际发放，其范围也仅指工资薪金，也就是说工资薪金总额必须是实际发放的，而且实际发放的工资薪金总和，不包括通常所说的“三费、五险、一金”，这与《小企业会计准则》所规范的“职工薪酬”范围明显不同。

企业在计算企业所得税工资薪金总额时，务必至少把握以下几点：一是实际工资薪金总额是计算税法规定的职工福利费、职工教育经费、工会经费以及其他相关指标税前扣除限额的基本依据。企业应当通过“应付职工薪酬——工资”科目对工资薪金总额进行单独核算；二是不合理的工资薪金即使实际发放也不得扣除，如国有性质的企业超过政府有关部门给予的限定数额部分的工资薪金，不得扣除；三是超标的工资薪金本身不得包括在所得税税前扣除的“工资薪金总额”之中，因此也不能将其作为计算职工福利费、职工教育经费、工会经费等税前扣除限额的依据。

（三）汇缴期结束前支付汇缴年度工资薪金的扣除

根据《国家税务总局关于企业工资薪金和职工福利费等支出税前扣除问题的公告》（国家税务总局公告2015年第34号）第二条的规定，企业在年度汇算清缴结束前向员工实际支付的已预提汇缴年度工资薪金，准予在汇缴年度按规定扣除。

（四）接受外部劳务派遣用工支出税前扣除

根据国家税务总局公告2015年第34号第三条的规定，企业接受外部劳务派遣用工所实际发生的费用，应分两种情况按规定在税前扣除：按照协议（合同）约定直接支付给劳务派遣公司的费用，应作为劳务费支出；直接支付给员工个人的费用，应作为工资薪金支出和职工福利费支出。其中属于工资薪金支出的费用，准予计入企业工资薪金总额的基数，作为计算其他各项相关费用扣除的依据。

（五）股权激励

股权激励，是指《上市公司股权激励管理办法》中规定的上市公司以本公司股票为标的，对其董事、高级管理人员及其他员工（以下简称“激励对象”）进行的长期性激励。股权激励实行方式包括授予限制性股票、股票期权以及其他法律法规规定的方式。限制性股票，是指《上市公司股权激励管理办法》中规定的激励对象按照股权激励计划规定的条件，从上市公司获得一定数量流通权受到限制的本公司股票。股票期权，是指《上市公司股权激励管理办法》中规定的上市公司按照股权激励计划授予激励对象在未来一定期限内，以预先确定的价格和条件购买本公司一定数量股票的权利。

《国家税务总局关于我国居民企业实行股权激励计划有关企业所得税处理问题的公告》（国家税务总局公告2012年第18号）规定，上市公司依照《上市公司股权激励管理办法》要求建立职工股权激励计划，并按《企业会计准则》的有关规定，在股权激励计划授予激励对象时，按照该股票的公允价格及数量，计算确定作为上市公司相关年度的成本或费用，作为换取激励对象提供服务的对价。上述企业建立的职工股权激励计划，其企业所得税的处理，按以下规定执行：

（1）对股权激励计划实行后立即可以行权的，上市公司可以根据实际行权时该股票的公允价格与激励对象实际行权支付价格的差额和数量，计算确定作为当年上市公司工资薪金支出，依照税法规定进行税前扣除。

（2）对股权激励计划实行后，需待一定服务年限或者达到规定业绩条件（以下简称“等待期”）方可行权的。上市公司等待期内会计上计算确认的相关成本费用，不得在对应年度计算缴纳企业所得税时扣除。在股权激励计划可行权后，上市公司方可根据该股票实际行权时的公允价格与当年激励对象实际行权支付价格的差额及数量，计算确定作为当年上市公司工资薪金支出，依照税法规定进行税前扣除。这里所指股票实际行权时的公允价格，以实际行权日该股票的收盘价格确定。

目前，有关部门仅对在我国境内上市的公司建立的职工股权激励计划作出具体规定和要求，但考虑到一些在我国境外上市的公司以及非上市公司，也依照上市公司的做法，建立职工股权激励计划，为了体现税收政策的公平性，国家税务总局公告2012年第18号还进一步明确规定：在我国境外上市的居民企业和非上市公司，凡比照《上市公司股权激励管理办法》的规定建立职工股权激励计划，且在企业会计处理上，也按我国会计准则的有关规定处理的，其股权激励计划有关企业所得税处理问题，可以按照上述规定执行。即：对这些公司，如果其所建立的职工股权激励计划，是参照上市公司的做法建立的，也可以按照上市公司的税务处理办法进行企业所得税处理。

（六）工资薪金支出的填报

1. 工资薪金支出

表 A105050 第 1 行“一、工资薪金支出”：填报纳税人本年度支付给在本企业任职或者受雇的员工的所有现金形式或非现金形式的劳动报酬及其会计核算、纳税调整等金额，具体如下：

（1）第 1 列“账载金额”：填报纳税人会计核算计入成本费用的职工工资、奖金、津贴和补贴金额。

（2）第 2 列“实际发生额”：分析填报纳税人“应付职工薪酬”会计科目借方发生额（实际发放的工资薪金）。

需要说明的是，根据国家税务总局公告 2015 年第 34 号的规定，企业在年度汇算清缴结束前向员工实际支付的已预提汇缴年度工资薪金，准予在汇缴年度按规定扣除。因此这里应包括次年 5 月 31 日前发放的上年度的工资。

（3）第 5 列“税收金额”：填报纳税人按照税收规定允许税前扣除的金额，按照第 1 列和第 2 列分析填报。

（4）第 6 列“纳税调整金额”：填报第 1 – 5 列的余额。即：纳税调整金额 = 账载金额 – 税收金额

2. 股权激励

表 A105050 第 2 行“其中：股权激励”：本行由执行《上市公司股权激励管理办法》（中国证券监督管理委员会令第 126 号）的纳税人填报，具体如下：

（1）第 1 列“账载金额”：填报纳税人按照国家有关规定建立职工股权激励计划，会计核算计入成本费用的金额。

（2）第 2 列“实际发生额”：填报纳税人根据本年实际行权时股权的公允价格与激励对象实际行权支付价格的差额和数量计算确定的金额。

（3）第 5 列“税收金额”：填报行权时按照税收规定允许税前扣除的金额。按照第 1 列和第 2 列孰小值填报。

（4）第 6 列“纳税调整金额”：填报第 1 – 5 列的余额。

（七）案例解析

【例 7 – 1】 A 上市公司实施股票期权形式的股权激励，根据约定，被激励员工张某 3 年后可按 6 元/股的价格认购 A 公司 100 000 股股票。

该股票授权日公允价 12 元/每股，3 年后，张某全部行权，行权时每股收盘价 18 元/股。

要求：进行相关的财税处理并填报相关纳税申报表。

解析：

第一年的会计处理为：

借：管理费用　　　　400 000（12×100 000×1÷3）

　贷：资本公积　　　　400 000

税务处理：等待期内，股权激励税前扣除金额为0，故纳税调增400 000元，如表7-2所示。

表7-2　A105050　　职工薪酬支出及纳税调整明细表　　单位：元

行次	项　目	账载金额	实际发生额	税收规定扣除率	以前年度累计结转扣除额	税收金额	纳税调整金额	累计结转以后年度扣除额
		1	2	3	4	5	6（1-5）	7（1+4-5）
1	一、工资薪金支出			*	*	0	400 000	*
2	其中：股权激励	400 000	0	*	*	0	400 000	*
3	二、职工福利费支出				*			*
13	合计（1+3+4+7+8+9+10+11+12）			*			400 000	

第三年的会计处理为：

借：管理费用　　　　400 000

　贷：资本公积　　　　400 000

员工行权时：

借：银行存款　　　　600 000

　资本公积——其他资本公积　　　　1 200 000

　贷：股本　　　　100 000

　　资本公积——资本溢价　　　　1 700 000

税务处理：可以税前扣除的金额=(18-6)×100 000=1 200 000（元），故纳税调减800 000元，如表7-3所示。

表7-3　A105050　　职工薪酬支出及纳税调整明细表

行次	项　目	账载金额	实际发生额	税收规定扣除率	以前年度累计结转扣除额	税收金额	纳税调整金额	累计结转以后年度扣除额
		1	2	3	4	5	6（1-5）	7（1+4-5）
1	一、工资薪金支出			*	*			*
2	其中：股权激励	400 000	1 200 000	*	*	1 200 000	-800 000	*
3	二、职工福利费支出				*			*
13	合计（1+3+4+7+8+9+10+11+12）			*				

（八）纳税调整模型与应对（见表 7－4）

表 7－4

<table>
<tr><td>对应风险特征编号、名称</td><td colspan="2">股权激励信息分析</td><td>指标类型</td><td colspan="2">[ ] 涉嫌偷逃骗税类 [√] 一般税收流失类 [ ] 税收行为管理类</td></tr>
<tr><td>适用范围</td><td colspan="2">企业所得税查账征收企业</td><td>主题事项（指标分类）</td><td colspan="2">企业所得税汇缴申报资料复审</td></tr>
<tr><td>适用税种、税目</td><td colspan="2">企业所得税</td><td>涉及会计科目</td><td colspan="2">应付职工薪酬、递延所得税资产、递延所得税负债、资本公积</td></tr>
<tr><td>税收政策依据及内容摘要</td><td colspan="5">《企业所得税法》及其实施条例、《国家税务总局关于我国居民企业实行股权激励计划有关企业所得税处理问题的公告》（国家税务总局公告 2012 年第 18 号），上市公司依照《股权激励管理办法》要求建立职工股权激励计划，并按我国《企业会计准则》的有关规定，在股权激励计划授予激励对象时，按照该股票的公允价格及数量，计算确定作为上市公司相关年度的成本或费用，作为换取激励对象提供服务的对价。对股权激励计划实行后，需待一定服务年限或者达到规定业绩条件（以下简称等待期）方可行权的。上市公司等待期内会计上计算确认的相关成本费用，不得在对应年度计算缴纳企业所得税时扣除。在股权激励计划可行权后，上市公司方可根据该股票实际行权时的公允价格与当年激励对象实际行权支付价格的差额及数量，计算确定作为当年上市公司工资薪金支出，依照税法规定进行税前扣除。</td></tr>
<tr><td>相关法律（含行业管理规定）及内容摘要</td><td colspan="5">《企业会计准则》《上市公司股权激励管理办法》</td></tr>
<tr><td>数据来源（可多选）</td><td colspan="5">[ ] 税务登记 [√] 认定信息 [ ] 财务报表 [ ] 代开发票信息 [√] 申报表 [ ] 入库税款 [ ] 国际税收情报交换数据 [ ] 第三方数据（××局、互联网采集数据）[ ] 其他数据</td></tr>
<tr><td>数据内容</td><td colspan="5">认定信息—企业所得税查账征收；申报表—企业所得税年度纳税申报表（A 表）A105050 第 2 行第 1 列</td></tr>
<tr><td rowspan="2">指标属性</td><td>积分度量类别</td><td>指标层级</td><td>指标性质</td><td>是否需要反馈</td><td>是否适用纳税提醒</td></tr>
<tr><td>[ ] 计税依据 [ ] 税款 [ ] 比例 [√] 其他</td><td>[√] 一级指标 [ ] 二级指标</td><td>[ ] 主要 [√] 辅助</td><td>[√] 是 [ ] 否</td><td>[ ] 是 [√] 否</td></tr>
<tr><td>指标描述</td><td colspan="5">本指标主要反映纳税人股权激励支出税前扣除情况。对股权激励计划实行后有等待期的，上市公司在等待期内按《企业会计准则》计算确认的相关成本费用，不得在对应年度计算缴纳企业所得税时扣除。在股权激励可行权后，上市公司可根据该股票实际行权时的公允价格与当年激励对象实际行权支付价格的差额及数量，计算确认作为当年上市公司工资薪金支出，依据税法规定进行税前扣除。</td></tr>
<tr><td>指标公式</td><td colspan="5">股权激励账载金额【A105050 第 2 行第 1 列】＞0</td></tr>
<tr><td>风险识别条件</td><td colspan="5">股权激励账载金额【A105050 第 2 行第 1 列】大于预警参考值</td></tr>
<tr><td>预警参考值</td><td colspan="5">0</td></tr>
<tr><td>加工周期</td><td colspan="5">（与数据所属期不同）[ ] 月　[ ] 季　[ ] 半年　[√] 年 [ ] 一次性</td></tr>
<tr><td>警参考值维护级别</td><td colspan="5">[√] 省　[ ] 市　[ ] 县（市、区）</td></tr>
</table>

续表

税务机关提示信息	【纳税人名称】（【纳税人识别号】）：该单位在【年度】年度填列职工薪酬纳税调整明细表（A105050）工资薪金支出—股权激励金额【A105050 第 2 行第 1 列】，请核实具体情况，确认该股权激励计划是立即可行权还是需经过等待期后方可行权，对股权激励计划在等待期内的，应进行纳税调整，可能存在少缴企业所得税风险，请核查。
纳税人提示信息	【纳税人名称】（【纳税人识别号】）：您单位在【年度】年有股权激励，在等待期内应进行纳税调整，可能存在税前多扣除工资薪金情况，请提供相关资料核实。
应对策略	一、风险数据的系统校验（案头审核） 通过“查询统计（核心征管）”—“申报”—“企业所得税年度纳税申报信息清册［通用查询岗］”—企业所得税年度纳税申报表（A 类）—职工薪酬纳税调整表中股权激励。 二、询问约谈资料要求（报送资料） 单位制定的职工股权激励计划、账务处理。 三、核查内容 1. 核查企业基础登记信息和认定信息的准确性。 2. 核实上市公司制定的职工股权激励计划是立即可以行权的还是股权激励计划实行后，需待一定服务年限或者达到规定业绩条件（以下简称等待期）方可行权的，对股权激励计划实行后立即可以行权的，上市公司可以根据实际行权时该股票的公允价格与激励对象实际行权支付价格的差额和数量，计算确定作为当年上市公司工资薪金支出，依照税法规定进行税前扣除；对股权激励计划实行后，需待一定服务年限或者达到规定业绩条件（以下简称等待期）方可行权的。上市公司等待期内会计上计算确认的相关成本费用，不得在对应年度计算缴纳企业所得税时扣除。在股权激励计划可行权后，上市公司方可根据该股票实际行权时的公允价格与当年激励对象实际行权支付价格的差额及数量，计算确定作为当年上市公司工资薪金支出，依照税法规定进行税前扣除。 3. 核实对于在等待期内按企业会计准则计算确认的相关成本费用，是否违规在对应年度计算缴纳企业所得税时扣除。 4. 存在少缴纳税款情形的，通知纳税人补缴并按规定加滞纳金。
备注	

二、职工福利费

（一）职工福利费的财务处理

《企业财务通则》（财政部令 41 号）取消了企业职工福利费按标准提取的政策，财务处理上企业可据实开支职工福利费，不再按照工资总额的 14% 计提。同时将原来应当由职工福利费开支的职工基本医疗保险费、补充医疗和补充养老保险费等内容，直接列入成本（费用），不再列作职工福利费管理。

1. 职工福利费的开支范围

根据《财政部关于企业加强职工福利费财务管理的通知》（财企〔2009〕242 号）的规定，企业职工福利费是指企业为职工提供的除职工工资、奖金、津贴、纳入工资总额管理的补贴、职工教育经费、社会保险费和补充养老保险费（年金）、补充医疗保险费及住房公积金以外的福利待遇支出，包括发放给职工或为职工支付的以下各项现金补贴和非货币性集体福利：

（1）为职工卫生保健、生活等发放或支付的各项现金补贴和非货币性福利，包括职工因公外地就医费用、暂未实行医疗统筹企业职工医疗费用、职工供养直系亲属医疗补贴、职工疗养费用、自办职工食堂经费补贴或未办职工食堂统一供应午餐支出、符合国家有关财务规定的供暖费补贴、防暑降温费等。

（2）企业尚未分离的内设集体福利部门所发生的设备、设施和人员费用，包括职工食堂、职工浴室、理发室、医务所、托儿所、疗养院、集体宿舍等集体福利部门设备、设施的折旧、维修保养费用以及集体福利部门工作人员的工资薪金、社会保险费、住房公积金、劳务费等人工费用。

（3）职工困难补助，或者企业统筹建立和管理的专门用于帮助、救济困难职工的基金支出。

（4）离退休人员统筹外费用，包括离休人员的医疗费及离退休人员其他统筹外费用。企业重组涉及的离退休人员统筹外费用，按照《财政部关于企业重组有关职工安置费用财务管理问题的通知》（财企〔2009〕117 号）规定执行，国家另有规定的，从其规定。

（5）按规定发生的其他职工福利费，包括丧葬补助费、抚恤费、职工异地安家费、独生子女费、探亲假路费，以及符合企业职工福利费定义但没有包括在上述项目中的其他支出。

按照《企业财务通则》第四十六条的规定，企业不得承担属于个人的下列支出：

①娱乐、健身、旅游、招待、购物、馈赠等支出；

②购买商业保险、证券、股权、收藏品等支出；

③个人行为导致的罚款、赔偿等支出；

④购买住房、支付物业管理费等支出；

⑤应由个人承担的其他支出。

2. 会计核算

职工薪酬准则第六条规定，企业发生的职工福利费，应当在实际发生时根据实际发生额计入当期损益或相关资产成本。职工福利费为非货币性福利的，应当按照公允价值计量。

（二）职工福利费的企业所得税处理

职工福利费支出是指满足职工共同需要的集体生活、文化、体育等方面的支出。国税函〔2009〕3 号文件对其税法上的范畴进行了明确。企业在财务、会计处理时按照财企〔2009〕242 号文件执行；在进行纳税调整等税务处理时，按国税函〔2009〕3 号文件执行。

根据《企业所得税法实施条例》第四十条的规定，企业发生的职工福利费支出，不超过工资薪金总额 14% 的部分，准予扣除。

1. 工资薪金总额的界定

根据国税函〔2009〕3号文件的规定，工资薪金总额，是指企业按照规定实际发放的工资薪金总和，不包括企业的职工福利费、职工教育经费、工会经费以及养老保险费、医疗保险费、失业保险费、工伤保险费、生育保险费等社会保险费和住房公积金。

属于国有性质的企业，其工资薪金，不得超过政府有关部门给予的限定数额；超过部分，不得计入企业工资薪金总额，也不得在计算企业应纳税所得额时扣除。

工资薪金总额与工资总额不同。按照《国家统计局关于工资总额组成的规定》（国家统计局1990年第1号令）规定，工资总额由计时工资、计件工资、奖金、津贴和补贴、加班加点工资、特殊情况下支付的工资等六个部分组成。工资总额组成范围的各种奖金、津贴和补贴等，均计算在内。

2. 职工福利费的开支内容

企业所得税所称的职工福利费的开支内容，包括：

（1）尚未实行分离办社会职能的企业，其内设福利部门所发生的设备、设施和人员费用，包括职工食堂、职工浴室、理发室、医务所、托儿所、疗养院等集体福利部门的设备、设施及维修保养费用和福利部门工作人员的工资薪金、社会保险费、住房公积金、劳务费等。

（2）为职工卫生保健、生活、住房、交通等所发放的各项补贴和非货币性福利，包括企业向职工发放的因公外地就医费用、未实行医疗统筹企业职工医疗费用、职工供养直系亲属医疗补贴、供暖费补贴、职工防暑降温费、职工困难补贴、救济费、职工食堂经费补贴、职工交通补贴等。

（3）按照其他规定发生的其他职工福利费，包括丧葬补助费、抚恤费、安家费、探亲假路费等。

值得注意的是，下列费用不属于企业所得税所称职工福利费的开支范围：①退休职工的费用；②被辞退职工的补偿金；③职工劳动保护费；④职工在病假、生育假、探亲假期间领取到的补助；⑤职工的学习费；⑥职工的伙食补助费（包括职工在企业的午餐补助和出差期间的伙食补助）等。

可见，国税函〔2009〕3号文件所规定的职工福利费包括的范围，与通常所说的“企业职工福利”相比大大缩小，如企业发给员工的“年货”“过节费”节假日物资及组织员工旅游支出等都不在此列。

3. 职工福利费的核算要求

企业发生的职工福利费，应该单独设置账册，进行准确核算。没有单独设置账册准确核算的，税务机关应责令企业在规定的期限内进行改正。逾期仍未改正的，税务机关可对企业发生的职工福利费进行合理的核定。

4. 以前年度余额的处理

原内资企业所得税暂行条例规定，职工福利费按照计税工资总额的14%计提并允许在税前扣除。即：不管企业是否盈利，也不管企业是否发生了职工福利费支出，其仍可按工资总额的14%计提职工福利费。而新《企业所得税法》对职工福利费取消了计提的规定，而采取在比例限额内据实扣除。

对2008年1月1日以前已计提，但尚未使用的职工福利费余额如何处理问题，《国家税务总局关于企业所得税若干税务事项衔接问题的通知》（国税函〔2009〕98号）规定：企业2008年以前按照规定计提但尚未使用的职工福利费余额，2008年及以后年度发生的职工福利费，应首先冲减上述职工福利费余额，不足部分按新税法规定扣除；仍有余额的，继续留在以后年度使用。企业2008年以前节余的职工福利费，已在税前扣除，属于职工权益，如果改变用途的，应调整增加企业应纳税所得额。

对上述政策规定，可从两方面理解：一是如果企业2008年以前按规定计提了职工福利费有尚未使用的余额，那么2008年及以后年度发生的职工福利费，应先使用原有职工福利费结余部分，不足部分再按新税法规定扣除。二是2008年以前节余的职工福利费，如果改变了职工权益属性，已在税前扣除的，则必须调整增加应纳税所得额。

（三）企业福利性补贴支出税前扣除

根据《国家税务总局关于企业工资薪金和职工福利费等支出税前扣除问题的公告》（国家税务总局公告2015年第34号）第一条"企业福利性补贴支出税前扣除问题"的规定，列入企业员工工资薪金制度、固定与工资薪金一起发放的福利性补贴，符合《国家税务总局关于企业工资薪金及职工福利费扣除问题的通知》（国税函〔2009〕3号）第一条规定的，可作为企业发生的工资薪金支出，按规定在税前扣除。

不能同时符合上述条件的福利性补贴，应作为国税函〔2009〕3号文件第三条规定的职工福利费，按规定计算限额税前扣除。

（四）职工福利费支出的填报

表A105050第3行"二、职工福利费支出"：填报纳税人本年度发生的职工福利费及其会计核算、纳税调整等金额，具体如下：

（1）第1列"账载金额"：填报纳税人会计核算计入成本费用的职工福利费的金额。

（2）第2列"实际发生额"：分析填报纳税人"应付职工薪酬"会计科目下的职工福利费用实际发生额。

（3）第3列"税收规定扣除率"：填报税收规定的扣除比例（14%）。

（4）第5列"税收金额"：填报按照税收规定允许税前扣除的金额，按第1行第5列"工资薪金支出/税收金额"×14%、本表第3行第1列（账载金额）、本表第3行第2列（实际发生额）三者孰小值填报。

（5）第6列"纳税调整金额"：填报第1－5列的余额。

（五）案例解析

【例7－2】甲企业2018年度"应付职工薪酬——职工福利费"贷方余额20万元

（已计提未使用的职工福利费余额），2019 年度计提并支付合理的工资薪金为 100 万元，发生的职工福利费支出额为 45 万元。

请问：甲企业在 2019 年度所得税申报时应如何调整应纳税所得额？

解析：

该企业无论采用《企业会计准则》还是《企业会计制度》，2019 年度所得税申报时，计算允许扣除的福利费金额 = 100 × 14% = 14（万元），该企业在税前扣除的福利费为 25 万元，差额 11 万元进行调增处理。将上述金额填入“职工薪酬支出及纳税调整明细表”第 3 行“二、职工福利费支出”中。

假设企业将本年度发生的福利费支出 45 万元全部计入成本费用中，则第 1 列“账载金额”45 万元，“纳税调整金额”列应填 31 万元。

（六）企业员工服饰费用支出

企业根据其工作性质和特点，由企业统一制作并要求员工工作时统一着装所发生的工作服饰费用，可以作为企业合理的支出给予税前扣除。

三、职工教育经费

（一）职工教育经费的列支范围

根据《关于企业职工教育经费提取与使用管理的意见》（财建〔2006〕317 号）的规定，企业职工教育培训经费列支范围包括：

（1）上岗和转岗培训；

（2）各类岗位适应性培训；

（3）岗位培训、职业技术等级培训、高技能人才培训；

（4）专业技术人员继续教育；

（5）特种作业人员培训；

（6）企业组织的职工外送培训的经费支出；

（7）职工参加的职业技能鉴定、职业资格认证等经费支出；

（8）购置教学设备与设施；

（9）职工岗位自学成才奖励费用；

（10）职工教育培训管理费用；

（11）有关职工教育的其他开支。

（二）职工教育经费的税前扣除

根据《企业财务通则》第四十四条的规定，职工教育经费按照国家规定的比例提取，专项用于企业职工后续职业教育和职业培训。

根据《企业所得税法实施条例》第四十二条的规定，除国务院财政、税务主管部门另有规定外，企业发生的职工教育经费支出，不超过工资薪金总额2.5%的部分，准予扣除；超过部分，准予在以后纳税年度结转扣除。

自2018年1月1日起，根据《财政部　税务总局关于企业职工教育经费税前扣除政策的通知》（财税〔2018〕51号）的规定，企业发生的职工教育经费支出，不超过工资薪金总额8%的部分，准予在计算企业所得税应纳税所得额时扣除；超过部分，准予在以后纳税年度结转扣除。

可见，在财务上职工教育经费仍按照国家规定的比例提取，专项用于企业职工后续职业教育和职业培训。从2008年1月1日起，对企业已提取而当年没有用完的职工教育经费，企业所得税汇算清缴时应进行纳税调增处理。

根据《财政部　税务总局　商务部　科技部　国家发展改革委关于将技术先进型服务企业所得税政策推广至全国实施的通知》（财税〔2017〕79号）的规定，经认定的技术先进型服务企业发生的职工教育经费支出，不超过工资薪金总额8%的部分，准予在计算应纳税所得额时扣除；超过部分，准予在以后纳税年度结转扣除。

根据《财政部　国家税务总局关于高新技术企业职工教育经费税前扣除政策的通知》（财税〔2015〕63号）的规定，自2015年1月1日起，高新技术企业发生的职工教育经费支出，不超过工资薪金总额8%的部分，准予在计算企业所得税应纳税所得额时扣除；超过部分，准予在以后纳税年度结转扣除。

（三）软件生产企业职工培训费据实扣除

《财政部　国家税务总局关于企业所得税若干优惠政策的通知》（财税〔2008〕1号）规定，软件生产企业的职工培训费用，可按实际发生额在计算应纳税所得额时扣除。

国税函〔2009〕202号文件进一步明确，软件生产企业应准确划分职工教育经费中的职工培训费支出，对于不能准确划分的，以及准确划分后职工教育经费中扣除职工培训费用的余额，一律按照规定的比例扣除。

（四）职工教育经费支出的填报

表A105050第4行“三、职工教育经费支出”：填报第5行金额或者第5+6行金额。

1. 按税收规定比例扣除的职工教育经费

表A105050第5行“按税收规定比例扣除的职工教育经费”：适用于按照税收规定职工教育经费按比例税前扣除的纳税人填报，填报纳税人本年度发生的按税收规定比例扣除的职工教育经费及其会计核算、纳税调整等金额，具体如下：

（1）第1列“账载金额”填报纳税人会计核算计入成本费用的按税收规定比例扣除的职工教育经费金额，不包括第6行“按税收规定全额扣除的职工培训费用”金额。

（2）第2列“实际发生额”：分析填报纳税人“应付职工薪酬”会计科目下的职工教育经费实际发生额，不包括第6行“按税收规定全额扣除的职工培训费用”金额。

（3）第3列“税收规定扣除率”：填报税收规定的扣除比例。

（4）第4列“以前年度累计结转扣除额”：填报纳税人以前年度累计结转准予扣除的职工教育经费支出余额。

（5）第5列“税收金额”：填报纳税人按照税收规定允许税前扣除的金额（不包括第6行“按税收规定全额扣除的职工培训费用”金额），按第1行第5列“工资薪金支出\税收金额”×税收规定扣除率与第2+4列的孰小值填报。

（6）第6列“纳税调整金额”：填报第1－5列金额。

（7）第7列“累计结转以后年度扣除额”：填报第2+4－5列金额。

2. 按税收规定全额扣除的职工培训费用

表A105050第6行“按税收规定全额扣除的职工培训费用”：适用于按照税收规定职工培训费用允许全额税前扣除的纳税人填报，填报纳税人本年度发生的按税收规定全额扣除的职工培训费用及其会计核算、纳税调整等金额，具体如下：

（1）第1列“账载金额”：填报纳税人会计核算计入成本费用的按税收规定全额扣除的职工培训费用金额。

（2）第2列“实际发生额”：分析填报纳税人“应付职工薪酬”会计科目下的职工教育经费本年实际发生额中可全额扣除的职工培训费用金额。

（3）第3列“税收规定扣除率”：填报税收规定的扣除比例（100%）。

（4）第5列“税收金额”：填报按照税收规定允许税前扣除的金额，按第2列金额填报。

（5）第6列“纳税调整金额”：填报第1－5列金额。

（五）案例解析

【例7－3】 A企业2019～2022年度每年支付职工的合理的工资薪金均为100万元，实际发生的职工教育经费支出及扣除限额如表7－5所示（单位：万元），以前年度无结转待扣除余额。

表7－5 单位：万元

年度	工资总额	扣除限额	实际发生
2019	100	2.5	6
2020	100	8	1
2021	100	8	10
2022	100	8	2

根据以上资料，分析说明企业在2019～2022年度每年企业所得税申报时如何就职工教育经费调整应纳税所得额。

解析：

（1）2019 年职工教育经费的纳税调整与申报。

企业 2019 年度企业所得税年度纳税申报时，实际发生数大于扣除限额，调增应纳税所得额 6 −2.5 =3.5（万元），3.5 万元的职工教育经费可结转以后年度抵扣。

（2）2020 年职工教育经费的纳税调整与申报。

企业 2020 年度企业所得税年度纳税申报时，扣除限额 8 万元大于实际发生额 1 万元，两者之间的差额 7 万元可以抵扣上年结转下来的 3.5 万元，所以应调减应纳税所得额 3.5 万元，结转以后年度扣除的职工教育经费余额为 3.5 万元。

（3）2021 年职工教育经费的纳税调整与申报。

企业 2021 年职工教育经费实际发生数大于扣除限额，调增应纳税所得额：10 −8 =2（万元），2 万元的职工教育经费可结转以后年度扣除；截至 2021 年累计向以后年度结转扣除的职工教育经费是 5.5 万元。

（4）2022 年职工教育经费的纳税调整与申报。

企业 2022 年职工教育经费扣除限额 8 万元大于实际发生额 2 万元，两者之间的差额 6 万元可以抵扣上年结转下来的 5.5 万元，所以应调减应纳税所得额 5.5 万元，结转以后年度的职工教育经费余额为 0。

（六）航空企业空勤训练费的税前扣除

航空企业实际发生的飞行员养成费、飞行训练费、乘务训练费、空中保卫员训练费等空勤训练费用，可以作为航空企业运输成本在税前扣除。

四、工会经费

（一）财务处理

《企业财务通则》第四十四条规定，工会经费按照国家规定比例提取并拨缴工会。

（二）税前扣除

根据《企业所得税法实施条例》第四十一条的规定，企业拨缴的职工工会经费，不超过工资薪金总额 2% 的部分，准予扣除。

为加强对工会经费企业所得税税前扣除的管理，根据《国家税务总局关于工会经费企业所得税税前扣除凭据问题的公告》（国家税务总局公告 2010 年第 24 号）的规定，自 2010 年 7 月 1 日起，企业拨缴的职工工会经费，不超过工资薪金总额 2% 的部分，凭工会组织开具的《工会经费收入专用收据》在企业所得税税前扣除。

自 2010 年 1 月 1 日起，根据《国家税务总局关于税务机关代收工会经费企业所得税税前扣除凭据问题的公告》（国家税务总局公告 2011 年第 30 号）的规定，在委托税务机关代收工会经费的地区，企业拨缴的工会经费，也可凭合法、有效的工会经费代收凭据依法在税前扣除。

（四）工会经费支出的填报

表 A105050 第 7 行“四、工会经费支出”：填报纳税人本年度拨缴工会经费及其会计核算、纳税调整等金额，具体如下：

（1）第 1 列“账载金额”：填报纳税人会计核算计入成本费用的工会经费支出金额；

（2）第 2 列“实际发生额”：分析填报纳税人“应付职工薪酬”会计科目下的工会经费本年实际发生额。

（3）第 3 列“税收规定扣除率”：填报税收规定的扣除比例（2%）。

（4）第 5 列“税收金额”：填报按照税收规定允许税前扣除的金额，按第 1 行第 5 列“工资薪金支出/税收金额”×2%与本行第 1 列、本行第 2 列三者孰小值填报。

（5）第 6 列“纳税调整金额”：填报第 1－5 列的金额。

五、基本社会保障性缴款

（一）财务处理

根据《企业财务通则》第四十三条的规定，企业应当依法为职工支付基本医疗、基本养老、失业、工伤等社会保险费，所需费用直接作为成本（费用）列支。

职工薪酬准则第七条规定，企业为职工缴纳的医疗保险费、工伤保险费、生育保险费等社会保险费和住房公积金，以及按规定提取的工会经费和职工教育经费，应当在职工为其提供服务的会计期间，根据规定的计提基础和计提比例计算确定相应的职工薪酬金额，并确认相应负债，计入当期损益或相关资产成本。

《企业财务通则》还规定，企业应当按照劳动合同及国家有关规定支付职工报酬，并为从事高危作业的职工缴纳团体人身意外伤害保险费，所需费用直接作为成本（费用）列支。

（二）税前扣除

1.“五险一金”的税前扣除

根据《企业所得税法实施条例》第三十五条的规定，企业按照国务院有关主管部门或者省级人民政府规定的范围和标准为职工缴纳的基本养老保险费、基本医疗保险费、失业保险费、工伤保险费、生育保险费等基本社会保险费和住房公积金，准予扣除。

目前，我国各类基本社会保障性缴款未做实个人账户，个人缴存额与其未来受益关系不直接挂钩，企业和个人都不存在超交各类基本社会保险费的利益动机，因而很少有企业和个人超标准缴存基本社会保险费。

2. 商业保险费的税前扣除

根据《企业所得税法实施条例》第三十六条的规定，除企业按照国家有关规定为特殊工种职工支付的人身安全保险费和国务院财政、税务主管部门规定可以扣除的其他商业保险费外，企业为投资者或者职工支付的商业保险费，不得扣除。

根据《国家税务总局关于企业所得税有关问题的公告》（国家税务总局公告 2016 年第 80 号）第一条的规定，企业职工因公出差乘坐交通工具发生的人身意外保险费支出，准予企业在计算应纳税所得额时扣除。

3. 财产保险费的税前扣除

根据《企业所得税法实施条例》第四十六条的规定，企业参加财产保险，按照规定缴纳的保险费，准予扣除。

4. 责任保险费的税前扣除

根据《国家税务总局关于责任保险费企业所得税税前扣除有关问题的公告》（国家税务总局公告 2018 年第 52 号）的规定，企业参加雇主责任险、公众责任险等责任保险，按照规定缴纳的保险费，准予在企业所得税税前扣除。该公告适用于 2018 年度及以后年度企业所得税汇算清缴。

（三）基本社会保障性缴款的填报

表 A105050 第 8 行“五、各类基本社会保障性缴款”：填报纳税人依照国务院有关主管部门或者省级人民政府规定的范围和标准为职工缴纳的基本社会保险费及其会计核算、纳税调整金额，具体如下：

（1）第 1 列“账载金额”：填报纳税人会计核算的各类基本社会保障性缴款的金额。

（2）第 2 列“实际发生额”：分析填报纳税人“应付职工薪酬”会计科目下的各类基本社会保障性缴款本年实际发生额。

（3）第 5 列“税收金额”：填报按照税收规定允许税前扣除的各类基本社会保障性缴款的金额，按纳税人依照国务院有关主管部门或者省级人民政府规定的范围和标准计算的各类基本社会保障性缴款的金额、第 1 列及第 2 列孰小值填报。

（4）第 6 列“纳税调整金额”：填报第 1－5 列的余额。

六、住房公积金

住房公积金，是指国家机关、国有企业、城镇集体企业、外商投资企业、城镇私营企业及其他城镇企业、事业单位及其在职职工缴存的长期住房储金。根据《住房公积金管理条例》的规定，所有企业都有缴纳住房公积金的权利，企业应积极为职工缴纳住房公积金。

（一）财务处理

根据《企业财务通则》第四十四条的规定，企业为职工缴纳住房公积金以及职工住房货币化分配的财务处理，按照国家有关规定执行。

（二）税前扣除

根据《企业所得税法实施条例》第三十五条的规定，企业按照国务院有关主管部门或者省级人民政府规定的范围和标准为职工缴纳的住房公积金，准予扣除。

（三）住房公积金的填报

表 A105050 第 9 行“六、住房公积金”：填报纳税人依照国务院有关主管部门或者省级人民政府规定的范围和标准为职工缴纳的住房公积金及其会计核算、纳税调整金额，具体如下：

（1）第 1 列“账载金额”：填报纳税人会计核算的住房公积金金额。

（2）第 2 列“实际发生额”：分析填报纳税人“应付职工薪酬”会计科目下的住房公积金本年实际发生额。

（3）第 5 列“税收金额”：填报按照税收规定允许税前扣除的住房公积金金额，按纳税人依照国务院有关主管部门或者省级人民政府规定的范围和标准计算的住房公积金金额、第 1 列及第 2 列三者孰小值填报。

（4）第 6 列“纳税调整金额”：填报第 1 - 5 列的余额。

（四）三险一金的个人所得税处理

根据《个人所得税法》第六条的规定，居民个人的综合所得，以每一纳税年度的收入额减除费用六万元以及专项扣除、专项附加扣除和依法确定的其他扣除后的余额，为应纳税所得额。

专项扣除，包括居民个人按照国家规定的范围和标准缴纳的基本养老保险、基本医疗保险、失业保险等社会保险费和住房公积金等。

七、补充养老与补充医疗保险

（一）财务处理

根据《企业财务通则》第四十三条的规定，已参加基本医疗、基本养老保险的企业，具有持续盈利能力和支付能力的，可以为职工建立补充医疗保险和补充养老保险，所需费用按照省级以上人民政府规定的比例从成本（费用）中提取。超出规定比例的部分，由职工个人负担。

《财政部关于企业新旧财务制度衔接有关问题的通知》（财企〔2008〕34号）规定，补充养老保险属于企业职工福利范畴，由企业缴费和个人缴费共同组成。补充养老保险的企业缴费总额在工资总额4%以内的部分，从成本（费用）中列支。企业缴费总额超出规定比例的部分，不得由企业负担，企业应当从职工个人工资中扣缴。个人缴费全部由个人负担，企业不得提供任何形式的资助。新《企业财务通则》施行以前提取的应付福利费有结余的，符合规定的企业缴费应当先从应付福利费中列支。

企业缴费与职工缴费共同形成的补充养老保险基金，属于参加补充养老保险计划的职工所有，应当单独设账，与本企业及其他当事人的资产、业务严格分开。企业应当依法委托具有相应资质的基金管理机构对补充养老保险基金实施管理，并定期向职工公开补充养老保险基金的相关财务状况和会计信息。

对于建立补充养老保险之前已经离退休或者按照国家规定办理内退而未纳入补充养老保险计划的职工，企业按照国家有关规定向其支付的养老费用，从管理费用中列支。

（二）税前扣除

根据《企业所得税法实施条例》第三十五条的规定，企业为投资者或职工支付的补充养老保险费、补充医疗保险费，在国务院财政、税务主管部门规定的范围和标准内，准予扣除。

目前，补充养老保险（企业年金基金）、补充医疗保险等均已做实个人账户，个人账户缴存数额与其未来受益直接相关，单位和个人存在超标准缴存补充性保险的利益动机。因而，《财政部 国家税务总局关于补充养老保险费、补充医疗保险费有关企业所得税政策问题的通知》（财税〔2009〕27号）规定，企业根据国家有关政策规定，为在本企业任职或者受雇的全体员工支付的补充养老保险费、补充医疗保险费，分别在不超过职工工资总额5%标准内的部分，在计算应纳税所得额时准予扣除；超过的部分，不予扣除。

根据《企业所得税法实施条例》第三十五条的规定，补充养老（医疗）保险费可以在企业所得税前扣除的对象有投资者和职工两类。而财税〔2009〕27号文件只明确了“在本企业任职或者受雇的全体员工支付”的补充养老（医疗）保险费的扣除问题；对企业为投资者支付的上述补充险是否允许扣除，以及如何扣除，尚待财政部和国家税务总局进一步明确。

（三）补充养老与补充医疗保险的填报

1. 补充养老保险

表A105050第10行“七、补充养老保险”：填报纳税人为投资者或者职工支付的补充养老保险费的会计核算、纳税调整金额，具体如下：

第1列“账载金额”：填报纳税人会计核算的补充养老保险金额。

第2列“实际发生额”：分析填报纳税人“应付职工薪酬”会计科目下的补充养老

保险本年实际发生额。

第 3 列“税收规定扣除率”：填报税收规定的扣除比例（5%）。

第 5 列“税收金额”：填报按照税收规定允许税前扣除的补充养老保险的金额，按第 1 行第 5 列“工资薪金支出 - 税收金额” ×5%、本行第 1 列、本行第 2 列的孰小值填报。

第 6 列“纳税调整金额”：填报第 1 – 5 列的余额。

2. 补充医疗保险

表 A105050 第 11 行“八、补充医疗保险”：填报纳税人为投资者或者职工支付的补充医疗保险费的会计核算、纳税调整金额，具体如下：

第 1 列“账载金额”：填报纳税人会计核算的补充医疗保险金额。

第 2 列“实际发生额”：分析填报纳税人“应付职工薪酬”会计科目下的补充医疗保险本年实际发生额。

第 3 列“税收规定扣除率”：填报税收规定的扣除比例（5%）。

第 5 列“税收金额”：填报按照税收规定允许税前扣除的补充医疗保险的金额，按第 1 行第 5 列“工资薪金支出 - 税收金额” ×5%、本行第 1 列、本行第 2 列三者的孰小值填报。

第 6 列“纳税调整金额”：填报第 1 – 5 列的余额。即：第 6 列（纳税调整金额） = 第 1（账载金额） –5 列（税收金额）。

（四）年金的个人所得税处理

1. 年金缴费的个人所得税处理

①企业和事业单位（以下统称“单位”）根据国家有关政策规定的办法和标准，为在本单位任职或者受雇的全体职工缴付的企业年金或职业年金（以下统称“年金”）单位缴费部分，在计入个人账户时，个人暂不缴纳个人所得税。

②个人根据国家有关政策规定缴付的年金个人缴费部分，在不超过本人缴费工资计税基数的 4% 标准内的部分，暂从个人当期的应纳税所得额中扣除。

③超过上述第①项和第②项规定的标准缴付的年金单位缴费和个人缴费部分，应并入个人当期的工资、薪金所得，依法计征个人所得税。税款由建立年金的单位代扣代缴，并向主管税务机关申报解缴。

④企业年金个人缴费工资计税基数为本人上一年度月平均工资。月平均工资按国家统计局规定列入工资总额统计的项目计算。月平均工资超过职工工作地所在设区城市上一年度职工月平均工资 300% 以上的部分，不计入个人缴费工资计税基数。

职业年金个人缴费工资计税基数为职工岗位工资和薪级工资之和。职工岗位工资和薪级工资之和超过职工工作地所在设区城市上一年度职工月平均工资 300% 以上的部分，不计入个人缴费工资计税基数。

综上所述，在年金缴费环节，对单位根据国家有关政策规定为职工缴付的企业年金或职业年金单位缴费部分，在计入个人账户时，个人暂不缴纳个人所得税；个人根据国家有关政策规定缴付的年金个人缴费部分，在不超过本人缴费工资计税基数的4%标准内的部分，暂从个人当期的应纳税所得额中扣除。

2. 年金基金投资运营收益的个人所得税处理

年金基金投资运营收益分配计入个人账户时，个人暂不缴纳个人所得税。即在年金基金投资环节，企业年金或职业年金基金投资运营收益分配计入个人账户时，暂不征收个人所得税。

3. 领取年金的处理

自2019年1月1日起，根据《财政部 税务总局关于个人所得税法修改后有关优惠政策衔接问题的通知》（财税〔2018〕164号）第四条的规定，个人达到国家规定的退休年龄，领取的企业年金、职业年金，符合《财政部 人力资源社会保障部 国家税务总局关于企业年金、职业年金个人所得税有关问题的通知》（财税〔2013〕103号）规定的，不并入综合所得，全额单独计算应纳税款。其中按月领取的，适用月度税率表计算纳税；按季领取的，平均分摊计入各月，按每月领取额适用月度税率表计算纳税；按年领取的，适用综合所得税率表计算纳税。

个人因出境定居而一次性领取的年金个人账户资金，或个人死亡后，其指定的受益人或法定继承人一次性领取的年金个人账户余额，适用综合所得税率表计算纳税。对个人除上述特殊原因外一次性领取年金个人账户资金或余额的，适用月度税率表计算纳税。

第八章　广告宣传费与佣金手续费的纳税调整

第一节　广告费和业务宣传费的纳税调整

一、税前扣除的一般规定

（一）广告费和业务宣传费税前扣除

根据《企业所得税法实施条例》第四十四条的规定，企业每一纳税年度发生的符合条件的广告费和业务宣传费，除国务院财政、税务主管部门另有规定外，不超过当年销售（营业）收入15%的部分，准予扣除；超过部分，准予在以后纳税年度结转扣除。

根据《国家税务总局关于企业所得税执行中若干税务处理问题的通知》（国税函〔2009〕202号）第一条的规定，企业在计算业务招待费、广告费和业务宣传费等费用扣除限额时，其销售（营业）收入额应包括《企业所得税法实施条例》第二十五条规定的视同销售（营业）收入额。即作为计算业务招待费、广告费和业务宣传费税前扣除限额依据的销售（营业）收入，包括企业的主营业务收入、其他业务收入和视同销售收入，但不包括营业外收入、投资收益等。对于投资性公司，投资收益应作为主营业务收入处理。销售退回、销售折扣与折让，应从销售（营业）收入扣减。

房地产开发企业销售未完工开发产品取得的收入，可以作为计算业务招待费、广告费和业务宣传费的基数，但开发产品完工会计核算转销售收入时，已作为计算基数的未完工开发产品的销售收入不得重复计算业务招待费、广告费和业务宣传费。

（二）广告性赞助支出的税前扣除

根据《财政部关于加强企业对外捐赠财务管理的通知》（财企〔2003〕95号）的规定，为宣传企业形象、推介企业产品发生的赞助性支出，应当按照广告费用进行管理。

在企业所得税中，赞助支出分为广告性赞助支出和非广告性赞助支出，对于广告性赞助支出作为广告费和业务宣传费在税前扣除，而对于非广告性赞助支出则作为赞助支出不得税前扣除。

二、税前扣除的特殊规定

（一）烟草广告费和业务宣传费支出不得税前扣除

根据《财政部　税务总局关于广告费和业务宣传费支出税前扣除政策的通知》（财税〔2012〕48号，自2011年1月1日起至2015年12月31日止）和《财政部　税务总局关于广告费和业务宣传费支出税前扣除政策的通知》（财税〔2017〕41号，自2016年1月1日起至2020年12月31日止执行）的规定，烟草企业的烟草广告费和业务宣传费支出，一律不得在计算应纳税所得额时扣除。

（二）化妆品、医药和饮料制造扣除比例为30%

对化妆品制造和（或）销售、医药制造和饮料制造（不含酒类制造）企业发生的广告费和业务宣传费支出，不超过当年销售（营业）收入30%的部分，准予扣除；超过部分，准予在以后纳税年度结转扣除。

（三）广告费和业务宣传费分摊扣除

对签订广告费和业务宣传费分摊协议（以下简称“分摊协议”）的关联企业，其中一方发生的不超过当年销售（营业）收入税前扣除限额比例内的广告费和业务宣传费支出可以在本企业扣除，也可以将其中的部分或全部按照分摊协议归集至另一方扣除。另一方在计算本企业广告费和业务宣传费支出企业所得税税前扣除限额时，可将按照上述办法归集至本企业的广告费和业务宣传费不计算在内。

关联企业之间签订广告宣传费分摊协议，可根据分摊协议自由选择是在本企业扣除或归集至另一方扣除。关联方归集到另一方扣除的广告费和业务宣传费，必须在按其销售收入的规定比例计算的限额内，且该转移费用与在本企业（被分摊方）扣除的费用之和，不得超过按规定计算的限额。接受归集扣除的关联企业不占用本企业原扣除限额，即本企业可扣除的广告宣传费按规定照常计算扣除限额，另外还可以将关联企业未扣除而归集来的广告宣传费在本企业扣除。但被分摊方不得重复计算扣除。

三、筹办期广告费和业务宣传费的扣除

根据《国家税务总局关于企业所得税应纳税所得额若干税务处理问题的公告》（国家税务总局公告2012年第15号）的规定，企业在筹建期间，发生的广告费和业务宣传费，可按实际发生额计入企业筹办费，并按有关规定在税前扣除。

四、广告费和业务宣传费等跨年度纳税调整表及其填报

（一）广告费和业务宣传费等跨年度纳税调整明细表

“广告费和业务宣传费等跨年度纳税调整明细表”（A105060，见表8－1）适用于发生广告费和业务宣传费纳税调整项目（含广告费和业务宣传费结转），保险企业手续费及佣金支出纳税调整项目（含保险企业手续费及佣金支出结转）的纳税人填报。纳税人根据《企业所得税法》及其实施条例、《财政部　国家税务总局关于广告费和业务宣传费支出税前扣除政策的通知》（财税〔2012〕48号）、《财政部　税务总局关于保险企业手续费及佣金支出税前扣除政策的公告》（财政部　税务总局公告2019年第72号）等相关规定，以及国家统一企业会计制度，填报广告费和业务宣传费、保险企业手续费及佣金支出会计处理、税收规定，以及跨年度纳税调整情况。

表8－1　A105060　　广告费和业务宣传费等跨年度纳税调整明细表

行次	项　目	广告费和业务宣传费	保险企业手续费及佣金支出
		1	2
1	一、本年支出		
2	减：不允许扣除的支出		
3	二、本年符合条件的支出（1－2）		
4	三、本年计算扣除限额的基数		
5	乘：税收规定扣除率		
6	四、本企业计算的扣除限额（4×5）		
7	五、本年结转以后年度扣除额（3＞6，本行＝3－6；3≤6，本行＝0）		
8	加：以前年度累计结转扣除额		
9	减：本年扣除的以前年度结转额［3＞6，本行＝0；3≤6，本行＝8与（6－3）孰小值］		
10	六、按照分摊协议归集至其他关联方的金额（10≤3与6孰小值）		*
11	按照分摊协议从其他关联方归集至本企业的金额		*
12	七、本年支出纳税调整金额（3＞6，本行＝2＋3－6＋10－11；3≤6，本行＝2＋10－11－9）		
13	八、累计结转以后年度扣除额（7＋8－9）		

“广告费和业务宣传费等跨年度纳税调整明细表”（A105060）填报说明如下：

1. 列次填报

（1）第1列“广告费和业务宣传费”：填报广告费和业务宣传费会计处理、税收规定，以及跨年度纳税调整情况。

（2）第2列“保险企业手续费及佣金支出”：填报保险企业手续费及佣金支出会计处理、税收规定，以及跨年度纳税调整情况。

2. 行次填报

（1）第1行“一、本年支出”：填报纳税人计入本年损益的支出金额。

（2）第2行“减：不允许扣除的支出”：填报税收规定不允许扣除的支出金额。

（3）第3行“二、本年符合条件的支出”：填报第1－2行的余额。

（4）第4行“三、本年计算扣除限额的基数”：填报按照税收规定计算扣除限额的基数。“广告费和业务宣传费”列次填写计算扣除限额的当年销售（营业）收入。“保险企业手续费及佣金支出”列次填报当年保险企业全部保费收入扣除退保金等后余额。

（5）第5行“税收规定扣除率”：填报税收规定的扣除比例。

（6）第6行“四、本企业计算的扣除限额”：填报第4×5行的金额。

（7）第7行“五、本年结转以后年度扣除额”：若第3行＞第6行，填报第3－6行的余额；若第3行≤第6行，填报0。

（8）第8行“加：以前年度累计结转扣除额”：填报以前年度允许税前扣除但超过扣除限额未扣除、结转扣除的支出金额。

（9）第9行“减：本年扣除的以前年度结转额”：若第3行＞第6行，填0；若第3行≤第6行，填报第6－3行与第8行的孰小值。

（10）第10行“六、按照分摊协议归集至其他关联方的金额”：本行第1列填报签订广告费和业务宣传费分摊协议（以下简称“分摊协议”）的关联企业的一方，按照分摊协议，将其发生的不超过当年销售（营业）收入税前扣除限额比例内的广告费和业务宣传费支出归集至其他关联方扣除的广告费和业务宣传费，本行应≤第3行与第6行的孰小值。本行第2列不可填报。

（11）第11行“按照分摊协议从其他关联方归集至本企业的金额”：本行第1列填报签订广告费和业务宣传费分摊协议（以下简称“分摊协议”）的关联企业的一方，按照分摊协议，从其他关联方归集至本企业的广告费和业务宣传费。本行第2列不可填报。

（12）第12行“七、本年支出纳税调整金额”：若第3行＞第6行，填报第2＋3－6＋10－11行的金额；若第3行≤第6行，填报第2＋10－11－9行的金额。

（13）第13行“八、累计结转以后年度扣除额”：填报第7＋8－9行的金额。

3. 表内、表间关系

（1）表内关系

第3行＝第1－2行。

第6行＝第4×5行。

若第3>6行，第7行=第3-6行；若第3≤6行，第7行=0。

若第3>6行，第9行=0；若第3≤6行，第9行=第8行与第6-3行的孰小值。

若第3>6行，第12行=2+3-6+10-11行；若第3≤6行，第12行=第2-9+10-11行。

第13行=第7+8-9行。

（2）表间关系

若第12行第1列≥0，第12行第1列=表A105000第16行第3列；若第12行第1列<0，第12行第1列的绝对值=表A105000第16行第4列。

保险企业：第1行第2列=表A105000第23行第1列。若第3行第2列≥第6行第2列，第6行第2列=表A105000第23行第2列；若第3行第2列<第6行第2列，第3行第2列+第9行第2列=表A105000第23行第2列。若第12行第2列≥0，第12行第2列=表A105000第23行第3列。若第12行第2列<0，第12行第2列的绝对值=表A105000第23行第4列。

（二）广告费与业务宣传费扣除案例解析

【例8-1】 甲服装销售公司2019年度与2020年度相关财务数据如表8-2所示

表8-2　　收入与广告费情况表　　单位：万元

项　目	2019年	2020年
主营业务收入	4 000	5 000
其他业务收入	1 900	2 000
营业外收入	500	
投资收益		600
视同销售收入	100	
广告费与业务宣传费	1 200	1 100
其中：不符合规定的广告费和业务宣传费	100	190

要求：进行纳税调整并填报相关企业所得税年度纳税申报表。

解析：

1. 2019年度。

本年符合条件的广告费和业务宣传费支出为：1 200-100=1 100（万元）；

本年计算广告费和业务宣传费扣除限额的销售（营业）收入为：4 000+1 900+100=6 000（万元）；

本企业计算的广告费和业务宣传费扣除限额为：6 000×15%=900（万元）；

当年超过规定扣除标准的金额：1 100-900=200（万元），需调增应纳税所得额，该超标金额可结转以后年度税前扣除。

本年广告费和业务宣传费支出纳税调整金额为：200+100=300（万元）。

"广告费和业务宣传费等跨年度纳税调整明细表"（A105060）填报如表8－3所示。

表8－3　A105060　　广告费和业务宣传费等跨年度纳税调整明细表　　单位：元

行次	项　　目	广告费和业务宣传费	保险企业手续费及佣金支出
		1	2
1	一、本年支出	12 000 000	
2	减：不允许扣除的支出	1 000 000	
3	二、本年符合条件的支出（1－2）	11 000 000	
4	三、本年计算扣除限额的基数	60 000 000	
5	乘：税收规定扣除率	15%	
6	四、本企业计算的扣除限额（4×5）	9 000 000	
7	五、本年结转以后年度扣除额（3＞6，本行＝3－6；3≤6，本行＝0）	2 000 000	
8	加：以前年度累计结转扣除额	0	
9	减：本年扣除的以前年度结转额［3＞6，本行＝0；3≤6，本行＝8与（6－3）孰小值］	0	
10	六、按照分摊协议归集至其他关联方的金额（10≤3与6孰小值）	0	*
11	按照分摊协议从其他关联方归集至本企业的金额	0	*
12	七、本年支出纳税调整金额（3＞6，本行＝2＋3－6＋10－11；3≤6，本行＝2＋10－11－9）	3 000 000	
13	八、累计结转以后年度扣除额（7＋8－9）	2 000 000	

"纳税调整项目明细表"（A105000）如表8－4所示：

表8－4　A105000　　纳税调整项目明细表　　单位：元

行次	项　　目	账载金额	税收金额	调增金额	调减金额
		1	2	3	4
1	一、收入类调整项目（2＋3＋4＋5＋6＋7＋8＋10＋11）	*	*		
12	二、扣除类调整项目（13＋14＋15＋…＋29）	*	*	3 000 000	0
16	（四）广告费和业务宣传费支出（填写A105060）	*	*	3 000 000	0
17	（五）捐赠支出（填写A105070）				*

2. 2020年度。

本年符合条件的广告费和业务宣传费支出为：1 100－190＝910（万元）；

本年计算广告费和业务宣传费扣除限额的销售（营业）收入为：5 000＋2 000＝7 000（万元）；

本企业计算的广告费和业务宣传费扣除限额为：7 000×15%＝1 050（万元）；

当年可以扣除的以前年度结转扣除的金额：1 050 - 910 = 140（万元），需调减应纳税所得额 140 万元。

本年广告费和业务宣传费支出纳税调整金额为：190 - 140 = 50（万元）。

累计结转以后年度的扣除金额为：200 - 140 = 60（万元）。

“广告费和业务宣传费等跨年度纳税调整明细表”（A105060）填报如表 8 - 5 所示。

表 8 - 5　A105060　广告费和业务宣传费等跨年度纳税调整明细表　单位：元

行次	项　　目	广告费和业务宣传费	保险企业手续费及佣金支出
		1	2
1	一、本年支出	11 000 000	
2	减：不允许扣除的支出	1 900 000	
3	二、本年符合条件的支出（1 - 2）	9 100 000	
4	三、本年计算扣除限额的基数	70 000 000	
5	乘：税收规定扣除率	15%	
6	四、本企业计算的扣除限额（4 × 5）	10 500 000	
7	五、本年结转以后年度扣除额（3 > 6，本行 = 3 - 6；3 ≤ 6，本行 = 0）	0	
8	加：以前年度累计结转扣除额	2 000 000	
9	减：本年扣除的以前年度结转额［3 > 6，本行 = 0；3 ≤ 6，本行 = 8 与（6 - 3）孰小值］	1 400 000	
10	六、按照分摊协议归集至其他关联方的金额（10 ≤ 3 与 6 孰小值）	0	*
11	按照分摊协议从其他关联方归集至本企业的金额	0	*
12	七、本年支出纳税调整金额（3 > 6，本行 = 2 + 3 - 6 + 10 - 11；3 ≤ 6，本行 = 2 + 10 - 11 - 9）	500 000	
13	八、累计结转以后年度扣除额（7 + 8 - 9）	600 000	

“纳税调整项目明细表”（A105000）填报如表 8 - 6 所示：

表 8 - 6　A105000　纳税调整项目明细表　单位：元

行次	项　　目	账载金额	税收金额	调增金额	调减金额
		1	2	3	4
1	一、收入类调整项目（2 + 3 + 4 + 5 + 6 + 7 + 8 + 10 + 11）	*	*		
12	二、扣除类调整项目（13 + 14 + 15 + … + 29）	*	*	500 000	0
16	（四）广告费和业务宣传费支出（填写 A105060）	*	*	500 000	0
17	（五）捐赠支出（填写 A105070）				*

（三）广告费与业务宣传费分摊扣除案例解析

【例8-2】2019年甲服装销售公司与关联企业B服装厂签订广告费分摊协议，将50%广告费分摊到B厂扣除。当年甲服装销售公司与B服装厂相关财务数据如表8-7所示。

表8-7　　收入与广告费情况表　　单位：万元

项　　目	B服务厂	甲服装销售公司
主营业务收入	4 000	5 000
其他业务收入	1 900	2 000
营业外收入	500	
投资收益		600
视同销售收入	100	
广告费与业务宣传费	1 200	1 100
其中：不符合规定的广告费和业务宣传费	100	190
以前年度累计结转扣除额		200

要求：填报与广告费和业务宣传费支出相关的纳税申报表。

解析：甲服装销售公司广告费和业务宣传费扣除限额：（5 000 +2 000）×15% = 1 050（万元）；

实际发生符合条件的广告费：1 100 -190 =910（万元），实际发生的广告费低于扣除限额：1 050 -910 =140（万元），可用于扣除以前年度结转待扣除额140万元。

向B厂分摊扣除：1 100 ×50% =550（万元）＜1 050万元（限额）；

应调增应纳税所得额：190 +550 -140 =600（万元）。

甲公司相关申报表的填报如表8-8所示。

表8-8　A105060　　广告费和业务宣传费等跨年度纳税调整明细表　　单位：元

行次	项　　目	广告费和业务宣传费	保险企业手续费及佣金支出
		1	2
1	一、本年支出	11 000 000	
2	减：不允许扣除的支出	1 900 000	
3	二、本年符合条件的支出（1-2）	9 100 000	
4	三、本年计算扣除限额的基数	70 000 000	
5	乘：税收规定扣除率	15%	
6	四、本企业计算的扣除限额（4×5）	10 500 000	
7	五、本年结转以后年度扣除额（3>6，本行=3-6；3≤6，本行=0）	0	
8	加：以前年度累计结转扣除额	2 000 000	

续表

行次	项　　目	广告费和业务宣传费	保险企业手续费及佣金支出
		1	2
9	减：本年扣除的以前年度结转额［3＞6，本行＝0；3≤6，本行＝8与（6－3）孰小值］	1 400 000	
10	六、按照分摊协议归集至其他关联方的金额（10≤3与6孰小值）	5 500 000	*
11	按照分摊协议从其他关联方归集至本企业的金额	0	*
12	七、本年支出纳税调整金额（3＞6，本行＝2＋3－6＋10－11；3≤6，本行＝2＋10－11－9）	6 000 000	
13	八、累计结转以后年度扣除额（7＋8－9）	600 000	

B服装厂实际发生的不符合条件的广告费与业务宣传费100万元应调增应纳税所得额；

符合条件的广告费和业务宣传费支出：1 200－100＝1 100（万元）；

当年广告费和业务宣传费税前扣除限额：（4 000＋1 900＋100）×15%＝900（万元）；

超过规定扣除标准的金额：1 100－900＝200（万元），应调增应纳税所得额；

关联企业分摊归入本企业扣除550万元，可全额扣除；

应纳税调整合计：100＋200－550＝－250（万元）；

累计结转以后年度扣除：1 100－900＝200（万元）。

B服装厂相关申报表的填报如表8－9所示：

表8－9　A105060　广告费和业务宣传费等跨年度纳税调整明细表　　单位：元

行次	项　　目	广告费和业务宣传费	保险企业手续费及佣金支出
		1	2
1	一、本年支出	12 000 000	
2	减：不允许扣除的支出	1 000 000	
3	二、本年符合条件的支出（1－2）	11 000 000	
4	三、本年计算扣除限额的基数	60 000 000	
5	乘：税收规定扣除率	15%	
6	四、本企业计算的扣除限额（4×5）	9 000 000	
7	五、本年结转以后年度扣除额（3＞6，本行＝3－6；3≤6，本行＝0）	2 000 000	

续表

行次	项　　目	广告费和业务宣传费	保险企业手续费及佣金支出
		1	2
8	加：以前年度累计结转扣除额	0	
9	减：本年扣除的以前年度结转额［3 >6，本行 =0；3≤6，本行 =8 与（6 -3）孰小值］	0	
10	六、按照分摊协议归集至其他关联方的金额（10≤3 与 6 孰小值）	0	*
11	按照分摊协议从其他关联方归集至本企业的金额	5 500 000	*
12	七、本年支出纳税调整金额（3 >6，本行 =2 +3 -6 +10 -11；3≤6，本行 =2 +10 -11 -9）	-2 500 000	
13	八、累计结转以后年度扣除额（7 +8 -9）	2 000 000	

第二节　佣金及手续费税前扣除的纳税调整

一、保险企业手续费及佣金支出的税前扣除

自 2019 年 1 月 1 日起，根据《财政部　税务总局关于保险企业手续费及佣金支出税前扣除政策的公告》（财政部　税务总局公告 2019 年第 72 号，保险企业 2018 年度汇算清缴按照该公告规定执行）第一条的规定，保险企业发生与其经营活动有关的手续费及佣金支出，不超过当年全部保费收入扣除退保金等后余额的 18%（含本数）的部分，在计算应纳税所得额时准予扣除；超过部分，允许结转以后年度扣除。

保险企业应建立健全手续费及佣金的相关管理制度，并加强手续费及佣金结转扣除的台账管理。

在 2018 年度以前，根据《财政部　国家税务总局关于企业手续费及佣金支出税前扣除政策的通知》（财税〔2009〕29 号）第一条的规定，保险企业发生与生产经营有关的手续费及佣金支出，不超过以下规定计算限额以内的部分，准予扣除；超过部分，不得扣除。

（1）财产保险企业按当年全部保费收入扣除退保金等后余额的 15%（含本数，下同）计算限额；

（2）人身保险企业按当年全部保费收入扣除退保金等后余额的 10% 计算限额。

二、其他企业手续费及佣金支出的税前扣除

根据《财政部 国家税务总局关于企业手续费及佣金支出税前扣除政策的通知》（财税〔2009〕29 号）第一条的规定，保险企业以外的其他企业发生与生产经营有关的手续费及佣金支出，不超过按与具有合法经营资格中介服务机构或个人（不含交易双方及其雇员、代理人和代表人等）所签订服务协议或合同确认的收入金额的 5% 计算限额以内的部分，准予扣除；超过部分，不得扣除。

（一）委托境外机构销售开发产品销售费用的扣除

根据《房地产开发经营业务企业所得税处理办法》（国税发〔2009〕31 号文件印发）第二十条的规定，企业委托境外机构销售开发产品的，其支付境外机构的销售费用（含佣金或手续费）不超过委托销售收入 10% 的部分，准予据实扣除。

（二）电信企业手续费及佣金支出的税前扣除

经纪人、代办商代电信企业销售电话入网卡、电话充值卡等，不是提供居间服务或咨询服务，而是直接向电信企业提供销售劳务，因此，电信企业向经纪人、代办商支付的手续费及佣金，属于劳务费支出，根据企业所得税税前扣除原则，应当准予据实扣除。但是考虑到已销售的电话入网卡、电话充值卡等在当期是否形成收入，具有不确定性，为了防止税收政策漏洞，作适当限制是必要的。针对这一情况，《国家税务总局关于企业所得税应纳税所得额若干税务处理问题的公告》（国家税务总局公告 2012 年第 15 号）第四条明确：电信企业在发展客户、拓展业务等过程中（如委托销售电话入网卡、电话充值卡等），需向经纪人、代办商支付手续费及佣金的，其实际发生的相关手续费及佣金支出，不超过企业当年收入总额 5% 的部分，准予在企业所得税前据实扣除。

根据《国家税务总局关于电信企业手续费及佣金支出税前扣除问题的公告》（国家税务总局公告 2013 年第 59 号）规定，《国家税务总局关于企业所得税应纳税所得额若干税务处理问题的公告》（国家税务总局公告 2012 年第 15 号）第四条所称电信企业手续费及佣金支出，仅限于电信企业在发展客户、拓展业务等过程中因委托销售电话入网卡、电话充值卡所发生的手续费及佣金支出。

对电信企业提供售后服务、增值服务以及其他日常服务等，属于提供销售劳务，不属于提供中介服务，相应地，电信企业为此支付的手续费及佣金，也不属于《财政部 国家税务总局关于企业手续费及佣金支出税前扣除政策的通知》（财税〔2009〕29 号）所指的手续费及佣金支出范畴。

（三）从事代理服务企业营业成本的税前扣除

根据企业所得税税前扣除原则，企业主营业务成本（支出）应当允许据实扣除，期间费用除税法有明确规定外（比如广告费、业务招待费、手续费及佣金支出等），一般也允许据实扣除。对于从事代理服务的企业来说，与该项收入相关的手续费及佣金支出属于营业成本，还是属于期间费用，不仅税企双方存在争议，而且各地税务机关认识也不统一。针对上述情况，国家税务总局公告2012年第15号明确：从事代理服务、主营业务收入为手续费、佣金的企业（如证券、期货、保险代理等企业），其为取得该类收入而实际发生的营业成本（包括手续费及佣金支出），准予在企业所得税前据实扣除。即：从事代理服务、且主营业务收入为手续费及佣金的企业，其手续费及佣金支出属于企业营业成本范畴，并准予在税前据实扣除。

（四）佣金和手续费支出的填报

表A105000第23行"（十一）佣金和手续费支出"：除保险企业之外的其他企业直接填报本行，第1列"账载金额"填报纳税人会计核算计入当期损益的佣金和手续费金额，第2列"税收金额"填报按照税收规定允许税前扣除的佣金和手续费支出金额，第3列"调增金额"填报第1－2列金额，第4列"调减金额"不可填报。保险企业根据"广告费和业务宣传费等跨年度纳税调整明细表"（A105060）填报，第1列"账载金额"填报表A105060第1行第2列。若表A105060第3行第2列≥第6行第2列，第2列"税收金额"填报A105060第6行第2列的金额；若表A105060第3行第2列＜第6行第2列，第2列"税收金额"填报A105060第3行第2列＋第9行第2列的金额。若表A105060第12行第2列≥0，第3列"调增金额"填报表A105060第12行第2列金额。若表A105060第12行第2列＜0，第4列"调减金额"填报表A105060第12行第2列金额的绝对值。

三、不得税前扣除的手续费及佣金支出

根据财税〔2009〕29号文件的规定，企业应与具有合法经营资格中介服务企业或个人签订代办协议或合同，并按国家有关规定支付手续费及佣金。除委托个人代理外，企业以现金等非转账方式支付的手续费及佣金不得在税前扣除。企业为发行权益性证券支付给有关证券承销机构的手续费及佣金不得在税前扣除。

企业不得将手续费及佣金支出计入回扣、业务提成、返利、进场费等费用。企业支付的手续费及佣金不得直接冲减服务协议或合同金额，并如实入账。

企业已计入固定资产、无形资产等相关资产的手续费及佣金支出，应当通过折旧、摊销等方式分期扣除，不得在发生当期直接扣除。

佣金与手续费支出的扣除，如图8－1所示。

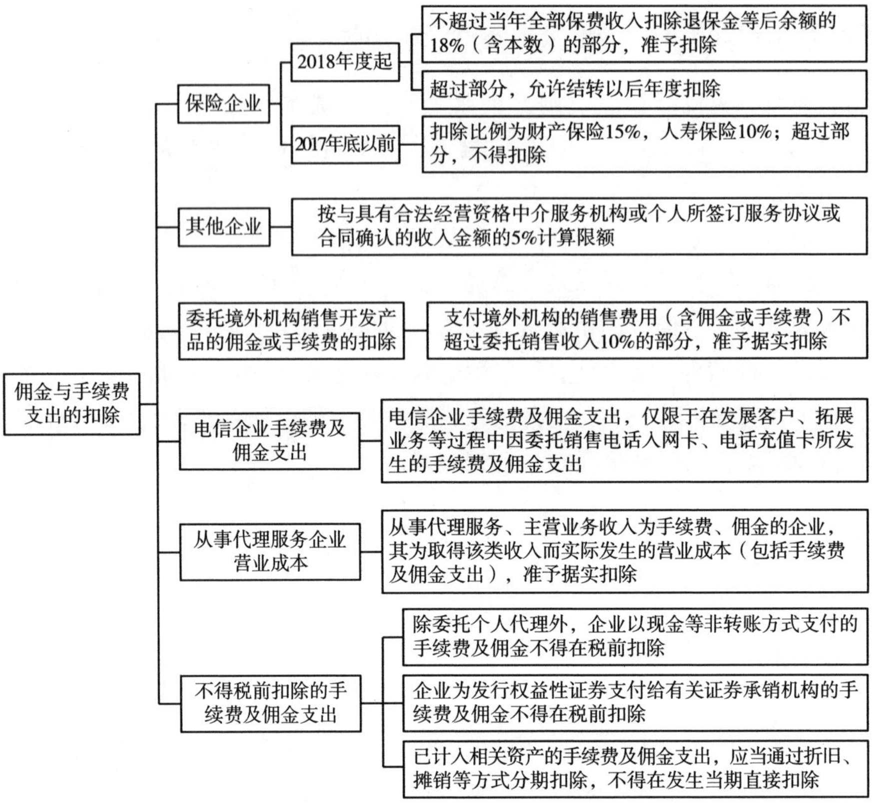

图8－1　佣金与手续费支出的扣除示意图

第九章　捐赠支出的纳税调整

第一节　捐赠支出的财税处理

一、企业对外捐赠的财务处理

对外捐赠是指企业自愿无偿将其有权处分的合法财产，赠送给合法的受赠人用于与生产经营活动没有直接关系的公益事业的行为。企业对外捐赠应当遵循《中华人民共和国公益事业捐赠法》以及国家其他有关法律、法规的规定，通过依法成立的公益性社会团体和公益性非营利的事业单位或者县级以上人民政府及其组成部门进行。特殊情况下，也可以通过合法的新闻媒体等进行。

为规范各类型企业的对外捐赠行为，加强企业财务管理，维护所有者权益，促进社会公益事业的发展，财政部下发了《关于加强企业对外捐赠财务管理的通知》（财企〔2003〕95号），对捐赠的原则、类型、对象和范围等作出规定。

（一）对外捐赠的类型和对象

企业一般可以按照以下类型进行对外捐赠：

1. 公益性捐赠

公益性捐赠即向教育、科学、文化、卫生医疗、体育事业和环境保护、社会公共设施建设的捐赠。

2. 救济性捐赠

救济性捐赠即向遭受自然灾害或者国家确认的"老、少、边、穷"等地区以及慈善协会、红十字会、残疾人联合会、青少年基金会等社会团体或者困难的社会弱势群体和个人提供的用于生产、生活救济、救助的捐赠。

3. 其他捐赠

其他捐赠即除上述捐赠以外，企业出于弘扬人道主义目的或者促进社会发展与进步的其他社会公共福利事业的捐赠。

（二）对外捐赠的资产范围

企业可以用于对外捐赠的财产包括现金、库存商品和其他物资。企业生产经营需用的主要固定资产、持有的股权和债权、国家特准储备物资、国家财政拨款、受托代管财产、已设置担保物权的财产、权属关系不清的财产，或者变质、残损、过期报废的商品物资，不得用于对外捐赠。

企业对外捐赠的受益人应当为企业外部的单位、社会弱势群体或者个人。对企业内部职工、与企业在经营或者财务方面具有控制与被控制关系的单位，企业不得给予捐赠。

企业以营利为目的自办或者与他人共同举办教育、文化、卫生、体育、科学、环境保护等经营实体的，应当作为对外投资管理。

企业为宣传企业形象、推介企业产品发生的赞助性支出，应当按照广告费用进行管理。对于政府有关部门、机构、团体或者某些个人强令的赞助，企业应当依法拒绝。

（三）对外捐赠的财务处理

企业对外捐赠应当控制在当年企业财务预算幅度内，按照批准的方案执行，并按照国家税收法律法规的规定申报纳税扣除。

企业实际发生的对外捐赠支出，应当依据受赠方出具的省级以上财政部门统一印（监）制的捐赠收据或者捐赠资产交接清单确认；救灾、济贫等对困难的社会弱势群体和个人的捐赠，无法索取省级以上财政部门统一印（监）制的捐赠收据的，应当依据城镇街道、农村乡村等基层政府组织出具的证明和企业法定负责人审批的捐赠报告确认。

企业为捐赠资产提供运输、保管以及举办捐赠仪式等所发生的费用，应当作为期间费用处理，不得挂账。企业负责对外捐赠的主管人员和其他直接责任人员，不得以任何借口向受赠人或者受益人索要或者收受回扣、佣金、信息费、劳务费等财物。

企业经过董事会或者经理（厂长）办公会审议，并且国有及国有控股企业上报国有资本持有单位批准，公司制企业按照《公司法》以及公司章程等有关规定批准，将修建的交通、通信、供水、供电等社会公共设施无偿移交当地人民政府或者有关部门的，可以核减资本公积金，并应当与接受方签定相关协议，双方办理资产交接手续。

由于战争、自然灾害等不可抗力原因，企业所拥有的财产被当地县级及县级以上人民政府或人民武装组织征用的，扣除当地政府或人民武装组织依法补偿金后的差额，应当作为资产损失处理。

（四）公益性捐赠股权的财务处理

企业以持有的股权（含企业产权、公司股份，下同）进行公益性捐赠有关财务问题，《财政部关于企业公益性捐赠股权有关财务问题的通知》（财企〔2009〕213号）规定，由自然人、非国有的法人及其他经济组织投资控股的企业，依法履行内部决策程序，由投资者审议决定后，其持有的股权可以用于公益性捐赠。企业以持有的股权进行公益性捐赠，应当以不影响企业债务清偿能力为前提，且受赠对象应当是依法设立的公益性社会团体和公益性非营利的事业单位。企业捐赠后，必须办理股权变更手续，不再对已捐赠股权行使股东权利，并不得要求受赠单位予以经济回报。公益性捐赠涉及上市公司股权的，捐赠方和受赠方应当遵照《证券法》及有关证券监管的其他规定，履行相关承诺和信息披露义务。

对于捐赠支出，会计上一般是按成本加上相关税费转入营业外支出。企业所得税处理时要视同销售。

二、对外捐赠的个人所得税处理

（一）公益性捐赠税前扣除政策

根据2018年版《个人所得税法》第六条第三款的规定，个人将其所得对教育、扶贫、济困等公益慈善事业进行捐赠，捐赠额未超过纳税人申报的应纳税所得额百分之三十的部分，可以从其应纳税所得额中扣除；国务院规定对公益慈善事业捐赠实行全额税前扣除的，从其规定。这里所称个人将其所得对教育、扶贫、济困等公益慈善事业进行捐赠，根据2018年版《个人所得税法实施条例》第十九条的规定，是指个人将其所得通过中国境内的公益性社会组织、国家机关向教育、扶贫、济困等公益慈善事业的捐赠；所称应纳税所得额，是指计算扣除捐赠额之前的应纳税所得额。

根据《财政部　税务总局公益慈善事业捐赠个人所得税政策的公告》（财政部　税务总局公告2019年第99号）第一条的规定，个人通过中华人民共和国境内公益性社会组织、县级以上人民政府及其部门等国家机关，向教育、扶贫、济困等公益慈善事业的捐赠（以下简称“公益捐赠”），发生的公益捐赠支出，可以按照《个人所得税法》有关规定在计算应纳税所得额时扣除。境内公益性社会组织，包括依法设立或登记并按规定条件和程序取得公益性捐赠税前扣除资格的慈善组织、其他社会组织和群众团体。

（二）公益性捐赠支出捐赠额的确定

根据《财政部　税务总局公益慈善事业捐赠个人所得税政策的公告》（财政部　税务总局公告2019年第99号）第二条的规定，个人发生的公益捐赠支出金额，按照以下规定确定：

（1）捐赠货币性资产的，按照实际捐赠金额确定；

（2）捐赠股权、房产的，按照个人持有股权、房产的财产原值确定；

（3）捐赠除股权、房产以外的其他非货币性资产的，按照非货币性资产的市场价格确定。

（三）居民个人公益捐赠支出的扣除

1. 居民个人扣除公益捐赠支出规则

（1）扣除捐赠支出的所得项目。

根据《财政部　税务总局公益慈善事业捐赠个人所得税政策的公告》（财政部　税务总局公告2019年第99号）第三条第（一）项的规定，居民个人发生的公益捐赠支出可以在财产租赁所得、财产转让所得、利息股息红利所得、偶然所得（以下统称“分类所得”）、综合所得或者经营所得中扣除。在当期一个所得项目扣除不完的公益捐赠支出，可以按规定在其他所得项目中继续扣除。

（2）扣除限额。

根据财政部　税务总局公告2019年第99号第三条第（二）项的规定，居民个人发生的公益捐赠支出，在综合所得、经营所得中扣除的，扣除限额分别为当年综合所得、当年经营所得应纳税所得额的百分之三十；在分类所得中扣除的，扣除限额为当月分类所得应纳税所得额的百分之三十。

（3）扣除顺序。

根据财政部　税务总局公告2019年第99号第三条第（三）项的规定，居民个人根据各项所得的收入、公益捐赠支出、适用税率等情况，自行决定在综合所得、分类所得、经营所得中扣除的公益捐赠支出的顺序。

2. 综合所得中扣除公益捐赠支出的处理

根据财政部　税务总局公告2019年第99号第四条的规定，居民个人在综合所得中扣除公益捐赠支出的，应按照以下规定处理：

（1）居民个人取得工资薪金所得的，可以选择在预扣预缴时扣除，也可以选择在年度汇算清缴时扣除。

居民个人选择在预扣预缴时扣除的，应按照累计预扣法计算扣除限额，其捐赠当月的扣除限额为截止当月累计应纳税所得额的百分之三十（全额扣除的从其规定，下同）。个人从两处以上取得工资薪金所得，选择其中一处扣除，选择后当年不得变更。

（2）居民个人取得劳务报酬所得、稿酬所得、特许权使用费所得的，预扣预缴时不扣除公益捐赠支出，统一在汇算清缴时扣除。

（3）居民个人取得全年一次性奖金、股权激励等所得，且按规定采取不并入综合所得而单独计税方式处理的，公益捐赠支出扣除比照分类所得的扣除规定处理。

3. 经营所得中扣除公益捐赠支出的处理

根据财政部　税务总局公告2019年第99号第六条的规定，在经营所得中扣除公益捐赠支出，应按以下规定处理：

（1）个体工商户发生的公益捐赠支出，在其经营所得中扣除。

根据《国家税务总局个体工商户个人所得税计税办法》（国家税务总局令第35号）第三十六条的规定，个体工商户通过公益性社会团体或者县级以上人民政府及其部门，用于《中华人民共和国公益事业捐赠法》规定的公益事业的捐赠，捐赠额不超过其应纳税所得额30%的部分可以据实扣除。财政部、国家税务总局规定可以全额在税前扣除的捐赠支出项目，按有关规定执行。个体工商户直接对受益人的捐赠不得扣除。公益性社会团体的认定，按照财政部、国家税务总局、民政部有关规定执行。

（2）个人独资企业、合伙企业发生的公益捐赠支出，其个人投资者应当按照捐赠年度合伙企业的分配比例（个人独资企业分配比例为百分之百），计算归属于每一个人投资者的公益捐赠支出，个人投资者应将其归属的个人独资企业、合伙企业公益捐赠支出和本人需要在经营所得扣除的其他公益捐赠支出合并，在其经营所得中扣除。

（3）在经营所得中扣除公益捐赠支出的，可以选择在预缴税款时扣除，也可以选择在汇算清缴时扣除。

（4）经营所得采取核定征收方式的，不扣除公益捐赠支出。

（四）非居民个人公益捐赠支出的扣除

根据财政部　税务总局公告2019年第99号第七条的规定，非居民个人发生的公益捐赠支出，未超过其在公益捐赠支出发生的当月应纳税所得额百分之三十的部分，可以从其应纳税所得额中扣除。扣除不完的公益捐赠支出，可以在经营所得中继续扣除。

（五）公益捐赠支出的追补扣除

根据财政部　税务总局公告2019年第99号第五条的规定，居民个人发生的公益捐赠支出，可在捐赠当月取得的分类所得中扣除。当月分类所得应扣除未扣除的公益捐赠支出，可以按照以下规定追补扣除：

（1）扣缴义务人已经代扣但尚未解缴税款的，居民个人可以向扣缴义务人提出追补扣除申请，退还已扣税款。

（2）扣缴义务人已经代扣且解缴税款的，居民个人可以在公益捐赠之日起90日内提请扣缴义务人向征收税款的税务机关办理更正申报追补扣除，税务机关和扣缴义务人应当予以办理。

（3）居民个人自行申报纳税的，可以在公益捐赠之日起90日内向主管税务机关办理更正申报追补扣除。

居民个人捐赠当月有多项多次分类所得的，应先在其中一项一次分类所得中扣除。已经在分类所得中扣除的公益捐赠支出，不再调整到其他所得中扣除。

根据财政部　税务总局公告2019年第99号第七条的规定，非居民个人按规定可以在应纳税所得额中扣除公益捐赠支出而未实际扣除的，可按照该公告第五条的上述规定追补扣除。

三、对外捐赠的增值税处理

根据《中华人民共和国增值税暂行条例实施细则》（财政部　国家税务总局第50号令）第四条的规定，单位或个体经营者的下列行为，视同销售货物：

（1）将货物交付他人代销；销售代销货物；

（2）设有两个以上机构并实行统一核算的纳税人，将其货物从一个机构移送其他机构用于销售，但相关机构设在同一县（市）的除外；

（3）将自产、委托加工或购买的货物作为投资，提供给其他单位或个体经营者；

（4）将自产、委托加工或购买的货物分配给股东或投资者；

（5）将自产、委托加工的货物用于集体福利或个人消费；

（6）将自产、委托加工或购买的货物无偿赠送他人。

根据《营业税改征增值税试点实施办法》（财税〔2016〕36号）第十四条的规定，下列情形视同销售服务、无形资产或者不动产：

（1）单位或者个体工商户向其他单位或者个人无偿提供服务，但用于公益事业或者以社会公众为对象的除外；

（2）单位或者个人向其他单位或者个人无偿转让无形资产或者不动产，但用于公益事业或者以社会公众为对象的除外；

（3）财政部和国家税务总局规定的其他情形。

因而，除另有规定外，单位或者个体工商户将货物对外捐赠应视同销售缴纳增值税。单位或者个体工商户将无形资产、不动产和金融商品对外捐赠，应按销售缴纳增值税。

根据《财政部　税务总局　国务院扶贫办关于扶贫货物捐赠免征增值税政策的公告》（财政部　税务总局　国务院扶贫办公告2019年第55号）第一条的规定，自2019年1月1日至2022年12月31日，对单位或者个体工商户将自产、委托加工或购买的货物通过公益性社会组织、县级及以上人民政府及其组成部门和直属机构，或直接无偿捐赠给目标脱贫地区的单位和个人，免征增值税。在政策执行期限内，目标脱贫地区实现脱贫的，可继续适用上述政策。"目标脱贫地区"包括832个国家扶贫开发工作重点县、集中连片特困地区县（新疆阿克苏地区6县1市享受片区政策）和建档立卡贫困村。

将自产、委托加工的物资和购买的物资用于捐赠的会计处理如下：

借：营业外支出

　　存货跌价准备

　　贷：库存商品［账面余额］

　　　　应交税费——应交增值税（销项税额）

　　　　　　　　——应交消费税［按计税价计算的消费税额］

四、捐赠支出及纳税调整明细表

"捐赠支出及纳税调整明细表"（A105070，见表9-1）按照"非公益性捐赠""全额扣除的公益性捐赠""限额扣除的公益性捐赠"三类捐赠设置填报项目，全面反映捐赠支出及纳税调整、结转情况。

"捐赠支出及纳税调整明细表"（A105070）适用于发生捐赠支出（含捐赠支出结转）的纳税人填报。纳税人根据《企业所得税法》、《财政部　国家税务总局关于公益性捐赠税前扣除有关问题的通知》（财税〔2008〕160号）、《财政部　税务总局关于公益性捐赠支出企业所得税税前结转扣除有关政策的通知》（财税〔2018〕15号）、《财政部　税务总局　国务院扶贫办关于企业扶贫捐赠所得税税前扣除政策的公告》（财政部　税务总局　国务院扶贫办公告2019年第49号）、《财政部　税务总局关于公共租赁住房税收优惠政策的公告》（财政部 税务总局公告2019年第61号）等相关规定，以及国家统一企业会计制度，填报捐赠支出会计处理、税收规定的税前扣除额、捐赠支出结转额以及纳税调整额。纳税人发生相关支出（含捐赠支出结转），无论是否纳税调整，均应填报本表。

表9-1 A105070 捐赠支出及纳税调整明细表

行次	项 目	账载金额	以前年度结转可扣除的捐赠额	按税收规定计算的扣除限额	税收金额	纳税调增金额	纳税调减金额	可结转以后年度扣除的捐赠额
		1	2	3	4	5	6	7
1	一、非公益性捐赠		*	*	*		*	*
2	二、全额扣除的公益性捐赠		*	*		*	*	*
3	其中：扶贫捐赠		*	*		*	*	*
4	三、限额扣除的公益性捐赠（5+6+7+8）							
5	前三年度（ 年）	*		*	*	*		*
6	前二年度（ 年）	*		*	*	*		
7	前一年度（ 年）	*		*	*	*		
8	本年（ 年）		*				*	
9	合计（1+2+4）							
附列资料	2015年度至本年发生的公益性扶贫捐赠合计金额		*	*		*	*	*

“捐赠支出及纳税调整明细表”（A105070）填报说明如下：

（一）有关项目填报说明

1. 第1行“非公益性捐赠支出”：填报纳税人本年发生且已计入本年损益的税收规定公益性捐赠以外的其他捐赠支出及纳税调整情况。具体如下：

（1）第1列“账载金额”：填报纳税人计入本年损益的税收规定公益性捐赠以外的其他捐赠支出金额。

（2）第5列“纳税调增额”：填报非公益性捐赠支出纳税调整增加额，金额等于第1列“账载金额”。

2. 第2行“全额扣除的公益性捐赠支出”：填报纳税人发生的可全额税前扣除的公益性捐赠支出。具体如下：

（1）第1列“账载金额”：填报纳税人本年发生且已计入本年损益的按税收规定可全额税前扣除的捐赠支出金额。

（2）第4列“税收金额”：等于第1列“账载金额”。

3. 第3行“其中：扶贫捐赠”：填报纳税人发生的可全额税前扣除的扶贫公益性捐赠支出。具体如下：

（1）第1列“账载金额”：填报纳税人本年发生且已计入本年损益的按税收规定可全额税前扣除的扶贫公益性捐赠支出金额。

（2）第4列“税收金额”：等于第1列“账载金额”。

4. 第4行“限额扣除的公益性捐赠支出”：填报纳税人本年发生的限额扣除的公益性捐赠支出、纳税调整额、以前年度结转扣除捐赠支出等。第4行等于第5+6+7+8行。其中本行第4列“税收金额”：当本行第1列+第2列大于第3列时，第4列=第3列；当本行第1列+第2列小于等于第3列时，第4列=第1列+第2列。

5. 第5行“前三年度”：填报纳税人前三年度发生的未税前扣除的公益性捐赠支出在本年度扣除的金额。具体如下：

（1）第2列“以前年度结转可扣除的捐赠额”：填报前三年度发生的尚未税前扣除的公益性捐赠支出金额。

（2）第6列“纳税调减额”：根据本年扣除限额以及前三年度未扣除的公益性捐赠支出分析填报。

6. 第6行“前二年度”：填报纳税人前二年度发生的未税前扣除的公益性捐赠支出在本年度扣除的捐赠额以及结转以后年度扣除的捐赠额。具体如下：

（1）第2列“以前年度结转可扣除的捐赠额”：填报前二年度发生的尚未税前扣除的公益性捐赠支出金额。

（2）第6列“纳税调减额”：根据本年剩余扣除限额、本年扣除前三年度捐赠支出、前二年度未扣除的公益性捐赠支出分析填报。

（3）第7列“可结转以后年度扣除的捐赠额”：填报前二年度未扣除、结转以后年度扣除的公益性捐赠支出金额。

7. 第7行“前一年度”：填报纳税人前一年度发生的未税前扣除的公益性捐赠支出在本年度扣除的捐赠额以及结转以后年度扣除的捐赠额。具体如下：

（1）第2列“以前年度结转可扣除的捐赠额”：填报前一年度发生的尚未税前扣除的公益性捐赠支出金额。

（2）第6列“纳税调减额”：根据本年剩余扣除限额、本年扣除前三年度捐赠支出、本年扣除前二年度捐赠支出、前一年度未扣除的公益性捐赠支出分析填报。

（3）第7列“可结转以后年度扣除的捐赠额”：填报前一年度未扣除、结转以后年度扣除的公益性捐赠支出金额。

8. 第8行“本年”：填报纳税人本年度发生、本年税前扣除、本年纳税调增以及结转以后年度扣除的公益性捐赠支出。具体如下：

（1）第1列“账载金额”：填报计入本年损益的公益性捐赠支出金额。

（2）第3列“按税收规定计算的扣除限额”：填报按照本年利润总额乘以12%的金

额，若利润总额为负数，则以 0 填报。

（3）第 4 列“税收金额”：填报本年实际发生的公益性捐赠支出以及结转扣除以前年度公益性捐赠支出情况分析填报。

（4）第 5 列“纳税调增额”：填报本年公益性捐赠支出账载金额超过税收规定的税前扣除额的部分。

（5）第 7 列“可结转以后年度扣除的捐赠额”：填报本年度未扣除、结转以后年度扣除的公益性捐赠支出金额。

9. 第 9 行“合计”：填报第 1 +2 +4 行的合计金额。

10. 附列资料“2015 年度至本年发生的公益性扶贫捐赠合计金额”：填报企业按照《财政部　税务总局　国务院扶贫办关于企业扶贫捐赠所得税税前扣除政策的公告》（财政部　税务总局　国务院扶贫办公告 2019 年第 49 号）规定，企业在 2015 年 1 月 1 日至本年度发生的可全额税前扣除的扶贫公益性捐赠支出合计金额。具体如下：

（1）第 1 列“账载金额”：填报纳税人 2015 年 1 月 1 日至本年度发生的且已计入损益的按税收规定可全额税前扣除的扶贫公益性捐赠支出合计金额。

（2）第 4 列“税收金额”：填报纳税人 2015 年 1 月 1 日至本年度发生的且已计入损益的按税收规定已在税前扣除的扶贫公益性捐赠支出合计金额。

（二）表内、表间关系

1. 表内关系

（1）第 1 行第 5 列 = 第 1 行第 1 列。

（2）第 2 行第 4 列 = 第 2 行第 1 列。

（3）第 4 行 = 第 5 +6 +7 +8 行。

（4）第 9 行 = 第 1 +2 +4 行。

2. 表间关系

（1）第 8 行第 3 列 = 表 A100000 第 13 行 ×12%（当表 A100000 第 13 行≤0，第 8 行第 3 列 =0）。

（2）第 9 行第 1 列 = 表 A105000 第 17 行第 1 列；第 9 行第 4 列 = 表 A105000 第 17 行第 2 列；第 9 行第 5 列 = 表 A105000 第 17 行第 3 列；第 9 行第 6 列 = 表 A105000 第 17 行第 4 列。

第二节　捐赠支出的税前扣除与纳税调整

一、限额扣除的公益性捐赠

（一）限额扣除的公益性捐赠政策

《中华人民共和国慈善法》第八十条规定，自然人、法人和其他组织捐赠财产用于慈善活动的，依法享受税收优惠。企业慈善捐赠支出超过法律规定的准予在计算企业所得税应纳税所得额时当年扣除的部分，允许结转以后三年内在计算应纳税所得额时扣除。

根据2019年4月23日《国务院关于修改部分行政法规的决定》（国务院令第714号）修改后的《企业所得税法实施条例》第五十一条的规定，公益性捐赠，是指企业通过公益性社会组织或者县级以上人民政府及其部门，用于符合法律规定的慈善活动、公益事业的捐赠。县级以上人民政府及其部门和国家机关均指县级（含县级，下同）以上人民政府及其组成部门和直属机构。

根据全国人民代表大会常务委员会关于修改《中华人民共和国企业所得税法》的决定（2017年2月24日第十二届全国人民代表大会常务委员会第二十六次会议通过），“企业发生的公益性捐赠支出，在年度利润总额12%以内的部分，准予在计算应纳税所得额时扣除；超过年度利润总额12%的部分，准予结转以后三年内在计算应纳税所得额时扣除。”

根据2019年4月23日《国务院关于修改部分行政法规的决定》（国务院令第714号）修改后的《企业所得税法实施条例》第五十三条第一款的规定，企业当年发生以及以前年度结转的公益性捐赠支出，不超过年度利润总额12%的部分，准予扣除。

根据《财政部　国家税务总局关于公益性捐赠支出企业所得税税前结转扣除有关政策的通知》（财税〔2018〕15号）的规定，企业通过公益性社会组织或者县级（含县级）以上人民政府及其组成部门和直属机构，用于慈善活动、公益事业的捐赠支出，在年度利润总额12%以内的部分，准予在计算应纳税所得额时扣除；超过年度利润总额12%的部分，准予结转以后三年内在计算应纳税所得额时扣除。

企业当年发生及以前年度结转的公益性捐赠支出，准予在当年税前扣除的部分，不能超过企业当年年度利润总额的12%。企业发生的公益性捐赠支出未在当年税前扣除的部分，准予向以后年度结转扣除，但结转年限自捐赠发生年度的次年起计算最长不得超过三年。企业在对公益性捐赠支出计算扣除时，应先扣除以前年度结转的捐赠支出，再扣除当年发生的捐赠支出。

公益性社会组织，应当依法取得公益性捐赠税前扣除资格。年度利润总额，是指企业按照国家统一会计制度的规定计算的年度会计利润，这里的年度会计利润是大于零的数额，没有利润当年不能扣除。对企业发生的会计差错应按国家统一会计制度进行更正，按调整后的大于零的年度会计利润计算扣除限额。

（二）公益性社会组织的界定

根据《社会团体登记管理条例》（国务院令〔1998〕第250号）的规定，社会团体，是指中国公民自愿组成，为实现会员共同意愿，按照其章程开展活动的非营利性社会组织。成立社会团体，应当经其业务主管单位审查同意，并依照该条例的规定进行登记。社会团体应当具备法人条件。下列团体不属于该条例规定登记的范围：①参加中国人民政治协商会议的人民团体；②由国务院机构编制管理机关核定，并经国务院批准免于登记的团体；③机关、团体、企业事业单位内部经本单位批准成立、在本单位内部活动的团体。

根据《企业所得税法实施条例》第五十二条的规定，公益性社会组织，是指同时符合下列条件的慈善组织以及其他社会组织：

（1）依法登记，具有法人资格；

（2）以发展公益事业为宗旨，且不以营利为目的；

（3）全部资产及其增值为该法人所有；

（4）收益和营运结余主要用于符合该法人设立目的的事业；

（5）终止后的剩余财产不归属任何个人或者营利组织；

（6）不经营与其设立目的无关的业务；

（7）有健全的财务会计制度；

（8）捐赠者不以任何形式参与该法人财产的分配；

（9）国务院财政、税务主管部门会同国务院民政部门等登记管理部门规定的其他条件。

《财政部　国家税务总局　民政部关于公益性捐赠税前扣除有关问题的通知》（财税〔2008〕160号）规定，公益性社会团体和社会团体均指依据国务院发布的《基金会管理条例》和《社会团体登记管理条例》的规定，经民政部门依法登记、符合以下条件的基金会、慈善组织等公益性社会团体：

（1）符合《企业所得税法实施条例》第五十二条第（一）项到第（八）项规定的条件；

（2）申请前3年内未受到行政处罚；

根据《财政部税务总局民政部关于公益性捐赠税前扣除资格有关问题的补充通知》（财税〔2018〕110号）的规定，财税〔2008〕160号文件和《财政部　国家税务总局关于通过公益性群众团体的公益性捐赠税前扣除有关问题的通知》（财税〔2009〕124号）中的“行政处罚”，是指税务机关和登记管理机关给予的行政处罚（警告或单次1万元以下罚款除外）。

（3）基金会在民政部门依法登记3年以上（含3年）的，应当在申请前连续2年年度检查合格，或最近1年年度检查合格且社会组织评估等级在3A以上（含3A），登记3年以下1年以上（含1年）的，应当在申请前1年年度检查合格或社会组织评估等级在3A以上（含3A），登记1年以下的基金会具备上述第（1）项、第（2）项规定的条件；

（4）公益性社会团体（不含基金会）在民政部门依法登记3年以上，净资产不低于登记的活动资金数额，申请前连续2年年度检查合格，或最近1年年度检查合格且社会组织评估等级在3A以上（含3A），申请前连续3年每年用于公益活动的支出不低于上年总收入的70%（含70%），同时需达到当年总支出的50%以上（含50%）。

年度检查合格是指民政部门对基金会、公益性社会团体（不含基金会）进行年度检查，作出年度检查合格的结论；社会组织评估等级在3A以上（含3A）是指社会组织在民政部门主导的社会组织评估中被评为3A、4A、5A级别，且评估结果在有效期内。

民政部门负责对公益性社会团体的资格进行初步审核，财政、税务部门会同民政部门对公益性社会团体的捐赠税前扣除资格联合进行审核确认。

（三）货物捐赠案例解析

【例9－1】 甲企业2020年10月通过公益性社会团体向公益事业捐赠一批产品，成本70万元，公允价（市价）100万元，增值税税率13%。按会计制度统一核算的当年企业利润总额是500万元。该企业当年只有这一笔捐赠业务。

要求：进行相关的会计处理与纳税调整，并填报相关纳税申报表。

解析：

（1）会计处理：

借：营业外支出　　830 000

　　贷：库存商品　　700 000

　　　　应交税费——应交增值税（销项税额）　　130 000

（2）所得税处理：企业用产品对外捐赠，应按规定视同销售。甲企业应确认视同销售收入100万元，视同销售成本为70万元。公益性捐赠支出为113万元，公益性捐赠税前扣除限额为：500×12%＝60（万元），需要调增应纳税所得额：113－60＝53（万元）。

相关纳税调整分别填入表A105010第7行和第17行，再分别合计填入表A105000中的第2行和第13行。具体填报如表9－2、表9－3、表9－4所示：

表9－2　A105010　视同销售和房地产开发企业特定业务纳税调整明细表　　单位：元

行次	项　目	税收金额	纳税调整金额
		1	2
1	一、视同销售（营业）收入（2＋3＋4＋5＋6＋7＋8＋9＋10）	1 000 000	1 000 000
2	（一）非货币性资产交换视同销售收入		
7	（六）用于对外捐赠视同销售收入	1 000 000	1 000 000
11	二、视同销售（营业）成本（12＋13＋14＋15＋16＋17＋18＋19＋20）	700 000	－700 000
12	（一）非货币性资产交换视同销售成本		
17	（六）用于对外捐赠视同销售成本	700 000	－700 000
18	（七）用于对外投资项目视同销售成本		
19	（八）提供劳务视同销售成本		
20	（九）其他		

表 9－3　A105070　　捐赠支出及纳税调整明细表　　单位：元

行次	项目	账载金额	以前年度结转可扣除的捐赠额	按税收规定计算的扣除限额	税收金额	纳税调增金额	纳税调减金额	可结转以后年度扣除的捐赠额
		1	2	3	4	5	6	7
1	一、非公益性捐赠		*	*	*		*	*
2	二、全额扣除的公益性捐赠		*	*		*	*	*
3	其中：扶贫捐赠		*	*		*	*	*
4	三、限额扣除的公益性捐赠（5＋6＋7＋8）	1 130 000		600 000	600 000	530 000		530 000
5	前三年度（　年）	*		*	*	*		*
6	前二年度（　年）	*		*	*	*		
7	前一年度（　年）	*		*	*	*		
8	本年（2020 年）	1 130 000		600 000	600 000	530 000		530 000
9	合计（1＋2＋4）	1 130 000		600 000	600 000	530 000		530 000
附列资料	2015 年度至本年发生的公益性扶贫捐赠合计金额		*	*		*	*	*

表 9－4　A105000　　纳税调整项目明细表　　单位：元

行次	项目	账载金额	税收金额	调增金额	调减金额
		1	2	3	4
1	一、收入类调整项目（2＋3＋…＋8＋10＋11）	*	*	1 000 000	
2	（一）视同销售收入（填写 A105010）	*	1 000 000	1 000 000	*
3	（二）未按权责发生制原则确认的收入（填写 A105020）				
12	二、扣除类调整项目（13＋14＋…＋24＋26＋27＋28＋29＋30）	*	*	530 000	1 000 000
13	（一）视同销售成本（填写 A105010）	*	700 000	*	700 000
14	（二）职工薪酬（填写 A105050）				
15	（三）业务招待费支出				*
16	（四）广告费和业务宣传费支出（填写 A105060）	*	*		
17	（五）捐赠支出（填写 A105070）	1 130 000	600 000	530 000	
30	（十七）其他	0	300 000		300 000
46	合计（1＋12＋31＋36＋44＋45）	*	*	1 530 000	1 000 000

（四）劳务捐赠案例解析

【例 9－2】甲建筑安装公司，2020 年 10 月通过当地市政府捐建一所村小学，工程实际支出 28 万元，公允价值 35 万元，按国家统一会计制度规定计算的 2020 年度的会计利润为 200 万元，企业根据会计制度规定在“营业外支出”账户中列支劳务捐赠支出 28 万元。

要求：对该项捐增进行纳税调整和税务处理。

解析：

根据《企业所得税法》的规定，甲公司这笔以建筑劳务方式进行的公益性捐赠应视同销售处理，即须视同提供劳务依公允价值确定其视同销售收入额，2020 年就该项捐赠的视同销售，甲公司应通过“视同销售和房地产开发企业特定业务纳税调整明细表”（A105010）调增应纳税所得额 7 万元（35－28），如表 9－5 所示。

表 9－5　A105010　视同销售和房地产开发企业特定业务纳税调整明细表　　单位：元

行次	项　　目	税收金额	纳税调整金额
		1	2
1	一、视同销售（营业）收入（2＋3＋4＋5＋6＋7＋8＋9＋10）	350 000	350 000
2	（一）非货币性资产交换视同销售收入		
3	（二）用于市场推广或销售视同销售收入		
4	（三）用于交际应酬视同销售收入		
5	（四）用于职工奖励或福利视同销售收入		
6	（五）用于股息分配视同销售收入		
7	（六）用于对外捐赠视同销售收入		
8	（七）用于对外投资项目视同销售收入		
9	（八）提供劳务视同销售收入	350 000	350 000
10	（九）其他		
11	二、视同销售（营业）成本（12＋13＋14＋15＋16＋17＋18＋19＋20）	280 000	－280 000
12	（一）非货币性资产交换视同销售成本		
13	（二）用于市场推广或销售视同销售成本		
14	（三）用于交际应酬视同销售成本		
15	（四）用于职工奖励或福利视同销售成本		
16	（五）用于股息分配视同销售成本		
17	（六）用于对外捐赠视同销售成本		
18	（七）用于对外投资项目视同销售成本		
19	（八）提供劳务视同销售成本	280 000	－280 000
20	（九）其他		

2020年公益性捐赠税前扣除限额为：200×12% =24（万元），企业实际捐赠35万元，大于扣除限额11万元，应通过“捐赠支出及纳税调整明细表”（A105070）作纳税调增处理，并入当年应纳税所得额缴纳企业所得税，如表9-6所示。同时，填报“纳税调整项目明细表”（A105000），如表9-7所示。

表9-6　A105070　　捐赠支出及纳税调整明细表　　单位：元

行次	项目	账载金额	以前年度结转可扣除的捐赠额	按税收规定计算的扣除限额	税收金额	纳税调增金额	纳税调减金额	可结转以后年度扣除的捐赠额
		1	2	3	4	5	6	7
1	一、非公益性捐赠		*	*	*		*	*
2	二、全额扣除的公益性捐赠		*	*		*	*	*
3	其中：扶贫捐赠		*	*		*	*	*
4	三、限额扣除的公益性捐赠（5+6+7+8）	350 000		240 000	240 000	110 000		110 000
5	前三年度（　年）	*		*	*	*		*
6	前二年度（　年）	*		*	*	*		
7	前一年度（　年）	*		*	*	*		
8	本年（2020年）	350 000		240 000	240 000	110 000		110 000
9	合计（1+2+4）	350 000		240 000	240 000	110 000		110 000
附列资料	2015年度至本年发生的公益性扶贫捐赠合计金额		*	*		*	*	*

表9-7　A105000　　纳税调整项目明细表　　单位：元

行次	项目	账载金额	税收金额	调增金额	调减金额
		1	2	3	4
1	一、收入类调整项目（2+3+…+8+10+11）	*	*	350 000	
2	（一）视同销售收入（填写A105010）	*	350 000	350 000	*
3	（二）未按权责发生制原则确认的收入（填写A105020）				
12	二、扣除类调整项目（13+14+…24+26+27+28+29+30）	*	*	110 000	350 000
13	（一）视同销售成本（填写A105010）	*	280 000	*	280 000
14	（二）职工薪酬（填写A105050）				
15	（三）业务招待费支出				*
16	（四）广告费和业务宣传费支出（填写A105060）	*	*		
17	（五）捐赠支出（填写A105070）	350 000	240 000	110 000	
30	（十七）其他		70 000		70 000
45	合计（1+12+31+36+44+45）	*	*	390 000	350 000

（五）通过公益性群众团体捐赠的扣除

对企业和个人通过依照《社会团体登记管理条例》规定不需进行社团登记的人民团体以及经国务院批准免予登记的社会团体（以下统称群众团体）的公益性捐赠所得税税前扣除有关问题，《财政部　国家税务总局关于通过公益性群众团体的公益性捐赠税前扣除有关问题的通知》（财税〔2009〕124号）规定，企业通过公益性群众团体用于公益事业的捐赠支出，在年度利润总额12%以内的部分，准予在计算应纳税所得额时扣除。年度利润总额，是指企业依照国家统一会计制度的规定计算的大于零的数额。个人通过公益性群众团体向公益事业的捐赠支出，按照现行税收法律、行政法规及相关政策规定准予在所得税税前扣除。

这里所称的公益性群众团体，是指同时符合以下条件的群众团体：①符合《企业所得税法实施条例》第五十二条第（一）项至第（八）项规定的条件；②县级以上各级机构编制部门直接管理其机构编制；③对接受捐赠的收入以及用捐赠收入进行的支出单独进行核算，且申请前连续3年接受捐赠的总收入中用于公益事业的支出比例不低于70%。

符合财税〔2009〕124号文件规定的公益性群众团体，可按程序申请公益性捐赠税前扣除资格。由中央机构编制部门直接管理其机构编制的群众团体，向财政部、国家税务总局提出申请；由县级以上地方各级机构编制部门直接管理其机构编制的群众团体，向省、自治区、直辖市和计划单列市财政、税务部门提出申请；对符合条件的公益性群众团体，按照上述管理权限，由财政部、国家税务总局和省、自治区、直辖市、计划单列市财政、税务部门分别每年联合公布名单。名单应当包括继续获得公益性捐赠税前扣除资格和新获得公益性捐赠税前扣除资格的群众团体，企业和个人在名单所属年度内向名单内的群众团体进行的公益性捐赠支出，可以按规定进行税前扣除。

公益性群众团体在接受捐赠时，应按照行政管理级次分别使用由财政部或省、自治区、直辖市财政部门印制的公益性捐赠票据或者《非税收入一般缴款书》收据联，并加盖本单位的印章；对个人索取捐赠票据的，应予以开具。

对于通过公益性群众团体发生的公益性捐赠支出，主管税务机关应对照财政、税务部门联合发布的名单，接受捐赠的群众团体位于名单内，则企业或个人在名单所属年度发生的公益性捐赠支出可按规定进行税前扣除；接受捐赠的群众团体不在名单内，或虽在名单内但企业或个人发生的公益性捐赠支出不属于名单所属年度的，不得扣除。

（六）公益事业捐赠支出的界定

用于公益事业的捐赠支出，是指公益事业捐赠法规定的向公益事业的捐赠支出，具体范围包括：

（1）救助灾害、救济贫困、扶助残疾人等困难的社会群体和个人的活动；

（2）教育、科学、文化、卫生、体育事业；

（3）环境保护、社会公共设施建设；

（4）促进社会发展和进步的其他社会公共和福利事业。

（七）捐赠资产价值的确定

公益性社会团体和县级以上人民政府及其组成部门和直属机构在接受捐赠时，捐赠资产的价值，按以下原则确认：

（1）接受捐赠的货币性资产，应当按照实际收到的金额计算；

（2）接受捐赠的非货币性资产，应当以其公允价值计算。

捐赠方在向公益性社会组织（团体）和县级以上人民政府及其组成部门和直属机构捐赠时，应当提供注明捐赠非货币性资产公允价值的证明，如果不能提供上述证明，公益性社会团体和县级以上人民政府及其组成部门和直属机构不得向其开具公益性捐赠票据。

公益性群众团体接受捐赠的资产价值，按以下原则确认：①接受捐赠的货币性资产，应当按照实际收到的金额计算；②接受捐赠的非货币性资产，应当以其公允价值计算。捐赠方在向公益性群众团体捐赠时，应当提供注明捐赠非货币性资产公允价值的证明，如果不能提供上述证明，公益性群众团体不得向其开具公益性捐赠票据或者《非税收入一般缴款书》收据联。

二、全额扣除的公益性捐赠

（一）扶贫捐赠支出的扣除

根据《财政部　税务总局　国务院扶贫办关于企业扶贫捐赠所得税税前扣除政策的公告》（财政部　税务总局　国务院扶贫办公告2019年第49号）的规定，自2019年1月1日至2022年12月31日，企业通过公益性社会组织或者县级（含县级）以上人民政府及其组成部门和直属机构，用于目标脱贫地区的扶贫捐赠支出，准予在计算企业所得税应纳税所得额时据实扣除。在政策执行期限内，目标脱贫地区实现脱贫的，可继续适用上述政策。

“目标脱贫地区”包括832个国家扶贫开发工作重点县、集中连片特困地区县（新疆阿克苏地区6县1市享受片区政策）和建档立卡贫困村。

企业在2015年1月1日至2018年12月31日期间已发生的符合上述条件的扶贫捐赠支出，尚未在计算企业所得税应纳税所得额时扣除的部分，可执行上述企业所得税政策。

企业同时发生扶贫捐赠支出和其他公益性捐赠支出，在计算公益性捐赠支出年度扣除限额时，符合上述条件的扶贫捐赠支出不计算在内。

（二）向北京2022年冬奥会和冬残奥会捐赠

根据《财政部　税务总局　海关总署关于北京2022年冬奥会和冬残奥会税收政策

的通知》（财税〔2017〕60 号）的规定，对企业、社会组织和团体赞助、捐赠北京 2022 年冬奥会、冬残奥会、测试赛的资金、物资、服务支出，在计算企业应纳税所得额时予以全额扣除。

个人捐赠北京 2022 年冬奥会、冬残奥会、测试赛的资金和物资支出可在计算个人应纳税所得额时予以全额扣除。

企业根据赞助协议向北京冬奥组委免费提供的与北京 2022 年冬奥会、冬残奥会、测试赛有关的服务，免征增值税。

三、非公益性捐赠不得税前扣除

非公益性捐赠是指公益性捐赠项目以外的其他捐赠项目。根据《企业所得税法》第十条的规定，对公益性捐赠以外的捐赠支出不得扣除。

四、公益捐赠税前扣除案例解析

【例 9－3】 A 企业 2019 年至 2022 年每年发生按限额税前扣除的公益性捐赠支出 100 万元，会计利润总额分别为 500 万元、1 000 万元、500 万元、2 000 万元。

2022 年 A 企业发生符合规定的扶贫捐赠现金支出 400 万元，可限额税前扣除的公益性捐赠支出 100 万元，非公益性捐赠支出 500 万元。

要求：对捐赠支出进行纳税调整并填报相关的纳税申报表。

解析：

1. 2019 年度。

按税收规定计算的扣除限额为：500×12%＝60（万元）

实际发生的可限额扣除的公益性捐赠支出 100 万元，当年超标：100－60＝40（万元），可结转以后三年内扣除。相关纳税调整表单填报如表 9－8、表 9－9、表 9－10 所示：

2. 2020 年度。

按税收规定计算的扣除限额为：1000×12%＝120（万元），先扣除上年结转未扣除金额 40 万元，限额的余额为 80 万元，因而调减应纳税所得额 40 万元。

当年实际发生的可限额扣除的公益性捐赠支出 100 万元，可在限额的余额内扣除 80 万元，当年超标：100－80＝20（万元），可结转以后三年内扣除，因而需调增应纳税所得额 20 万元。相关纳税调整表单填报如表 9－11、表 9－12、表 9－13 所示：

3. 2021 年度。

2021 年度，按税收规定计算的扣除限额为：500×12%＝60（万元），先扣除上年结转未扣除金额 20 万元，限额的余额为 40 万元，因而调减应纳税所得额 20 万元。

表 9－8　A105070　　捐赠支出及纳税调整明细表　　　单位：元

行次	项　目	账载金额	以前年度结转可扣除的捐赠额	按税收规定计算的扣除限额	税收金额	纳税调增金额	纳税调减金额	可结转以后年度扣除的捐赠额
		1	2	3	4	5	6	7
1	一、非公益性捐赠	0	*	*	*	0	*	*
2	二、全额扣除的公益性捐赠	0	*	*	0	*	*	*
3	其中：扶贫捐赠		*	*		*	*	*
4	三、限额扣除的公益性捐赠（5＋6＋7＋8）	1 000 000	0	600 000	600 000	400 000	0	400 000
5	前三年度（　　年）	*		*	*	*		*
6	前二年度（　　年）	*		*	*	*		
7	前一年度（　　年）	*		*	*	*		
8	本年（2019 年）	1 000 000	0	600 000	600 000	400 000	0	400 000
9	合计（1＋2＋4）	1 000 000	0	600 000	600 000	400 000	0	400 000
附列资料	2015 年度至本年发生的公益性扶贫捐赠合计金额		*	*		*	*	*

表 9－9　A105000　　纳税调整项目明细表　　单位：元

行次	项　　目	账载金额	税收金额	调增金额	调减金额
		1	2	3	4
1	一、收入类调整项目（2＋3＋4＋5＋6＋7＋8＋10＋11）	*	*		
12	二、扣除类调整项目	*	*	400 000	0
13	（一）视同销售成本（填写 A105010）	*		*	
16	（四）广告费和业务宣传费支出（填写 A105060）	*	*		
17	（五）捐赠支出（填写 A105070）	1 000 000	600 000	400 000	0
21	（九）赞助支出		*		*
31	三、资产类调整项目（31＋32＋33＋34）	*	*		
36	四、特殊事项调整项目（36＋37＋38＋39＋40）	*	*		
44	五、特别纳税调整应税所得	*	*		
45	六、其他	*	*		
46	合计（1＋12＋31＋36＋44＋45）	*	*	400 000	0

表 9－10　A100000 中华人民共和国企业所得税年度纳税申报表（A 类）　　单位：元

行次	类别	项　　目	金额
13		三、利润总额（10＋11－12）	5 000 000
14	应纳税所得额计算	减：境外所得（填写 A108010）	
15		加：纳税调整增加额（填写 A105000）	400 000
16		减：纳税调整减少额（填写 A105000）	
17		减：免税、减计收入及加计扣除（填写 A107010）	
18		加：境外应税所得抵减境内亏损（填写 A108000）	
19		四、纳税调整后所得（13－14＋15－16－17＋18）	5 400 000
20		减：所得减免（填写 A107020）	
21		减：抵扣应纳税所得额（填写 A107030）	
22		减：弥补以前年度亏损（填写 A106000）	
23		五、应纳税所得额（19－20－21－22）	5 400 000

当年实际发生的可限额扣除的公益性捐赠支出 100 万元，可在限额的余额内扣除 40 万元，当年超标：100－40＝60（万元），可结转以后三年内扣除，因而需调增应纳税所得额 60 万元。相关纳税调整表单填报如表 9－14、表 9－15、表 9－16：

表 9-11　A105070　　　捐赠支出及纳税调整明细表　　　单位：元

行次	项　目	账载金额	以前年度结转可扣除的捐赠额	按税收规定计算的扣除限额	税收金额	纳税调增金额	纳税调减金额	可结转以后年度扣除的捐赠额
		1	2	3	4	5	6	7
1	一、非公益性捐赠	0	*	*	*	0	*	*
2	二、全额扣除的公益性捐赠	0	*	*	0	*	*	*
3	其中：扶贫捐赠		*	*		*	*	*
4	三、限额扣除的公益性捐赠（5+6+7+8）	1 000 000	400 000	1 200 000	1 200 000	200 000	400 000	200 000
5	前三年度（　年）	*		*	*	*		*
6	前二年度（　年）	*		*	*	*		
7	前一年度（2019 年）	*	400 000	*	*	*	400 000	0
8	本年（2020 年）	1 000 000		1 200 000	1 200 000	200 000	400 000	200 000
9	合计（1+2+4）	1 000 000	400 000	1 200 000	1 200 000	200 000	400 000	200 000
附列资料	2015 年度至本年发生的公益性扶贫捐赠合计金额		*	*		*	*	*

表 9-12　A105000　　　纳税调整项目明细表　　　单位：元

行次	项　目	账载金额	税收金额	调增金额	调减金额
		1	2	3	4
1	一、收入类调整项目（2+3+4+5+6+7+8+10+11）	*	*		
12	二、扣除类调整项目	*	*	200 000	400 000
13	（一）视同销售成本（填写 A105010）	*		*	
16	（四）广告费和业务宣传费支出（填写 A105060）	*	*		
17	（五）捐赠支出（填写 A105070）	1 000 000	1 200 000	200 000	400 000
21	（九）赞助支出		*		*
31	三、资产类调整项目（31+32+33+34）	*	*		
36	四、特殊事项调整项目（36+37+38+39+40）	*	*		
44	五、特别纳税调整应税所得	*	*		
45	六、其他	*	*		
46	合计（1+12+31+36+44+45）	*	*	200 000	400 000

表 9－13　A100000 中华人民共和国企业所得税年度纳税申报表（A 类）　　单位：元

行次	类别	项　　目	金额
13		三、利润总额	10 000 000
14	应纳税所得额计算	减：境外所得（填写 A108010）	
15		加：纳税调整增加额（填写 A105000）	200 000
16		减：纳税调整减少额（填写 A105000）	400 000
17		减：免税、减计收入及加计扣除（填写 A107010）	
18		加：境外应税所得抵减境内亏损（填写 A108000）	
19		四、纳税调整后所得（13－14＋15－16－17＋18）	9 800 000
20		减：所得减免（填写 A107020）	
21		减：抵扣应纳税所得额（填写 A107030）	
22		减：弥补以前年度亏损（填写 A106000）	
23		五、应纳税所得额（19－20－21－22）	9 800 000

表 9－14　A105070　捐赠支出及纳税调整明细表　　单位：元

行次	项　　目	账载金额	以前年度结转可扣除的捐赠额	按税收规定计算的扣除限额	税收金额	纳税调增金额	纳税调减金额	可结转以后年度扣除的捐赠额
		1	2	3	4	5	6	7
1	一、非公益性捐赠	0	*	*	*	0	*	*
2	二、全额扣除的公益性捐赠	0	*	*	0	*	*	*
3	其中：扶贫捐赠		*	*		*	*	*
4	三、限额扣除的公益性捐赠（5＋6＋7＋8）	1 000 000	200 000	600 000	600 000	600 000	200 000	600 000
5	前三年度（　年）	*		*	*	*		*
6	前二年度（2019 年）	*		*	*	*		
7	前一年度（2020 年）	*	200 000	*	*	*	200 000	0
8	本年（2021 年）	1 000 000		600 000	600 000	600 000		600 000
9	合计（1＋2＋4）	1 000 000	200 000	600 000	600 000	600 000	200 000	600 000
附列资料	2015 年度至本年发生的公益性扶贫捐赠合计金额		*	*		*	*	*

表 9－15　A105000　　　纳税调整项目明细表　　　　单位：元

行次	项　　目	账载金额	税收金额	调增金额	调减金额
		1	2	3	4
1	一、收入类调整项目（2＋3＋4＋5＋6＋7＋8＋10＋11）	*	*		
12	二、扣除类调整项目	*	*	600 000	200 000
13	（一）视同销售成本（填写 A105010）	*		*	
16	（四）广告费和业务宣传费支出（填写 A105060）	*	*		
17	（五）捐赠支出（填写 A105070）	1 000 000	600 000	600 000	200 000
21	（九）赞助支出		*		*
31	三、资产类调整项目（31＋32＋33＋34）	*	*		
36	四、特殊事项调整项目（36＋37＋38＋39＋40）	*	*		
44	五、特别纳税调整应税所得	*	*		
45	六、其他	*	*		
46	合计（1＋12＋31＋36＋44＋45）	*	*	600 000	200 000

表 9－16　A100000　中华人民共和国企业所得税年度纳税申报表（A 类）　　　　单位：元

行次	类别	项　　目	金额
13		三、利润总额	5 000 000
14	应纳税所得额计算	减：境外所得（填写 A108010）	
15		加：纳税调整增加额（填写 A105000）	600 000
16		减：纳税调整减少额（填写 A105000）	200 000
17		减：免税、减计收入及加计扣除（填写 A107010）	
18		加：境外应税所得抵减境内亏损（填写 A108000）	
19		四、纳税调整后所得（13－14＋15－16－17＋18）	5 400 000
20		减：所得减免（填写 A107020）	
21		减：抵扣应纳税所得额（填写 A107030）	
22		减：弥补以前年度亏损（填写 A106000）	
23		五、应纳税所得额（19－20－21－22）	5 400 000

4. 2022 年度。

2022 年度，按税收规定计算的扣除限额为：2000 × 12% ＝240（万元），先扣除上年结转未扣除金额 60 万元，限额的余额为 180 万元，可扣除上年结转待扣除额 60 万元，因而调减应纳税所得额 60 万元。

当年实际发生的可限额扣除的公益性捐赠支出 100 万元，可在限额的余额内扣除 100 万元。

当年发生符合规定的扶贫捐赠支出 400 万元，可全额税前扣除。当年发生的非公益性捐赠支出500万元，不得税前扣除，需调增应纳税所得。

相关纳税调整表单填报如表9－17、表9－18、表9－19所示：

表9－17　A105070　　　捐赠支出及纳税调整明细表　　　单位：元

行次	项　　目	账载金额	以前年度结转可扣除的捐赠额	按税收规定计算的扣除限额	税收金额	纳税调增金额	纳税调减金额	可结转以后年度扣除的捐赠额
		1	2	3	4	5	6	7
1	一、非公益性捐赠	5 000 000	*	*	*	5 000 000	*	*
2	二、全额扣除的公益性捐赠	4 000 000	*	*	4 000 000	*	*	*
3	其中：扶贫捐赠	4 000 000	*	*	4 000 000	*	*	*
4	三、限额扣除的公益性捐赠（5+6+7+8）	1 000 000	600 000	2 400 000	1 600 000	0	600 000	0
5	前三年度（2019年）	*	0	*	*	*	0	*
6	前二年度（2020年）	*	0	*	*	*	0	
7	前一年度（2021年）	*	600 000	*	*	*	600 000	0
8	本年（2022年）	1 000 000		2 400 000	1 600 000	0	0	0
9	合计（1+2+4）	10 000 000	600 000	2 400 000	5 600 000	5 000 000	600 000	0
附列资料	2015年度至本年发生的公益性扶贫捐赠合计金额	4 000 000	*	*	400 000	*	*	*

表9－18　A105000　　　纳税调整项目明细表　　　单位：元

行次	项　　目	账载金额	税收金额	调增金额	调减金额
		1	2	3	4
1	一、收入类调整项目（2+3+4+5+6+7+8+10+11）	*	*		
12	二、扣除类调整项目	*	*		
13	（一）视同销售成本（填写A105010）	*		*	
16	（四）广告费和业务宣传费支出（填写A105060）	*	*		
17	（五）捐赠支出（填写A105070）	10 000 000	5 600 000	5 000 000	600 000
21	（九）赞助支出		*		*
31	三、资产类调整项目（31+32+33+34）	*	*		
36	四、特殊事项调整项目（36+37+38+39+40）	*	*		
43	五、特别纳税调整应税所得	*	*		
44	六、其他	*	*		
45	合计（1+12+31+36+44+45）	*	*	5 000 000	600 000

表 9－19　A100000　中华人民共和国企业所得税年度纳税申报表（A 类）　　单位：元

行次	类别	项　目	金额
13		三、	20 000 000
14	应纳税所得额计算	减：境外所得（填写 A108010）	
15		加：纳税调整增加额（填写 A105000）	5 000 000
16		减：纳税调整减少额（填写 A105000）	600 000
17		减：免税、减计收入及加计扣除（填写 A107010）	
18		加：境外应税所得抵减境内亏损（填写 A108000）	
19		四、纳税调整后所得（13－14＋15－16－17＋18）	24 400 000
20		减：所得减免（填写 A107020）	
21		减：抵扣应纳税所得额（填写 A107030）	
22		减：弥补以前年度亏损（填写 A106000）	
23		五、应纳税所得额（19－20－21－22）	24 400 000

第十章　资产折旧、摊销的纳税调整

第一节　固定资产折旧的纳税调整

一、固定资产的界定

（一）财务处理

根据《企业会计准则第 4 号——固定资产》（以下简称“固定资产准则”）的规定，固定资产是指同时具有下列特征的有形资产：

（1）为生产商品、提供劳务、出租或者经营管理而持有；

（2）使用寿命超过一个会计年度。

使用寿命是指企业使用固定资产的预计期间，或者该固定资产所能生产产品或提供劳务的数量。

出租固定资产是指以经营租赁方式出租的机器设备类固定资产，不包括以经营租赁方式出租的不动产，后者属于《企业会计准则》上的投资性房地产，不属于《企业会计准则》所界定的固定资产。会计上固定资产也不包括生物资产。

此外，根据《企业会计准则应用指南——会计科目和主要账务处理》的规定，“固定资产”科目核算企业持有的固定资产原价。建造承包商的临时设施，以及企业购置计算机硬件所附带的、未单独计价的软件，也通过“固定资产”科目核算。

（二）税务处理

现行税制对固定资产的界定，在不同的税种税法中有不同的表述。

根据《企业所得税法实施条例》第五十七条的规定，固定资产，是指企业为生产产品、提供劳务、出租或者经营管理而持有的、使用时间超过 12 个月的非货币性资产，包括房屋、建筑物、机器、机械、运输工具以及其他与生产经营活动有关的设备、器具、工具等。

固定资产准则强调“使用寿命超过一个会计年度”，而《企业所得税法》上表述为“使用时间超过 12 个月”；前者指的是“有形资产”，后者指的是“非货币性资产”。《企业所得税法》上的固定资产含“以经营租赁方式出租的房屋、建筑物”，而在《企业会计准则》上称为投资性房地产，而不称其为固定资产。

根据《增值税暂行条例实施细则》第二十一条的规定，固定资产，是指使用期限超过12个月的机器、机械、运输工具以及其他与生产经营有关的设备、工具、器具等。

二、固定资产的初始计量与计税基础

固定资产的初始计量，是指确定固定资产的取得成本。会计上固定资产应当按照成本进行初始计量。

（一）外购的固定资产

根据固定资产准则的规定，外购固定资产的成本，包括购买价款、相关税费、使固定资产达到预定可使用状态前所发生的可归属于该项资产的运输费、装卸费、安装费和专业人员服务费等。以一笔款项购入多项没有单独标价的固定资产，应当按照各项固定资产公允价值比例对总成本进行分配，分别确定各项固定资产的成本。

对增值税一般纳税人购进（包括接受捐赠、实物投资）或自制（包括扩建、安装）固定资产发生的进项税额，如果允许抵扣的，不再构成固定资产的成本。

购买固定资产的价款超过正常信用条件延期支付，实质上具有融资性质的，固定资产的成本以购买价款的现值为基础确定。实际支付的价款与购买价款的现值之间的差额，除按照《企业会计准则第17号——借款费用》（以下简称“借款费用准则”）应予资本化的以外，应当在信用期间内计入当期损益（财务费用）。

《小企业会计准则》规定，固定资产应当按照成本进行计量。外购固定资产的成本包括：购买价款、相关税费、运输费、装卸费、保险费、安装费等，但不含按照税法规定可以抵扣的增值税进项税额。以一笔款项购入多项没有单独标价的固定资产，应当按照各项固定资产或类似资产的市场价格或评估价值比例对总成本进行分配，分别确定各项固定资产的成本。

而外购的固定资产，以购买价款和支付的相关税费以及直接归属于使该资产达到预定用途发生的其他支出为计税基础。

【例10－1】2×19年1月1日，甲上市公司从乙公司购入一台需要安装的设备。合同约定采用分期付款方式支付价款。设备款90万元，首期款15万元于2×19年1月1日支付，余款在2×19年至2×23年5年内平均支付，每年的付款日期均为12月31日。

2×19年1月1日，设备如期运抵甲公司并开始安装，发生运杂费和相关税费16万元，用银行存款付讫。2×19年12月31日，设备达到预定可使用状态，发生安装费4万元，已用银行存款付讫。假定折现率为10%，不考虑增值税。

要求：进行相关的会计处理与纳税调整。

解析：

（1）购买价款的现值：15＋15×（P/A，10%，5）＝15＋15×3.7908＝15＋56.862＝

71.862（万元）

会计处理：

借：在建工程　　718 620

　　未确认融资费用　　181 380

　　贷：长期应付款　　900 000

税务处理：在建工程的计税基础为90万元。

2×19年1月1日支付首付款15万元：

借：长期应付款　　150 000

　　贷：银行存款　　150 000

2×19年1月1日支付运杂费及相关税费16万元：

借：在建工程　　160 000

　　贷：银行存款　　160 000

税务处理：支付的运杂费及相关税费16万元，增加在建工程的计税基础，新的累计计税基础为106万元。

（2）确定未确认融资费用分摊额（如表10－1所示）

表10－1　　　　金额单位：元

日期	分期付款额	确认的融资费	应付本金减少额	应付本金余额
①	②	③＝期初⑤×10%	④＝②－③	期末⑤＝期初⑤－④
2×19.1.1				568 620.00
2×19.12.31	150 000	56 862.00	93 138.00	475 482.00
2×20.12.31	150 000	47 548.20	102 451.80	373 030.20
2×21.12.31	150 000	37 303.02	112 696.98	260 333.22
2×22.12.31	150 000	26 033.32	123 966.68	136 366.54
2×23.12.31	150 000	13 633.46①	136 366.54	0
合计	750 000			

（3）设备安装期间，未确认融资费用的分摊额符合资本化条件，计入固定资产成本。

2×19年12月31日，会计处理：

借：在建工程　　56 862

　　贷：未确认融资费用　　56 862

支付价款时：

借：长期应付款　　150 000

① 由于计算造成误差。

贷：银行存款　　150 000

支付安装费时：

借：在建工程　　40 000

贷：银行存款　　40 000

固定资产成本：71.862 + 16 + 5.6862 + 4 = 97.5482（万元）。

借：固定资产　　975 482

贷：在建工程　　975 482

税务处理：支付的安装费 4 万元，增加固定资产的计税基础，新的计税基础为 110 万元；而会计成本为 97.5482 万元，会计账面价值小于计税基础产生可抵扣暂时性差异。以后使用固定资产期间税法折旧大于会计折旧的金额，应当分期调减应纳税所得额。

（4）由于 2×19 年 12 月该设备已经达到预定可使用状态，2×20 年至 2×23 年未确认融资费用的分摊不再符合资本化条件，应计入当期损益。

2×20 年底，会计处理为：

借：财务费用　　47 548.2

贷：未确认融资费用　　47 548.2

借：长期应付款　　150 000

贷：银行存款　　150 000

税务处理：由于固定资产计税基础大于账面价值的金额，已通过固定资产折旧方式获得扣除，因此，未确认融资费用转入财务费用科目的金额不得重复扣除。

2×21 年底会计处理为：

借：财务费用　　37 303.02

贷：未确认融资费用　　37 303.02

借：长期应付款　　150 000

贷：银行存款　　150 000

2×22 年底会计处理为：

借：财务费用　　26 033.32

贷：未确认融资费用　　26 033.32

借：长期应付款　　150 000

贷：银行存款　　150 000

2×23 年底会计处理为：

借：财务费用　　13 633.46

贷：未确认融资费用　　13 633.46

借：长期应付款　　150 000

贷：银行存款　　150 000

（二）自行建造的固定资产

1. 会计处理

根据固定资产准则的规定，自建固定资产的成本，由建造该项资产达到预定可使用状态前所发生的必要支出构成。包括工程用物资成本、人工成本、交纳的相关税费、应予资本化的借款费用以及应分摊的间接费用等。

《小企业会计准则》规定，自行建造固定资产的成本，由建造该项资产在竣工决算前发生的支出（含相关的借款费用）构成。小企业在建工程在试运转过程中形成的产品、副产品或试车收入冲减在建工程成本。

2. 税务处理

自行建造的固定资产，以竣工结算前发生的支出为计税基础；改建的固定资产，除租入固定资产的改建支出与固定资产大修理支出作为长期待摊费用按照规定摊销扣除外，以改建过程中发生的改建支出增加计税基础。

《企业会计准则》规定自建固定资产的成本归集到固定资产达到预定可使用前为止；而税务规定的计税基础归集到竣工结算为止。

（三）盘盈的固定资产

1. 会计处理

固定资产准则规定，盘盈的固定资产，作为前期差错处理，在按管理权限报经批准处理后，通过“以前年度损益调整”科目核算。而原会计制度规定，盘盈的固定资产在盘点当期入账，同时增加当期的营业外收入。

盘亏的固定资产，通过“待处理财产损溢——待处理固定资产损溢”科目核算，盘亏造成的损失通过“营业外支出”科目核算，计入当期损益。

《小企业会计准则》规定，盘盈固定资产的成本，应当按照同类或者类似固定资产的市场价格或评估价值，扣除按照该项固定资产新旧程度估计的折旧后的余额确定。

2. 税务处理

盘盈的固定资产，以同类固定资产的重置完全价值为计税基础。在税务上计入盘盈当期的“收入总额”。

（四）融资租入的固定资产

1. 会计处理

融资租赁，是指实质上转移了与资产所有权有关的全部风险和报酬的租赁。

根据《小企业会计准则》规定，融资租入的固定资产的成本，应当按照租赁合同约定的付款总额和在签订租赁合同过程中发生的相关税费等确定。

2. 税务处理

《企业所得税法实施条例》第五十八条第三项规定，融资租入的固定资产，以租赁合同约定的付款总额和承租人在签订租赁合同过程中发生的相关费用为计税基础，租赁合同未约定付款总额的，以该资产的公允价值和承租人在签订租赁合同过程中发生的相关费用为计税基础。

以融资租赁方式租入固定资产发生的租赁费支出，按照规定构成融资租入固定资产价值的一部分应当提取折旧费用，分期扣除。

税法上融资租入的固定资产的计税基础与《企业会计准则》上该资产的入账价值存在差异，需进行纳税调整。在会计上未计入资产成本的未确认融资费用，因其实际已经包含在计税基础中，按规定应当以折旧的方式在固定资产的使用期限内分期扣除，不得在税前直接扣除，应调增应纳税所得额。

（五）其他方式取得的固定资产

通过捐赠、投资、非货币性资产交换、债务重组等方式取得的固定资产，以该资产的公允价值和支付的相关税费为计税基础。

改建的固定资产，除已足额提取折旧的固定资产的改建支出和租入固定资产的改建支出外，以改建过程中发生的改建支出增加计税基础。

根据《小企业会计准则》的规定，投资者投入固定资产的成本，应当按照评估价值和相关税费确定。

（六）投入使用后计税基础的调整

《国家税务总局关于贯彻落实企业所得税法若干税收问题的通知》（国税函〔2010〕79号）规定，企业固定资产投入使用后，由于工程款项尚未结清未取得全额发票的，可暂按合同规定的金额计入固定资产计税基础计提折旧，待发票取得后进行调整。但该项调整应在固定资产投入使用后12个月内进行。

三、固定资产的后续计量与税前扣除

（一）折旧范围

1. 会计计提折旧的范围

固定资产应当按月计提折旧，并根据用途计入相关资产的成本或者当期损益。固定资产准则规定，除已提足折旧仍继续使用的固定资产和单独计价入账的土地外，企业应对所有固定资产计提折旧。

折旧，是指在固定资产使用寿命内，按照确定的方法对应计折旧额进行的系统分摊。应计折旧额，是指应当计提折旧的固定资产的原价扣除其预计净残值后的金额。已计提减值准备的固定资产，还应当扣除已计提的固定资产减值准备累计金额。预计净残值，是指假定固定资产预计使用寿命已满并处于使用寿命终了时的预期状态，企业目前从该项资产处置中获得的扣除预计处置费用后的金额。

《小企业会计准则》第二十九条也有如下类似规定：小企业应当对所有固定资产计提折旧，但已提足折旧仍继续使用的固定资产和单独计价入账的土地不得计提折旧。固定资产的折旧费应当根据固定资产的受益对象计入相关资产成本或者当期损益。

2. 税法折旧的范围

根据《企业所得税法》第十一条的规定，在计算应纳税所得额时，企业按照规定计算的固定资产折旧，准予扣除。下列固定资产不得计算折旧扣除：

①房屋、建筑物以外未投入使用的固定资产；

②以经营租赁方式租入的固定资产；

③以融资租赁方式租出的固定资产；

④已足额提取折旧仍继续使用的固定资产；

⑤与经营活动无关的固定资产；

⑥单独估价作为固定资产入账的土地；

⑦其他不得计算折旧扣除的固定资产。

3. 差异分析

《企业所得税法》不允许对所有固定资产都计提折旧。而固定资产准则规定，只要是本企业拥有的固定资产，不论使用与否，一律要提折旧。《企业会计准则》要求只要固定资产在企业账上，不管是否使用，只要没有提足折旧的一律允许计提折旧。

但税法不同，支出税前扣除一定要和收入相关，固定资产根本没有使用，不产生经济效益，不产生收入，这个支出也不能承认，所以不能扣除。

（二）折旧方法

1. 会计折旧方法

固定资产准则规定，企业应当根据与固定资产有关的经济利益的预期实现方式，合理选择折旧方法。可选方法包括：年限平均法、工作量法、双倍余额递减法和年数总和法等。折旧方法一经确定，不得随意变更。

而《小企业会计准则》规定，小企业应当按照年限平均法（即直线法，下同）计提折旧。小企业的固定资产由于技术进步等原因，确需加速折旧的，可以采用双倍余额递减法和年数总和法。小企业应当根据固定资产的性质和使用情况，并考虑税法的规定，合理确定固定资产的使用寿命和预计净残值。固定资产的折旧方法、使用寿命、预计净残值一经确定，不得随意变更。

2. 税法折旧方法

《企业所得税法实施条例》第五十九条规定，固定资产按照直线法计算的折旧，准予扣除。

企业的固定资产由于技术进步等原因，确需加速折旧的，《企业所得税法》规定可以缩短折旧年限或者采取加速折旧的方法。

（三）折旧年限

1. 会计折旧年限的确定

企业应当根据固定资产的性质和使用情况，合理确定固定资产的使用寿命和预计净残值。使用寿命、预计净残值一经确定，不得随意变更；但符合会计准则规定的除外。企业应当自固定资产投入使用月份的次月起计算折旧；停止使用的固定资产，应当自停止使用月份的次月起停止计算折旧。

企业应当根据会计准则规定并结合实际情况，制定固定资产目录，包括每类或每项固定资产的使用寿命、预计净残值、折旧方法等并编制成册，经股东大会或董事会、经理（厂长）会议或类似机构批准，按照规定报送有关各方备案。

固定资产目录一经确定不得随意变更。如需变更，仍应履行上述程序，并按《企业会计准则第 28 号——会计政策、会计估计变更和差错更正》处理。

企业至少应当于每年年度终了，对固定资产的使用寿命、预计净残值和折旧方法进行复核。使用寿命预计数与原先估计数有差异的，应当调整固定资产使用寿命。预计净残值预计数与原先估计数有差异的，应当调整预计净残值。与固定资产有关的经济利益预期实现方式有重大改变的，应当改变固定资产折旧方法。固定资产使用寿命、预计净残值和折旧方法的改变应当作为会计估计变更。

2. 税法最低折旧年限

根据《企业所得税法实施条例》第六十条的规定，除国务院财政、税务主管部门另有规定外，固定资产计算折旧的最低年限如下：

①房屋、建筑物，为 20 年；

②飞机、火车、轮船、机器、机械和其他生产设备，为 10 年；

③与生产经营活动有关的器具、工具、家具等，为 5 年；

④飞机、火车、轮船以外的运输工具，为 4 年；

⑤电子设备，为 3 年。

此外，根据《财政部 国家税务总局关于进一步鼓励软件产业和集成电路产业发展企业所得税政策的通知》（财税〔2012〕27 号）的规定，对集成电路生产企业的生产性设备，折旧年限可适当缩短，最短可以为 3 年；对企事业单位购进软件，折旧或摊销年限可适当缩短，最短可为 2 年。

（四）固定资产预计净残值的调整

《企业所得税法》规定，企业应当根据固定资产的性质和使用情况，合理确定固定资产的预计净残值。固定资产的预计净残值一经确定，不得变更。可见，税法与会计对预计净残值的变更，有不同的规定，税法禁止变更预计净残值；而会计准则规定是，一经确定不得随意变更。

与原内资企业所得税暂行条例相比，《企业所得税法》及其实施条例取消了净残值率为5%的统一规定。

根据《国家税务总局关于企业所得税若干税务事项衔接问题的通知》（国税函〔2009〕98号）文件规定，《企业所得税法》实施前已投入使用的固定资产，企业已按原税法规定预计净残值并计提的折旧，不做调整。《企业所得税法》实施后，对此类继续使用的固定资产，可以重新确定其残值，并就其尚未计提折旧的余额，根据税法规定的折旧年限减去已经计提折旧的年限后的剩余年限，按照《企业所得税法》规定的折旧方法计算折旧。《企业所得税法》实施后，固定资产原确定的折旧年限不违背新税法规定原则的，也可以继续执行。

（五）房屋、建筑物固定资产改扩建的处理

企业对房屋、建筑物固定资产在未足额提取折旧前进行改扩建的，如属于推倒重置的，该资产原值减除提取折旧后的净值，应并入重置后的固定资产计税成本，并在该固定资产投入使用后的次月起，按照税法规定的折旧年限，一并计提折旧；如属于提升功能、增加面积的，该固定资产的改扩建支出，并入该固定资产计税基础，并从改扩建完工投入使用后的次月起，重新按税法规定的该固定资产折旧年限计提折旧，如该改扩建后的固定资产尚可使用的年限低于税法规定的最低年限的，可以按尚可使用的年限计提折旧。

四、固定资产处置与损失的处理

《小企业会计准则》规定，处置固定资产，处置收入扣除其账面价值、相关税费和清理费用后的净额，应当计入营业外收入或营业外支出。盘亏固定资产发生的损失应当计入营业外支出。

固定资产的账面价值，是指固定资产原价（成本）扣减累计折旧后的金额。

企业发生固定资产盘亏时，按盘亏固定资产净值，借记“待处理财产损溢——待处理固定资产损益”账户，按已计提的累计折旧，借记“累计折旧”账户，按固定资产原价，贷记“固定资产”账户。报经批准转销后转入“营业外支出”账户借方。

对于盘盈或盘亏的财产物资，需在年终结账前处理完毕。会计期末，待处理财产损溢账户无余额。

企业固定资产损失的税前扣除，需要符合《企业所得税法》规定的相关扣除条件，并履行相关申报义务。资产损失的相关证明材料由企业留存备查。

五、融资性售后回租的税务处理

融资性售后回租业务，是指承租方以融资为目的将资产出售给经批准从事融资租赁业务的企业后，又将该项资产从该融资租赁企业租回的行为。融资性售后回租业务中承租方出售资产时，资产所有权以及与资产所有权有关的全部报酬和风险并未完全转移。

（一）企业所得税处理

根据《国家税务总局关于融资性售后回租业务中承租方出售资产行为有关税收问题的公告》（国家税务总局公告 2010 年第 13 号）第二条的规定，根据现行《企业所得税法》及有关收入确定规定，融资性售后回租业务中，承租人出售资产的行为，不确认为销售收入，对融资性租赁的资产，仍按承租人出售前原账面价值作为计税基础计提折旧。租赁期间，承租人支付的属于融资利息的部分，作为企业财务费用在税前扣除。

（二）增值税处理

1. 承租方出租资产

根据国家税务总局公告 2010 年第 13 号第一条的规定，融资性售后回租业务中承租方出售资产的行为，不属于增值税征收范围，不征收增值税。

承租方可以选择商品与服务分类编码“606 融资性售后回租承租方出售资产”不征增值税，开具增值税普通发票。

2. 出租方从事融资性售后回租

纳税人从事融资性售后回租业务取得的利息及利息性质的收入，按照贷款服务缴纳增值税。

融资性售后回租服务销售额 = 取得的全部价款和价外费用（不含本金）－对外支付的借款利息、发行债券利息

根据 2016 年 4 月 30 日前签订的有形动产融资性售后回租合同，在合同到期前提供的有形动产融资性售后回租服务，可继续按照有形动产融资租赁服务缴纳增值税。

继续按照有形动产融资租赁服务缴纳增值税的试点纳税人，根据 2016 年 4 月 30 日前签订的有形动产融资性售后回租合同，在合同到期前，可以选择以下方法之一计算销售额：

（1）销售额 = 收取的全部价款和价外费用－向承租方收取的价款本金及对外支付的借款利息和发行债券利息

（2）销售额 = 全部价款和价外费用－支付的借款利息和发行债券利息

（三）印花税处理

根据《财政部　国家税务总局关于融资租赁合同有关印花税政策的通知》（财税

〔2015〕144号）的规定，对开展融资租赁业务签订的融资租赁合同（含融资性售后回租），统一按照其所载明的租金总额依照“借款合同”税目，按万分之零点五的税率计税贴花。

在融资性售后回租业务中，对承租人、出租人因出售租赁资产及购回租赁资产所签订的合同，不征收印花税。

（四）契税的处理

根据《财政部　国家税务总局关于企业以售后回租方式进行融资等有关契税政策的通知》（财税〔2012〕82号）第一条的规定，对金融租赁公司开展售后回租业务，承受承租人房屋、土地权属的，照章征税。对售后回租合同期满，承租人回购原房屋、土地权属的，免征契税。

六、折旧税前扣除与会计处理之间的协调

《国家税务总局关于企业所得税应纳税所得额若干税务处理问题的公告》（国家税务总局公告2012年第15号）第八条“关于税前扣除规定与企业实际会计处理之间的协调问题”规定：根据《企业所得税法》第二十一条（即在计算应纳税所得额时，企业财务、会计处理办法与税收法律、行政法规的规定不一致的，应当依照税收法律、行政法规的规定计算）规定，对企业依据财务会计制度规定，并实际在财务会计处理上已确认的支出，凡没有超过《企业所得税法》和有关税收法规规定的税前扣除范围和标准的，可按企业实际会计处理确认的支出，在企业所得税前扣除，计算其应纳税所得额。即企业按照会计要求确认的支出，没有超过税法规定的标准和范围（如折旧年限的选择）的，为减少会计与税法差异的调整，便于税收征管，企业按照会计上确认的支出，在税务处理时，将不再进行调整。

七、固定资产折旧的企业所得税处理

《国家税务总局关于企业所得税应纳税所得额若干问题的公告》（国家税务总局公告2014年第29号）第五条“固定资产折旧的企业所得税处理”规定：

（一）企业会计折旧年限短于税法最低折旧年限的协调

企业固定资产会计折旧年限如果短于税法规定的最低折旧年限，其按会计折旧年限计提的折旧高于按税法规定的最低折旧年限计提的折旧部分，应调增当期应纳税所得额；企业固定资产会计折旧年限已期满且会计折旧已提足，但税法规定的最低折旧年限尚未到期且税收折旧尚未足额扣除，其未足额扣除的部分准予在剩余的税收折旧年限继续按规定扣除。

根据《企业所得税法》第八条的规定，企业实际发生的与取得应税收入相关的、合理的成本、费用准予在税前扣除。企业会计折旧提足后，在剩余的税收折旧年限已没有会计折旧，但由于前期已提折旧按税法规定进行了纳税调增，也就是说，税收与会计之间差异部分已实际进行了会计处理，因此，应当准予将前期纳税调增的部分在后期按税法规定进行纳税调减。这样处理，符合企业所得税税前扣除基本原则，也与国家税务总局公告2012年第15号第八条规定不冲突。

（二）企业会计折旧年限长于税法最低折旧年限的协调

企业固定资产会计折旧年限如果长于税法规定的最低折旧年限，其折旧应按会计折旧年限计算扣除，税法另有规定除外。

如果企业固定资产采用的会计折旧年限长于税法规定的最低折旧年限，视同会计与税法无差异，应按会计年限计算折旧扣除，不需要在年度汇算清缴时进行纳税调减。这样处理，大大减少纳税调整成本，符合立法精神。

（三）会计上提取减值准备的固定资产折旧的税会差异协调

企业按会计规定提取的固定资产减值准备，不得税前扣除，其折旧仍按税法确定的固定资产计税基础计算扣除。

根据税法规定，企业计提的固定资产减值准备应进行纳税调增。企业持有固定资产期间资产增值或者减值，除国务院财政、税务主管部门规定可以确认损益外，不得调整该资产的计税基础。由于企业计提的固定资产减值准备已进行纳税调增，并未税前扣除，所以，尽管固定资产的账面净值已经减少，但此时该固定资产的计税基础并未调整，仍可按税法确定的计税基础计算折旧扣除。这样处理，符合税法的立法意图。

（四）会计与税法折旧方法不同导致的税会差异协调

企业按税法规定实行加速折旧的，其按加速折旧办法计算的折旧额可全额在税前扣除。而不必看会计上是否已按加速折旧处理。

（五）油气资产折耗（折旧）税会差异的协议

《财政部 国家税务总局关于开采油（气）资源企业费用和有关固定资产折耗摊销折旧税务处理问题的通知》（财税〔2009〕49号）规定，油气企业在开始商业性生产之前形成的开发资产，准予按直线法计提折旧扣除，最低折旧年限为8年。按会计准则规定，企业可以采用产量法或年限平均法对油气资产计提折耗。在采用产量法计提资产折耗的情况下，会形成税会差异，国家税务总局公告2014年第29号规定，石油天然气开采企业在计提油气资产折耗（折旧）时，由于会计与税法规定计算方法不同导致的折耗（折旧）差异，应按税法规定进行纳税调整。

八、资产折旧、摊销及纳税调整明细表

根据《财政部　税务总局关于设备、器具扣除有关企业所得税政策的通知》（财税〔2018〕54号）等文件的规定，《国家税务总局关于修订〈中华人民共和国企业所得税年度纳税申报表（A类，2017年版）〉部分表单样式及填报说明的公告》（国家税务总局公告2018年第57号）将“资产折旧、摊销及纳税调整明细表”（A105080）原表单中的第11行至第13行整合为1行，减少填报项目；将附列资料“全民所有制改制评估增值政策资产”名称修订为“全民所有制企业公司制改制资产评估增值政策资产”，使表述方式更为精准。

“资产折旧、摊销及纳税调整明细表”（A105080）适用于发生资产折旧、摊销的纳税人填报。纳税人根据《企业所得税法》及其实施条例、《国家税务总局关于企业固定资产加速折旧所得税处理有关问题的通知》（国税发〔2009〕81号）、《国家税务总局关于融资性售后回租业务中承租方出售资产行为有关税收问题的公告》（国家税务总局公告2010年第13号）、《国家税务总局关于企业所得税若干问题的公告》（国家税务总局公告2011年第34号）、《国家税务总局关于发布〈企业所得税政策性搬迁所得税管理办法〉的公告》（国家税务总局公告2012年第40号）、《财政部　国家税务总局关于进一步鼓励软件产业和集成电路产业发展企业所得税政策的通知》（财税〔2012〕27号）、《国家税务总局关于企业所得税应纳税所得额若干问题的公告》（国家税务总局公告2014年第29号）、《财政部　国家税务总局关于完善固定资产加速折旧税收政策有关问题的通知》（财税〔2014〕75号）、《财政部　国家税务总局关于进一步完善固定资产加速折旧企业所得税政策的通知》（财税〔2015〕106号）、《国家税务总局关于全民所有制企业公司制改制企业所得税处理问题的公告》（国家税务总局公告2017年第34号）、《财政部　税务总局关于设备器具扣除有关企业所得税政策的通知》（财税〔2018〕54号）、《国家税务总局关于设备器具扣除有关企业所得税政策执行问题的公告》（国家税务总局公告2018年第46号）、《财政部　税务总局关于扩大固定资产加速折旧优惠政策适用范围的公告》（财政部　税务总局公告2019年第66号）等相关规定，以及国家统一企业会计制度，填报资产折旧、摊销的会计处理、税收规定，以及纳税调整情况。纳税人只要发生相关事项，均需填报该表。

“资产折旧、摊销及纳税调整明细表”（A105080）为“纳税调整项目明细表”（A105000）的附表，反映资产折旧、摊销及纳税调整情况。在确定调整项目时，以《企业所得税法》及其实施条例对资产的分类为基础，正列举固定资产、生产性生物资产、无形资产、长期待摊费用、油气勘探投资、油气开发投资六大类调整项目。

（一）资产折旧、摊销及纳税调整明细表（见表10－2）

表10－2 A105080 **资产折旧、摊销及纳税调整明细表**

行次	项目		账载金额			税收金额					纳税调整金额
			资产原值	本年折旧、摊销额	累计折旧、摊销额	资产计税基础	税收折旧、摊销额	享受加速折旧政策的资产按税收一般规定计算的折旧、摊销额	加速折旧、摊销统计额	累计折旧、摊销额	
			1	2	3	4	5	6	7＝5－6	8	9（2－5）
1	一、固定资产（2＋3＋4＋5＋6＋7）							*	*		
2	所有固定资产	（一）房屋、建筑物						*	*		
3		（二）飞机、火车、轮船、机器、机械和其他生产设备						*	*		
4		（三）与生产经营活动有关的器具、工具、家具等						*	*		
5		（四）飞机、火车、轮船以外的运输工具						*	*		
6		（五）电子设备						*	*		
7		（六）其他						*	*		
8	其中：享受固定资产加速折旧及一次性扣除政策的资产加速折旧额大于一般折旧额的部分	（一）重要行业固定资产加速折旧（不含一次性扣除）									*
9		（二）其他行业研发设备加速折旧									*
10		（三）固定资产一次性扣除									*
11		（四）技术进步、更新换代固定资产									*
12		（五）常年强震动、高腐蚀固定资产									*
13		（六）外购软件折旧									*
14		（七）集成电路企业生产设备									*

续表

行次	项目	账载金额			税收金额					纳税调整金额
		资产原值	本年折旧、摊销额	累计折旧、摊销额	资产计税基础	税收折旧、摊销额	享受加速折旧政策的资产按税收一般规定计算的折旧、摊销额	加速折旧、摊销统计额	累计折旧、摊销额	
		1	2	3	4	5	6	7=5-6	8	9（2-5）
15	二、生产性生物资产（16+17）						*	*		
16	（一）林木类						*	*		
17	（二）畜类						*	*		
18	三、无形资产（19+20+21+22+23+24+25+27）						*	*		
19	（一）专利权						*	*		
20	（二）商标权						*	*		
21	（三）著作权						*	*		
22	（四）土地使用权						*	*		
23	（五）非专利技术						*	*		
24	（六）特许权使用费						*	*		
25	（七）软件						*	*		
26	其中：享受企业外购软件加速摊销政策									*
27	（八）其他						*	*		
28	四、长期待摊费用（29+30+31+32+33）						*	*		
29	（一）已足额提取折旧的固定资产的改建支出						*	*		
30	（二）租入固定资产的改建支出						*	*		

续表

行次	项目	账载金额			税收金额					纳税调整金额
		资产原值	本年折旧、摊销额	累计折旧、摊销额	资产计税基础	税收折旧、摊销额	享受加速折旧政策的资产按税收一般规定计算的折旧、摊销额	加速折旧、摊销统计额	累计折旧、摊销额	
		1	2	3	4	5	6	7 = 5 - 6	8	9（2 - 5）
31	（三）固定资产的大修理支出						*	*		
32	（四）开办费						*	*		
33	（五）其他						*	*		
34	五、油气勘探投资						*	*		
35	六、油气开发投资						*	*		
36	合计（1 + 15 + 18 + 28 + 34 + 35）									
附列资料	全民所有制企业公司制改制资产评估增值政策资产						*	*		

（二）列次的填报

对于不征税收入形成的资产，其折旧、摊销额不得税前扣除。第 4 列至第 8 列税收金额不包含不征税收入所形成资产的折旧、摊销额。

1. 第 1 列“资产原值”：填报纳税人会计处理计提折旧、摊销的资产原值（或历史成本）的金额。

2. 第 2 列“本年折旧、摊销额”：填报纳税人会计核算的本年资产折旧、摊销额。

3. 第 3 列“累计折旧、摊销额”：填报纳税人会计核算的累计（含本年）资产折旧、摊销额。

4. 第 4 列“资产计税基础”：填报纳税人按照税收规定据以计算折旧、摊销的资产原值（或历史成本）的金额。

5. 第 5 列“税收折旧、摊销额”：填报纳税人按照税收规定计算的允许税前扣除的本年资产折旧、摊销额。

第 8 行至第 14 行、第 26 行第 5 列“税收折旧、摊销额”：填报享受相关加速折旧、摊销优惠政策的资产，采取税收加速折旧、摊销或一次性扣除方式计算的税收折旧额合计金额、摊销额合计金额。本列仅填报“税收折旧、摊销额”大于“享受加速折旧政策的资产按税收一般规定计算的折旧、摊销额”月份的金额合计。如，享受加速折旧、摊销优惠政策的资产，发生本年度某些月份其“税收折旧、摊销额”大于“享受加速折旧政策的资产按税收一般规定计算的折旧、摊销额”，其余月份其“税收折旧、摊销额”小于“享受加速折旧政策的资产按税收一般规定计算的折旧、摊销额”的情形，仅填报“税收折旧、摊销额”大于“享受加速折旧政策的资产按税收一般规定计算的折旧、摊销额”月份的税收折旧额合计金额、摊销额合计金额。

6. 第 6 列“享受加速折旧政策的资产按税收一般规定计算的折旧、摊销额”：仅适用于第 8 行至第 14 行、第 26 行，填报纳税人享受加速折旧、摊销优惠政策的资产，按照税收一般规定计算的折旧额合计金额、摊销额合计金额。按照税收一般规定计算的折旧、摊销额，是指该资产在不享受加速折旧、摊销优惠政策情况下，按照税收规定的最低折旧年限以直线法计算的折旧额、摊销额。本列仅填报“税收折旧、摊销额”大于“享受加速折旧政策的资产按税收一般规定计算的折旧、摊销额”月份的按税收一般规定计算的折旧额合计金额、摊销额合计金额。

7. 第 7 列“加速折旧、摊销统计额”：用于统计纳税人享受各类固定资产加速折旧政策的优惠金额，按第 5－6 列金额填报。

8. 第 8 列“累计折旧、摊销额”：填报纳税人按照税收规定计算的累计（含本年）资产折旧、摊销额。

9. 第 9 列“纳税调整金额”：填报第 2－5 列金额。

（三）行次的填报

1. 第 2 行至第 7 行、第 16 行至第 17 行、第 19 行至第 25 行、第 27 行、第 29 行至第35行：填报各类资产有关情况。

2. 第8行至第14行、第26行：填报纳税人享受相关加速折旧、摊销优惠政策的资产有关情况及优惠统计情况。

第8行“（一）重要行业固定资产加速折旧”：适用于符合财税〔2014〕75号、财税〔2015〕106号和《财政部税务总局关于扩大固定资产加速折旧优惠政策适用范围的公告》（财政部税务总局公告2019年第66号）文件规定的制造业，信息传输、软件和信息技术服务业行业（以下称“重要行业”）的企业填报，填报新购进固定资产享受加速折旧政策的有关情况及优惠统计情况。重要行业纳税人按照上述文件规定享受固定资产一次性扣除政策的资产情况在第10行“（三）固定资产一次性扣除”中填报。

第9行“（二）其他行业研发设备加速折旧”：适用于重要行业以外的其他企业填报，填报单位价值超过100万元以上专用研发设备采取缩短折旧年限或加速折旧方法的有关情况及优惠统计情况。

第10行“（三）固定资产一次性扣除”：填报新购进单位价值不超过500万元的设备、器具等，按照税收规定一次性扣除的有关情况及优惠统计情况。

第11行“（四）技术进步、更新换代固定资产”：填报固定资产因技术进步、产品更新换代较快而按税收规定享受固定资产加速折旧政策的有关情况及优惠统计情况。

第12行“（五）常年强震动、高腐蚀固定资产”：填报常年处于强震动、高腐蚀状态的固定资产按税收规定享受固定资产加速折旧政策的有关情况及优惠统计情况。

第13行“（六）外购软件折旧”：填报企业外购软件作为固定资产处理，按财税〔2012〕27号文件规定享受加速折旧政策的有关情况及优惠统计情况。

第14行“（七）集成电路企业生产设备”：填报集成电路生产企业的生产设备，按照财税〔2012〕27号文件规定享受加速折旧政策的有关情况及优惠统计情况。

第26行“享受企业外购软件加速摊销政策”：填报企业外购软件作无形资产处理，按财税〔2012〕27号文件规定享受加速摊销政策的有关情况及优惠统计情况。

附列资料“全民所有制企业公司制改制资产评估增值政策资产”：填报企业按照国家税务总局公告2017年第34号文件规定，执行“改制中资产评估增值不计入应纳税所得额，资产的计税基础按其原有计税基础确定，资产增值部分的折旧或者摊销不得在税前扣除”政策的有关情况。本行不参与计算，仅用于统计享受全民所有制企业公司制改制资产评估增值政策资产的有关情况，相关资产折旧、摊销情况及调整情况在第1行至第36行填报。

同时，将表A105080第36行第2列填入表A105000第32行第1列。将表A105080第36行第5列填入表A105000第32行第2列。若第36行第9列≥0，将第36行第9列填入表A105000第32行第3列；若第36行第9列<0，将第36行第9列的绝对值填入表A105000第32行第4列。

第二节 固定资产加速折旧的纳税调整

《企业所得税法》第三十二条规定，企业的固定资产由于技术进步等原因，确需加速折旧的，可以缩短折旧年限或者采取加速折旧的方法。

现行固定资产加速折旧优惠政策主要内容如图 10－1 所示：

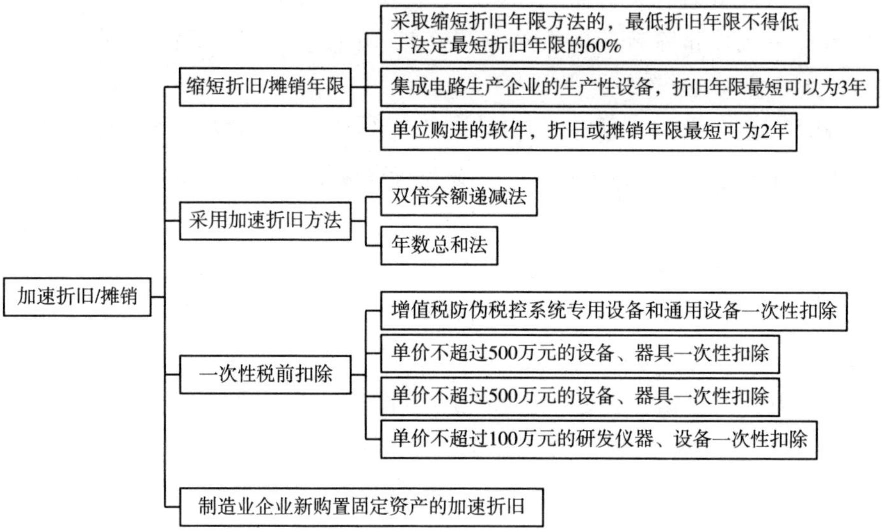

图 10－1 固定资产加速折旧优惠政策

一、固定资产加速折旧的一般规定

根据《企业所得税法》第三十二条的规定，企业的固定资产由于技术进步等原因，确需加速折旧的，可以缩短折旧年限或者采取加速折旧的方法。

根据《国家税务总局关于企业固定资产加速折旧所得税处理有关问题的通知》（国税发〔2009〕81 号）的规定，企业拥有并用于生产经营的主要或关键的固定资产，由于以下原因确需加速折旧的，可以采取缩短折旧年限或者采取加速折旧的方法：

（1）由于技术进步，产品更新换代较快的固定资产；

（2）常年处于强震动、高腐蚀状态的固定资产。

（一）缩短折旧年限法的适用

企业拥有并使用的固定资产符合税法规定的，可按以下情况分别处理：

（1）企业过去没有使用过与该项固定资产功能相同或类似的固定资产，但有充分的证据证明该固定资产的预计使用年限短于《企业所得税法实施条例》规定的计算折旧最低年限的，企业可根据该固定资产的预计使用年限和税法规定，对该固定资产采取缩短折旧年限或者加速折旧的方法。

（2）企业在原有的固定资产未达到《企业所得税法实施条例》规定的最低折旧年限前，使用功能相同或类似的新固定资产替代旧固定资产的，企业可根据旧固定资产的实际使用年限和税法的规定，对新替代的固定资产采取缩短折旧年限或者加速折旧的方法。

根据国税发〔2009〕81 号文件的规定，企业采取缩短折旧年限方法的，对其购置的新固定资产，最低折旧年限不得低于《企业所得税法实施条例》第六十条规定的折旧年限的 60%；若为购置已使用过的固定资产，其最低折旧年限不得低于《企业所得税法实施条例》规定的最低折旧年限减去已使用年限后剩余年限的 60%。最低折旧年限一经确定，一般不得变更。

对于采取缩短折旧年限的固定资产，足额计提折旧后继续使用而未进行处置（包括报废等情形）超过 12 个月的，今后对其更新替代、改造改建后形成的功能相同或者类似的固定资产，不得再采取缩短折旧年限的方法。

此外，根据《财政部　国家税务总局关于进一步鼓励软件产业和集成电路产业发展企业所得税政策的通知》（财税〔2012〕27 号）第八条的规定，集成电路生产企业的生产设备，其折旧年限可以适当缩短，最短可为 3 年（含）。

（二）加速折旧方法

企业拥有并使用符合税法规定条件的固定资产采取加速折旧方法的，可以采用双倍余额递减法或者年数总和法。加速折旧方法一经确定，一般不得变更。

1. 双倍余额递减法

双倍余额递减法，是指在不考虑固定资产预计净残值的情况下，根据每期期初固定资产原值减去累计折旧后的金额和双倍的直线法折旧率计算固定资产折旧的一种方法。

应用这种方法计算折旧额时，由于每年年初固定资产净值没有减去预计净残值，所以在计算固定资产折旧额时，应在其折旧年限到期前的两年期间，将固定资产净值减去预计净残值后的余额平均摊销。

计算公式为：

年折旧率 = 2 ÷ 预计使用寿命（年）× 100%

月折旧率 = 年折旧率 ÷ 12

年折旧额 = 年初固定资产账面净值 × 年折旧率

月折旧额 = 年折旧额 ÷ 12

而根据《国家税务总局关于企业固定资产加速折旧所得税处理有关问题的通知》（国税发〔2009〕81 号）的规定：

年折旧率 = 2 ÷ 预计使用寿命（年）× 100%

月折旧率 = 年折旧率 ÷ 12

月折旧额 = 月初固定资产账面净值 × 月折旧率

【例 10－2】 A 高新技术企业 2018 年进口一条生产线，安装完毕后，固定资产原值为 200 万元，预计使用年限为 5 年，预计净残值 2 万元。

要求：用双倍余额递减法计算该生产线各年的会计折旧额。

解析：

双倍的直线法折旧率（年折旧率）= 2 ÷ 5 × 100% = 40%

第一年应提折旧 = 200 × 40% = 80（万元）

第二年应提折旧 =（200 − 80）× 40% = 48（万元）

第三年应提折旧 =（200 − 80 − 48）× 40% = 28.8（万元）

第四年应提折旧 =（200 − 80 − 48 − 28.8 − 2）÷ 2 = 20.6（万元）

第五年应提折旧 =（200 − 80 − 48 − 28.8 − 2）÷ 2 = 20.6（万元）

每年各月折旧额根据年折旧额除以 12 计算。

2. 年数总和法

年数总和法又称年限合计法，是指将固定资产的原值减去预计净残值后的余额，乘以一个以固定资产尚可使用寿命为分子、以预计使用寿命逐年数字之和为分母的逐年递减的分数计算每年的折旧额。计算公式为：

年折旧率 = 尚可使用年限 ÷ 预计使用寿命的年数总和 × 100%　或者

年折旧率 =（预计使用年限 − 已使用年限）/［预计使用年限 ×（预计使用年限 + 1）/ 2］× 100%

月折旧率 = 年折旧率 ÷ 12

月折旧额 =（固定资产原值 − 预计净残值）× 月折旧率

【例 10－3】 B 公司某项固定资产的原值为 50 万元，预计使用年限为 5 年，预计净残值为 2 万元。

要求：采用年数总和法计算各年的折旧额。

解析：

采用年数总和法计算的各年折旧如表 10－3 所示

表 10－3　　单位：万元

年份	尚可使用年限	原值 − 净残值	变动折旧率	每年折旧额	累计折旧
1	5	48	5/15	16	16
2	4	48	4/15	12.8	28.8
3	3	48	3/15	9.6	38.4
4	2	48	2/15	6.4	44.8
5	1	48	1/15	3.2	48

二、外购软件适当缩短折旧或摊销年限

（一）外购软件适当缩短折旧或摊销年限

根据《财政部 国家税务总局关于进一步鼓励软件产业和集成电路产业发展企业所得税政策的通知》（财税〔2012〕27号）第七条的规定，企业外购的软件，凡符合固定资产或无形资产确认条件的，可以按照固定资产或无形资产进行核算，其折旧或摊销年限可以适当缩短，最短可为2年（含）。

（二）加速折旧与摊销的主要留存备查资料

由于技术进步，产品更新换代较快的固定资产及常年处于强震动、高腐蚀状态的固定资产，企业可以采取缩短折旧年限或者采取加速折旧的方法。集成电路生产企业的生产设备，其折旧年限可以适当缩短，最短可为3年（含）。企业外购的软件，凡符合固定资产或无形资产确认条件的，可以按照固定资产或无形资产进行核算，其折旧或摊销年限可以适当缩短，最短可为2年（含）。

该类优惠属于汇缴享受（税会处理一致的，预缴享受；税会处理不一致的，汇缴享受）优惠事项。享受该项优惠，纳税人需要准备的主要留存备查资料有：

（1）固定资产的功能、预计使用年限短于规定计算折旧的最低年限的理由、证明资料及有关情况的说明；

（2）被替代的旧固定资产的功能、使用及处置等情况的说明；

（3）固定资产加速折旧拟采用的方法和折旧额的说明，外购软件拟缩短折旧或摊销年限情况的说明；

（4）集成电路生产企业证明材料；

（5）购入固定资产或软件的发票、记账凭证。

三、制造业企业新购置固定资产的加速折旧

（一）制造业新购置固定资产加速折旧

根据《财政部 税务总局关于扩大固定资产加速折旧优惠政策适用范围的公告》（财政部 税务总局公告2019年第66号）的规定，自2019年1月1日起，适用《财政部 国家税务总局关于完善固定资产加速折旧企业所得税政策的通知》（财税〔2014〕75号）和《财政部 国家税务总局关于进一步完善固定资产加速折旧企业所得税政策的通知》（财税〔2015〕106号）规定的固定资产加速折旧优惠的行业范围，扩大至全部制造业领域。

制造业按照国家统计局《国民经济行业分类和代码（GB/T 4754－2017）》确定。

今后国家有关部门更新国民经济行业分类和代码，从其规定。

（二）六个行业新购置固定资产加速折旧

根据《财政部　国家税务总局关于完善固定资产加速折旧企业所得税政策的通知》（财税〔2014〕75 号）第一条的规定，对生物药品制造业，专用设备制造业，铁路、船舶、航空航天和其他运输设备制造业，计算机、通信和其他电子设备制造业，仪器仪表制造业，信息传输、软件和信息技术服务业等 6 个行业的企业 2014 年 1 月 1 日后新购进（包括自行建造）的固定资产，可缩短折旧年限或采取加速折旧的方法。

对上述 6 个行业的小型微利企业 2014 年 1 月 1 日后新购进的研发和生产经营共用的仪器、设备，单位价值不超过 100 万元的，允许一次性计入当期成本费用在计算应纳税所得额时扣除，不再分年度计算折旧；单位价值超过 100 万元的，可缩短折旧年限或采取加速折旧的方法。

六大行业按照国家统计局《国民经济行业分类与代码》确定。六大行业企业是指以上述行业业务为主营业务，其固定资产投入使用当年主营业务收入占企业收入总额 50%（不含）以上的企业。所称收入总额，是指《企业所得税法》第六条规定的收入总额。

企业按规定缩短折旧年限的，最低折旧年限不得低于《企业所得税法实施条例》第六十条规定折旧年限的 60%；采取加速折旧方法的，可采取双倍余额递减法或者年数总和法。根据《国家税务总局关于固定资产加速折旧税收政策有关问题的公告》（国家税务总局公告 2014 年第 64 号）第四条的规定，企业采取缩短折旧年限方法的，对其购置的新固定资产，最低折旧年限不得低于《企业所得税法实施条例》第六十条规定的折旧年限的 60%；企业购置已使用过的固定资产，其最低折旧年限不得低于实施条例规定的最低折旧年限减去已使用年限后剩余年限的 60%。最低折旧年限一经确定，一般不得变更。

（三）四个领域重点行业新购置固定资产加速折旧

《财政部　国家税务总局关于进一步完善固定资产加速折旧企业所得税政策的通知》（财税［2015］106 号）第一条规定，对轻工、纺织、机械、汽车等四个领域重点行业的企业 2015 年 1 月 1 日后新购进的（包括自行建造，下同）固定资产，可由企业选择缩短折旧年限或采取加速折旧的方法。

对上述行业的小型微利企业 2015 年 1 月 1 日后新购进的研发和生产经营共用的仪器、设备，单位价值不超过 100 万元的，允许一次性计入当期成本费用在计算应纳税所得额时扣除，不再分年度计算折旧；单位价值超过 100 万元的，可由企业选择缩短折旧年限或采取加速折旧的方法。

四个领域重点行业企业是指以上述行业业务为主营业务，其固定资产投入使用当年的主营业务收入占企业收入总额 50%（不含）以上的企业。所称收入总额，是指企业所得税法第六条规定的收入总额。

企业的固定资产既符合六个行业四个领域重点行新购进固定资产优惠政策条件，又符合《国家税务总局关于企业固定资产加速折旧所得税处理有关问题的通知》（国税发〔2009〕81号）、《财政部　国家税务总局关于进一步鼓励软件产业和集成电路产业发展企业所得税政策的通知》（财税〔2012〕27号）中有关加速折旧优惠政策条件，可由企业选择其中一项加速折旧优惠政策执行，且一经选择，不得改变。按照《企业所得税法》及其实施条例有关规定，企业根据自身生产经营需要，也可选择不实行加速折旧政策。

四、固定资产的一次性扣除

（一）增值税防伪税控系统专用设备和通用设备一次性扣除

根据《国家税务总局关于推行增值税防伪税控系统若干问题的通知》（国税发〔2000〕183号）第二条的规定，自2000年1月1日起，企业购置增值税防伪税控系统专用设备和通用设备发生的费用，准予在当期计算缴纳所得税前一次性列支；同时可凭购货所取得的专用发票所注明的税额从增值税销项税额中抵扣。

增值税防伪税控专用设备包括税控金税卡、税控IC卡和读卡器；通用设备包括用于防伪税控系统开具专用发票的计算机和打印机。

（二）单价不超过500万元的设备、器具一次性扣除

为进一步支持科技创新，促进企业提质增效，根据国务院决定，财政部、税务总局先后于2014年、2015年两次下发文件，出台了固定资产加速折旧政策，主要包括：一是六大行业和四个领域重点行业企业新购进的固定资产允许加速折旧。二是上述行业小型微利企业新购进的研发和生产经营共用的仪器、设备，单位价值不超过100万元的，可一次性税前扣除。三是所有行业企业新购进的专门用于研发的仪器、设备，单位价值不超过100万元的，可一次性税前扣除；超过100万元，允许加速折旧。四是所有行业企业持有的单位价值不超过5 000元的固定资产，可一次性税前扣除。为进一步扩大优惠范围，引导企业加大设备、器具投资力度，提高企业创业创新积极性，2018年4月25日国务院常务会议决定，自2018年1月1日至2020年12月31日，将固定资产一次性税前扣除优惠政策范围由企业新购进的单位价值不超过100万元的研发仪器、设备扩大至企业新购进的单位价值500万元以下设备、器具。财政部和税务总局根据国务院决定，联合下发《财政部　税务总局关于设备、器具扣除有关企业所得税政策的通知》（财税〔2018〕54号），规定企业在2018年1月1日至2020年12月31日期间新购进的设备、器具，单位价值不超过500万元的，允许一次性计入当期成本费用在计算应纳税所得额时扣除，不再分年度计算折旧；单位价值超过500万元的，仍按《企业所得税法

实施条例》、《财政部　国家税务总局关于完善固定资产加速折旧企业所得税政策的通知》（财税〔2014〕75号）、《财政部　国家税务总局关于进一步完善固定资产加速折旧企业所得税政策的通知》（财税〔2015〕106号）等相关规定执行。即企业在2018年1月1日至2020年12月31日期间新购进的设备、器具，单位价值不超过500万元的，允许一次性计入当期成本费用在计算应纳税所得额时扣除，不再分年度计算折旧（以下简称“一次性税前扣除政策”）。

为贯彻落实好国务院常务会议精神及财税〔2018〕54号文件的政策规定，税务总局制发了《国家税务总局关于设备、器具扣除有关企业所得税政策执行问题的公告》（国家税务总局公告2018年第46号）进一步明确相关政策具体执行口径和征管要求，保证政策有效贯彻实施。

1. 设备、器具的界定

财税〔2018〕54号文件所称的设备、器具，是指除房屋、建筑物以外的固定资产。

2. 购进的界定

企业取得固定资产包括外购、自行建造、融资租入、捐赠、投资、非货币性资产交换、债务重组等多种方式。根据国家税务总局公告2018年第46号的规定，所称购进，包括以货币形式购进或自行建造，其中以货币形式购进的固定资产包括购进的使用过的固定资产；以货币形式购进的固定资产，以购买价款和支付的相关税费以及直接归属于使该资产达到预定用途发生的其他支出确定单位价值，自行建造的固定资产，以竣工结算前发生的支出确定单位价值。

将自行建造也纳入享受优惠的范围，主要是考虑到自行建造固定资产所使用的材料实际也是购进的，因此把自行建造的固定资产也看作是“购进”的。此外，“新购进”中的“新”字，只是区别于原已购进的固定资产，不是规定非要购进全新的固定资产，因此，公告明确以货币形式购进的固定资产包括企业购进的使用过的固定资产。这里单位价值的计算方法与《企业所得税法实施条例》第五十八条规定的固定资产计税基础的计算方法保持一致，具体为：以货币形式购进的固定资产，以购买价款和支付的相关税费以及直接归属于使该资产达到预定用途发生的其他支出确定单位价值；自行建造的固定资产，以竣工结算前发生的支出确定单位价值。

3. 购进时点的确认

设备、器具一次性税前扣除政策的执行时间为2018年1月1日至2020年12月31日，因此，需要依据设备、器具的购进时点确定其是否属于可享受优惠政策的范围。国家税务总局公告2018年第46号的明确，固定资产购进时点按以下原则确认：以货币形式购进的固定资产，除采取分期付款或赊销方式购进外，按发票开具时间确认；以分期付款或赊销方式购进的固定资产，按固定资产到货时间确认；自行建造的固定资产，按竣工结算时间确认。

4. 一次性税前扣除时点

《企业所得税法实施条例》规定，企业应当自固定资产投入使用月份的次月起计算折旧。固定资产一次性税前扣除政策仅仅是固定资产税前扣除的一种特殊方式，因此，其税前扣除的时点应与固定资产计算折旧的处理原则保持一致。国家税务总局公告2018年第46号第二条规定，固定资产在投入使用月份的次月所属年度一次性税前扣除。比如，某企业于2018年12月购进了一项单位价值为300万元的设备并于当月投入使用，则该设备可在2019年一次性税前扣除。

5. 固定资产税务处理可与会计处理不一致

根据国家税务总局公告2018年第46号第三条的规定，企业选择享受一次性税前扣除政策的，其资产的税务处理可与会计处理不一致。

也就是说，企业会计处理上是否采取一次性税前扣除方法，不影响企业享受一次性税前扣除政策，企业在享受一次性税前扣除政策时，不需要会计上也同时采取与税收上相同的折旧方法。

6. 企业可自主选择享受一次性税前扣除政策，但未选择的不得变更

实行一次性税前扣除政策后，纳税人可能会由于税前扣除的固定资产与财务核算的固定资产折旧费用不同，而产生复杂的纳税调整问题，加之一些固定资产核算期限较长，也会增加会计核算负担和遵从风险。对于短期无法实现盈利的亏损企业而言，选择实行一次性税前扣除政策会进一步加大亏损，且由于税法规定的弥补期限的限制，该亏损可能无法得到弥补，实际上减少了税前扣除额。此外，企业在定期减免税期间往往不会选择一次性税前扣除政策。考虑到享受税收优惠是纳税人的一项权利，纳税人可以自主选择是否享受优惠，国家税务总局公告2018年第46号第四条规定，企业根据自身生产经营核算需要，可自行选择享受一次性税前扣除政策。未选择享受一次性税前扣除政策的，以后年度不得再变更。

这是为避免恶意套取税收优惠，明确企业未选择享受的，以后年度不得再变更。需要注意的是，以后年度不得再变更的规定是针对单个固定资产而言，单个固定资产未选择享受的，不影响其他固定资产选择享受一次性税前扣除政策。

7. 留存备查资料

根据国家税务总局公告2018年第46号第五条的规定，企业按照《国家税务总局关于发布修订后的〈企业所得税优惠政策事项办理办法〉的公告》（国家税务总局公告2018年第23号）的规定办理享受政策的相关手续，主要留存备查资料如下：

（1）有关固定资产购进时点的资料（如以货币形式购进固定资产的发票，以分期付款或赊销方式购进固定资产的到货时间说明，自行建造固定资产的竣工决算情况说明等）；

（2）固定资产记账凭证；

（3）核算有关资产税务处理与会计处理差异的台账。

（三）单价不超过5 000元的固定资产一次性扣除

自2014年1月1日起，根据《财政部 国家税务总局关于完善固定资产加速折旧企业所得税政策的通知》（财税〔2014〕75号）第三条的规定，对所有行业企业持有的单位价值不超过5 000元的固定资产，允许一次性计入当期成本费用在计算应纳税所得额时扣除，不再分年度计算折旧。

（四）研发仪器、设备的一次性扣除

1. 研发专用仪器、设备的一次性扣除

根据《财政部　国家税务总局关于完善固定资产加速折旧企业所得税政策的通知》（财税〔2014〕75号）第二条的规定，对所有行业企业2014年1月1日后新购进的专门用于研发的仪器、设备，单位价值不超过100万元的，允许一次性计入当期成本费用在计算应纳税所得额时扣除，不再分年度计算折旧；单位价值超过100万元的，可缩短折旧年限或采取加速折旧的方法。

2. 小型微利企业共用仪器、设备的一次性扣除

《财政部　国家税务总局关于完善固定资产加速折旧企业所得税政策的通知》（财税〔2014〕75号）第一条规定，对生物药品制造业，专用设备制造业，铁路、船舶、航空航天和其他运输设备制造业，计算机、通信和其他电子设备制造业，仪器仪表制造业，信息传输、软件和信息技术服务业等6个行业的小型微利企业2014年1月1日后新购进的研发和生产经营共用的仪器、设备，单位价值不超过100万元的，允许一次性计入当期成本费用在计算应纳税所得额时扣除，不再分年度计算折旧；单位价值超过100万元的，可缩短折旧年限或采取加速折旧的方法。

《财政部　国家税务总局关于进一步完善固定资产加速折旧企业所得税政策的通知》（财税〔2015〕106号）第一条规定，对轻工、纺织、机械、汽车等四个领域重点行业的的小型微利企业2015年1月1日后新购进的研发和生产经营共用的仪器、设备，单位价值不超过100万元的，允许一次性计入当期成本费用在计算应纳税所得额时扣除，不再分年度计算折旧；单位价值超过100万元的，可由企业选择缩短折旧年限或采取加速折旧的方法。

表10－4　　轻工、纺织、机械、汽车四个领域重点行业范围

代码			类别名称	备注
大类	中类	小类		
26	268		日用化学产品制造：	轻工
		2681	肥皂及合成洗涤剂制造	
		2682	化妆品制造	
		2683	口腔清洁用品制造	
		2684	香料、香精制造	
		2689	其他日用化学产品制造	

续表

代码			类别名称	备注
大类	中类	小类		
27			医药制造业：	轻工
	271		化学药品原料药制造	
	272		化学药品制剂制造	
	273		中药饮片加工	
	274		中成药生产	
	275		兽用药品制造	
	277		卫生材料及医药用品制造	
13			农副食品加工业：	轻工
	131		谷物磨制	
	132		饲料加工	
	133		植物油加工	
	134		制糖业	
	135		屠宰及肉类加工	
	136		水产品加工	
	137		蔬菜、水果和坚果加工	
	139		其他农副食品加工	
14			食品制造业：	轻工
	141		焙烤食品制造	
	142		糖果、巧克力及蜜饯制造	
	143		方便食品制造	
	144		乳制品制造	
	145		罐头食品制造	
	146		调味品、发酵制品制造	
	149		其他食品制造	
17			纺织业：	纺织
	171		棉纺织及印染精加工	
	172		毛纺织及染整精加工	
	173		麻纺织及染整精加工	
	174		丝绢纺织及印染精加工	
	175		化纤织造及印染精加工	
	176		针织或钩针编织物及其制品制造	
	177		家用纺织制成品制造	
	178		非家用纺织制成品制造	

续表

代码			类别名称	备注
大类	中类	小类		
18			纺织服装、服饰业：	纺织
	181		机织服装制造	
	182		针织或钩针编织服装制造	
	183		服饰制造	
19			皮革、毛皮、羽毛及其制品和制鞋业：	轻工
	191		皮革鞣制加工	
	192		皮革制品制造	
	193		毛皮鞣制及制品加工	
	194		羽毛（绒）加工及制品制造	
	195		制鞋业	
20			木材加工和木、竹、藤、棕、草制品业：	轻工
	201		木材加工	
	202		人造板制造	
	203		木制品制造	
	204		竹、藤、棕、草等制品制造	
21			家具制造业：	轻工
	211		木质家具制造	
	212		竹、藤家具制造	
	213		金属家具制造	
	214		塑料家具制造	
	219		其他家具制造	
22			造纸和纸制品业：	轻工
	221		纸浆制造	
	222		造纸	
	223		纸制品制造	
23			印刷和记录媒介复制业：	轻工
	231		印刷	
	232		装订及印刷相关服务	
	233		记录媒介复制	
24			文教、工美、体育和娱乐用品制造业：	轻工
	241		文教办公用品制造	
	242		乐器制造	
	243		工艺美术品制造	
	244		体育用品制造	
	245		玩具制造	

续表

代码			类别名称	备注
大类	中类	小类		
28			化学纤维制造业：	纺织
	281		纤维素纤维原料及纤维制造	
	282		合成纤维制造	
29	292		塑料制品业：	轻工
		2921	塑料薄膜制造	
		2922	塑料板、管、型材制造	
		2923	塑料丝、绳及编织品制造	
		2924	泡沫塑料制造	
		2925	塑料人造革、合成革制造	
		2926	塑料包装箱及容器制造	
		2927	日用塑料制品制造	
		2928	塑料零件制造	
		2929	其他塑料制品制造	
33			金属制品业：	机械
	331		结构性金属制品制造	
	332		金属工具制造	
	333		集装箱及金属包装容器制造	
	334		金属丝绳及其制品制造	
	335		建筑、安全用金属制品制造	
	336		金属表面处理及热处理加工	
	337		搪瓷制品制造	
	338		金属制日用品制造	
	339		其他金属制品制造	
34			通用设备制造业：	机械
	341		锅炉及原动设备制造	
	342		金属加工机械制造	
	343		物料搬运设备制造	
	344		泵、阀门、压缩机及类似机械制造	
	345		轴承、齿轮和传动部件制造	
	346		烘炉、风机、衡器、包装等设备制造	
	347		文化、办公用机械制造	
	348		通用零部件制造	
	349		其他通用设备制造业	

续表

代码			类别名称	备注
大类	中类	小类		
36			汽车制造业：	汽车
	361		汽车整车制造	
	362		改装汽车制造	
	363		低速载货汽车制造	
	364		电车制造	
	365		汽车车身、挂车制造	
	366		汽车零部件及配件制造	
38			电气机械和器材制造业：	机械
	381		电机制造	
	382		输配电及控制设备制造	
	383		电线、电缆、光缆及电工器材制造	
	384		电池制造	
	385		家用电力器具制造	
	386		非电力家用器具制造	
	387		照明器具制造	
	389		其他电气机械及器材制造	

注：以上代码和类别名称来自《国民经济行业分类（GB/T 4754－2011）》。

（五）留存备查资料

对六个行业四个领域等重点行业企业新购进的固定资产，可选择缩短折旧年限或采取加速折旧的方法。对所有行业企业新购进的专门用于研发的仪器、设备，单位价值不超过100万元的，允许一次性计入当期成本费用在计算应纳税所得额时扣除，不再分年度计算折旧；单位价值超过100万元的，可缩短折旧年限或采取加速折旧的方法。对所有行业企业持有的单位价值不超过5 000元的固定资产，允许一次性计入当期成本费用在计算应纳税所得额时扣除，不再分年度计算折旧。

上述优惠属于预缴就可享受的优惠事项，年终汇算清缴结束后，纳税人需要留存备查的主要资料有：

（1）企业属于重点行业、领域企业的说明材料［以某重点行业业务为主营业务，固定资产投入使用当年主营业务收入占企业收入总额50%（不含）以上］；

（2）购进固定资产的发票、记账凭证（购入已使用过的固定资产，应提供已使用年限的相关说明）；

（3）核算有关资产税法与会计差异的台账。

第三节　生产性生物资产折旧的纳税调整

一、生产性生物资产

生物资产，是指有生命的动物和植物。生物资产分为消耗性生物资产、生产性生物资产和公益性生物资产。消耗性生物资产，是指为出售而持有的、或者在将来收获为农产品的生物资产，包括生长中的大田作物、蔬菜、用材林以及存栏待售的牲畜等。生产性生物资产，是指为产出农产品、提供劳务或出租等目的而持有的生物资产，包括经济林、薪炭林、产畜和役畜等。公益性生物资产，是指以防护、环境保护为主要目的的生物资产，包括防风固沙林、水土保持林和水源涵养林等。

二、初始计量与计税基础

（一）初始计量

《企业会计准则第 5 号——生物资产》（以下简称“生物资产准则”）规定，自行营造或繁殖的生产性生物资产的成本，应当按照下列规定确定。

（1）自行营造的林木类生产性生物资产的成本，包括达到预定生产经营目的前发生的造林费、抚育费、营林设施费、良种试验费、调查设计费和应分摊的间接费用等必要支出。

（2）自行繁殖的产畜和役畜的成本，包括达到预定生产经营目的（成龄）前发生的饲料费、人工费和应分摊的间接费用等必要支出。

达到预定生产经营目的，是指生产性生物资产进入正常生产期，可以多年连续稳定产出农产品、提供劳务或出租。

应计入生物资产成本的借款费用，按照借款费用准则处理。消耗性林木类生物资产发生的借款费用，应当在郁闭时停止资本化。

投资者投入生物资产的成本，应当按照投资合同或协议约定的价值确定，但合同或协议约定价值不公允的除外。天然起源的生物资产的成本，应当按照名义金额确定。

因择伐、间伐或者抚育更新性质采伐而补植林木类生物资产发生的后续支出，应当计入林木类生物资产的成本。生物资产在郁闭或者达到预定生产经营目的后发生的管护、饲养费用等后续支出，应当计入当期损益。

根据《小企业会计准则》的规定，生产性生物资产应当按照成本进行计量。外购的生产性生物资产的成本，应当按照购买价款和相关税费确定。

（二）计税基础

根据《企业所得税法实施条例》第六十二条的规定，生产性生物资产按照以下方法确定计税基础：

（1）外购的生产性生物资产，以购买价款和支付的相关税费为计税基础；

（2）通过捐赠、投资、非货币性资产交换、债务重组等方式取得的生产性生物资产，以该资产的公允价值和支付的相关税费为计税基础。

三、生产性生物资产的折旧

（一）折旧方法

生物资产准则规定，企业对达到预定生产经营目的的生产性生物资产，应当按期计提折旧，并根据用途分别计入相关资产的成本或当期损益。企业应当根据生产性生物资产的性质、使用情况和有关经济利益的预期实现方式，合理确定其使用寿命、预计净残值和折旧方法。可选用的折旧方法包括年限平均法、工作量法、产量法等。

根据《小企业会计准则》的规定，生产性生物资产应当按照年限平均法计提折旧。小企业（农、林、牧、渔业）应当根据生产性生物资产的性质和使用情况，并考虑税法的规定，合理确定生产性生物资产的使用寿命和预计净残值。生产性生物资产的折旧方法、使用寿命、预计净残值一经确定，不得随意变更。

而根据《企业所得税法实施条例》第六十三条的规定，生产性生物资产按照直线法计算的折旧，准予扣除。企业应当从生产性生物资产投入使用月份的次月起计算折旧；停止使用的生产性生物资产，应当自停止使用月份的次月起停止计算折旧。企业应当根据生产性生物资产的性质和使用情况，合理确定生产性生物资产的预计净残值。生产性生物资产的预计净残值一经确定，不得变更。

（二）折旧年限

生物资产准则规定，生产性生物资产的使用寿命、预计净残值和折旧方法一经确定，不得随意变更。但是，符合生物资产准则第二十条规定的除外。

生物资产准则第二十条规定，企业至少应当于每年年度终了对生产性生物资产的使用寿命、预计净残值和折旧方法进行复核。使用寿命或预计净残值的预期数与原先估计数有差异的，或者有关经济利益预期实现方式有重大改变的，应当作为会计估计变更，按照会计政策、会计估计变更和差错更正准则处理，调整生产性生物资产的使用寿命或预计净残值或者改变折旧方法。

而《企业所得税法实施条例》第六十四条规定，生产性生物资产计算折旧的最低年限如下：

（1）林木类生产性生物资产，为10年；

（2）畜类生产性生物资产，为3年。

第四节　无形资产摊销的纳税调整

一、无形资产的界定

（一）会计的界定

《企业会计准则第6号——无形资产》（以下简称“无形资产准则”）所规范的无形资产，是指企业拥有或者控制的没有实物形态的可辨认非货币性资产。主要包括专利权、非专利技术、商标权、著作权、土地使用权、特许权等。

资产满足下列条件之一的，符合无形资产定义中的可辨认性标准：

（1）能够从企业中分离或者划分出来，并能单独或者与相关合同、资产或负债一起，用于出售、转移、授予许可、租赁或者交换。

（2）源自合同性权利或其他法定权利，无论这些权利是否可以从企业或其他权利和义务中转移或者分离。

商誉是企业合并成本大于合并取得被购买方各项可辨认资产、负债公允价值份额的差额，其存在无法与企业自身分离，不具有可辨认性，因而不属于无形资产准则所规范的无形资产。在会计上除符合无形资产定义外，还应同时满足与该无形资产有关的经济利益很可能流入以及该无形资产的成本能够可靠地计量时，才能予以确认。

而《小企业会计准则》规定，无形资产，是指小企业为生产产品、提供劳务、出租或经营管理而持有的、没有实物形态的可辨认非货币性资产。小企业的无形资产包括：土地使用权、专利权、商标权、著作权、非专利技术等。

（二）税法的界定

1. 企业所得税上的无形资产

《企业所得税法实施条例》第六十五条规定，无形资产是指企业为生产产品、提供劳务、出租或者经营管理而持有的、没有实物形态的非货币性长期资产，包括专利权、商标权、著作权、土地使用权、非专利技术、商誉等。

由此可见，无形资产准则强调的是非货币性资产，《企业所得税法》强调的是长期资产；而且无形资产准则界定的无形资产不含商誉，但由于商誉属于没有实物形态的非货币性长期资产，企业所得税上将商誉作为无形资产处理。

《企业会计准则》把已出租的土地使用权、持有并准备增值后转让的土地使用权作为投资性房地产处理。在税务处理上，企业所得税没有引入投资性房地产的概念，而将企业为取得土地使用权支付给国家或者其他纳税人的土地出让或转让价款、无偿取得的土地使用权，都作为无形资产处理。

需要说明的是计算机软件的核算问题。在会计处理上，主要是根据计算机软件的重要性来确定是否作为无形资产核算。而对企业购置计算机硬件所附带的、未单独计价的软件，则应通过“固定资产”科目核算。在税务处理上，主要是根据计算机软件是否单独计价来确定是否作为无形资产管理。一般来说，企业购买计算机应用软件，凡随同计算机硬件一起购入的，计入固定资产价值；单独购入的，作为无形资产管理。

2. 增值税上的无形资产

根据《销售服务、无形资产、不动产注释》的规定，销售无形资产，是指转让无形资产所有权或者使用权的业务活动。无形资产，是指不具实物形态，但能带来经济利益的资产，包括技术、商标、著作权、商誉、自然资源使用权和其他权益性无形资产。

技术，包括专利技术和非专利技术。自然资源使用权，包括土地使用权、海域使用权、探矿权、采矿权、取水权和其他自然资源使用权。其他权益性无形资产，包括基础设施资产经营权、公共事业特许权、配额、经营权（包括特许经营权、连锁经营权、其他经营权）、经销权、分销权、代理权、会员权、席位权、网络游戏虚拟道具、域名、名称权、肖像权、冠名权、转会费等。

二、无形资产的初始计量与计税基础

（一）外购的无形资产

1. 外购无形资产成本的确定

无形资产通常应当按照成本进行初始计量，即以取得无形资产并使之达到预定用途而发生的全部支出，作为无形资产的成本。对于不同来源取得的无形资产，其成本构成也不尽相同。

无形资产准则规定，外购无形资产的成本，包括购买价款、相关税费以及直接归属于使该项资产达到预定用途所发生的其他支出。其他支出包括使无形资产达到预定用途所发生的专业服务费用、测试无形资产是否能够正常发挥作用的费用等，但不包括为引入新产品进行宣传发生的广告费、管理费用及其他间接费用，也不包括在无形资产已经达到预定用途以后发生的费用。

购买无形资产的价款超过正常信用条件延期支付，实质上具有融资性质的，无形资产的成本以购买价款的现值为基础确定。实际支付的价款与购买价款的现值之间的差额，除按照借款费用准则应予资本化的以外，应当在信用期间内计入当期损益。这是因为，企业发生的这项业务实质上可以区分为两项业务：一项是购买无形资产；另一项业务实质上是向销售方借款。因此，所支付的货款必须考虑货币的时间价值，根据无形资产准则的规定，采用现值计价模式，无形资产的成本为购买价款的现值。

而《小企业会计准则》规定，无形资产应当按照成本进行计量。外购无形资产的成本包括购买价款、相关税费和相关的其他支出（含相关的借款费用）。

2. 外购无形资产计税基础的确定

根据《企业所得税法》及其实施条例规定，企业的无形资产等各项资产以历史成本为计税基础。对外购的无形资产，以购买价款和支付的相关税费以及直接归属于使该资产达到预定用途发生的其他支出为计税基础。

【例 10－4】 甲上市公司因生产需要某项专利技术，于 2×19 年1月 1 日从乙公司购得该项专利权，协议约定价款 780 万元，相关税费 5 万元，专业服务费用 15 万元，总计 800 万元。

由于甲公司资金周转紧张，经与乙公司协商采用分期付款方式支付款项。从 2×19 年起每年末付款 200 万元，四年付清。假定银行同期贷款利率为 8%，按 10 年摊销。（已知 4 年期 8% 利率，年金现值系数为 3.3121）。

要求：进行相关的会计处理与纳税调整。

解析：

购买价款的现值＝200×3.3121＝662.42（万元）

未确认融资费用＝800－662.42＝137.58（万元）

各年的未确认融资费用如表 10－5 所示：

表 10－5　　**各年的未确认融资费用**　　金融单位：万元

年份	融资余额	利率	本年利息	付款	还本	未确认融资费用
			融资余额×利息		付款－利息	上年余额－本年利息
0	662.42					137.58
1	515.41	8.00%	52.99	200.00	147.01	84.59
2	356.64	8.00%	41.23	200.00	158.77	43.35
3	185.17	8.00%	28.53	200.00	171.47	14.82
4	0.00	8.00%	14.82	200.00	185.18	0.00
合计			137.57	800.00	662.42	

甲公司账务处理如下：

（1）2×19 年 1 月 1 日取得该项专利权时：

借：无形资产——专利权　　6 624 200

　　未确认融资费用　　1 375 800

　　贷：长期应付款——乙公司　　8 000 000

税务处理：根据《企业所得税法》的规定，企业的无形资产应以历史成本为计税基础。对该项外购的专利权，其计税基础应为 800 万元。该专利权的账面原价为 662.42 万元，账面价值小于计税基础产生可抵扣暂时性差异，应进行纳税调整，即根据税法规定计提的摊销额大于会计摊销额的差额应调减应纳税所得额。同时，未确认融资费用摊销计入财务费用的金额，不得在税前扣除。

（2）2×19 年处理及 12 月底付款时：

借：长期应付款　　2 000 000

　　贷：银行存款　　2 000 000

借：财务费用　　529 900

　　贷：未确认融资费用　　529 900

借：管理费用　　662 420

　　贷：无形资产摊销　　662 420

税务处理：会计摊销额为 662 420 元；税前可以扣除的摊销额：8 000 000/10 = 800 000（元）；差额应调减应纳税所得额：800 000 - 662 420 = 137 580（元）。对未确认融资费用转入财务费用的金额应调增应纳税所得额 529 900 元。

（3）2×20 年处理及 12 月底付款时：

借：长期应付款　　2 000 000

　　贷：银行存款　　2 000 000

借：财务费用　　412 300

　　贷：未确认融资费用　　412 300

借：管理费用　　662 420

　　贷：无形资产摊销　　662 420

税务处理：会计摊销额为 412 300 元；税前可以扣除的摊销额：8 000 000/10 = 800 000（元）；差额应调减应纳税所得额：800 000 - 662 420 = 137 580（元）。对未确认融资费用转入财务费用的金额应调增应纳税所得额 412 300 元。

（4）2×20 年处理及 12 月底付款时：

借：长期应付款　　2 000 000

　　贷：银行存款　　2 000 000

借：财务费用　　285 300

　　贷：未确认融资费用　　285 300

借：管理费用　　662 420

　　贷：无形资产摊销　　662 420

税务处理：会计摊销额为 662 420 元；税前可以扣除的摊销额：8 000 000/10 = 800 000（元）；差额应调减应纳税所得额：800 000 - 662 420 = 137 580（元）。对未确认融资费用转入财务费用的金额应调增应纳税所得额 285 300 元。

（5）2×21 年处理及 12 月底付款时：

借：长期应付款　　2 000 000

　　贷：银行存款　　2 000 000

借：财务费用　　148 200

　　贷：未确认融资费用　　148 200

借：管理费用　　　　　　　　　　　　　　　　　　　　　　662 420

　　贷：无形资产摊销　　　　　　　　　　　　　　　　　　　662 420

税务处理：会计摊销额为662 420元；税前可以扣除的摊销额：8 000 000/10 = 800 000（元）；差额应调减应纳税所得额：800 000 - 662 420 = 137 580（元）。对未确认融资费用转入财务费用的金额应调增应纳税所得额148 200元。

（二）投资者投入的无形资产

无形资产准则规定，投资者投入无形资产的成本，应当按照投资合同或协议约定的价值确定，但合同或协议约定价值不公允的除外。即在投资合同或协议约定价值不公允的情况下，应按无形资产的公允价值入账，所确认的初始成本与实收资本或股本之间的差额调整“资本公积”。《小企业会计准则》规定，投资者投入的无形资产的成本，应当按照评估价值和相关税费确定。

而《企业所得税法》规定，通过捐赠、投资、非货币性资产交换、债务重组等方式取得的无形资产，以该资产的公允价值和支付的相关税费为计税基础。

由此可见，接受投资的无形资产的初始计量与计税基础是相同的。对于接受投资的土地使用权，在办理产权变更登记时缴纳的契税，属于该项无形资产达到预用途前所发生的支出，会计上应计入无形资产成本，税法上也应计入资产的计税基础。

（三）土地使用权的处理

1. 土地使用权的会计处理

根据无形资产准则规定，企业取得的土地使用权通常应确认为无形资产。土地使用权用于自行开发建造厂房等地上建筑物时，土地使用权的账面价值不与地上建筑物合并计算其成本，而仍作为无形资产进行核算，土地使用权与地上建筑物分别进行摊销和提取折旧。但下列情况除外：

（1）房地产开发企业取得的土地使用权用于建造对外出售的房屋建筑物，相关的土地使用权应当计入所建造的房屋建筑物成本。

（2）企业外购的房屋建筑物，实际支付的价款中包括土地以及建筑物的价值，则应当对支付的价款按照合理的方法（如：公允价值）在土地和地上建筑物之间进行分配；如果确实无法在地上建筑物与土地使用权之间进行合理分配的，应当全部作为固定资产核算。

企业改变土地使用权的用途，将其作为用于出租或增值目的时，应将其转为投资性房地产。

《小企业会计准则》规定，自行开发建造厂房等建筑物，相关的土地使用权与建筑物应当分别进行处理。外购土地及建筑物支付的价款应当在建筑物与土地使用权之间按照合理的方法进行分配；难以合理分配的，应当全部作为固定资产。

【例10-5】 2020年1月1日，甲上市公司购入一块土地使用权，使用年限为40

年，以银行存款支付出让金4 000万元。2月1日起在该土地上建造厂房等工程，到6月31日，该工程已经完工并达到预定可使用状态，共发生材料支出9 000万元，工资费用2 000万元，其他相关费用4 000万元。假定土地使用年限为40年，该厂房预计使用寿命15年，两者都没有残值，都采用直线法摊销和折旧，为简化核算，不考虑其他相关税费。

要求：进行相关的会计与税务处理。

解析：

甲公司购入土地使用权，使用年限为40年，表明其属于使用寿命有限的无形资产。在该土地上建造厂房，应将土地使用权和地上建筑物分别作为无形资产和固定资产进行核算，并分别摊销和计提折旧。

甲公司的账务处理如下：

（1）2020年1月1日，支付土地出让金：

借：无形资产——土地使用权　40 000 000

　　贷：银行存款　40 000 000

（2）在土地上建造厂房：

借：在建工程　150 000 000

　　贷：工程物资　90 000 000

　　　　应付职工薪酬　20 000 000

　　　　银行存款　40 000 000

（3）6月31日，厂房达到预定可使用状态，转入固定资产时：

借：固定资产　150 000 000

　　贷：在建工程　150 000 000

（4）当年分期摊销土地使用权和对厂房计提折旧：

借：管理费用——土地使用权摊销　1 000 000

　　贷：累计摊销　1 000 000

借：制造费用——厂房折旧　5 000 000

　　贷：累计折旧　5 000 000

税务处理：由于土地使用权的摊销年限会计与税法一致，对其摊销额申报企业所得税时不作纳税调整；而厂房的会计折旧年限15年，低于《企业所得税法》规定的最低折旧年限，对由此造成的每一纳税年度的折旧差额应进行纳税调整。

税法折旧限额：$15\ 000 \div 20 \times 6 \div 12 = 375$（万元），应调增应纳税所得额：$500 - 375 = 125$（万元）。

2. 地价计入房产原值计征房产税

根据《财政部　国家税务总局关于房产税若干具体问题的解释和暂行规定》（财税地字〔1996〕8号）第十五条的规定，房产原值是指纳税人按照会计制度规定，在账簿“固定资产”科目中记载的房屋原价，对纳税人未按会计制度规定记载的，在计征房产税时，应按规定调整房产原值。

根据《财政部　国家税务总局关于安置残疾人就业单位城镇土地使用税等政策的通知》（财税〔2010〕121 号）的规定，对按照房产原值计税的房产，无论会计上如何核算，房产原值均应包含地价，包括为取得土地使用权支付的价款、开发土地发生的成本费用等。宗地容积率低于 0.5 的，按房产建筑面积的 2 倍计算土地面积并据此确定计入房产原值的地价。

三、研究开发费的会计与税务处理

（一）研究开发费的会计处理

1. 研究阶段和开发阶段的划分

无形资产准则第七条规定，企业内部研究开发项目的支出，应当区分为研究阶段支出与开发阶段支出。

研究阶段，是指为获取新的技术和知识等进行的有计划的调查，其特点在于研究阶段是探索性的，为进一步的开发活动进行资料及相关方面的准备，从已经进行的研究活动看，将来是否会转入开发、开发后是否会形成无形资产等具有较大的不确定性。例如，意于获取知识而进行的活动；研究成果或其他知识的应用研究、评价和最终选择等。

开发是指在进行商业性生产或使用前，将研究成果或其他知识应用于某项计划或设计，以生产出新的或具有实质性改进的材料、装置、产品等。开发阶段相对研究阶段而言，是完成了研究阶段的工作，在很大程度上形成一项新产品或新技术的基本条件已经具备。例如，生产前或使用前的原型和模型的设计、建造和测试；含新技术的工具、夹具、模具和冲模的设计等。

2. 开发支出资本化的条件

无形资产准则规定，企业内部开发项目发生的开发支出，同时满足下列条件的，应当确认为无形资产：

（1）完成该无形资产以使其能够使用或出售在技术上具有可行性；

（2）具有完成该无形资产并使用或出售的意图；

（3）无形资产产生经济利益的方式，包括能够证明运用该无形资产生产的产品存在市场或无形资产自身存在市场，无形资产将在内部使用的，应当证明其有用性；

（4）有足够的技术、财务资源和其他资源支持，以完成该无形资产的开发，并有能力使用或出售该无形资产；

（5）归属于该无形资产开发阶段的支出能够可靠地计量。

3. 内部开发无形资产的计量

内部开发活动形成的无形资产，其成本由可直接归属于该资产的创造、生产并使该资产能够以管理层预定的方式运作的所有必要支出组成，包括开发该无形资产时耗费的材料、劳务成本、注册费、在开发该无形资产过程中使用的其他专利权和特许权的摊销、按照借款费用准则的规定资本化的利息支出，以及为使该无形资产达到预定用途前所发生的其他费用。对于在开发过程中达到资本化条件之前已经费用化计入损益的支出不再进行调整。

4. 研究开发费的会计处理

会计处理原则：企业内部研究开发项目研究阶段的支出，应当于发生时计入当期损益（管理费用）；开发阶段的支出符合资本化条件的，才能资本化确认为无形资产；不符合资本化条件的计入当期损益（管理费用）。如果无法区分研究阶段支出和开发阶段支出，应当将其所发生的研发支出全部费用化，计入当期损益（管理费用）。

具体会计处理：企业自行开发无形资产发生的研发支出，未满足资本化条件的，借记“研发支出——费用化支出”科目，满足资本化条件的，借记“研发支出——资本化支出”科目，贷记“原材料”“银行存款”“应付职工薪酬”等科目。购买正在进行中的研究开发项目，应按确定的金额，借记“研发支出——资本化支出”科目，贷记“银行存款”等科目。研究开发项目达到预定用途形成无形资产的，应按“研发支出——资本化支出”科目的余额，借记“无形资产”科目，贷记“研发支出——资本化支出”科目。

（二）税务处理与纳税调整

2008 年 1 月 1 日实施的《企业所得税法》规定，自行开发的无形资产，以开发过程中该资产符合资本化条件后至达到预定用途前发生的支出为计税基础。企业开发新技术、新产品、新工艺发生的研究开发费用，可以在计算应纳税所得额时加计扣除。研究开发费用的加计扣除，是指企业为开发新技术、新产品、新工艺发生的研究开发费用，未形成无形资产计入当期损益的，在按照规定据实扣除的基础上，按照研究开发费用的75%加计扣除；形成无形资产的，按照无形资产成本的175%摊销。

【例 10 - 6】丙公司为在上海证交所上市企业，2020 年 1 月 1 日，自行研究开发一项新产品专利技术，在研究开发过程中发生材料费 3 000 万元、人工工资 1 500 万元，以及其他费用 2 500 万元，总计 7 000 万元，其中，符合资本化条件的支出为 4 000 万元，2020 年 6 月 30 日，该专利技术已经达到预定用途。

要求：进行相关的会计处理与纳税调整。

解析：

丙公司发生研发支出时的账务处理为：

借：研发支出——费用化支出	30 000 000	
——资本化支出	40 000 000	
贷：原材料		30 000 000
应付职工薪酬		15 000 000

　　银行存款　　　　　　　　　　　　　　　　　　　　25 000 000

2020 年 6 月 30 日，该专利技术达到预定用途时，根据无形资产准则规定，应予费用化的支出为 3 000 万元，应予资本化的金额为 4 000 万元，即该项专利在会计上初始计量的金额为 4 000 万元，其账务处理为：

借：管理费用　　　　　　　　　　　　　　　　　30 000 000
　　无形资产——专利权　　　　　　　　　　　　40 000 000
　　贷：研发支出——费用化支出　　　　　　　　　　30 000 000
　　　　　　　　——资本化支出　　　　　　　　　　40 000 000

而根据《企业所得税法》的规定，企业研究开发费支出，在计算应纳税所得额时可以加计扣除。因而当期可税前扣除的费用化支出为：3 000 ×（1 +75%）=5 250（万元），加计扣除优惠 2 250 万元；对形成无形资产的资本化支出 4 000 万元，应按照 7 000（4 000 ×175%）万元在不短于 10 年的期限内摊销，在缴纳所得税前扣除。

四、无形资产的后续计量与税前扣除

（一）无形资产摊销的范围

1. 会计摊销的范围

无形资产准则规定，企业应当于取得无形资产时分析判断其使用寿命。使用寿命为有限的，应当估计该使用寿命的年限或者构成使用寿命的产量等类似计量单位数量，其应摊销金额应当在使用寿命内合理摊销。无法预见无形资产为企业带来经济利益期限的，应当视为使用寿命不确定的无形资产，使用寿命不确定的无形资产不应摊销。

《企业会计准则——应用指南》附录规定，“商誉”科目用来核算企业合并中形成的商誉价值。商誉发生减值的，可以单独设置“商誉减值准备”科目，比照“无形资产减值准备”科目进行处理。“商誉”科目期末借方余额，反映企业商誉的价值。由此可见，《企业会计准则》没有将商誉列入无形资产范畴，而是在“商誉”科目单独进行核算，同时规定可以对商誉计提减值准备，但未规定商誉可以进行摊销。与《企业会计准则》不一致的是，《企业所得税法》仍把商誉归为无形资产，由此造成会计和税法对商誉的处理存在一些差异。

2. 税法摊销的范围

《企业所得税法》第十二条规定，在计算应纳税所得额时，企业按照规定计算的无形资产摊销费用，准予扣除。

下列无形资产不得计算摊销费用扣除：

（1）自行开发的支出已在计算应纳税所得额时扣除的无形资产；

（2）自创商誉；

（3）与经营活动无关的无形资产；

（4）其他不得计算摊销费用扣除的无形资产。

《企业所得税法》不区分使用寿命有限的无形资产与使用寿命不确定的无形资产，除税法规定不得计算摊销费用扣除的无形资产外，都应按规定计算无形资产的摊销费用，在税前扣除。

外购商誉的支出，在企业整体转让或者清算时，准予扣除。自创商誉不得计算摊销费用扣除，主要是基于：第一，既然在资产评估时都不能准确确定并分摊到可识别资产上（如果能够确定就应该反映到评估价格上），因此，将其作为资产并摊销不尽合理。第二，即使在会计上，世界各国对商誉的确认也是有争议的。有些国家甚至在会计制度中也不允许商誉的摊销。第三，商誉的价值很不确定，不能单独存在和变现，形成商誉的因素企业难以控制。第四，商誉的价值并没有损耗，即使确认为无形资产也不应该摊销。事实上，世界上多数国家税法都不允许商誉摊销。

（二）摊销方法与摊销期限

1. 无形资产摊销的会计处理

无形资产准则规定，使用寿命有限的无形资产，其应摊销金额应当在使用寿命内系统合理摊销。企业摊销无形资产，应当自无形资产可供使用时起，至不再作为无形资产确认时止。企业选择的无形资产摊销方法，应当反映与该项无形资产有关的经济利益的预期实现方式。无法可靠确定预期实现方式的，应当采用直线法摊销。无形资产的摊销金额一般应当计入当期损益，其他会计准则另有规定的除外。

《小企业会计准则》规定，无形资产应当在其使用寿命内采用年限平均法进行摊销，根据其受益对象计入相关资产成本或者当期损益。有关法律规定或合同约定了使用年限的，可以按照规定或约定的使用年限分期摊销。小企业不能可靠估计无形资产使用寿命的，摊销期不得低于10年。

2. 无形资产摊销的税务处理

《企业所得税法实施条例》第六十七条规定，无形资产按照直线法计算的摊销费用，准予扣除。而且无形资产摊销方法和期限一经确定，不得随意变更。无形资产的摊销年限不得低于10年。作为投资或者受让的无形资产，有关法律规定或者合同约定使用年限的，可以按照规定或者约定的使用年限分期摊销。而无形资产准则并未明确规定无形资产的最低摊销年限。

因而按照其他方法计算的无形资产摊销费用，不符合税法规定的，在计算应纳税所得额时要进行纳税调整。

（三）应摊销金额的确定

1. 会计应摊销金额的计算

根据无形资产准则的规定，无形资产的应摊销金额为其成本扣除预计残值后的金额。已计提减值准备的无形资产，还应扣除已计提的无形资产减值准备累计金额。企业接受投资或因合并、分立等改组中接受的无形资产，按公允价值摊销。

使用寿命有限的无形资产，其残值应当视为零，但下列情况除外：

（1）有第三方承诺在无形资产使用寿命结束时购买该无形资产；

（2）可以根据活跃市场得到预计残值信息，并且该市场在无形资产使用寿命结束时很可能存在。

因此，财务上，无形资产的账面价值 = 实际成本 - 累计摊销 - 无形资产减值准备；对于使用寿命不确定的无形资产，账面价值 = 实际成本 - 无形资产减值准备。

2. 无形资产摊销的税前扣除

根据《企业所得税法》的相关规定，无形资产以其计税基础作为可摊销的金额。企业持有无形资产等各项资产期间资产增值或减值，除国务院财政、税务主管部门规定可以确认损益外，不得调整该资产的计税基础。

因而，已计提减值准备的无形资产，由于税法不允许扣除无形资产减值准备，应进行纳税调整。企业接受投资或因合并、分立等改组中接受的无形资产，一般来说只有当有关无形资产中隐含的增值或损失已经在税收上确认，并缴纳过企业所得税后，才能按经评估确认的价值确定有关无形资产的计税基础，否则，只能以无形资产在原企业账面的净值作为计税基础。即：

计税基础 = 实际成本 - 累计摊销

【例 10 - 7】 2020 年 1 月 1 日，丁股份公司购入一项产品的商标权，成本为 5 000 万元，该商标权按照法律规定还有 5 年的使用寿命，但是在保护期届满时，丁股份公司可以每 10 年以较低的手续费申请延期，同时丁股份公司有充分的证据表明其有能力申请延期。此外，有关的市场调查表明，根据产品生命周期、市场竞争等方面情况综合判断，该商标权将在不确定的期间内为企业带来现金流量。2020 年年底，丁股份公司对该商标权进行减值测试。测试表明该商标已发生减值。2020 年年底，该商标的公允价值为 4 000 万元。

要求：对丁公司 2020 年与商标权有关业务进行会计处理、税务处理及纳税调整。

解析：

（1）2020 年 1 月 1 日购入商标权时，会计上的入账价值为 5 000 万元，其账务处理为：

借：无形资产——商标权	50 000 000	
贷：银行存款		50 000 000

税务处理：根据税法规定，2020 年 1 月 1 日购入商标权时，其计税基础也为 5 000 万元。根据无形资产准则规定，上述商标权在会计上可视为使用寿命不确定的无形资产，在持有期间不需要进行摊销。但根据《企业所得税法》的规定，该项无形资产应采用直线法，在不低于 10 年期限内摊销，在税前扣除。因而 2020 年可税前扣除的该项商标权的摊销额为：5 000 ÷ 10 = 500（万元）。2020 年底的计税基础为：5 000 - 500 = 4 500（万元）。

（2）2020年12月31日，该项商标权发生减值时，其账务处理为

借：资产减值损失　　10 000 000

　　贷：无形资产减值准备——商标权　　10 000 000

税务处理：计提减值准备后的该项商标权的账面价值为：5 000 - 1 000 = 4 000（万元）。在企业所得税纳税申报时，应调增计提的“资产减值损失”1 000万元，调减商标权的应摊销额500万元。

（四）无形资产摊销的复核

无形资产准则规定，企业至少应当于每年年度终了，对使用寿命有限的无形资产的使用寿命及摊销方法进行复核。无形资产的使用寿命及摊销方法与以前估计不同的，应当改变摊销期限和摊销方法。

企业应当在每个会计期间对使用寿命不确定的无形资产的使用寿命进行复核。如果有证据表明无形资产的使用寿命是有限的，应当估计其使用寿命，并按会计准则规定处理。

而《企业所得税法》规定，无形资产摊销方法和期限一经确定，不得随意变更。

（五）无形资产的处置与报废

无形资产的处置，主要是指无形资产出售、对外出租、对外捐赠，或者是无法为企业带来未来经济利益时，应予转销并终止确认。

1. 会计处理

（1）无形资产的出售。

无形资产准则规定，企业出售无形资产时，应将所取得的价款与该无形资产账面价值的差额计入当期损益。

企业出售无形资产不属于收入准则的规范范围，但出售无形资产确认其利得的时点，应比照收入准则中的有关原则进行判断。

出售无形资产时，应按实际收到的金额，借记“银行存款”等科目；按已摊销的累计摊销额，借记“累计摊销”科目；原已计提减值准备的，借记“无形资产减值准备”科目；按应支付的相关税费，贷记“应交税费”等科目；按其账面余额，贷记“无形资产”科目，按其差额，贷记“资产处置损益”科目。

（2）无形资产的出租。

企业将所拥有的无形资产的使用权让渡给他人，并收取租金，在满足收入确认条件的情况下，应确认相关的收入及成本。

出租无形资产时，取得的租金收入，借记“银行存款”等科目，贷记“其他业务收入”等科目；摊销出租无形资产的成本并发生与出租有关的各种费用支出时，借记“其他业务成本”科目，贷记“累计摊销”科目。

（3）无形资产的报废。

无形资产预期不能为企业带来经济利益的，应当将该无形资产的账面价值予以转

销。按已摊销的累计摊销额，借记“累计摊销”科目；原已计提减值准备的，借记“无形资产减值准备”科目；按其账面余额，贷记“无形资产”科目；按其差额，借记“营业外支出”科目。

2. 无形资产处置的税务处理

《企业所得税法》规定，企业以货币形式和非货币形式从各种来源取得的收入，为收入总额。与无形资产处置相关的收入，在企业所得税上分为转让财产收入和特许权使用费收入两类。

企业出售、转让无形资产，应按《企业所得税法》相关规定确认为转让财产收入，在计算应纳税所得额时，按规定扣除该项资产的净值和转让费用。

特许权使用费收入，是指企业提供专利权、非专利技术、商标权、著作权以及其他特许权的使用权取得的收入。特许权使用费收入，按照合同约定的特许权使用人应付特许权使用费的日期确认收入的实现。

企业以无形资产对外投资、债务重组、分配股利和捐赠等，都要视同销售。

（六）外购的软件缩短摊销年限

根据《财政部 国家税务总局关于进一步鼓励软件产业和集成电路产业发展企业所得税政策的通知》（财税〔2012〕27 号）第七条的规定，企业外购的软件，凡符合无形资产确认条件的，可以按照无形资产进行核算，其摊销年限可以适当缩短，最短可为2年（含）。

第五节 长期待摊费用的纳税调整

一、长期待摊费用

（一）财务处理

固定资产的后续支出，是指固定资产在使用过程中发生的更新改造支出、修理费用等。

固定资产的更新改造等后续支出，满足规定的确认条件的，应当计入固定资产成本，如有被替换的部分，应扣除其账面价值；不满足固定资产准则规定确认条件的固定资产修理费用等，应当在发生时计入当期损益。

《小企业会计准则》规定，固定资产的日常修理费，应当在发生时根据固定资产的受益对象计入相关资产成本或者当期损益。固定资产的改建支出，应当计入固定资产的成本，但已提足折旧的固定资产和经营租入的固定资产发生的改建支出应当计入长期待摊费用。

（二）税务处理

根据《企业所得税法》第十三条的规定，在计算应纳税所得额时，企业发生的下列支出作为长期待摊费用，按照规定摊销的，准予扣除：①已足额提取折旧的固定资产的改建支出；②租入固定资产的改建支出；③固定资产的大修理支出；④其他应当作为长期待摊费用的支出。

1. 已足额提取折旧的固定资产的改建支出

固定资产的改建支出是指企业改变房屋、建筑物结构、延长使用年限等发生的支出。

已足额提取折旧的固定资产的改建支出，按照固定资产预计尚可使用年限分期摊销。

2. 租入固定资产的改建支出

租入固定资产的改建支出，按照合同约定的剩余租赁期限分期摊销。改建支出，除已足额提取折旧的固定资产的改建支出、租入固定资产的改建支出以外，应当增加该固定资产原值，其中延长固定资产使用年限的，还应当适当延长折旧年限，并相应调整计算折旧。

此外，根据《国家税务总局关于企业所得税若干问题的公告》（国家税务总局公告〔2011〕第34号）的规定，企业对房屋、建筑物固定资产在未足额提取折旧前进行改扩建的，如属于推倒重置的，该资产原值减除提取折旧后的净值，应并入重置后的固定资产计税成本，并在该固定资产投入使用后的次月起，按照税法规定的折旧年限，一并计提折旧；如属于提升功能、增加面积的，该固定资产的改扩建支出，并入该固定资产计税基础，并从改扩建完工投入使用后的次月起，重新按税法规定的该固定资产折旧年限计提折旧，如该改扩建后的固定资产尚可使用的年限低于税法规定的最低年限的，可以按尚可使用的年限计提折旧。

3. 固定资产的大修理支出

固定资产的大修理支出，是指同时符合以下条件的支出：

（1）修理支出达到取得固定资产的计税基础50%以上；

（2）修理后固定资产的使用寿命延长2年以上。

固定资产的大修理支出，按照固定资产尚可使用年限分期摊销。

固定资产大修理支出作为长期待摊费用按其尚可使用年限分期摊销的，必须同时具备上述价值标准和时间标准两个条件。如不同时具备，则应作为当期费用扣除。如修理支出不超过固定资产计税基础的50%，所发生的修理费，可在税前一次性扣除。

4. 其他应当作为长期待摊费用的支出

其他应当作为长期待摊费用的支出，自支出发生月份的次月起，分期摊销，摊销期限不得低于3年。

二、开（筹）办费

（一）开办费的财务处理

开（筹）办费，是指企业在筹建期发生的费用，包括人员工资、办公费、培训费、差旅费、印刷费、注册登记费，以及不计入固定资产和无形资产成本的汇兑损益和利息等支出。筹建期，是指企业从被批准筹建之日起至开始生产、经营（包括试生产、试营业）之日的期间。

但筹建期间发生的下列支出不属于开办费的范畴：

（1）应计入购建固定资产和无形资产成本所支付的运输费、安装费、保险费和购建时发生的职工薪酬等费用；

（2）按照规定应由投资各方负担的费用，如投资各方为筹建企业进行调查时发生的差旅费、咨询费、招待费等支出；

（3）投资方因投入资本自行筹措款项所支付的利息，不计入开办费，应由出资方自行负担等。

根据《企业会计制度》，企业筹建期间发生的开办费，通过“长期待摊费用”科目核算。而根据《企业会计准则》“开办费”的规定，通过“管理费用”科目核算。

《企业会计准则应用指南》附录“会计科目与主要账务处理”（财会〔2006〕18号）规定，企业在筹建期间内发生的开办费，包括人员工资、办公费、培训费、差旅费、印刷费、注册登记费以及不计入固定资产成本的借款费用等在实际发生时，借记“管理费用”（开办费）科目，贷记“银行存款”等科目。即：在执行“企业会计准则”的单位，开办费不再作为“长期待摊费用”或“递延资产”，而是直接将其费用化，统一在“管理费用”科目核算。

根据《小企业会计准则》规定，小企业在筹建期间内发生的开办费，纳入管理费用核算。

（二）开办费的税前扣除

《企业所得税法》及其实施条例中，开（筹）办费未明确列作长期待摊费用。根据国税函〔2009〕98号文件的规定，企业可以在开始经营之日的当年一次性扣除，也可以按照《企业所得税法》有关长期待摊费用的处理规定处理，但一经选定，不得改变。企业在《企业所得税法》实施以前年度的未摊销完的开办费，也可根据上述规定处理。

由此可见，企业所得税法上企业开办费既可以一次性扣除也可以分期摊销。对于企业以前将开办费列入长期待摊费用，未摊销的部分可以一次摊入2008年的费用中，也可以根据企业需要选择按照《企业所得税法》有关“长期待摊费用”的处理规定处理。

第六节 开采油（气）资源费用和折耗摊销折旧

一、开采油（气）资源费用和折耗摊销折旧的处理

开采油（气）资源企业费用和有关固定资产，是指从事开采石油、天然气（包括煤层气，下同）的矿产资源油气企业（以下简称油气企业）在开始商业性生产前取得矿区权益和勘探、开发的支出所形成的费用和固定资产。商业性生产，是指油（气）田（井）经过勘探、开发、稳定生产并商业销售石油、天然气的阶段。

根据《财政部 国家税务总局关于开采油（气）资源企业费用和有关固定资产折耗、摊销、折旧税务处理问题的通知》（财税〔2009〕49号）规定，油气企业在开始商业性生产前发生的费用和有关固定资产的折耗、摊销、折旧方法按如下方法处理。

（一）矿区权益支出的折耗

矿区权益支出，是指油气企业为了取得在矿区内的探矿权、采矿权、土地或海域使用权等所发生的各项支出，包括有偿取得各类矿区权益的使用费、相关中介费或其他可直接归属于矿区权益的合理支出。

油气企业在开始商业性生产前发生的矿区权益支出，可在发生的当期，从本企业其他油（气）田收入中扣除；或者自对应的油（气）田开始商业性生产月份的次月起，分3年按直线法计提的折耗准予扣除。

油气企业对其发生的矿区权益支出未选择在发生的当期扣除的，由于未发现商业性油（气）构造而终止作业，其尚未计提折耗的剩余部分，可在终止作业的当年作为损失扣除。

（二）勘探支出的摊销

勘探支出，是指油气企业为了识别勘探区域或探明油气储量而进行的地质调查、地球物理勘探、钻井勘探活动以及其他相关活动所发生的各项支出。

油气企业在开始商业性生产前发生的勘探支出（不包括预计可形成资产的钻井勘探支出），可在发生的当期，从本企业其他油（气）田收入中扣除；或者自对应的油（气）田开始商业性生产月份的次月起，分3年按直线法计提的摊销准予扣除。

油气企业对其发生的勘探支出未选择在发生的当期扣除的，由于未发现商业性油（气）构造而终止作业，其尚未摊销的剩余部分，可在终止作业的当年作为损失扣除。

油气企业的钻井勘探支出，凡确定该井可作商业性生产，且该钻井勘探支出形成的资产符合《企业所得税法实施条例》第五十七条规定条件的，应当将该钻井勘探支出结转为开发资产的成本，按照财税〔2009〕49号文件第四条规定的开发资产计提折旧。

（三）开发资产的折旧

油气企业在开始商业性生产之前发生的开发支出，可不分用途，全部累计作为开发资产的成本，自对应的油（气）田开始商业性生产月份的次月起，可不留残值，按直线法计提的折旧准予扣除，其最低折旧年限为 8 年。这里所称的开发支出，是指油气企业为了取得已探明矿区中的油气而建造或更新井及相关设施活动所发生的各项支出。

油气企业终止本油（气）田生产的，其开发资产尚未计提折旧的剩余部分可在该油（气）田终止生产的当年作为损失扣除。

油气企业应按照规定选择有关费用和资产的折耗、摊销、折旧方法和年限，一经确定，不得变更。

油气企业在本油（气）田进入商业性生产之后对本油（气）田新发生的矿区权益、勘探支出、开发支出，按照财税〔2009〕49 号文件规定处理。

《企业所得税法实施条例》实施之日前，油气企业矿区权益、勘探、开发等费用和固定资产已发生且开始摊销或计提的折耗、折旧，不做调整。对没有摊销完的费用和继续使用的矿区权益和有关固定资产，可以就其尚未摊销或计提折耗、折旧的余额，按财税〔2009〕49 号文件规定处理。

二、弃置费的财务与税务处理

（一）弃置费用的财务处理

弃置费用是固定资产准则新增的内容，它要求对于特殊行业的特定固定资产，在确定其初始入账成本时应当考虑弃置费用。

弃置费用通常是指根据国家法律和行政法规、国际公约等规定，企业承担的环境保护和生态恢复等义务所确定的支出，如核电站核设施等的弃置和恢复环境义务等。弃置费用仅适用丁特定行业的特定固定资产，比如，石油天然气企业油气水井及相关设施的弃置、核电站核废料的处置等。一般企业固定资产成本不应预计弃置费用。

弃置费用的义务通常有国家法律和行政法规、国际公约等有关规定约束，比如，国家法律、行政法规要求企业的环境保护和生态环境恢复的义务等。弃置费用的金额通常较大。企业应当根据或有事项准则，按照现值计算确定应计入固定资产原价的金额和相应的预计负债。

一般企业固定资产的报废清理费，应在实际发生时作为固定资产清理费用处理，不属于固定资产准则规范的弃置费用。

（二）弃置费用的税务处理

《企业所得税法》不承认弃置费，因预计弃置费而多提的折旧应作纳税调整。

但《企业所得税法实施条例》第四十五条规定，企业依照法律、行政法规有关规定提取的用于环境保护、生态恢复等方面的专项资金，准予扣除。上述专项资金提取后改变用途的，不得扣除。

（三）海上油气生产设施弃置费的处理

这里所称弃置费，是指从事开采我国海上油气资源的企业，为承担油气生产设施废弃处置的责任和义务所发生的，用于井及相关设施的废弃、拆移、填埋等恢复生态环境及其前期准备等各项专项支出。主要包括弃置前期研究、停产准备、工程设施弃置、油井弃置等相关费用。

海上油气生产设施（以下简称“设施”），包括海上油井、气井、水井、固定平台、人工岛、单点系泊、浮式生产储油装置，海底电缆、管道、水下生产系统，陆岸终端，以及其他水上、水下的油气生产的相关辅助配套设施。企业，是指参与开采海上油气资源的中国企业和外国企业。作业者，是指负责海上油（气）田作业的实体。包括开采海上石油资源的本企业、或者投资各方企业。

为加强和规范海上油气生产设施弃置费企业所得税管理，国家税务总局发布了《海上油气生产设施弃置费企业所得税管理办法》（国家税务总局公告 2011 年第 22 号）对废弃处置方案的备案、计提和税前扣除等问题作出规定。

1. 废弃处置方案的备案

企业开始提取弃置费前，应提供作业者编制的海上油（气）田设施废弃处置预备方案，报主管税务机关备案。预备方案应当包括弃置费估算、弃置费筹措方法和弃置方式等内容。

设施废弃处置预备方案发生修改的，企业应在修改后的 30 日内报主管税务机关备案。

海上油（气）田实施弃置作业前，应将其按照国家有关主管部门要求编制的设施废弃处置实施方案，报主管税务机关备案。

2. 弃置费的计提和税前扣除

海上油（气）田弃置费，按照设施废弃处置预备方案中规定的方法（产量法或年限平均法）按月提取。多个企业合作开发一个油（气）田的，其弃置费计提应该采取同一方法。企业弃置费计提方法确定后，除设施废弃处置预备方案修改外，不得变更。

该办法实施后进入商业生产的海上油（气）田，弃置费自进入商业生产的次月起开始计提。该办法实施前已进入商业生产的海上油（气）田，弃置费自作业者补充编制的设施废弃处置预备方案报主管税务机关备案后的次月起开始计提。

作业者修改废弃处置预备方案的，修改后弃置费在废弃处置预备方案重新报主管税务机关备案的次月起开始计提。

采用年限平均法分月计提弃置费，应按照以下公式计算：

当月计提弃置费 =（预备方案中的弃置费总额 − 累计已计提弃置费用）÷ 合同生产

期(月)－当月弃置费专款账户损益

该办法实施前已进入商业生产的海上油（气）田，合同生产期（月）为开始计提弃置费的剩余月份。

采用产量法计提弃置费，应按照以下公式计算：

本月计提弃置费＝(预备方案中的弃置费总额－累计已计提弃置费用)×本月计提比例－当月弃置费专款账户损益

本月计提比例＝本月油(气)田实际产量÷(本月油(气)田实际产量＋期末探明已开发储量)

公式中的“当月弃置费专款账户损益”，包括专款账户利息、汇兑损益等。其中汇兑损益为弃置费以人民币以外货币计提存储情况下，按照上月末即期人民币汇率中间价折算为人民币时，弃置费专款账户余额发生的汇兑损益。期末探明已开发储量是指，已探明的开发储量，在现有设施条件下对应的可开采储量。

作业者应在纳税年度结束后，就当年提取的弃置费具体情况进行调整。企业应在年度汇算清缴时，根据作业者的调整情况，确认本年度弃置费列支数额。

修改设施废弃处置预备方案，导致弃置费提取数额、方法发生变化的，应自方案修改后的下个月开始，就新方案中的弃置费总额，减去累计已计提弃置费后的余额，按照新方案确定的方法继续计提。

油（气）田企业或合作各方企业应承担或者按投资比例承担设施废弃处置的责任和义务，其按规定计提的弃置费，应依照规定作为环境保护、生态恢复等方面专项资金，并准予在计算企业年度应纳税所得额时扣除。

合作油（气）田的合同生产期尚未结束，一方企业决定放弃生产，将油（气）田所有权全部转移给另一方企业、或者合作油（气）田的合同生产期结束，一方企业决定继续生产，若放弃方或退出方企业取得已经计提的弃置费补偿，应作为收入计入企业当年度应纳税所得计算纳税。支付方企业可以作为弃置费，在支付年度一次性扣除。

3. 弃置费的使用

作业者实施海上油（气）田设施废弃处置时发生的弃置费，应单独归集核算，并从按照规定提取的弃置费中扣除。

作业者完成海上油（气）田设施废弃处置后，提取的弃置费仍有余额，应相应调增弃置费余额所归属企业当年度的应纳税所得额。

作业者完成海上油（气）田设施废弃处置后，实际发生的弃置费超过计提的部分，应作为企业当年度费用，在计算企业应纳税所得额时扣除。

4. 弃置费的管理

弃置费专款账户资金所产生的损益，应计入弃置费，并相应调整当期弃置费提取额。

弃置费的计提、清算应统一使用人民币作为货币单位。发生的汇兑损益，直接增加或减少弃置费。

企业在申报当年度企业所得税汇算清缴资料时，应附送海上油气生产设施弃置费情况表。

海上油（气）田设施废弃处置作业完成后，在进行税务清算时，应提供企业对弃置费的计提、使用和各投资方承担等情况的说明。

企业依规定计提的弃置费，凡改变用途的，不得在企业所得税前扣除。已经扣除的，应调增改变用途当年的应纳税所得额，并按税收征收管理法的有关规定处理。

第十一章　资产损失的纳税调整

为明确企业资产损失在计算企业所得税应纳税所得额时的扣除政策，财政部、国家税务总局发布了《关于企业资产损失税前扣除政策的通知》（财税〔2009〕57号），自2008年1月1日起执行。为加强资产损失所得税税前扣除管理，国家税务总局对《企业资产损失税前扣除管理办法》（国税发〔2009〕88号）等规定进行修订，发布了《企业资产损失所得税税前扣除管理办法》（国家税务总局公告2011年第25号），自2011年1月1日起施行。为了进一步减轻企业办税负担，《国家税务总局关于企业所得税资产损失资料留存备查有关事项的公告》（国家税务总局公告2018年第15号）规定，自2017年度起，企业向税务机关申报扣除资产损失，仅需填报企业所得税年度纳税申报表“资产损失税前扣除及纳税调整明细表”（A105090），不再报送资产损失相关资料。相关资料由企业留存备查。

第一节　资产损失税前扣除的申报与纳税调整

一、资产与资产损失

（一）资产的界定

1. 会计对资产的界定

根据《企业会计准则——基本准则》（以下简称“基本准则”）第二十条的规定，资产是指企业过去的交易或者事项形成的、由企业拥有或者控制的、预期会给企业带来经济利益的资源。

符合资产定义的资源，在同时满足以下两个条件时，确认为资产：

（1）与该资源有关的经济利益很可能流入企业；

（2）该资源的成本或者价值能够可靠地计量。

2. 税收对资产的界定

根据国税发〔2009〕88号文件的规定，资产是指企业拥有或者控制的、用于经营管理活动且与取得应税收入有关的资产，包括现金、银行存款、应收及预付款项（包括应收票据）等货币资产，存货、固定资产、在建工程、生产性生物资产等非货币资产，以及债权性投资和股权（权益）性投资。

自2011年1月1日起，根据《企业资产损失所得税税前扣除管理办法》的规定，资产是指企业拥有或者控制的、用于经营管理活动相关的资产，包括现金、银行存款、应收及预付款项（包括应收票据、各类垫款、企业之间往来款项）等货币性资产，存货、固定资产、无形资产、在建工程、生产性生物资产等非货币性资产，以及债权性投资和股权（权益）性投资。

《企业资产损失所得税税前扣除管理办法》删除了国税发〔2009〕88号文件“与取得应税收入有关”的附加条件。因为“与取得应税收入有关”的表述至少有三个方面存在不妥。一是“用于经营管理活动”的资产本就表明了是与企业收入有关的，该项资产如发生损失，符合税前扣除的相关性原则；二是《企业所得税法实施条例》第二十八条第二款规定，企业的不征税收入用于支出所形成的费用或者财产，不得扣除或者计算对应的折旧、摊销扣除。如再强调“与取得应税收入有关”，多此一举；三是“免税收入”虽然不属于“应税收入”，但与“免税收入”相关的成本、费用、损失允许在税前扣除。如再强调“与取得应税收入有关”，相互矛盾。

3. 差异比较

资产损失税前扣除所讲的资产，与会计中的资产定义与范围有所不同。而且，《企业所得税法》中资产与财产的界定存在一定差异，在《企业所得税法》中，资产包括财产、货物和其他资产。

（二）资产损失

根据《企业会计准则》的相关规定，损失是指由企业非日常活动所发生的、会导致所有者权益减少的、与向所有者分配利润无关的经济利益的流出。损失包括直接计入所有者权益的损失和直接计入当期利润的损失。直接计入当期利润的损失，通常通过“营业外支出”科目核算。

“营业外支出”反映企业发生的除营业利润以外的支出，主要包括债务重组损失、公益性捐赠支出、非常损失、盘亏损失、非流动资产毁损报废损失等。

根据《小企业会计准则》的规定，营业外支出，是指小企业非日常生产经营活动发生的、应当计入当期损益、会导致所有者权益减少、与向所有者分配利润无关的经济利益的净流出。小企业的营业外支出包括：存货的盘亏、毁损、报废损失，非流动资产处置净损失，坏账损失，无法收回的长期债券投资损失，无法收回的长期股权投资损失，自然灾害等不可抗力因素造成的损失，税收滞纳金，罚金，罚款，被没收财物的损失，捐赠支出，赞助支出等。通常，企业的营业外支出应当在发生时按照其发生额计入当期损益。

（三）可税前扣除的损失

根据《企业所得税法实施条例》第三十条的规定，在计算应纳税所得额时可以扣除的损失，是指企业在生产经营活动中发生的固定资产和存货的盘亏、毁损、报废损失，转让财产损失，呆账损失，坏账损失，自然灾害等不可抗力因素造成的损失以及其他损失。企业发生的损失，减除责任人赔偿和保险赔款后的余额，依照国务院财政、税务主管部门的规定扣除。

根据财税〔2009〕57号文件的规定，资产损失，是指企业在生产经营活动中实际发生的、与取得应税收入有关的资产损失，包括现金损失，存款损失，坏账损失，贷款损失，股权投资损失，固定资产和存货的盘亏、毁损、报废、被盗损失，自然灾害等不可抗力因素造成的损失以及其他损失。

根据《企业资产损失所得税税前扣除管理办法》第三条的规定，准予在企业所得税税前扣除的资产损失，是指企业在实际处置、转让上述资产过程中发生的合理损失（以下简称"实际资产损失"），以及企业虽未实际处置、转让上述资产，但符合财税〔2009〕57号文件和该办法规定条件计算确认的损失（以下简称"法定资产损失"）。

1. 实际资产损失的扣除

实际资产损失，是指企业实际处置、转让资产发生的、合理的损失。企业实际资产损失，应当在其实际发生且会计上已作损失处理的年度申报扣除。

2. 法定资产损失的扣除

法定资产损失，是指企业虽未实际处置、转让资产，但符合财税〔2009〕57号文件和《企业资产损失所得税税前扣除管理办法》规定条件计算确认的损失。如金融机构应清算而未清算超过三年的存款资产损失、企业逾期三年以上的应收款项形成的坏账损失等。

法定资产损失，应当在企业提供证据资料证明该项资产已符合法定资产损失确认条件，且会计上已作损失处理的年度申报扣除。

这里需要说明的是，《企业资产损失所得税税前扣除管理办法》和财税〔2009〕57号文件没有列举到的资产（资产损失），如长期待摊费用等资产损失的税前扣除问题。根据《企业所得税法》第八条的规定，企业实际发生的与取得收入有关的、合理的支出，包括成本、费用、税金、损失和其他支出，准予在计算应纳税所得额时扣除。因而，《企业资产损失所得税税前扣除管理办法》第五十条明确，凡该办法没有涉及到的资产损失，只要符合《企业所得税法》及其实施条例等法律、法规规定的原则，均可在税前扣除。

（四）损失的追补确认

根据《企业资产损失所得税税前扣除管理办法》第六条的规定，企业以前年度发生的资产损失未能在当年税前扣除的，可以按照该办法的规定，向税务机关说明并进行申报扣除。其中，属于实际资产损失，准予追补至该项损失发生年度扣除，其追补确认期限一般不得超过五年，但因计划经济体制转轨过程中遗留的资产损失、企业重组上市过程中因权属不清出现争议而未能及时扣除的资产损失、因承担国家政策性任务而形成的资产损失以及政策定性不明确而形成资产损失等特殊原因形成的资产损失，其追补确认期限可适当延长。属于法定资产损失的，应在申报年度扣除。

企业因以前年度实际资产损失未在税前扣除而多缴的企业所得税税款，可在追补确认年度企业所得税应纳税款中予以抵扣，不足抵扣的，向以后年度递延抵扣。

企业实际资产损失发生年度扣除追补确认的损失后出现亏损的，应先调整资产损失发生年度的亏损额，再按弥补亏损的原则计算以后年度多缴的企业所得税税款，并按前述办法进行税务处理。

（五）境内与境外资产损失分开扣除

根据财税〔2009〕57 号文件的规定，企业境内、境外营业机构发生的资产损失应分开核算，对境外营业机构由于发生资产损失而产生的亏损，不得在计算境内应纳税所得额时扣除。

（六）资产损失收回计入收入

根据财税〔2009〕57 号文件的规定，企业已经作为损失处理的资产，在以后纳税年度又全部收回或者部分收回时，应当计入当期收入。也就是说，企业在计算应纳税所得额时已经扣除的资产损失，在以后纳税年度全部或者部分收回时，其收回部分应当作为收入计入收回当期的应纳税所得额。

二、资产损失税前扣除及纳税调整明细表

企业发生的资产损失，应分别不同的资产损失项目和原因填报“一般企业成本支出明细表”（A102010）第 17 行“（一）非流动资产处置损失”、第 18 行“（二）非货币性资产交换损失”、第 19 行“（三）债务重组损失”、第 20 行“（四）非常损失”、第 21 行“（五）盘亏损失”，以及“期间费用明细表”（A104000）“管理费用”相应栏次外，还要填报“纳税调整项目明细表”（A105000）第 34 行“（三）资产损失”相应栏次和“资产损失税前扣除及纳税调整明细表”（A105090）。

“资产损失税前扣除及纳税调整明细表”（A105090，见表 11 - 1）适用于发生资产损失税前扣除项目及纳税调整项目的纳税人填报。纳税人根据《企业所得税法》及其实施条例、《财政部　国家税务总局关于企业资产损失税前扣除政策的通知》（财税〔2009〕57 号）、《国家税务总局关于发布〈企业资产损失所得税税前扣除管理办法〉的公告》（国家税务总局公告 2011 年第 25 号发布、国家税务总局公告 2018 年第 31 号修改）、《国家税务总局关于商业零售企业存货损失税前扣除问题的公告》（国家税务总局公告 2014 年第 3 号）、《国家税务总局关于企业因国务院决定事项形成的资产损失税前扣除问题的公告》（国家税务总局公告 2014 年第 18 号）、《财政部　国家税务总局关于金融企业涉农贷款和中小企业贷款损失准备金税前扣除有关问题的通知》（财税

〔2015〕3号)、《国家税务总局关于金融企业涉农贷款和中小企业贷款损失税前扣除问题的公告》(国家税务总局公告2015年第25号)、《国家税务总局关于企业所得税资产损失资料留存备查有关事项的公告》(国家税务总局公告2018年第15号)等相关规定,及国家统一会计制度,填报资产损失的会计处理、税收规定,以及纳税调整情况。

表11-1　A105090　　资产损失税前扣除及纳税调整明细表

行次	项　目	资产损失的账载金额	资产处置收入	赔偿收入	资产计税基础	资产损失的税收金额	纳税调整金额
		1	2	3	4	5 (4-2-3)	6 (1-5)
1	一、现金及银行存款损失						
2	二、应收及预付款项坏账损失						
3	其中:逾期三年以上的应收款项损失						
4	逾期一年以上的小额应收款项损失						
5	三、存货损失						
6	其中:存货盘亏、报废、损毁、变质或被盗损失						
7	四、固定资产损失						
8	其中:固定资产盘亏、丢失、报废、损毁或被盗损失						
9	五、无形资产损失						
10	其中:无形资产转让损失						
11	无形资产被替代或超过法律保护期限形成的损失						
12	六、在建工程损失						
13	其中:在建工程停建、报废损失						
14	七、生产性生物资产损失						
15	其中:生产性生物资产盘亏、非正常死亡、被盗、丢失等产生的损失						
16	八、债权性投资损失(17+22)						
17	(一)金融企业债权性投资损失(18+21)						
18	1. 符合条件的涉农和中小企业贷款损失						
19	其中:单户贷款余额300万(含)以下的贷款损失						

续表

行次	项　　目	资产损失的账载金额	资产处置收入	赔偿收入	资产计税基础	资产损失的税收金额	纳税调整金额
		1	2	3	4	5（4－2－3）	6（1－5）
20	单户贷款余额300万元至1 000万元（含）的贷款损失						
21	2. 其他债权性投资损失						
22	（二）非金融企业债权性投资损失						
23	九、股权（权益）性投资损失						
24	其中：股权转让损失						
25	十、通过各种交易场所、市场买卖债券、股票、期货、基金以及金融衍生产品等发生的损失						
26	十一、打包出售资产损失						
27	十二、其他资产损失						
28	合计（1＋2＋5＋7＋9＋12＋14＋16＋23＋25＋26＋27）						
29	其中：分支机构留存备查的资产损失						

1. 行次的填报

纳税人在第1至27行按资产类型填报留存备查的资产损失情况，跨地区经营汇总纳税企业在第1行至27行应填报总机构和全部分支机构的资产损失情况，并在第29行填报各分支机构留存备查的资产损失汇总情况。

表A105090各行填报纳税人当年发生的资产损失的账载金额、资产处置收入、赔偿收入、资产计税基础、资产损失的税收金额及纳税调整金额。

表A105090第29行“分支机构留存备查的资产损失”：填报跨地区经营企业各分支机构留存备查的资产损失的账载金额、资产处置收入、赔偿收入、资产计税基础、资产损失的税收金额及纳税调整金额。

2. 列次的填报

表A105090第1列“资产损失的账载金额”：填报纳税人会计核算计入当期损益的对应项目的资产损失金额。

表A105090第2列“资产处置收入”：填报纳税人处置发生损失的资产可收回的残值或处置收益。

表A105090第3列“赔偿收入”：填报纳税人发生的资产损失，取得的相关责任人、保险公司赔偿的金额。

表 A105090 第 4 列“资产计税基础”：填报纳税人按税收规定计算的发生损失时资产的计税基础，含损失资产涉及的不得抵扣增值税进项税额。

表 A105090 第 5 列“资产损失的税收金额”：填报按税收规定允许当期税前扣除的资产损失金额，按第 4 - 2 - 3 列金额填报。

表 A105090 第 6 列“纳税调整金额”：填报第 1 - 5 列金额。

同时，将表 A105090 第 28 行第 1 列填入表 A105000 第 34 行第 1 列。表 A105090 第 28 行第 5 列填入表 A105000 第 34 行第 2 列。若第 28 行第 6 列≥0，第 28 行第 6 列填入表 A105000 第 34 行第 3 列；若第 28 行第 6 列 < 0，第 28 行第 6 列的绝对值填入表 A105000 第 34 行第 4 列。

三、资产损失税前扣除自行申报制度

自 2011 年 1 月 1 日起，《企业资产损失所得税税前扣除管理办法》取消了资产损失税前扣除审批，改为企业自行申报扣除。根据该办法的规定，企业发生的资产损失，应按规定的程序和要求向主管税务机关申报后方能在税前扣除。未经申报的损失，不得在税前扣除。

（一）总分机构资产损失的申报

在中国境内跨地区经营的汇总纳税企业发生的资产损失，应按以下规定申报扣除：

（1）总机构及其分支机构发生的资产损失，除各自向当地主管税务机关申报外，各分支机构同时还应上报总机构；

（2）总机构对各分支机构上报的资产损失，应向当地主管税务机关进行申报；

（3）总机构将跨地区分支机构所属资产捆绑打包转让所发生的资产损失，由总机构向当地主管税务机关进行申报。

这里所称的资产捆绑打包转让，是指优质资产与不良资产打包处置，包括实物资产、债权、股权等各类资产。

（二）资产损失与会计处理的协调

根据现行政策规定，已符合资产损失税前扣除条件，但会计未处理，不准在税前扣除；会计上已作处理，但未进行纳税申报，也不准在税前扣除。即纳税申报和会计处理两个条件同时具备，方能在税前扣除。

对实际资产损失，会计处理年度与纳税申报年度一致，可以在当年进行税前扣除；会计上已作处理，但属于会计处理年度以前年度发生的符合税法规定条件的资产损失，可追补确认在实际发生年度进行扣除；会计上已作处理，但不符合税法规定的条件，不得税前扣除。

对于法定资产损失，会计上已作处理，且已符合税法规定的条件，但未进行纳税申报的，不得税前扣除；若在以后年度申报，可以在申报年度扣除，不存在向以前年度追补确认问题。

这里的会计处理年度为决算年度，纳税申报年度为企业所得税年度汇算清缴年度。不能把向税务机关报送申报表的时点理解为会计处理年度和纳税申报年度。

此外，企业应当建立健全资产损失内部核销管理制度，及时收集、整理、编制、审核、申报、保存资产损失税前扣除证据材料，方便税务机关检查。税务机关应按分项建档、分级管理的原则，建立企业资产损失税前扣除管理台账和纳税档案，及时进行评估。对资产损失金额较大或经评估后发现不符合资产损失税前扣除规定、或存有疑点、异常情况的资产损失，应及时进行核查。对有证据证明申报扣除的资产损失不真实、不合法的，应依法作出税收处理。

四、资产损失证据

企业资产损失相关的证据包括具有法律效力的外部证据和特定事项的企业内部证据。

根据财税〔2009〕57号文件的规定，企业对其扣除的各项资产损失，应当提供能够证明资产损失确属已实际发生的合法证据，包括具有法律效力的外部证据、具有法定资质的中介机构的经济鉴证证明、具有法定资质的专业机构的技术鉴定证明等。

（一）具有法律效力的外部证据

具有法律效力的外部证据，是指司法机关、行政机关、专业技术鉴定部门等依法出具的与本企业资产损失相关的具有法律效力的书面文件，主要包括：

（1）司法机关的判决或者裁定；

（2）公安机关的立案结案证明、回复；

（3）市场监督管理部门出具的注销、吊销及停业证明；

（4）企业的破产清算公告或清偿文件；

（5）行政机关的公文；

（6）专业技术部门的鉴定报告；

（7）具有法定资质的中介机构的经济鉴定证明；

（8）仲裁机构的仲裁文书；

（9）保险公司对投保资产出具的出险调查单、理赔计算单等保险单据；

（10）符合法律规定的其他证据。

（二）特定事项的企业内部证据

特定事项的企业内部证据，是指会计核算制度健全、内部控制制度完善的企业，对各项资产发生毁损、报废、盘亏、死亡、变质等内部证明或承担责任的声明，主要包括：

（1）有关会计核算资料和原始凭证；

（2）资产盘点表；

（3）相关经济行为的业务合同；

（4）企业内部技术鉴定部门的鉴定文件或资料；

（5）企业内部核批文件及有关情况说明；

（6）对责任人由于经营管理责任造成损失的责任认定及赔偿情况说明；

（7）法定代表人、企业负责人和企业财务负责人对特定事项真实性承担法律责任的声明。

确认资产损失的证据应具有真实性、合法性、确定性、合理性。以存货盘亏为例，企业申报该项损失时，须提供四方面的证据：

（1）存货盘点表。该项证据代表真实性方面的证据，但是，仅有该项证据是不够的，还须进一步补强这方面证据；

（2）存货保管人对于盘亏的情况说明。该项证据仍属于真实性方面的证据。

（3）盘亏存货的价值确定依据。此项证据既是真实性方面的证据，同时也是确定性方面证据。

（4）企业内部有关责任认定、责任人赔偿说明和内部核批文件。此项证据具有三个方面作用：一是能够证明核销（申报扣除）程序是否符合企业内部规定，即核销是否具有合法性；二是责任人的赔偿是否合理，即损失的确定是否具有合理性；三是责任人的赔偿是否合理，直接关系到损失金额大小，即损失是否具有确定性。

第二节　资产损失金额的确定与备查资料

一、货币资产损失

企业货币资产损失包括现金损失、银行存款损失和应收及预付款项损失等。

（一）现金及银行存款损失

1. 现金损失

根据财税〔2009〕57 号文件第二条的规定，企业清查出的现金短缺减除责任人赔偿后的余额，作为现金损失在计算应纳税所得额时扣除。

现金损失应依据以下证据材料确认：

（1）现金保管人确认的现金盘点表（包括倒推至基准日的记录）；

（2）现金保管人对于短缺的说明及相关核准文件；

（3）对责任人由于管理责任造成损失的责任认定及赔偿情况的说明；

（4）涉及刑事犯罪的，应有司法机关出具的相关材料；

（5）金融机构出具的假币收缴证明。

2. 银行存款损失

根据财税〔2009〕57号文件第三条的规定，企业将货币性资金存入法定具有吸收存款职能的机构，因该机构依法破产、清算，或者政府责令停业、关闭等原因，确实不能收回的部分，作为存款损失在计算应纳税所得额时扣除。

企业因金融机构清算而发生的存款类资产损失应依据以下证据材料确认：

（1）企业存款类资产的原始凭据；

（2）金融机构破产、清算的法律文件；

（3）金融机构清算后剩余资产分配情况资料。

根据《企业资产损失所得税税前扣除管理办法》第二十一条第二款的规定，金融机构应清算而未清算超过三年的，企业可将该款项确认为资产损失，但应有法院或破产清算管理人出具的未完成清算证明。这是一种法定资产损失。

（二）应收及预付款项坏账损失

1. 坏账损失的确认与证据

财税〔2009〕57号文件第四条规定，企业除贷款类债权外的应收、预付账款符合下列条件之一的，减除可收回金额后确认的无法收回的应收、预付款项，可以作为坏账损失在计算应纳税所得额时扣除：

（1）债务人依法宣告破产、关闭、解散、被撤销，或者被依法注销、吊销营业执照，其清算财产不足清偿的；

（2）债务人死亡，或者依法被宣告失踪、死亡，其财产或者遗产不足清偿的；

（3）债务人逾期3年以上未清偿，且有确凿证据证明已无力清偿债务的；

（4）与债务人达成债务重组协议或法院批准破产重整计划后，无法追偿的；

（5）因自然灾害、战争等不可抗力导致无法收回的；

（6）国务院财政、税务主管部门规定的其他条件。

企业应收及预付款项坏账损失应依据以下相关证据材料确认：

（1）相关事项合同、协议或说明；

（2）属于债务人破产清算的，应有人民法院的破产、清算公告；

（3）属于诉讼案件的，应出具人民法院的判决书或裁决书或仲裁机构的仲裁书，或者被法院裁定终（中）止执行的法律文书；

（4）属于债务人停止营业的，应有工商部门注销、吊销营业执照证明；

（5）属于债务人死亡、失踪的，应有公安机关等有关部门对债务人个人的死亡、失踪证明；

（6）属于债务重组的，应有债务重组协议及其债务人重组收益纳税情况说明；

（7）属于自然灾害、战争等不可抗力而无法收回的，应有债务人受灾情况说明以及放弃债权申明。

2. 逾期三年以上的应收款项损失

根据《企业资产损失所得税税前扣除管理办法》第二十三条的规定，企业逾期三年以上的应收款项在会计上已作为损失处理的，可以作为坏账损失，但应说明情况，并出具专项报告。这是一种法定资产损失。

3. 逾期一年以上的小额应收款项损失

根据《企业资产损失所得税税前扣除管理办法》第二十四条的规定，企业逾期一年以上，单笔数额不超过五万元或者不超过企业年度收入总额万分之一的应收款项，会计上已经作为损失处理的，可以作为坏账损失，但应说明情况，并出具专项报告。这也是一种法定资产损失。

各类垫款及企业间往来款项，即其他应收款项，符合条件的，准予在税前扣除。

二、非货币资产损失

企业非货币资产损失包括存货损失、固定资产损失、无形资产损失、在建工程损失、生产性生物资产损失等。

（一）存货和工程物资损失

1. 会计处理

根据《企业会计准则第 1 号——存货》（以下简称“存货准则”）第二十一条的规定，企业发生的存货毁损，应当将处置收入扣除账面价值和相关税费后的金额计入当期损益。存货的账面价值是存货成本扣减累计跌价准备后的金额。存货盘亏造成的损失，应当计入当期损益。

存货发生的盘亏或毁损，应作为待处理财产损溢核算。按管理权限报经批准后，根据造成存货盘亏或毁损的原因，分别以下情况处理：

（1）属于计量收发差错和管理不善等原因造成的存货短缺，应先扣除残料价值、可以收回的保险赔偿和过失人赔偿，将净损失计入管理费用。

（2）属于自然灾害等非正常原因造成的存货毁损，应先扣除处置收入（如残料价值）、可收回的保险赔偿和过失人赔偿，将净损失计入营业外支出。

2. 存货盘亏损失

根据财税〔2009〕57 号文件的规定，对企业盘亏的存货，以该存货的成本减除责任人赔偿后的余额，作为存货盘亏损失在计算应纳税所得额时扣除。

存货盘亏损失，为其盘亏金额扣除责任人赔偿后的余额，应依据以下证据材料确认：

（1）存货计税成本确定依据；

（2）企业内部有关责任认定、责任人赔偿说明和内部核批文件；

（3）存货盘点表；

（4）存货保管人对于盘亏的情况说明。

3. 存货被盗损失

根据财税〔2009〕57 号文件第九条的规定，企业被盗的存货，以该存货的成本减除保险赔款和责任人赔偿后的余额，作为存货被盗损失在计算应纳税所得额时扣除。

存货被盗损失，为其计税成本扣除保险理赔以及责任人赔偿后的余额，应依据以下证据材料确认：

（1）存货计税成本的确定依据；

（2）向公安机关的报案记录；

（3）涉及责任人和保险公司赔偿的，应有赔偿情况说明等。

5. 存货毁损、报废或变质损失

根据财税〔2009〕57 号文件第八条的规定，对企业毁损、报废的存货，以该存货的成本减除残值、保险赔款和责任人赔偿后的余额，作为存货毁损、报废损失在计算应纳税所得额时扣除。

存货报废、毁损或变质损失，为其计税成本扣除残值及责任人赔偿后的余额，应依据以下证据材料确认：

（1）存货计税成本的确定依据；

（2）企业内部关于存货报废、毁损、变质、残值情况说明及核销资料；

（3）涉及责任人赔偿的，应当有赔偿情况说明；

（4）该项损失数额较大的（指占企业该类资产计税成本 10% 以上，或减少当年应纳税所得、增加亏损 10% 以上，下同），应有专业技术鉴定意见或法定资质中介机构出具的专项报告等。

6. 开发产品损失

根据国税发〔2009〕31 号文件第二十三条的规定，企业开发产品（以成本对象为计量单位）整体报废或毁损，其净损失按有关规定审核确认后准予在税前扣除。

根据国税发〔2009〕31 号文件第二十二条的规定，企业因国家无偿收回土地使用权而形成的损失，可作为财产损失按有关规定在税前扣除。

房地产开发企业的土地使用权，如果没有立项，应记入“无形资产——土地使用权”核算；如果已立项，未开发或开发产品未完工，应记入“开发成本”；如果开发产品已完工，应记入“开发产品”，因此，因国家无偿收回土地使用权而形成的损失，应区别情形分别按无形资产损失、存货损失确认。

7. 工程物资损失

工程物资发生损失，可比照有关存货损失的规定确认。

需要说明的是，企业因存货盘亏、毁损、报废、被盗等原因不得从增值税销项税额中抵扣的进项税额，可以与存货损失一起在计算应纳税所得额时扣除。

（二）固定资产损失

1. 会计处理

根据《企业会计准则第4号——固定资产》（以下简称“固定资产准则”）第二十一条的规定，固定资产满足下列条件之一的，应当予以终止确认：

（1）该固定资产处于处置状态；

（2）该固定资产预期通过使用或处置不能产生经济利益。

固定资产准则第二十三条进一步规定：企业出售、转让、报废固定资产或发生固定资产毁损，应当将处置收入扣除账面价值和相关税费后的金额计入当期损益。固定资产的账面价值是固定资产成本扣减累计折旧和累计减值准备后的金额。固定资产盘亏造成的损失，应当计入当期损益。

企业应设置“固定资产清理”科目，核算企业因出售、报废、毁损、对外投资、非货币性资产交换、债务重组等原因转出的固定资产价值以及在清理过程中发生的费用等。企业因出售、报废、毁损、对外投资、非货币性资产交换、债务重组等转出的固定资产，按该项固定资产的账面价值，借记该科目，按已计提的累计折旧，借记“累计折旧”科目，按其账面原价，贷记“固定资产”科目。已计提减值准备的，还应同时结转减值准备。固定资产清理完成后，属于生产经营期间正常的处理损失，借记“营业外支出——处置非流动资产损失”科目，贷记该科目；属于自然灾害等非正常原因造成的损失，借记“营业外支出——非常损失”科目，贷记该科目。如为贷方余额，借记该科目，贷记“营业外收入”科目。该科目期末借方余额，反映企业尚未清理完毕的固定资产清理净损失。

2. 毁损、报废的固定资产损失

根据财税〔2009〕57号文件第八条的规定，对企业毁损、报废的固定资产，以该固定资产的账面净值减除残值、保险赔款和责任人赔偿后的余额，作为固定资产毁损、报废损失在计算应纳税所得额时扣除。

固定资产报废、毁损损失，为其账面净值扣除残值和责任人赔偿后的余额，应依据以下证据材料确认：

（1）固定资产的计税基础相关资料；

（2）企业内部有关责任认定和核销资料；

（3）企业内部有关部门出具的鉴定材料；

（4）涉及责任赔偿的，应当有赔偿情况的说明；

（5）损失金额较大的或自然灾害等不可抗力原因造成固定资产毁损、报废的，应有专业技术鉴定意见或法定资质中介机构出具的专项报告等。

3. 被盗的固定资产损失

根据财税〔2009〕57号文件第九条的规定，对企业被盗的固定资产，以该固定资产的账面净值减除保险赔款和责任人赔偿后的余额，作为固定资产被盗损失在计算应纳税所得额时扣除。

根据《企业资产损失所得税税前扣除管理办法》第三十一条的进一步规定，固定资产被盗损失，为其账面净值扣除责任人赔偿后的余额，应依据以下证据材料确认：

（1）固定资产计税基础相关资料；

（2）公安机关的报案记录，公安机关立案、破案和结案的证明材料；

（3）涉及责任赔偿的，应有赔偿责任的认定及赔偿情况的说明等。

4. 盘亏、丢失的固定资产损失

根据财税〔2009〕57号文件第七条的规定，对企业盘亏的固定资产，以该固定资产的账面净值减除责任人赔偿后的余额，作为固定资产盘亏损失在计算应纳税所得额时扣除。

根据《企业资产损失所得税税前扣除管理办法》第二十九条的进一步规定，固定资产盘亏、丢失损失，为其账面净值扣除责任人赔偿后的余额，应依据以下证据材料确认：

（1）企业内部有关责任认定和核销资料；

（2）固定资产盘点表；

（3）固定资产的计税基础相关资料；

（4）固定资产盘亏、丢失情况说明；

（5）损失金额较大的，应有专业技术鉴定报告或法定资质中介机构出具的专项报告等。

企业因固定资产盘亏、毁损、报废、被盗等原因不得从增值税销项税额中抵扣的进项税额，可以与固定资产损失一起在计算应纳税所得额时扣除。

5. 输电线路部分报废损失

根据《国家税务总局关于电网企业输电线路部分报废损失税前扣除问题的公告》（国家税务总局公告2010年第30号）的规定，由于加大水电送出和增强电网抵御冰雪能力需要等原因，电网企业对原有输电线路进行改造，部分铁塔和线路拆除报废，形成部分固定资产损失。考虑到该部分资产已形成实质性损失，可以按照有关税收规定作为企业固定资产损失允许税前扣除。

上述部分固定资产损失，应按照该固定资产的总计税价格，计算每基铁塔和每公里线路的计税价格后，根据报废的铁塔数量和线路长度以及已计提折旧情况确定。

上述报废的部分固定资产，其中部分能够重新利用的，应合理计算价格，冲减当年度固定资产损失。

新投资建设的线路和铁塔，应单独作为固定资产，在投入使用后，按照税收的规定计提折旧。

（三）在建工程损失

根据《企业资产损失所得税税前扣除管理办法》第三十二条的规定，在建工程停建、报废损失，为其工程项目投资账面价值扣除残值后的余额，应依据以下证据材料确认：

（1）工程项目投资账面价值确定依据；

（2）工程项目停建原因说明及相关材料；

（3）因质量原因停建、报废的工程项目和因自然灾害和意外事故停建、报废的工程项目，应出具专业技术鉴定意见和责任认定、赔偿情况的说明等。

（四）生产性生物资产损失

1. 生产性生物资产盘亏损失

根据《企业资产损失所得税税前扣除管理办法》第三十四条的规定，生产性生物资产盘亏损失，为其账面净值扣除责任人赔偿后的余额，应依据以下证据材料确认：

（1）生产性生物资产盘点表；

（2）生产性生物资产盘亏情况说明；

（3）生产性生物资产损失金额较大的，企业应有专业技术鉴定意见和责任认定、赔偿情况的说明等。

2. 生产性生物资产病亡损失

根据《企业资产损失所得税税前扣除管理办法》第三十五条的规定，因森林病虫害、疫情、死亡而产生的生产性生物资产损失，为其账面净值扣除残值、保险赔偿和责任人赔偿后的余额，应依据以下证据材料确认：

（1）损失情况说明；

（2）责任认定及其赔偿情况的说明；

（3）损失金额较大的，应有专业技术鉴定意见。

3. 生产性生物资产被盗、丢失损失

根据《企业资产损失所得税税前扣除管理办法》第三十六条的规定，对被盗伐、被盗、丢失而产生的生产性生物资产损失，为其账面净值扣除保险赔偿以及责任人赔偿后的余额，应依据以下证据材料确认：

（1）生产性生物资产被盗后，向公安机关的报案记录或公安机关立案、破案和结案的证明材料；

（2）责任认定及其赔偿情况的说明。

（五）无形资产损失

根据《企业资产损失所得税税前扣除管理办法》第三十八条的规定，被其他新技术所代替或已经超过法律保护期限，已经丧失使用价值和转让价值，尚未摊销的无形资产损失，应提交以下证据材料：

（1）会计核算资料；

（2）企业内部核批文件及有关情况说明；

（3）技术鉴定意见和企业法定代表人、主要负责人和财务负责人签章证实无形资产已无使用价值或转让价值的书面申明；

（4）无形资产的法律保护期限文件。

《企业资产损失所得税税前扣除管理办法》将“无形资产”纳入资产损失范畴，可以在税前扣除，避免了实际工作中的意见分歧。此外，由于固定资产改建支出和大修理支出，此两项支出可以作为长期待摊费用进行处理，即在固定资产尚可使用年限内扣除，或在不短于三年的期限扣除。而无形资产改良、升级、淘汰如何进行处理，是视同长期待摊费用还是资产损失，有待明确。

三、投资资产损失

企业投资损失包括债权性投资损失和股权（权益）性投资损失。企业委托金融机构向其他单位贷款，或委托其他经营机构进行理财，到期不能收回贷款或理财款项，按照有关投资损失相关规定进行处理。

（一）股权投资损失

1. 股权投资损失的确认条件

根据财税〔2009〕57 号文件第六条的规定，企业的股权投资符合下列条件之一的，减除可收回金额后确认的无法收回的股权投资，可以作为股权投资损失在计算应纳税所得额时扣除：

（1）被投资方依法宣告破产、关闭、解散、被撤销，或者被依法注销、吊销营业执照的；

（2）被投资方财务状况严重恶化，累计发生巨额亏损，已连续停止经营 3 年以上，且无重新恢复经营改组计划的；

（3）对被投资方不具有控制权，投资期限届满或者投资期限已超过 10 年，且被投资单位因连续 3 年经营亏损导致资不抵债的；

（4）被投资方财务状况严重恶化，累计发生巨额亏损，已完成清算或清算期超过 3 年以上的；

（5）国务院财政、税务主管部门规定的其他条件。

2. 股权投资损失的确认证据

企业股权投资损失应依据以下相关证据材料确认：

（1）股权投资计税基础证明材料；

（2）被投资企业破产公告、破产清偿文件；

（3）市场监督管理部门注销、吊销被投资单位营业执照文件；

（4）政府有关部门对被投资单位的行政处理决定文件；

（5）被投资企业终止经营、停止交易的法律或其他证明文件；

（6）被投资企业资产处置方案、成交及入账材料；

（7）企业法定代表人、主要负责人和财务负责人签章证实有关投资（权益）性损失的书面申明；

（8）会计核算资料等其他相关证据材料。

被投资企业依法宣告破产、关闭、解散或撤销、吊销营业执照、停止生产经营活动、失踪等，应出具资产清偿证明或者遗产清偿证明。

上述事项超过三年以上且未能完成清算的，应出具被投资企业破产、关闭、解散或撤销、吊销等的证明以及不能清算的原因说明。

3. 税前扣除时间

根据《国家税务总局关于企业股权投资损失所得税处理问题的公告》（国家税务总局公告2010年第6号）的规定，自2010年1月1日起，企业对外进行权益性投资所发生的损失，在经确认的损失发生年度，作为企业损失在计算企业应纳税所得额时一次性扣除。

（二）债权投资损失

1. 贷款损失的确认条件

根据财税〔2009〕57号文件的规定，企业经采取所有可能的措施和实施必要的程序之后，符合下列条件之一的贷款类债权，可以作为贷款损失在计算应纳税所得额时扣除：

（1）借款人和担保人依法宣告破产、关闭、解散、被撤销，并终止法人资格，或者已完全停止经营活动，被依法注销、吊销营业执照，对借款人和担保人进行追偿后，未能收回的债权；

（2）借款人死亡，或者依法被宣告失踪、死亡，依法对其财产或者遗产进行清偿，并对担保人进行追偿后，未能收回的债权；

（3）借款人遭受重大自然灾害或者意外事故，损失巨大且不能获得保险补偿，或者以保险赔偿后，确实无力偿还部分或者全部债务，对借款人财产进行清偿和对担保人进行追偿后，未能收回的债权；

（4）借款人触犯刑律，依法受到制裁，其财产不足归还所借债务，又无其他债务承担者，经追偿后确实无法收回的债权；

（5）由于借款人和担保人不能偿还到期债务，企业诉诸法律，经法院对借款人和担保人强制执行，借款人和担保人均无财产可执行，法院裁定执行程序终结或终止（中止）后，仍无法收回的债权；

（6）由于借款人和担保人不能偿还到期债务，企业诉诸法律后，经法院调解或经债权人会议通过，与借款人和担保人达成和解协议或重整协议，在借款人和担保人履行完还款义务后，无法追偿的剩余债权；

（7）由于上述（1）至（6）项原因借款人不能偿还到期债务，企业依法取得抵债资产，抵债金额小于贷款本息的差额，经追偿后仍无法收回的债权；

（8）开立信用证、办理承兑汇票、开具保函等发生垫款时，凡开证申请人和保证人由于上述（1）至（7）项原因，无法偿还垫款，金融企业经追偿后仍无法收回的垫款；

（9）银行卡持卡人和担保人由于上述（1）至（7）项原因，未能还清透支款项，金融企业经追偿后仍无法收回的透支款项；

（10）助学贷款逾期后，在金融企业确定的有效追索期限内，依法处置助学贷款抵押物（质押物），并向担保人追索连带责任后，仍无法收回的贷款；

（11）经国务院专案批准核销的贷款类债权；

（12）国务院财政、税务主管部门规定的其他条件。

2. 债权投资损失的证据

根据《企业资产损失所得税税前扣除管理办法》第四十条的规定，企业债权投资损失应依据投资的原始凭证、合同或协议、会计核算资料等相关证据材料确认。下列情况债权投资损失的，还应出具相关证据材料：

（1）债务人或担保人依法被宣告破产、关闭、被解散或撤销、被吊销营业执照、失踪或者死亡等，应出具资产清偿证明或者遗产清偿证明。无法出具资产清偿证明或者遗产清偿证明，且上述事项超过三年以上的，或债权投资（包括信用卡透支和助学贷款）余额在三百万元以下的，应出具对应的债务人和担保人破产、关闭、解散证明、撤销文件、市场监督管理部门注销证明或查询证明以及追索记录等（包括司法追索、电话追索、信件追索和上门追索等原始记录）；

（2）债务人遭受重大自然灾害或意外事故，企业对其资产进行清偿和对担保人进行追偿后，未能收回的债权，应出具债务人遭受重大自然灾害或意外事故证明、保险赔偿证明、资产清偿证明等；

（3）债务人因承担法律责任，其资产不足归还所借债务，又无其他债务承担者的，应出具法院裁定证明和资产清偿证明；

（4）债务人和担保人不能偿还到期债务，企业提出诉讼或仲裁的，经人民法院对债务人和担保人强制执行，债务人和担保人均无资产可执行，人民法院裁定终结或终止（中止）执行的，应出具人民法院裁定文书；

（5）债务人和担保人不能偿还到期债务，企业提出诉讼后被驳回起诉的、人民法院不予受理或不予支持的，或经仲裁机构裁决免除（或部分免除）债务人责任，经追偿后无法收回的债权，应提交法院驳回起诉的证明，或法院不予受理或不予支持证明，或仲裁机构裁决免除债务人责任的文书；

（6）经国务院专案批准核销的债权，应提供国务院批准文件或经国务院同意后由国务院有关部门批准的文件。

需要说明的是：

（1）资产清偿证明，必须是外部的，包括债务人（含担保人）、被投资单位或第三方。终止（中止）执行必须按《破产法》的有关规定进行估算，并出具专项说明。估算时一般需要中介机构参与。

（2）债权和股权出售（包括捆绑资产损失）必须按市场的方式操作，操作不当损失，属于合法业务，但由于个人原因操作不当而产生的损失，可以扣除；属于违法经营活动而产生的损失，不允许税前扣除。

3. 涉农贷款和中小企业贷款损失

根据《国家税务总局关于金融企业涉农贷款和中小企业贷款损失税前扣除问题的公告》（国家税务总局公告2015年第25号）的规定，金融企业涉农贷款、中小企业贷款逾期1年以上，经追索无法收回，应依据涉农贷款、中小企业贷款分类证明，按下列规定计算确认贷款损失进行税前扣除：

（1）单户贷款余额不超过300万元（含300万元）的，应依据向借款人和担保人的有关原始追索记录（包括司法追索、电话追索、信件追索和上门追索等原始记录之一，并由经办人和负责人共同签章确认），计算确认损失进行税前扣除。

（2）单户贷款余额超过300万元至1000万元（含1000万元）的，应依据有关原始追索记录（应当包括司法追索记录，并由经办人和负责人共同签章确认），计算确认损失进行税前扣除。

（3）单户贷款余额超过1000万元的，仍按《国家税务总局关于发布〈企业资产损失所得税税前扣除管理办法〉的公告》（国家税务总局公告2011年第25号）有关规定计算确认损失进行税前扣除。

金融企业涉农贷款和中小企业贷款的分类标准，按照《财政部　国家税务总局关于金融企业涉农贷款和中小企业贷款损失准备金税前扣除有关问题的通知》（财税〔2015〕3号）规定执行。

金融企业应当建立健全贷款损失内部核销管理制度，严格内部责任认定和追究，及时收集、整理、编制、审核、申报、保存资产损失税前扣除证据材料。

对不符合法定条件扣除的贷款损失，或弄虚作假进行税前扣除的，应追溯调整以前年度的税务处理，并按《税收征收管理法》有关规定进行处罚。

（三）不得扣除的投资损失

根据《企业资产损失所得税税前扣除管理办法》的规定，下列股权和债权不得作为损失在税前扣除：

（1）债务人或者担保人有经济偿还能力，未按期偿还的企业债权；

（2）违反法律、法规的规定，以各种形式、借口逃废或悬空的企业债权；

（3）行政干预逃废或悬空的企业债权；

（4）企业未向债务人和担保人追偿的债权；

（5）企业发生非经营活动的债权；

（6）其他不应当核销的企业债权和股权。

四、其他资产损失

（一）资产捆绑出售损失

根据《企业资产损失所得税税前扣除管理办法》第四十七条的规定，企业将不同类别的资产捆绑（打包），以拍卖、询价、竞争性谈判、招标等市场方式出售，其出售价格低于计税成本的差额，可以作为资产损失并准予在税前申报扣除，但应出具资产处置方案、各类资产作价依据、出售过程的情况说明、出售合同或协议、成交及入账证明、资产计税基础等确定依据。

（二）操作不当、业务创新但政策不明形成的损失

根据《企业资产损失所得税税前扣除管理办法》第四十八条的规定，企业正常经营业务因内部控制制度不健全而出现操作不当、不规范或因业务创新但政策不明确、不配套等原因形成的资产损失，应由企业承担的金额，可以作为资产损失并准予在税前申报扣除，但应出具损失原因证明材料或业务监管部门定性证明、损失专项说明。

（三）刑事案件形成的损失

根据《企业资产损失所得税税前扣除管理办法》第四十九条的规定，企业因刑事案件原因形成的损失，应由企业承担的金额，或经公安机关立案侦查两年以上仍未追回的金额，可以作为资产损失并准予在税前申报扣除，但应出具公安机关、人民检察院的立案侦查情况或人民法院的判决书等损失原因证明材料。

（四）抵押资产损失

根据《企业资产损失所得税税前扣除管理办法》第三十七条的规定，企业由于未能按期赎回抵押资产，使抵押资产被拍卖或变卖，其账面净值大于变卖价值的差额，可认定为资产损失，按以下证据材料确认：

（1）抵押合同或协议书；

（2）拍卖或变卖证明、清单；

（3）会计核算资料等其他相关证据材料。

（五）担保责任损失

企业对外提供与本企业生产经营活动有关的担保，因被担保人不能按期偿还债务而承担连带责任，经追索，被担保人无偿还能力，对无法追回的金额，比照《企业资产损失所得税税前扣除管理办法》有关应收款项损失进行处理。

与本企业生产经营活动有关的担保是指企业对外提供的与本企业应税收入、投资、

融资、材料采购、产品销售等生产经营活动相关的担保。

根据《房地产开发经营业务企业所得税处理办法》第十九条的规定，企业采取银行按揭方式销售开发产品的，凡约定企业为购买方的按揭贷款提供担保的，其销售开发产品时向银行提供的保证金（担保金）不得从销售收入中减除，也不得作为费用在当期税前扣除，但实际发生损失时可据实扣除。

（六）向关联企业转让资产损失

企业按独立交易原则向关联企业转让资产而发生的损失，或向关联企业提供借款、担保而形成的债权损失，准予扣除，但企业应作专项说明，同时出具中介机构出具的专项报告及其相关的证明材料。

五、资产损失资料留存备查

根据《国家税务总局关于企业所得税资产损失资料留存备查有关事项的公告》（国家税务总局公告2018年第15号）的规定，企业向税务机关申报扣除资产损失，仅需填报企业所得税年度纳税申报表“资产损失税前扣除及纳税调整明细表”（A105090），不再报送资产损失相关资料。相关资料由企业留存备查。企业应当完整保存资产损失相关资料，保证资料的真实性、合法性。

第十二章　政策性搬迁的纳税调整

第一节　财税处理与纳税调整表

企业政策性搬迁，是指由于社会公共利益的需要，在政府主导下企业进行整体搬迁或部分搬迁。为规范搬迁业务的财务与会计处理，财政部先后下发了《关于企业收到政府拨给的搬迁补偿款有关财务处理问题的通知》（财企〔2005〕123号）、《关于印发〈企业会计准则解释第3号〉的通知》（财会〔2009〕8号），对企业收到政府给予的补偿款的财务处理作出规定。

为进一步规范政策性搬迁所得税征收管理，堵塞征管漏洞，国家税务总局对《关于企业政策性搬迁或处置收入有关企业所得税处理问题的通知》（国税函〔2009〕118号）进行了修改、完善，先后发布了《企业政策性搬迁所得税管理办法》（国家税务总局公告2012年第40号）、《关于企业政策性搬迁所得税有关问题的公告》（国家税务总局公告2013年第11号）等规定，自2012年10月1日起施行。

一、政府拨给搬迁补偿款的会计处理

（一）《企业会计准则》的处理

根据《企业会计准则解释第3号》（财会〔2009〕8号）的规定，企业因城镇整体规划、库区建设、棚户区改造、沉陷区治理等公共利益进行搬迁，收到政府从财政预算直接拨付的搬迁补偿款，应作为专项应付款处理。其中，属于对企业在搬迁和重建过程中发生的固定资产和无形资产损失、有关费用性支出、停工损失及搬迁后拟新建资产进行补偿的，应自专项应付款转入递延收益，并按照《企业会计准则第16号——政府补助》进行会计处理。企业取得的搬迁补偿款扣除转入递延收益的金额后如有结余的，应当作为资本公积处理。企业收到除上述之外的搬迁补偿款，应当按照《企业会计准则第4号——固定资产》《企业会计准则第16号——政府补助》等会计准则进行处理。

（二）未执行《企业会计准则》的处理

未执行《企业会计准则》的企业，应按照财企〔2005〕123号文件的下列规定对政

策性搬迁进行财务处理。

（1）企业收到政府拨给的搬迁补偿款，作为专项应付款核算。搬迁补偿款存款利息，一并转增专项应付款。

（2）企业在搬迁和重建过程中发生的损失或费用，区分以下情况进行处理：

①因搬迁出售、报废或毁损的固定资产，作为固定资产清理业务核算，其净损失核销专项应付款；

②机器设备因拆卸、运输、重新安装、调试等原因发生的费用，直接核销专项应付款；

③企业因搬迁而灭失的、原已作为资产单独入账的土地使用权，直接核销专项应付款；

④用于安置职工的费用支出，直接核销专项应付款。

（3）企业搬迁结束后，专项应付款如有余额，作调增资本公积金处理，由此增加的资本公积金由全体股东共享；专项应付款如有不足，应计入当期损益。

企业收到的政府拨给的搬迁补偿款的总额及搬迁结束后计入资本公积金或当期损益的金额应当单独披露。

二、“政策性搬迁纳税调整明细表”及其适用

企业政策性搬迁涉及的表单主要有：“企业所得税年度纳税申报基础信息表”（A000000）之“216 发生政策性搬迁且停止生产经营无所得年度”、“215 政策性搬迁开始时间”“217 政策性搬迁损失分期扣除年度”，“纳税调整项目明细表”（A105000）第38 行“（二）政策性搬迁”以及“政策性搬迁纳税调整明细表”（A105110）。

表 A000000“215 政策性搬迁开始时间”：纳税人发生政策性搬迁事项且申报所属期年度处在搬迁期内的，填报政策性搬迁开始的时间。

表 A000000“216 发生政策性搬迁且停止生产经营无所得年度”：纳税人的申报所属期年度处于政策性搬迁期内，且停止生产经营无所得的，选择“是”。

表 A000000“217 政策性搬迁损失分期扣除年度”：纳税人发生政策性搬迁事项出现搬迁损失，按照《企业政策性搬迁所得税管理办法》（国家税务总局公告 2012 年第 40 号发布）等有关规定选择自搬迁完成年度起分 3 个年度均匀在税前扣除的，且申报所属期年度处在分期扣除期间的，选择“是”。

表 A105000 第 38 行“（二）政策性搬迁”：根据“政策性搬迁纳税调整明细表”（A105110）填报。若第 24 行（纳税调整金额）≥0，将第 24 行填入表 A105000 第 38 行（政策性搬迁）第 3 列（调增金额）；若第 24 行＜0，将第 24 行的绝对值填入表 A105000 第 38 行第 4 列（调减金额）。

“政策性搬迁纳税调整明细表”（A105110，见表 12－1）适用于发生政策性搬迁纳税调整项目的纳税人在完成搬迁年度及以后进行损失分期扣除的年度填报。纳税人根据

《企业所得税法》及其实施条例、《国家税务总局关于发布〈企业政策性搬迁所得税管理办法〉的公告》(国家税务总局公告2012年第40号)、《国家税务总局关于企业政策性搬迁所得税有关问题的公告》(国家税务总局公告2013年第11号)等相关规定，以及国家统一企业会计制度，填报企业政策性搬迁项目的相关会计处理、税收规定及纳税调整情况。

表A105110第1行"一、搬迁收入"至第21行"搬迁损失分期扣除"的金额，按照税收规定确认的政策性搬迁清算累计数填报。即表A105110第1行至第21行是在某政策性搬迁项目完成年度填报该项目的各类搬迁收入、搬迁支出、搬迁所得或损失以及应计入本年应纳税所得额的搬迁所得或损失的累计发生数。政策性搬迁项目在搬迁过程中则不需要填报第1行至第21行。

表12-1 A105110 政策性搬迁纳税调整明细表

行次	项　　目	金额
1	一、搬迁收入(2+8)	
2	(一)搬迁补偿收入(3+4+5+6+7)	
3	1. 对被征用资产价值的补偿	
4	2. 因搬迁、安置而给予的补偿	
5	3. 对停产停业形成的损失而给予的补偿	
6	4. 资产搬迁过程中遭到毁损而取得的保险赔款	
7	5. 其他补偿收入	
8	(二)搬迁资产处置收入	
9	二、搬迁支出(10+16)	
10	(一)搬迁费用支出(11+12+13+14+15)	
11	1. 安置职工实际发生的费用	
12	2. 停工期间支付给职工的工资及福利费	
13	3. 临时存放搬迁资产而发生的费用	
14	4. 各类资产搬迁安装费用	
15	5. 其他与搬迁相关的费用	
16	(二)搬迁资产处置支出	
17	三、搬迁所得或损失(1-9)	
18	四、应计入本年应纳税所得额的搬迁所得或损失(19+20+21)	
19	其中:搬迁所得	
20	搬迁损失一次性扣除	
21	搬迁损失分期扣除	
22	五、计入当期损益的搬迁收益或损失	
23	六、以前年度搬迁损失当期扣除金额	
24	七、纳税调整金额(18-22-23)	

三、土地增值税与契税的处理

（一）土地增值税的处理

根据《土地增值税暂行条例》第八条的规定，因国家建设需要依法征用、收回的房地产免征土地增值税。根据《土地增值税暂行条例实施细则》第十一条的规定，因国家建设需要依法征用、收回的房地产，是指因城市实施规划、国家建设的需要而被政府批准征用的房产或收回的土地使用权。

（二）契税的处理

《契税暂行条例细则》（财法字〔1997〕52 号）规定，土地使用权交换、房屋交换，交换价格不相等的，由多交付货币、实物、无形资产或者其他经济利益的一方缴纳税款。交换价格相等的，免征契税。土地、房屋被县级以上人民政府征用、占用后，重新承受土地、房屋权属的，是否减征或者免征契税，由省、自治区、直辖市人民政府确定。如《江苏省实施〈中华人民共和国契税暂行条例〉办法》第九条规定，土地、房屋被县级以上人民政府征用（占用）后，重新承受土地、房屋权属，其成交价格没有超过土地、房屋补偿费、安置补助费的，免征；超过土地、房屋补偿费、安置补助费的部分，纳税确有困难的，给予减征或免征。

第二节　政策性搬迁的所得税处理

自 2012 年 10 月 1 日起，企业应按《企业政策性搬迁所得税管理办法》（国家税务总局公告 2012 年第 40 号）和《国家税务总局关于企业政策性搬迁所得税有关问题的公告》（国家税务总局公告 2013 年第 11 号）的要求，就政策性搬迁过程中涉及的搬迁收入、搬迁支出、搬迁资产税务处理、搬迁所得等所得税征收管理事项，单独进行税务管理和核算。不能单独进行税务管理和核算的，应视为企业自行搬迁或商业性搬迁等非政策性搬迁进行所得税处理，不执行上述公告的相关处理规定。

一、企业政策性搬迁的界定

企业政策性搬迁，是指由于社会公共利益的需要，在政府主导下企业进行整体搬迁或部分搬迁。企业由于下列需要之一，提供相关文件证明资料的，属于政策性搬迁：

（1）国防和外交的需要；

（2）由政府组织实施的能源、交通、水利等基础设施的需要；

（3）由政府组织实施的科技、教育、文化、卫生、体育、环境和资源保护、防灾减灾、文物保护、社会福利、市政公用等公共事业的需要；

（4）由政府组织实施的保障性安居工程建设的需要；

（5）由政府依照《中华人民共和国城乡规划法》有关规定组织实施的对危房集中、基础设施落后等地段进行旧城区改建的需要；

（6）法律、行政法规规定的其他公共利益的需要。

政策性搬迁与非政策性搬迁的主要区别体现在：一是企业取得搬迁补偿收入，不立即作为当年度的应税收入征税，而是在搬迁周期内扣除搬迁支出后统一核算；二是给予最长五年的搬迁期限；三是企业以前年度发生尚未弥补的亏损的，搬迁期间从法定亏损结转年限中减除。

二、搬迁收入

（一）搬迁收入的范围

企业的搬迁收入，包括搬迁过程中从本企业以外（包括政府或其他单位）取得的搬迁补偿收入以及本企业搬迁资产处置收入等。

企业取得的搬迁补偿收入，是指企业由于搬迁取得的货币性和非货币性补偿收入。具体包括：

（1）对被征用资产价值的补偿；

（2）因搬迁、安置而给予的补偿；

（3）对停产停业形成的损失而给予的补偿；

（4）资产搬迁过程中遭到毁损而取得的保险赔款；

（5）其他补偿收入。

企业搬迁资产处置收入，是指企业由于搬迁而处置企业各类资产所取得的收入。企业由于搬迁处置存货而取得的收入，应按正常经营活动取得的收入进行所得税处理，不作为企业搬迁收入。

（二）搬迁收入的填报

表 A105110 第 1 行“一、搬迁收入”：填报第 2 + 8 行的合计金额。即：搬迁收入 = 搬迁补偿收入 + 搬迁资产处置收入

1. 搬迁补偿收入

表 A105110 第 2 行“（一）搬迁补偿收入”：填报按税收规定确认的，纳税人从本企业以外取得的搬迁补偿收入金额，此行为第 3 行至第 7 行的合计金额。即：第 2 行 = 第 3 + 4 + … + 7 行。

表 A105110 第 3 行“1. 对被征用资产价值的补偿”：填报按税收规定确认的，纳税

人被征用资产价值补偿收入累计金额。

表 A105110 第 4 行“2. 因搬迁、安置而给予的补偿”：填报按税收规定确认的，纳税人因搬迁、安置而取得的补偿收入累计金额。

表 A105110 第 5 行“3. 对停产停业形成的损失而给予的补偿”：填报按税收规定确认的，纳税人停产停业形成损失而取得的补偿收入累计金额。

表 A105110 第 6 行“4. 资产搬迁过程中遭到毁损而取得的保险赔款”：填报按税收规定确认，纳税人资产搬迁过程中遭到毁损而取得的保险赔款收入累计金额。

表 A105110 第 7 行“5. 其他补偿收入”：填报按税收规定确认，纳税人其他补偿收入累计金额。

2. 搬迁资产处置收入

表 A105110 第 8 行“（二）搬迁资产处置收入”：填报按税收规定确认，纳税人由于搬迁而处置各类资产所取得的收入累计金额。

根据国家税务总局公告 2012 年第 40 号的规定，企业由于搬迁处置存货而取得的收入，应按正常经营活动取得的收入进行所得税处理，不作为企业搬迁收入。因此，本行应将存货处置剔除在外。存货处置应作为正常的销售处理，相应的存货处置支出也不能作为搬迁资产支出，因此，表 A105110 第 16 行“（二）搬迁资产处置支出”应将存货处置剔除。

三、搬迁支出

（一）搬迁支出的范围

企业的搬迁支出，包括搬迁费用支出以及由于搬迁所发生的企业资产处置支出。

搬迁费用支出，是指企业搬迁期间所发生的各项费用，包括安置职工实际发生的费用、停工期间支付给职工的工资及福利费、临时存放搬迁资产而发生的费用、各类资产搬迁安装费用以及其他与搬迁相关的费用。

资产处置支出，是指企业由于搬迁而处置各类资产所发生的支出，包括变卖及处置各类资产的净值、处置过程中所发生的税费等支出。

企业由于搬迁而报废的资产，如无转让价值，其净值作为企业的资产处置支出。

（二）搬迁支出的填报

表 A105110 第 9 行“二、搬迁支出”：填报第 10（搬迁费用支出）+16 行（搬迁资产处置支出）的合计金额。即：搬迁支出包括搬迁费用支出和搬迁资产处置支出。

1. 搬迁费用支出

表 A105110 第 10 行“（一）搬迁费用支出”：填报按税收规定确认，纳税人搬迁过程中发生的费用支出累计金额，为第 11 行至第 15 行的合计金额。即：第 10 行 = 第

11 + 12 + … + 15 行。

表 A105110 第 11 行“1. 安置职工实际发生的费用”：填报按税收规定确认，纳税人安置职工实际发生费用支出的累计金额。

表 A105110 第 12 行“2. 停工期间支付给职工的工资及福利费”：填报按税收规定确认，纳税人因停工支付给职工的工资及福利费支出累计金额。

表 A105110 第 13 行“3. 临时存放搬迁资产而发生的费用”：填报按税收规定确认，纳税人临时存放搬迁资产发生的费用支出累计金额。

表 A105110 第 14 行“4. 各类资产搬迁安装费用”：填报按税收规定确认，纳税人各类资产搬迁安装费用支出累计金额。

表 A105110 第 15 行“5. 其他与搬迁相关的费用”：填报按税收规定确认，纳税人其他与搬迁相关的费用支出累计金额。

2. 搬迁资产处置支出

表 A105110 第 16 行“（二）搬迁资产处置支出”：填报按税收规定确认的，纳税人搬迁资产处置支出累计金额。符合《国家税务总局关于企业政策性搬迁所得税有关问题的公告》（国家税务总局公告 2013 年第 11 号）规定的资产购置支出，填报在本行。

根据国家税务总局公告 2012 年第 40 号的规定，企业搬迁期间新购置的各类资产，应依照《企业所得税法》及其实施条例等有关规定，计算确定资产的计税成本及折旧或摊销年限。企业发生的购置资产支出，不得从搬迁收入中扣除。而国家税务总局公告 2013 年第 11 号规定了一种特殊情况，就是这里的“资产购置支出”，是指在 2012 年 10 月 1 日前已经签订搬迁协议且尚未完成搬迁清算的企业政策性搬迁项目，在重建或恢复生产过程中购置的各类资产，可以作为搬迁支出，从搬迁收入中扣除。但购置的各类资产，应剔除该搬迁补偿收入后，作为该资产的计税基础，并按规定计算折旧或费用摊销。

四、搬迁资产的税务处理

（一）简单安装或不需要安装即可继续使用资产

企业搬迁的资产，简单安装或不需要安装即可继续使用的，在该项资产重新投入使用后，就其净值按《企业所得税法》及其实施条例规定的该资产尚未折旧或摊销的年限，继续计提折旧或摊销。

（二）需进行大修理后才能重新使用的资产

企业搬迁的资产，需要进行大修理后才能重新使用的，应就该资产的净值，加上大修理过程所发生的支出，为该资产的计税成本。在该项资产重新投入使用后，按该资产尚可使用的年限，计提折旧或摊销。

（三）搬迁资产置换的处理

企业搬迁中被征用的土地，采取土地置换的，换入土地的计税成本按被征用土地的净值，以及该换入土地投入使用前所发生的各项费用支出，为该换入土地的计税成本，在该换入土地投入使用后，按《企业所得税法》及其实施条例规定年限摊销。

根据《国家税务总局关于企业政策性搬迁所得税有关问题的公告》（国家税务总局公告2013年第11号）的规定，企业政策性搬迁被征用的资产，采取资产置换的，其换入资产的计税成本按被征用资产的净值，加上换入资产所支付的税费（涉及补价的，还应加上补价款）计算确定。

（四）新购置资产的处理

企业搬迁期间新购置的各类资产，应按《企业所得税法》及其实施条例等有关规定，计算确定资产的计税成本及折旧或摊销年限。

企业发生的购置资产支出，不得从搬迁收入中扣除。凡在2012年10月1日国家税务总局公告2012年第40号生效前已经签订搬迁协议且尚未完成搬迁清算的企业政策性搬迁项目，企业在重建或恢复生产过程中购置的各类资产，可以作为搬迁支出，从搬迁收入中扣除。但购置的各类资产，应剔除该搬迁补偿收入后，作为该资产的计税基础，并按规定计算折旧或费用摊销。凡在国家税务总局2012年第40号公告生效后签订搬迁协议的政策性搬迁项目，应按国家税务总局2012年第40号公告有关规定执行，即企业发生的购置资产支出，不得从搬迁收入中扣除。

五、搬迁所得或损失

（一）搬迁所得或损失的确定

企业在搬迁期间发生的搬迁收入和搬迁支出，可以暂不计入当期应纳税所得额，而在完成搬迁的年度，对搬迁收入和支出进行汇总清算。

企业的搬迁收入，扣除搬迁支出后的余额，为企业的搬迁所得。企业应在搬迁完成年度，将搬迁所得计入当年度企业应纳税所得额计算纳税。

有下列情形之一的，为搬迁完成年度，企业应进行搬迁清算，计算搬迁所得：

（1）从搬迁开始，5年内（包括搬迁当年度）任何一年完成搬迁的。

（2）从搬迁开始，搬迁时间满5年（包括搬迁当年度）的年度。

企业搬迁收入扣除搬迁支出后为负数的，应为搬迁损失。搬迁损失可在下列方法中选择其一进行税务处理：

（1）在搬迁完成年度，一次性作为损失进行扣除；

（2）自搬迁完成年度起分3个年度，均匀在税前扣除。

上述方法由企业自行选择，但一经选定，不得改变。

企业同时符合下列条件的，视为已经完成搬迁：①搬迁规划已基本完成；②当年生产经营收入占规划搬迁前年度生产经营收入 50% 以上。

企业边搬迁、边生产的，搬迁年度应从实际开始搬迁的年度计算。

企业以前年度发生尚未弥补的亏损的，凡企业由于搬迁停止生产经营无所得的，从搬迁年度次年起，至搬迁完成年度前一年度止，可作为停止生产经营活动年度，从法定亏损结转弥补年限中减除；企业边搬迁、边生产的，其亏损结转年度应连续计算。

（二）搬迁所得或损失的填报

1. 搬迁所得或损失

表 A105110 第 17 行“三、搬迁所得或损失”：填报政策性搬迁所得或损失，填报第 1 –9 行的余额，损失以“ – ”号填列。即：搬迁所得或损失 = 搬迁收入 – 搬迁支出。

2. 应计入本年应纳税所得额的搬迁所得或损失

表 A105110 第 18 行“四、应计入本年应纳税所得额的搬迁所得或损失”：填报政策性搬迁所得或损失按照税收规定计入本年应纳税所得额的金额，填报第 19 行至第 21 行的合计金额，损失以“ – ”号填列。

表 A105110 第 19 行“其中：搬迁所得”：填报按税法相关规定，搬迁完成年度政策性搬迁所得的金额。

表 A105110 第 20 行“搬迁损失一次性扣除”：由选择一次性扣除搬迁损失的纳税人填报，填报搬迁完成年度按照税收规定计算的搬迁损失金额，损失以“ – ”号填列。

表 A105110 第 21 行“搬迁损失分期扣除”：由选择分期扣除搬迁损失的纳税人填报，填报搬迁完成年度按照税收规定计算的搬迁损失在本年扣除的金额，损失以“ – ”号填列。

3. 计入当期损益的搬迁收益或损失

表 A105110 第 22 行“五、计入当期损益的搬迁收益或损失”：填报政策性搬迁项目会计核算计入当期损益的金额，损失以“ – ”号填列。

4. 以前年度搬迁损失当期扣除金额

表 A105110 第 23 行“六、以前年度搬迁损失当期扣除金额”：以前年度完成搬迁形成的损失，按照税收规定在当期扣除的金额。

本行填报的是在以前年度完成的政策性搬迁项目，在完成搬迁年度汇总清算时搬迁收入减搬迁支出是负数，按政策规定可分期扣除且纳税人选择分期扣除的，而本年又属分期扣除年度内的，应在本年分摊的部分。本行与第 21 行是不同的搬迁项目。

5. 纳税调整金额

表 A105110 第 24 行“七、纳税调整金额”：填报第 18 – 22 – 23 行的余额。即：纳税调整金额 = 应计入本年应纳税所得额的搬迁所得或损失 – 计入当期损益的搬迁收益或损失 – 以前年度搬迁损失当期扣除金额

六、案例解析

【例 12－1】A 上市公司 2018 年 8 月因政府政策性搬迁，按当月签订的《搬迁补偿协议》约定，2018 年 9 月收到政府拨付的 5 000 万元用于异地重建，土地使用权由政府收回。2018 年 11 月 A 公司被搬迁当月固定资产账面原值为 1 500 万元，累计折旧 500 万元；无形资产（土地使用权）账面价值 600 万元（按税法规定摊销后的余额）；处置相关固定资产取得收入为 50 万元。按照企业重建计划，企业在实施搬迁过程中，2018 年 12 月共购置管理部门使用的固定资产 2 000 万元投入使用，预计使用 10 年，按直线法计提折旧（不考虑残值）；2019 年 1 月新购置土地使用权 500 万元，按 50 年摊销。2018 年 12 月支付职工安置费 100 万元。2020 年 12 月搬迁完成。

要求：进行相关的会计与税务处理。

解析：

A 公司上述搬迁业务的会计与税务处理如下：

（1）2018 年 9 月，收到政府补偿款时，其会计处理为：

借：银行存款　　50 000 000

　　贷：专项应付款　　50 000 000

税务处理：该搬迁补偿收入可暂不计入 2018 年度应纳税所得额，待搬迁完成年度汇总清算。该收入会计上也未计入当年利润总额。会计与税务处理无差异。

（2）2018 年 11 月，处置被搬迁资产时，其会计处理为：

将固定资产转入清理：

借：固定资产清理　　10 000 000

　　累计折旧　　5 000 000

　　贷：固定资产　　15 000 000

收到处置资产收入 50 万元：

借：银行存款　　500 000

　　贷：固定资产清理　　500 000

结转固定资产处置净损失：

借：营业外支出　　9 500 000

　　贷：固定资产清理　　9 500 000

处置无形资产时：

借：营业外支出　　6 000 000

　　贷：无形资产　　6 000 000

对搬迁中发生的资产损失，自专项应付款转入递延收益：

借：专项应付款　　15 500 000

　　贷：递延收益　　15 500 000

借：递延收益　　15 500 000

　　贷：营业外收入　　15 500 000

税务处理：企业搬迁资产处置收入50万元，搬迁资产处置支出1 600万元（1 000 + 600），可暂不计入2018年度应纳税所得额，待搬迁完成年度汇总清算。上述已计入当年利润总额的搬迁收入50万元应做纳税调减处理，搬迁支出1 600万元应做纳税调增处理。同时按政府补助准则计入“营业外收入”的金额1 550万元，应调减应纳税所得额（净调整为0）。

（3）2018年12月，支付给职工安置费的会计处理为：

借：管理费用　　1 000 000

　　贷：银行存款　　1 000 000

将搬迁中有关费用性支出自专项应付款转入递延收益：

借：专项应付款　　1 000 000

　　贷：递延收益　　1 000 000

借：递延收益　　1 000 000

　　贷：营业外收入　　1 000 000

税务处理：职工安置费100万元，可暂不计入2018年度应纳税所得额，待搬迁完成年度汇总清算。会计上已计入当年利润总额应做纳税调整处理（净调整为0）。

（4）2018年12月，购置固定资产的会计处理为：

借：固定资产　　20 000 000

　　贷：银行存款　　20 000 000

同时，结转专项应付款：

借：专项应付款　　20 000 000

　　贷：递延收益　　20 000 000

（5）2019年1月，购置土地使用权的会计处理为：

借：无形资产　　5 000 000

　　贷：银行存款　　5 000 000

同时，结转专项应付款：

借：专项应付款　　5 000 000

　　贷：递延收益　　5 000 000

税务处理：A公司的《搬迁补偿协议》是在2012年10月1日《企业政策性搬迁所得税管理办法》实施以后签订的，2020年12月份完成搬迁，则其搬迁收入为：5 000 + 50 = 5 050（万元）；搬迁支出为：1 000 + 600 + 100 = 1 700（万元）；搬迁所得为：5 050 − 1 700 = 3 350（万元），该搬迁所得应计入2020年度企业应纳税所得额计算纳税。重新购置固定资产的计税基础为2 000万元，购置无形资产的计税基础为500万元，该资产以后年度按税法规定计提的折旧（或摊销）税前可以扣除。

假设A公司在2012年10月1日《企业政策性搬迁所得税管理办法》生效前已经签

订搬迁协议且尚未完成搬迁清算，其在搬迁过程中购置的资产，可以作为搬迁支出，从搬迁收入中扣除。但应剔除该搬迁补偿收入后，作为该资产的计税基础，并按规定计算折旧或摊销。除此之外，企业发生的购置资产支出，不得从搬迁收入中扣除。在此种情况下该固定资产的计税基础为0。而固定资产账面原值为2 000万元。

（6）2019年计提固定资产折旧（无形资产摊销）的会计处理为：

借：管理费用　　2 100 000

　　贷：累计折旧　　2 000 000

　　　　累计摊销　　100 000

递延收益金额在相关资产使用期间内摊销（假设采用直线法）的会计处理为：

借：递延收益　　2 100 000

　　贷：营业外收入　　2 100 000

税务处理：上述资产计税基础与会计成本相同，会计上计提的折旧与摊销210万元可以在企业所得税前扣除，不用纳税调增处理。递延收益转入营业外收入的金额应做纳税调减处理。

（7）2020年搬迁完成时，企业将专项应付款余额转入资本公积：

借：专项应付款　　8 500 000

　　贷：资本公积　　8 500 000

税务处理：企业在搬迁期间发生的搬迁收入和搬迁支出，可以暂不计入当期应纳税所得额，而在2020年完成搬迁的年度，对搬迁收入和支出进行汇总清算。企业的搬迁收入为：5 000 + 50 = 5 050（万元）；搬迁支出为：1 000 + 600 + 100 = 1 700（万元）；搬迁所得为：5 050 − 1 700 = 3 350（万元），该搬迁所得应计入2020年度企业应纳税所得额计算纳税。重新购置固定资产的计税基础为2 000万元，购置无形资产的计税基础为500万元，该资产以后年度按税法规定计提的折旧（或摊销）税前可以扣除。

假设A公司在2012年10月1日《企业政策性搬迁所得税管理办法》生效前已经签订搬迁协议且尚未完成搬迁清算，则A公司在搬迁期间发生的搬迁收入和搬迁支出，可以暂不计入当期应纳税所得额，而在完成搬迁的年度，对搬迁收入和支出进行汇总清算。此时，企业的搬迁收入为：5 000 + 50 = 5 050（万元）；搬迁支出为：1 000 + 600 + 100 + 2 000 + 500 = 4 200（万元）；搬迁所得为：5 050 − 4 200 = 850（万元），该搬迁所得应计入搬迁完成年度企业应纳税所得额计算纳税。

（8）2021年及以后年度计提固定资产折旧（无形资产摊销）的会计处理为：

借：管理费用　　2 100 000

　　贷：累计折旧　　2 000 000

　　　　累计摊销　　100 000

递延收益金额在相关资产使用期间内平均摊销的会计处理为：

借：递延收益　　2 100 000

　　贷：营业外收入　　2 100 000

税务处理：企业所得税前允许扣除的折旧（或摊销）金额为210万元，会计上已计提的折旧（或摊销）金额210万元，税会无差异。同时，转入营业外收入的210万元，应做纳税调减处理。

填报相关纳税申报表如表12－2所示：

表12－2　A105110　　政策性搬迁纳税调整明细表　　单位：元

行次	项　　目	金额
1	一、搬迁收入（2＋8）	50 500 000
2	（一）搬迁补偿收入（3＋4＋5＋6＋7）	50 000 000
3	1. 对被征用资产价值的补偿	50 000 000
4	2. 因搬迁、安置而给予的补偿	
5	3. 对停产停业形成的损失而给予的补偿	
6	4. 资产搬迁过程中遭到毁损而取得的保险赔款	
7	5. 其他补偿收入	
8	（二）搬迁资产处置收入	500 000
9	二、搬迁支出（10＋16）	17 000 000
10	（一）搬迁费用支出（11＋12＋13＋14＋15）	1 000 000
11	1. 安置职工实际发生的费用	1 000 000
12	2. 停工期间支付给职工的工资及福利费	
13	3. 临时存放搬迁资产而发生的费用	
14	4. 各类资产搬迁安装费用	
15	5. 其他与搬迁相关的费用	
16	（二）搬迁资产处置支出	16 000 000
17	三、搬迁所得或损失（1－9）	33 500 000
18	四、应计入本年应纳税所得额的搬迁所得或损失（19＋20＋21）	33 500 000
19	其中：搬迁所得	33 500 000
20	搬迁损失一次性扣除	
21	搬迁损失分期扣除	
22	五、计入当期损益的搬迁收益或损失	33 500 000
23	六、以前年度搬迁损失当期扣除金额	0
24	七、纳税调整金额（18－22－23）	33 500 000

据此填报“纳税调整项目明细表”（A105000），如表12－3所示。

表 12-3　A105000　　纳税调整项目明细表　　单位：元

行次	项　目	账载金额	税收金额	调增金额	调减金额
		1	2	3	4
1	一、收入类调整项目（2+3+…+11）	*	*		
12	二、扣除类调整项目（13+14+…+30）	*	*		
31	三、资产类调整项目（32+33+34+35）	*	*		
36	四、特殊事项调整项目（37+38+…+42）	*	*	33 500 000	
37	（一）企业重组（填写 A105100）				
38	（二）政策性搬迁（填写 A105110）	*	*	33 500 000	
39	（三）特殊行业准备金（填写 A105120）				
44	五、特别纳税调整应税所得	*	*		
45	六、其他	*	*		
46	合计（1+12+31+36+44+45）	*	*	33 500 000	

七、征收管理

（一）政策性搬迁备案

企业应当自搬迁开始年度至次年 5 月 31 日前，向主管税务机关（包括迁出地和迁入地）报送政策性搬迁依据、搬迁规划等相关材料。逾期未报的，除特殊原因并经主管税务机关认可外，按非政策性搬迁处理，不得执行《企业政策性搬迁所得税管理办法》的规定。

企业应向主管税务机关报送的政策性搬迁依据、搬迁规划等相关材料，包括：①政府搬迁文件或公告；②搬迁重置总体规划；③拆迁补偿协议；④资产处置计划；⑤其他与搬迁相关的事项。

（二）政策性搬迁清算

企业迁出地和迁入地主管税务机关发生变化的，由迁入地主管税务机关负责企业搬迁清算。

《企业政策性搬迁所得税管理办法》进一步规定，企业在该办法生效前尚未完成搬迁的，符合该办法规定的搬迁事项，一律按该办法执行。该办法生效年度以前已经完成搬迁且已按原规定进行税务处理的，不再调整。该办法未规定的企业搬迁税务事项，按照《企业所得税法》及其实施条例等相关规定进行税务处理。

第十三章 特殊行业准备金的纳税调整

“纳税调整项目明细表”（A105000）第 39 行“（三）特殊行业准备金”纳税调整项目，通过附表“特殊行业准备金及纳税调整明细表”（A105120）填报在计算应纳税所得额时，允许扣除的金融企业、保险公司、证券等特殊行业准备金纳税调整情况。对存货跌价准备等不允许税前扣除的资产减值准备金，直接填报到 A105000 第 33 行“资产减值准备金”，不在本行反映。

根据《企业所得税法》第十条的规定，在计算应纳税所得额时，未经核定的准备金支出不得扣除。未经核定的准备金支出，是指不符合国务院财政、税务主管部门规定的各项资产减值准备、风险准备等准备金支出。即除财政部和国家税务总局核准计提的准备金可以税前扣除外，其他行业、企业计提的各项资产减值准备、风险准备等准备金均不得税前扣除。

《国家税务总局关于企业所得税执行中若干税务处理问题的通知》（国税函〔2009〕202 号）规定，2008 年 1 月 1 日前按照原《企业所得税暂行条例》等规定计提的各类准备金，2008 年 1 月 1 日以后，未经财政部和国家税务总局核准的，企业以后年度实际发生的相应损失，应先冲减各项准备金余额。

第一节 保险行业准备金的纳税调整

一、保险保障基金

（一）保险保障基金的财务处理

保险保障基金，是指按照《中华人民共和国保险法》和《保险保障基金管理办法》（保监会、财政部、人民银行令 2008 年第 2 号）规定缴纳形成的，在规定情形下用于救助保单持有人、保单受让公司或者处置保险业风险的非政府性行业风险救助基金。

保险保障基金分为财产保险保障基金和人身保险保障基金。财产保险保障基金由财产保险公司缴纳形成。人身保险保障基金由人身保险公司缴纳形成。设立国有独资的中国保险保障基金有限责任公司（简称保险保障基金公司），依法负责保险保障基金的筹集、管理和使用。保险保障基金公司应当对财产保险保障基金和人身保险保障基金分账管理、分别使用。

保险保障基金的来源包括：①境内保险公司依法缴纳的保险保障基金；②保险保障基金公司依法从破产保险公司清算财产中获得的受偿收入；③捐赠；④上述资金的投资收益；⑤其他合法收入。

根据《保险保障基金管理办法》的规定，保险公司应当按照下列规定，对经营的财产保险业务或者人身保险业务缴纳保险保障基金，缴纳保险保障基金的保险业务纳入保险保障基金救助范围：

（1）非投资型财产保险按照保费收入的0.8%缴纳，投资型财产保险，有保证收益的，按照业务收入的0.08%缴纳，无保证收益的，按照业务收入的0.05%缴纳；

（2）有保证收益的人寿保险按照业务收入的0.15%缴纳，无保证收益的人寿保险按照业务收入的0.05%缴纳；

（3）短期健康保险按照保费收入的0.8%缴纳，长期健康保险按照保费收入的0.15%缴纳；

（4）非投资型意外伤害保险按照保费收入的0.8%缴纳，投资型意外伤害保险，有保证收益的，按照业务收入的0.08%缴纳，无保证收益的，按照业务收入的0.05%缴纳。

这里所称业务收入，是指投保人按照保险合同约定，为购买相应的保险产品支付给保险公司的全部金额。

保险公司应当及时、足额将保险保障基金缴纳到保险保障基金公司的专门账户，有下列情形之一的，可以暂停缴纳：

（1）财产保险公司的保险保障基金余额达到公司总资产6%的；

（2）人身保险公司的保险保障基金余额达到公司总资产1%的。

保险公司的保险保障基金余额减少或者总资产增加，其保险保障基金余额占总资产比例不能满足前款要求的，应当自动恢复缴纳保险保障基金。保险保障基金公司应当对每一保险公司缴纳的保险保障基金及其变动情况进行单独核算。保险公司的保险保障基金余额，是指该公司累计缴纳的保险保障基金金额加上分摊的投资收益，扣除各项分摊的费用支出和使用额以后的金额。

根据《保险保障基金管理办法》第二十五条的规定，下列业务不属于保险保障基金的救助范围，不缴纳保险保障基金：

（1）保险公司承保的境外直接保险业务；

（2）保险公司的再保险分入业务；

（3）由国务院确定的国家财政承担最终风险的政策性保险业务；

（4）保险公司从事的企业年金受托人、账户管理人等企业年金管理业务；

（5）中国保监会会同有关部门认定的其他不属于保险保障基金救助范围的业务。

（二）保险保障基金的税前扣除

《财政部　国家税务总局关于保险公司准备金支出企业所得税税前扣除有关政策问

题的通知》（财税〔2012〕45号，自2011年1月1日至2015年12月31日止）和《财政部 国家税务总局关于保险公司准备金支出企业所得税税前扣除有关政策问题的通知》（财税〔2016〕114号，自2016年1月1日至2020年12月31日执行）第一条的规定，保险公司按下列规定缴纳的保险保障基金，准予据实税前扣除：

（1）非投资型财产保险业务，不得超过保费收入的0.8%；投资型财产保险业务，有保证收益的，不得超过业务收入的0.08%，无保证收益的，不得超过业务收入的0.05%。

（2）有保证收益的人寿保险业务，不得超过业务收入的0.15%；无保证收益的人寿保险业务，不得超过业务收入的0.05%。

（3）短期健康保险业务，不得超过保费收入的0.8%；长期健康保险业务，不得超过保费收入的0.15%。

（4）非投资型意外伤害保险业务，不得超过保费收入的0.8%；投资型意外伤害保险业务，有保证收益的，不得超过业务收入的0.08%，无保证收益的，不得超过业务收入的0.05%。

保费收入，是指投保人按照保险合同约定，向保险公司支付的保险费。业务收入，是指投保人按照保险合同约定，为购买相应的保险产品支付给保险公司的全部金额。非投资型财产保险业务，是指仅具有保险保障功能而不具有投资理财功能的财产保险业务。投资型财产保险业务，是指兼具有保险保障与投资理财功能的财产保险业务。有保证收益，是指保险产品在投资收益方面提供固定收益或最低收益保障。无保证收益，是指保险产品在投资收益方面不提供收益保证，投保人承担全部投资风险。

根据财税〔2016〕114号文件第二条的规定，保险公司有下列情形之一的，其缴纳的保险保障基金不得在税前扣除：

（1）财产保险公司的保险保障基金余额达到公司总资产6%的。

（2）人身保险公司的保险保障基金余额达到公司总资产1%的。

（三）准备金的税前扣除

企业会计上计提的准备金根据税前扣除规定的不同可分为两类，一类是不允许税前扣除的准备金，如坏账准备、固定资产减值准备、存货跌价准备、无形资产减值准备、长期股权投资减值准备、在建工程减值准备等根据《企业会计准则》的规定提取的准备金。另一类是允许税前扣除的准备金，如金融保险企业、证券行业、期货行业、小额贷款公司以及中小企业信用担保机构等按财政部和国家税务总局的规定允许税前扣除的特殊行业准备金。

对于不允许税前扣除的准备金，没有单独设置相应附表，直接在表A105000中的第33行“资产减值准备金”中填报。表A105000第33行调整持有期间（提取、价值转回等）的资产减值准备金纳税调整情况。如涉及资产处置发生的损失，则填报附表

A105090“资产损失税前扣除及纳税调整明细表调整”（A105090）。对于不允许税前扣除的准备金，处理的基本原则是计提准备金时要调增应纳税所得额，转回时调减应纳税所得额，实际发生损失且符合国家税务总局公告2011年第25号规定的，如果未在当期损益中列支而是冲减已计提的准备金余额的，也应调减应纳税所得额，如果实际发生的损失已在损益中列支且符合国家税务总局公告2011年第25号规定条件的，则允许扣除，不调整应纳税所得额。

对于金融保险类、中小企业信用担保机构、证券业等特例行业允许税前扣除的准备金，在表A105120中填报。此类特殊行业的准备金，纳税调整的基本原则是：

（1）会计上计入当年度损益的提取数如果大于税法允许扣除数，要调增应纳税所得额；相反，则要调减应纳税所得额。

（2）按税法规定公式计算的提取数如为负数时，也要调增应纳税所得额。

（3）实际发生的损失在相关准备金账户借方列支，且大于已经在税前扣除的准备金余额的（含当年税法允许提取数），其差额要调减应纳税所得额；如果小于等于已经在税前扣除的准备金余额的（含当年税法允许提取数），对实际发生的损失部分不作任何调整，这一点与坏账准备是不同的。需要说明的是，当年实际发生的损失与当年允许扣除的准备金没有关系。当年允许扣除的准备金是按税法规定的公式计算得出的金额，在计算时不考虑当年实际发生的损失金额。

二、责任准备金

（一）未到期责任准备金的财务处理

企业应设置“6501 提取未到期责任准备金”和“2601 未到期责任准备金”科目，核算企业（保险）提取的非寿险原保险合同未到期责任准备金和再保险合同分保未到期责任准备金。

未到期责任准备金的主要账务处理如下：

（1）企业在确认原保费收入、分保费收入的当期，应按保险精算确定的未到期责任准备金，借记“提取未到期责任准备金”科目，贷记“未到期责任准备金”科目。

（2）资产负债表日，应按保险精算重新计算确定的未到期责任准备金与已确认的未到期责任准备金的差额，借记“未到期责任准备金”科目，贷记“提取未到期责任准备金”科目。

（3）原保险合同提前解除的，应按相关未到期责任准备金余额，借记“未到期责任准备金”科目，贷记“提取未到期责任准备金”科目。

（4）在确认非寿险原保险合同保费收入的当期，按相关再保险合同约定计算确定的相关应收分保未到期责任准备金金额，借记“应收分保合同准备金”科目，贷记“提取未到期责任准备金”科目。

资产负债表日，调整原保险合同未到期责任准备金余额的，按相关再保险合同约定计算确定的应收分保未到期责任准备金的调整金额，借记“提取未到期责任准备金”科目，贷记“应收分保合同准备金”科目。

（二）保险责任准备金的财务处理

保险公司应该设置“提取保险责任准备金”和“保险责任准备金”科目，核算企业（保险）提取的原保险合同保险责任准备金，包括未决赔款准备金、寿险责任准备金、长期健康险责任准备金。再保险接受人提取的再保险合同保险责任准备金，也在上述科目核算。企业（保险）也可以单独设置“未决赔款准备金”“寿险责任准备金”“长期健康险责任准备金”和“提取未决赔款准备金”“提取寿险责任准备金”“提取长期健康险责任准备金”等科目。

保险责任准备金的主要账务处理如下：

（1）企业确认寿险保费收入，应按保险精算确定的寿险责任准备金、长期健康险责任准备金，借记“提取保险责任准备金”科目，贷记“保险责任准备金”科目。

投保人发生非寿险保险合同约定的保险事故当期，企业应按保险精算确定的未决赔款准备金，借记“提取保险责任准备金”科目，贷记“保险责任准备金”科目。

对保险责任准备金进行充足性测试，应按补提的保险责任准备金，借记“提取保险责任准备金”科目，贷记“保险责任准备金”科目。

（2）原保险合同保险人确定支付赔付款项金额或实际发生理赔费用的当期，应按冲减的相应保险责任准备金余额，借记“保险责任准备金”科目，贷记“提取保险责任准备金”科目。

再保险接受人收到分保业务账单的当期，应按分保保险责任准备金的相应冲减金额，借记“保险责任准备金”科目，贷记“提取保险责任准备金”科目。

（3）寿险原保险合同提前解除的，应按相关寿险责任准备金、长期健康险责任准备金余额，借记“保险责任准备金”科目，贷记“提取保险责任准备金”科目。

（三）责任准备金的税前扣除

根据财税〔2016〕114号文件第三条的规定，保险公司按国务院财政部门的相关规定提取的未到期责任准备金、寿险责任准备金、长期健康险责任准备金、已发生已报案未决赔款准备金和已发生未报案未决赔款准备金，准予在税前扣除。

1. 责任准备金

未到期责任准备金、寿险责任准备金、长期健康险责任准备金依据经中国保监会核准任职资格的精算师或出具专项审计报告的中介机构确定的金额提取。

未到期责任准备金，是指保险人为尚未终止的非寿险保险责任提取的准备金。

寿险责任准备金，是指保险人为尚未终止的人寿保险责任提取的准备金。

长期健康险责任准备金，是指保险人为尚未终止的长期健康保险责任提取的准备金。

2. 未决赔款准备金

已发生已报案未决赔款准备金，按最高不超过当期已经提出的保险赔款或者给付金额的100%提取；已发生未报案未决赔款准备金按不超过当年实际赔款支出额的8%提取。

已发生已报案未决赔款准备金，是指保险人为非寿险保险事故已经发生并已向保险人提出索赔、尚未结案的赔案提取的准备金。

已发生未报案未决赔款准备金，是指保险人为非寿险保险事故已经发生、尚未向保险人提出索赔的赔案提取的准备金。

三、农业大灾风险准备金

（一）财务处理

1. 科目设置

根据《农业保险大灾风险准备金会计处理规定》（财会〔2014〕12号）的规定，保险机构应当设置下列会计科目，对农业保险大灾风险准备金（包括保费准备金和利润准备金，以下简称“大灾准备金”）进行会计核算。

在损益类科目中设置“6505 提取保费准备金”科目，核算保险机构按规定当期从农业保险保费收入中提取的保费准备金。该科目应按种植业、养殖业、森林等大类险种进行明细核算。

在负债类科目中设置“2605 保费准备金”科目，核算保险机构按规定从农业保险保费收入中提取，并按规定使用和转回的保费准备金。该科目应按种植业、养殖业、森林等大类险种进行明细核算。

在所有者权益类科目中设置“4105 大灾风险利润准备”科目，核算保险机构按规定从净利润中提取，并按规定使用和转回的利润准备金，以及大灾准备金资金运用形成的收益。

在“利润分配”科目下设置“提取利润准备”明细科目，核算保险机构按规定从当期净利润中提取的利润准备金。在“利润分配”科目下设置“大灾准备金投资收益”明细科目，核算保险机构以大灾准备金所对应的资金用于投资等所产生的收益。

2. 会计处理

期末，保险机构按照各类农业保险当期实现的自留保费（即保险业务收入减去分出保费的净额）和规定的保费准备金计提比例计算应提取的保费准备金，借记“提取保费准备金”科目，贷记“保费准备金”科目。

期末，保险机构总部在依法提取法定公积金、一般风险准备金后，按规定从年度净利润中提取的利润准备金，借记“利润分配——提取利润准备”科目，贷记“大灾风险利润准备”科目。

保险机构按规定以大灾准备金所对应的资金用于投资等所产生的收益，借记“应收利息”“应收股利”等科目，贷记“投资收益”等科目；同时，借记“利润分配——大灾准备金投资收益”科目，贷记“大灾风险利润准备”科目。

保险机构在确定支付赔付款项金额或实际发生理赔费用的当期，按照应赔付或实际赔付的金额，借记“赔付支出”科目，贷记“应付赔付款”“银行存款”等科目；按规定以大灾准备金用于弥补农业大灾风险损失时，按弥补的金额依次冲减“保费准备金”“大灾风险利润准备”科目，借记“保费准备金”“大灾风险利润准备”科目，贷记“提取保费准备金”“利润分配——提取利润准备”科目。

保险机构不再经营农业保险的，将以前年度计提的保费准备金的余额逐年转回损益时，按转回的金额，借记“保费准备金”科目，贷记“提取保费准备金”科目；将利润准备金的余额转入一般风险准备时，按转回的金额，借记“大灾风险利润准备”科目，贷记“一般风险准备”科目。

（二）税前扣除

根据财税〔2016〕114号文件第四条的规定，保险公司经营财政给予保费补贴的农业保险，按不超过财政部门规定的农业保险大灾风险准备金（简称大灾准备金）计提比例，计提的大灾准备金，准予在企业所得税税前据实扣除。具体计算公式如下：

本年度扣除的大灾准备金 = 本年度保费收入 × 规定比例 − 上年度已在税前扣除的大灾准备金结存余额

按上述公式计算的数额如为负数，应调增当年应纳税所得额。

财政给予保费补贴的农业保险，是指各级财政按照中央财政农业保险保费补贴政策规定给予保费补贴的种植业、养殖业、林业等农业保险。

规定比例，是指按照《财政部关于印发〈农业保险大灾风险准备金管理办法〉的通知》（财金〔2013〕129号）确定的计提比例。

根据《农业保险大灾风险准备金管理办法》第八条的规定，保险机构计提保费准备金的比例，由保险机构按照“农业保险大灾风险准备金计提比例表”（见表13－1）规定的区间范围，在听取省级财政等有关部门意见的基础上，结合农业灾害风险水平、风险损失数据、农业保险经营状况等因素合理确定。

计提比例一旦确定，原则上应当保持3年以上有效。期间，如因特殊情况须调整计提比例，应当由保险机构总部商相关省级财政部门同意后，自下一年度进行调整。

根据《农业保险大灾风险准备金管理办法》规定，结合各地区种植业、养殖业、森林等农业保险工作情况，依据相关经验数据和保险精算原理，保险机构应当按照农业保险保费收入的一定比例计提保费准备金，具体比例区间如表13－1所示：

表 13－1　　农业保险大灾风险准备金计提比例表

序号	地区	保费准备金计提比例区间		
		种植业保险	养殖业保险	森林保险
1	北京	6%－8%	3%－4%	4%－6%
2	天津	2%－4%	3%－4%	4%－6%
3	河北	4%－6%	2%－3%	4%－6%
4	山西	4%－6%	3%－4%	6%－8%
5	内蒙古	6%－8%	2%－3%	8%－10%
6	辽宁	6%－8%	3%－4%	6%－8%
7	吉林	6%－8%	3%－4%	8%－10%
8	黑龙江	6%－8%	2%－3%	8%－10%
9	上海	4%－6%	1%－2%	4%－6%
10	江苏	2%－4%	2%－3%	4%－6%
11	浙江	4%－6%	3%－4%	8%－10%
12	安徽	6%－8%	2%－3%	4%－6%
13	福建	4%－6%	3%－4%	8%－10%
14	江西	6%－8%	2%－3%	8%－10%
15	山东	6%－8%	3%－4%	6%－8%
16	河南	4%－6%	3%－4%	4%－6%
17	湖北	6%－8%	3%－4%	6%－8%
18	湖南	6%－8%	2%－3%	8%－10%
19	广东	4%－6%	3%－4%	6%－8%
20	广西	4%－6%	3%－4%	8%－10%
21	海南	6%－8%	3%－4%	8%－10%
22	重庆	2%－4%	2%－3%	6%－8%
23	四川	4%－6%	2%－3%	6%－8%
24	贵州	6%－8%	3%－4%	8%－10%
25	云南	6%－8%	3%－4%	8%－10%
26	西藏	4%－6%	1%－2%	6%－8%
27	陕西	6%－8%	3%－4%	6%－8%
28	甘肃	2%－4%	1%－2%	6%－8%
29	青海	6%－8%	2%－3%	6%－8%
30	宁夏	2%－4%	1%－2%	4%－6%
31	新疆	6%－8%	1%－2%	6%－8%

根据《农业保险大灾风险准备金管理办法》第十条的规定，保险机构经营农业保险实现年度及累计承保盈利，且满足以下条件的，其总部应当在依法提取法定公积金、一般（风险）准备金后，从年度净利润中计提利润准备金，计提标准为超额承保利润

的 75%（如不足超额承保利润的 75%，则全额计提），不得将其用于分红、转增资本：

（1）保险机构农业保险的整体承保利润率超过其自身财产险业务承保利润率，且农业保险综合赔付率低于 70%；

（2）专业农业保险机构的整体承保利润率超过其自身与财产险行业承保利润率的均值，且其综合赔付率低于 70%；

（3）前两款中，保险机构自身财产险业务承保利润率、专业农业保险机构自身与财产险行业承保利润率的均值为负的，按照其近 3 年的均值（如近 3 年均值为负或不足 3 年则按 0 确定），计算应当计提的利润准备金。

其中，财产险行业综合赔付率以行业监管部门发布数据为准，保险机构综合赔付率以经审计的数据为准。

四、保险赔款、给付的扣除

根据财税〔2016〕114 号文件第五条的规定，保险公司实际发生的各种保险赔款、给付，应首先冲抵按规定提取的准备金，不足冲抵部分，准予在当年税前扣除。

五、特殊行业准备金及纳税调整明细表

“特殊行业准备金及纳税调整明细表”（A105120，见表 13－2）适用于发生特殊行业准备金的纳税人填报。纳税人根据税法相关规定，以及国家统一企业会计制度，填报特殊行业准备金会计处理、税收规定及纳税调整情况。只要会计上发生准备金，不论是否纳税调整，均需填报。

表 A105120 第 43 行第 1 列（账载金额合计）填入表 A105000 第 39 行（特殊行业准备金）第 1 列（账载金额）。第 43 行第 2 列（税收金额合计）填入表 A105000 第 39 行第 2 列（税收金额）。若第 43 行第 3 列≥0，将第 43 行第 3 列填入表 A105000 第 39 行第 3 列（调增金额）；若第 43 行第 3 列＜0，将第 43 行第 3 列的绝对值填入表 A105000 第 39 行第 4 列（调减金额）。

表 13－2　A105120　　特殊行业准备金及纳税调整明细表

<table>
<tr><td rowspan="2">行次</td><td rowspan="2" colspan="3">项　　目</td><td>账载金额</td><td>税收金额</td><td>纳税调整金额</td></tr>
<tr><td>1</td><td>2</td><td>3（1－2）</td></tr>
<tr><td>1</td><td colspan="3">一、保险公司（2＋13＋14＋15＋16＋19＋20）</td><td></td><td></td><td></td></tr>
<tr><td>2</td><td colspan="3">（一）保险保障基金（3＋4＋5＋…＋12）</td><td></td><td></td><td></td></tr>
<tr><td>3</td><td rowspan="3">1. 财产保险业务</td><td colspan="2">非投资型</td><td></td><td></td><td></td></tr>
<tr><td>4</td><td rowspan="2">投资型</td><td>保证收益</td><td></td><td></td><td></td></tr>
<tr><td>5</td><td>无保证收益</td><td></td><td></td><td></td></tr>
</table>

续表

行次	项　　目			账载金额	税收金额	纳税调整金额
				1	2	3（1－2）
6	2. 人寿保险业务	保证收益				
7		无保证收益				
8	3. 健康保险业务	短期				
9		长期				
10	4. 意外伤害保险业务	非投资型				
11		投资型	保证收益			
12			无保证收益			
13	（二）未到期责任准备金					
14	（三）寿险责任准备金					
15	（四）长期健康险责任准备金					
16	（五）未决赔款准备金（17＋18）					
17	1. 已发生已报案未决赔款准备金					
18	2. 已发生未报案未决赔款准备金					
19	（六）大灾风险准备金					
20	（七）其他					
21	二、证券行业（22＋23＋24＋25）					
22	（一）证券交易所风险基金					
23	（二）证券结算风险基金					
24	（三）证券投资者保护基金					
25	（四）其他					
26	三、期货行业（27＋28＋29＋30）					
27	（一）期货交易所风险准备金					
28	（二）期货公司风险准备金					
29	（三）期货投资者保障基金					
30	（四）其他					
31	四、金融企业（32＋33＋34）					
32	（一）涉农和中小企业贷款损失准备金					
33	（二）贷款损失准备金					
34	（三）其他					
35	五、中小企业融资（信用）担保机构（36＋37＋38）					
36	（一）担保赔偿准备					
37	（二）未到期责任准备					
38	（三）其他					
39	六、小额贷款公司（40＋41）					
40	（一）贷款损失准备金					
41	（二）其他					
42	七、其他					
43	合计（1＋21＋26＋31＋35＋39＋42）					

第二节 证券行业准备金的纳税调整

一、证券交易所风险基金

证券交易所风险基金，是指用于弥补证券交易所重大经济损失，防范与证券交易所业务活动有关的重大风险事故，以保证证券交易活动正常进行而设立的专项基金。

（一）财务处理

根据《证券交易所风险基金管理暂行办法》（证监发〔2000〕22号）第三条的规定，证券交易所风险基金来源包括：

（1）按证券交易所收取交易经手费的百分之二十提取，作为风险基金单独列账；

（2）按证券交易所收取席位年费的百分之十提取，作为风险基金单独列账；

（3）按证券交易所收取会员费百分之十的比例一次性提取，作为风险基金单独列账；

（4）按本办法施行之日新股申购冻结资金利差账面余额的百分之十五，一次性提取；

（5）对违规会员的罚款、罚息收入。

本基金应当以专户方式全部存入国有商业银行，存款利息全部转入基金专户。每一个财政年度终了，本基金净资产达到或超过十亿元后，下一年度不再根据本办法第三条第（一）、（二）规定（即上述（1）、（2）两项）提取资金。每一个财政年度终了，本基金净资产不足十亿元，下一年度应按上述（1）、（2）项规定继续提取资金。

中国证券监督管理委员会会同财政部可以根据市场风险情况，适当调整本基金规模、资金提取和交纳方式、比例。

（二）税前扣除

根据《财政部　国家税务总局关于证券行业准备金支出企业所得税税前扣除有关政策问题的通知》（财税〔2012〕11号）和《财政部　国家税务总局关于证券行业准备金支出企业所得税税前扣除有关政策问题的通知》（财税〔2017〕23号）第一条“证券类准备金”第（一）“证券交易所风险基金”的规定，上海、深圳证券交易所依据《证券交易所风险基金管理暂行办法》（证监发〔2000〕22号）的有关规定，按证券交易所交易收取经手费的20%、会员年费的10%提取的证券交易所风险基金，在各基金净资产不超过10亿元的额度内，准予在企业所得税税前扣除。

二、证券结算风险基金

证券结算风险基金是指用于垫付或者弥补因违约交收、技术故障、操作失误、不可抗力造成的证券登记结算机构的损失而设立的专项基金。

（一）财务处理

根据《证券结算风险基金管理办法》（证监发〔2006〕65 号）第三条的规定，证券结算风险基金来源如下：

（1）按证券登记结算机构业务收入、收益的百分之二十分别提取；

（2）结算参与人按人民币普通股和基金成交金额的十万分之三、国债现货成交金额的十万分之一、1 天期国债回购成交额的千万分之五、2 天期国债回购成交额的千万分之十、3 天期国债回购成交额的千万分之十五、4 天期国债回购成交额的千万分之二十、7 天期国债回购成交额的千万分之五十、14 天期国债回购成交额的十万分之一、28 天期国债回购成交额的十万分之二、91 天期国债回购成交额的十万分之六、182 天期国债回购成交额的十万分之十二逐日交纳。

证监会会同财政部可以根据市场风险情况，适当调整本基金规模、资金提取和交纳方式、比例。每一财政年度终了，本基金净资产达到或超过 30 亿元后，下一年度不再根据《证券结算风险基金管理办法》第三条第（一）项规定（即上述第（1）项）提取资金，结算参与人不再根据本办法第三条第（二）项规定（即上述第（2）项）交纳，但每个结算参与人加入结算系统后按该办法第三条第（二）项交纳资金的时间不得少于一年。

每个财政年度终了，本基金净资产不足 30 亿元，下一年度应按上述第（1）项规定继续提取资金，结算参与人应按上述第（2）项规定继续交纳。

（二）税前扣除

根据财税〔2012〕11 号和财税〔2017〕23 号第一条第（二）项“证券结算风险基金”的规定，中国证券登记结算公司所属上海分公司、深圳分公司依据《证券结算风险基金管理办法》（证监发〔2006〕65 号）的有关规定，按证券登记结算公司业务收入的 20% 提取的证券结算风险基金，在各基金净资产不超过 30 亿元的额度内，准予在企业所得税税前扣除。

证券公司依据《证券结算风险基金管理办法》（证监发〔2006〕65 号）的有关规定，作为结算会员按人民币普通股和基金成交金额的十万分之三、国债现货成交金额的十万分之一、1 天期国债回购成交额的千万分之五、2 天期国债回购成交额的千万分之十、3 天期国债回购成交额的千万分之十五、4 天期国债回购成交额的千万分之二十、7 天期国债回购成交额的千万分之五十、14 天期国债回购成交额的十万分之一、28 天期国债回购成交额的十万分之二、91 天期国债回购成交额的十万分之六、182 天期国债回购成交额的十万分之十二逐日交纳的证券结算风险基金，准予在企业所得税税前扣除。

三、证券投资者保护基金

证券投资者保护基金，是指按照《证券投资者保护基金管理办法》（证监会令第 27 号）筹集形成的、在防范和处置证券公司风险中用于保护证券投资者利益的资金。设立国有独资的中国证券投资者保护基金有限责任公司，负责基金的筹集、管理和使用。

（一）财务处理

《证券投资者保护基金管理办法》第十二条规定，证券投资者保护基金的来源如下：

（1）上海、深圳证券交易所在风险基金分别达到规定的上限后，交易经手费的 20% 纳入基金；

（2）所有在中国境内注册的证券公司，按其营业收入的 0.5 ~ 5% 缴纳基金；

经营管理、运作水平较差、风险较高的证券公司，应当按较高比例缴纳基金。各证券公司的具体缴纳比例由证券投资者保护基金有限责任公司根据证券公司风险状况确定后，报证监会批准，并按年进行调整。证券公司缴纳的基金在其营业成本中列支；

（3）发行股票、可转债等证券时，申购冻结资金的利息收入；

（4）依法向有关责任方追偿所得和从证券公司破产清算中受偿收入；

（5）国内外机构、组织及个人的捐赠；

（6）其他合法收入。

证券公司应当缴纳的基金，按照证券公司佣金收入的一定比例预先提取，并由中国证券登记结算有限责任公司（简称“结算公司”）代扣代收。证券公司应在年度审计结束后，根据其审计后的收入和事先核定的比例确定需要缴纳的基金金额，并及时向基金公司申报清缴。

不从事证券经纪业务的证券公司，应在每季后 10 个工作日内按该季营业收入和事先核定的比例预缴。每年度审计结束后，确定年度需要缴纳的基金金额并及时向基金公司申报清缴。

结算公司、证券交易所应于每季后 10 个工作日内，将证券发行申购冻结资金利息收入及交易经手费中应纳入基金的部分划入基金公司指定的账户。

（二）税前扣除

根据财税〔2012〕11 号和财税〔2017〕23 号第一条第（三）项“证券投资者保护基金”的规定，上海、深圳证券交易所依据《证券投资者保护基金管理办法》（证监会令第 27 号、第 124 号）的有关规定，在风险基金分别达到规定的上限后，按交易经手费的 20% 缴纳的证券投资者保护基金，准予在企业所得税税前扣除。

证券公司依据《证券投资者保护基金管理办法》（证监会令第27号、第124号）的有关规定，按其营业收入0.5%～5%缴纳的证券投资者保护基金，准予在企业所得税税前扣除。

第三节　期货行业准备金的纳税调整

一、期货交易所风险准备金

（一）财务处理

根据《商品期货交易财务管理暂行规定》（财商字〔1997〕44号）第十五条的规定，期货交易所应当按向会员收取手续费收入（含向会员优惠减收部分）20%的比例，从管理费用中提取风险准备金。但风险准备金余额达到期货交易所法定注册资本10倍时，不再提取。风险准备金属于期货交易所资本损失备抵资金，必须单独核算，以货币资金形态专户存储，专门用于弥补风险损失，不得挪作它用。

由于期货市场剧变或不可抗力事故等原因导致不能收回的各项债权损失，经会计师事务所审计，由期货交易所理事会批准，应以风险准备金进行弥补。累计的风险准备金余额不足以弥补的，应以以后期间按规定计提的风险准备金进行弥补。期货交易所实行风险准备金制度后，不再计提坏账准备金。

（二）税前扣除

根据财税〔2012〕11号和财税〔2017〕23号第二条第（一）项“期货交易所风险准备金”的规定，大连商品交易所、郑州商品交易所和中国金融期货交易所依据《期货交易管理条例》（国务院令第489号）、《期货交易所管理办法》（证监会令第42号）和《商品期货交易财务管理暂行规定》（财商字〔1997〕44号）的有关规定，上海期货交易所依据《期货交易管理条例》（国务院令第489号）、《期货交易所管理办法》（证监会令第42号）和《关于调整上海期货交易所风险准备金规模的批复》（证监函〔2009〕407号）的有关规定，分别按向会员收取手续费收入的20%计提的风险准备金，在风险准备金余额达到有关规定的额度内，准予在企业所得税税前扣除。

二、期货公司风险准备金

（一）财务处理

根据财商字〔1997〕44号文件第三十四条的规定，期货经纪机构可按代理手续费收入减去应付期货交易所手续费后的净收入的5%提取交易损失准备金，计入营业费用。但交易损失准备金达到相当于期货经纪机构注册资本的10倍时，不再提取。交易损失准备金作为期货经纪机构的一项长期负债，应单独核算，专门用于抵补期货经纪机构按规定自行承担的交易损失（即应当自行承担的，对自身管理不严、错单交易等造成的客户交易损失，同时，要按内部经济责任制度追究有关当事人的责任），以及按规定确认的坏账损失（指对于客户因破产或者死亡，以其破产财产或者遗产清偿后，仍然不能收回的应收账款，或者因客户逾期未偿付超过3年仍然不能收回的应收账款，作为坏账损失）。交易损失准备金不足以弥补的损失，计作本期损益。期货经纪机构依法进行清算时，交易损失准备金按前款规定弥补损失后仍有剩余的，列入清算财产处理。实行交易损失准备金制度之后，期货经纪机构不再计提坏账准备金。

（二）税前扣除

根据财税〔2012〕11号和财税〔2017〕23号第二条第（二）项“期货公司风险准备金”的规定，期货公司依据《期货公司管理办法》（证监会令第43号）和《商品期货交易财务管理暂行规定》（财商字〔1997〕44号）的有关规定，从其收取的交易手续费收入减去应付期货交易所手续费后的净收入的5%提取的期货公司风险准备金，准予在企业所得税税前扣除。

三、期货投资者保障基金

期货投资者保障基金（以下简称保障基金）是在期货公司严重违法违规或者风险控制不力等导致保证金出现缺口，可能严重危及社会稳定和期货市场安全时，补偿投资者保证金损失的专项基金。

（一）财务处理

根据《期货投资者保障基金管理暂行办法》第九条的规定，保障基金的启动资金由期货交易所从其积累的风险准备金中按照截至2006年12月31日风险准备金账户总额的百分之十五缴纳形成。保障基金的后续资金来源包括：

（1）期货交易所按其向期货公司会员收取的交易手续费的百分之三缴纳；

（2）期货公司从其收取的交易手续费中按照代理交易额的千万分之五至十的比例缴纳；

（3）保障基金管理机构追偿或者接受的其他合法财产。

对于因财务状况恶化、风险控制不力等存在较高风险的期货公司，应当按照较高比例缴纳保障基金，各期货公司的具体缴纳比例由中国证监会根据期货公司风险状况确定。期货交易所、期货公司缴纳的保障基金在其营业成本中列支。期货交易所、期货公司应当按季度缴纳后续资金。

有下列情形之一的，经中国证监会、财政部批准，期货交易所、期货公司可以暂停缴纳保障基金：

（1）保障基金总额达到8亿元人民币；

（2）期货交易所、期货公司遭受重大突发市场风险或者不可抗力。

保障基金的规模、缴纳比例和缴纳方式，由中国证监会根据期货市场发展状况、市场风险水平等情况调整确定。

鼓励保障基金来源多元化，保障基金可以接受社会捐赠和其他合法财产。保障基金产生的利息以及运用所产生的各种收益等孳息归属保障基金。

（二）税前扣除

根据财税〔2012〕11号和财税〔2017〕23号第二条第（三）项“期货投资者保障基金”的规定，上海期货交易所、大连商品交易所、郑州商品交易所和中国金融期货交易所依据《期货投资者保障基金管理办法》（证监会令第38号、第129号）和《关于明确期货投资者保障基金缴纳比例有关事项的规定》（证监会 财政部公告〔2016〕26号）的有关规定，按其向期货公司会员收取的交易手续费的2%（2016年12月8日前按3%）缴纳的期货投资者保障基金，在基金总额达到有关规定的额度内，准予在企业所得税税前扣除。

期货公司依据《期货投资者保障基金管理办法》（证监会令第38号、第129号）和《关于明确期货投资者保障基金缴纳比例有关事项的规定》（证监会 财政部公告〔2016〕26号）的有关规定，从其收取的交易手续费中按照代理交易额的亿分之五至亿分之十的比例（2016年12月8日前按千万分之五至千万分之十的比例）缴纳的期货投资者保障基金，在基金总额达到有关规定的额度内，准予在企业所得税税前扣除。

需要说明的是，上述证券类准备金和期货类准备金如发生清算、退还，应按规定补征企业所得税。

四、上海国际能源交易中心风险准备金和期货投资者保障基金

根据《财政部 税务总局关于上海国际能源交易中心有关风险准备金和期货投资者保障基金支出企业所得税税前扣除政策问题的通知》（财税〔2019〕32号）的规定，上海国际能源交易中心股份有限公司（以下称“上海国际能源交易中心”）依据《期货交易管理条例》《期货交易所管理办法》和《商品期货交易财务管理暂行规定》的有关规定，按其向会员收取手续费收入的20%计提的风险准备金，在风险准备金余额达到有关规定的额度内，准予在企业所得税税前扣除。

上海国际能源交易中心依据《期货投资者保障基金管理办法》和《关于明确期货投资者保障基金缴纳比例有关事项的规定》的有关规定，按其向期货公司会员收取的交易手续费的2%缴纳的期货投资者保障基金，在基金总额达到有关规定的额度内，准予在企业所得税税前扣除。

上述准备金如发生清算、退还，应按规定补征企业所得税。

该通知自 2019 年 1 月 1 日起至 2020 年 12 月 31 日止执行。上海国际能源交易中心于 2018 年 3 月上市交易后提取的符合本通知规定的风险准备金和期货投资者保障基金，可按该通知规定执行。

第四节　贷款损失准备金的纳税调整

一、贷款损失准备金

（一）贷款风险分类

根据《金融企业财务规则》（财政部令第 42 号）第十二条的规定，金融企业应当定期或者至少于每年年终对各类资产进行评价，按照规定进行风险分类，对可收回金额低于账面价值的部分，按照国家有关规定计提资产减值准备。

《贷款风险分类指引》（银监发〔2007〕54 号，适用于各类商业银行、农村合作银行、村镇银行、贷款公司和农村信用社，政策性银行和经银监会批准经营信贷业务的其他金融机构可参照该指引建立各自的分类制度）第五条规定，商业银行应按照该指引，至少将贷款划分为正常、关注、次级、可疑和损失五类，后三类合称为不良贷款。

正常：借款人能够履行合同，没有足够理由怀疑贷款本息不能按时足额偿还。关注：尽管借款人目前有能力偿还贷款本息，但存在一些可能对偿还产生不利影响的因素。次级：借款人的还款能力出现明显问题，完全依靠其正常营业收入无法足额偿还贷款本息，即使执行担保，也可能会造成一定损失。可疑：借款人无法足额偿还贷款本息，即使执行担保，也肯定要造成较大损失。损失：在采取所有可能的措施或一切必要的法律程序之后，本息仍然无法收回，或只能收回极少部分。

对零售贷款如自然人和小企业贷款主要采取脱期法，依据贷款逾期时间长短直接划分风险类别。对农户、农村微型企业贷款可同时结合信用等级、担保情况等进行风险分类。

商业银行应在贷款分类的基础上，根据有关规定及时足额计提贷款损失准备，核销贷款损失。

（二）资产减值准备和一般准备

《金融企业准备金计提管理办法》（财金〔2012〕20 号）第三条规定，该办法所称准备金，又称拨备，是指金融企业对承担风险和损失的金融资产计提的准备金，包括资产减值准备和一般准备。资产减值准备，是指金融企业对债权、股权等金融资产（不包括以公允价值计量并且其变动计入当期损益的金融资产）进行合理估计和判断，对其预计未来现金流量现值低于账面价值部分计提的，计入金融企业成本的，用于弥补资产损失的准备金。一般准备，是指金融企业运用动态拨备原理，采用内部模型法或标准法计算风险资产的潜在风险估计值后，扣减已计提的资产减值准备，从净利润中计提的、用于部分弥补尚未识别的可能性损失的准备金。

金融企业应当在资产负债表日对各项资产进行检查，分析判断资产是否发生减值，并根据谨慎性原则，计提资产减值准备。对发放贷款和垫款，至少应当按季进行分析，计提贷款损失准备。

金融企业应当于每年年度终了对承担风险和损失的资产计提一般准备。一般准备由金融企业总行（总公司）统一计提和管理。一般准备余额原则上不得低于风险资产期末余额的1.5%。

（三）应计提准备的资产范围

根据《金融企业准备金计提管理办法》第四条的规定，金融企业承担风险和损失的资产应计提准备金，具体包括发放贷款和垫款、可供出售类金融资产、持有至到期投资、长期股权投资、存放同业、拆出资金、抵债资产、其他应收款项等。

对由金融企业转贷并承担对外还款责任的国外贷款，包括国际金融组织贷款、外国买方信贷、外国政府贷款、日本国际协力银行不附条件贷款和外国政府混合贷款等资产，应当计提准备金。金融企业不承担风险的委托贷款、购买的国债等资产，不计提准备金。

（四）准备金的提取

根据《金融企业准备金计提管理办法》的规定，金融企业不采用内部模型法的，应当根据标准法计算潜在风险估计值，按潜在风险估计值与资产减值准备的差额，对风险资产计提一般准备。其中，信贷资产根据金融监管部门的有关规定进行风险分类，标准风险系数暂定为：正常类1.5%，关注类3%，次级类30%，可疑类60%，损失类100%；对于其他风险资产可参照信贷资产进行风险分类，采用的标准风险系数不得低于上述信贷资产标准风险系数。

金融企业对非信贷资产未实施风险分类的，可按非信贷资产余额的1%～1.5%计提一般准备。

标准法潜在风险估计值计算公式：

潜在风险估计值＝正常类风险资产×1.5%＋关注类风险资产×3%＋次级类风险资产×30%＋可疑类风险资产×60%＋损失类风险资产×100%

此外，根据《银行贷款损失准备计提指引》（银发〔2002〕98号）的规定，贷款损失准备包括一般准备、专项准备和特种准备。一般准备是根据全部贷款余额的一定比例计提的、用于弥补尚未识别的可能性损失的准备；专项准备是指根据《贷款风险分类指导原则》，对贷款进行风险分类后，按每笔贷款损失的程度计提的用于弥补专项损失的准备。特种准备指针对某一国家、地区、行业或某一类贷款风险计提的准备。银行应按季计提一般准备，一般准备年末余额应不低于年末贷款余额的1%。银行提取的一般准备，在计算银行的资本充足率时，按《巴塞尔协议》的有关原则，纳入银行附属资本。银行可参照以下比例按季计提专项准备：

对于关注类贷款，计提比例为2%；

对于次级类贷款，计提比例为25%；

对于可疑类贷款，计提比例为50%；

对于损失类贷款，计提比例为100%.

其中，次级和可疑类贷款的损失准备，计提比例可以上下浮动20%。

特种准备由银行根据不同类别（如国别、行业）贷款的特殊风险情况、风险损失概率及历史经验，自行确定按季计提比例。

（五）财务处理

1. 一般准备的处理

根据《金融企业准备金计提管理办法》的规定，金融企业按规定计提的一般准备作为利润分配处理，一般准备是所有者权益的组成部分。金融企业履行公司治理程序，并报经同级财政部门备案后，可用一般准备弥补亏损，但不得用于分红。因特殊原因，经履行公司治理程序，并报经同级财政部门备案后，金融企业可将一般准备转为未分配利润。

2. 资产减值准备的处理

金融企业计提的相关资产减值准备计入当期损益。已计提资产减值准备的资产质量提高时，应在已计提的资产减值准备范围内转回，增加当期损益。

对符合条件的资产损失经批准核销后，冲减已计提的相关资产减值准备。对经批准核销的表内应收利息，已纳入损益核算的，无论其本金或利息是否已逾期，均作冲减利息收入处理。

已核销的资产损失，以后又收回的，其核销的相关资产减值准备予以转回。已核销的资产收回金额超过本金的部分，计入利息收入等。转回的资产减值准备作增加当期损益处理。

3. 贷款损失准备的会计处理

企业（银行）应设置“贷款损失准备”科目，核算企业（银行）贷款的减值准备。计提贷款损失准备的资产包括贴现资产、拆出资金、客户贷款、银团贷款、贸易融资、协议透支、信用卡透支、转贷款和垫款等。企业（保险）的保户质押贷款计提的减值准备，也在该科目核算。企业（典当）的质押贷款、抵押贷款计提的减值准备，也在该科目核算。企业委托银行或其他金融机构向其他单位贷出的款项计提的减值准备，可将该科目改为“1304 委托贷款损失准备”科目。

贷款损失准备的主要账务处理为：资产负债表日，贷款发生减值的，按应减记的金额，借记“资产减值损失”科目，贷记“贷款损失准备”科目。对于确实无法收回的各项贷款，按管理权限报经批准后转销各项贷款，借记“贷款损失准备”科目，贷记“贷款”“贴现资产”“拆出资金”等科目。已计提贷款损失准备的贷款价值以后又得以恢复，应在原已计提的贷款损失准备金额内，按恢复增加的金额，借记“贷款损失准备”科目，贷记“资产减值损失”科目。该科目期末贷方余额，反映企业已计提但尚未转销的贷款损失准备。

（六）贷款损失准备金的税前扣除

《财政部　税务总局关于金融企业贷款损失准备金企业所得税税前扣除有关政策的公告》（财政部　税务总局公告2019年第86号，自2019年1月1日起执行至2023年12月31日）就政策性银行、商业银行、财务公司、城乡信用社和金融租赁公司等金融企业提取的贷款损失准备金的企业所得税税前扣除政策做出如下规定：

1. 准予税前提取贷款损失准备金的贷款资产范围

准予税前提取贷款损失准备金的贷款资产范围包括：

（1）贷款（含抵押、质押、保证、信用等贷款）；

（2）银行卡透支、贴现、信用垫款（含银行承兑汇票垫款、信用证垫款、担保垫款等）、进出口押汇、同业拆出、应收融资租赁款等具有贷款特征的风险资产；

（3）由金融企业转贷并承担对外还款责任的国外贷款，包括国际金融组织贷款、外国买方信贷、外国政府贷款、日本国际协力银行不附条件贷款和外国政府混合贷款等资产。

2. 计算公式

金融企业准予当年税前扣除的贷款损失准备金计算公式如下：

准予当年税前扣除的贷款损失准备金＝本年末准予提取贷款损失准备金的贷款资产余额×1%－截至上年末已在税前扣除的贷款损失准备金的余额

金融企业按上述公式计算的数额如为负数，应当相应调增当年应纳税所得额。

3. 不得提取贷款损失准备的资产范围

金融企业的委托贷款、代理贷款、国债投资、应收股利、上交央行准备金以及金融企业剥离的债权和股权、应收财政贴息、央行款项等不承担风险和损失的资产，以及除本公告第一条列举资产之外的其他风险资产，不得提取贷款损失准备金在税前扣除。

金融企业发生的符合条件的贷款损失，应先冲减已在税前扣除的贷款损失准备金，不足冲减部分可据实在计算当年应纳税所得额时扣除。

金融企业涉农贷款和中小企业贷款损失准备金的税前扣除政策，凡按照《财政部　税务总局关于金融企业涉农贷款和中小企业贷款损失准备金税前扣除有关政策的公告》（财政部　税务总局公告2019年第85号）的规定执行的，不再适用上述的规定。

（七）案例解析

对金融保险业、中小企业担保机构提取准备金，会计和税法都有相关规定。税前扣除的基本原则是，当年按规定提取的允许在税前扣除的金额为“年末符合规定的资产或收入×规定的比例”，但同时必须将截至上年末已在税前扣除的准备金的余额转回并入应纳税所得额缴纳企业所得税。计算公式为：

本年末准予提取准备金的资产余额（或收入）×比例－截至上年末已在税前扣除的准备金余额

如果计算的结果是负数，要调增应纳税所得额。

对已经实际发生的符合规定条件的实际损失，应先冲减已在税前扣除的准备金，不足冲减部分可据实在计算当年应纳税所得额时扣除。这里的“已在税前扣除的准备金”并不是仅指上年末的已经在税前扣除的准备金的结余额，而是包含当年全年提取已经在税前扣除的准备金。如果当年既发生了实际损失，又提取了准备金，应是先考虑提取，后考虑实际发生的损失。也就是说，在企业所得税处理时，当年发生的贷款损失对计算当年准予税前扣除的贷款损失准备不产生影响。

如根据规定，金融企业准予当年税前扣除的贷款损失准备计算公式为：

准予当年税前扣除的贷款损失准备＝本年末准予提取贷款损失准备的贷款资产余额×1%－截至上年末已在税前扣除的贷款损失准备余额

金融企业按上述公式计算的数额如为负数，应当相应调增当年应纳税所得额。

【例13－1】甲商业银行2018年末会计账面贷款损失准备金余额为1 100万元，当年已在税前扣除的贷款损失准备余额为500万元。假设实际贷款损失均可以在所得税税前扣除。

2019年末账面允许提取准备金的贷款资产余额为65 000万元，当年会计上计提贷款损失准备300万元，实际发生贷款损失200万元；

2020年末账面贷款资产余额为73 000万元，当年会计上计提贷款损失准备400万元，实际发生贷款损失300万元。

要求：进行相关的财税处理和纳税调整。

解析：

（1）企业2019年的处理。

会计处理为：

计提贷款损失准备300万元时：

借：资产减值损失　　3 000 000

　　贷：贷款损失准备　　3 000 000

核销贷款200万元时：

借：贷款损失准备　　2 000 000

　　贷：贷款　　2 000 000

2019年底会计账面准备金余额为：1 100＋300－200＝1 200（万元）。

税务处理：2019年准予税前扣除的贷款损失准备为：65 000×1%－500＝150（万元），贷款损失200万元冲减已在税前扣除的贷款损失准备650万元（500＋150），2019

年年末企业所得税贷款损失准备余额为450万元。

（2）2020年的会计处理。

企业2020年，计提贷款损失准备400万元时

借：资产减值损失　　4 000 000

　　贷：贷款损失准备　　4 000 000

核销呆账300万元时：

借：贷款损失准备　　3 000 000

　　贷：贷款　　3 000 000

2020年底会计账面准备金余额为：1 200 + 400 - 300 = 1 300（万元）。

税务处理：2020年准予税前扣除的贷款损失准备为：73 000 × 1% - 450 = 280（万元），贷款损失300万元冲减已在税前扣除的贷款损失准备730万元（450 + 280），年末贷款损失准备余额为430万元。

在企业所得税上，当年发生的贷款损失对计算当年准予税前扣除的贷款损失准备不产生影响。如果2019年贷款损失为700万元，2019年准予税前扣除的贷款损失准备仍为150万元（65 000 × 1% - 500），贷款损失700万元冲减已在税前扣除的贷款损失准备650万元后，不足部分50万元在计算当年应纳税所得额时据实扣除，年末贷款损失准备余额为0；2020年准予税前扣除的贷款损失准备为：73 000 × 1% - 0 = 730（万元），贷款损失300万元冲减已在税前扣除的贷款损失准备730万元，年末贷款损失准备余额为430万元。

二、涉农贷款和中小企业贷款损失准备金

（一）涉农贷款和中小企业贷款范围

涉农贷款，是指《涉农贷款专项统计制度》（银发〔2007〕246号）统计的农户贷款和农村企业及各类组织贷款。

农户贷款，是指金融企业发放给农户的所有贷款。农户贷款的判定应以贷款发放时的承贷主体是否属于农户为准。农户，是指长期（一年以上）居住在乡镇（不包括城关镇）行政管理区域内的住户，还包括长期居住在城关镇所辖行政村范围内的住户和户口不在本地而在本地居住一年以上的住户，国有农场的职工和农村个体工商户。位于乡镇（不包括城关镇）行政管理区域内和在城关镇所辖行政村范围内的国有经济的机关、团体、学校、企事业单位的集体户；有本地户口，但举家外出谋生一年以上的住户，无论是否保留承包耕地均不属于农户。农户以户为统计单位，既可以从事农业生产经营，也可以从事非农业生产经营。

农村企业及各类组织贷款，是指金融企业发放给注册地位于农村区域的企业及各类组织的所有贷款。农村区域，是指除地级及以上城市的城市行政区及其市辖建制镇之外

的区域。

中小企业贷款，是指金融企业对年销售额和资产总额均不超过2亿元的企业的贷款。这里的中小企业标准没有行业的区分。

（二）涉农贷款和中小企业贷款损失准备金的扣除

根据《财政部 税务总局关于金融企业涉农贷款和中小企业贷款损失准备金税前扣除有关政策的公告》（财政部 税务总局公告2019年第85号，自2019年1月1日起执行至2023年12月31日）的规定，金融企业根据《贷款风险分类指引》（银监发〔2007〕54号），对其涉农贷款和中小企业贷款进行风险分类后，按照以下比例计提的贷款损失准备金，准予在计算应纳税所得额时扣除：

（1）关注类贷款，计提比例为2%；

（2）次级类贷款，计提比例为25%；

（3）可疑类贷款，计提比例为50%；

（4）损失类贷款，计提比例为100%。

金融企业发生的符合条件的涉农贷款和中小企业贷款损失，应先冲减已在税前扣除的贷款损失准备金，不足冲减部分可据实在计算应纳税所得额时扣除。

三、一般（风险）准备

企业应设置“一般风险准备”科目，核算企业（金融）按规定从净利润中提取的一般风险准备。企业提取的一般风险准备，借记“利润分配——提取一般风险准备”科目，贷记该科目。用一般风险准备弥补亏损，借记“一般风险准备”科目，贷记“利润分配——一般风险准备补亏”科目。该科目期末贷方余额，反映企业的一般风险准备。

根据《金融企业财务规则》第四十四条的规定，金融企业本年实现净利润（减弥补亏损），应当按照提取法定盈余公积金、提取一般（风险）准备金、向投资者分配利润的顺序进行分配。法律、行政法规另有规定的从其规定。从事银行业务的，应当于每年年终根据承担风险和损失的资产余额的一定比例提取一般准备金，用于弥补尚未识别的可能性损失；从事其他业务的，应当按照国家有关规定从本年实现的净利润中提取风险准备金，用于补偿风险损失。

《金融企业财务规则——实施指南》（财金〔2007〕23号）规定，从事银行业务的金融企业，应于每年年度终了根据承担风险和损失的资产余额的一定比例提取一般准备金，用于弥补尚未识别的可能性损失。一般准备金的计提比例由金融企业综合考虑其所面临的风险状况等因素确定，原则上一般准备金余额不低于风险资产期末余额的1%。从事保险业务的金融企业，应按本年实现净利润的10%提取总准备金，用于巨灾风险的补偿，不得用于分红、转增资本。从事证券业务的金融企业，应按本年实现净利润的

10%提取交易风险准备金，用于弥补证券交易的损失，不得用于分红、转增资本。从事期货经纪业务的金融企业，应按本年实现净利润的10%提取风险准备金，用于风险的补偿，不得用于分红、转增资本。从事信托投资业务的金融企业，应按本年实现净利润的5%提取信托赔偿准备金，用于弥补亏损，不得用于分红、转增资本。信托赔偿准备金累计总额达到公司注册资本的20%时，可不再提取。主营担保业务的企业，应按本年实现净利润的10%提取一般风险准备金，用于弥补亏损，不得用于分红、转增资本。从事基金管理业务的金融企业，应按本年实现净利润的1%提取风险准备金，用于弥补亏损，不得用于分红、转增资本。从事金融租赁业务的金融企业，应按本年实现净利润的1%提取一般风险准备金，用于弥补亏损，不得用于分红、转增资本。属于财务公司性质的金融企业，应按本年实现净利润的1%提取一般风险准备金，用于弥补亏损，不得用于分红、转增资本。

四、小额贷款公司贷款损失准备金

根据《财政部 税务总局关于小额贷款公司有关税收政策的通知》（财税〔2017〕48号）第三条的规定，自2017年1月1日至2019年12月31日，对经省级金融管理部门（金融办、局等）批准成立的小额贷款公司按年末贷款余额的1%计提的贷款损失准备金准予在企业所得税税前扣除。具体政策口径按照《财政部 国家税务总局关于金融企业贷款损失准备金企业所得税税前扣除有关政策的通知》（财税〔2015〕9号）执行。

第五节 中小企业融资（信用）担保机构准备金的纳税调整

一、财务处理

根据《融资性担保公司管理暂行办法》（银监会等七部委令2010年第3号）的规定，融资性担保公司应当按照当年担保费收入的50%提取未到期责任准备金，并按不低于当年年末担保责任余额1%的比例提取担保赔偿准备金。担保赔偿准备金累计达到当年担保责任余额10%的，实行差额提取。差额提取办法和担保赔偿准备金的使用管理办法由监管部门另行制定。融资性担保公司应当对担保责任实行风险分类管理，准确计量担保责任风险。

二、税前扣除

中小企业融资（信用）担保机构，是指以中小企业为服务对象的信用担保机构。

《财政部　国家税务总局关于中小企业信用担保机构有关准备金企业所得税税前扣除政策的通知》（财税〔2012〕25号，自2011年1月1日起至2015年12月31日止）和《财政部　国家税务总局关于中小企业融资（信用）担保机构有关准备金企业所得税税前扣除政策的通知》（财税〔2017〕22号，自2016年1月1日起至2020年12月31日止）就中小企业融资（信用）担保机构有关准备金企业所得税税前扣除政策作出如下规定：

（一）担保赔偿准备

符合条件的中小企业融资（信用）担保机构按照不超过当年年末担保责任余额1%的比例计提的担保赔偿准备，允许在企业所得税税前扣除，同时将上年度计提的担保赔偿准备余额转为当期收入。

（二）未到期责任准备

符合条件的中小企业融资（信用）担保机构按照不超过当年担保费收入50%的比例计提的未到期责任准备，允许在企业所得税税前扣除，同时将上年度计提的未到期责任准备余额转为当期收入。

（三）中小企业融资（信用）担保机构应满足的条件

符合条件的中小企业融资（信用）担保机构，必须同时满足以下条件：

（1）符合《融资性担保公司管理暂行办法》（银监会等七部委令2010年第3号）相关规定，并具有融资性担保机构监管部门颁发的经营许可证；

（2）以中小企业为主要服务对象，当年中小企业信用担保业务和再担保业务发生额占当年信用担保业务发生总额的70%以上（上述收入不包括信用评级、咨询、培训等收入）；

（3）中小企业融资担保业务的平均年担保费率不超过银行同期贷款基准利率的50%；

（4）财政、税务部门规定的其他条件。

申请享受规定的准备金税前扣除政策的中小企业融资（信用）担保机构，在汇算清缴时，需报送法人执照副本复印件、融资性担保机构监管部门颁发的经营许可证复印件、年度会计报表和担保业务情况（包括担保业务明细和风险准备金提取等），以及财政、税务部门要求提供的其他材料。

（四）代偿损失

中小企业融资（信用）担保机构实际发生的代偿损失，符合税收法律法规关于资产损失税前扣除政策规定的，应冲减已在税前扣除的担保赔偿准备，不足冲减部分据实在企业所得税税前扣除。

三、案例解析

【例 13－2】 甲公司是一家以中小企业为服务对象的符合条件的中小企业融资（信用）担保机构，成立于 2019 年 1 月。2019 年末计提的担保赔偿准备金余额为 120 万元，未到期责任准备金余额为 200 万元。

2020 年年末担保责任余额为 20 000 万元，该公司财务上按 2% 新增计提担保赔偿准备 400 万元；当年实现担保费收入 480 万元，按 50% 比例新增计提未到期责任准备金 240 万元。2020 年末，账面担保赔偿准备金余额为 320 万元，未到期责任准备金额余额为 440 万元。

要求：进行相关的财税处理与纳税调整。

解析：

（1）担保赔偿准备。

根据《财政部　国家税务总局关于中小企业融资（信用）担保机构有关准备金企业所得税税前扣除政策的通知》（财税〔2017〕22 号）的规定，符合条件的中小企业信用担保机构按照不超过当年年末担保责任余额 1% 的比例计提的担保赔偿准备，允许在企业所得税税前扣除，同时将上年度计提的担保赔偿准备余额转为当期收入。因而，2020 年允许税前扣除的担保赔偿准备为：20 000 × 1% － 120 = 80（万元），会计上计提 400 万元，超过税前允许扣除金额的余额 320 万元，应进行纳税调增处理。

（2）未到期责任准备。

根据财税〔2017〕22 号文件的规定，符合条件的中小企业信用担保机构按照不超过当年担保费收入 50% 的比例计提的未到期责任准备，允许在企业所得税税前扣除，同时将上年度计提的未到期责任准备余额转为当期收入。因而，当年允许税前扣除的未到期责任准备为：480 × 50% － 200 = 40（万元），会计上计提 240 万元超过税前允许扣除的金额 200 万元，应进行纳税调增处理。

第十四章　收入准则下税会差异与纳税调整

第一节　收入范围与税会差异

一、收入范围

收入是指企业在日常活动中形成的、会导致所有者权益增加的、与所有者投入资本无关的经济利益的总流入。收入具有以下特征：一是企业在日常活动中形成的；二是会导致经济利益的流入、但不包括所有者投入的资本；三是最终会导致所有者权益的增加。

“日常活动”是指企业为完成其经营目标所从事的经常性活动以及与之相关的活动。工业企业制造并销售产品、商品流通企业销售商品、咨询公司提供咨询服务、软件公司为客户开发软件、安装公司提供安装服务、建筑企业提供建造服务等活动，均属于企业为完成其经营目标所从事的经常性活动，由此形成的经济利益的总流入构成收入。而企业对外出租资产（收取租金）、进行权益性投资（取得现金股利）或债权性投资（取得利息）等活动，虽不属于企业的经常性活动，但属于企业为完成其经营目标所从事的与经常性活动相关的活动，由此形成的经济利益的总流入也构成收入（属于广义收入，由其他企业会计准则规范）。

企业因其他企业违约收取罚款、接受捐赠（企业接受股东或股东的子公司直接或间接的捐赠，经济实质属于股东对企业的资本性投入的除外）等活动，不是企业为完成其经营目标所从事的经常性活动，也不属于与经常性活动相关的活动，而是企业偶发的交易或事项，属于企业不经过经营过程就能取得或不曾期望获得的收益，由此产生的经济利益的总流入不是收入，是利得，应当确认为营业外收入。

企业代第三方收取的款项，如增值税销项税款、代收利息等，应当作为负债处理，不应当确认为收入。

二、税会差异

收入准则与《企业所得税法》界定的收入范围不同。收入准则只将日常活动所形成的经济利益的流入确认为收入。企业所得税法中的收入则是以货币形式和非货币形式从各种来源取得的，包括销售货物收入，提供劳务收入，转让财产收入，股息、红利等权益性投资收益，利息收入，租金收入，特许权使用费收入，接受捐赠收入和其他收入。即：一切能够提高企业纳税能力的收入，都应当计入收入总额，列入企业所得税纳税申报表。此外，《企业所得税法》还规定了不征税收入、免税收入及视同销售收入等。

可见，《企业所得税法》界定的收入范围和内容比收入准则界定的更加广泛。

第二节　收入确认计量与税法差异

收入的确认计量是一个非常重要的问题，不仅关系到流转税纳税时间的确定，还会影响成本费用的正确结转，以至于影响会计利润和应纳税所得额及应纳所得税额计算的正确性。

收入准则不区分销售商品、提供劳务等业务类型，要求采用统一的收入确认计量模型来规范所有与客户之间的合同产生的收入。根据收入准则，收入确认和计量大致分为五步：第一步，识别与客户订立的合同；第二步，识别合同中的单项履约义务；第三步，确定交易价格；第四步，将交易价格分配至各单项履约义务；第五步，履行各单项履约义务时确认收入。其中，第一步、第二步和第五步主要与收入的确认有关，第三步和第四步主要与收入的计量有关。

收入准则中的收入确认计量不同于与税法上作为纳税依据的收入确认计量。

一、收入确认与税会差异

（一）收入确认条件

1. 收入准则打破商品和劳务的界限，不区分商品销售和劳务提供，要求企业在履行了合同中的履约义务，即客户取得相关商品或服务控制权时确认收入。

在判断客户是否已取得商品控制权时，企业应当考虑下列迹象：

（1）企业就该商品享有现时收款权利，即客户就该商品负有现时付款义务。

（2）企业已将该商品的法定所有权转移给客户，即客户已拥有该商品的法定所有权。

（3）企业已将该商品实物转移给客户，即客户已实物占有该商品。

（4）企业已将该商品所有权上的主要风险和报酬转移给客户，即客户已取得该商品所有权上的主要风险和报酬。

（5）客户已接受该商品。

（6）其他表明客户已取得商品控制权的迹象。

2. 根据《国家税务总局关于确认企业所得税收入若干问题的通知》（国税函〔2008〕875号）规定，需要区分销售商品和提供劳务，分别确认收入的实现。

（1）企业销售商品同时满足四个条件，即：①商品销售合同已经签订，企业已将商品所有权相关的主要风险和报酬转移给购货方；②企业对已售出的商品既没有保留通常与所有权相联系的继续管理权，也没有实施有效控制；③收入的金额能够可靠地计量；④已发生或将发生的销售方的成本能够可靠地核算，确认收入实现。

（2）提供劳务需要同时满足三个条件，即：①收入的金额能够可靠地计量；②交易的完工进度能够可靠地确定；③交易中已发生和将发生的成本能够可靠地核算，在各个纳税期末采用完工进度法（完工百分比法）确认提供劳务收入。

（二）收入确认会计处理

收入准则要求采用统一的收入确认模型来规范所有与客户之间的合同产生的收入。

1. 识别与客户订立的合同

合同是指双方或多方之间订立有法律约束力的权利义务的协议。合同有书面形式、口头形式以及其他形式。

（1）合同的识别。

企业与客户之间的合同同时满足下列条件时，企业应当在客户取得相关商品控制权时确认收入：

①合同各方已批准该合同并承诺将履行各自义务；

②该合同明确了合同各方与所转让商品或提供劳务相关的权利和义务；

③该合同有明确的与所转让商品相关的支付条款；

④该合同具有商业实质，即履行该合同将改变企业未来现金流量的风险、时间分布或金额；

⑤企业因向客户转让商品而有权取得的对价很可能收回。

（2）合同的合并和变更。

①合同合并。当企业基于同一商业目的而订立一揽子交易；或者合同中的一份合同的对价金额取决于其他合同的定价或履行情况；或者数份合同中所承诺的商品构成规定的单项履约义务，企业需要将数份合同合并在一起考虑销售收入的确认。

②合同变更。合同变更是指经合同各方批准对原合同范围或价格作出的变更。

企业应当区分下列三种情形对合同变更分别进行会计处理：

第一种情形：合同变更部分作为单独合同。

举例说明：甲公司承诺向某客户销售120件产品，每件产品售价100元。在甲公司交付了80件产品并确认收入8 000元后，双方对合同进行变更。甲公司承诺以每件产品售价95元（反映了新增商品单独售价）再销售20件相同的产品给该客户。由于增加的20件商品是可以明确区分的，且新增合同价款反映了新增商品单独售价，因此变更部分作为一份单独的合同。新增合同20件产品按每件产品95元确认收入。

第二种情形：合同变更作为原合同终止及新合同订立。

举例说明：如果改变条件，合同变更后的价格不能反映新增商品单独售价，且在合同变更日已转让的商品与未转让的商品可明确区分，应视为原合同终止，同时将原合同未转让商品和新增商品合并为新合同。

第三种情形：合同变更部分作为原合同的组成部分。

举例说明：如果改变条件，合同变更后的价格不能反映新增商品单独售价，且在合同变更日已转让的商品与未转让的商品之间不可明确区分，应当将该合同变更部分作为原合同的组成部分。

2. 识别合同中的单项履约义务

履约义务是指合同中企业向客户转让可明确区分商品的承诺。

合同开始日，企业应当对合同进行评估，识别该合同所包含的各单项履约义务。识别一项单项履约义务的关键决定性因素在于该商品或服务，或是该组商品或服务是否可明确区分。履约义务应当从两方面进行识别：

一是基于自身：商品或服务本身能够明确区分（有单独的使用价值）。

二是基于合同：转让该商品或服务的承诺与合同中其他承诺可单独区分。

举例说明："办话费流量套餐送手机的业务"通常包括三项履约义务：卖话费、卖流量和卖手机。

"销售产品并负责运输"的业务，如果合同约定在起运地交货，该项合同一般包含两项履约义务，即销售产品和运输服务。如果合同约定在到达地交货，则该项合同包含一项履约义务。

下列情形通常表明企业向客户转让该商品的承诺与合同中其他承诺不可单独区分：

①企业需提供重大的服务以将该商品与合同中承诺的其他商品整合成合同约定的组合产出转让给客户。

②该商品将对合同中承诺的其他商品予以重大修改或定制。

③该商品与合同中承诺的其他商品具有高度关联性。

企业向客户转让一系列实质相同且转让模式相同的、可明确区分商品的承诺，也应当作为单项履约义务。

3. 履行各单项履约义务时确认收入

企业应当在履行了合同中的履约义务，即客户取得相关商品控制权时确认收入。企业应当根据实际情况，首先判断履约义务是否满足在某一时段内履行的条件，如不满足，则该履约义务属于在某一时点履行的履约义务。

（1）在某一时段内履行的履约义务。

满足下列三个条件之一的，属于在某一时段内履行履约义务：

①客户在企业履约的同时即取得并消耗企业履约所带来的经济利益。

举例说明：健身房服务、清洁服务等经常性或常规性服务。

②客户能够控制企业履约过程中在建的商品。

举例说明：在客户的场地上建造资产等。

③企业履约过程中所产出的商品具有不可替代用途，且该企业在整个合同期间内有权就累计至今已完成的履约部分收取款项。

举例：房地产企业销售商品房，且合同约定在整个合同期间内有权就累计至今已完成的履约部分收款。

对于在某一时段内履行的履约义务，企业应当在该段时间内按照履约进度确认收入，但履约进度不能合理确定的除外。企业应当考虑商品的性质，采用产出法或投入法确定恰当的履约进度。产出法是根据已转移给客户的商品对于客户的价值确定履约进度。例如，已完工的测量等。投入法是根据企业为履行履约义务的投入确定履约进度。例如，已发生的成本占估计总成本的比例等。

对于类似情况下的类似履约义务，企业应当采用相同的方法确定履约进度。

履约进度不能合理确定，企业已经发生的成本预计能够得到补偿的，应当按照已经发生的成本金额确认收入，直到履约进度能够合理确定为止。

（2）在某一时点履行的履约义务。

当一项履约义务不属于在某一时段内履约时，应属于在某一时点履约。

对于在某一时点履行的履约义务，企业应当在客户取得相关商品控制权时点确认收入。

（三）收入确认税会差异

收入准则和《企业所得税法》在确认收入时都遵循权责发生制原则和实质重于形式原则，但《企业所得税法》在遵循权责发生制原则确认收入时有例外情况。例如，跨期收取的租金、利息、特许权使用费收入；分期收款方式销售货物收入和政府补助递延收入等，均是税法未按权责发生制确认的收入，在纳税申报时需要通过“未按权责发生制确认收入纳税调整明细表”（A105020）进行纳税调整。

根据《国家税务总局关于确认企业所得税收入若干问题的通知》（国税函〔2008〕875号）的规定，销售商品是在同时满足规定4个条件的时点确认收入，提供劳务则在一段时间内采用完工进度确认收入。而收入准则不论企业销售商品还是提供劳务，均要求采用统一的收入确认模型来规范与客户之间的合同产生的收入，并且就“在某一时段内”还是“在某一时点”确认收入。所销售商品并非都是在某一时点确认收入，提供劳务也并非都在某一段时间内根据履约进度确认收入，其关键是基于履约义务的履行方式的不同。因此，收入准则与企业所得税在收入确认处理上产生差异。

【例14－1】甲公司是一家造船企业，2×19年12月31日与乙公司签订了一份船舶建造合同，自2×20年1月1日按照乙公司的具体要求设计和建造船舶。合同建造期3年，合同总金额3 000万元。甲公司在自己的厂区内完成该船舶的建造，乙公司无法控制在建过程中的船舶。甲公司如果想把该船舶出售给其他客户，需要发生重大的改造成本。双方约定，如果乙公司单方面解约，乙公司需向甲公司支付相当于合同总价30%

的违约金，且建造中的船舶归甲公司所有。截至 2×20 年 12 月 31 日甲公司已发生成本 960 万元，预计的合同总成本为 2 400 万元。上述价格均不包含增值税，且假定不考虑相关税费影响。

要求：分析说明承租人的会计处理。

解析：

船舶是按照乙公司的具体要求进行设计和建造的，甲公司需要发生重大的改造成本将该船舶改造之后才能将其出售给其他客户，该合同包含一项履约义务，即设计和建造船舶，且该船舶具有不可替代用途。然而，如果乙公司单方面解约，仅需向甲公司支付相当于合同总价 30% 的违约金，表明甲公司无法在整个合同期间内都有权就累计至今已完成的履约部分收取能够补偿其已发生成本和合理利润的款项。因此，甲公司为乙公司设计和建造船舶属于在某一时点履行的履约义务，应当在建造合同期满，设计和建造船舶完毕，在客户乙公司取得船舶控制权时点一次性确认收入 3 000 万元。

税务处理：根据企业所得税相关政策，企业受托加工制造船舶等持续时间超过 12 个月的，甲公司应当按照纳税年度内完工进度确认收入的实现。截至 2×20 年末，该建造船舶的合同应按完工百分比法确认收入 = 3 000 × 960/2 400 = 1 200（万元）。甲公司在申报 2×20 年企业所得税时，需要纳税调增收入 1 200 万元。

二、收入计量与税会差异

（一）收入计量

企业应当按照分摊至各单项履约义务的交易价格计量收入。

1. 确定交易价格

交易价格是指企业因向客户转让商品而预期有权收取的对价金额。企业代第三方收取的款项以及企业预期将退还给客户的款项，应当作为负债进行会计处理，不计入交易价格。

合同标价不一定是交易价格。交易价格通常以合同条款为基础，结合其以往的习惯做法来确定。在确定交易价格时，企业应当考虑可变对价、合同中存在的重大融资成分、非现金对价、应付客户对价等因素的影响。

（1）可变对价。

企业与客户的合同中约定的对价金额可能是固定的，也可能存在可变对价（因折扣、价格折让、返利、退款、奖励积分、激励措施、业绩奖金、索赔等产生）。合同中存在可变对价的，企业应当按照期望值或最可能发生金额确定可变对价的最佳估计数，但包含可变对价的交易价格，应当不超过在相关不确定性消除时累计已确认收入极可能不会发生重大转回的金额。企业在评估累计已确认收入是否极可能不会发生重大转回时，应当同时考虑收入转回的可能性及其比重。

举例说明：甲公司为其客户建造一栋厂房，合同约定的价款为 100 万元，但是，如果甲公司不能在合同签订之日起的 120 天内竣工，则须支付 10 万元罚款，该罚款从合同价款中扣除。上述金额不含增值税。甲公司根据以往经验，估计工程按时完工的概率为 90%，工程延期的概率为 10%。

该合同的对价金额实际由两部分组成，即 90 万元的固定价格以及 10 万元的可变对价。甲公司确认的交易价格应为 100 万元。

（2）合同中存在的重大融资成分。

当企业将商品的控制权转移给客户的时间与客户实际付款的时间不一致时，如果各方以在合同中明确（或者以隐含的方式）约定的付款时间为客户或企业就转让商品的交易提供了重大融资利益，则合同中即包含了重大融资成分。

合同中存在的重大融资成分的，企业应当按照假定客户在取得商品控制权时即以现金支付的应付金额（即现销价格）确定交易价格。该交易价格与合同对价之间的差额，应当在合同期间内采用实际利率法摊销。

举例说明：企业以赊销的方式销售商品，或者要求客户支付预付款等，应当按照假定客户在取得商品控制权时即以现销价格确定交易价格。

合同开始日，企业预计客户取得商品控制权与客户支付价款间隔不超过一年的，可以不考虑合同中存在的重大融资成分。

（3）非现金对价。

客户支付非现金对价的，企业应当按照非现金对价的公允价值确定交易价格。非现金对价的公允价值不能合理估计的，企业应当参照其承诺向客户转让商品的单独售价间接确定交易价格。

举例说明：甲公司与乙公司签订合同，甲公司为乙公司建造一项大型设备。合同约定，乙公司向甲公司支付 100 万元现金及一批材料。该材料公允价值为 20 万元，甲公司无需为该批材料额外支付价款，但必须将该批材料用于该设备的建造。甲公司确认的交易价格应为 120 万元。

非现金对价的公允价值因对价形式以外的原因而发生变动的，应当作为可变对价，按照相关规定进行会计处理。

（4）应付客户对价。

企业应付客户（或向客户购买本企业商品的第三方）对价的，应当将该应付对价冲减交易价格，并在确认相关收入与支付（或承诺支付）客户对价二者孰晚的时点冲减当期收入，但应付客户对价是为了向客户取得其他可明确区分商品的除外。

举例说明：企业应付客户的货位费、价格保护、优惠券和折扣等，应当将应付对价冲减交易价格。

2. 将交易价格分配至各单项履约义务

合同中包含两项或多项履约义务的，企业应当在合同开始日，按照各单项履约义务所承诺商品的单独售价的相对比例，将交易价格分摊至各单项履约义务。

单独售价，是指企业向客户单独销售商品的价格。

举例说明：甲公司与客户签订合同，向其销售 A、B、C 三件产品，合同价款为 10 000 元。A、B、C 产品的单独售价分别为 5 000 元、2 500 元和 7 500 元，合计 15 000 元。上述价格均不包含增值税。

本例中，A 产品应当分摊的交易价格为 3 333 元（5 000 ÷ 15 000 × 10 000），B 产品应当分摊的交易价格为 1 667 元（2 500 ÷ 15 000 × 10 000），C 产品应当分摊的交易价格为 5 000 元（7 500 ÷ 15 000 × 10 000）。

单独售价无法直接观察的，企业应当综合考虑其能够合理取得的全部相关信息，采用市场调整法、成本加成法、余值法等方法合理估计单独售价。市场调整法是企业根据某商品或类似商品的市场售价考虑本企业的成本和毛利等进行适当调整后，确定其单独售价的方法。成本加成法是企业根据某商品的预计成本加上其合理毛利后的价格，确定其单独售价的方法。余值法是企业根据合同交易价格减去合同中其他商品可观察的单独售价后的余值，确定某商品单独售价的方法。企业在商品近期售价波动幅度巨大，或者因未定价且未曾单独销售而使售价无法可靠确定时，可采用余值法估计其单独售价。

在估计单独售价时，企业应当最大限度地采用可观察的输入值，并对类似的情况采用一致的估计方法。

对于合同折扣，企业应当在各单项履约义务之间按比例分摊。

（二）税会差异

根据《中华人民共和国所得税法实施条例释义及适用指南》的解释，企业应当按照从购货方已收或应收的合同或协议价款确定销售收入的金额。而收入准则是按照分摊至各单项履约义务的交易价格计量收入。税会差异主要体现在：

（1）收入准则将取决未来事项发生或不发生的可变对价，按照期望值或最可能发生金额确定最佳估计数计入交易价格计量收入金额。进行企业所得税处理时，不考虑可变对价实现的可能性，应当在实际发生时再予以确认收入。

（2）合同中存在的重大融资成分，收入准则应当按照假定客户在取得商品控制权时即以现销价格确定收入金额。当销售货物给客户的时间与客户实际付款的时间不一致时，企业所得税法不对具有融资性质的商品收入进行折现处理。

【例 14－2】2 × 18 年 1 月 1 日，甲公司与乙公司签订合同，向其销售某大型设备，于合同签订日交货。合同约定该设备的价格为 1 000 万元，分 5 年于每年年末收取，实际成本为 500 万元。在现销方式下，该大型设备的销售价格为 800 万元。该企业适用的增值税税率为 13%，不考虑其他因素。甲公司经计算将合同对价的名义金额折现为商品现销价格的折现率为 7.93%，财务费用和已收本金计算如表 14－1 所示。

表 14 - 1　　财务费用和已收本金计算表　　单位：万元

日　期	年初未收本金 ① = 上期⑤	财务费用 ② = ① × 7.93%	收现总额 ③	已收本金 ④ = ③ - ②	年末未收本金 ⑤ = ① - ④
2 × 18 年	800	63.44	200	136.56	663.44
2 × 19 年	663.44	52.6108	200	147.3892	516.0508
2 × 20 年	516.0508	40.9228	200	159.0772	356.9736
2 × 21 年	356.9736	28.3080	200	171.692	185.2816
2 × 22 年	185.2816	14.7184 *	200	185.2816	0
总　额		200	1 000	800	

* 尾数调整。

要求：分析说明销售方的财税处理。

解析：

(1) 2 × 18 年 1 月 1 日销售实现时：

借：长期应收款　　10 000 000
　　贷：主营业务收入　　8 000 000
　　　　未实现融资收益　　2 000 000

借：主营业务成本　　5 000 000
　　贷：库存商品　　5 000 000

(2) 2 × 18 年 12 月 31 日收取货款和增值税款时：

借：银行存款　　2 260 000
　　贷：长期应收款　　2 000 000
　　　　应交税费——应交增值税（销项税额）　　260 000

2 × 18 年摊销未实现融资收益时：

借：未实现融资收益　　634 400
　　贷：财务费用　　634 400

税务处理：以分期收款方式销售货物，按照合同约定的收款日期确认收入实现，本年度只确认计税收入 200 万元，确认计税成本 100 万元，即确认应纳税所得额 100 万元（200 - 100），应调整减少应纳税所得额 263.44 万元（800 - 500 + 63.44 - 100）。

(3) 2 × 19 年 12 月 31 日收取货款和增值税款时：

借：银行存款　　2 260 000
　　贷：长期应收款　　2 000 000
　　　　应交税费——应交增值税（销项税额）　　260 000

2 × 19 年摊销未实现融资收益时：

借：未实现融资收益　　526 108
　　贷：财务费用　　526 108

税务处理：本年度应确认应纳税所得额 100 万元，调整增加应纳税所得额 47.3892 万元（100 - 52.6108）。

（4）2×20 年 12 月 31 日收取货款和增值税款时：

借：银行存款　　2 260 000

　贷：长期应收款　　2 000 000

　　应交税费——应交增值税（销项税额）　　260 000

2×20 年摊销未实现融资收益时：

借：未实现融资收益　　409 228

　贷：财务费用　　409 228

税务处理：本年度应确认应纳税所得额 100 万元，调整增加应纳税所得额 59.0772 万元（100－40.9228）。

（5）2×21 年 12 月 31 日收取货款和增值税款时：

借：银行存款　　2 260 000

　贷：长期应收款　　2 000 000

　　应交税费——应交增值税（销项税额）　　260 000

2×21 年摊销未实现融资收益时：

借：未实现融资收益　　283 080

　贷：财务费用　　283 080

税务处理：本年度应确认应纳税所得额 100 万元，调整增加应纳税所得额 71.692 万元（100－28.308）。

（6）2×22 年 12 月 31 日收取货款和增值税款时：

借：银行存款　　2 260 000

　贷：长期应收款　　2 000 000

　　应交税费——应交增值税（销项税额）　　260 000

2×22 年摊销未实现融资收益时：

借：未实现融资收益　　147 184

　贷：财务费用　　147 184

税务处理：本年度应确认应纳税所得额 100 万元，调整增加应纳税所得额 85.2816 万元（100－14.7184）。

税会差异的调整方法：通过“纳税调整项目明细表”（A105000）中“二、扣除类调整”项目下“（十）与未实现融资收益相关在当期确认的财务费用”进行调整。

第三节　特定交易会计处理与税会差异

一、附有销售退回条款的销售

（一）会计处理

对于附有销售退回条款的销售，企业应当在客户取得相关商品控制权时，按照因向客户转让商品而预期有权收取的对价金额（即：不包含预期因销售退回将退还的金额）确认收入，按照预期因销售退回将退还的金额确认负债；同时，按照预期将退回商品转让时的账面价值，扣除收回该商品预计发生的成本（包括退回商品的价值减损）后的余额，确认为一项资产，按照所转让商品转让时的账面价值，扣除上述资产成本的净额结转成本。

每一资产负债表日，企业应当重新估计未来销售退回情况，如有变化，应当作为会计估计变更进行会计处理。

（二）税会差异

根据企业所得税相关政策规定，企业已经确认销售收入的售出商品发生销售退回，应当在发生当期冲减当期销售商品收入。

在同一纳税年度发生销售退回，税务处理与收入准则销售退回处理的最终结果相同。但是销售退回属于资产负债表日后事项的，会计上调整报告年度的损益，而税法要求冲减退回当期销售收入，则会产生税会差异。

【例 14－3】 2×19 年 8 月 1 日，甲公司向乙公司销售 5 000 件 A 商品，单位销售价格为 500 元，单位成本为 400 元，开出的增值税专用发票上注明的销售价款为 250 万元，增值税税额为 32.5 万元。A 商品已经发出，款项尚未收到。协议约定，乙公司应于 2×19 年 10 月 31 日之前支付货款，在 2×19 年 12 月 31 日之前有权退还 A 商品。甲公司根据过去的经验，估计该批 A 商品退货率约为 10%。甲公司为增值税一般纳税人，A 商品发出时纳税义务已经发生；2×19 年 12 月 20 日实际发生销售退回 400 件时，取得税务机关开具的红字增值税专用发票。A 商品发出时控制权转移给乙公司。

要求：分析说明甲公司的相关财税处理。

解析：

（1）发出时：

借：应收账款	2 825 000	
贷：主营业务收入		2 250 000
预计负债——应付退货款		250 000
应交税费——应交增值税（销项税额）		325 000
借：主营业务成本	1 800 000	
应收退货成本	200 000	
贷：库存商品		2 000 000

（2）10 月 31 日前收到货款时：

借：银行存款	2 825 000	
贷：应收账款		2 825 000

（3）2×19 年 12 月 20 日销售退回，实际退货 400 件：

借：库存商品	160 000	

应交税费——应交增值税（销项税额）　26 000
预计负债——应付退货款　250 000
贷：应收退货成本　160 000
主营业务收入　50 000
银行存款　226 000
借：主营业务成本　40 000
贷：应收退货成本　40 000

由于销售及退回在同一纳税年度发生，税务处理与收入准则处理最终结果相同，即该项销售业务均在 2×19 年确认销售商品收入 230 万元，结转销售商品成本 184 万元。

二、附有质量保证条款的销售

（一）会计处理

对于附有质量保证条款的销售，企业应当评估该质量保证是否在向客户保证所销售商品符合既定标准之外提供了一项单独的服务。

企业提供额外服务的，应当作为单项履约义务，按照收入准则规定进行会计处理；否则，质量保证责任应当按照《企业会计准则第 13 号——或有事项》规定进行会计处理。

在评估质量保证是否在向客户保证所销售商品符合既定标准之外提供了一项单独的服务时，企业应当考虑该质量保证是否为法定要求、质量保证期限以及企业承诺履行任务的性质等因素。客户能够选择单独购买质量保证的，该质量保证构成单项履约义务。

（二）税会差异

企业所得税处理时，预计负债一般不允许在税前扣除，需要通过“纳税调整项目明细表”（A105000）进行纳税调整。

【例 14-4】甲企业与 A 公司签订了销售一批计算机的合同，合同约定计算机销售价款 180 万元，同时提供“延长保修”服务，即从法定质保 90 天到期之后的两年内该企业将对任何损坏的部件进行保修或更换（每年平均受益）。该批计算机和“延长保修”服务各自的单独售价分别为 160 万元和 20 万元。该批计算机的成本为 72 万元。而且基于其自身经验，甲企业估计维修在法定型质保的 90 天保修期内出现损坏的部件将花费 1 万元。企业在交付电脑时收到全部价款。不考虑相关税费。

要求：分析说明销售方的相关财税处理。

解析：

该项销售合同存在销售电脑和“延长保修”服务两项履约义务。分摊的交易价格分别为：销售电脑 160 万元和“延长保修”服务 20 万元。

（1）交付电脑时：

借：银行存款　　1 800 000

　　贷：主营业务收入　　1 600 000

　　　　合同负债　　200 000

借：主营业务成本　　720 000

　　贷：库存商品　　720 000

（2）“延长保修”服务每年确认收入：

借：合同负债　　100 000

　　贷：主营业务收入　　100 000

（3）预计产品质量保证：

借：销售费用　　10 000

　　贷：预计负债——产品质量保证　　10 000

企业所得税处理时，甲企业销售电脑应当确认收入160万元，提供“延长保修”按完工进度分2年确认收入，每年10万元，与收入准则处理结果相同，但是计入销售费用的预计产品质量保证，则需要在申报企业所得税时纳税调增1万元。

三、主要责任人和代理人

（一）会计处理

企业应当根据其在向客户转让商品前是否拥有对该商品的控制权，来判断其从事交易时的身份是主要责任人还是代理人。

企业在向客户转让商品前能够控制该商品的，该企业为主要责任人，应当按照已收或应收对价总额确认收入；否则，该企业为代理人，应当按照预期有权收取的佣金或手续费的金额确认收入，该金额应当按照已收或应收对价总额扣除应支付给其他相关方的价款后的净额，或者按照既定的佣金金额或比例等确定。

企业向客户转让商品前能够控制该商品的情形包括：企业自第三方取得商品或其他资产控制权后，再转让给客户；企业能够主导第三方代表本企业向客户提供服务；企业自第三方取得商品控制权后，通过提供重大的服务将该商品与其他商品整合成某组合产出转让给客户。

在具体判断向客户转让商品前是否拥有对该商品的控制权时，企业不应仅局限于合同的法律形式，而应当综合考虑所有相关事实和情况，这些事实和情况包括：是否承担向客户转让商品的主要责任；是否在转让商品之前或之后承担了该商品的存货风险；是否有权自主决定所交易商品的价格等。

（二）税会差异

企业所得税相关政策规定了不同商品销售方式收入的税务处理。销售商品采用支付手续费方式委托代销的，与收入准则中的主要责任人和代理人确认收入的处理基本相同。

【例 14－5】甲公司委托乙公司销售 W 商品 1 000 件，W 商品已经发出，每件成本为 70 元。合同约定乙公司应按每件 100 元对外销售，甲公司按不含增值税的销售价格的 10% 向乙公司支付手续费。除非这些商品在乙公司存放期间内由于乙公司的责任发生毁损或丢失，否则在 W 商品对外销售之前，乙公司没有义务向甲公司支付货款。乙公司不承担包销责任，没有售出的 W 商品须退回给甲公司，同时，甲公司也有权要求收回 W 商品或将其销售给其他的客户。乙公司对外实际销售 1 000 件，开出的增值税专用发票上注明的销售价格为 100 000 元，增值税税额为 13 000 元，款项已经收到，乙公司立即向甲公司开具代销清单并支付货款。甲公司收到乙公司开具的代销清单时，向乙公司开具一张相同金额的增值税专用发票。假定甲公司发出 W 商品时纳税义务尚未发生，手续费增值税税率为 6%，不考虑其他因素。

要求：分析说明相关财税处理。

解析：

（1）根据上述资料，甲公司的会计处理如下：

①发出商品。

借：发出商品——乙公司	70 000	
贷：库存商品——W 商品		70 000

②收到代销清单，同时发生增值税纳税义务。

借：应收账款——乙公司	113 000	
贷：主营业务收入——销售 W 商品		100 000
应交税费——应交增值税（销项税额）		13 000
借：主营业务成本——销售 W 商品	70 000	
贷：发出商品——乙公司		70 000
借：销售费用——代销手续费	10 000	
应交税费——应交增值税（进项税额）	600	
贷：应收账款——乙公司		10 600

③收到乙公司支付的货款。

借：银行存款	102 400	
贷：应收账款——乙公司		102 400

（2）乙公司的账务处理如下：

①收到商品。

借：受托代销商品——甲公司	100 000	
贷：受托代销商品款——甲公司		100 000

②对外销售。

借：银行存款	113 000	

贷：受托代销商品——甲公司　　100 000

　　应交税费——应交增值税（销项税额）　　13 000

③收到增值税专用发票。

借：受托代销商品款——甲公司　　100 000

　　应交税费——应交增值税（进项税额）　　13 000

　贷：应付账款——甲公司　　113 000

④支付货款并计算代销手续费。

借：应付账款——甲公司　　113 000

　贷：银行存款　　102 400

　　　其他业务收入——代销手续费　　10 000

　　　应交税费——应交增值税（销项税额）　　600

销售商品采用支付手续费方式委托代销的，企业所得税处理与收入准则处理一致。

四、附有客户额外购买选择权的销售

企业在销售商品的同时，会向客户授予选择权，允许客户可以据此免费或者以折扣价格购买额外的商品。

举例说明：企业向客户授予销售激励、客户奖励积分、未来购买商品的折扣券以及合同续约选择权等。

（一）会计处理

对于附有客户额外购买选择权的销售，企业应当评估该选择权是否向客户提供了一项重大权利。企业提供重大权利的，应当作为单项履约义务，按照规定将交易价格分摊至该履约义务，在客户未来行使购买选择权取得相关商品控制权时，或者该选择权失效时，确认相应的收入。

客户虽然有额外购买商品选择权，但客户行使该选择权购买商品时的价格反映了这些商品单独售价的，不应被视为企业向该客户提供了一项重大权利。

（二）税会差异

目前，对于销售商品同时附有客户额外购买选择权，例如奖励积分，《企业所得税法》并无明确规定。《企业所得税法》在没有明确规定之前，暂按企业财务、会计规定确认企业所得税应税收入。

【例 14－6】 2×19 年 1 月 1 日，甲公司开始推行一项奖励积分计划。客户在甲公司每消费 10 元可获得 1 个积分，每个积分从次月开始在购物时可以抵减 1 元。截止 2×19 年 1 月 31 日，客户共消费 100 000 元，可获得 10 000 个积分。根据历史经验，甲公司估计该积分的兑换率为 95%。假定上述金额均不包含增值税等的影响。截止 2×19 年

12 月 31 日，客户共兑换了 4 500 个积分，截止 2 ×20 年 12 月 31 日，预计客户共将会兑换 9 700 个积分，客户累计兑换了 8 500 个积分。

要求：分析说明销售方的相关财税处理。

解析：

2 ×19 年会计处理：

分摊交易价格：

商品 =［100 000 ÷（100 000 +9 500）］×100 000 =91 324（元）

积分 =［9 500 ÷（100 000 +9 500）］×100 000 =8 676（元）

借：银行存款　　100 000

　　贷：主营业务收入　　91 324

　　　　合同负债　　8 676

2 ×19 年积分兑现的收入 =4 500 ÷9 500 ×8 676 =4 110（元）

借：合同负债　　4 110

　　贷：主营业务收入　　4 110

五、向客户授予知识产权许可

（一）会计处理

1. 判断是否构成单项履约义务

企业许可他人使用的知识产权包括专利权、商标权、各类版权或著作权、软件、专有技术等。企业授予知识产权许可的同时，如果提供了其他商品或服务的，应当评估该知识产权许可是否构成单项履约义务。

举例说明：企业销售的汽车中包括了车载导航系统，但是，该系统与汽车分离后如果不能单独使用或与其他设备、技术组合使用，那么，客户使用该系统时并不构成单独履约义务。

2. 是按时段还是时点确认收入

企业向客户授予知识产权许可，如果构成单项履约义务的，同时满足下列条件时，应当作为在某一时段内履行的履约义务确认相关收入；否则，应当作为在某一时点履行的履约义务确认相关收入。具体条件为：合同要求或客户能够合理预期企业将从事对该项知识产权有重大影响的活动；该活动对客户将产生有利或不利影响；该活动不会导致向客户转让某项商品。

举例说明：甲音乐唱片公司将其拥有的一首经典民歌的版权授予乙公司，并约定乙公司在两年内有权在国内所有商业渠道（包括电视、广播和网络广告等）使用该经典民歌。因提供该版权许可，甲公司每月收取 1 000 元的固定对价。除该版权之外，甲公司无需提供任何其他的商品。该合同不可撤销。

本例中，甲公司除了授予该版权许可外不存在其他履约义务，并无任何义务从事改变该版权的后续活动，甲公司授予该版权许可属于在某一时点履行的履约义务，应在乙公司能够主导该版权的使用并从中获得几乎全部经济利益时，全额确认收入。

3. 企业向客户授予知识产权许可，并约定按客户实际销售或使用情况收取特许权使用费的，应当在下列两项孰晚的时点确认收入：

（1）客户后续销售或使用行为实际发生；

（2）企业履行相关履约义务。

（二）税会差异

企业所得税处理时，特许权使用费收入按照合同约定的特许权使用人应付特许权使用费的日期确认收入的实现。国税函〔2008〕875 号文中规定，属于提供设备和其他有形资产的特许权费，在交付资产或转移资产所有权时确认收入；属于提供初始及后续服务的特许权费，在提供服务时确认收入。

如果特许权使用费进行税务处理按合同约定在使用人应付特许权使用费的日期确认收入，而按收入准则规定属于在某一时段内履行的履约义务，根据履约进度确认收入，则会产生税会差异。

【例 14 -7】甲公司是一家著名的足球俱乐部，2×19 年 1 月 1 日与乙公司签订一份合同，授权乙公司在其设计生产的服装、帽子、水杯以及毛巾等产品上使用甲公司球队的名称和图标，授权期间为两年。合同约定，甲公司在合同签订日一次性收取固定金额的使用费 200 万元。乙公司预期甲公司会继续参加顶级赛事，并获得优异成绩。

要求：分析说明甲公司的相关财税处理。

解析：

本例中，该合同仅包括一项履约义务，即授予使用权许可，甲公司继续参加比赛并取得优异成绩等活动是该许可的组成部分。由于乙公司能够合理预期甲公司将继续参加比赛，甲公司的成绩将会对其品牌（包括名称和图标等）的价值产生重大影响，而该品牌价值可能会进一步影响乙公司产品的销量，甲公司从事的上述活动并未向乙公司转让任何可明确区分的商品，因此，甲公司授予的该使用权许可，属于在 2 年内履行的履约义务。甲公司收取的 200 万元固定金额的使用费应当在 2 年内平均确认收入，即 2×19 年和 2×20 年每年确认收入 100 万元。

进行企业所得税处理时，特许权使用费收入按照合同约定的特许权使用人

应付特许权使用费的日期，在 2×19 年确认应税收入 200 万元。甲公司在申报 2×19 年企业所得税时应纳税调增 100 万元，在申报 2×20 年企业所得税时应纳税调减 100 万元。

六、售后回购

售后回购，是指企业销售商品的同时承诺或有权选择日后再将该商品购回的销售方式。

（一）会计处理

对于售后回购交易，企业应当区分下列两种情形分别进行会计处理：

（1）企业因存在与客户的远期安排而负有回购义务或企业享有回购权利的，表明客户在销售时点并未取得相关商品控制权，企业应当作为租赁交易或融资交易进行相应的会计处理。其中，回购价格低于原售价的，应当视为租赁交易，按照租赁准则的相关规定进行会计处理；回购价格不低于原售价的，应当视为融资交易，在收到客户款项时确认金融负债，并将该款项和回购价格的差额在回购期间内确认为利息费用等。企业到期未行使回购权利的，应当在该回购权利到期时终止确认金融负债，同时确认收入。

举例说明：2×18 年 4 月 1 日，甲公司向乙公司销售一台设备，销售价格为 200 万元，同时双方约定两年之后，即 2×20 年 4 月 1 日，甲公司将以 120 万元的价格回购该设备。假定不考虑货币时间价值。

本例中，根据合同约定，甲公司负有在两年后回购该设备的义务，因此，乙公司并未取得该设备的控制权。甲公司以 120 万元价格回购该设备，应当作为租赁交易进行会计处理。若以 250 万元的价格回购该设备，甲公司应当将该交易视为融资交易。

（2）企业负有应客户要求回购商品义务的，应当在合同开始日评估客户是否具有行使该要求权的重大经济动因。客户具有行使该要求权重大经济动因的，企业应当将售后回购作为租赁交易或融资交易进行会计处理；否则，企业应当将其作为附有销售退回条款的销售交易进行会计处理。

举例说明：甲公司向乙公司销售其生产的一台设备，销售价格为 2 000 万元，双方约定，乙公司在 5 年后有权要求甲公司以 1 500 万元的价格回购该设备。甲公司预计该设备在回购时的市场价值将远低于 1 500 万元。甲公司判断乙公司有重大的经济动因行使其权利要求甲公司回购该设备。因此，甲公司应当将该交易作为租赁交易进行会计处理。

（二）税会差异

根据《国家税务总局关于确认企业所得税收入若干问题的通知》（国税函〔2008〕875 号）的规定，采用售后回购方式销售商品的，销售的商品按售价确认收入，回购的商品作为购进商品处理。有证据表明不符合销售收入确认条件的，如以销售商品方式进行融资，收到的款项应确认为负债，回购价格大于原售价的，差额应在回购期间确认为利息费用。

企业所得税处理时，如果售后回购是以销售商品方式进行融资，收到的款项确认为负债，回购价格大于原售价的，差额应在回购期间确认为利息费用，与收入准则售后回购作为融资交易处理相同。

如果售后回购不是以销售商品方式进行融资，税务处理则不同于收入准则中的租赁交易定性，而是作为一项销售与一项采购两项业务进行企业所得税的处理。

【例 14－8】 2×19 年 5 月 1 日，甲公司与乙公司签订协议，向乙公司销售一批商品，增值税专用发票上注明售价为100万元，增值税额为13万元。该批商品的实际成本为80万元。协议规定，甲公司应在9月30日将所售商品购回，回购价为110万元（不含增值税）。商品已发出，货款已收到。除增值税外不考虑其他相关税费。

要求：分析说明甲公司的相关财税处理。

解析：

甲公司应作如下会计处理：

（1）发出商品时：

借：银行存款　　1 130 000

　　贷：其他应付款　　1 000 000

　　　　应交税费——应交增值税（销项税额）　　130 000

借：发出商品　　800 000

　　贷：库存商品　　800 000

企业所得税处理：回购价格大于原售价，以销售商品方式进行融资，收到的款项应确认为负债，与收入准则处理相同。

（2）在售后回购期内按期计提利息费用时：

每月应计提的利息费用为（110 - 100）÷ 5 = 2万元。

借：财务费用　　20 000

　　贷：其他应付款　　20 000

企业所得税处理：财务费用可以税前扣除，不作纳税调整。

（3）9月30日甲公司购回5月1日销售的商品，增值税专用发票上注明的价款为110万元元，增值税额为14.3万元。

借：其他应付款　　1 100 000

　　应交税费——应交增值税（进项税额）　　143 000

　　贷：银行存款　　1 243 000

借：库存商品　　800 000

　　贷：发出商品　　800 000

税务处理：回购时视同还本付息，利息已按权责发生制原则在销售与回购期间通过财务费用列支方式在税前分期扣除，库存商品的计税基础仍为80万元。

七、向客户预收销售商品款项

（一）会计处理

企业向客户预收销售商品款项的，应当首先将该款项确认为负债，待履行了相关履约义务时再转为收入。

当企业预收款项无需退回，且客户可能会放弃其全部或部分合同权利时，企业预期将有权获得与客户所放弃的合同权利相关的金额的，应当按照客户行使合同权利的模式按比例将上述金额确认为收入；否则，企业只有在客户要求其履行剩余履约义务的可能性极低时，才能将上述负债的相关余额转为收入。

（二）税会差异

根据《国家税务总局关于确认企业所得税收入若干问题的通知》（国税函〔2008〕875号）规定，销售商品采取预收款方式的，在发出商品时确认收入。与收入准则在客户取得相关商品控制权时（发出商品时）确认收入的处理基本一致。

【例14－9】甲公司经营连锁面包店。2×19年1月1日，甲公司向客户销售了5 000张储值卡，每张卡的面值为200元，总额为1 000 000元。客户可在甲公司经营的任何一家门店使用该储值卡进行消费。根据历史经验，甲公司预期客户购买的储值卡中将有大约相当于储值卡面值金额5%（即50 000元）的部分不会被消费。截至2×19年12月31日，客户使用该储值卡消费的金额为400 000元。甲公司为增值税一般纳税人，在客户使用该储值卡消费时发生增值税纳税义务。适用的增值税税率为13%。

要求：分析说明甲公司的相关财税处理。

解析：

（1）销售储值卡：

借：库存现金　　1 000 000

　　贷：合同负债　　884 956

　　　　应交税费——待转销项税额　　115 044

（2）根据储值卡的消费金额确认收入，同时将对应的待转销项税额确认为销项税额：

借：合同负债　　372 613

　　应交税费——待转销项税额　　46 018

　　贷：主营业务收入　　372 613

　　　　应交税费——应交增值税（销项税额）　　46 018

税务处理：销售商品采取预收款方式的，在发出商品时确认收入。与收入准则客户取得相关商品控制权时确认收入的处理基本相同。

八、向客户收取的无需退回的初始费

（一）会计处理

企业收取的无需退回的初始费应当计入交易价格确认收入，企业应当评估该初始费是否与向客户转让已承诺的商品相关。

（1）该初始费与向客户转让已承诺的商品相关。在此前提下，应进一步观察该商品是否构成单项履约义务，以确定是否按照分摊至该商品（或该单项履约义务）的交易价格确认收入。

（2）该初始费与向客户转让已承诺的商品不相关。例如，消费者支付会员费后，未来消费时仍要按市价购买商品，则该初始费与向客户转让已承诺的商品不相关的，该初始费应当作为未来将转让商品的预收款，在未来转让该商品时确认为收入。

（3）企业收取初始费且为履行合同应开展初始活动，但这些活动本身并没有向客户转让已承诺的商品的。该初始费应当在未来转让商品时确认为收入，企业在确定履约进度时不应考虑这些初始活动。企业为该初始活动发生的支出应当按照相关规定确认为一项资产或计入当期损益。

（二）税会差异

根据《国家税务总局关于确认企业所得税收入若干问题的通知》（国税函〔2008〕875号）的规定，申请入会或加入会员，只允许取得会籍，所有其他服务或商品都要另行收费的，在取得该会员费时确认收入。申请入会或加入会员后，会员在会员期内不再付费就可得到各种服务或商品，或者以低于非会员的价格销售商品或提供服务的，该会员费应在整个受益期内分期确认收入。该文件仅仅是规定了会员费，未扩展至所有的初始费，在《企业所得税法》没有特别规定向客户收取的无需退回的其他初始费的情况下，暂按企业财务、会计规定确认企业所得税应税收入。

【例14－10】甲公司经营一家会员制健身俱乐部。甲公司与客户签订了为期2年的合同，客户入会之后可以随时在该俱乐部健身。除俱乐部的年费2000元之外，甲公司还向客户收取了50元的入会费，用于补偿俱乐部为客户进行注册登记、准备会籍资料以及制作会员卡等初始活动或花费的成本，甲公司收取的入会费和年费无需返回。

要求：分析说明甲公司的财税处理。

解析：

本例中，甲公司承诺的服务是向客户提供健身服务，而甲公司为会员入会所进行的初始活动并未向客户提供所承诺的服务，而是一些内部行政管理性质的工作，因此甲公司虽然为补偿这些初始活动向客户收取了50元入会费，但是该入会费实质上是客户为健身服务所支付的对价的一部分，故应当作为健身服务的预收款，与收取的年费一起在2年内分摊确认收入。

税务处理：申请入会或加入会员后，会员在会员期内不再付费就可得到各种服务或商品，该会员费应在整个受益期内分期确认收入。与收入准则处理相同。

第四节　合同成本与税法差异

一、合同成本的确认

合同成本包括取得合同的成本和履行合同的成本。

（一）取得合同的成本

企业为取得合同发生的增量成本预期能够收回的，应当作为合同取得成本确认为一项资产。增量成本是指企业不取得合同就不会发生的成本，例如销售佣金等。为简化实务操作，该资产摊销期限不超过一年的，可以在发生时计入当期损益。

企业为取得合同发生的、除预期能够收回的增量成本之外的其他支出，例如，无论是否取得合同均会发生的差旅费、投标费、为准备投标资料发生的相关费用等，应当在发生时计入当期损益，除非这些支出明确由客户承担。

（二）履行合同的成本

1. 企业为履行合同发生的成本，不属于其他企业会计准则规范范围且同时满足下列条件的，应当作为合同履约成本确认为一项资产：

（1）该成本与一份当前或预期取得的合同直接相关，包括直接人工、直接材料、制造费用（或类似费用）、明确由客户承担的成本以及仅因该合同而发生的其他成本；

（2）该成本增加了企业未来用于履行履约义务的资源；

（3）该成本预期能够收回。

2. 企业应当在下列支出发生时，将其计入当期损益：

（1）管理费用。

（2）非正常消耗的直接材料、直接人工和制造费用（或类似费用），这些支出为履行合同发生，但未反映在合同价格中。

（3）与履约义务中已履行部分相关的支出。

（4）无法在尚未履行的与已履行的履约义务之间区分的相关支出。

二、与合同成本有关资产的摊销和减值

（一）摊销

与合同取得成本和合同履约成本有关的企业资产，应当采用与该资产相关的商品收入确认相同的基础（即：在履约义务履行的时点或按照履约义务的履约进度）进行摊销，计入当期损益。

（二）减值

与合同成本有关的资产（合同取得成本和合同履约成本），其账面价值高于下列两项的差额的，超出部分应当计提减值准备，并确认为资产减值损失：

（1）企业因转让与该资产相关的商品预期能够取得的剩余对价；

（2）为转让该相关商品估计将要发生的成本。

以前期间减值的因素之后发生变化，使得差额高于该资产账面价值的，应当转回原已计提的资产减值准备，并计入当期损益，但转回后的资产账面价值不应超过假定不计提减值准备情况下该资产在转回日的账面价值。

在确定与合同成本有关的资产的减值损失时，企业应当首先对按照其他相关企业会计准则确认的、与合同有关的其他资产确定减值损失；然后再确定与合同成本有关的资产的减值损失。

企业按照《企业会计准则第8号——资产减值》测试相关资产组的减值情况时，应当将按照前款规定确定与合同成本有关的资产减值后的新账面价值计入相关资产组的账面价值。

三、税会差异

进行企业所得税处理时，企业实际发生的与取得收入有关的、合理的支出，包括成本、费用、税金、损失和其他支出，准予在计算应纳税所得额时扣除。

合同成本税会差异主要体现在：

(1) 企业为取得合同或履行合同发生的、已计入当期损益的费用和支出，如果税法不允许扣除或超过扣除限额，在申报企业所得税时应进行纳税调整。

(2) 与合同成本有关的资产，即合同取得成本或合同履约成本，应当采用与该资产相关的商品收入确认相同的基础进行摊销，计入当期损益。如果税法不需摊销，准予在计算应纳税所得额时扣除，应作纳税调整。

【例14-11】甲公司为一家咨询服务公司，通过竞标赢得一新客户。为取得与该客户的合同，甲公司聘请外部律师支付尽职调查的外部律师费30 000元，提交标书发生差旅费20 000元，支付销售人员佣金10 000元，甲公司预期这些支出未来均能收回。

要求：分析说明甲公司的财税处理。

解析：

本例中，甲公司因签订该客户合同而向销售人员支付的佣金属于为取得合同发生的增量成本，应当将其作为合同取得成本确认为一项资产。为简化实务操作，该资产摊销期限不超过一年，可以在发生时计入当期损益。甲公司聘请外部律师进行尽职调查发生的支出、为投标发生的差旅费，无论是否取得合同均会发生，不属于增量成本，应当在发生时计入当期损益。

企业所得税处理时，向销售人员支付的佣金应按所签订服务协议或合同确认的收入金额的5%计算限额税前扣除，超过扣除限额的部分，应进行纳税调整。

(3)《企业所得税法》规定未经核定的准备金不得税前扣除。在申报企业所得税时，按收入准则规定计提的合同取得成本减值准备和合同履约成本减值准备应纳税调增，转回时应纳税调减。

【例14-12】甲建筑公司与其客户签订一项总金额为580万元的固定造价合同，该合同不可撤销。甲公司负责工程的施工及全面管理，客户按照第三方工程监理公司确认的工程完工量，每年与甲公司结算一次；该工程已于2×18年2月开工，预计2×21年6月完工；预计可能发生的工程总成本为550万元。到2×19年底，由于材料价格上涨等因素，甲公司将预计工程总成本调整为600万元。2×20年末根据工程最新情况将预计工程总成本调整为610万元。假定该建造工程整体构成单项履约义务，并属于在某一时段内履行的履约义务，该公司采用成本法确定履约进度，不考虑其他相关因素。该合同的其他有关资料如表14-2所示。

表14-2　　成本与价款计算表　　单位：万元

项　目	2×18年	2×19年	2×20年	2×21年	2×22年
年末累计实际发生成本	154	300	488	610	—
年末预计完成合同尚需发生	396	300	122	—	—
成本期结算合同价款	174	196	180	30	—
本期实际收到价款	170	190	190		30

按照合同约定，工程质保金30万元需等到客户于2×22年底保证期结束且未发生重大质量问题方能收款。上述价款均不含增值税额。假定甲公司与客户结算时即发生增值税纳税义务，客户在实际支付工程价款的同时支付其对应的增值税款。

要求：分析说明甲公司的相关财税处理。

解析：

1. 2×18年会计处理如下：

（1）实际发生合同成本。

借：合同履约成本　　1 540 000

　　贷：原材料、应付职工薪酬等　　1 540 000

（2）结算合同价款。

借：应收账款　　1 896 600

　　贷：合同结算——价款结算　　1 740 000

　　　　应交税费——应交增值税（销项税额）　　156 600

（3）实际收到合同价款。

借：银行存款　　1 853 000

　　贷：应收账款　　1 853 000

（4）确认计量当年的收入并结转成本。

履约进度＝1 540 000÷（1 540 000＋3 960 000）＝28%

合同收入＝5 800 000×28%＝1 624 000（元）

借：合同结算——收入结转　　1 624 000

　　贷：主营业务收入　　1 624 000

借：主营业务成本　　1 540 000

贷：合同履约成本 1 540 000

税务处理：企业所得税处理与收入准则处理相同。

2. 2×19 年的账务处理如下：

（1）实际发生合同成本：

借：合同履约成本 1 460 000

贷：原材料、应付职工薪酬等 1 460 000

（2）结算合同价款：

借：应收账款 2 136 400

贷：合同结算——价款结算 1 960 000

应交税费——应交增值税（销项税额） 176 400

（3）实际收到合同价款：

借：银行存款 2 071 000

贷：应收账款 2 071 000

（4）确认计量当年的收入并结转成本，同时，确认合同预计损失：

履约进度 =3 000 000 ÷（3 000 000 +3 000 000）=50%

合同收入 =5 800 000 ×50% －1 624 000 =1 276 000（元）

合同预计损失 =（6 000 000 －5 800 000）×（1 －50%）=100 000（元）

借：合同结算——收入结转 1 276 000

贷：主营业务收入 1 276 000

借：主营业务成本 1 460 000

贷：合同履约成本 1 460 000

借：主营业务成本 100 000

贷：预计负债 100 000

税务处理：合同预计损失不得税前扣除，年终申报企业所得税时调增应纳税所得额 100 000 元。

3. 2×20 年的账务处理如下：

（1）实际发生的合同成本：

借：合同履约成本 1 880 000

贷：原材料、应付职工薪酬等 1 880 000

（2）结算合同价款：

借：应收账款 1 962 000

贷：合同结算——价款结算 1 800 000

应交税费——应交增值税（销项税额） 162 000

（3）实际收到合同价款：

借：银行存款 2 071 000

贷：应收账款 2 071 000

（4）确认计量当年的合同收入并结转成本，同时调整合同预计损失。

履约进度 =4 880 000 ÷（4 880 000 +1 220 000）=80%

合同收入 =5 800 000 ×80% －1 624 000 －1 276 000 =1 740 000（元）

合同预计损失 =（4 880 000 +1 220 000 －5 800 000）×（1 －80%）－100 000

　　　　　　= －40 000（元）

借：合同结算——收入结转　　　　1 740 000

　　贷：主营业务收入　　　　1 740 000

借：主营业务成本　　　　1 880 000

　　贷：合同履约成本　　　　1 880 000

借：预计负债　　　　40 000

　　贷：主营业务成本　　　　40 000

税务处理：本期转回合同预计损失在年终申报企业所得税时，调减应纳税所得额 40 000 元。

4. 2 ×21 年 1 ~6 月的账务处理如下：

（1）实际发生合同成本。

借：合同履约成本　　　　1 220 000

　　贷：原材料、应付职工薪酬等　　　　1 220 000

（2）确认计量当期的合同收入并结转成本及已计提的合同损失。

借：合同结算——收入结转　　　　1 160 000

　　贷：主营业务收入　　　　1 160 000

借：主营业务成本　　　　1 220 000

　　贷：合同履约成本　　　　1 220 000

借：预计负债　　　　60 000

　　贷：主营业务成本　　　　60 000

税务处理：本期转回合同预计损失在年终申报企业所得税时，调减应纳税所得额 60 000 元。

5. 2 ×22 年的账务处理：

（1）保质期结束且未发生重大质量问题。

借：应收账款　　　　327 000

　　贷：合同结算　　　　300 000

　　　　应交税费——应交增值税（销项税额）　　　　27 000

（2）实际收到合同价款。

借：银行存款　　　　327 000

　　贷：应收账款　　　　327 000

第十五章　租赁准则下税会差异与纳税调整

第一节　租赁概述

一、租赁准则适用范围

租赁是指在一定期间内，出租人将资产的使用权让与承租人以获取对价的合同。

租赁准则适用于所有租赁，但下列各项除外：一是承租人通过许可使用协议取得的电影、录像、剧本、文稿等版权、专利等项目的权利，以及以出让、划拨或转让方式取得的土地使用权，适用无形资产准则；二是出租人授予的知识产权许可，适用收入准则；三是勘探或使用矿产、石油、天然气及类似不可再生资源的租赁，适用其他相关准则；四是承租人承租生物资产，适用其他相关准则；五是采用建设经营移交等方式参与公共基础设施建设、运营的特许经营权合同，适用其他相关准则和规定。

二、租赁的识别、分拆和合并

（一）租赁的识别

在合同开始日，企业应当评估合同是否为租赁或者包含租赁。如果合同中一方让渡了在一定期间内控制一项或多项已识别资产使用的权利以换取对价，则该合同为租赁或者包含租赁。

一项合同要被分类为租赁，必须要满足三要素：一是存在一定期间；二是存在已识别资产；三是资产供应方向客户转移对已识别资产使用权的控制。

除非合同条款或条件发生变化，企业无需重新评估合同是否为租赁或者是否包含租赁。

举例说明：客户甲公司与乙信息技术公司签订了使用一台指定服务器的 3 年期合同。乙公司根据甲公司的指示在甲公司处交付和安装服务器，并在整个使用期间根据需要提供服务器的维修和保养服务。乙公司仅在服务器发生故障时替换服务器。甲公司决定在服务器中存储哪些数据以及如何将服务器与其运营整合，并在整个使用期间有权改变这些决定。

本例中，合同明确指定了服务器，乙公司仅在服务器发生故障时方可替换，合同存在已识别资产。甲公司在整个 3 年使用期控制服务器的使用。该合同包含服务器的租赁，甲公司拥有服务器 3 年的使用权。

（二）租赁的分拆和合并

企业应基于单项租赁应用租赁准则规范进行会计处理。

同时符合下列条件的，使用已识别资产的权利构成一项单独租赁：一是承租人可从单独使用该资产或将其与易于获得的其他资源一起使用中获利；二是该资产与合同中的其他资产不存在高度依赖或高度关联关系。

1. 租赁的分拆

合同中存在下列两种情形的，需要进行分拆：

（1）合同中同时包含多项单独租赁。

承租人和出租人应当将合同予以分拆，并分别各项单独租赁进行会计处理。

（2）合同中同时包含租赁和非租赁部分。

承租人和出租人应当将租赁和非租赁部分进行分拆。承租人应当按照各租赁部分单独价格及非租赁部分的单独价格之和的相对比例分摊合同对价。出租人应当根据《企业会计准则第 14 号——收入》（2017）关于交易价格分摊的规定分摊合同对价。

为简化处理，承租人可以按照租赁资产的类别选择是否分拆合同包含的租赁和非租赁部分。承租人选择不分拆的，将各租赁部分及与其相关的非租赁部分分别合并为租赁，按照租赁准则进行会计处理。

举例说明：甲公司从乙公司租赁一台推土机、一辆货车和一台长臂挖掘机用于采矿业务，租赁期为 4 年。乙公司同意在整个租赁期内维护各项设备。合同固定对价为 2 400 000 元，按年分期支付，每年支付 600 000 元。合同对价包含了各项设备的维护费用。甲公司未采用简化处理。

分析：甲公司未采用简化处理，应将非租赁部分（维护服务）与租入的各项设备分别进行会计处理。合同中存在三个单独租赁部分（租赁推土机、货车和长臂挖掘机）和对应的三个非租赁部分（维护服务）。承租人甲公司将合同对价 2 400 000 元分摊至三个租赁部分和非租赁部分。

税务处理时，对租赁合同中存在租赁部分和非租赁部分的，可能构成增值税相关规定下的混合销售和兼营，从而分别适用相应的税收规则。

2. 租赁的合并

企业与同一交易方或其关联方在同一时间或相近时间订立的两份或多份包含租赁的合同，在符合下列条件之一时，应当合并为一份合同进行会计处理：

（1）该两份或多份合同基于总体商业目的而订立并构成一揽子交易，若不作为整体考虑则无法理解其总体商业目的。

（2）该两份或多份合同中的某份合同的对价金额取决于其他合同的定价或履行

情况。

（3）该两份或多份合同让渡的资产使用权合起来构成一项单独租赁。

两份或多份合同合并为一份合同进行会计处理的，仍然需要区分该一份合同中的租赁部分和非租赁部分。

第二节 承租人会计处理与税会差异

一、确认和初始计量

租赁准则下，承租人会计处理不区分经营租赁和融资租赁，采用单一的会计处理模型，除采用简化处理的短期租赁和低价值资产租赁外，在租赁期开始日，对所有租赁均确认使用权资产和租赁负债。

（一）使用权资产初始计量

使用权资产是承租人可在租赁期内使用租赁资产的权利。

租赁期是承租人有权使用租赁资产且不可撤销的期间，包含续租选择权涵盖的期间和终止租赁选择权涵盖的期间。

举例说明：承租人签订了一份设备租赁合同，包括4年不可撤销期限和2年期固定价格续租选择权，续租选择权期间的合同条款和条件与市价接近，没有终止罚款或其他因素表明承租人合理确定将行使续租选择权。因此，在租赁期开始日，承租人应确定租赁期为4年。

在租赁期开始日，承租人使用权资产应当按照成本进行初始计量。该成本包括下列四项：

（1）租赁负债的初始计量金额；

（2）在租赁期开始日或之前支付的租赁付款额，存在租赁激励的（出租人为达成租赁向承租人提供的优惠），扣除已享受的租赁激励相关金额；

（3）承租人发生的初始直接费用（为达成租赁所发生的增量成本）；

（4）承租人为拆卸及移除租赁资产、复原租赁资产所在场地或将租赁资产恢复至租赁条款约定状态预计将发生的成本。

（二）租赁负债初始计量

租赁负债应当按照租赁期开始日尚未支付的租赁付款额的现值进行初始计量。

识别应纳入租赁负债的相关付款项目是计量租赁负债的关键。

1. 租赁付款额

租赁付款额是指承租人向出租人支付的与在租赁期内使用租赁资产的权利相关的款

项。租赁付款额包括以下五项内容：

（1）固定付款额及实质固定付款额（形式上可能包含变量但实质上无法避免），存在租赁激励的，扣除租赁激励相关金额；

（2）取决于指数或比率的可变租赁付款额，该款项在初始计量时根据租赁期开始日的指数或比率确定；

（3）购买选择权的行权价格，前提是承租人合理确定将行使该选择权；

（4）行使终止租赁选择权需支付的款项，前提是租赁期反映出承租人将行使终止租赁选择权；

（5）根据承租人提供的担保余值（与出租人无关的一方向出租人提供担保，保证在租赁结束时租赁资产的价值至少为某指定的金额）预计应支付的款项。

2. 折现率

在计算租赁付款额的现值时，承租人应当采用租赁内含利率作为折现率；无法确定租赁内含利率的，应当采用承租人增量借款利率作为折现率。

（1）租赁内含利率，是指使出租人的租赁收款额的现值与未担保余值的现值之和等于租赁资产公允价值与出租人的初始直接费用之和的利率。

其中，未担保余值，是指租赁资产余值中，出租人无法保证能够实现或仅由与出租人有关的一方予以担保的部分。

举例说明：承租人甲公司与出租人乙公司签订了一份车辆租赁合同，租赁期为 5 年。在租赁开始日，该车辆的公允价值为 100 000 元，乙公司预计在租赁结束时其公允价值（即未担保余值）将为 10 000 元。租赁付款额为每年 23 000 元，于年末支付。乙公司发生的初始直接费用为 5 000 元。乙公司计算租赁内含利率 r 的方法如下：23 000 ×（P/A，r，5）+ 10 000 ×（P/F，r，5）= 100 000 + 5 000

本例中，计算得出的租赁内含利率 r 为 5.79%。

（2）承租人增量借款利率，是指承租人在类似经济环境下为获得与使用权资产价值接近的资产，在类似期间以类似抵押条件借入资金须支付的利率。

【例 15 - 1】承租人甲公司就某栋建筑物的某一层楼与出租人乙公司签订了为期 10 年的租赁协议，并拥有 5 年的续租选择权。有关资料如下：

（1）初始租赁期内的不含税租金为每年 50 000 元，续租期间为每年 55 000 元，所有款项应于每年年初支付；

（2）甲公司发生的初始直接费用为 20 000 元，其中，15 000 元为向该楼层前任租户支付的款项，5 000 元为向促成此租赁交易的房地产中介支付的佣金；

（3）作为对甲公司的激励，乙公司同意补偿甲公司 5 000 元的佣金；

（4）在租赁期开始日，甲公司评估后认为，不能合理确定将行使续租选择权，将租赁期确定为 10 年；

（5）甲公司无法确定租赁内含利率，其增量借款利率为每年 5%，该利率反映的是甲公司以类似抵押条件借入期限为 10 年、与使用权资产等值的相同币种的借款而必须支付的利率。假设不考虑相关税费影响。

要求：分析说明租赁人的会计处理。

解析：

承租人甲公司的会计处理如下：

（1）计算租赁期开始日租赁付款额的现值，并确认租赁负债和使用权资产。

租金于每年年初支付，剩余 9 期租赁付款额 = 50 000 × 9 = 450 000（元）

租赁负债 = 剩余 9 期租赁付款额现值 = 50 000 ×（P/A，5%，9）= 355 391（元）

借：使用权资产	405 391	
租赁负债——未确认融资费用	94 609	
贷：租赁负债——租赁付款额		450 000
银行存款（第 1 年的租赁付款额）		50 000

（2）将初始直接费用计入使用权资产的初始成本。

借：使用权资产	20 000	
贷：银行存款		20 000

（3）将已收的租赁激励相关金额从使用权资产入账价值中扣除。

借：银行存款	5 000	
贷：使用权资产		5 000

（4）甲公司使用权资产的初始成本为：405 391 + 20 000 − 5 000 = 420 391（元）。

二、后续计量

（一）使用权资产后续计量

在租赁期开始日后，承租人应当采用成本模式对使用权资产进行后续计量。即：以成本减累计折旧及累计减值损失计量使用权资产。

1. 使用权资产计提折旧

承租人应当参照《企业会计准则第 4 号——固定资产》有关折旧规定，自租赁期开始日起对使用权资产计提折旧。使用权资产通常自租赁期开始的当月计提折旧。当月计提确有困难的，也可以选择自租赁期开始的下月计提折旧，但应对同类使用权资产采取相同的折旧政策。

承租人能够合理确定租赁期届满时取得租赁资产所有权的，应当在租赁资产剩余使用寿命内计提折旧。无法合理确定租赁期届满时能够取得租赁资产所有权的，应当在租赁期与租赁资产剩余使用寿命两者孰短的期间内计提折旧。

承租人在确定使用权资产的折旧方法时，应当根据与使用权资产有关的经济利益的预期实现方式做出决定。通常，承租人按直线法对使用权资产计提折旧，其他折旧方法更能反映使用权资产有关经济利益预期实现方式的，应采用其他折旧方法。

使用权资产计提的折旧金额应根据使用权资产的用途，计入相关资产的成本或者当期损益。

2. 使用权资产计提减值准备

在租赁期开始日后，承租人应当按照《企业会计准则第 8 号——资产减值》的规定，确定使用权资产是否发生减值，并对已识别的减值损失进行会计处理。

使用权资产减值准备一旦计提，不得转回。承租人应当按照扣除减值损失之后的使用权资产的账面价值，进行后续折旧。

【例 15－2】 承租人甲公司签订了一份为期 10 年的设备租赁合同，用于甲公司生产经营。相关使用权资产的初始账面价值为 100 000 元，按直线法在 10 年内计提折旧，年折旧费为 10 000 元。在第 5 年年末，确认该使用权资产发生减值损失 20 000 元。

要求：分析说明租赁人的会计处理。

解析：

（1）第五年年末确认使用权资产发生的减值损失：

借：资产减值损失　　20 000

　　贷：使用权资产减值准备　　20 000

（2）第六年以后该设备每年计提折旧＝30 000÷5＝6 000 元

借：制造费用等　　6 000

　　贷：使用权资产累计折旧　　6 000

（二）租赁负债后续计量

（1）承租人应当按照固定的周期性利率（初始计量时所采用的折现率或修订后的折现率）计算租赁负债在租赁期内各期间的利息费用，并计入当期损益。按照《企业会计准则第 17 号——借款费用》等其他准则规定应当计入相关资产成本的，从其规定。

【例 15－3】 承租人甲公司与出租人乙公司签订了为期 5 年的设备租赁合同。每年的租赁付款额为 10 000 元，在每年年末支付。甲公司无法确定租赁内含利率，其增量借款利率为 5%。在租赁期开始日，甲公司按租赁付款额的现值所确认的租赁负债为 43 300 元。

要求：分析说明承租人的会计处理。

解析：

甲公司第一年末的相关账务处理如下：

借：租赁负债——租赁付款额　　10 000

　　贷：银行存款　　10 000

借：财务费用——利息费用　　（43 300×5%）2 165

　　贷：租赁负债——未确认融资费用　　2 165

（2）因重估或租赁变更等原因导致租赁付款额发生变动时，承租人应当按照变动后的租赁付款额的现值重新计量租赁负债，并相应调整使用权资产的账面价值。使用权资产的账面价值已调减至零，但租赁负债仍需进一步调减的，承租人应当将剩余金额计入当期损益。

三、短期租赁和低价值资产租赁

（一）短期租赁

短期租赁是在租赁期开始日，租赁期不超过 12 个月的租赁。包含购买选择权的租赁不属于短期租赁。

举例说明：承租人与出租人签订了一份租赁合同，约定不可撤销期间为 9 个月，且承租人拥有 4 个月的续租选择权。在租赁期开始日，承租人判断可以合理确定将放弃行使续租选择权，因为续租期的月租赁付款额明显高于市场价格。在此情况下，承租人确定租赁期为 9 个月，属于短期租赁。

（二）低价值资产租赁

低价值资产租赁是单项租赁资产为全新资产时价值较低的租赁。

低价值资产租赁的判定仅与资产全新状态下的绝对价值有关，不受承租人规模、性质或其他情况影响。低价值资产还应当符合下列规定，即：只有承租人能够从单独使用该低价值资产或将其与承租人易于获得的其他资源一起使用中获利，且该项资产与其他租赁资产没有高度依赖或高度关联关。

（三）会计处理

对于短期租赁和低价值资产租赁，承租人可以选择不确认使用权资产和租赁负债。作出该选择的，承租人应当将短期租赁和低价值资产租赁的租赁付款额，在租赁期内各个期间按照直线法或其他系统合理的方法计入相关资产成本或当期损益。其他系统合理的方法能够更好地反映承租人的受益模式的，承租人应当采用该方法。

【例 15 –4】承租人与出租人签订了一份租赁合同，约定的租赁资产包括：

（1）IT 设备，包括供员工个人使用的笔记本电脑、台式电脑、平板电脑、桌面打印机和手机等；

（2）服务器，其中包括增加服务器容量的单独组件，这些组件根据承租人需要陆续添加到大型服务器以增加服务器存储容量；

（3）办公家具，如桌椅和办公隔断等；

（4）饮水机。

通常，办公笔记本电脑全新时的单独价格不超过人民币 10 000 元，台式电脑、平板电脑、桌面打印机和手机全新时的单独价格不超过人民币 5 000 元，普通办公家具的单独价格不超过人民币 10 000 元，饮水机的单独价格不超过人民币 1 000 元，服务器单个组件的单独价格不超过人民币 10 000 元。

要求：分析说明承租人的会计处理。

解析：

上述租赁资产中，各种 IT 设备、办公家具、饮水机都能够单独使承租人获益，且与其他租赁资产没有高度依赖或高度关联关系。通常情况下，符合低价值资产租赁的资产全新状态下的绝对价值应低于人民币 40 000 元。本例中，承租人将 IT 设备、办公家具、饮水机作为低价值租赁资产，选择按照简化方法进行会计处理，将低价值资产租赁的租赁付款额，在租赁期内各个期间按照直线法或其他系统合理的方法计入相关资产成本或当期损益。

对于服务器中的组件，尽管单个组件的单独价格较低，但由于每个组件都与服务器中的其他部分高度相关，承租人若不租赁服务器就不会租赁这些组件，不构成单独的租赁部分，因此不能作为低价值租赁资产进行会计处理。

四、税会差异

企业所得税税务处理时，承租人要区分经营租赁与融资租赁分别进行处理。

（一）融资租入资产计税基础

根据《企业所得税法实施条例》等规定，承租人经营租入固定资产的使用权无须资本化。融资租入的固定资产，以租赁合同约定的付款总额和承租人在签订租赁合同过程中发生的相关费用为计税基础，租赁合同未约定付款总额的，以该资产的公允价值和承租人在签订租赁合同过程中发生的相关费用为计税基础。

可见，企业所得税只对融资租赁方式租入固定资产确认计税基础，且不考虑租赁付款额现值。无论税法上的经营租赁还是融资租赁，在根据租赁准则进行会计处理时，除期限短价值低资产租赁可简化核算外，承租人都要确认使用权资产和租赁负债，并将租赁期开始日尚未支付的租赁付款额进行折现，导致融资租入固定资产的计税基础与会计使用权资产账面价值之间存在差异。

（二）经营租赁方式租入固定资产

根据《企业所得税法实施条例》等规定，以经营租赁方式租入固定资产发生的租赁费支出，按照租赁期限均匀扣除；经营租入的固定资产不得计算折旧扣除。

税法上作为经营租赁的承租人，根据租赁准则规定进行会计处理时，按照权责发生制确认的每期所支付的租赁付款额（即租赁费支出）准予税前扣除，但计入当期损益的使用权资产所计提的折旧和减值准备，以及确认的相关利息费用等，税法都不予认可，企业所得税年度纳税申报时，应进行相应的纳税调整。

（三）融资租赁方式租入固定资产

根据《企业所得税法实施条例》等规定，以融资租赁方式租入固定资产发生的租赁费支出，按照规定构成融资租入固定资产价值的部分应当提取折旧费用，分期扣除。

税法上作为融资租赁的承租人，根据租赁准则规定进行会计处理时，要将租赁付款额（即租赁费支出）拆分为两部分计入当期损益：一部分计入使用权资产初始成本（租赁付款额现值）通过计提折旧计入当期损益；另一部分通过未确认融资费用（利息费用）的摊销计入当期损益。税会差异表现在：

（1）《企业所得税法》对融资租入固定资产的计价不考虑租赁付款额现值，将所有租赁付款额（租赁费支出）通过折旧的方式计入当期损益，与按租赁准则规定计提的折旧金额产生差异。若承租人自租赁期开始的当月计提折旧，与税法自租赁期开始的次月计提折旧也存在计提时间上差异，都应进行纳税调整。

（2）《企业所得税法》不承认租赁准则中未确认融资费用（利息费用），每期分摊计入财务费用的未确认融资费用，在企业所得税年度纳税申报时，应作纳税调整增加处理。

（3）承租人计提的使用权资产减值准备不得税前扣除，应进行纳税调整。

【例 15 –5】承租人甲公司与出租人乙公司签订了为期 7 年的商铺租赁合同。有关资料如下：每年的租赁付款额为 450 000 元（不含税），在每年年末支付。为获得该项租赁，甲公司发生的初始直接费用为 20 000 元。甲公司无法确定租赁内含利率，其增量借款利率为 5.04%，该利率反映的是甲公司以类似抵押条件借入期限为 7 年、与使用权资产等值的相同币种的借款而必须支付的利率。甲公司经计算租赁期开始日尚未支付的租赁付款额的现值为 2 600 000 元。甲公司选择自租赁期开始的次月采用直线法计提折旧，折旧年限 7 年，预计残值 0。假定税法折旧年限、折旧方法与会计相同。

要求：分析说明承租人的相关财税处理。

解析：

在租赁期开始日，甲公司按照租赁付款额的现值所确认的租赁负债为 2 600 000 元。在第 1 年年末，甲公司向乙公司支付第一年的租赁付款额 450 000 元，其中，131 040 元（即，2 600 000 × 5.04%）是当年的利息。

承租人甲公司会计处理如下：

（1）租赁开始日确认使用权资产和租赁负债

借：使用权资产	2 600 000	
租赁负债——未确认融资费用	550 000	
贷：租赁负债——租赁付款额		3 150 000

支付初始直接费用：

借：使用权资产	20 000	
贷：银行存款		20 000

甲公司使用权资产初始成本为：260 +2 =262（万元）。

税务处理时若为经营租赁，承租人无须确认经营租入固定资产的计税基础；若为融资租赁，承租人确认的融资租入固定资产计税基础为317万元，与其按租赁准则确定的使用权资产入账价值262万元之间存在差异。

（2）每年计提折旧额：

借：销售\管理费用等　　374 286

　　贷：使用权资产累计折旧　　374 286

税务处理时若为经营租赁，经营租入固定资产不得计提折旧，会计处理计入当期损益的年折旧额374 286元，在企业所得税年度纳税申报时应作纳税调增处理；若为融资租赁，准予税前扣除的融资租入固定资产年折旧额为452 857元（3 170 000 ÷7），与会计计提的年折旧额374 286元存在差异，在企业所得税年度纳税申报时也需要进行纳税调整。

（3）第一年末支付租赁付款额：

借：租赁负债——租赁付款额　　450 000

　　贷：银行存款　　450 000

税务处理时若为经营租赁，经营租入固定资产每年发生的租赁费支出45万元准予税前扣除，但会计处理在支付租赁费时并未计入当期损益，应作纳税调减处理；若为融资租赁，承租人在支付租赁费时无需进行纳税调整。

（4）确认租赁期内第一年的利息：

借：财务费用等　　131 040

　　贷：租赁负债——未确认融资费用　　131 040

无论税法上作为经营租赁还是融资租赁，都不承认会计上的未确认融资费用，因此每期分摊计入财务费用的未确认融资费用，在企业所得税年度纳税申报时应调整增加应纳税所得额。

第三节　出租人会计处理与税会差异

一、出租人的租赁分类

在租赁准则中，出租人的租赁分类是以租赁转移与租赁资产所有权相关的风险和报酬的程度为依据的。

出租人应当在租赁开始日将租赁分为融资租赁和经营租赁。

（一）融资租赁

融资租赁是指实质上转移了与租赁资产所有权有关的几乎全部风险和报酬的租赁。

其所有权最终可能转移，也可能不转移。

一项租赁属于融资租赁还是经营租赁取决于交易的实质，而不是合同的形式。如果一项租赁实质上转移了与租赁资产所有权有关的几乎全部风险和报酬，出租人应当将该项租赁分类为融资租赁。

一项租赁存在下列一种或多种情形的，通常分类为融资租赁：

（1）在租赁期届满时，租赁资产的所有权转移给承租人。

（2）承租人有购买租赁资产的选择权，所订立的购买价款与预计行使选择权时租赁资产的公允价值相比足够低，因而在租赁开始日就可以合理确定承租人将行使该选择权。

（3）资产的所有权虽然不转移，但租赁期占租赁资产使用寿命的大部分（≥75%）。

（4）在租赁开始日，租赁收款额的现值几乎相当于（90%以上）租赁资产的公允价值。

（5）租赁资产性质特殊，如果不作较大改造，只有承租人才能使用。

一项租赁存在下列一项或多项迹象的，也可能分类为融资租赁：

（1）若承租人撤销租赁，撤销租赁对出租人造成的损失由承租人承担。

（2）资产余值的公允价值波动所产生的利得或损失归属于承租人。

（3）承租人有能力以远低于市场水平的租金继续租赁至下一期间。

（二）经营租赁

经营租赁是指除融资租赁以外的其他租赁。

二、出租人对融资租赁的会计处理与税会差异

（一）初始计量

在租赁期开始日，出租人应当对融资租赁确认应收融资租赁款，并终止确认融资租赁资产。

出租人对应收融资租赁款进行初始计量时，应当以租赁投资净额作为应收融资租赁款的入账价值。租赁投资净额为未担保余值和租赁期开始日尚未收到的租赁收款额按照租赁内含利率折现的现值之和。

租赁收款额是指出租人因让渡在租赁期内使用租赁资产的权利而应向承租人收取的款项，包括：

（1）需支付的固定付款额及实质固定付款额，存在租赁激励的，扣除租赁激励相关金额；

（2）取决于指数或比率的可变租赁付款额，该款项在初始计量时根据租赁期开始日的指数或比率确定；

（3）购买选择权的行权价格，前提是合理确定承租人将行使该选择权；

（4）承租人行使终止租赁选择权需支付的款项，前提是租赁期反映承租人将行使终止租赁选择权；

（5）由承租人、与承租人有关的一方以及有经济能力履行担保义务的独立第三方向出租人提供的担保余值。

【例 15－6】 2×19 年 12 月 1 日，甲公司与乙公司签订了一份融资租赁合同，自 2×20 年 1 月 1 日从乙公司租入全新塑钢机一台。租赁期自 2×20 年 1 月 1 日至 2×25 年 12 月 31 日，共 72 个月。自 2×20 年 1 月 1 日，每年年末支付租金 150 000 元。该机器在 2×19年 12 月 31 日的公允价值为 700 000 元，账面价值为 600 000 元。签订租赁合同过程中，乙公司发生可归属于租赁项目的手续费、佣金 10 000 元。租赁期届满时，甲公司享有优惠购买该机器的选择权，购买价为 20 000 元，估计该日租赁资产的公允价值为 80 000 元。担保余值和未担保余值均为 0。全新塑钢机的使用寿命为 7 年。租赁内含利率 7.82%。

要求：分析说明出租人的会计处理。

解析：

出租人乙公司 2×20 年 1 月 1 日账务处理如下：

租赁投资总额＝应收租赁收款额＋未担保余值＝（150 000×6＋20 000）＋0
＝920 000（元）

租赁投资净额＝租赁期开始日公允价值 700 000＋初始直接费用 10 000
＝710 000（元）

借：应收融资租赁款——租赁收款额　　920 000
　贷：银行存款　　10 000
　　融资租赁资产　　600 000
　　资产处置损益　　100 000
　　应收融资租赁款——未实现融资收益　　210 000

（二）融资租赁的后续计量

1. 出租人应当按照固定的周期性利率（折现率）计算并确认租赁期内各个期间的利息收入。

【例 15－7】 接例 15－6，2×20 年 12 月 31 日收到第一期租金时：

借：银行存款　　150 000
　贷：应收融资租赁款——租赁收款额　　150 000
借：应收融资租赁款——未实现融资收益　　55 522
　贷：租赁收入　　55 522

2. 应收融资租赁款的终止确认和减值

出租人应当按照《企业会计准则第 22 号——金融工具确认和计量》和《企业会计

准则第 23 号——金融资产转移》的规定，对应收融资租赁款的终止确认和减值进行会计处理。

【例 15－8】 接例 15－7，应收融资租赁款的预期信用损失 20 000 元时：

借：信用减值损失 20 000

　　贷：应收融资租赁款减值准备 20 000

转回已计提的减值准备时，做相反的会计分录。

（三）出租人融资租赁税会差异

（1）融资租赁出租人进行企业所得税处理时，融资租赁行为实质上已经转移资产所有权，租赁收入应当作为分期收款方式销售货物收取价款，按照合同约定的收款日期确认收入的实现；与按租赁准则规定确认的租赁收入存在差异，申报企业所得税时需要进行纳税调整。

（2）企业所得税相关政策规定，以融资租赁方式租出的固定资产不得计算折旧扣除。与租赁准则融资租出的固定资产不计提折旧处理相同。

（3）应收融资租赁款计提减值准备，不允许税前扣除，应纳税调增。转回已计提的减值准备时应纳税调减。

【例 15－9】 2×19 年 1 月 1 日，承租人甲公司与出租人乙公司签订了一份融资租赁租赁合同，合同约定：租赁标的物为一套生产设备，该设备的账面价值为 600 000 元（等于公允价值）。租赁期开始日为 2×19 年 1 月 1 日，租赁期 3 年；租金支付方式为自租赁开始日起，每年年末支付租金 240 000 元；该设备的预计使用年限为 5 年；租赁期届满时，甲公司享有优惠购买该设备的选择权，购买价为 1 200 元；租赁内含利率为 9.79%。不考虑相关税费。租赁期内各期的利息收入计算如表 15－1 所示。

表 15－1　　计算租赁期内各期的利息收入　　单位：元

日期	租金	确认的利息收入	租赁投资净额余额
①	②	③ = 期初④ ×9.79%	期末④ = 期初④ － ② + ③
2×19 年 1 月 1 日			600 000.00
2×19 年 12 月 31 日	240 000	58 740	418 740
2×20 年 12 月 31 日	240 000	40 994.652	219 734.652
2×21 年 12 月 31 日	240 000	21 465.348	1 200
2×22 年 1 月 1 日	1 200		
合计	721 200	121 200	

要求：分析说明出租人的相关财税处理。

解析：

乙公司（出租人）应作如下会计处理：

（1）2×19 年 1 月 1 日租赁开始日的会计处理：

借：应收融资租赁款——租赁收款额　721 200
　　贷：融资租赁资产　600 000
　　　　应收融资租赁款——未实现融资收益　121 200

（2）2×19 年 12 月 31 日收到租金时：

借：银行存款　240 000
　　贷：应收融资租赁款——租赁收款额　240 000

借：应收融资租赁款——未实现融资收益　58 740
　　贷：租赁收入　58 740

以后两年的会计处理如上，其中未确认融资收益的实现金额见表 15－1。

（3）2×22 年 1 月 1 日，对方行使优惠购买权时：

借：银行存款　1 200
　　贷：应收融资租赁款——租赁收款额　1 200

按租赁准则规定，出租人融资租出资产只针对租赁收入中的实际利息确认租赁收入；而在企业所得税中，从对称性原则出发，融资租赁资产形成承租人甲公司的资产，为一项资产购买业务，出租人乙公司作为一项资产处置业务，收入为收取的所有租赁收入和价外费用 721 200 元，处置资产成本为设备账面价值 600 000 元，售价与买价之间的差额确认资产处置所得 121 200 元，由于租赁款项是分期收取的，按税法规定在合同约定的收款日期分三年确认设备转让收入，同时分三年结转成本，每年确认的所得为 40 400 元。因此，2×19 年纳税调减金额为 18 340 元（58 740－40 400）。2×20 年纳税调减的金额为 594.652 元（40 994.652－40 400），2×21 年纳税调增的金额为 18 934.652 元（21 465.348－40 400）。

三、出租人对经营租赁的会计处理与税会差异

（一）出租人对经营租赁的会计处理

1. 租金收入确认

在租赁期内各个期间，出租人应当采用直线法或其他系统合理的方法，将经营租赁的租赁收款额确认为租金收入。其他系统合理的方法能够更好地反映因使用租赁资产所产生经济利益的消耗模式的，则出租人应采用该方法。

2. 初始直接费用

出租人发生的与经营租赁有关的初始直接费用应当资本化，在租赁期内按照与租金收入确认相同的基础进行分摊，分期计入当期损益。

3. 经营租赁资产折旧和摊销

对于经营租赁资产中的固定资产，出租人应当采用类似资产的折旧政策计提折旧。对于其他经营租赁资产，根据该资产适用的企业会计准则，采用系统合理的方法进行摊销。

4. 减值计提

出租人应当按照《企业会计准则第 8 号——资产减值》的规定，确定经营租赁资产是否发生减值，并进行相应会计处理。

（二）出租人经营租赁税会差异

企业所得税处理时，租金收入按照合同约定的承租人应付租金的日期确认收入的实现，而未按权责发生制确认收入；与租赁准则规定不同，会产生税会差异，进行企业所得税年度纳税申报时需要纳税调整。

但是如果交易合同或协议中规定租赁期限跨年度，且租金提前一次性支付的，根据《国家税务总局关于贯彻落实企业所得税法若干税收问题的通知》（国税函［2010］79 号）的规定，可在租赁期内分期均匀计入相关年度收入，与租赁准则规定相同，不存在税会差异。

根据租赁准则的规定，出租人对经营租出的固定资产，应采用对类似应折旧资产通常所采用的折旧政策计提折旧，如果折旧年限、折旧方法等与按税法规定的不同，会产生税会差异，需要纳税调整。

【例 15－10】 2×19 年 1 月 1 日，甲公司向乙公司租入办公场所一间，租期为 3 年。租赁合同规定，2×19 年 1 月 1 日租赁开始日，甲公司向乙公司一次性支付租金 450 000 元，甲公司可享有三个月的免租装修期。租赁期届满后乙公司收回办公场所。假定不考虑相关税费。

要求：分析说明相关的财税处理。

解析：

此项租赁不满足融资租赁的任何一条标准，出租人应作为经营租赁处理，将经营租赁的租赁收款额在不扣除免租期的整个租赁期内，采用直线法分配确认各期的租赁收入。此项租赁租金收入总额为 450 000 元，按直线法计算，每年应分配的租金收入为 150 000 元。

税务处理：一次性收取跨年租金，可以按照国税函［2010］第 79 号文件第一条的规定在租赁期限内均匀计入收入，与租赁准则经营租赁租金收入会计处理相同。如果选择按合同约付款日一次性确认收入，则税会差异需要进行纳税调整。

第四节　售后租回交易与税会差异

一、售后租回交易的会计处理

若企业（卖方兼承租人）将资产转让给其他企业（买方兼出租人），并从买方兼出租人租回该项资产，则卖方兼承租人和买方兼出租人均应按照售后租回交易的规定进行会计处理。

承租人和出租人应当按照《企业会计准则第 14 号——收入》的规定，评估确定售后租回交易中的资产转让是否属于销售，并区别进行会计处理。

（一）售后租回交易中的资产转让属于销售

承租人应当按原资产账面价值中与租回获得的使用权有关的部分，计量售后租回所形成的使用权资产，并仅就转让至出租人的权利确认相关利得或损失。

出租人应当根据其他适用的企业会计准则对资产购买进行会计处理，并根据租赁准则对资产出租进行会计处理。

如果销售对价的公允价值与资产的公允价值不同，或者出租人未按市场价格收取租金，则企业应当将销售对价低于市场价格的款项作为预付租金进行会计处理，将高于市场价格的款项作为出租人向承租人提供的额外融资进行会计处理；同时，承租人按照公允价值调整相关销售利得或损失，出租人按市场价格调整租金收入。

在进行上述调整时，企业应当按以下二者中较易确定者进行：

（1）销售对价的公允价值与资产的公允价值之间的差额；

（2）租赁合同中付款额的现值与按租赁市价计算的付款额现值之间的差额。

【例 15 -11】甲公司（卖方兼承租人）以银行存款 40 000 000 元的价格向乙公司（买方兼出租人）出售一栋建筑物，交易前该建筑物的账面原值是 24 000 000 元，累计折旧是 4 000 000 元。与此同时，甲公司与乙公司签订了合同，取得了该建筑物 18 年的使用权（全部剩余使用年限为 40 年），年租金为 2 400 000 元，于每年年末支付。根据交易的条款和条件，甲公司转让建筑物符合销售成立的条件。假设不考虑初始直接费用和各项税费的影响。该建筑物在销售当日的公允价值为 36 000 000 元。甲、乙公司均确定租赁内含年利率为 4.5%。

要求：分析说明出租人的相关会计处理。

解析：

由于该建筑物的销售对价并非公允价值，甲公司和乙公司分别进行了调整，以按照公允价值计量销售收益和租赁应收款。超额售价 4 000 000 元（40 000 000 - 36 000 000）作为乙公司向甲公司提供的额外融资进行确认。

年付款额现值 = 2 400 000 ×（P/A，4.5%，18）= 29 183 980（元），

额外融资年付款额 = 4 000 000/29 183 980 × 2 400 000 = 328 948（元），租赁相关年付款额 = 2 400 000 - 328 948 = 2 071 052（元）。

1. 在租赁期开始日，甲公司对该交易的会计处理如下：

第一步，按与租回获得的使用权部分占该建筑物的原账面金额的比例计算售后租回所形成的使用权资产。

使用权资产 = 建筑物的账面价值（24 000 000 - 4 000 000）×18 年使用权资产的租赁付款额现值 25 183 980 ÷ 该建筑物的公允价值 36 000 000 = 13 991 100（元）

第二步，计算与转让至乙公司的权利相关的利得

出售该建筑物的全部利得 = 36 000 000 − 20 000 000 = 16 000 000（元），其中：与该建筑物使用权相关利得 = 16 000 000 ×（25 183 980 ÷ 36 000 000）= 11 192 880（元）；

与转让至乙公司权利相关的利得 = 16 000 000 − 11 192 880 = 4 807 120（元）。

第三步，会计分录：

（1）与额外融资相关：

借：银行存款　　4 000 000

　　贷：长期应付款　　4 000 000

（2）与租赁相关：

借：银行存款　　36 000 000

　　使用权资产　　13 991 100

　　累计折旧　　4 000 000

　　租赁负债——未确认融资费用　　12 094 956

　　贷：固定资产　　24 000 000

　　　　租赁负债——租赁付款额　　37 278 936

　　　　资产处置损益　　4 807 120

（3）第一年年末：

借：租赁负债——租赁付款额　　2 071 052

　　长期应付款　　148 948

　　利息费用　　1 313 279

　　贷：租赁负债——未确认融资费用　　1 133 279

　　　　银行存款　　2 400 000

注：利息费用 = 25 183 980 × 4.5% + 4 000 000 × 4.5% = 1 133 279 + 180 000 = 1 313 279（元）。

长期应付款减少额 = 328 948 − 180 000 = 148 948（元）。

2. 综合考虑租期占该建筑物剩余使用年限的比例等因素，乙公司将该建筑物的租赁分类为经营租赁。

在租赁期开始日，乙公司对该交易的会计处理如下：

借：固定资产——建筑物　　36 000 000

　　长期应收款　　4 000 000

　　贷：银行存款　　40 000 000

租赁期开始日之后，乙公司将从甲公司处年收款额 2 400 000 元中的 2071 052 元作为租赁收款额进行会计处理。从甲公司处年收款额中的其余 328 948 元作为以下两项进行会计处理：（1）结算金融资产 4 000 000 元而收到的款项；（2）利息收入。以第一年年末为例：

借：银行存款　　2 400 000

贷：租赁收入	2 071 052
利息收入	180 000
长期应收款	148 948

（二）售后租回交易中的资产转让不属于销售

承租人应当继续确认被转让资产，同时确认一项与转让收入等额的金融负债，并按照《企业会计准则第22号——金融工具确认和计量》对该金融负债进行会计处理。

出租人不确认被转让资产，但应当确认一项与转让收入等额的金融资产，并按照《企业会计准则第22号——金融工具确认和计量》对该金融资产进行会计处理。

【例15-12】甲公司（卖方兼承租人）以银行存款24 000 000元的价格向乙公司（买方兼出租人）出售一栋建筑物，交易前该建筑物的账面原值是24 000 000元，累计折旧是4 000 000元。与此同时，甲公司与乙公司签订了合同，取得了该建筑物18年的使用权（全部剩余使用年限为40年），年租金为2 000 000元，于每年年末支付，租赁期满时，甲公司将以100元购买该建筑物。根据交易的条款和条件，甲公司转让建筑物不满足《企业会计准则第14号——收入》（2017）中关于销售成立的条件。假设不考虑初始直接费用和各项税费的影响。该建筑物在销售当日的公允价值为36 000 000元。

要求：分析说明相关会计处理。

解析：在租赁期开始日，甲公司对该交易的会计处理如下：

借：银行存款	24 000 000	
贷：长期应付款		24 000 000

在租赁期开始日，乙公司对该交易的会计处理如下：

借：长期应收款	24 000 000	
贷：银行存款		24 000 000

二、税会差异

按租赁准则规定，承租人和出租人应当将售后租回交易中的资产转让区分属于销售的和不属于销售的分别会计处理，而税法相关政策中，例如增值税、企业所得税等只涉及融资性售后回租业务。

根据《国家税务总局关于融资性售后回租业务中承租方出售资产行为有关税收问题的公告》（国家税务总局公告2010年第13号）的规定，融资性售后回租业务中，承租人出售资产的行为，不确认为销售收入，对融资性租赁的资产，仍按承租人出售前原账面价值作为计税基础计提折旧。租赁期间，承租人支付的属于融资利息的部分，作为企业财务费用在税前扣除，均与租赁准则规定的售后租回交易中的资产转让属于销售的和不属于销售的会计处理存在税会差异。

第十六章　税前扣除凭证

2008 年，《企业所得税法》及其实施条例统一并规范了税前扣除范围和标准，但是未对税前扣除凭证做出系统规定和具体解释，征管实践中主要依据《税收征收管理法》及其实施细则、《发票管理办法》及其实施细则以及国家税务总局制定的税收规范性文件执行，存在管理规定较为分散、征纳双方认识存在分歧等情况。为了加强企业所得税税前扣除凭证（以下简称“税前扣除凭证”）管理，规范税收执法，优化营商环境，国家税务总局制定发布了《企业所得税税前扣除凭证管理办法》（国家税务总局公告 2018 年第 28 号），自 2018 年 7 月 1 日起适用于居民企业和非居民企业。

第一节　税前扣除凭证管理

一、税前扣除凭证的概念

企业发生支出，应取得税前扣除凭证，作为计算企业所得税应纳税所得额时扣除相关支出的依据。

税前扣除凭证，是指企业在计算企业所得税应纳税所得额时，证明与取得收入有关的、合理的支出实际发生，并据以税前扣除的各类凭证。发票只是税前扣除凭证的一种。发票，是指在购销商品、提供或者接受服务以及从事其他经营活动中，开具、收取的收付款凭证。

企业应将与税前扣除凭证相关的资料，包括合同协议、支出依据、付款凭证等留存备查，以证实税前扣除凭证的真实性。

二、税前扣除凭证管理的原则

税前扣除凭证在管理中遵循真实性、合法性、关联性原则。真实性是指税前扣除凭证反映的经济业务真实，且支出已经实际发生；合法性是指税前扣除凭证的形式、来源符合国家法律、法规等相关规定；关联性是指税前扣除凭证与其反映的支出相关联且有证明力。

三、内部凭证与外部凭证

税前扣除凭证按照来源分为内部凭证和外部凭证。

（一）内部凭证

内部凭证是指企业自制用于成本、费用、损失和其他支出核算的会计原始凭证。内部凭证的填制和使用应当符合国家会计法律、法规等相关规定。

（二）外部凭证

外部凭证是指企业发生经营活动和其他事项时，从其他单位、个人取得的用于证明其支出发生的凭证，包括但不限于发票（包括纸质发票和电子发票）、财政票据、完税凭证、收款凭证、分割单等。

企业的很多支出还需要内部凭证与外部凭证联合佐证，方可证实其真实性。比如，企业资产计提折旧，不仅需要购置资产时的发票等外部凭证，还需资产折旧明细核算凭证等内部凭证。

四、税前扣除凭证的管理

（一）应税项目的税前扣除凭证

根据《企业所得税税前扣除凭证管理办法》第九条的规定，企业在境内发生的支出项目属于增值税应税项目（以下简称“应税项目”）的，对方为已办理税务登记的增值税纳税人，其支出以发票（包括按照规定由税务机关代开的发票）作为税前扣除凭证；对方为依法无需办理税务登记的单位或者从事小额零星经营业务的个人，其支出以税务机关代开的发票或者收款凭证及内部凭证作为税前扣除凭证，收款凭证应载明收款单位名称、个人姓名及身份证号、支出项目、收款金额等相关信息。

国家税务总局对应税项目开具发票另有规定的，以规定的发票或者票据作为税前扣除凭证。

1. 小额零星经营业务的判断标准

小额零星经营业务的判断标准是个人从事应税项目经营业务的销售额不超过增值税相关政策规定的起征点。根据《增值税暂行条例实施细则》的规定，增值税起征点的幅度规定如下：

（1）销售货物的，为月销售额5 000～20 000元；

（2）销售应税劳务的，为月销售额5 000～20 000元；

（3）按次纳税的，为每次（日）销售额300～500元。

根据《财政部 国家税务总局关于延续小微企业增值税政策的通知》（财税〔2017〕76号）的规定，自2018年1月1日至2018年12月31日，继续对月销售额2万元（含本数）至3万元的增值税小规模纳税人，免征增值税。

根据《财政部 税务总局关于实施小微企业普惠性税收减免政策的通知》（财税〔2019〕13号）的规定，自2019年1月1日至2021年12月31日止，对月销售额10万元以下（含本数）的增值税小规模纳税人，免征增值税。

2. 发票开具要求

根据《发票管理办法》的规定，销售商品、提供服务以及从事其他经营活动的单位和个人，对外发生经营业务收取款项，收款方应当向付款方开具发票；特殊情况下，由付款方向收款方开具发票。所有单位和从事生产、经营活动的个人在购买商品、接受服务以及从事其他经营活动支付款项，应当向收款方取得发票。取得发票时，不得要求变更品名和金额。不符合规定的发票，不得作为财务报销凭证，任何单位和个人有权拒收。开具发票应当按照规定的时限、顺序、栏目，全部联次一次性如实开具，并加盖发票专用章。

任何单位和个人不得有下列虚开发票行为：

（1）为他人、为自己开具与实际经营业务情况不符的发票；

（2）让他人为自己开具与实际经营业务情况不符的发票；

（3）介绍他人开具与实际经营业务情况不符的发票。

根据《国家税务总局关于增值税发票开具有关问题的公告》（国家税务总局公告2017年第16号）的规定，自2017年7月1日起，购买方为企业的，索取增值税普通发票时，应向销售方提供纳税人识别号或统一社会信用代码；销售方为其开具增值税普通发票时，应在“购买方纳税人识别号”栏填写购买方的纳税人识别号或统一社会信用代码。不符合规定的发票，不得作为税收凭证。销售方开具增值税发票时，发票内容应按照实际销售情况如实开具，不得根据购买方要求填开与实际交易不符的内容。销售方开具发票时，通过销售平台系统与增值税发票税控系统后台对接，导入相关信息开票的，系统导入的开票数据内容应与实际交易相符，如不相符应及时修改完善销售平台系统。

（二）非应税项目的税前扣除凭证

根据《企业所得税税前扣除凭证管理办法》第十条的规定，企业在境内发生的支出项目不属于应税项目的，对方为单位的，以对方开具的发票以外的其他外部凭证作为税前扣除凭证；对方为个人的，以内部凭证作为税前扣除凭证。

企业在境内发生的支出项目虽不属于应税项目，但按税务总局规定可以开具发票的，可以发票作为税前扣除凭证。可开具普通发票的未发生销售行为不征税项目如表16-1所示。

表 16－1　　未发生销售行为的不征税项目

合并编码	货物和劳务名称	商品和服务分类简称	说明
600	未发生销售行为的不征税项目	不征税项目	用于纳税人收取款项但未发生销售货物、服务、无形资产或不动产情形
601	预付卡销售和充值	预付卡销售	
602	销售自行开发的房地产项目预收款	房地产预收款	
603	已申报缴纳营业税未开票补开票	补开营业税发票	在地税机关已申报营业税未开具发票的，补开增值税普通发票
604	代收印花税	代收印花税	非税务机关等其他单位为税务机关代收的印花税
605	代收车船税	代收车船税	代收车船税
606	融资性售后回租承租方出售资产	融资性售后回租承租方出售资产	
607	资产重组涉及的不动产	资产重组涉及的不动产	
608	资产重组涉及的土地使用权	资产重组涉及的土地使用权	
609	代理进口免税货物货款	代理进口免税货物货款	
610	有奖发票奖金支付	有奖发票奖金	
611	不征税自来水	不征税自来水	
612	建筑服务预收款	建筑服务预收款	

（三）从境外购进货物或劳务的税前扣除凭证

根据《企业所得税税前扣除凭证管理办法》第十一条的规定，企业从境外购进货物或者劳务发生的支出，以对方开具的发票或者具有发票性质的收款凭证、相关税费缴纳凭证作为税前扣除凭证。

税前扣除凭证的管理，可列表说明如表 16－2 所示：

五、特殊事项的扣除凭证

（一）共同接受劳务分摊的扣除凭证

企业与其他企业（包括关联企业）、个人在境内共同接受应纳增值税劳务（以下简称“应税劳务”）发生的支出，采取分摊方式的，应当按照独立交易原则进行分摊，企业以发票和分割单作为税前扣除凭证，共同接受应税劳务的其他企业以企业开具的分割单作为税前扣除凭证。

企业与其他企业、个人在境内共同接受非应税劳务发生的支出，采取分摊方式的，企业以发票外的其他外部凭证和分割单作为税前扣除凭证，共同接受非应税劳务的其他企业以企业开具的分割单作为税前扣除凭证。

表 16－2　　　　税前扣除凭证管理

<table>
<tr><th>境内/外支出</th><th>是否应税项目</th><th>对方类型</th><th>税前扣除凭证</th></tr>
<tr><td rowspan="7">境内发生的支出项目</td><td rowspan="4">属于增值税应税项目</td><td>已办理税务登记的增值税纳税人</td><td>其支出以发票作为税前扣除凭证</td></tr>
<tr><td>依法无需办理税务登记的单位</td><td rowspan="2">以税务机关代开的发票或者收款凭证及内部凭证作为税前扣除凭证</td></tr>
<tr><td>从事小额零星经营业务的个人</td></tr>
<tr><td>税务总局对应税项目开具发票另有规定的</td><td>以规定的发票或者票据作为税前扣除凭证</td></tr>
<tr><td rowspan="3">不属于应税项目</td><td>对方为单位的</td><td>以对方开具的发票以外的其他外部凭证作为税前扣除凭证</td></tr>
<tr><td>对方为个人的</td><td>以内部凭证作为税前扣除凭证</td></tr>
<tr><td>按国家税务总局规定可以开具发票的</td><td>可以发票作为税前扣除凭证</td></tr>
<tr><td>从境外购进货物或劳务发生的支出</td><td colspan="3">以对方开具的发票或者具有发票性质的收款凭证、相关税费缴纳凭证作为税前扣除凭证</td></tr>
</table>

（二）租用资产发生费用的扣除凭证

企业租用（包括企业作为单一承租方租用）办公、生产用房等资产发生的水、电、燃气、冷气、暖气、通讯线路、有线电视、网络等费用，出租方作为应税项目开具发票的，企业以发票作为税前扣除凭证；出租方采取分摊方式的，企业以出租方开具的其他外部凭证作为税前扣除凭证。

第二节　补救措施

一、税前扣除凭证的取得时间

根据《企业所得税税前扣除凭证管理办法》第六条的规定，企业应在当年度《企业所得税法》规定的汇算清缴期结束前取得税前扣除凭证。

根据《国家税务总局关于明确中外合作办学等若干增值税征管问题的公告》（国家税务总局公告 2018 年第 42 号）第七条的规定，纳税人 2016 年 5 月 1 日前发生的营业税涉税业务，包括已经申报缴纳营业税或补缴营业税的业务，需要补开发票的，可以开具增值税普通发票。纳税人应完整保留相关资料备查。

二、不合规凭证不得作为税前扣除凭证

根据《企业所得税税前扣除凭证管理办法》第十二条的规定，企业取得私自印制、

伪造、变造、作废、开票方非法取得、虚开、填写不规范等不符合规定的发票（以下简称“不合规发票”），以及取得不符合国家法律、法规等相关规定的其他外部凭证（以下简称“不合规其他外部凭证”），不得作为税前扣除凭证。

根据《国家税务总局关于全面推开营业税改征增值税试点有关税收征收管理事项的公告》（国家税务总局公告2016年第23号）的规定，提供建筑服务，纳税人自行开具或者税务机关代开增值税发票时，应在发票的备注栏注明建筑服务发生地县（市、区）名称及项目名称。根据《国家税务总局关于营改增后土地增值税若干征管规定的公告》（国家税务总局公告2016年第70号）第五条“关于营改增后建筑安装工程费支出的发票确认问题”的规定，营改增后，土地增值税纳税人接受建筑安装服务取得的增值税发票，应按照《关于全面推开营业税改征增值税试点有关税收征收管理事项的公告》（国家税务总局公告2016年第23号）规定，在发票的备注栏注明建筑服务发生地县（市、区）名称及项目名称，否则不得计入土地增值税扣除项目金额。

三、未按规定取得扣除凭证的补救措施

（一）汇算清缴期内的补救措施

根据《企业所得税税前扣除凭证管理办法》第十三条的规定，企业应当取得而未取得发票、其他外部凭证或者取得不合规发票、不合规其他外部凭证的，若支出真实且已实际发生，应当在当年度汇算清缴期结束前，要求对方补开、换开发票、其他外部凭证。补开、换开后的发票、其他外部凭证符合规定的，可以作为税前扣除凭证。

根据《企业所得税税前扣除凭证管理办法》第十四条的规定，企业在补开、换开发票、其他外部凭证过程中，因对方注销、撤销、依法被吊销营业执照、被税务机关认定为非正常户等特殊原因无法补开、换开发票、其他外部凭证的，可凭以下资料证实支出真实性后，其支出允许税前扣除：

（1）无法补开、换开发票、其他外部凭证原因的证明资料（包括工商注销、机构撤销、列入非正常经营户、破产公告等证明资料）；

（2）相关业务活动的合同或者协议；

（3）采用非现金方式支付的付款凭证；

（4）货物运输的证明资料；

（5）货物入库、出库内部凭证；

（6）企业会计核算记录以及其他资料。

前款第（1）项至第（3）项为必备资料。

汇算清缴期内的补救措施可列表说明如表16－3所示。

表 16－3

<table>
<tr><th>情形</th><th colspan="2">补救措施</th><th colspan="2">处理</th></tr>
<tr><td rowspan="3">应当取得而未取得发票、其他外部凭证或者取得不合规发票、不合规其他外部凭证的</td><td colspan="2">支出不真实或未实际发生</td><td></td><td>不得税前扣除</td></tr>
<tr><td rowspan="2">支出真实且已实际发生</td><td>应当在当年度汇算清缴期结束前，要求对方补开、换开发票、其他外部凭证</td><td>补开、换开后的发票、其他外部凭证符合规定的</td><td>可以作为税前扣除凭证</td></tr>
<tr><td>在补开、换开发票、其他外部凭证过程中，因对方注销、撤销、依法被吊销营业执照、被税务机关认定为非正常户等特殊原因无法补开、换开发票、其他外部凭证的</td><td>可凭规定资料证实支出真实性后</td><td>其支出允许税前扣除</td></tr>
</table>

（二）税务机关发现后的补救措施

根据《企业所得税税前扣除凭证管理办法》第十五条的规定，汇算清缴期结束后，税务机关发现企业应当取得而未取得发票、其他外部凭证或者取得不合规发票、不合规其他外部凭证并且告知企业的，企业应当自被告知之日起 60 日内补开、换开符合规定的发票、其他外部凭证。其中，因对方特殊原因无法补开、换开发票、其他外部凭证的，企业应当按照该办法第十四条的规定，自被告知之日起 60 日内提供可以证实其支出真实性的相关资料。

汇算清缴期结束后，税务机关检查发现后的补救措施可列表说明如表 16－4 所示。

表 16－4

<table>
<tr><th>情形</th><th>补救措施</th><th>无法补救的支出不得扣除</th></tr>
<tr><td rowspan="2">汇算清缴期结束后，税务机关发现企业应当取得而未取得发票、其他外部凭证或者取得不合规发票、不合规其他外部凭证并且告知企业的</td><td>企业应当自被告知之日起 60 日内补开、换开符合规定的发票、其他外部凭证</td><td rowspan="2">企业在规定的期限内未能补开、换开符合规定的发票、其他外部凭证，并且未能按照规定提供相关资料证实其支出真实性的，相应支出不得在发生年度税前扣除</td></tr>
<tr><td>其中，因对方特殊原因无法补开、换开发票、其他外部凭证的，企业应当按照规定，自被告知之日起 60 日内提供可以证实其支出真实性的相关资料</td></tr>
</table>

（三）汇算清缴期结束后企业的补救措施

根据《企业所得税税前扣除凭证管理办法》第十七条的规定，除发生该办法第十五条规定的情形外，企业以前年度应当取得而未取得发票、其他外部凭证，且相应支出在该年度没有税前扣除的，在以后年度取得符合规定的发票、其他外部凭证或者按照该办法第十四条的规定提供可以证实其支出真实性的相关资料，相应支出可以追补至该支出发生年度税前扣除，但追补年限不得超过五年。

（四）未能补救的支出不得税前扣除

根据《企业所得税税前扣除凭证管理办法》第十六条的规定，企业在规定的期限未能补开、换开符合规定的发票、其他外部凭证，并且未能按照该办法第十四条的规定提供相关资料证实其支出真实性的，相应支出不得在发生年度税前扣除。

四、税前扣除凭证司法判例

吉林省 ABC 房地产开发有限公司与国家税务总局长春市税务局稽查局税务行政决定二审行政判决书

吉林省长春市中级人民法院行政判决书

（2019）吉 01 行终 17 号

上诉人（原审原告）吉林省 ABC 房地产开发有限公司，住所地长春市开发区南湖大路以南金州街以东。

法定代表人黄××，董事长。

委托代理人关××，该公司副总经理。

委托代理人王××，吉林创一律师事务所律师。

被上诉人（原审被告）国家税务总局长春市税务局第一稽查局（原长春市国家税务局第一稽查局），住所地长春市东南湖大路 515 号。

负责人齐××，局长。

委托代理人王××，该局工作人员。

委托代理人马××，吉林中玖律师事务所律师。

上诉人吉林省 ABC 房地产开发有限公司（以下简称 ABC 公司）诉国家税务总局长春市税务局第一稽查局（以下简称市税务稽查局）税务行政处理决定一案，不服长春市朝阳区人民法院（2017）吉 0104 行初 84 号行政判决，向本院提起上诉。本院依法组成合议庭，公开开庭审理了本案。上诉人 ABC 公司的委托代理人关××、王××，被上诉人市税务稽查局的委托代理人王××、马××到庭参加诉讼。本案现已审理终结。

原审审理查明，2007 年 11 月 1 日与张××《借款合同》；2014 年 11 月 2 日与张××《借款合同》；2008 年 1 月 1 日与米景轩太原市 G 实业集团有限公司《借款合同》；2014 年 11 月 2 日与米景轩太原市 G 实业集团有限公司《借款合同》。2014 年 4 月 13 日，中鹏会计所出具的（2014）72 号审计报告中认定 ABC 公司应支付 L 公司、Y 公司利息 6 048 000元，应支付 G 公司利息 21 010 500 元，应支付张××利息 1 109 250 元，上述三项应予税前扣除，金额为 28 167 750 元。其中涉及 G 公司、张××的两项利息为 22 119 750元，即为税务处理决定书中认定的违法事实第（一）、（二）项。

2015年3月24日，中鹏会计所出具的（2015）21号审计报告中认定，ABC公司应支付G公司利息858 666元、应支付张××利息37 333元，故应税前扣除上述两项合计895 999元，此为42号税务处理决定认定事实第（二）项。2016年7月15日，市税务局稽查局接到省局下发的案源转办单，此后按照税务稽查工作规程、税收征管法及其实施细则的规定，对ABC公司涉税情况开展稽查。2016年7月18日予以立案。8月11日向ABC公司送达了税务检查通知书，出示了税务检查证。因ABC公司负责人在外地，相关资料无法确认，市税务局稽查局四次延长了检查时限。均有局长签字。

2016年10月25日，市税务局稽查局向ABC公司送达了税务事项通知书，要求ABC公司提供支付G公司借款利息的合法有效凭证。2016年10月25日，市税务局稽查局在ABC公司对其会计王某丽进行了询问，王某丽撰写了税务案件当事人自述材料，同日，检查人员调取了ABC公司企业所得税检查表、填写了稽查查补税款计算记录、税务稽查工作底稿。2017年2月20日，稽查局检查部门出具了《涉税案稽查报告》。2017年2月25日，稽查局检查部门将稽查卷宗材料移交给审理部门。审理部门于2017年3月17日出具了《涉税案审理报告》，查明事实为：（1）2014年L房地产公司、Y房地产公司6 048 000元违约金无合法有效凭据；（2）2014年G实业集团公司借款利息21 010 500元无合法有效扣除凭据；（3）应支付张××借款利息1 109 250元计入财务费用，未取得合法有效凭据；（4）计提借款利息895 999元均未取得合法有效凭据，于2015年度企业所得税税前申报扣除845 385.62元。并作出处理意见。2017年3月21日，市税务稽查局2017年第二次税务案件集体审理会议通过了处理意见：补交2014年企业所得税7 041 937.5元，并拟定了纪要。依据上述审理意见，2017年3月21日，市税务局稽查局作出长国税稽一处（2017）11号处理决定书，ABC公司不服，在提供相应担保后，向长春市国家税务局申请复议。长春市国家税务局2017年3月21日作出长国税复决（2017）1号行政复议决定书，撤销了长国税稽一处（2017）11号处理决定违法事实第（一）项，而维持了违法事实（二）、（三）、（四）项，并责令市税务稽查局重新作出处理决定。ABC公司于2017年7月3日向一审法院提起（2017）0104行初58号行政诉讼，请求撤销长国税稽一处（2017）11号处理决定书和长国税复决（2017）1号行政复议决定书。后来又撤回了对长国税稽一处（2017）11号处理决定，仅请求撤销长春市国税局长国税复决（2017）1号行政复议决定书。因长春市国税局不属于一审法院管辖，一审法院将该案移交至长春市南关区人民法院（以此简称南关法院），该院将此案立案为（2018）吉0102行初79号。在（2017）0104行初58号一案审理期间，市税务局稽查局于2017年8月18日作出了长国税稽一处（2017）42号《税务处理决定书》，认定违法事实第（一）项：2014年4月15日，ABC公司将应支付太原G实业集团公司借款利息21 010 500元计入财务费用，未取得合法有效凭据，于2014年度企业所得税税前扣除申报21 010 500元。违法事实第（二）项：2014年4月15日，ABC公司将应支付张××借款利息1 109 250元计入财务费用，未取得合法有效凭据，于2014年度企业所得税税前扣除申报1 109 250元。违法事实第（三）项：2015

年 3 月 29 日，ABC 公司计提借款利息 895 999 元，计入财务费用，其中计提太原 G 实业公司借款利息 858 666 元，计提张 × × 借款利息 37 333 元，以上均未取得合法有效凭据，于 2015 年度企业所得税税前申报扣除 845 385. 62。处理决定：（一）补缴企业所得税 5 529 937. 5 元；同时增调 2015 年应纳所得税额 845 385. 62 元后，你单位 2015 年实际亏损 134 619. 07 元；（二）从滞纳税款之日到缴纳税款之日止，按日加收滞纳税款（2014 年企业所得税 5 529 937. 5 元）万分之五滞纳金。ABC 公司收到此处理决定书后，依照《税务行政复议规则》第八十一条第二款“公民、法人或者其他组织对被申请人重新作出的具体行政行为不服，可以依法申请行政复议，或者提起行政诉讼”之规定，于 2018 年 9 月 19 日直接向一审法院提起行政诉讼，请求撤销该处理决定，即本案。一审法院立案后，以本案需以南关法院（2018）吉 0102 行初 79 号审理结果为依据为由，裁定中止本案审理。2018 年 7 月 28 日，南关法院作出（2018）吉 0102 行初 79 号行政裁定，裁定该案按撤诉处理。此后，一审法院恢复了本案的审理。另查明，2018 年 7 月 27 日，国家税务总局长春市税务局发布 2018 年第一号公告，依据《国家税务总局长春市税务局关于税务机构改革有关事项的公告》，原长春市国家税务局第一稽查局的职权和工作由国家税务总局长春市税务局稽查局承继，税收执法主体变更为国家税务总局长春市税务局稽查局。因机构改革尚未完成，无法提供机构代码证。

原审法院认为：

（一）关于主体问题。依据《中华人民共和国税收征管法》第十四条、《税收征管法实施细则》第九条，当时的长春市国税局第一稽查局是进行税务稽查的法定主体，有权对 ABC 公司税务情况进行行政处理。机构改革后，国家税务总局长春市税务局稽查局承接长春市国税局第一稽查局其权利义务和职责。国家税务总局长春市税务局稽查局是本案适格诉讼主体。

（二）关于税前扣除凭证问题。原被告双方均认可 ABC 公司对外支付的利息应予税前扣除。ABC 公司对市税务稽查局认定的各项事实并无异议，本案的主要争议焦点是 ABC 公司认为审计报告应该是合法的扣除凭证，市税务稽查局认为只有发票才是合法的扣除凭证。《中华人民共和国税收征收管理法》第十九条规定：纳税人、扣缴义务人按照有关法律、行政法规和国务院财政、税务主管部门的规定设置账簿，根据合法、有效凭证记账，进行核算。国家税务总局关于印发《进一步加强税收征管若干具体措施》的通知第六条规定：未按规定取得的合法有效凭证不得在税前扣除。根据上述规定，合法有效凭证是企业税前扣除成本、费用的依据。本案中，市税务稽查局认为“合法有效凭证”是发票，而 ABC 公司认为不仅包括发票，也包括其他财务凭证。对于何谓“合法有效凭证”，现行法律规定主要有：1.《中华人民共和国发票管理办法》第二十条规定：“所有单位和从事生产、经营活动的个人在购买商品、接受服务以及从事其他经营活动支付款项，应当向收款方取得发票。第二十一条规定：不符合规定的发票，不得作为财务报销凭证，任何单位和个人有权拒收”。2.《中华人民共和国营业税暂行条例》第六条规定：“纳税人按照本条例第五条规定扣除有关项目，取得的凭证不符合法律、行政法规或者国务院税务主管部门有关规定的，该项目金额不得扣除”。3.《中华人民共和国营业税暂行条例实施细则》第十九条规定：“条例第六条所称符合国务院税务主管部门有关规定的凭证（以下统称合法有效凭证），是指：（一）支付给境内单位或者个人的款项，且该单位或者个人发生的行为属于营业税或者增值税征收范围的，以该单位或者个人开具的发票为合法有效凭证；（二）支付的行政事业性收费或者政府性基金，以开具的财政票据为合法有效凭证；（三）支付给境外单位或者个人的款项，以该单位或者个人的签收单据为合法有效凭证，税务机关对签收单据有疑义的，可以要求其提供境外公证机构的确认证明；（四）国家税务总局规定的其他合法有效凭证”。4.《中华人民共和国增值税暂行条例》第九条规定：“纳税人购进货物或者应税劳务，取得的增值税扣税凭证不符合法律、行政法规或者国务院税务主管部门有关规定的，其进项税额不得从销项税额中抵扣”。第十九条规定：“条例第九条所称增值税扣税凭证，是指增值税专用发票、海关进口增值税专用缴款书、农产品收购发票和农产品销售发票以及运输费用结算收据”。诚如ABC公司所言，发票并不是唯一合法有效的凭证。款项支付对象不同，对合法有效凭证的要求也不一样。从本案来看：首先，ABC公司主张的支出是用于支付借款利息，支付的对象是我国境内的单位或个人，此种行为系经营性行为，即出借方可以以此谋利，利息是出借方的利润。上述借款利息属于金融保险业税目中的贷款子目，系应税项目，应当以发票作为唯一合法有效的凭证。如果不以发票作为合法凭证，不仅会导致类似本案的困境，更会导致开票方规避纳税义务，使得国家税款流失。其次，依据《中华人民共和国发票管理办法》第二十条的规定，ABC公司向收款方索要发票并非权利而系义务。再次，审计报告仅是一种内部会计凭证，能够证明公司内部账目情况，但是在没有其他相关联证据的情况下，不能对抗经营性应税行为必须开发票的强制性规定。因此，本案中发票应是税前扣除的合法凭证。

（三）关于程序问题。尽管庭审中ABC公司对市税务稽查局执法程序并未提出异议，但人民法院应对行政行为进行全面审查。经审查，市税务稽查局依据《税务稽查工作规程》，开展选案、分案、作出处理决定、送达、执行、依据复议决定重新作出处理决定的程序合法。

（四）关于法律适用问题。市税务稽查局适用《中华人民共和国企业所得税法》第一条、第四条、第五条、第八条以及《中华人民共和国税收征收管理法》第十九条、第二十一条第二款及《中华人民共和国发票管理办法》第二十条之规定作出了行政处理决定。在处理决定中主要列明直接适用的法律规范，而非整个执法过程所涉及全部法律规范都需引用，否则有失行政效率原则。且市税务稽查局适用上述法律法规作出行政处理决定正确。判决驳回ABC公司的诉讼请求。案件受理费50.00元，由ABC公司承担。

上诉人ABC公司不服，上诉称：

一、一审法院行政判决书认定本案应当以发票作为唯一合法有效凭证是错误的。对于何谓“合法有效凭证”，一审法院认为现行法律规定主要有：1.《中华人民共和国发票管理办法》第二十条规定："所有单位和从事生产、经营活动的个人在购买商品、接受服务以及从事其他经营活动支付款项，应当向收款方取得发票。"第二十一条规定："不符合规定的发票，不得作为财务报销凭证，任何单位和个人有权拒绝"。上诉人认为该规定是对经营者取得发票事项的规定，是管理性的规定，而非效力性的规定。经营者取得发票要合法、合规，并没有规定取得其他真实合法有效凭据就不能税前扣除的问题，更不能得出发票是本案作为唯一合法有效凭证的结论。2.《中华人民共和国营业税暂行条例》（以下简称《条例》）第六条规定："纳税人按照本条例第五条规定扣除有关项目，取得的凭证不符合法律、行政法规或者国务院税务主管部门有关规定的，该项目金额不得扣除"。3.《中华人民共和国营业税暂行条例实施细则》（以下简称细则）第十九条规定："条例第六条所称符合国务院税务主管部门有关规定的凭证（以下统称合法有效凭证），是指：（一）支付给境内单位或者个人的款项，且该单位或者个人发生的行为属于营业税或者增值税征收范围的，以该单位或者个人开具的发票为合法有效凭证；（二）支付的行政事业性收费或者政府性基金，以开具的财政票据为合法有效凭证；（三）支付给境外单位或者个人的款项，以该单位或者个人的签收单据为合法有效凭证，税务机关对签收单据有异议的，可以要求其提供境外公证机构的确认证明；（四）国家税务总局规定的其他合法有效凭证"。上诉人认为，上述2、3项规定既不是孤立的，也不是普遍适用的。《条例》第六条规定的"取得的凭证不符合法律、行政法规或者国务院税务主管部门有关规定的，该项目金额不得扣除"是指《条例》第五条规定扣除的有关项目，并不是所有项目都适用。《细则》第十九条的规定针对的是《条例》第六条，所以《条例》第六条和《细则》第十九条适用针对的是《条例》第五条规定的项目，并不是所有项目。《条例》第五条规定："纳税人的营业额为纳税人提供应税劳务、转让无形资产或者销售不动产收取的全部价款和价外费用。但是，下列情形除外：（一）纳税人将承揽的运输业务分给其他单位或者个人的，以其取得的全部价款和价外费用扣除其支付给其他单位或者个人的运输费用后的余额为营业额；（二）纳税人从事旅游业务的，以其取得的全部价款和价外费用扣除替旅游者支付给其他单位或者个人的住宿费、餐费、交通费、旅游景点门票和支付给其他接团旅游企业的旅游费后的余额为营业额；（三）纳税人将建筑工程分包给其他单位的，以其取得的全部价款和价外费用扣除其支付给其他单位的分包款后的余额为营业额；（四）外汇、有价证券、期货等金融商品买卖业务，以卖出价减去买入价后的余额为营业额；（五）国务院财政、税务主管部门规定的其他情形"。上诉人认为，第五条规定的是纳税人营业额确定的问题，并用列举的方式规定了确定营业额的五种除外情形，也就是说规定了差额征税的问题，上述的扣除项目、发生的各种费用在《条例》第六条中进行了规定，规定取得的凭证必须符合法律、行政法规或者国务院主管部门的规定，否则不允许扣除。《细则》第十九条的规定是针对《条例》第五条、第六条的进一步规定，即只要纳税人有第五条规定的扣除项目就必须取得合法有效的发票才能作为扣除凭证，否则不允许扣除，可以看出第十九条的规定是有针对性的，并不是孤立适用的，只有在第五条情形下才适用

第十九条的规定，所以第十九条的规定只适用于第五条规定的项目，而不能扩大适用，故一审判决认为本案发票是本案唯一合法有效凭证是错误的。4.《中华人民共和国增值税暂行条例》第九条规定："纳税人购进货物或者应税劳务，取得的增值税扣税凭证不符合法律、行政法规或者国务院税务主管部门有关规定的，其进项税额不得从销项税额中抵扣"。第十九条规定："条例第九条所称增值税扣税凭证，是指增值税专用发票、海关进口增值税专用缴款书、农产品收购发票和农产品销售发票以及运输费用结算收据"。上诉人认为，该规定是增值税扣缴凭证的问题，即纳税人取得的增值税专用发票、海关进口增值税专用缴款书、农产品收购发票和农产品销售发票以及运输费用结算收据必须要符合法律、行政法规或者国务院税务管理部门的规定，否则其进项税额不得从销项税额中抵扣，该项规定也没有规定发票是本案中唯一合法有效凭证，该规定和本案不具有关联性。综上，上诉人认为，一审法院依据上述规定就得出上诉人发生利息支出税前扣除的行为必须要取得发票，发票是唯一合法有效凭证的结论是错误的。况且该案只涉及企业所得税问题，本案发票是否是唯一合法有效的凭据以及扣税凭证合法有效与否只能适用企业所得税法及征收管理法的规定，也就是说只能用《中华人民共和国企业所得税法》和《中华人民共和国税收征收管理法》来判断，而不能用《营业税暂行条例》及实施细则来说明企业所得税的问题，国家各税种都是独立的，立法也是独立的，是分开适用的，不能混为一谈，一审判决用推理的方法是错误的，导致得出错误的结论。

二、关于法律适用问题。一审判决关于本案被上诉人作出行政处理决定适用法律正确的认定是错误的。上诉人认为行政执法也要遵循有法可依的原则，认定的案件事实也要与法律适用相一致，认定的案件事实必须要有法律的规定，涉及的法律规范必须引用，这跟行政效率无关。上诉人认为一审判决对被上诉人适用法律的问题没有严格审查，硬性判决认为被上诉人适用法律法规作出的行政处理决定正确，而没有给出正确的理由。上诉人认为被上诉人法律适用是错误的，一审判决认定法律适用正确也是错误的，理由如下：被上诉人认定上诉人存在违法事实所适用的法律：1.《中华人民共和国税收征收管理法》第二十一条第二款"单位和个人在购销商品、提供或者接受经营服务以及从事其他经营活动中，应当按照规定开具、使用、取得发票。"2.《中华人民共和国发票管理办法》第二十条"所有单位和从事生产、经营活动的个人在购买商品、接受服务以及从事其他经营活动支付款项，应当向收款方取得发票。"以上条款规定支付款项方应当向收款方取得发票，该规定既不是强制性规定，也不是效力性规定，而是管理性、宣誓性规定。就像《婚姻法》第四条"夫妻应当互相忠实"规定一样，既不产生行政责任，也不产生法律强制后果，只是法律的一种管理性、宣誓性规定。况且上诉人的利息支出能否在税前扣除，与是否取得发票无关，而是与凭据有关，故适用该条款错误。3.《中华人民共和国企业所得税法》第八条"企业实际发生的与取得收入有关的、合理支出，包括成本、费用、税金、损失和其他支出，准予在计算应纳税所得额时扣除。"该规定恰恰是上诉人依法税前扣除的法律依据。被上诉人在稽查案卷中没有查证认定上诉人发生的利息支出与取得收入无关的事实，故适用该条款错误。4.《中华人民共和国税收征收管理法》第十九条“纳税人、扣缴义务人按照有关法律、行政法规和国务院财政、税务主管部门的规定设置账簿，根据合法、有效凭证记账，进行核算。”该规定是要求纳税人要根据“凭证”记账和进行核算，并不是根据“发票”记账和进行核算。况且被上诉人没有查证认定上诉人记账凭证违法无效的事实，所以适用法律和案件事实相悖。5.《国家税务总局关于印发进一步加强税收征管若干具体措施〉的通知》（国税发（2009）第114号）第六条“未按规定取得的合法有效凭据不得在税前扣除。”在本案中，被上诉人对上诉人据以税前扣除的相关凭据是否属于“合法、有效、按规定取得”没有进行否定的认定，所以该规定属于错误适用。综上所述，没有违法事实就不能适用法律，存在违法事实才能适用法律。被上诉人所适用的法律没有任何一个条款规定：“未取得合法、有效、符合规定的发票不得在税前扣除”，故被上诉人适用法律错误。

三、上诉人所做的税前扣除符合税法规定。1. 根据《中华人民共和国税收征收管理法》第十九条规定：“纳税人、扣缴义务人按照有关法律、行政法规和国务院财政、税务主管部门的规定设置账簿，根据合法、有效凭证记账，进行核算。”上诉人依据《项目合作协议书》、《借款协议》、转款凭证、审计报告等合法、有效凭证进行记账、核算，符合税法规定。2. 根据《中华人民共和国企业所得税法》第八条规定：“企业实际发生的与取得收入有关的、合理支出，包括成本、费用、税金、损失和其他支出，准予在计算应纳税所得额时扣除。”上诉人为购置资产包而借款产生的利息支出符合企业实际发生的与取得收入有关的、合理支出，上诉人据此进行税前扣除符合税法规定。3. 根据《中华人民共和国企业所得税法实施条例》第三十八条规定：“企业在生产经营活动中发生下列利息支出，准予扣除：（二）非金融企业向非金融企业借款的利息支出，不超过按照金融企业同期同类贷款利率计算的数额的部分。”据此规定，非金融企业之间发生资金借贷产生利息支出借款费用的，借款一方可以在不超过金融企业同期同类贷款利率计算的数额范围内进行税前扣除。在本案中，上诉人向G公司、张××进行借款并发生利息支出借款费用，并经审计部门核定，是可以按照法律规定进行企业所得税前扣除，扣除符合法律规定。

四、发票不是税前扣除的唯一“合法有效凭证”。企业所得税的计税依据是应纳税所得额，即每一纳税年度的收入总额，减除不征税收入、免税收入、各项扣除以及允许弥补的以前年度亏损后的余额。税法规定企业实际发生的与取得收入有关的、合理支出，包括成本、费用、税金、损失和其他支出，准予在计算应纳税所得额时扣除。按照现行税法，发票是所得税税前扣除凭证中重要的一种，但并非没有发票就绝对不准扣除，也不是有了发票就一定准予扣除。在企业所得税的管理中，发票只是证明成本是否发生的证据之一，但不是唯一的证据。发票、入库单、领料单、差旅费报销单、签字的工资条、汇款单、相关合同、法律文书、记录证明等都是原始凭证，可见发票仅仅是原始凭证中的一种。被上诉人仅凭上诉人没有取得发票来调增上诉人企业所得税，要求补缴企业所得税、加收滞纳金的处理决定，系认定事实错误、适用法律错误。

五、2018年7月1日施行的《企业所得税税前扣除凭证管理办法》进一步证明发票不是税前扣除的唯一凭证。该《办法》第一条规定："为规范企业所得税税前扣除凭证管理，根据《中华人民共和国企业所得税法》及其实施条例、《中华人民共和国税收征收管理法》及其实施细则、《中华人民共和国发票管理办法》及其实施细则等规定，制定本办法"。该条规定中涵盖了企业所得税税前扣除的基本税法，但在此基础上仍要制定本办法，说明之前未对税前扣除凭证作出过系统规定和具体解释，依法纳税是大家的共识，既然没有这方面的法，我们就不应当对企业妄加处理，况且新《办法》也已经明确了发票不是税前扣除的唯一合法有效凭证。总之，被上诉人市税务局稽查局2017年8月18日作出的长国税稽一处〔2017〕42号《税务处理决定书》认定事实错误、适用法律错误，依法应予撤销。长春市朝阳区人民法院（2017）吉0104行初84号行政判决书适用法律错误，判决结果错误，依法应予撤销。综上，请求二审法院判决：1. 依法撤销长春市朝阳区人民法院（2017）吉0104行初84号行政判决书；撤销国家税务总局长春市国税局第一稽查局2017年8月18日作出的长国税稽一处〔2017〕42号《税务处理决定书》；2. 一、二审诉讼费由被上诉人承担。

被上诉人市税务稽查局辩称，上诉人ABC公司和G公司、张××之间的行为构成经营活动，依法应当取得发票进行税前扣除。原审判决认定事实清楚，适用法律正确，请求二审法院依法驳回上诉人的上诉请求，维持原判。

双方在二审审理期间未递交新证据。

本院审理查明的事实与原审查明的事实一致，本院予以确认。

本院另查明，根据国家税务总局长春市税务局2018年9月30日《国家税务总局长春市税务局关于派出所机构挂牌后有关事项的公告》（第2号），国家税务总局长春市税务局第一稽查局承接原长春市国家税务局第一稽查局的权力义务和职责。本案变更国家税务总局长春市税务局第一稽查局为本案被上诉人。

本院认为，《中华人民共和国企业所得税实施条例》第三十八条规定："企业在生产经营活动中发生的下列利息支出，准予扣除：（一）非金融企业向金融企业借款的利息支出、金融企业的各项存款利息支出和同业拆借利息支出、企业经批准发行债券的利息支出；（二）非金融企业向非金融企业借款的利息支出，不超过按照金融企业同期同类贷款利率计算的数额的部分。"本案有争议的利息支出应当适用前款规定扣除。根据该条规定，对于非金融企业向非金融企业支付的利息按照规定可以在计算企业所得税时部分扣除。本案中，上诉人ABC公司主张的利息支出应当适用上述条款规定扣除，而非按照一般企业支出扣除。《中华人民共和国发票管理办法》第二十条规定："所有单位和从事生产、经营活动的个人在购买商品、接受服务以及从事其他经营活动支付款项，应当向收款方取得发票。"第二十一条规定："不符合规定的发票，不得作为财务报销凭证，任何单位和个人有权拒收"。以上法律条款规定了所有单位、从事生产、经营活动的个人在接受服务或从事其他经营活动支付款项时，应当主动向收款方取得发票。《中华人民共和国税收征收管理法》第十九条规定："纳税人、扣缴义务人按照有关法律、行政法规和国务院财政、税务主管部门的规定设置账簿，根据合法、有效凭证记账，进行核算。”国家税务总局关于印发《进一步加强税收征管若干具体措施》的通知第六条规定：“未按规定取得的合法有效凭证不得在税前扣除。”根据上述规定，合法有效凭证是企业税前扣除成本、费用的依据。因企业账目的核算项目及企业所得税扣除项目所适用的管理规范不同，故在前述法律、规范性文件中均以“合法、有效凭证”作为通用名称规定，但在具体扣除项目上，税务机关有权依职业经验对“合法、有效凭证”进行细化判断。就本案而言，本案争议的利息支出属于增值税应税项目，按照前述条款规定，上诉人在支付利息款项时，有向收款方索取发票的义务。被上诉人市税务稽查局对于应税项目要求上诉人以发票为扣除凭证入账核算并无不当。上诉人 ABC 公司提供的审计报告中载明依据上诉人提供的经济资料对借款利息支出情况发表意见，对于材料的真实性由上诉人管理当局负责，可见该审计报告仅是上诉人委托审计机构对借款利息支出情况进行审计核算的内部文件，故上诉人仅以此作为税前扣除凭证缺乏法规依据。关于法律适用问题，本案的焦点是对企业所得税扣除的核算争议，不是行政处罚，故不存在应当适用责任类条款的问题。原审判决关于适用法律及程序问题的论述正确，本院不再赘述。综上，被上诉人市税务稽查局检查过程中，发现上诉人 ABC 公司仅以审计报告作为扣除凭证的情况，向上诉人送达了税务事项通知书，告知上诉人在规定时限内取得合法有效票据，但上诉人拒绝补开发票，也未提供拒绝补开发票的合理说明，在此情况下，上诉人 ABC 公司要求撤销税务机关作出长国税稽一处〔2017〕42 号税务处理决定书的诉讼请求不应支持。原审判决并无不当，应予维持。上诉人 ABC 公司的上诉理由不能成立，其上诉请求本院不予支持。依照《中华人民共和国行政诉讼法》第八十九条第一款第（一）项的规定，判决如下：

驳回上诉人吉林省 ABC 房地产开发有限公司的上诉请求。

案件受理费 50 元，由上诉人吉林省 ABC 房地产开发有限公司负担。

本判决为终审判决。

审　判　长　孙××

代理审判员　姜××

代理审判员　厉××

二〇一九年四月十一日

书记员　魏××